后浪出版公司

巴格达

Baghdad

CITY of PEACE, CITY of BLOOD

和平之城，血腥之城

［英］
贾斯廷·马罗齐 著

孙宇————译

Justin Marozzi

民主与建设出版社

·北京·

"和平之城"的故事充斥着连绵不断的战争。除去战争以外，便是瘟疫、饥荒与内乱。

——理查德·寇克

（《巴格达：和平之城》，1927 年）

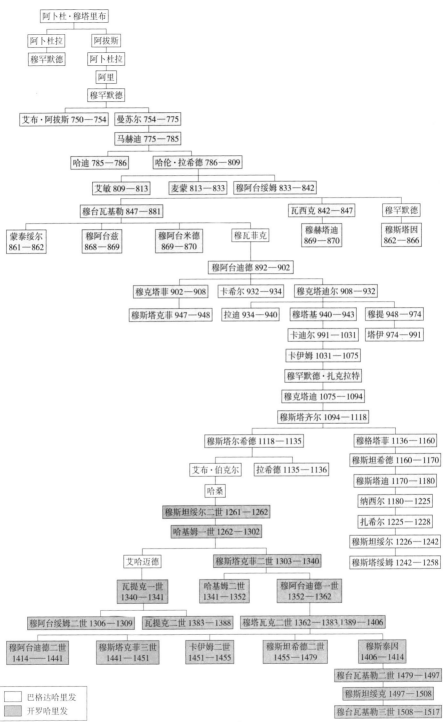

阿拔斯王朝

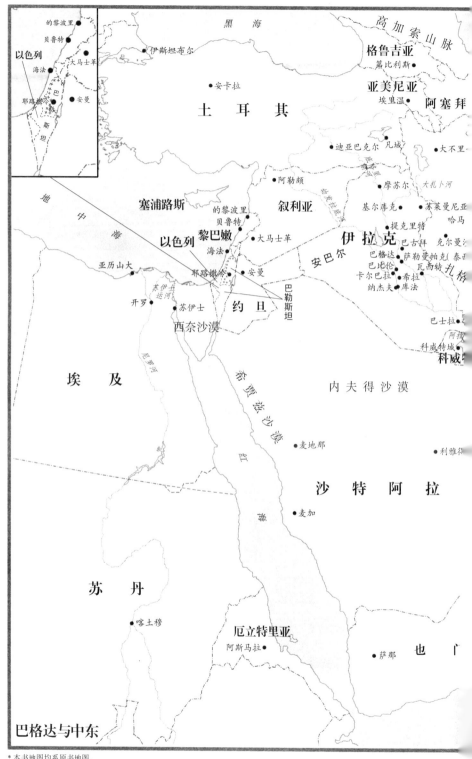

黑海

高加索山脉

格鲁吉亚
第比利斯

的黎波里
贝鲁特

以色列
海法
大马士革
安曼
巴勒斯坦

伊斯坦布尔

安卡拉

土　耳　其

亚美尼亚
埃里温
阿塞拜

迪亚巴克尔　凡城
大不里

阿勒颇
摩苏尔　大扎卜河

塞浦路斯
的黎波里
贝鲁特
黎巴嫩
大马士革
以色列
海法
耶路撒冷
安曼

叙利亚

基尔库克　苏莱曼尼亚
哈马
提克里特

伊拉克
巴古拜
克尔曼沙
巴格达　萨马曼帕克(泰
巴比伦　瓦西特扎格
卡尔巴拉　希拉
纳杰夫　库法

安巴尔

约旦

巴勒斯坦

地中海

亚历山大

苏伊士运河
开罗
苏伊士

西奈沙漠

巴士拉

阿拉

科威特城
科威

尼罗河

希贾兹沙漠

埃　及

内夫得沙漠

麦地那

利雅得

沙　特　阿　拉

红海

麦加

苏　丹

喀土穆

厄立特里亚
阿斯马拉

萨那
也广

巴格达与中东

*本书地图均系原书地图。

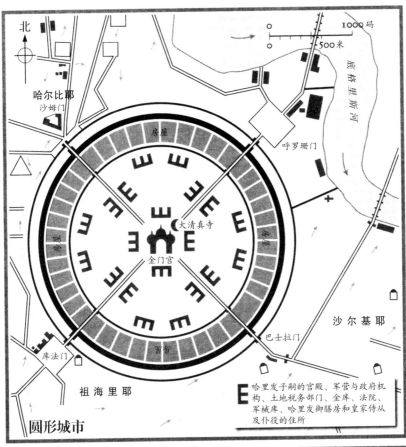

北

哈尔比耶
沙姆门

房屋

呼罗珊门

底格里斯河

1000 码
500 米

大清真寺

金门宫

沙尔基耶

库法门

巴士拉门

祖海里耶

E 哈里发子嗣的宫殿、军营与政府机构、土地税务部门、金库、法院、军械库、哈里发御膳房和皇家侍从及仆役的住所

圆形城市

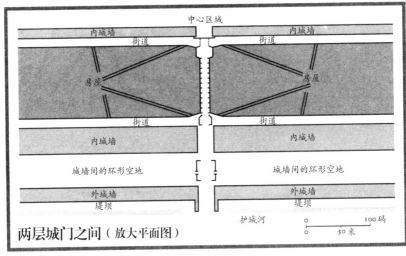

中心区域

内城墙　　　　　内城墙
街道　　　　　　街道

房屋　　　　　　　　　　房屋

街道　　　　　　街道
内城墙　　　　　内城墙

城墙间的环形空地　　　　城墙间的环形空地

外城墙　　　　　外城墙
堤坝　　　　　　堤坝

护城河

100 码
50 米

两层城门之间（放大平面图）

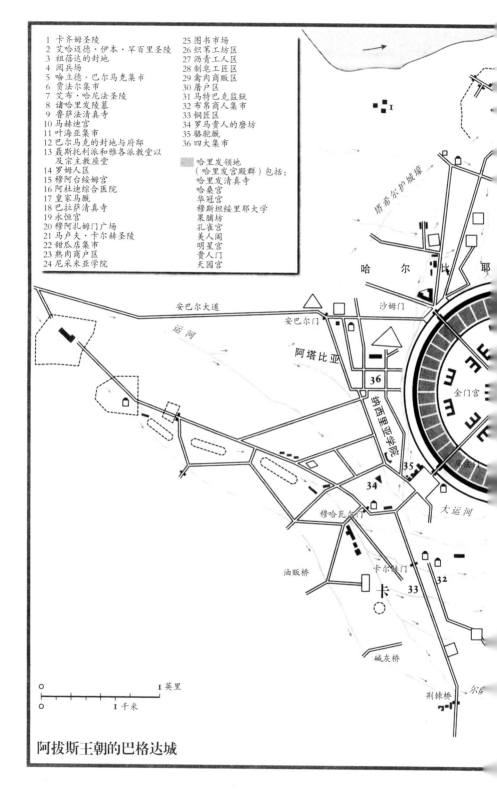

1 卡齐姆圣陵
2 艾哈迈德·伊本·罕百里圣陵
3 祖蓓达的封地
4 阅兵场
5 哈立德·巴尔马克集市
6 贾法尔集市
7 艾布·哈尼法圣陵
8 诸哈里发陵墓
9 鲁萨法清真寺
10 马赫迪宫
11 叶海亚集市
12 巴尔马克的封地与府邸
13 聂斯托利派和雅各派教堂以及宗主教座堂
14 罗姆人区
15 穆阿台绥姆宫
16 阿杜迪综合医院
17 皇家马厩
18 巴拉萨清真寺
19 永恒宫
20 穆阿扎姆门广场
21 马卢夫·卡尔赫圣陵
22 甜瓜店集市
23 熟肉商户区
24 尼采米亚学院

25 图书市场
26 织苇工坊区
27 沥青工人区
28 制皂工匠区
29 禽肉商贩区
30 屠户区
31 马特巴克监狱
32 布帛商人集市
33 铜匠区
34 罗马贵人的磨坊
35 骆驼厩
36 四大集市

哈里发领地
（哈里发官殿群）包括：
哈里发清真寺
哈桑宫
华冠宫
穆斯坦绥里耶大学
果脯坊
孔雀宫
美人阁
明星宫
贵人门
天园宫

安巴尔大道

运河

塔希尔护城壕

哈尔比耶

沙姆门

安巴尔门

阿塔比亚

纳西里亚学院

36

金门宫

35

34

大运河

穆哈瓦尔门

卡尔赫门

33

32

油贩桥

卡

碱灰桥

荆棘桥

0   1 英里
0   1 千米

阿拔斯王朝的巴格达城

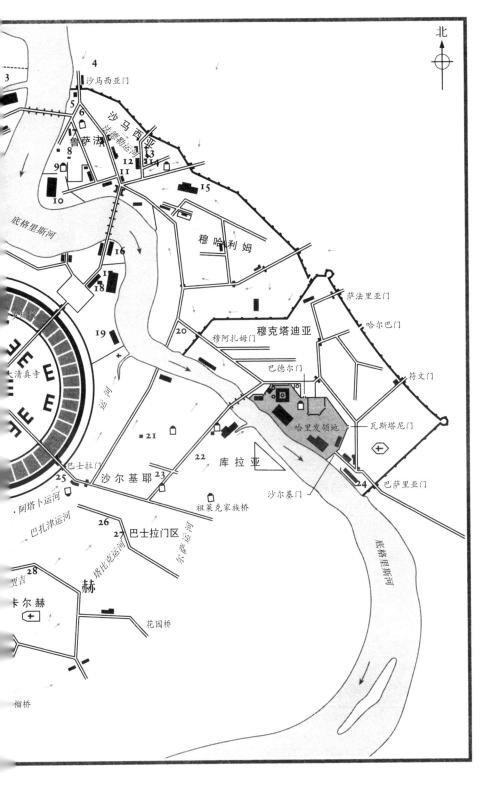

北

沙马西亚门
4
3
5
6
17
鲁萨法
法德斯运河
沙马西亚
8
13
9
12
14
11
10
15
穆哈利姆
底格里斯河
16
萨法里亚门
1
18
哈尔巴门
穆克塔迪亚
大清真寺
19
20
穆阿扎姆门
符文门
运河
巴德尔门
哈里发领地
瓦斯塔尼门
21
巴士拉门
22
库拉亚
25
沙尔基耶
23
巴萨里亚门
24
阿塔卜运河
沙尔基门
底格里斯河
祖莱克家族桥
巴扎津运河
26
27
巴士拉门区
塔比克运河
尔萨运河
赫
28
贾吉
卡尔赫
花园桥
榴桥

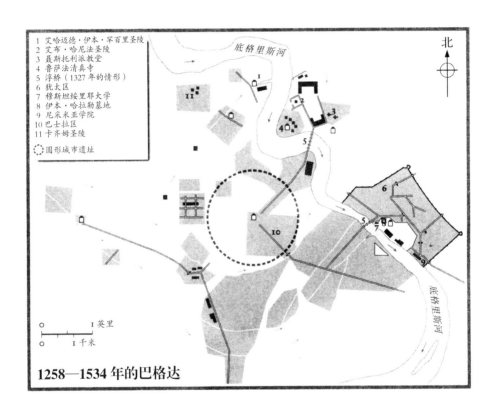

1 艾哈迈德·伊本·罕百里圣陵
2 艾布·哈尼法圣陵
3 聂斯托利派教堂
4 鲁萨法清真寺
5 浮桥（1327年的情形）
6 犹太区
7 穆斯坦绥里耶大学
8 伊本·哈拉勒墓地
9 尼采米亚学院
10 巴士拉区
11 卡齐姆圣陵

⊙ 圆形城市遗址

底格里斯河

北

I 英里
I 千米

1258—1534年的巴格达

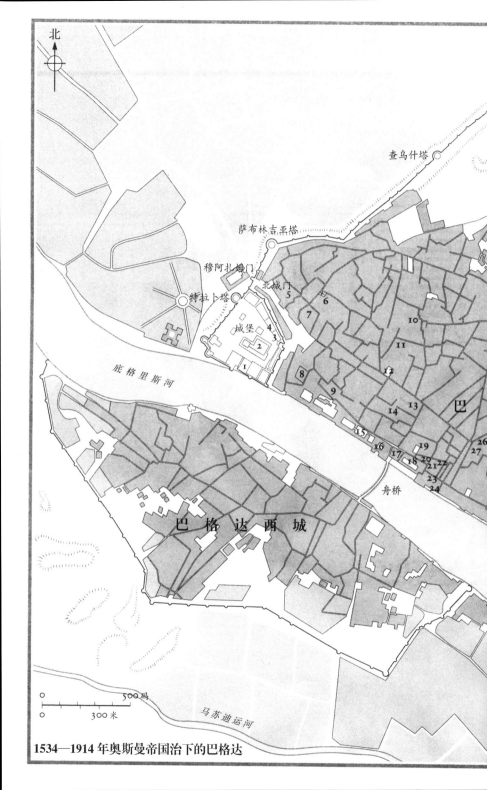

北

查乌什塔

萨布林吉亚塔

穆阿扎姆门

特拉卜塔

北城门

城堡

底格里斯河

舟桥

巴 格 达 西 城

500 码

300 米

马苏迪运河

1534—1914 年奥斯曼帝国治下的巴格达

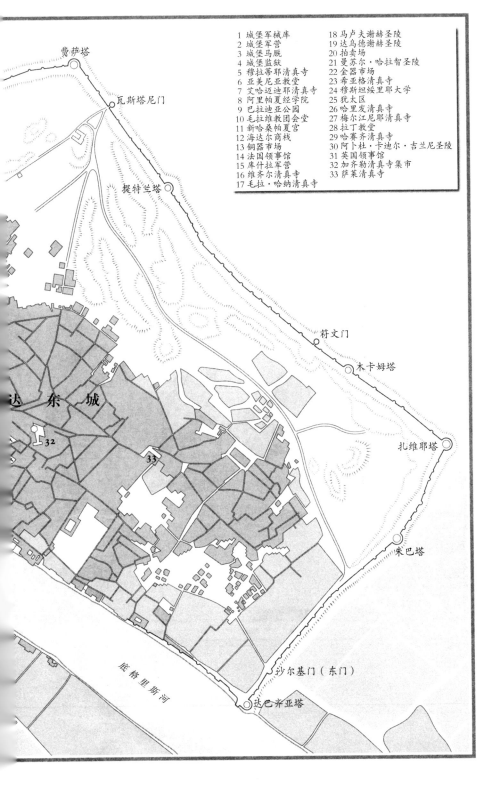

贵萨塔

瓦斯塔尼门

提特兰塔

符文门

木卡姆塔

达 东 城

扎维耶塔

宋巴塔

底格里斯河

沙尔基门（东门）

达巴齐亚塔

1 城堡军械库
2 城堡军营
3 城堡马厩
4 城堡监狱
5 穆拉蒂耶清真寺
6 亚美尼亚教堂
7 艾哈迈迪耶清真寺
8 阿里帕夏经学院
9 巴拉迪亚公园
10 毛拉维教团会堂
11 新哈桑帕夏宫
12 海达尔商栈
13 铜器市场
14 法国领事馆
15 库什拉军营
16 维齐尔清真寺
17 毛拉·哈纳清真寺

18 马卢夫谢赫圣陵
19 达乌德谢赫圣陵
20 拍卖场
21 曼苏尔·哈拉智圣陵
22 金器市场
23 希亚格清真寺
24 穆斯坦绥里耶大学
25 犹太区
26 哈里发清真寺
27 梅尔江尼耶清真寺
28 拉丁教堂
29 哈赛齐清真寺
30 阿卜杜·卡迪尔·吉兰尼圣陵
31 英国领事馆
32 加齐勒清真寺集市
33 萨莱清真寺

北

巴格达 莫德于1917年3月
11日攻陷巴格达

巴维

泰西封

波　斯

巴比伦

弩雷丁柏夏　　　库特阿玛拉

唐申德于1916年
4月26日在库特
阿玛拉投降

7月31日

阿玛拉

底格里斯河

卡乔龙河

土军2月攻
势被击退

阿瓦士

班达尔
纳西里

海迪尔

英属印度
部队

幼

英属印度部队

发

利

纳西里亚

亚

库尔纳

协防部队

沙

漠

7月

4月

巴士拉

一个旅于5月
到达阿瓦士

于7月到达纳西里亚

法奥

1914年
4月10日

波斯湾

0　　　　　　50英里

0　　　　　　50千米

英军及其联军
进军动向

土军进军动向

第一次世界大战时的巴格达

北

黑 海

俄罗斯

里

海

土 耳 其

•安卡拉

凡湖

尔米亚湖

•大不里士

蓝 区
（由法国直接控制）

•马尔丁

波 斯

梅尔辛•

•阿达纳

摩苏尔•

伊斯肯德伦•

•基尔库克

•哈马丹

塞浦路斯

阿勒颇•

"A区"
（受法国影响）

底格里斯河

哈马•

霍姆斯•

幼发拉底河

地中海

大马士革•

巴格达•

红 区
（=由英国直接控制）

"B区"
（受英国影响）

卡尔巴拉•

国际共管区

海法•

纳杰夫•

波斯湾

耶路撒冷•

•安曼

阿拉伯半岛

巴士拉•

埃 及

科威特•

•亚喀巴

希贾兹

0   200英里

1916 年的赛克斯－皮科协定

0   300千米

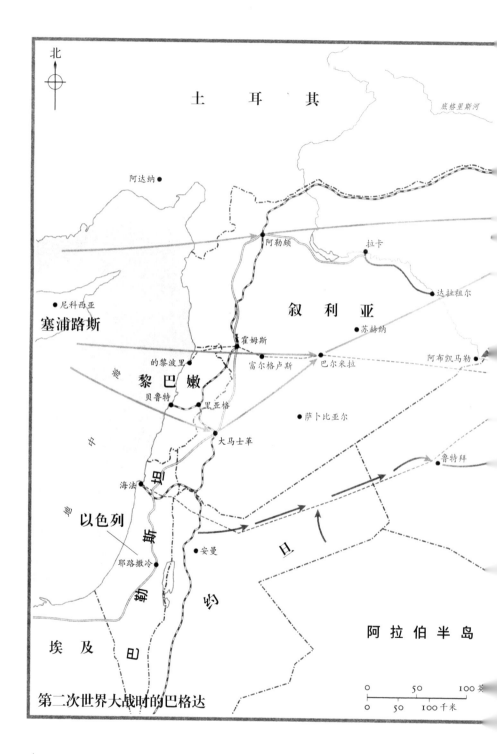

第二次世界大战时的巴格达

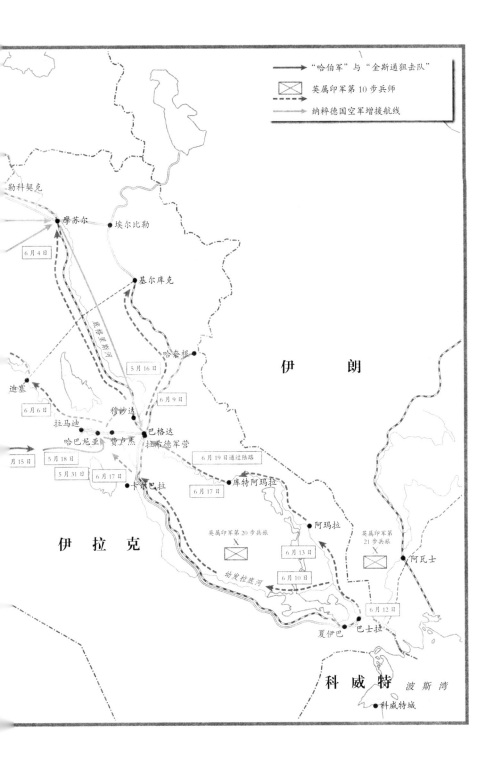

20 世纪下半叶的巴格达

哈卜

贾米拉·布海里德

革命城

革命城
（萨达姆城）

巴勒斯坦大桥

萨法

巴塔维因

32

40 41

46

45

43 44

卡拉达

底格里斯河

拉

穆拉迪亚

1 卡齐姆圣陵
2 广播站
3 阿扎米亚大桥
4 艾布·哈尼法圣陵
5 安塔尔环路
6 穆斯坦绥里耶大学
7 萨拉菲亚大桥／烈士大桥
8 穆阿扎姆门
9 穆阿扎姆门广场
10 北城门公墓
11 巴格达大学校区
12 谢赫门
13 麦丹广场
14 阿玛纳大厅
15 鲁萨菲广场
16 军营宫
17 穆太奈比大街
18 犹太区与犹太教会堂
　（1949 年共有 26 所会堂）
19 苏韦迪大桥
20 中央银行
21 哈里发清真寺
22 伊拉克国家博物馆
23 苏韦迪广场
24 伊拉克国家艺术馆

25 阿赫拉尔大桥
26 胡拉尼清真寺
27 坚迪医学院
28 曼苏尔酒店
29 圣乔治教堂
30 英国公墓
31 解放广场
32 舍希德纪念碑
33 共和国大桥
34 雷德瓦尼亚拘留营
35 扎乌拉公园与大庆典广场
36 无名战士墓
37 双刀拱门／胜利门与阅兵场
38 永恒大厅
39 共和宫
40 喜来登酒店
41 菲尔杜斯广场
42 7 月 14 日大桥
43 安全警察总部
44 伊拉克证券交易所
45 救赎圣母堂
46 国家大剧院

0　500　1000　1500　2000　2500 码
0　500　1000　1500　2000　2500 米

2003—2009 年巴格达什叶派与逊尼派的宗派清洗

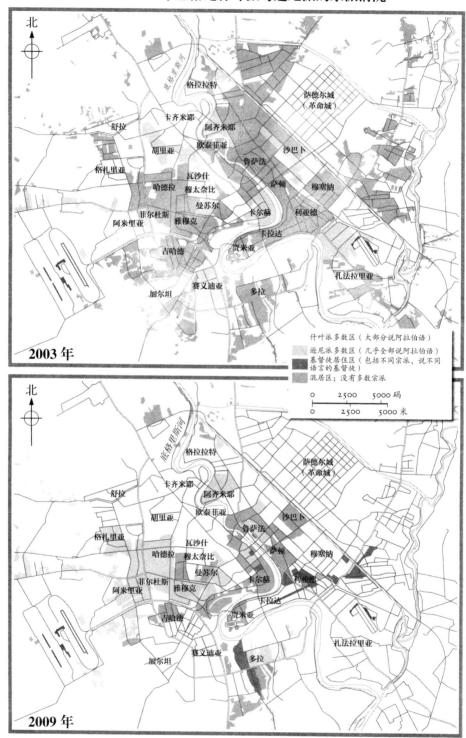

图例：
- 什叶派多数区（大部分说阿拉伯语）
- 逊尼派多数区（几乎全部说阿拉伯语）
- 基督徒居住区（包括不同宗派，说不同语言的基督徒）
- 混居区；没有多数宗派

比例尺：0　2500　5000 码
　　　　0　2500　5000 米

2003 年

2009 年

献给我的好友马纳福·丹鲁吉

.

目　录

致　谢

　　在当今世界，巴格达并不是一个适宜生活、工作和进行历史研究的地方。在过去的十年间，自从我在 2004 年夏季第一次来到伊拉克首都以来，巴格达就像一座屠宰场，一座充斥杀戮的人间地狱。逊尼派、什叶派、犹太人、外国人——在 2003 年伊拉克战争的余波中，所有人都被席卷整个伊拉克的暴力浪潮推上了风口浪尖。我在本书中记述的这些事件，只是对数个世纪以来无数流血事件的最新重述，它们有些模糊难辨，有些隐藏在表象之下，大多无比清晰生动。这些故事一直追溯到逊尼派阿拔斯王朝哈里发曼苏尔统治的时期，此人于 762 年建立了这座城市，并在他去世时，留下了一座满是什叶派信徒尸体的地下密室——男人、妇女和孩童全部充塞其中。大规模冲突与不稳定的局面和巴格达的历史有着密不可分的联系，这座首都城市可以说是逊尼、什叶两派分裂的中间点，就是在这里，680 年卡尔巴拉之战后巩固下来的中东地区被宗派冲突所震撼。

　　出于对当地长期不稳定局势的认识，我首先要感谢大英帝国官佐勋章获得者蒂姆·史派西中校为我提供机会，让我能够在过去十年间在巴格达生活与工作，我还在此地建立了一个基金会，为伊拉克国内的小型医疗与教育计划筹集资金。还要感谢大英帝国司令勋章获得者，詹姆斯·埃勒瑞准将和前准将及荣誉上校托尼·汉特-乔特。感谢阿拉斯泰尔·坎贝尔、安德鲁·乔斯林上校、卡特里奥娜·莱英及其同事，他们也在艰难时期为我提供了有力的帮助。感谢军功十字勋章获得者、伊拉克战争（2004年至2005年）多国部队荣誉副总司令约翰·基兹利中将，2006年至2007年英国驻巴格达大使多米尼克·阿斯基斯爵士，以及2009年至2010年特使团副团长琼·威尔克斯，他们保持了英国一贯的优良传统，坚持派遣最精锐的士兵与最优秀的阿拉伯文化专家来到巴格达。我衷心感谢他们的友谊，也感谢英国大使馆的大力支持。我的前同僚与好友，巴格达大学的萨伊尔·阿里博士多次不顾生命危险在这座城市中努力做好本职工作，进行各种研究。他为协助我参观巴格达最重要的历史景点冒了很大风险，在那段时间，即使一次普通的远行也事关生死，我深深感谢他的帮助。对那些在我驻留伊拉克期间一直保护我不受伤害的、不知名的同事们，我要致以最深的感谢。在过去十几年里，他们中的很多人都失去了宝贵的生命。

伊拉克不仅仅是中东的动荡一隅：它同时也是文明的摇篮。从公元前6000年的苏美尔时代到巴比伦、亚述、阿契美尼德、塞琉古、帕提亚、罗马和萨珊时代，一个接一个王朝在美索不达米亚崛起，在底格里斯河与幼发拉底河中间的这片肥沃土地上发展繁荣。自762年至1258年，在阿拔斯王朝统治巴格达的五个世纪间，这座城市几乎标志着全世界知识、科学与技术成就的顶峰，吸引着从中亚到大西洋沿岸的学者与移民。毋庸置疑，伊拉克人对巴格达留下的遗产无比自豪。我很荣幸能够遇到这么多温文有礼、慷慨大方的先生与女士，他们以各种不同的方式为这本书提供了十分重要的帮助。他们中一些人对伊拉克的历史、文化、宗教与政治有着鞭辟入里的见解，还有一些人与我分享了他们在和平时代的童年记忆。有许多曾经的反对派在萨达姆·侯赛因倒台后从国外归来，一同重建伊拉克。我与他们中的一些人交上了朋友。

　　为完成本书，我做了许多采访与交流，在此感谢伊拉克前总理伊亚德·阿拉维，前副总理巴尔哈姆·萨利赫，2006 年至 2011 年伊拉克驻华盛顿大使萨米尔·苏迈达耶，2004 年至 2009 年伊拉克国家安全顾问穆瓦法克·鲁巴伊（他因绞死萨达姆·侯赛因而被载入史册），伊拉克国防部长萨杜恩·杜莱米，伊拉克驻法国大使法里德·亚辛，努里·马利基总理的顾问萨阿德·优素福，伊拉克国家文物委员会前主席阿卜杜勒·阿齐兹·哈米德博士，纳比尔·萨义德上将，伊亚德·沙姆斯丁教授，萨尔玛德·阿拉维和哈迪·阿拉维。在与广受争议的政治家艾哈迈德·查拉比的交流中，我也受益良多，较少为人所知的是，他也是一位热心的伊拉克历史学家，还有他的女儿塔玛拉·查拉比，曾著有动人的回忆录《鹿宫饮茶迟：一个伊拉克家庭的失落旧梦》。塔玛拉·达吉斯坦尼提供了许多巴格达的旧日快乐回忆，她上传在 Facebook 的大量相片能够为那些畏惧伊拉克现状的人们带来深深的宽慰。法蒂玛·弗莱菲尔是一位快乐、开朗但也遭受了许多苦难的教师，她帮助我温习了阿拉伯语。

　　至于学术界，我尤其要感谢阿拔斯王朝史专家、东方与非洲研究学院（SOAS）教授休·肯尼迪，以及剑桥大学中东与伊斯兰研究高级讲师阿米拉·本尼森博士，我曾接受他们的亲自指导，参考书目中他们的著作也给了我很大帮助。还要感谢著名的伊拉克历史学家、东方与非洲研究学院教授查尔斯·特里普，伦敦政治经济学院的托比·道吉博士，哈佛大学近东语言与文明系伊斯兰学术史专业副教授哈立德·鲁瓦西布，英国国家学术院士、伦敦大学学院教授阿梅利·库尔特，以及伊拉克大英考古学院的拉米亚·盖拉尼博士和琼·波特·麦克艾佛。还有一些朋友为我提供了必要的指引，以便理清奥斯曼时代有时晦暗不明的巴格达历史，对此我要感谢安卡拉毕尔肯大学教授诺曼·斯通，伯明翰大学拜占庭、奥斯曼与现代希腊研究中心的罗德·墨菲博士，作家兼奥斯曼历史学家艾布伯克尔·锡兰博士，卡洛琳·芬克尔，杰森·古德温，以及西贝尔·耶尔德兹。我衷心感谢阿里·厄尔肯，他帮助我研究了许多伊斯坦布尔的奥斯曼帝国档案。感谢《泰晤士报》文学副刊中东版编辑、历史学家兼东方学家罗伯特·厄文博士，在工作的后期他审阅了我的文稿，并纠正了一些错误；当然，至于那些仍然存在的错误，完全应当归咎于我。感谢威灵顿公爵阁下允许我查阅他的私人战争日志，并在采访中对我讲述了 1940 年他在伊拉克的非凡经历。自从我初次来到巴格达，扎阿布·塞斯纳与巴特尔·布尔就成了我的长期伙伴，在巴格达的事件与人物方面他们也是精明的指导者。感谢作家兼记者康·库夫林和琼·李·安德森，哈利·芒特，国会议员库瓦西·库瓦尔滕和劳利·斯图亚特，英国驻安曼大使馆的萨拉·希尔德斯利，美军的军事史专家罗伯特·贝特曼上校，英联邦战争墓地委员会的皮特·弗朗西斯，出版商巴纳比·罗杰森，以及荷兰记者艾尔努特·凡·林登——1980 年 9 月 23 日清晨，就是他在巴格达一座宾馆的阳台上目睹了两伊战争开战几分钟内的情景。纽卡斯尔大学格特鲁德·贝尔档案馆、皇家地理学会图片档案馆以及国家地理学会均提供了大量有用信息。在伦敦，多亏了大英图书馆珍本图书音乐室的资料，我的许多研究才得以进行。

巴格达的犹太人在 1914 年时共有四万人，占全市人口三分之一，但在整整 100 年后，我首次来到这座城市时，犹太人群体衰退到只剩下了七个人。如今这一数字仍在缩小，巴格达的犹太人社区是世界上最古老的犹太人社区之一，历史比伊拉克穆斯林还要久远——它实际上已经消失了。在伊拉克国外寻访的犹太人社区中，我要感谢科迪亚·埃斯基尔，她帮助她的父亲马克斯·萨乌达伊出版了《命悬一线》，这部回忆录讲述了 20 世纪 60 年代他在复兴党治下巴格达的生活状况，令人胆战心惊。在总统艾哈迈德·哈桑·伯克尔与副总统萨达姆·侯赛因治理伊拉克的时代，包括他们在内的许多犹太人家庭只能选择被处决或逃离这个国家——萨乌达伊一家于 1970 年逃离了伊拉克。感谢桑德拉、爱德华·格雷厄姆、爱德华·达拉勒、伊利亚·沙赫拉巴尼博士和乔治·阿布达不吝时间与智力，慷慨地对我提供协助。感谢卡兰·弗雷德曼为我指明了伦敦的伊拉克犹太人社区，还在我忙于写书的时候，替我遛我那条精力充沛的狗。

在近些年的动荡中，巴格达古老的基督教社区也同样被暴力摧残而衰败，那里的人们被迫远走他乡。感谢已故的前伊拉克国家博物馆馆长东尼·乔治博士，他在博物馆对外关闭时期，私下里带我参观了这座世界上最伟大的文物宝库。埃癸斯基金会捐献了一笔资金用于重建博物馆的档案馆建筑。乔治与他的家人后来遭遇了死亡威胁，在追杀下被迫逃亡国外。2006 年，他被美国石溪大学聘为客座教授，五年后，他在那里去世，年仅 60 岁。伊拉克空军前副元帅、《萨达姆的秘密：胆敢顶撞萨达姆·侯赛因的伊拉克将军》一书的作者乔治斯·萨达是一位热情高涨的朋友，还有法政牧师安德鲁·怀特，这位"巴格达教区代理"十分有魅力，近些年间，他目睹了自己的许多教众死于非命，他们在伊拉克的跨宗教和解工作尽管振奋人心，但也充满危险。

一如既往地，我要衷心感谢出色的经纪人乔吉娜·卡普尔，她简直是一个点子工厂，从一开始就大力鼓励我写作这部历史。还要特别感谢企鹅出版社的强大团队：菲利普·伯奇是第一个委托本书出版的人，斯图亚特·普洛菲特、冬纳·珀皮与大卫·沃特森都是精力过人、视角敏锐的编辑，塞西莉亚·马凯不知疲倦地查找到了许多冷门图片，为本书增色不少。我还要感谢理查德·杜基德、伊莎贝尔·德·卡特、佩内洛普·沃格勒、杉恩·瓦伊迪、唐纳德·福特斯和卡斯琳·麦克库洛赫。

我深深感激我的爱人茉莉亚，她与我在巴格达一同生活了很长时间，与我一同度过了战后持续超过一年的暴力浪潮高峰期，并在接下来的几年中多次到访巴格达，当时这座城市已枉负"和平之城"的美名。那时候，电话联络常常会被国际区警告炮弹或火箭来袭的警报打断，令人提心吊胆的警报过后，便是一阵阵爆炸声。我感谢她与我们的女儿克莱米，感谢她们对我的爱、耐心和鼓励。

最后，如果不是马纳福·丹鲁吉持之以恒的协助，本书是不可能完成的，他是一位巴格达绅士、外交官与学者，与许多巴格达人一样，他的家庭也被卷入近些年巴格达可怕的动荡局势，遭受了许多苦难。马纳福是一位博学且不知疲倦的导师，为本书提供了许多阿拉伯文史料，对于这座深爱的城市，他可谓无所不知。2012 年，在安曼避难八年后，他与爱人获得了美国的难民庇护，并在那里生活至今。在此，我将这部《巴格达》献给他。

拼写说明

　　"穆罕默德"应当写成 Mohammed、Muhammad 还是 Mahomet？"古兰经"应当写成 Koran、Quran 还是 Qur'an？阿拉伯文转写是一件危机四伏的活计，总会有吹毛求疵的学究从中指手画脚。诚然，有许多"精确"的阿拉伯文转写系统，但它们大多过于复杂且并不美观。我的目标是让文本对于一般读者来说尽可能简洁易懂。因此我并不想在文本中撒纸屑一般四处添加标音符号，在这边的"s"和"h"下面点个点，在那边的"i"和"a"上面画个杠，让缩略符和连字符如同不速之客一般和文本挤在一起。如果让我在"Tārīkh al-'Irāq bayna Iḥtilālayn"（阿拔斯·阿扎维的《两次占领之间的伊拉克史》）和"Tarikh al Iraq bayn al Ihtilayn"之间做个选择的话，我会毫不犹豫地选择后者。

　　在大部分文本中，我并没有将阿拉伯喉音字母"qaf"或"ğ"转写成"q"，而是转写成了"k"，因为这样对于英语读者来说更加易于阅读。比如有时被称作"嘎义姆"（Qaim）的哈里发，在本书中被译作"卡伊姆"（Kaim）；"嘎迪"（qadi）或法官，被译作"卡迪"（kadi）；以此类推。但除此之外，还存在一些读者们非常熟悉的术语，比如"伊拉克"（Iraq）和"基地组织"（Al Qaeda），在这些词中我保留了"q"的转写，对于这种前后不一致的现象我十分抱歉。同样地，还有"巴格达"（Baghdad）一词（一些 17 世纪英国人将其写作"Bagdat"，而到了 20 世纪人们则使用"Baghdad"），我保留了"gh"，作为字母"ghayn"或"ġ"的转写。我还忽略了有争议的字母"'ayn"或"ε"——这个字母对于那些不会阿拉伯语的读者来说完全无法发音，它曾被转写成"a""aa"甚至"3"——因为对于那些不懂阿拉伯语及阿拉伯语发音规则的读者来说，一个缩略符，或者刚刚所述的"3"，真的有重要的意义吗？阿拉伯语专家一定会明白这些词的含义，而其他读者也不会在意缺少这些符号。因此哈里发"马蒙"（Ma'mun）被译作了"麦蒙"（Mamun），"伊拉克"也并不译作"'Iraq"，而是"Iraq"。我选择不用连字符连接定冠词，因此我在首次提及时将"曼苏尔"译作"Al Mansur"而不是"Al-Mansur"，"艾敏"译作"Al Amin"而不是"Al-Amin"，后文中则直接用"Mansur"和"Amin"指代。

我知道，本书中的转写方式与现代最成熟的学术方式相悖甚远。T. E. 劳伦斯曾如是辛辣回应《智慧七柱》一书可怜的编辑关于澄清拼写的请求，他说："所谓'科学的'转写系统完全就是个失败品，只对那些不需要帮助就能读懂阿拉伯文的人有帮助。我书中的名字我想怎么拼写就怎么拼写，好给你们看看这套系统有多差劲。"我不敢说这些系统很差劲，但我还是宁愿效仿劳伦斯的榜样，对我在本文开头提出的那个问题做出解答：先知是"Mohammed"（穆罕默德），他受真主启示所传的经书叫作"Koran"（《古兰经》）。

序　言

　　老人捋着胡须摇了摇头。他是一位书贩，在巴格达市中心尘土飞扬的穆太奈比大街上摆摊，此地距离底格里斯河仅有几码远。"伊朗人又掌控了我们，"他说着，一边挥手赶走书堆旁的苍蝇，"我们摆脱了土耳其人，我们甩掉了英国人，美国人也离开了我们，现在伊朗人又来了。他们现在操纵着伊拉克*，四处找麻烦，在逊尼派和什叶派中间煽风点火。真主啊，这世界上有些事情永远也不会变。"

　　这位老人对伊拉克邻国的敌对态度反映了大量逊尼派阿拉伯人与什叶派伊朗人之间的历史积怨。在这座 700 万人口的城市中，德黑兰的阴谋已经成了人们见怪不怪的日常话题。然而，老人在这番

---

* "伊拉克"一词被认为最早可以追溯至公元前 4 世纪的苏美尔城市乌鲁克，后来演化成了阿拉米语的"埃雷克"和波斯语的"埃拉格"（"伊拉克，从阿拉伯文词形来看，应当源自波斯语的'埃拉格'，即'低地'"——摘自《剑桥伊朗史》）。幼发拉底河与底格里斯河中间这片被古希腊人称作下美索不达米亚的地区，从古代起就被叫作"伊拉克"了，这个阿拉伯文名字的源流十分久远。中世纪时代，"伊拉克·阿拉比"（阿拉伯的伊拉克）与"伊拉克·阿杰米"（伊朗的伊拉克）分别代表下美索不达米亚和伊朗中西部。1921 年，奥斯曼帝国的巴格达、巴士拉和摩苏尔三省合并成为今日的伊拉克国家。

针对宿敌的忿恨评论中并没有提到，要不是 1300 年前一群伊朗人的合谋干涉，巴格达这座伊斯兰帝国的荣耀之都、世界文明之星、世间最伟大的文明中心也就不可能存在，更不用说这位书贩生活了80 年的家乡了。

从 719 年前后开始，起义就已在酝酿之中了，今天的伊拉克南部（在现代，伊拉克被划分成了东部省份贾兹拉、吉巴勒、阿塞拜疆、亚美尼亚与伊拉克）、幼发拉底河畔的穆斯林圣城库法，那里的密谋者向约旦死海南部一个名不见经传的小村庄胡麦玛派出密使，点燃了反叛的火种。就在那里，在一座小乡村庄园的果园和橄榄林之间，一位乔装成香水商人的信使煽起了反抗伍麦叶王朝、推翻身居大马士革的伊斯兰帝国统治者的星星之火；反叛的流言悄悄传到了一位先知穆罕默德家族的远房后裔那里。

一段时间后，更多特使从库法出发赶往当时伊斯兰世界的东部边陲呼罗珊，那是一片辽阔的地域，从伊朗东部延伸到阿富汗、乌兹别克斯坦和土库曼斯坦。呼罗珊的西半部曾是古国帕提亚的领土，最初是帕提亚帝国（公元前 247 年至公元 224 年）的兴起之地，后来成为波斯帝国的一个省份。这片地区分布着广阔的草原，点缀着富饶且著名的绿洲城市，诸如撒马尔罕、布哈拉、尼沙普尔、赫拉特、巴尔赫，以及高墙环绕的首府城市谋夫。这里也分布着冰雪覆盖的高山，乌浒河（今称阿姆河）与赫拉特河从帕米尔山脉与兴都库什山脉（被后世的阿拉伯地理学家称作"大地的岩石腰带"）激流而下，灌溉了克孜勒库姆（红沙）沙漠和卡拉库姆（黑沙）沙漠。在古典时代被亚历山大大帝占领后，呼罗珊在 650 年又一次被阿拉伯军队攻占，这些阿拉伯人从阿拉伯半岛出发，开辟了一条漫长的伊斯兰征服之路。数十年后，呼罗珊成了一座民族熔炉，阿拉伯征服者与新皈依的突厥游牧民、伊朗王公、赤贫的农民、富裕的粟特商人及丝路商队首领们比邻而居。所有人都受远在大马士革的伍麦叶王朝哈里发统辖。

先知穆罕默德于 632 年去世后，继任的四位哈里发——艾布·伯克尔、欧麦尔、奥斯曼和阿里——领导着不断扩张的伊斯兰世界。直至 661 年，先知的连襟兄弟、叙利亚总督穆阿维叶攫取权力，建立了世袭的伍麦叶王朝，其渊源可追溯至麦加。通过坐镇首都大马士革开疆拓土，伍麦叶帝国成为当时世界上最强大的帝国之一，经过多次军事征服，其国土自西方的北非和伊比利亚半岛，一直延伸至东方的中亚以及中国和印度的边界。但长期以来，呼罗珊人对日渐专制的伍麦叶家族渐生反心，从库法前来的密使宣称他们的生活豪奢无度，对信仰毫不关心，这些消息也激励了他们的反抗欲望。呼罗珊人日益高涨的不满催化了几场武装叛乱，但很快便被叙利亚的军队粉碎了。反叛者支持的领袖被有意暧昧不明地描述为先知穆罕默德的家族成员。他们纷纷向圣裔家族（Al Rida min al Mohammed）立下盟誓。这场精心谋划的阴谋是"史上最早且最隐秘的政治伊斯兰宣传运动"的中心环节，使叛乱行动吸引了大量阿里党人——或更常用的缩略词"什叶派"——他们是先知穆罕默德的堂弟与女婿、661 年遇刺身亡的第四任哈里发阿里的追随者。[1]

什叶派认为阿里才是首位哈里发，他被剥夺统治权的后裔才应当是穆罕默德的合法继承者。而正统派穆斯林——或曰"逊尼派"，即"遵循先知传统与公社共识者"（Ahl al Sunnah wal Jaamah）——则认为阿里是第四位哈里发，也是最后一位"正统哈里发"（Rashidun）。这一差别是逊尼派与什叶派分裂的根源。库法和呼罗珊的什叶派都认为他们自己才是穆罕默德政治权力与精神引导的正统继承者。换句话说，他们是，或者至少他们自认为是，最可能从推翻伍麦叶王朝的起义中获益的人。

什叶派在伍麦叶王朝的伊拉克行省尤其人数众多，他们认为以大马士革为基础的伍麦叶王朝是逊尼派非法篡位者建立的哈里发国家，而它应当由阿里的后裔统治。然而实际上，尽管这些长途跋涉的起义者们此时还没有公开挑明，但他们效忠的对象是阿拔斯家族——先知穆罕默德的叔叔阿拔斯的后裔。尽管相比阿里家族，阿拔斯家族与先知本人的血缘关系十分淡薄，但两者的组织能力完全不能相提并论。

来自伊拉克的特使们低声向人们许诺伊斯兰的复兴，阿拉伯人与非阿拉伯人彼此平等和团结成穆斯林同胞的黎明呼之欲出，而不像伍麦叶王朝那样偏袒阿拉伯部族并压迫其他所有民族，无论他们是否皈依正信，导致阿拉伯人与非阿拉伯人相互分裂，遍生嫌隙。这些消息在肥沃的土壤中生根发芽。当时阿拉伯南部的卡勒卜部族与北部的盖斯部族相互敌视，他们之间的斗争绵延数代，在伊斯兰世界各处都造成了流血冲突，从内部损耗着伍麦叶王朝的国力。

阿拔斯运动通过商道和朝圣路线向呼罗珊传递着消息，起义参与者们乔装打扮成不同角色，躲过路途上的盘查，组成了一个严密精巧的情报网络：他们大多是沿着古老的商道，骑着骆驼来来往往的商贩，或至少自称如此；他们是香水商贩、工匠、制鞍匠、药剂师和制箭匠；我们如今可以得知，他们中间有 70 位左右的阿拔斯家族宣者分别代表呼罗珊的 25 个部族，即定居在呼罗珊地区的所有阿拉伯部族。

在接下来的几十年间，呼罗珊和伊拉克的人们对伍麦叶家族及其暴政的憎恨渐渐滋长。8世纪40年代曾自豪地在大马士革建成伍麦叶大清真寺，在耶路撒冷建立圆顶清真寺，并率领伊斯兰世界打击拜占庭异教徒的伍麦叶王朝，在东方面临着一场大规模叛乱的威胁。744年，三位哈里发先后昙花一现，第四位哈里发马尔万二世在一片混乱中即位。由于他偏袒盖斯部族，呼罗珊的卡勒卜部族与伍麦叶家族的关系进一步疏远，该部族的大量部众加入阿拔斯势力的武装，这引起了伍麦叶王朝的呼罗珊总督纳斯尔的警觉。"我看见灰烬中有余炭闪亮，不假时日便要爆出火星。"他致信马尔万，警告即将到来的浩劫，"钻木而起火光，鼓舌而生变乱。"[2] 747年6月15日，隐蔽在伪装下的阿拔斯起义军终于露出真面目，在谋夫城外围揭起了黑色战旗。成千上万人纷纷揭竿而起，蜂拥而至。

这个什叶派、呼罗珊人与阿拔斯家族大联盟的精神领袖是艾布·阿拔斯，他是先知的叔叔阿拔斯的玄孙。他手下的主将是艾布·穆斯林，这位神秘人物出身不明，但在战场上赢得了无上声誉，他曾在对抗伍麦叶军的战斗中赢得了一连串激动人心的胜利，但也因此臭名昭著：比如某次他曾冷血屠杀六万人。[3] 艾布·穆斯林首先成了库法与呼罗珊之间实际上的关键人物，然后成了阿拔斯运动最为声名卓著的军事领袖，而且早在748年，他就已自立为谋夫城主，派遣大军西征了。

一年后，库法城内的起义者策划了一场政变，将阿拔斯起义军放进城内接管了城市。然而直到这时阿拔斯家族仍旧没有公开露面，他们都被库法秘密组织的临时头目艾布·萨拉玛下令隐藏了起来。最终，当流言风起，人们纷纷传言阿里家族的后人将要即位成为哈里发时，当地人才指引起义军来到了阿拔斯家族的避难所，找到了艾布·阿拔斯本人。749年秋，尽管伍麦叶王朝尚未被彻底击败，艾布·阿拔斯便已自称哈里发，或"信士的长官"（Amir al Muminin）了。

750 年 1 月，马尔万二世率领的伍麦叶军与阿拔斯军在大扎卜河两岸相遇，这条河是底格里斯河流经伊拉克北部的支流。据 10 世纪拜占庭教士与编年史作家"忏悔者"狄奥法尼斯记载，伍麦叶军多达 30 万人，兵力远超阿拔斯军。阿拔斯军使用了他们从伍麦叶军那里学来的战术，他们布成长矛阵，士兵们单膝下蹲，将矛尖指向敌人。马尔万的骑兵勇猛地发起冲锋，但阿拔斯军维持住了阵型，并将许多骑兵刺穿在长矛上。至于那些幸存的伍麦叶军士兵，许多人都丢盔卸甲，落荒而逃。"据说当时一个士兵追着上千个敌兵跑，两个士兵就能赶走一万敌军。"狄奥法尼斯如是写道。[4] 马尔万下令将河上的浮桥截断，以防士兵渡河逃窜，但这一决定让无数逃兵淹死在大扎卜河中。很快，伍麦叶军被彻底击败。

马尔万逃出伊拉克，而后进入叙利亚，最终辗转逃到埃及。750 年 4 月，大马士革陷落，同年 8 月，流亡的伍麦叶末代哈里发在埃及的布希尔镇被抓获并杀害。他的首级被交付艾布·阿拔斯手中，后者的哈里发名号或皇室称号叫作"赛法哈"，即"嗜血者"。据 9 世纪历史学家穆罕默德·伊本·贾利尔·塔巴里的记载，阿拔斯家族在库法清真寺的台阶上宣告了伍麦叶王朝的灭亡。这篇宣言是由艾布·阿拔斯的兄弟达乌德发表的：

> 让我们带着感谢、感激与更大的感恩赞美真主！赞美真主，祂消灭了我们的敌人，使我们重归先知穆罕默德后裔的统治，愿真主福安之！民众啊，如今笼罩世界的黑夜已经消散，帐幕已经升起，如今天地间晨光破晓，太阳从白日的源泉升

起，明月也从真主指定的地方升上夜空……真主令你们注视，你们所长久期待的事情就此发生。祂从你们中拣选了一位哈希姆家族的哈里发，因此你们将颜面有光，你们将战胜叙利亚的军队，因此真主将统治权与伊斯兰的荣耀交付你们。[5]

在另一个版本的演讲中，哈里发的权威并没那么容易建立，在接受了臣服誓约并加以警告后，发着高烧的哈里发咬牙说完了他的开场词："大家都做好思想准备，因为我是无情的嗜血者，不惜毁灭一切的复仇者。"[6]

一度无比强大的伍麦叶王朝曾将伊斯兰帝国的边界向西推进至大西洋沿岸，向东扩张到阿富汗的群山之中，但如今它完全消失了，伊斯兰世界改朝换代，迎来了新的领袖。

赛法哈的确不负"嗜血者"的名号。在担任哈里发的短暂生涯中，他把大部分时间用来追捕和屠杀伍麦叶家族的幸存男性成员，他对这项事业的执着甚至可称得上着魔。最终伍麦叶家族只剩一人设法逃脱了大屠杀，一路辗转向西，最后在伊比利亚半岛的科尔多瓦建立了伍麦叶埃米尔国，这个国家是伊斯兰世界的一个小小的割据朝廷。15世纪的埃及历史学家马克里齐为这场复仇行动提供了一些可怖的细节。据说赛法哈下令掘开并破坏伍麦叶家族的墓地；掘出的尸体被"鞭打并钉在十字架上"；骷髅头则被当作训练标靶，然后被砸成碎片，最后与剩下的伍麦叶家族成员残骨尸块归拢在一起，被烧成灰烬。[7]

754年，在赛法哈获得胜利不到四年后，这位年龄三十出头的"嗜血者"不幸死于天花。他去世后，他的弟弟艾布·贾法尔获得了"曼苏尔"（即"胜利者"）的称号，登上了哈里发大位。赛法哈短暂而血腥的统治为后世留下了一笔长久而伟大的遗产，维系了超过 500 年时间。改变世界的阿拔斯王朝就此诞生，这一王朝的卓越成就至今仍在穆太奈比大街上，那位卖书的怪老头摆出的旧书中被纪念和传颂。

第 1 章

哈里发与他的首都

曼苏尔与巴格达的建立，750—775 年巴格达是伊斯兰的中心，是幸福之城；在这座城市中，人们无不谈论它的天才、雅致与温文。这座城市中的风凉爽宜人，学术深刻精尖。在这座城市中，一切事物都是最为佳美的，一切事物都蕴含着美丽。所有值得思考的学问都从这座城市涌出，所有优雅精致的事物都被吸引到这座城市。所有人心都向往它，所有战争都针对它，所有人都会举起双手守卫它。这座著名的城市无须描述，其伟大远超我们所能描绘，即使再多的赞美也称不上它。[1]

——穆卡达西，《地域知识》，10 世纪

哈里发需要一座首都——这座城市将会成为阿拔斯王朝的中心，以及自摩洛哥和伊比利亚半岛至中亚地区，绵延超过 500 万平方千米的伊斯兰世界（Dar al Islam）大本营。

　　直到 762 年，如同 7 世纪大征服期间刚刚突破半岛的阿拉伯部落那样，阿拔斯王朝还在像游牧部落一样不断更换着首都。在 750 年取伍麦叶王朝而代之，成为伊斯兰世界的领导者之后短短一段时间内，他们已更换了四座首都。在位于幼发拉底河畔、库法与巴格达之间的卡斯尔·伊本·胡拜拉城堡短暂居住过一段时间后，曼苏尔的前任赛法哈对其十分不满，便在幼发拉底河东岸的波斯古镇安巴尔附近为自己修建了一座宫殿（hashimiya），该地如今位于伊拉克西部。当地人并不喜欢"hashimiya"这个名字，它来自阿拔斯家族的祖先哈希姆，他们仍旧叛逆地使用旧名字"伊本·胡拜拉"来称呼这个地方，这个名字来自伍麦叶王朝最后一任伊拉克总督叶齐德·伊本·欧麦尔·伊本·胡拜拉。赛法哈立刻便在城堡对面的新宫殿中住了下来。

　　"胜利者"曼苏尔在伊本·胡拜拉城地区建立了曼苏尔城（Madinat al Mansur），此地距离反政府的什叶派极端分子大本营库法很近——可以说太近了。758 年，一场血腥的暴动在他的宫殿中爆发，起因是一群波斯狂热分子企图尊他为神，被他斥为异端后便愤而反抗。这场暴动一定让他感到自己有必要寻找另一个更加合适的新地点建立首都。

在西方，大马士革对已倒台的伍麦叶王朝仍旧保持着根深蒂固的忠诚，因此在此建都是不可能的。况且大马士革距离波斯过于遥远，而波斯地区为阿拔斯家族的军力提供了强势保障；大马士革离希腊前线又太近，在伍麦叶王朝末年，拜占庭帝国就曾多次试图发起入侵。公元 7 世纪至 8 世纪的阿拉伯扩张达到顶峰后，阿拉伯人统治了西方的大片土地，然而进一步的伊斯兰征服似乎更加趋向东方，当时阿拉伯人已吞并了乌浒河以外的地区，因此，阿拔斯王朝第二任哈里发决定在美索不达米亚中部的两河流域勘定首都地址。为了维持首都的独立性，新城需要距离库法和巴士拉足够远才行，在阿拉伯征服时代的第一个世纪，这两座城市就已在美索不达米亚落成并驻有军队了。

曼苏尔不想将这项重要任务放手交给手下官僚去做。于是他亲率勘察队勘探新都地址，从贾扎里耶到摩苏尔，他乘舟在底格里斯河顺流而下，又逆流而上，带着他对细节执着的关注，寻找最合适的地址。这个地区本身并没有什么十分独特的地点：河畔的聚落与灌溉美索不达米亚沃土的幼发拉底河本身，都早在远古时代就已存在。美索不达米亚之所以能够支撑起历代大帝国，完全应归功于它的肥沃富饶，公元前 5 世纪的希腊历史学家希罗多德曾带着惊叹之情盛赞这片土地，除此之外，他还记录了纵横的灌溉水利网，这片沃土依赖这套网络才如此丰饶。* 这个复杂的大型水利工程需要时

---

* "亚述遍地良田，是世界上最富裕的国家。本地人并不种植无花果树、葡萄藤或橄榄树，或其他任何果树，但此地土壤极为肥沃，田地通常能产两百倍的粮食，额外的一年中能产出三百倍的粮食。大麦和小麦的叶子足有三英寸宽。"（《历史》第一卷，第 193 页）

常维护才能正常运行。

尽管巴格达城是曼苏尔兴建的，但这座聚落的历史要比这位阿拔斯王朝哈里发久远得多。有许多记载与暗示表明，从远古时代这里就已经存在一个社区了。我们可以想见，在底格里斯河畔，美索不达米亚的沃土之间，这片地方一定是一个宜居地点。强大的亚述国王提格拉特·帕拉沙尔一世曾于公元前 1100 年左右对这里发起征服，此人在《旧约圣经》的《列王记》和《历代记》中被描述为一位热衷烧杀屠戮的征服者（他曾自称"强大的王、众主之王、无敌之王、大地四方之王"），据说他的儿子攻占了一个叫作"巴格达"的地方，此地在当时并没有什么重要性。[2] 公元前 7 世纪前后，传奇的亚述国王萨丹纳帕勒斯的地理名录中也出现了一个与"巴格达"近似的地名。1848 年，著名东方学家，日后活动在奥斯曼帝国治下阿拉伯地区的英国政治代理人及已故皇家地理学会会长亨利·劳林森爵士，在巴格达位于底格里斯河西岸的地区发现了巴比伦时代的砖衬——这些砖衬上印有尼布甲尼撒的王印，这位公元前 6 世纪的国王在《旧约圣经》中同样也是个邪恶枭雄，被描绘成一位屠杀犹太人、砸毁庙宇、爱财如命的暴君。但我们尚不清楚这些文物是否在巴比伦王朝灭亡后被人移至巴格达的，甚至将这些文物迁至巴格达的很可能是曼苏尔本人。

巴格达城城址以南 20 千米处（也是距离曼苏尔的新城最近的建材来源地），坐落着让人浮想联翩的泰西封城遗迹。泰西封曾经是帕提亚帝国和萨珊帝国的宏伟首都，从公元前 1 世纪起便已是一座重要城市，历代古波斯帝王在泰西封以北不远的地方坐拥广阔的皇家庭院与花园，日后的巴格达就落成在这片区域。泰西封以更加古老的塞琉西亚城为基础，坐落于底格里斯河两岸，是希腊与罗马时代世界上最宏大的城市之一。阿拉伯人将塞琉西亚－泰西封城称为"马达因"（即"诸城"）。成片的城镇与村庄分布在底格里斯河沿岸，正如几个世纪后的一句巴格达俗语所说，"若是让一只鸡从这个房顶跳到那个房顶，那么它能一路跳到巴士拉去"。[3]

尼布甲尼撒时代的 1000 年后，这里定居着几个由聂斯托利派基督教士组成的社区，他们在巴格达的一些建城神话中多被提及。[*] 7 世纪萨珊帝国后期，这里是一座生机勃勃的伊朗城镇，城镇中开设着每月一度的集市。但在 634 年，这座小镇在阿拉伯人的历史上留下了不光彩的一页。据记载，首位哈里发艾布·伯克尔属下的一支阿拉伯军队袭击了这个当时被称为"苏克·巴格达"（巴格达集市）的地方，洗劫了他们能找到的所有金银财物，然后纵马奔入沙漠，逃之夭夭。这个社区从此只留下一片被毁灭的残迹，沉入历史的迷雾之中，直到曼苏尔于 762 年来访此地，巴格达的新时代才就此展开。

曼苏尔选择底格里斯河而非幼发拉底河作为建城地址，证明了他对地理学有着敏锐的了解。首先，幼发拉底河是这片丰饶沃土的西部边界。与底格里斯河两岸都分布着富饶肥沃且灌溉良好的土地不同，荒芜的阿拉伯沙漠一路延伸至幼发拉底河西岸。幼发拉底河的河水通过水利网络灌溉了两河平原的农田，这些水利网络有些能追溯到公元前 4000 年前后的苏美尔时代，而底格里斯河的河水则

---

[*] 聂斯托利教会得名于 5 世纪的君士坦丁堡牧首聂斯托利其人，该教会也被称作"东方教会"或"东方基督教叙利亚支派"。美索不达米亚的基督教社区最早可追溯至 1 世纪，410 年的塞琉西亚－泰西封会议正式承认东方教会应由他们自己的主教统辖，东方教会的主教被称为"牧首"或"宗主教"（在希腊语中意为"总长"）。

被用来灌溉河流东岸的农田，两条河流使现代伊拉克的全境领土，从阿拉伯沙漠和南方的波斯湾，到北方库尔德斯坦冰雪覆盖的高山之间的土地都得到了灌溉。其次，在这位阿拔斯王朝哈里发的认识中，幼发拉底河还有一大缺点：与底格里斯河一样，它的河道在几个世纪间已经改变了流向，与现在不同的是，当时幼发拉底河流入了巴比伦古城以北一片名为"大沼泽"的泥泞浅滩中，因此这条河流是无法供船只通航至波斯湾的（尽管如今两条河流在巴士拉西北方的库尔纳交汇，形成了直通波斯湾的阿拉伯河）。而底格里斯河虽然同样流经这片沼泽，但通过一系列运河，船只还是能够顺利航向南部海岸，其商贸与航运价值是不言自明的。

著有《列国志》一书的 10 世纪阿拉伯地理学家和历史学家雅库比，就引用了曼苏尔郑重其事的预言，来强调巴格达沟通外界的重要地位：

> 这座"岛屿"（指这片两河之间的土地）东方以底格里斯河为界，西方以幼发拉底河为界，必将成为世界的十字路口。底格里斯河上的航船，无论它们来自瓦西特、巴士拉、乌布拉、阿瓦士、法尔斯、阿曼、亚玛玛、巴林还是邻近各国，都将在此地落锚停靠。商人将从摩苏尔、阿塞拜疆和亚美尼亚出发，顺底格里斯河而下来到这里。从拉卡、叙利亚、小亚细亚边界、埃及和马格里布来的航船，也会沿着幼发拉底河最终将货物运至此地。这座城市还坐落在杰巴勒、伊斯法罕和呼罗珊各省的商道上。凭真主起誓，我要在这里建立首都，一生居住于此。这里将成为我子孙后代的居所。这里将成为世界上最繁华富足的城市。[4]

·

10 世纪阿拉伯地理学家,《地域知识》一书的作者穆卡达西则记录了时人的另一番溢美之词。他记载了当地一位贵族对曼苏尔的进言, 大大赞美了这片地区:

> 我们建议您定居（在这里）……这样您就能在棕榈树的环绕中, 在邻近水源的地方生活了。万一某片区域遭遇了旱灾, 或者耕作被延误, 另一片区域也能缓解情况。而且, 您在萨拉特运河（一条能够追溯至古波斯时代的运河, 是连接两河的水利系统的一部分）岸边, 幼发拉底河上的航船便能将货物运到您这里来。埃及和叙利亚的商队将跨越沙漠来到这里, 中国的各式珍宝也将通过海路运到这里供您享用, 拜占庭和摩苏尔的货物将通过底格里斯河运来此处。而且您坐镇在两河中间, 这样的话, 敌人除非乘船, 过桥, 或通过底格里斯及幼发拉底河水路, 否则不可能伤您分毫。[5]

据说聂斯托利派教士向曼苏尔保证说这片地区的气候也十分宜人。与美索不达米亚的大部分地区不同, 巴格达的夏季较为凉爽干燥（这在今日是难以想象的, 如今巴格达 8 月份的气温可达恐怖的 50 摄氏度）, 使得这片地区避免了致命的热病和疟疾肆虐, 而这两种疾病在巴士拉和幼发拉底河流域十分普遍。巴格达的夜晚也十分舒适。巴格达人喜欢在炎热的夏季登上房顶, 在星空下入睡, 这个家庭生活传统同这座城市一样古老, 并且一直延续至今。

"巴格达"这个名字可能来源于波斯语。13 世纪的叙利亚人雅库特是《地理学辞典》的作者, 可能也是中世纪最伟大的地理学家，他猜测这个名字来自"bagh"一词，意为"花园"，而"dad"则是花园主人的名字。还有另一种说法，认为"bagh"是某位偶像的名字，"dad"则是"赠礼"的意思，因此这座城市的名字应当解作"巴格神的赠礼"。到 1900 年，东方学家盖伊·勒·斯特兰奇在论著中解决了这个争论，他曾为阿拔斯王朝写有长篇累牍的著作。他写道："这个名字……真正的词源似乎应是两个古波斯语单词——'bagh'，即'神'；'dadh'，意为'建立'或'创建'。因此'巴格达'的意思是'神赐之城'。"[6]

当然，曼苏尔也为这座城市取了一个专属于他自己的名字：曼苏尔城（Madinat al Mansur），与他曾在库法附近建造的那座城堡同名。然而，尽管曼苏尔建立的这座城市的确是他与子孙后代的居所，而且至少在以后几个世纪中堪称"世界上最繁荣富足的城市"，但他为自我夸示而取的大名却没能在历史上存留下来。这座城市，或者说涌入这城市定居的居民们——这些人促成了历史上最为迅速且惊人的城市化浪潮——更喜欢称其为"Madinat al Salam"，即"和平之城"，或"Dar al Salam"，即"和平家园"。后者来自《古兰经》对天园的描述："真主召人到平安的住宅，并引导其所欲引导的人走上正路。行善者将受善报，且有余庆，脸上没有黑灰和忧愁，这些人是乐园的居民，将永居其中。"[7]

与其他许多伟大的城市一样，巴格达的建成也充满了传奇色彩。9 世纪多产的历史学家，《先知与列王史》（该书英文版长达令人目眩的 38 卷，共约 1000 页）的作者穆罕默德·伊本·贾利尔·塔巴里就曾记录了一个故事。在这个故事中，巴格达萨拉特区的一位基督徒医生对曼苏尔讲述了一个本地传说：据说一个名叫米克拉斯的人将在底格里斯河和萨拉特运河之间，建立一座名叫"扎乌拉"，即"歪扭"的城市。这是巴格达城的一个外号，之所以取这个外号，可能因为这座城市坐落在河流的弯道上，可能因为它拥有圆形的城墙和位置不正的城门，可能因为城内的大清真寺圣龛并没有对准麦加的方向，也有可能以上原因兼而有之。"真主在上，我就是那个人！"曼苏尔随即惊呼道，"我小时候就叫米克拉斯，但是现在这个名字已经不再用了！"[8]

在 17 世纪初的游记《帕切斯朝圣记》中，萨缪尔·帕切斯记录了一个中世纪传说，就像那个时代的许多类似故事一样，声称这座城市的名字有一个基督教来源："巴格达，亦称'达尔·萨拉姆'，即'和平之城'，得名于一位名叫巴格达的修士，他就在这片草原上的某座教堂中服事。"帕切斯作为一个虔诚的教士，将巴格达称为"魔鬼的耶路撒冷"。[9]值得注意的是，帕切斯的偏见在 1000 年前的巴格达少有或并无共鸣，当时基督教已经在中东地区根深蒂固，而伊斯兰教还只是一个刚刚勃兴的宗教。历史学家们更关注基督教在西方的传播，而基督教从中东向东方的传播往往被他们轻视。然而如果不是耶路撒冷遭到了严重破坏的话，罗马是不可能成为西方基督教中心的。正如戴亚梅德·麦克库洛赫令人信服的论述，"在基督教纪元的 8 世纪，新崛起的伟大都市巴格达比罗马更像世界基督教的中心城市"。[10]

在查阅早期的编年史、其他史书和地理文献时，我们需要注意一点，那就是古老的逊尼-什叶分歧在巴格达的故事中占有中心地位，它能轻易地为历史本身和几个世纪以来历史流传的方式涂抹上宗派色彩。塔巴里的著作记录了自伊斯兰教创立至 915 年的历史，是阿拔斯王朝最为权威的史书，也是早期伊斯兰历史的蓝本。尽管他的文本十分晦涩无味（可以说读起来很难让人愉悦），但自从该书发行以来，阿拔斯王朝的所有历史学家都从这位不知疲倦的独立学者的作品中汲取了许多营养。面对其漫长的篇幅和广博的研究范围，现代读者只能惊奇称叹。借用近来学者的说法，许多人认为他的著作"传统、中肯且包罗万象"。塔巴里对阿拔斯王朝也抱有很深的感情，但他并不会像宫廷史官那样在著作中写下歌颂朝堂的陈词滥调。然而还是有读者发现，在塔巴里记载的关于历代哈里发最丰富多彩的故事，尤其那些涉及性、酒精与杀戮的故事中，隐藏着一定程度的宗派偏见。[11] 而当我们探究这些早期史书的可信性时，这种宗派偏见是值得注意的。举例来说：雅库比的史书就明显表达了什叶派观点中对哈里发国家的认识；10 世纪的历史学家马苏迪（869—956）被人们称为"阿拉伯的希罗多德"，是文笔最为生动、闲散的中世纪阿拉伯历史学家，而他最喜欢夸大其词。

从历史记载来看，曼苏尔哈里发与他建立的这座城市拥有许多共通的特点。一方面，他高贵典雅，充满智慧，眼光长远，为人宽大，组织天赋十足，商业头脑敏锐，极其富有且信仰虔诚；另一方面，他也时常挑起暴力冲突，犯下极为残酷的暴行，而且他残忍嗜杀，从心底缺乏宗教包容。曼苏尔的人格优点与缺点，也正是巴格达未来走向的微观缩影。

曼苏尔其人高大瘦削，胡须稀疏，是一个虔诚的穆斯林，也是一个优秀的演说家，他常在星期五聚礼时在自己的清真寺领祷，激励信士们过符合伊斯兰道德的理想生活。与他的一些更富有激情的后继者不同的是，曼苏尔并不饮酒且极其厌恶音乐。据说某次他在宫殿中听到有人奏乐，便循声而去，结果发现是一位太监正在弹奏冬不拉（tunbur）或曼陀铃琴。曼苏尔立刻命人把琴砸碎在太监头上，然后将这个可怜的家伙拉去奴隶市场卖掉了。曼苏尔十分勤奋，经常长时间自我反思，然后精神满满地投入工作。他每天日出之前起床，先是独自祷告，而后与家人共同祈祷，然后来到伊旺（即穹顶会客厅）主持国家事务。午休过后，他与家人一同度过下午的休闲时光，直到昏礼时分，然后他又投身通信与国事工作，最后在晚上 10 点上床睡觉。

战争与杀戮深深刻印在曼苏尔的血液中。在他统治的 21 年间，他的大部分时间都在巩固新王朝的权势和镇压叛乱中度过，其中两场叛乱在巴格达建城期间爆发，但很快便被平定了。在塔巴里的史书中，有关曼苏尔的部分简直是一场大规模处决狂欢。"'给我砍了他的头！'（曼苏尔）吼道，然后他便被押出去斩首了。"其中典型的一句写道。"（曼苏尔）下令砍掉了他的脑袋。"另一句如是写道。在杀死他的仇敌或最为坚定不移的忠诚部属如艾布·穆斯林将军时，曼苏尔都不会有一丝犹豫或感情波动。这位哈里发处死了太多人，事实上，有时候历史学家也会奇怪他是如何腾出时间处理其他国务的。

关于曼苏尔黑暗的一面，塔巴里还记载了一个最恐怖的事例，哈里发的香水师贾姆拉讲述了这则令人难忘的小故事。她讲道：在去往麦加朝圣（这也是他人生中的最后一次朝圣）前，曼苏尔将自己的密窖钥匙交给了儿媳丽塔，她是曼苏尔的儿子与继承人马赫迪的妻子，而马赫迪当时正在伊朗。曼苏尔严令丽塔不要接近这几间密窖，除非她确认无误他已经去世。775 年，一俟曼苏尔的死讯确证无疑，马赫迪与妻子便急忙来到密窖，满心期待宫殿的这个阴暗角落藏着秘密的财宝。然而打开密窖后，面前的景象使他们震惊作呕——宽阔的密室中堆满了尸体，从小孩到老人都没有逃脱厄运。这些全都是阿里家族成员的尸骸，这些恐怖的罪证昭示了曼苏尔对阿里与法蒂玛（她是先知穆罕默德的女儿）的什叶派后代所实行的迫害政策。每具尸体的耳朵上都有一个标签，详细列出了死者的名字与系谱：无情的暴力与一丝不苟的规划得到了统一。

曼苏尔对阿里家族有条不紊的迫害行径，是巴格达内外逊尼派与什叶派之间严重冲突的早期表现之一。在此后的 13 个世纪中，这一宗派冲突将会周期性地激起暴力冲突，在巴格达的街道上泛起血色洪流。

曼苏尔的吝啬可谓尽人皆知。他有一个外号叫作"艾布勒·达瓦尼克"，即"零钱老爹"，用以形容他节衣缩食、锱铢必较的吝啬性格。马苏迪曾著有《黄金草原》一书，这部精美的著作讲述了自亚当与夏娃至阿拔斯王朝的世界历史，在这部书中他记录了几个有关曼苏尔的轶事。"曼苏尔的谨慎、判断的公正与政策的优秀难以言表，"他写道，"当有利可图时，他能做到极度慷慨大方，但如果必有所失，他不会让出哪怕一分一毫好处。"[12]

在曼苏尔去世时，马苏迪写道，他在金库中留下了 1400 万第纳尔金币与 6 亿迪尔汗银币（1 第纳尔金币值 20 迪尔汗银币，1 迪尔汗银币约重 3 克）。然而，"这笔巨款并没有减轻他的吝啬，也没能阻止他对平民都不会追究的细节吹毛求疵。他甚至与厨师立约，让后者可以保留牲口的头、脚和皮，以此作为提供柴火与调味料的报酬"[13]。如此的事必躬亲与斤斤计较也带来了好处，尤其对于他的儿子与继承人马赫迪而言更是如此。

762 年，曼苏尔用煤渣画线，在地面上规划了圆形城市的大体布局。曼苏尔曾学习过欧几里得的理论，并对其推崇备至，这座城市完美的圆形布局便应用了欧几里得几何学。在他检视过各项平面规划并允准后，人们将浸过石脑油（一种液态石油）的棉花团沿外围轮廓摆好，然后将其点燃，以更加持久地标示双层外墙的位置。数千位建筑师与工程师、法学家、勘察者，以及木匠、铁匠、挖掘工和普通劳工，被从阿拔斯帝国各地征募而来。这是当时伊斯兰世界最宏大的建筑工程：雅库比记载劳工人数多达十万人，这很可能有所夸大，但也体现了其规模的巨大。据塔巴里记录，一位熟练建筑工每天领 1 卡拉特银币，值二十四分之一迪尔汗，一位日工则能领到 2 到 3 克银子。在当时，四分之一迪尔汗能买一整头羊羔，而 1 迪尔汗能买 30 千克椰枣或 8 升油，因此这样的薪资是十分优厚的。[14]

皇家天文学家、前琐罗亚斯德教徒瑙巴赫特与皈依伊斯兰教的犹太人马沙拉哈声称，762 年 7 月 30 日是最宜破土动工的日子。[15] 曼苏尔在向真主祷告过后，仪式性地立下了第一块砖。"现在，真主保佑你们，动工吧！"他对集结起来的工人下令道。[16] 突厥征服者帖木儿在 6 个世纪后如同烈火风暴般席卷了巴格达，并在撒马尔罕花费数十年时间修建起宏伟的建筑，装点他钟爱的首都。与帖木儿相似，曼苏尔坚持亲力亲为，亲自监督和指导工程进展。在他的指挥下，这支建筑大军勘察地点，丈量土地，开挖地基。由于当地缺少采石场，他们便利用日晒和砖窑烧制砖块，以此作为主要建材。他们终日劳苦工作，一砖一瓦地建起了固若金汤的城墙。外墙周围围绕着一条深深的护城壕，外墙之内竖立着一道主墙，再往内还有一道内墙，为城市提供额外的保护。

这座城市的规划大胆创新。"人们纷纷说，在世界各地还没人听说过圆形的城市。"11 世纪学者、《巴格达史》作者哈提布·巴格达迪写道。他的这部著作记述了大量有关建设巴格达城的信息。*[17] 四座大门开在外墙上，彼此距离相等，通过四座城门的每条大道都直通到城市中心。西南方的库法门与东南方的巴士拉门都开向萨拉特运河，这条运河附属于自幼发拉底河引水至底格里斯河的水利工程，是这个水利网的关键部分，也使这片地区变得赏心悦目。西北方的沙姆（叙利亚）门开向通往安巴尔的大道，这条大道穿越沙漠，一路通向叙利亚地区。东北方的呼罗珊门则临近底格里斯河，开向河上的舟桥。** 对于这座城市中的大多数人来说，这些

---

* 哈提布认为世界被划分为七个气候带。除了一个以外，其余气候带都有着各自固有的缺陷，在这些气候带分别居住着拜占庭人、突厥人、叙利亚人、斯拉夫人、中国人和黑人。在这个不完善的世界，伊拉克这片安宁的土地居于中心位置，即"宇宙的中心"，而伊拉克的中心是巴格达，它是帝国的核心，皇室的住所，也是和平之地的启明之星。

** 记清楚数个世纪来不断变迁的巴格达城门名是一件很复杂的工作。有时同一座城门也会有不同的名字。比如库法门有时也被称为"安巴尔门"，因为库法与安巴尔都是巴格达西南方的城镇。当巴格达的圆形城市衰退，其他城区扩张时，又有许多新城市在底格里斯河两岸建立起来。在长期的动荡与毁灭中，这些城市一个个落成或消亡，有时人们会利用旧有的名字为它们命名（如巴格达东部的"呼罗珊门"），有时人们则会发明新的称呼。苏丹门（Bab al Sultan）得名于奥斯曼帝国苏丹穆拉德四世，他于 1638 年从波斯人手中夺回巴格达，这座城门也被称作"光荣门"（Bab al Muadham），这一名号后来被人用以指称巴格达东城区，并且流传至今。哈勒巴门（即"竞技场门"，这座城门下曾有一座马球场）同样位于巴格达东部，它后来被人改称为"瓦斯塔尼门"（即"中门"），它是巴格达市内唯一一座幸存至今的中世纪城门。一些城市也会被人们重新命名。比如底格里斯河东岸哈里发宫殿群的哈萨门（即"禁门"）就曾被人改称为"巴德尔门"，得名于穆尔台迪德宠信的一位奴隶出身的大臣。库勒瓦萨门，得名于巴格达东部的一个小村庄，也被称作"巴塞里耶门"（即"洋葱门"），因为这座城门边分布着农田。如今本应被称为"南城门"的那座城门则被称为"沙尔基门"（即"东门"），这是因为巴格达人在口头上习惯把从南方到来的所有事物称为"东方的"，比如对巴格达著名的、卷挟着沙尘的炎热南风，他们就这样称呼。

用绳索将小船绑在一起搭成的浮桥随波摇曳，是巴格达最为生动的标志之一。在 20 世纪英国人到来并在底格里斯河上架设铁桥之前，没有别的建筑比它们更加恒久不变了。

曼苏尔在附近的瓦西特城定做了一道铁门，根据塔巴里的说法，这道铁门原本是魔神为所罗门王制造的，另外几道城门则由库法和大马士革提供。这几道城门的规格与重量十分可观，要想打开或关闭它们，需要许多人合力才能做到。与其相配的门洞也十分高大宽阔。"一位手持战旗的骑兵或一个手拿长矛的步兵走进这道门时，不需放低旗杆或压低长矛便能随意通过。"雅库比写道。[18]

四道外城门各自拥有一座门楼。这四座门楼高高耸立在城门上方的主墙上，是俯瞰城市的最佳视点，从那里也能遥望底格里斯河边连绵数英里的棕榈林与碧绿的原野。根据马苏迪的记载，曼苏尔尤其偏爱呼罗珊门楼上的大型会客厅，常会在下午来到这里避暑乘凉。

矗立在底格里斯河畔的巨大砖造城墙，是曼苏尔圆形城市的标志性特色。这座城墙周长 4 英里。根据哈提布记载，建筑师拉巴提到，每道城墙在其高度三分之一的地方需要 16.2 万块砖，到三分之二高度时又需 15 万块，最后三分之一高度的部分则需 14 万块，这些砖块需要用苇绳绑实，捆在一起。其中一些砖块据说有 18 英寸见方，重 200 磅。关于城墙的规格与高度，中世纪历史学家众说纷纭，但根据其中一个估计数据，外墙高达 60 英尺，顶端建有垛口，侧部建有塔楼；然而高大的外墙与内层的主墙相比还要低了30 英尺，根据测算，主墙的地基足有 105 英尺宽。[19]

根据塔巴里记载，曼苏尔曾询问出身波斯贵族的著名维齐尔哈立德·伊本·巴尔马克，他是否应当拆毁古城泰西封的遗址，来为新城提供建材。哈立德的回答是不行，因为泰西封是一座留存至今的纪念碑，纪念阿拉伯人战胜前伊斯兰时代萨珊帝国的丰功伟绩。但曼苏尔无视他的进言，擅自着手拆除古城。很快他便发现，这场拆除行动的耗费之大、困难之深远超他的想象。于是他又招来哈立德，征求他的意见。哈里发提出问题后，这位维齐尔回答说，他最好"继续将其夷为平地，因为如果你不这样做的话，人们会认为你没有能力拆除它"。[20] 如同其他权势卓著的哈里发一样反复无常，曼苏尔又一次无视了哈立德的提议，因此，宏伟的泰西封拱门宫殿遗址幸存了下来。它在 1915 年 11 月经历了一场英军与土耳其军之间的激烈战斗，幸而留存至今，成为泰西封古城仅存的纪念碑。

在曼苏尔的严厉督促下，监工们为建材的重量与尺寸严格把关。塔巴里讲述了一个故事，为这项城建工程的严格标准提供了事例。据说在巴格达建成几年后，一个人拆掉了邻接穆哈瓦尔区（西南城郊的纯逊尼派社区）的一堵墙。他发现一块砖上的赭红色笔迹清晰地标记着重量：117 拉特尔（约 115 磅）。"我们称了称它的重量，发现果然与上面的标记相符。"塔巴里引述道，这人显然对此印象深刻。[21]

声名卓著的艾布·哈尼法伊玛目是哈乃斐学派的创立者，这一学派是逊尼派四大正统教法学派中最大的一派。* 在他辞去"卡迪"，即法官职务后，曼苏尔任命他为监督建城的四大总监之一，专门负责管理制砖及招募劳工。他率先使用了一种节省时间的方法，直接利用刻度尺测量整垛的砖块，这是旧有实践的一次重大革新。一段

---

* 逊尼派四大教法学派的基础是《古兰经》、圣训与宗教学者的解读，各学派均以其创始人得名，分别是罕百里学派、哈乃斐学派、沙斐仪学派和马立克学派。

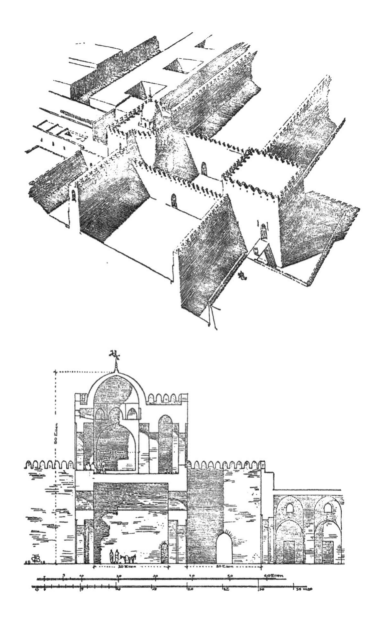

德国考古学家恩斯特·赫茨菲尔德绘制的巴格达城门和城墙的复原图，从1907年开始他与柏林的伊斯兰博物馆馆长弗里德里希·扎勒一起在叙利亚和伊拉克广泛开展发掘工作。

时间后，他企图反对曼苏尔的统治，并为此付出了惨重的代价。他被曼苏尔关进大牢，可能也遭受了酷刑折磨，最后于 767 年，也就是圆形城市完工一年后，死在狱中。

从外城门通往城中心的四条直路旁分列着许多穹顶拱廊，商人的店铺与集市坐落其间。四条大道又延伸出许多小街道，通向四面八方的广场与市民居住的房屋。主城墙和内城墙之间的有限空间，契合了曼苏尔的想法，将城市中心保持为皇室领地。继续向巴格达市中心前进，道路通向内城墙的城门，这四座城门守卫着城市中心广阔地带的入口——城中心围地的直径可能有 6500 英尺，在它的中央就是皇家禁区。这片中央围地的外圈坐落着哈里发子嗣的寝宫，皇家员工与奴仆的住所，哈里发的御膳房，禁卫骑兵的军营，金库，军械库，以及大臣官邸，另外还有一座公共面包房和一个用以支持阿拔斯帝国巨大开支的地税局。正中心的地带十分空旷，仅有两座全城最为精美的建筑坐落于此：大清真寺和哈里发的金门宫。这是伊斯兰教的经典表达，世俗与精神的权威以这种形式合二为一。除曼苏尔本人之外，任何人不得骑马进入这片中心禁地，即使他身患痛风的叔叔以健康欠佳为由请求特许，也会被无情驳回。[*22]

曼苏尔的宫殿十分宏伟，方圆可达 36 万平方英尺。这座建筑最令人震撼的特色是主厅上方 120 英尺高的绿色穹顶，其顶部立有一座手持长枪的骑士雕像，从几英里外就能远远望见。哈提布声称这座雕像会像风向标一样旋转，将长枪指向哈里发的敌人将会出现

---

* 这位哈里发年迈的叔叔十分值得同情。尽管他抗议称自己的肢体不灵便，但曼苏尔不为所动，还说他可以乘轿子进入中心禁区，而轿子是一种一般由女人乘坐的交通工具。"我会在人前丢脸的。"尔萨说道。"你还嫌自己不够丢脸吗？"哈里发刻薄地回应道。

的地方。为人高洁的叙利亚地理学家雅库特则断言"这显然是谎言和明显的欺诈"；他还说："这种无稽之谈不足以为伊斯兰教带来光荣。"[23]

曼苏尔的大清真寺存留了很长时间。它是巴格达的第一座清真寺，方圆广达 9 万平方英尺。这座清真寺既向真主致以崇高的敬意，也坚定地传达了这样一个信息：阿拔斯家族是真主在大地上最显赫卓越、最有权势的奴仆。*这座清真寺由晒制泥砖建成，房顶用木造支柱支撑，后来曼苏尔的孙子哈伦重建了它，将建材换成了更加稳固的窑制砖，中间用泥灰相互黏合。大清真寺后来又经历了数次重建和扩建，一直保持着良好的形制。903 年左右，波斯旅行家伊本·鲁斯塔来访巴格达时赞美道："一座由窑砖搭建的完美建筑，砖块之间用灰泥结实地结合在一起，顶上覆着柚木顶，支撑房顶的支柱同样由窑砖搭成，整座建筑都用天青石加以装饰。"[24] 不可思议的是，在成吉思汗的孙子、蒙古将领旭烈兀于 1258 年对巴格达犯下的毁城暴行中，大清真寺似乎幸存了下来，因为在他下令重建的清真寺与圣所名录中并没有这座清真寺的名字。1327 年，满怀激情的摩洛哥旅行家伊本·白图泰在他那长达 7.2 万千米、历经 29 年的异乡漂泊中经过了巴格达，根据他的记载，被哈伦重建的这座曼苏尔清真寺仍旧矗立着，它已经在巴格达的中心地带矗立了 500 多年。至于它最终在何时消亡，我们不得而知。它可能毁于帖木儿之手，这位自封的"伊斯兰的执剑之手"和"正信的武士"于 1393 年征服了巴格达城，后来又于 1401 年率军返回，毫不留情

---

* 尽管宏伟而美丽无比，但大清真寺在建造期间经历了一次惊人的严重失误，导致寺内用于指引信徒朝拜的圣龛指向了西南方，而不是更偏南的麦加的正确方向。

地彻底毁灭了这座城市，那是和平之城最黑暗的日子。帖木儿和旭烈兀至今在巴格达臭名远扬。

曼苏尔统治的 21 年间，持续不断的叛乱威胁使得安全、法律和秩序成为头等要务。圆形城市的四道大门各驻有 1000 名士兵守卫。在政府部门所在的中央区外环之外，库法门与巴士拉门之间四分之一半径范围的房屋中间，曼苏尔建造了马特巴克监狱。这座监狱"墙壁高大，地基坚固"，用于关押那些反对他的人。[25] 但这座监狱也不是万全之策：919 年，一个暴徒逃出了监狱，四处横冲直撞，大肆破坏，最后才被重新绳之以法，关回监狱。要想统治巴格达，铁腕手段常常是必不可少的。

监狱、暴徒与叛乱提醒我们，尽管阿拔斯王朝极尽豪奢，挥金如土，宫廷宏伟瑰丽，皇家建筑气势磅礴，文化与科学成就斐然，使巴格达成了世界中心，但如本书后面几章所述，巴格达民众的生活往往并不瑰丽多彩，而毋宁说是一场艰苦求生的斗争，不时要抵抗疾病、饥荒与史诗级别的暴力。在描述他的巴格达之旅时，伊本·白图泰回忆起了幼时父亲"常常念诵"的两句诗：

> 巴格达对富人永远把门大敞，
> 但对待穷人她只会冷眼侧望。[26]

当王孙贵族与诗人一同在宫殿中享用豪华宴席，痛饮水晶杯中的美酒，黄金餐盘中红白肉类和山珍海味堆积成山时，那些工匠、商贩、店铺老板、奴仆、士兵、歌手、舞者、江湖骗子、杀手、乞丐和卖淫者——一言以蔽之，民众——却在狭小肮脏的单间泥砖小屋里，吃着洋葱、豆子和萝卜，他们也许能吃上一样或两样蔬菜，再配上一小块面饼，用匮乏的晚餐勉强填饱肚子。尽管丰产的鱼类和水果某种意义上也能满足穷人的胃口，但与今日一样，巴格达的生活对于贫穷阶层仍是一场炎炎烈日下的艰苦斗争。巴格达东北方庞大、动荡、民怨载道的萨德尔城贫民区，就源于这座都城的早期岁月。

曼苏尔为这场规模庞大、耗资巨大的公共工程建设花费了多少钱呢？史书对此众说纷纭。严谨的哈提布列出了两项记载，第一份仅记录了最终支出为1800万迪尔汗，而另一份则精确地指出城市、大清真寺、哈里发宫殿、城门与集市共花费了约400万迪尔汗。"因此，我注意到了两个数据差异巨大，只有真主才知道哪个更加贴近史实。"他明智地以此作结。[27] 但即使更大的那个数字属实，臭名昭著的吝啬鬼曼苏尔也是不太可能痛快付款的，毕竟就我们所知，他在圆形城市建成仅仅九年后便去世了，并且留下了一笔巨大的遗产。

尽管曼苏尔家财庞大，但那些被他怀疑暗中克扣，或者仅仅漏数了一两个迪尔汗的人可倒了大霉。有一位名叫哈立德·伊本·萨勒特的官员，当时被曼苏尔指定负责收集城市建设四分之一的开支。在任务完成后，他每当回忆起此事都悔恨不已："当我完成那片城区的任务后，我将开支款项上交给他，然后由他亲自清点款项。结果他发现有15迪尔汗没征收上来，于是便把我打入沙尔基耶监狱关押了几天，直到我补齐欠款才把我放出来。"[28]

在另一个事例中，斤斤计较的哈里发召见了一位名叫穆塞亚布的官员，任命他为建筑工总工长。曼苏尔询问这位紧张兮兮的官员，每1000块砖他应该支付多少钱，但官员并不敢开口答话。于是哈里发下令在一座大厅里建造一个穹顶，这座穹顶花了工人一天多一点时间建完，其间曼苏尔仔细计算了砖块的确切数量和灰泥的用量。这项工作完成后，提心吊胆的建筑工被哈里发招来接受报酬，穆塞亚布给了他 5 迪尔汗，但曼苏尔立刻称给得太多了，又从他手里拿回了 1 迪尔汗。然后曼苏尔又命令工长和建筑师将所有支出上报给他，供他"一样一样地"与建造穹顶的支出互相核对，"最后穆塞亚布不得不交出了手头上的 60 万迪尔汗，因为（曼苏尔）强逼威迫地压榨他，他不交出钱来就不让他出宫"。[29]

全城的封地都被分封给了阿拔斯家族成员、波斯贵族、阿拉伯将领、警察首长、法官、高级文官和宫廷宠臣，这些人自豪地用自己的名字为大小街道命名，其中最为高贵显赫的那些人，比如法学家艾布·哈尼法，一人就获封了一整片街区。雅库比记录了曼苏尔是如何在圆形城市内划分土地，给他最宠信的官员和将军们封赏的。士兵们在城市周边得到了田地，皇室家眷，包括曼苏尔的儿子马赫迪，都在城市外围获得了大量土地。[30]

766 年，曼苏尔的圆形城市建成了。人们普遍将其看作一场辉煌胜利。9 世纪散文家、精通极广阔领域的博学家与雄辩家贾希兹（他涉猎的有自然史、历史演替、伊斯兰心理学、经注学、赛鸽子、女奴、美学和爱情）对此不吝溢美之词。"我曾见过许多伟大的城市，其中有些以恒久的建筑著名，"他写道，"我在叙利亚各地、在拜占庭境内、在各个省份都见过这种城市。但比起扎乌拉城，也就是艾布·贾法尔·曼苏尔建造的这座城市，我还没有见过更高大、圆形规划更完美、更雄伟光荣，或拥有更宽敞城门和更完善城防的城市。"最令他赞叹的是这座城市的正圆形状，"仿佛是用模具浇铸出来的一般"。[31]

巴格达城建成后不久，一位拜占庭牧首出使至此，曼苏尔便让自己的维齐尔拉比领他参观城市。"你对我的城市有何看法？"参观结束后，哈里发趾高气扬地询问他的异教徒客人。"我认为建筑很精美，不过我在您的居所看到了您的敌人。"牧首率直地回应道。[32] 他指的是集市，来来往往的商贩都在这座城墙内的集市中驻足。曼苏尔对这番评论无动于衷，但一等到牧首离去，他就下令把集市迁出城外，改建在城南的卡尔赫郊区。卡尔赫最早于 4 世纪由萨珊皇帝沙普尔二世兴建，一段时间后，这片郊区的人口超过了巴格达的其他地区，成为世界上最繁华都市的商业枢纽，并在之后几个世纪一直如此。直至今日，巴格达人仍将巴格达市位于底格里斯河西岸的区域称作"卡尔赫"。

这次迁移是曼苏尔圆形城市的首次重大人口迁移，表明巴格达城需要向圆形城墙之外的地域扩张。和原本的布局一样，卡尔赫的主要集市沿着巴格达城南方的库法大道延伸。在新的街区，街道、集市和居住区依照职业或所售商品各自划分地盘（这一传统在阿拉伯世界的大多数国家延续至今）。铜匠、家禽贩子、织席者、制皂匠和熟肉商贩的居住区都聚集在达贾季（即"家禽"）运河两岸的码头和装卸点周围，这条运河是卡尔哈耶运河的支流，卡尔哈耶运河则从尔萨运河分流而出，而尔萨运河的河道环绕着圆形城市南部，起到保护城市的作用，这条运河远在萨拉特运河、艾布·阿塔卜运河、巴扎津（即"布料商人"）运河和塔比克运河的南方，为卡尔赫区划定了南部边界。

尔萨运河最初修筑于萨珊帝国时期，这条运河因从不淤塞而广受中世纪作家赞扬；另外它也从来不会断流。尔萨运河从幼发拉底河引水，向东注入底格里斯河，并为巴格达运来西方的产品。货物诸如埃及的谷物和大马士革的丝绸由疲惫的商队运经沙漠地带，然后在底格里斯河畔的拉卡港口装船，航往尔萨运河，运往巴格达城的边缘地带，接着在一片嘈杂的商人呼喊和船夫咒骂声中，被卸在卡尔赫区的下游港口，这座港口的对面坐落着最南方的舟桥。在尔萨运河的另一条支流塔比克运河边，坐落着一座名叫"瓜房"的水果批发市场，大汗淋漓的清淤工和沥青工就坐在市场边歇息。卖油商人则分布在尔萨运河河畔。尔萨运河上间隔规整的几个位置，还架设着许多名称奇特的桥梁：艾尔卡利桥（得名于附近市场贩卖的一种洗衣去垢剂）、石榴桥、荆棘桥和花园桥。其中装饰最为精致的是巴尼·祖莱克桥，得名于一个富有的波斯建筑师世家。

卡尔赫北部，萨拉特运河和巴格达城外墙中间，库法门与巴士拉门之间的区域，油光满面、涂脂抹粉的呼罗珊商人在这里买进上好的巴扎津布料或其他织物。这片区域的南方是巴扎津运河，其河道就在家禽运河的旁边，家禽运河的河畔则有家禽商贩区。从巴扎津运河再往西去，在远离那些手感迷人的商品与芳香四溢的商人的地方，坐落着一座奴隶市场，市场中挤满了努比亚人、埃塞俄比亚人、来自苏丹的塔库利亚人、索马里人、鞑靼人、柏柏尔人、黠戛斯人、班图人、塞内加尔人、乍得人、法兰克人和来自阿塞拜疆的马拉吉亚人。在埃及接受阉割的白皮肤阉奴总能在众多奴隶中博得最高价格，并在担任家仆与后宫主管的工作中获得优厚待遇。如果买家有其他需求的话，奴隶市场中还有一群衣着美丽、香气怡人的女人惊慌地抱作一团，她们被从阿拉伯半岛及阿拔斯帝国境内外各地聚集至此，其中肤色白皙的希腊女人价值最高。如果说巴格达的自由人以文化多元著称的话，这座城市中的男性和女性奴隶们也不遑多让。沦为奴隶的女孩和年轻女人们，被人以相貌和身材、歌声品质、擅长的曲目数量以及为主人一家烹饪美食的本领为标准加以选拔。贾希兹就这样描述了9世纪男性心目中的理想美女形象：

> 　　大多数了解女人的人，大多数这方面的专家，都会欣赏"窈窕美女"（majdula），意思是说这种女人的身材刚好在胖瘦之间。她的身形一定要雅致有型，肩膀匀称，美背直挺；她的身体一定要皮不露骨，体态既不太胖也不太瘦。"窈窕"一词表达了一种健美的概念，也就是肌肤紧致，没有赘肉。一个女人最美丽的特质是她的步态，但如果她过于肥胖，被赘肉拖累的话，是不可能走得好看的。的确，"窈窕美女"往往身形苗条，身形苗条有致就是她最引人入胜的特征。无论是太过富态的女人，还是骨瘦如柴的女人，都比不上身形苗条的美女……用一句散文形容的话，"窈窕美女"是这样的：她的身体上半部分是一条花茎，下半部分则是一座沙丘。[33]

　　奴隶市场再往西是骆驼厩，此地的气味也是十分别致。在东边，卡尔赫区的边沿有屠户区，这是为了卫生与安全的考虑，才将该区域安置在这里；据哈提布评价，"他们都是些喋血之人，总是拿着锋利的尖刀"。[34]

　　奴隶，马和骆驼，丝绸，棉花和羊毛，地毯与帷幔，书籍与纸张，铜、金和银，金玉珠宝，木工制品和五金器具，肉类、鱼类和禽类，面饼，甜点，果蔬，草药与香料——任何商品都能买到，所有货物都各在其位。9世纪，在卡尔赫的全盛时代，雅库比赞许地记录了这个商业区热闹而不失秩序的景象："在这里，每一个商家与每一种商品都在各自指定的街道上经营，每条街道上都坐落着一排排商铺、货摊和院落，但经营不同生意的商人不会混杂在一起，不同类型的商品同样不会相混。同样种类的商品只会在同一个街区出售，贩卖同种商品的商人也只会和他们的同行在一起经营。"[35]

在当时，新建成的巴格达城还仅仅占据了底格里斯河西岸的土地。769 年，圆形城市建成的两年后，曼苏尔着手在河流东北岸弯道处建立新的城区。曼苏尔开发这片泥泞土地的目的十分简单：鲁萨法（即"堤道"，有时也被译作"紧凑城区"）建成后将成为他的军营。据塔巴里记载，曼苏尔建立巴格达东城的决定是为了在底格里斯河两岸实行分而治之的政策。据说，一位深受曼苏尔敬重的老人胡萨姆·伊本·阿拔斯如是对他进言："您可以让您的儿子去河对岸，建一座城堡把他安置在那里，派一些部队过去供他调遣，这样的话那里就会成为一片相对分离的区域。万一这边的民众欲行不轨，您便能抽调另一边的人打击他们，反之亦然。"[36]

曼苏尔的第二项庞大建筑工程同样是出于对王朝存续的考虑——他需要将自己的儿子兼继承人马赫迪树立成强有力的政治权威。不久后，一座新的城市便在底格里斯河对岸崛起了。两座城市被一座横跨底格里斯河的舟桥联系在一起，这座舟桥位于呼罗珊门东北部，更远处还有一个广阔的阅兵场。马赫迪大力赞助巴格达东城的新一波定居，将许多封地分封给他手下的达官显贵。东城的扩张也受到了巴尔马克家族的慷慨资助，这一家族富可敌国，他们挥霍豪奢，拥有无数华美辉煌的宫殿建筑，为了满足无尽的奢华享受，动辄将数百万第纳尔巨款挥霍于股掌之间（8 世纪与 9 世纪之交的哈伦也热衷如此）。巴格达西城如今仍被称为"卡尔赫"，同样地，巴格达东城在马赫迪大驾光临 13 个世纪之后，仍被人们称作"鲁萨法"。

十几年时间内，随着大量人口迁入，巴格达的人口实现了爆炸性增长，为财富的迅速繁荣奠立了基础。据塔巴里记载，一拨接一拨的移民，再加上之前参与城建的人们，都从呼罗珊、也门、希贾兹沙漠、瓦西特、库法和伊斯兰世界各地涌来定居。中东此前从未出现过如此奇观。巴格达从此成为世界上文化最为多元的城市，它是一座种族、部族和语言的熔炉，将人们——也有一些人除外——团结在伊斯兰的旗帜之下。

很快地，鲁萨法扩展出了北部的沙马西亚街区（来自阿拉伯语单词 shammas，即"助祭"，这个名字用来描述该区林立的修道院与教堂）和东南部的穆哈利姆街区（得名于阿拉伯将领穆哈利姆·伊本·叶齐德·伊本·舒莱赫，他在巴格达建城前曾拥有这里的土地）。鲁萨法与沙马西亚区是东岸，可能也是巴格达全城最为闪耀夺目的地段：这里遍地都是哈里发与巴尔马克家族的宫殿楼宇、美丽的花园、宽阔的大门和高大的皇家马厩；这里人流如织，货物琳琅的集市、美观大方的桥梁，公共浴场、圣所与公墓点缀在项链一般的运河中间——这些运河为各个城区带来丰富水源；这里坐落着许多清真寺，林立的宣礼塔让信徒们的目光直达天园。为了便利日益增长的跨河交通，底格里斯河上又新建了两座舟桥，一座位于上游，通往圆形城市，另一座则位于下游的穆哈利姆南方，直通卡尔赫区。聂斯托利派和雅各派基督教堂挤在众多清真寺中间。随着 750 年伍麦叶王朝的灭亡，叙利亚教会后来东迁到了巴格达东部，他们在此地的基督教派系中居于高位。阿拔斯王朝的统治者承认了他们的优先地位，将管辖哈里发国家境内自埃及至中亚所有基督徒的权力赐予了聂斯托利派牧首。[37] 在哈里发看来，基督教医生举世闻名的医术（本书第三章将会提及）是他们宠信基督徒的主要原因之一。著名的布赫提舒家族是一个显赫的叙利亚基督徒家族，最初在波斯的贡迪沙普尔大学接受医学训练，自曼苏尔时代起，为阿拔斯宫廷出任医师超过 250 年。

贵族、法官、廷臣与富商竞相建起最为富丽堂皇的豪宅。在这座极力追逐身份品位的城市中，卡尔赫区成了最受人们欢迎的街区之一——它如今仍然如此，现在的卡尔赫区是一片六平方英里的政府区，在 2003 年后被简称为"绿区"——只有底格里斯河对岸的鲁萨法区和沙马西亚区才能挑战它的优势地位。大理石喷泉池坐落在贵族的庭院和绿树成荫的花园中；富人们的宫殿铺着镶嵌珠宝的地毯，立柱上镶饰着象牙与黄金，用金字篆刻的古兰经文优雅地在墙壁上延伸开来。

正如鲁萨法区的扩张那样，西巴格达也以令人目眩的速度扩展膨胀。在圆形城市的东边，巴士拉门与底格里斯河中间的空地上，坐落着沙尔基耶区，即东区，这片街区位于一个曾以黑葡萄著名的古老聚落遗址上。在阿拔斯时代，这片街区更多以精神上的享受为人称道，书商和纸商居住在这里，他们贩卖的无数书籍为阿拔斯王朝接下来几个世纪中卓越非凡的文化、文学、科学和哲学复兴奠定了知识基础。在这里，单单苏克·瓦拉金（瓦拉金集市）一区便拥有 100 家书店。

沙尔基耶区也因皇室的关注而受惠良多。在呼罗珊门外，鲁萨法下游的河流弯道处，皇家马厩和练兵场以南的地方，曼苏尔建造了他的第二座华丽宫殿，卡斯尔·胡勒德，即永恒宫。这座宫殿还配有一座宏大的花园，这座花园寓示了《古兰经》中虔诚的信徒死后，作为奖赏能进入"永恒乐园"的典故（《古兰经》25:15）。这座宫殿成了曼苏尔最喜爱的寝宫，它建在不受蚊虫侵扰的高地上，靠近沟通西巴格达与他儿子在鲁萨法区的领地的那座舟桥，交通十分便利。哈提布告诉我们："这座宫殿守着一个极佳的观景点，而且体现了优秀的规划和华贵壮丽的建筑结构。"[38] 811 至 813 年，在艾敏和麦蒙之间的内战中，永恒宫与旁边的祖蓓达宫（意为"小奶油球"，得名于哈伦的妻子，即艾敏的生母祖蓓达）都被攻城武器射出的飞弹击中，受损严重。此后它成了一座无人居住的废墟，直到 979 年，巴格达的白益王朝统治者阿杜德·道莱夷平了废墟，在这里建起了著名的毕马里斯坦综合医院。

在圆形城市北方，叙利亚门外是哈尔比耶区。这个城区得名于一位名叫哈尔卜的人物，此人出身中亚古城巴尔赫，被曼苏尔任命为巴格达警察总长。这座城区因为宽阔的街道和繁荣的集市而颇具盛名，对于那些从巴尔赫、布哈拉、喀布尔、希瓦和谋夫来到巴格达，受阿拔斯家族提携并被赏赐封地的突厥人和波斯人来说，这里是最受欢迎的城区之一。哈尔比耶区坐落在底格里斯河两岸，沙马西亚区的对面，并向西延伸直到安巴尔大道，北部边界则是塔希尔渠，这是萨拉特运河在北边的一条支流，其上横跨着多座大理石桥梁与大门。其中有一道名为"铁门"的大门，在艾敏的军队向他兄弟的部队投降后，这道大门被当作展台，向市民展示艾敏血淋淋的首级。

在这个城区，早期基督教社区也留下了自己的标志建筑。在更远的北方，距离哈尔比耶区和祖蓓达的封地稍远的地方，矗立着宏伟的杜尔塔修道院，这座地标建筑十分宏伟，以至于 10 世纪的穆克塔菲哈里发也认为这里可以作为自己的住所。在其附近还有另一座基督教圣所库普拉斯修道院。

在哈尔比耶区的逆时针方向，第一个城区是阿塔比耶区，这里盛产广负盛名的阿塔比条纹丝绸与羊毛，色彩缤纷，琳琅满目。这个街区得名于阿塔比家族，也就是为人高尚的阿塔卜的后裔，他是伍麦叶的曾孙，而伍麦叶就是前朝伍麦叶王朝的祖先，阿塔卜其人在阿拔斯时代就居住在这个街区。后来这个名字传入欧洲，并变化成不同的形式——法语里的 "tabis"、意大利语与西班牙语里的 "tabi"、中世纪拉丁语里的 "attabi" 和英语里的 "tabby"。* 最晚到 1184 年，当安达卢斯旅行家伊本·朱拜尔路经巴格达时，阿塔比耶仍是全城最为繁华的地段之一。商业生活在哈尔比耶南部得以继续，这里有一个名叫 "四市" 的大型商业中心，布满了拥挤的街道网络、吵闹的人行道与装满商品的仓库。

继续向南，经过宽广的卡塔巴区和纳斯里耶区。在圆形城市的库法门稍南的地方，大小萨拉特运河交汇处，耸立着巴格达的一座著名地标建筑贵人磨坊，这座磨坊配备有 100 台磨盘，据说每年能收取 1 亿迪尔汗的巨额租金（1900 年，勒·斯特兰奇估计约为 400 万英镑，折合成现今货币是令人难以置信的 4.05 亿英镑）。如果我们选择相信雅库比、雅库特和哈提布所讲述的不同版本故事的话，

---

* 盖伊·勒·斯特兰奇提到，1603 年，伊丽莎白女王接见威尼斯大使斯卡拉梅利时，穿着一件 "银白相间的条纹（taby）裙"，还有 1661 年 10 月 13 日，萨缪尔·皮普斯穿上了他那件备受珍视的 "金色花边仿波纹（false-taby）丝绸坎肩"。1755 年，在萨缪尔·约翰逊出版的《英语大辞典》中，"taby" 被拼写成了 "tabby"，这个词既可以指 "一种带波状花纹的丝绸"，也可以指虎纹猫。"很有趣的是，" 勒·斯特兰奇写道，"现代英语中意指虎纹猫的这个词汇，来自公元 7 世纪一个男人的名字，他是先知穆罕默德的圣门弟子和麦加总督。"

那么似乎在 775 年，一位名叫塔拉斯的希腊使节曾出使巴格达，向曼苏尔的儿子、新登基的马赫迪转达了拜占庭皇帝的祝贺。这位大使在工程学方面颇有造诣，他为自己受到的热情接待感到十分满意，于是提议建造一座磨坊，这座磨坊每年预计能产出 50 万迪尔汗，与它的造价相等。新任哈里发赏赐了他超额的款项，让他开展建筑工作，磨坊完成后，使者的预计精准地应验了。这自然让马赫迪欣喜不已，于是他慷慨地公开宣布，磨坊的一切利润归这位使者所有，甚至在他离开巴格达之后，仍旧享受这份利润——据说这份年度礼金一直持续到 780 年使者去世为止。无论这座磨坊是否希腊人所建，它矗立在阿巴希耶岛的南端，阿巴希耶岛得名于曼苏尔的兄弟，他曾在这里领有封地。这片广阔的土地被大小萨拉特运河环绕，以其肥沃的土壤闻名，上面种植着庄稼，也延伸着华丽的花园和芳香弥漫的园林，是人们夏夜漫步乘凉的理想去处。

这就是 8 世纪后期，阿拔斯王朝盛世初现曙光时的和平之城。按雅库比的话说，它是"世界的十字路口"，是一座无论东方还是西方都无有与之媲美的大都市，一座精英人才如底格里斯河清流般趋之若鹜的城市。

775 年，曼苏尔在去麦加朝圣的路上去世，正如他所规划的那样，王储马赫迪顺利继承了哈里发的大位，为阿拔斯王朝后世历任在血腥中传承的哈里发提供了一个稳定得体的榜样。就像生前那样，曼苏尔也死得体体面面。尽管曼苏尔的名号总是被他的孙子哈伦·拉希德盖过风头，但他可能是统治巴格达的 37 任哈里发中，最具远见卓识和为政天赋的一个。他的统治带来的最大贡献是在他之后传扬的故事传说。曼苏尔奠基了一个王朝，这个王朝坐镇他所修建的首都，传承长达五个世纪；他也建立了一个充盈的金库，为这个王朝的存续提供了保障。在曼苏尔奠立的基础上，文明史上最卓越非凡的时代之一即将粉墨登场。

第 2 章

哈伦·拉希德与巴格达的"一千零一夜"

775—809 年

哈伦·拉希德哈里发（786 年至 809 年在位）统治的时代是巴格达最光彩夺目的时代，历史与传奇合二为一。尽管短短不到半个世纪，但在这段时间里，巴格达从一无所有崛起成为财富惊人、举足轻重的世界中心，与拜占庭帝国分庭抗礼。随着帝国的财富积累膨胀，这座首都的显赫辉煌也与日俱增。在这个时代，巴格达成了一座"举世无双之城"。

——P. K. 希提，《阿拉伯通史》，1937 年

前些天一个傻瓜在我的办公室开小差，如果我没记错的话，他名叫弗雷文，是个少校，最近刚被调到第一支队。他声称自己身负编写一部美索不达米亚地理辞典的任务，但他只在这个国家停留三个月时间，因此需要向我打听一些信息。于是他便问出了一连串这世界上没人能解答的问题。这些问题要么干脆就是废话，要么问的是些你不可能知道的东西。比如他说，哈伦·拉希德时代的巴格达是什么样的？我不知道——也没有人知道。许多人用尽一生时间想要为那个时代描绘一幅模糊图景，但没有人能够得出真实的结论。

——格特鲁德·贝尔，从巴格达寄给她父亲的信

1921 年 1 月 3 日

拉希德大街上，一个戴眼镜的白胡子中年人站在小书店外，在冬日的阳光下眯着眼睛，细细阅读着一本萨达姆·侯赛因的传记。他身穿一件饱经风霜的棕色夹克，头戴一顶蓝色羊毛帽，看起来略显邋遢，从外表能看出是一位知识分子。他显然满腹狐疑地翻看着书页，然后合上书，转向了他的同伴，这人也同样一副学者派头。"你能相信吗，阿卜杜拉？"他一边咋舌，一边摇着头说道，"30多年来，我们每天都要看着这王八蛋的蠢脸，现在他死了，我们天下大乱了，却还得在每一份书刊报纸的封面上看到他。唉，真主啊，始终有人拽着绳子。愿真主保佑我们！"

　　拉希德大街是巴格达市最著名的地标之一。它从城市北部的穆阿扎姆门（苏丹门）延伸至南部的沙尔基门（东门）；这条街道位于底格里斯河东岸，最西端距河 1150 英尺。它由奥斯曼帝国总督兼军事指挥官哈利勒帕夏匆忙建成，用以纪念他于 1916 年在库特·阿玛拉战胜英军的事迹——这场战役被历史学家詹姆斯·莫里斯称为"英国军事史上最可耻的一次失败"。它的宽度为 52 英尺，被设计用来让军队和辎重部队直接穿过巴格达城区行进，而不需要绕城走多余的弯路。

　　拉希德大街在两个月内便建成了，筑路方法多少有些简单粗暴，即沿着预计的路线直直拉出两条平行的绳索，然后夷平中间一切挡路的东西。哈利勒帕夏就以这种著名但富有争议的方式建成了街道。俗语"始终有人拽着绳子"被巴格达人用来指某些没完没了地持续着的事物，这个俗语代代相传，直至今日，仍能从拉希德大街上那位满腹火气的学者口中听到。然而这里毕竟是巴格达，每当绳子拉到那些富人或有权有势者的屋檐上时，他们总有办法劝服工程师和工头让绳子绕过自己家门口，而他们不幸的邻居就只能代而被夷平了：到 1916 年 7 月 23 日，拉希德大街正式落成时，它比最初规划时已经弯曲了一些。这条曲曲折折的弯道，尽管在多年的车辆行人通行下日趋平滑，但时至今日我们仍旧能够分辨出来。

这条柱廊遍布的大街曾一度繁华，就在那里，巴格达的知识分子们哀叹萨达姆·侯赛因无处不在。在巴格达的炎炎烈日下，拉希德大街为行人遮阴，可以说它代表了巴格达的一场城建规划革命。除纳赫尔街（即"沿河街"）外——这是一条沿底格里斯河东岸延伸的街道，连接马斯巴加区的港口和附近谷仓，或称"汗"——拉希德大街是现代巴格达的第一条主要街道。

如果回顾一下 1853 年至 1854 年由英属印度海军司令 F. 琼斯和 W. 科林伍德绘制的城市地图，我们就会发现巴格达是一张由弯弯曲曲的街道、街巷和小道织结而成的，错综复杂的网络。这座城市中并没有真正的大街或主干道存在。与前一座伊斯兰帝国首都大马士革不同，在巴格达没有一条"笔直的街道"。1902 年版《大英百科全书》中关于巴格达的论述里，在奥斯曼帝国阿拉伯地区活动的前政治特工、少将亨利·罗林森爵士如是写道：

> 这座城镇的建造完全没有规划。街道比其他大多中东城镇都要复杂曲折；除集市和某些开阔广场之外，市区内部基本

是由街巷与小路纠结而成的迷宫。街道都没有被铺平，许多地方十分狭窄，两个骑兵对向而行也很难同时通过。在面对大街一侧开有窗户的房屋很少，房门也十分矮小狭窄，灰暗破旧的墙壁两侧都开有这样的小门。

尽管这样的城市规划多被外人非议，但之所以这样规划有两大明确目的。首先是巴格达持续近半年的酷热夏季迫使人们将房屋尽可能近地建在一起，只用狭窄的巷道彼此隔离。因此房屋就能阻隔灼人的热风与日光，行人和偶尔路过的驴子能在阴凉的小道上穿行。其次，从城防角度考虑，迷宫般的小巷与窄小的街道也能对不熟悉本地地形的外来入侵者构成出色的防御。

尽管拉希德大街最早是为纪念奥斯曼军战胜英军而建，其官方名称是"哈利勒帕夏大街"（巴格达人则更喜欢实在地称它为"达·乌摩米亚"，即"主干道"），但纪念的功能并未持续多久。1917 年 3 月 11 日，拉希德大街正式开放不到八个月，英军驱逐了奥斯曼军，耀武扬威地经过穆阿扎姆门，踏过古老的苏丹门遗迹——这座门在阿拔斯王朝时代曾是巴格达东城墙的一部分。

与巴格达的地标建筑物相关的故事，往往反映了这座城市的血腥历史。从穆阿扎姆门广场向南的右手边，矗立着一座卡拉，即要塞，军营与训练场就安置在这座要塞中。后来，1921 年伊拉克陆军成立时，这里成了新的国防部。时至今日，国防部气派的大门仍被人铭记，那是 1945 年吊死萨拉哈丁·萨巴格上校的地方，这位军官于 1941 年领导了一次推翻君主制的政变，但惨遭失败。很快复仇就来临了。在 1958 年 7 月 14 日那场颠覆伊拉克政府并彻底结束君主制的政变中，曾亲自对上校执行死刑的阿卜杜拉亲王与他

23 岁的侄子费萨尔二世国王，以及其他王室宗亲全部被杀，亲王的尸体被拖过拉希德大街，让人剁成碎块，吊在了大门对面。

国防部的建筑群一路延伸至拉希德大街北端的麦丹广场，就在这里，六个世纪前曾发生一次无比血腥的大屠杀。1401 年，突厥军阀帖木儿——"世界征服者"——攻破了巴格达城，下令每位士兵应为他呈献一个或两个巴格达人的头颅。士兵遵命行事：90 万个被砍下的头颅堆成了 120 座高塔——成为帖木儿恐怖的战场纪念碑。在当时这片地方被称为卡拉·奇亚，即突厥语中的"头颅之地"。直到 20 世纪 20 年代和 30 年代，这片地方的名声仍然不是太妙，当时这里坐落着一家公共妓院，是英国当局精心经营的场所。英国官员出于对秩序和体面的执着关注，在这里组织体检，发放执照，还在妓院外面修了一堵围墙，开有一道大门，上书"公共妓院"几个清晰的大字。长久以来，巴格达人早已能够分辨拉希德大街上的一般行人与小偷、流浪汉及妓女之间的区别，妓女一般身穿黑色罩袍，脚上穿着政府要求的蓝色袜子，以此作为身份标志。20 世纪 30 年代某年春天的一个晚上，一场洪水涌向巴格达，当局急忙召集人手加固沙坝，邻近萨莱区（塞拉格里奥区）的警察长官命令手下警官将妓院里所有男人强拉出来加入救险队伍。第二天早上，前来执勤的警官比平常明显减少了。这座妓院到 1957 年才被拆毁。

十年后，马车夫谢罕成了拉希德大街上最具名气和最受欢迎的人物之一，他曾在某个傍晚驾马车载着一位名妓招揽顾客，从麦丹广场出发，沿拉希德大街抵达沙尔基门。因为他吹口哨又响亮又长，技巧出神入化，他受到了广大民众的喜爱，人们每当听到他的口哨，都会为他赞叹喝彩，在他驾车走街串巷时，车上的乘客也会吹起口哨与他和鸣。*

　　这里的晚间娱乐并不仅限于非法活计。在 20 世纪 30 年代到 40 年代,电影的黄金时代,拉希德大街上坐落着超过 20 家影院。其中既有冬季开放的室内影院,也有空调尚未普及时在巴格达的漫长夏季中开放的露天影院。在 20 世纪 50 年代中期电视引进巴格达之前,晚上在大银幕前观影的体验为许多巴格达家庭带来极大的欢乐。在拉希德大街和邻近的萨杜恩大街上,就有五六家影院供电影迷挑选:比如洛克西影院、雷克斯影院、瓦塔尼影院、阿拉丁影院与辛巴德影院。对于那些想要过足大瘾的顾客,这里还有中东最为豪华的海亚姆影院。

　　拉希德大街一直因其两旁由艺术家和知识分子资助的茶舍和咖啡馆闻名。扎哈拉维咖啡馆得名于 20 世纪伊拉克诗人扎米勒·西德基·扎哈拉维,他是一位报纸编辑、哲学家和维护女性权益的社会改革家。当你经过这家老旧店面时,你一定会听到里面茶桌咔啦作响、人们落棋啪啪有声以及胜者欢呼雀跃的声音。在咖啡馆的角落可能有一两桌棋局,也可能有某个一脸困扰的学生坐在那里专心研究文章。一个世纪之前,这些茶舍和咖啡馆都配有铜制的大茶壶,木质长椅上铺盖着昂贵的波斯地毯,用以在冬季为顾客保暖。有的

---

* 吹口哨是一项巴格达人自阿拔斯王朝传承至今的传统。人们通常用这种方式来嘲讽某人或某物。

店面会邀请传统伊拉克木卡姆*歌手来此表演，还有的店面会雇"哈撒坤"或"哈卡瓦提"（即说书人）来吸引顾客。说书人坐在高高的椅子上，手拿一把木剑，讲述着诸如安塔尔·本·沙达德或艾布宰德·希拉利的古老英雄事迹，或者《天方夜谭》中的俚俗故事。就像著名的讲述人山鲁佐德每天妙语连珠讲出故事，持续一千零一夜，以此防止自己被杀妻成狂的沙赫里亚尔王杀害那样，这些说书人也会精打细算地讲出故事，总在高潮来临前恰到好处地停下，以保证第二天晚上顾客能再度光临，沉浸在新的冒险中。斋月禁食期间，拉希德大街上的茶舍和咖啡馆会一直开放营业到深夜，在这里，一种名叫穆海比斯，即"寻找小环"的游戏十分受人欢迎。在这个游戏中，玩家会被分为两队互相竞争，看谁首先找到一枚被特意藏在某个玩家手中的小环。输掉的队伍要请胜者一大盘本地甜食。

　　拉希德大街满足了人们的夜间娱乐需求，也提供了更富精神灵性的一面。穆拉蒂耶清真寺、艾哈迈迪耶清真寺和海达尔·哈纳清真寺均在奥斯曼帝国时代落成，三座清真寺分别建于16、18和19世纪，为这条商贸繁荣的大街增添了几分建筑美感。从其米黄色前门内仰望，海达尔·哈纳清真寺至今仍在拉希德大街上闪烁着蓝色光彩，这座清真寺高大的穹顶十分引人注目，其上天青、海蓝、黄色相间，从很远的地方就能看到它在太阳下熠熠生光。历史久远

---

* 木卡姆（Mukam）是阿拉伯古典音乐中最具影响力的曲种之一，被认为最早能追溯到阿拔斯王朝时代。在伊拉克木卡姆中，歌手或朗诵者一般会与四位伴奏者组成的伴奏乐队，即"查勒吉·巴格达迪"合作，这个乐队包括一名扬琴师、一名利巴卜琴师和两名分别演奏两种小鼓的鼓手，有时也会包括一名弹奏冬不拉的琴师。本质上讲，木卡姆是一种即兴的配乐诗歌朗诵，需要依照复杂的格式与结构进行表演。巴格达直至今日仍然有一座木卡姆学院。

的米尔江清真寺以及与它齐名的客栈（khan）最早可追溯至 1358
年，也就是巴格达惨遭蒙古大军蹂躏的一个世纪后。尽管这座清真
寺在 20 世纪 30 年代巴格达市长阿尔沙德·奥马利发起的修直拉希
德大街的工程中被拆毁（绳子又被拽动了），但豪华气派的米尔江
客栈——这座蜂巢状建筑长 147 英尺，宽 104 英尺，拥有许多宽敞
华丽的穹顶客房——毫发无损地幸存下来。照片显示，这座商栈在
20 世纪被用作储存粮食的谷仓。而在近些年，它成了巴格达最豪
华的酒店之一。

　　经过海达尔·哈纳清真寺，继续沿拉希德大街向东南方前进，
行人会发现一座小门开向一条向右通往底格里斯河的狭窄街道。穆
太奈比大街得名于 10 世纪传奇诗人穆太奈比，是读书人的天堂，
在这条小街上书店和书摊延伸长达 650 英尺，鲜有其他商贩。每到
周五早上，巴格达的知识分子便会纷至沓来。人们总会见到一大群
人堵在街口，兴奋地你推我挤，只为抢购本周的消遣读物，这样的
景象是不容错过的。这片地方热闹非凡，书贩们把数千本全新或
二手书籍平摊在硬纸板或木板上贩卖。书虫们埋首书摊，寻觅着
稀有版本的图书，老旧的精装书，装帧花哨的《古兰经》，英语词
典和小学课本，伊拉克历史书，杂志（美国大兵丢下的《雪茄客》
和《弓猎杂志》，有人要吗），阿拉伯文或英文回忆录，粗制滥造
的文学作品，可能还有些奇奇怪怪的色情书籍，以及严肃的学术
作品——在这里，任何人的口味都能得到满足。这里的商贩十分
热情好客。在这座频繁被恐怖的暴力与屠戮破坏得面目全非的城
市中，巴格达人的雅致与温文有礼堪称传奇，也足以令他们为之
骄傲。

　　一则阿拉伯谚语如是说道："开罗写书，贝鲁特印书，巴格

达读书。"这句谚语盛赞了巴格达饕餮的阅读需求，但混淆了事实，其实巴格达人三样都做。那些在流亡中写作而被有争议地称为"巴格达作家"的，诸如福瓦德·提克利、马哈茂德·赛义德和希南·安图恩，都曾在萨达姆·侯赛因的统治下被批判丑化，但接下来的几代人都将有幸读到他们的作品。巴格达的爱书情结持续不息，即使在20世纪90年代那段黑暗的日子里，联合国下达的制裁令也没能让那些最执着的爱书者放弃他们的雅兴。全世界的最新书籍，即使绝大多数巴格达人无法买到，书商也会想方设法把它影印下来，大打折扣地出售。

每周五中午，大多数商贩都会出门散步或在沙赫班达尔咖啡馆落脚，喝点茶或者咖啡，作家、艺术家和知识分子也会在这里抽几口水烟，边下双陆棋边闲聊政治，一杯接一杯啜饮小杯（istikan[*]）茶水，消磨漫长的午后时光。

2007年3月5日中午，这般安宁景象猛然被惊碎，一辆汽车炸弹冲进穆太奈比大街爆炸，造成至少30人死亡和超过65人受伤。死者包括沙赫班达尔咖啡馆老板的三个儿子。后来老板重建了这家店面，咖啡馆又欣欣向荣起来。巴格达人就是如此坚韧，这种韧性体现在数个世纪以来的无数悲剧事件中。历史照片又一次装点了咖啡馆的墙壁：1921年费萨尔一世国王登基的照片，国王被簇拥在一众英国军人和官员中，显得意味深长，这张照片的拍摄地点距咖啡馆不到300英尺；几张底格里斯河的老照片，那时这里比现在更加繁华，仿佛即将进入鼎盛时代；费萨尔二世国王和格特鲁德·贝尔

---

[*]　"istikan"一词据说来自19世纪，当时英国人发现印度人用一种小容器喝茶，便称这种茶具为"东方茶罐"（East Tea Can），这个名字后来在伊拉克演化成了"istikan"。

的肖像照——格特鲁德·贝尔是一位勇敢无畏的探险家、作家和官员，她将一位国王扶上了王座，在 20 世纪的伊拉克历史中扮演了重要角色。爆炸事件后，这里被改名为"烈士咖啡馆"，但对于老主顾来说，它永远是原来的那个沙赫班达尔咖啡馆。2008 年 12 月，总理重新开放了重建完成的穆太奈比大街，全城市民为之欢欣鼓舞。"对于每一个知识分子，每一个受过教育的人来讲，穆太奈比大街构成了他们所受教育的一部分。"书商萨拉姆·穆罕默德·阿布德如是说。[1]

商业从一开始就是拉希德大街的生命源泉。巴格达首条正规街道上自然坐落着全城最豪华的店铺，拉希德大街自然也成了时尚的标杆，为这座城市展现时尚的新高度。在街道建成仅仅几年后，巴格达女性便接触了奢侈的服装新风尚，华丽的裙装、外衣与套装从巴黎和伦敦进口到了这座城市。男人们穿上昂贵的西服与时装（"标准英伦范儿，上好的纺羊毛"——一位巴格达老绅士这样回忆道），打着丝质领带，喷着古龙香水。从 20 世纪 20 年代起，欧罗斯蒂·拜客与哈索兄弟两大百货商场争先恐后地为顾客带来了最新潮的家居用品和家用电器。穿着整洁制服的招待员拉开配有铜制门把的明亮玻璃门，顾客们浸润在法国香水的气息中，享受高品位消费的乐趣。这里汇聚着雅致奢华的外来商品，从巴利鞋、羊绒外套和精致的骨瓷瓷器，到银质餐具、丝绸鸭绒被和时髦的法国小帆船品牌童装，可谓无所不有，20 世纪 40 年代到 70 年代的拉希德大街，用一位老主顾不无怀念的话说，是"那个时代的哈罗德百货中心"。[2]

在沙尔基门前坐落着一家名叫"风尚"的精品店，销售的是最新潮的法国时尚商品，紧挨这家店还有三家巴格达亚美尼亚人经营的专营小店：一家老字号理发店、一家小咖啡摊和一家熏牛肉店。"我原先很喜欢去风尚精品店逛，再看看旁边那三家灯光闪烁的老铺子，看着店老板们忙着接待顾客，闻着现磨咖啡的香味和熏牛肉辛辣的气味飘散在空气中，听着理发师的剪刀声起起落落，"60岁的巴格达老人马纳福说道，"有一次我只为享受那里的气氛就花钱理了个发。真是太迷人了。"

除美食和时尚以外，从20世纪40年代起，拉希德大街也销售最时髦的进口汽车。代理商有劳伊公司，由一个显赫的伊拉克犹太人家族经营，专营雪佛兰汽车和别克汽车；欧贝达公司，经营梅赛德斯汽车业务；还有一位名叫哈菲兹·卡迪的富商，代理福特汽车、林肯汽车和水星汽车业务，他声名远扬，甚至在拉希德大街上，他销售外国汽车的那片广场——原来叫费萨尔二世广场——也被人以他的名字命名。满心敬畏的男孩和充满企盼的人们，望眼欲穿地盯着街边落地窗里那一排排运动车和轿车。买车的花销庞大，顾客可能需要寻求银行帮助，而在拉希德大街上就有许多银行及其附属的办公室。一位英国银行行长曾在艾敏广场工作——这座广场如今被称为"鲁萨菲广场"，得名于一位20世纪初的著名诗人——他拥有一辆劳斯莱斯老爷车，老一辈巴格达人至今对这辆车津津乐道。如今在这片街区仍旧坐落着许多银行。

经过那些银行，穿过纳萨拉巷（即基督徒巷）——这条小巷两侧坐落着许多修道院、教堂和19世纪20年代初声名显赫的基督徒家族宅邸——就是巴格达两位最著名的摄影师阿尔沙克和阿波阿什经营的照相馆了。阿尔沙克正如他的店面标志所自豪宣称的那样，是"伊拉克王家钦定御用摄影师"。富裕的巴格达人一看到这两家照相馆就知道自己曾经来过这里。在照相馆建筑旁装着一个广告牌，一种本土品牌食用油的广告在其上闪烁不息——那是巴格达的第一座霓虹灯。这里还有巴格达第一套交通指示灯，安装于 1956 年。"司机们颇花了一段时间，才在警察的鼓励下习惯了遵守交通指示灯。"一则 20 世纪 50 年代的巴格达老新闻如是说。

拉希德大街在沙尔基门抵达终点，就在这里还有最后一座著名建筑。在这里俯瞰底格里斯河的豪宅中，有一座曾是德国陆军元帅柯马尔·弗赖海尔·冯·德·格尔茨的居所。他是美索不达米亚战役的德军指挥官，于 1916 年 4 月 19 日因伤寒在这里去世；在他去世十天后，库特的英军被迫向土耳其军投降。巧合的是，1917 年 11 月 18 日，格尔茨的对手，英国陆军中将斯坦利·莫德爵士，也在这所豪宅中因霍乱去世。后来格特鲁德·贝尔迁居此处，直到 1926 年在此去世。巴格达有时也是个风水凶地。

这里汇聚着高雅的品位与大量财富，这里，商业、宗教和肉体欢愉交汇，其间混合着天真的玩乐和天马行空的故事传奇。在巴格达的这一部分，即使是全世界最引人注目的奢侈品也被标价出售。在这里，诗人被品评称赞，文学被珍视爱惜；在这里，国王加冕即位，王室慷慨资助人才；也是在这里，大帝国的战略得以策划实施。那么，在巴格达漫长精彩的历史中，除哈伦·拉希德哈里发外，还有谁足以为这条街道命名呢？

哈伦的两位前任——马赫迪（775 年至 785 年在位）和哈迪（785 年至 786 年在位）——对他来讲有着重要的意义，他们为哈伦的卓越成就铺平了道路。臭名昭著的吝啬鬼曼苏尔去世后，他的儿子和继承人，慷慨程度足以与曼苏尔的吝啬程度媲美的马赫迪，对文学生活展现了极大兴趣，尤其偏爱诗歌和歌曲。在马赫迪的私人午夜沙龙，当他与宠臣觥筹交错、痛饮美酒时，这两种文艺形式往往会交融在一起。13世纪的传记作家伊本·哈利康曾为多位阿拔斯王朝的代表性人物作传，讲述了一个有关著名诗人艾布·阿塔西亚的故事，据说他在马赫迪的某场盛大宴会上，朗诵了一首针对某位女士的不雅诗歌。另外两位诗人阿什扎·苏莱米和巴沙尔·伊本·布尔德也在现场，他们简直不敢相信自己的耳朵，只希望这位同行能够现背出一首陈词滥调的歌颂诗，赞扬哈里发的无数美德。正如他们所恐惧的那样，哈里发果然对这位自以为是的诗人动怒了——毕竟在哈里发面前举止失当往往会事关生死——就在这时，艾布·阿塔西亚的诗歌巧妙地调转了话题，转而变成一首寓言诗，赞美马赫迪是世界上唯一堪任哈里发大位的人。根据阿什扎回忆，艾布·阿塔西亚是那天"唯一满载赐礼而归的人"。[3]

马赫迪的儿子和继承人，短命的哈迪哈里发（他有一个不太好听的绰号叫"穆萨·闭上你的嘴"，这是因为他生有畸形的兔唇）在785年至786年短短一年的统治时间内，为学术提供了很大支持。根据马苏迪的描述，他"铁石心肠，残忍凶恶，高不可攀，但也十分博学，热爱文学。他强壮，勇敢，充满活力，开明而且慷慨"。[4]哈迪将一个坐垫赏赐给了历史学家尔萨·伊本·达阿布，以此表示他欢迎尔萨每晚前来与他共坐，在哈迪的所有廷臣中，只有尔萨获此荣宠。据说尔萨是同龄人中最博学广读的人之一，他主攻"阿拉伯人的战斗与历史"，在这方面无人能比。在马苏迪编写的哈里发历史《黄金草原》中，他讲述了一个有关哈迪与宠臣尔萨之间深厚友谊的轶事。据说某次，哈里发对尔萨说："尔萨，当你白天来迟时，或者在晚上没有出现时，似乎我满心思念的只你一人。"[5]

在马苏迪的另一个故事中，哈迪宣布要重赏为名剑桑沙玛做出最妙诗句的诗人,这把宝剑曾经归阿拉伯武士诗人阿慕尔·伊本·穆迪卡里布所有。最后,巴士拉诗人伊本·叶敏拔得头筹,受赏了一桶第纳尔金币,他将金币散发给诗人同行,单把宝剑收藏了起来。后来,哈迪又花五万第纳尔巨款从他手里把宝剑买了回去。

哈伦·拉希德(拉希德即"依循正道者")出生于 766 年前后,在位时间 23 年(786 年至 809 年)。回顾 769 年至 1258 年的五个世纪,在坐镇和平之城统治国境的阿拔斯王朝的全部历史中,这 23 年犹如惊鸿一瞥,短暂而壮丽。阿拔斯王朝共延续了 37 代哈里发,其中有许多人在位比哈伦时间长,然而哈伦的盛名使他们所有人黯然失色。哈伦·拉希德的统治标志着伊斯兰世界的权势和荣耀达到了顶峰。在虚弱的西方,与哈伦同时代的法兰克人的国王查理大帝是最强大的统治者,但他所统治的不过是一群刚刚统一的未开化人群。与之相比,哈伦堪称一个强大帝国中说一不二的君主。

有人说,哈伦某种意义上与英王亨利八世十分类似。他们同样具有领导天赋,同样富有魅力,而且都是反复无常的君主,擅长使用出色的手段清除阻碍自己的对手。然而,亨利八世统治的只是一个小小的王国,在欧陆上还有许多君主与他分庭抗礼,但哈伦是他所在时代的霸主,在世界舞台上充满自信地纵横捭阖,广受畏惧与敬仰。

对于巴格达来说,哈伦统治时期可谓荣耀巅峰。"在他的统治下,荣华与财富极其昌盛,国家极其繁荣,因此这段时期被称作'蜜月期'。"马苏迪在《黄金草原》中如是写道。在一个表现君主天生异象的经典故事中,他描述了御医为马赫迪哈里发解梦的故事,当时马赫迪哈里发做了一个令人苦恼的梦,梦见了哈伦和他的哥哥哈迪。据说医生解释道,哈迪的统治不会长久,但与之相反的是，哈伦的未来将会幸福吉庆。"他的日子将是最好的日子，他的年代将成为最好的年代。"医生如是预言道。[6]

事实上，巴格达的巅峰时代是从762年曼苏尔建城起，到830年哈伦的儿子麦蒙去世结束。这段时间里，阿拔斯王朝的权势达到了顶峰。在这70年中，艾敏是唯一在巴格达去世的哈里发，这表明帝国拥有外向的特性与广大的国土。哈里发被安葬在他们去世的地点，这些陵墓有的坐落在酷热的阿拉伯沙漠中的朝圣道路边（曼苏尔），有的坐落在曾经的罗马帝国西里西亚行省首府、今日土耳其南部的古城塔尔苏斯（麦蒙），也有的位于波斯呼罗珊省古城图斯（哈伦）。圣战（jihad）与朝圣（haj）的双重责任是每一任信士长官都应担负的，这项责任的履行确保了没有人能在帝国大位上虚度光阴。

哈伦在《一千零一夜》中被描绘成一个热爱享乐、热衷私访民间的哈里发，他承袭了阿拔斯家族愈演愈烈的文学赞助传统，并将其提升到了一个新的高峰。他将大量人才吸引到身边，齐聚一堂，其中有教法学家马利克·伊本·艾奈斯和沙斐仪，历史学家瓦基迪和伊本·古太白，诗人艾布·阿塔西亚和艾布·努瓦斯（关于他，我们下文还要述及），音乐家艾布·易斯哈格·摩苏里，语法学家阿里·伊本·哈姆扎（他是哈伦儿子的导师），以及叛逆不羁的人文主义者艾斯玛伊和艾布·欧拜达。其中与哈伦最亲近的是豪富巨奢的巴尔马克家族，他们一掷千金，对艺术与学术大加赞助。

哈伦·拉希德被人戏称为"不虔诚者的长官"，这个绰号颠倒了哈里发的传统称号"埃米尔·穆敏"，即"信士的长官"的含义，这是因为他每周都会开展广泛的宗教与哲学讨论。不过，鉴于据说他是除第三代正统哈里发奥斯曼之外唯一堪称"哈菲兹"（hafiz）的哈里发——也就是说他能将整部《古兰经》熟记于心——这个绰号对他来说太不公平了。在登基前，哈伦早已组织了一个俱乐部，用以探讨学术问题，以及满足他作为一位哈里发对于医药学的兴趣。

另外，他还支持了一场方兴未艾的翻译运动，将一些古希腊、印度和波斯的学术著作翻译成阿拉伯文，加以校订，并且在许多方面有所发展创新，这些学术著作在伊斯兰帝国的边境内外广泛传播。出使拜占庭帝国的阿拔斯使节携带着柏拉图、亚里士多德、欧几里得、希波克拉底、盖伦及其他大家的著作满载而归。除皇家和官方机构浩如烟海的藏书外，巴格达的富有赞助人也纷纷建起了能够收藏数万册书籍的庞大图书馆，进一步激起了翻译者的热情。知识就这样从西方传播到东方。这场运动保证了知识不致消亡，能在数个世纪后再度传回西方，这是一场浩大的知识活动，直至今日仍对我们影响深远。第一份欧几里得著作的阿拉伯译本就这样被呈献给了哈伦。

在《罗马帝国衰亡史》中，吉本用他无人匹敌的文笔盛赞了哈伦的伟大：

> 阿拉伯人中最有权势且最富活力的君主，作为查理大帝的盟友，他在西方赫赫有名，作为阿拉伯故事中永不缺席的主人公，就连读书最少的人也熟悉他的名声。尽管因为他翦除了慷慨并且可能无罪的巴尔马克家族，他的"拉希德"（即"公正者"）称号蒙上了污点，但他还是乐意屈尊倾听一位曾被他的士兵劫掠的穷寡妇的怨言，即使她胆敢用《古兰经》中的经文威胁这位殷勤的暴君，声称他将受到真主审判，祸延后世子孙。他的宫廷富丽奢华，充满学术气息。但在他统治的23

年中，他也多次出访从呼罗珊到埃及的许多省份地区；他曾九次朝圣麦加，八次入侵罗马人的领土。每次当罗马人战败纳贡时，他们都会深深体会到，顽抗一个月要付出比屈服一年更为惨重的代价。

哈伦的事业十分惊人：他就像一场永不停息的疾风，一生都在屠戮与征服，朝圣与生育，钻研科学与学术，为巴格达大兴土木，以及倾帝国之力、空前绝后的巨大花费中度过。就像帖木儿用征服的胜利果实装点都城撒马尔罕那样，哈伦也挥洒金钱，为和平之城增添荣华。哈伦的穷奢极欲举世闻名，广有记载。尽管如此，哈伦并不是一个不顾巴格达和帝国未来的败家君主。据塔巴里记载，809 年哈伦去世时，他在国库中留下了九亿第纳尔的财产。

按今天的标准来讲，哈伦是一个天资聪颖的学习者。在仅仅 11 岁时，他便完成了去往麦加和麦地那的首次朝圣，这是一场漫长艰巨的往返旅行，哈伦与父亲马赫迪在内夫得沙漠和希贾兹沙漠中穿行长达两个月之久，后来他也是从父亲身上学到了用慷慨散财为自己带来政治优势。780 年，年仅 14 岁的哈伦受命率领大军进攻拜占庭帝国的异教徒，为自己的人生简历增添了一笔圣战的经验。作为哈里发，哈伦也展现了自己对象征物与公共关系的精准把握，他专门定做了一顶特制的卡兰苏瓦帽（kalansuwa），这顶圆柱形丝绸高帽上装饰着铭文"Ghazi wa Haji"，即"伊斯兰武士与朝圣者"。

对于巴格达而言，哈伦少年时代对希腊的征伐带来了一个重要影响。经过 38 天的围城战后，亚美尼亚边境的萨玛鲁城堡守军向哈伦投降，条件是哈里发宽恕他们的性命，并允许他们聚居在一起。于是哈伦将他们带回了首都。他们在巴格达东部建立了一个小型基督徒聚居区，这座聚居区的中心是一座名叫代尔·鲁姆的教堂，即"希腊人的修道院"。它后来成为一座重要的基督徒社区中心，直到旭烈兀的蒙古大军于 1258 年到来之前一直欣欣向荣。到 1300 年，与巴格达的大部分地区一样，这座修道院也已是一片废墟。

785 年马赫迪去世时，年轻的哈伦可能不足 20 岁，却已拥有了统治帝国的经验，或者至少一部分经验，当时他正担任西方总督，统辖区从伊拉克西部的安巴尔省延伸到遥远的突尼斯——阿拔斯帝国的文书最远能够到达那里。哈伦从政初期的卓越成就很大程度上要归功于忠心耿耿的辅臣叶海亚，他是曼苏尔的维齐尔哈立德·伊本·巴尔马克的儿子，被赏赐了大量金钱和其他礼品。马赫迪的儿子和继承人，哈伦的哥哥哈迪仅仅统治一年后便离奇死亡（关于此事流传着许多阴谋论，其中一个说法称，因为他曾公开斥责过自己的母亲，他的母亲便指使女奴，趁他睡觉时闷死了他），于是哈伦继位成了哈里发。此时他 21 岁左右。

哈伦对巴格达怀有复杂的感情。据塔巴里记载，哈伦常烦恼地称其为"布哈尔"，即"蒸汽房"，这显然是因为此地气候酷热。他曾尝试将底格里斯河畔的巴扎布达定为夏都，这里的巴齐尔达区曾经伫立着一座罗马城堡，随即他便在这里建立了皇宫，下面这首打油诗便是纪念这座皇宫的：

> 巴齐尔达与巴扎布达春夏皆宜，
> 在这两地喷泉清冽，鸣唱不息，
> 咱再说说巴格达算个什么东西？
> 遍地尘土脏兮兮，又有酷热袭袭。[7]

此外，塔巴里也记载了当哈伦于 805 年准备率军再度征伐拜占庭帝国时，他的如下言论：

> 凭真主起誓，我正率军通过一座举世无双的城市，与它相比，从东方到西方从来没有任何一座城市比它更加安全，生活更加舒适。因为这确是我的家乡，也是我祖辈的家乡和阿拔斯家族的权力中心，历代阿拔斯族人坚持守护着它，紧紧掌控着它。我的祖先没有人在此地遭遇过灾祸和厄运，也没有人受到中伤或犯下不义之举。这里是多么卓越的权力宝座！[8]

曼苏尔的圆形城市几乎独占底格里斯河西岸。在马赫迪统治时期，鲁萨法区在底格里斯河东岸崛起，逐渐成为西岸的一大竞争对手。在这座城镇，光彩闪耀的皇家宫殿簇拥着哈里发的寝宫和清真寺，它们都坐落在哈里发封赏给新一代臣子的封地上。在哈伦刚刚开始统治时，河东岸的鲁萨法区、沙马西亚区和穆哈利姆区加在一起，已经能够与西岸的曼苏尔圆城及其郊区等量齐观。哈伦和忠诚的巴尔马克家族——族长是哈里发年迈的维齐尔叶海亚——为东岸不可阻挡的兴起势头更添动力。巴尔马克家族迁入了新潮的鲁萨法区，肆无忌惮地建起一座座精美绝伦的宫殿建筑，让哈里发一次又一次举目侧望，也为巴尔马克家族蒙上了一层恶兆。贾法尔是叶海亚的儿子与哈伦的密友，也是后来的维齐尔，他在这一区花费2000 万迪尔汗的巨资建造了一座宫殿，然后为满足自己的奢华品位，又花费 2000 万迪尔汗加以修整装饰。贾法尔听从了别人的建议，明智地将这座宫殿献给了哈伦的儿子麦蒙，后来它成了麦蒙的办公场所和哈里发宫殿群（Dar al Khilafat）的中心建筑，也是未来的信士长官居住的地方。（多年后，在麦蒙将这座宫殿作为彩礼送给妻子布兰后，它被更名为"哈桑尼宫"，这个名字来自麦蒙的岳父与维齐尔哈桑·伊本·萨赫勒——将建筑以其主人的名字命名是巴格达传统，这个传统一直持续至今。）人们认为宫殿群的广场上建有一座哈里发的大清真寺，这座清真寺破损的宣礼塔直到 20 世纪仍然可见。为了回报巴尔马克家族的悉心服务，哈里发将底格里斯河东岸横贯整个沙马西亚区的大片封地赏赐给了他们，这些地界被冠上他们的名字，诸如苏克·贾法尔（贾法尔集市）、纳赫尔·法德勒（法德勒运河）、苏克·叶海亚、苏克·哈立德·巴尔马克等。

在哈伦统治的时代，出现了许多令人眼前一亮的建筑，其中最著名的是哈伦在圆形城市中重新改建的曼苏尔大清真寺和扩建的曼苏尔永恒宫，以及在底格里斯河东岸兴建的贾法尔宫殿。贾法尔就坐镇在这座富丽堂皇的建筑里，在他漫长的维齐尔生涯中，政府建筑缓慢但稳定地向河东岸迁移，东岸地区在整个中世纪时代都维持着政治和商贸上的卓越地位，直至 20 世纪依然如此。

在底格里斯河对岸还有一座地标建筑，其重要性和价值对巴格达来说更为持久，最早能够追溯到哈伦统治的时代，尽管这项建筑计划自流血冲突中酝酿而生，并没有得到哈伦的支持，而且其纪念的是一位据传被哈伦毒死的人物。799 年，穆萨·卡齐姆（卡齐姆即"不随意施怒者"）伊玛目瘐死在哈伦的大牢中，他是什叶派十二伊玛目中的第七位伊玛目，也是侯赛因的直系后裔，后者于 680 年在卡尔巴拉殉难。他被埋葬在马卡贝尔·古莱氏，即古莱氏墓地（古莱氏部族是先知穆罕默德与其后裔所属的大部族），这座墓地位于巴格达西北部，最初由曼苏尔所建。30 年后，伊玛目的孙子穆罕默德·贾瓦德在穆阿台绥姆哈里发统治期间去世，可能也死于毒杀，被下葬在古莱氏墓地，从此以后这里被人称作"卡齐迈因"，意即"两位卡齐姆"。这个清真寺建筑群成了什叶派的圣所，对于在巴格达居于异端地位的什叶派而言，它是一个愈发重要的精神中心，其影响力愈发繁盛，以至于后来整个街区都以其为名，称为"卡齐米耶"。这个街区坐落在巴格达西北部，被底格里斯河环绕。卡齐米耶区中央的宏大圣陵至今仍是巴格达的名胜景点之一，这要"归功"于哈伦在巴格达实行的宗教迫害政策。

哈伦不愿被身居庙堂的烦忧所拖累。根据塔巴里的描述，他任命经验丰富的叶海亚为维齐尔，将行政事务全权委托给他，特许他自由处置所有国家事务。当哈伦没有在率军讨伐异教徒，或率领朝圣队伍前往麦加（他曾于 787 年、790 年、791 年、794 年、796 年、798 年和 804 年八次朝圣麦加）的时候，他便有余暇关注更加快乐的宫廷消遣了。

夜复一夜地，哈伦和他的廷臣、学者、诗人、使节、将军、乐师、法官、运动员以及新宠相聚一堂，寻欢作乐。他们在宫殿中聚众欢宴，在皇家酒窖中酣饮豪醉，痛饮着红宝石般鲜艳的设拉子美酒，神魂颠倒地躺在后宫美女的怀中。正如诗人穆斯林·伊本·瓦利德在一首典型的淫诗中所写的那样，"这是什么样的生活？沉迷爱欲，浸淫在酣醉与美目之中"。[9]

据说哈伦的皇家宴会用的是镶嵌宝石的金银餐盘，满盛着各式美食，"肉馅茄子烧、柠檬汁调味的葡萄叶粽子、精面粉制成的肉馅糕点、羊肉片藏红花烩饭、一锅小洋葱炖菜……十只烤野禽和一头烤羊，还有两样大菜，一样是库纳法*，另一样是加了甜奶酪与蜂蜜的油酥面点。另外还有各式各样的果蔬，如甜瓜、黄瓜、酸橙以及新鲜椰枣"。[10]

哈伦的宾客欣赏着面前舞女轻盈袅娜的躯体，品尝着瓷碗中用橙汁提味并缀有月桂和花生仁的哈尔瓦**。除此之外还有浸渍了玫瑰香油的果干、覆有糖衣的菱形果仁千层酥（baklava）、起褶皱的无花果、圆鼓鼓的葡萄、香蕉和柚子，茉莉和郁金香掩藏在一瓶瓶玫瑰中间，浸蜜的杏仁糕点堆积成山，其上的糖浆顺着食客的下巴滴流而下，使他们连笑容都黏滞起来。

侍酒者为人们呈上金色的水罐与水盆，其中盛着用于洗手的芳香清水，人们在镶有红宝石和钻石的水罐中洗净双手，然后在金色盆中用芦荟油增香。葡萄酒则用金、银及水晶材质的酒杯呈上。太监用镶嵌珠宝的金喷壶为宾客喷洒麝香与玫瑰香水。大家彻夜欢饮，通宵达旦，歌女乐姬鼓琴歌唱，舞女们跳着挑逗的肚皮舞和柔美的剑舞，给醉醺醺的宾客更添欢悦。

在那个时代，出身良好的男人与阉人有染常被视为一件时髦乐事。在国家最高层的皇族中间，这种不寻常的情趣也流行起来。曼苏尔美丽的孙女祖蓓达与哈伦所生的儿子艾敏就十分迷恋阉人。塔巴里记载道："他对女人看都不想看一眼。"而且他还为白皮肤阉人和黑皮肤阉人分别起了外号，叫"蚂蚱"和"乌鸦"。祖蓓达为此感到羞耻，于是给后宫中最美丽的侍妾穿上合身的男装，剪短她们的头发，将她们赠予艾敏，希望借此纠正艾敏的恶习。她的计谋奏

---

* 库纳法是一种浸蜜的起司糕点。
** 一种中东甜品，主要用黄油、面粉、糖和坚果制成，类似我国新疆的切糕。——译者

效了。根据史书记载，艾敏完全被她们迷住了。

从建立之日起，巴格达就是一座父权思想盛行的城市，直至今日仍旧如此。传统上，女性被局限于私人空间之内，在史料记载中，她们只在公共生活里占据很有限的地位。然而在阿拔斯王朝，除哈里发和诗人、数学家、音乐家之外，仍然有许多杰出的女性崭露头角。祖蓓达是曼苏尔哈里发的长子和继承人贾法尔的女儿，在宗教、诗歌和文学方面颇具造诣，是同时代最具盛名的女性之一。祖蓓达一方面以独到奢华的品位著称，另一方面也因热心公益和潜心宗教闻名，她富有创意的慈善活动直至今日还存留着部分影响。含着金汤勺出生的祖蓓达嫁给表兄哈伦后财富更加显赫，她利用自己的大部分家财大兴布施，成了一个慈善家。根据传记作家伊本·哈利康的记载，由于无数女仆在她的宫殿中诵念《古兰经》，宫殿听起来犹如蜂巢一般喧哗。作为哈里发的正妻，祖蓓达理所应当享有最为精美的珠宝和服饰。阿拔斯家族的穷奢极欲是无止境的：据说在最重大的宫廷庆典中，祖蓓达浑身披金挂玉，必须要有两位仆人搀扶才能勉强站直身子。但祖蓓达最为持久的成就是修筑了达尔布·祖蓓达，即"祖蓓达大道"，这条安全路线全长 900 千米，从巴格达南方的库法城出发，穿越沙漠直达圣城麦加，为之后几个世纪间的无数朝圣者提供了便利。在自己的朝圣期间体验了漫长旅途的艰辛，尤其是缺乏饮水的困难之后，祖蓓达率先发起了一项庞大的工程，以缓解朝圣路上的饮水问题。她在朝圣道路沿途挖掘了水井，还建造了蓄水池和当时最先进的、配有过滤池的水坝，解决了沉积物过多的问题。这条大道需要通过地理状况复杂的土地，其修建工程面临许多难以克服的困难。大道需要穿过山脉，因此人们要清除许多巨大的山岩和砾石，况且道路也需要用石块铺平。祖蓓达还在道路上修建了许多休息点，为朝圣者和他们的牲畜提供歇息之处。据记载，在朝圣大道旁共有 54 个大型休息点，大约每 16 英里（即一天路程）就有一个，大型休息点之间还设置了许多小型休息点。祖蓓达本人专门监督这项工程，并且命令工程师不惜成本，全力以赴。在麦加城，她为朝圣者修建了一条水渠，将泉水引至圣地，而圣地在此之前只能依靠渗渗泉供给水源。直至今日，这条水道都还叫作"艾因·祖蓓达"，即"祖蓓达泉"。据说这项工程最终花费了数百万第纳尔金币，全部由祖蓓达自掏腰包。[11]

达纳尼丝是哈伦后宫里最著名的女性之一，某次，兴致高昂的哈里发被这位女奴的歌喉触动，当场赏赐了她大量礼物，其中包括一条价值三万迪尔汗的项链，以表示对她超群技艺的认可，但这引燃了祖蓓达的妒火。然而祖蓓达总能为自己找到台阶下，在听完女奴的歌声后，她向丈夫道了歉，为了补偿之前发怒失态的错误，她又赠给丈夫十位更为美艳超群的女奴（她们的出身也更为高贵）。作为阿拔斯王朝历代皇后中最著名的一个，祖蓓达捍卫其子艾敏也是出了名的执着不懈。艾敏是唯一父母均有皇室高贵血统的哈里发，比他的哥哥麦蒙更有权利继承帝国。在兄弟俩因争夺大位而爆发的内战结束后（这场内战我们将在第三章谈及），祖蓓达在祈祷和静默独居中度过了孤独的晚年，最终于 831 年去世。

后宫及其选拔程序是一整套产业，让哈伦能够一直坐拥 200 多名全国最美丽的年轻女子，再加上 4 位妻子。尽管如此，与 9 世纪中叶的穆台瓦基勒哈里发（847 年至 861 年在位）相比，哈伦还是显得清心寡欲了些——穆台瓦基勒的后宫多达 4000 人，而且据说他与其中每一位都同眠共枕过。后宫中一些女性的名字至今为人所知，比如：迪雅（光彩）、西哈尔（魅力）、扎特·哈儿（美人痣）

以及海拉娜（即"海伦"，她可能是个希腊人）。尽管与哈里发国家的公共生活无缘，但后宫中一些个性独特的女性还是脱颖而出成了传奇，比如艾丽卜就是如此，由于嗓音甜美且编写了数千首歌曲与诗篇，她被人称为"宫廷夜莺"。艾丽卜一开始由哈伦的儿子艾敏买入宫中，后来又被选入麦蒙的后宫，但她并不忌惮在哈里发自己的宫廷内给他戴绿帽，常常夜半时分偷溜出去私会情人，这是对当地传统的大胆反抗。据说艾丽卜常用一种由琥珀和麝香制成的润发油保养头发，这种润发油后来被她的仆人卖了个高价。有关艾丽卜的事迹大多来自 10 世纪历史学家艾布·法拉吉·伊斯法罕尼的记载，他十分热衷收藏诗篇与歌曲。当艾丽卜人老珠黄时，有两个年轻人拜访了她，并大胆询问她是否还渴慕性爱。"啊，孩子们。情欲尚在，然四体无力。"据说她如是回答。艾丽卜以 90 岁高龄在萨马拉去世，见证了好几代哈里发的起起落落。[12]

然而后宫对于迟暮美人来说不是什么好地方。诗人就讲述了女人之间频繁激烈的争斗，这些斗争的原因无非是争夺哈里发的荣宠，以及与正妻争夺生下皇储的机会。在一次格外暴力的斗争中，"美人痣"切下了另一个女孩的鼻尖；出于报复，她的对手抠下了她那颗著名的美人痣。

与后宫的其他危险相比，女人之间的斗争还不算什么。在后宫的环境中，许多女性会发现自己的优雅与吸引力无从体现。或许正因如此，一些人开始尝试用同性恋行为获取慰藉。一旦她们被发现，便会遭受迅速且酷烈的惩罚。塔巴里就记载了下面这个可怖的故事，它由阿里·伊本·雅克廷讲述，他是哈伦的哥哥哈迪的廷臣。

一天晚上，我正和穆萨还有他的一众友伴在一块，突然

一个太监走上前来，在他的耳边悄悄说了些什么。哈里发随即
一跃而起，对我们说"别走"，便离开了。一段时间后，他气
喘吁吁地回来了。他重重倒在坐垫上，呼吸粗重，过了一会才
慢慢平静下来。他的身边还跟着一位太监，手中拿着一个托盘，
上覆一方手巾。看到面前的一切，我们都惊呆了。然后哈里发
坐正身子，对太监说："放下手里的东西。"太监遵命将托盘放
了下来。他又对太监说："掀开手巾。"太监照做了，结果盘子
里盛着的是两个女奴的头颅！凭真主起誓，她们的面庞与秀发
比我曾见过的任何女子都要美丽；她们的头上戴着珠宝发饰，
上面还散发着香水的气息。我们见状感到十分恐怖。哈里发开
口道："你们知道她俩干了什么吗？"我们纷纷回答不知道。
他说道："我们接到消息，说她俩彼此相爱，还在一起做寡廉
鲜耻之事。于是我就派这个太监监视她们，向我报告她们的动
向。时机一到，他便来告诉我她们又私会了，于是我便赶去，
发现她们两人正在一条床单下做着丑事。于是我杀了她们。"
说完这些话后，他招来奴仆取走了两颗头颅……然后哈里发继
续说起之前中断的话题，仿佛什么都没有发生过一样。[13]

　　哈里发与他的廷臣们是巴格达最富有、也最时髦的人，在他们
的资助下，贩卖美女的奴隶市场常被炒得火热。休·肯尼迪就曾将
其比作职业足球转会市场，其中最受关注的球员被连续高价卖出，
每一次交易都有所增值，直到他们的身价极其高昂为止。[14]哈伦的
父亲就曾花 10 万迪尔汗银币买下一个名叫穆克努娜的女孩，"她
以曼妙的臀部和高耸的胸部著名"。贝丝芭丝（即"爱抚"）显然
更受人青睐，她的价值高达 1.7 万第纳尔金币。有时，奴隶市场的

运作也不一定要屈服于哈里发的淫威。伊南是一位来自阿拉伯东部的美人，受过高等教育，娇媚妖艳，顾盼生姿，让哈伦对她一见倾心，据说她还能机敏地与传奇诗人艾布·努瓦斯吟诗作对，招架自如。尽管如此，她的主人纳菲提却坚定地拒绝卖她，就算买主是哈里发也一样，他开出了 10 万第纳尔金币的高价，并拒绝讨价还价。后来这个人去世后，伊南被带到卡尔赫门附近的公共奴隶市场上售卖，哈伦又来碰了一次运气。他派大太监马斯鲁尔前去市场，宣布出价 20 万迪尔汗买下伊南。然而令人始料未及的是，有人叫价比哈伦还要高，尽管马斯鲁尔上前把这个冒失鬼痛打了一顿，还提醒他出价的是哈里发陛下本人，也没能阻止他。伊南最后以 25 万迪尔汗的高价离手，然后便被这位不知名的买主匆匆带往呼罗珊了。这是哈伦最后一次见到她。

根据大历史学家塔巴里的描述，在夏季最酷热逼人的午后，哈伦在他的凉亭小憩时，奴仆会为哈里发呈上一尊银瓮，里面盛着皇家香料商用麝香、藏红花、芳香物质和玫瑰香水精心混合的香料。然后，七件上好的拉希迪亚麻女式宽松短袍被浸在混合香料中，这是欢乐时光的前置准备。每天都会有七位女孩被带进哈里发的寝室，在那里她们要遵守一套精致复杂的程序。首先她们要脱下衣服，换上精心增香过的亚麻短袍。然后，她们要坐在开有洞眼的座位上，座位下面是点燃的熏香，她们要坐到衣物被烘干，且她们的身体依照哈里发的口味被熏香为止。只有当这项精致的程序完成，欢爱才得以开始。

《天方夜谭》是一部故事巨著，其中有许多印度、波斯和阿拉伯故事能够追溯到 8 世纪和 9 世纪，在那个奇妙的世界中，哈伦的享乐欲望也丝毫不减。比如在第 387 夜中，这位阿拔斯哈里发一开始享受与两位女奴嬉耍的乐趣，后来又招来第三位女奴一同享乐。在《哈伦·拉希德与两位女奴》这篇故事中，服侍他的两位侍妾分别来自麦地那和库法。阿拉伯女孩按摩着他的大腿，伊拉克女孩则按摩手臂。她们的动作让哈伦兴致盎然，为之勃起，于是两位女孩便开始争风吃醋起来。库法女孩对麦地那女孩说："我发现你要把我们共有的财产据为己有。快把我的那份交出来。"麦地那女孩则引用先知穆罕默德的话语回应道："如果有人播种了未开垦的土地，那么这块地理应属于他和他的子孙。"说时迟那时快，库法女孩猛地将对手推到一边，"两手握住了哈伦的那话儿"，而且还不忘继续刚刚的伊斯兰宗教话题，也用先知的话语回击道："猎物应当归猎手，而不是助手。"[15]而在巴格达的真实生活中，最惹人喜爱的女奴不仅因其美貌和音乐天赋，也因其机敏聪明受赏。

在下一个故事中，显然哈伦觉得与三个女奴同乐要比与两个女奴取乐的乐趣更多。这次，三个女奴分别来自麦加、麦地那和伊拉克，"麦地那女孩伸出手来摆弄刺激他的那话儿，让他勃起，但麦加女孩跃过来把那话儿从她手中抢去，自己玩弄起来"。麦地那女孩抱怨这不公平，又引用了先知关于为荒地播种的道理。麦加女孩则不为所动，回应说猎物应当归猎手。然后，伊拉克女孩上来推开前两者，自信地宣称："既然你们还没吵完，这个就先归我了。"[16]

由于哈伦的个人成就，他在后人眼中拥有很高的地位，就像爱德华·吉本所说的那样，他的声望在阿拔斯王朝历代哈里发中无可比拟，而这份名声大部分流传到了《天方夜谭》的奇幻世界中。这部广受欢迎的著作也被读者称为《一千零一夜》，意指书中那位不知疲倦的讲述人山鲁佐德每夜为沙赫里亚尔王讲述故事，共持续了一千零一夜。故事中沙赫里亚尔王是一位好色嗜杀的君主，每次与新娶的处女共眠一夜后便会将之斩首，而山鲁佐德下定决心破除他的这一恶习（当轮到山鲁佐德面对沙赫里亚尔王时，他奸淫杀戮处女的恶行已经持续了长达三年）。雕塑家穆罕默德·加尼·希克马特于1972年在底格里斯河东岸的艾布·努瓦斯大街上立了一座引人注目的铜像，用以纪念这对奇人。沙赫里亚尔阴沉倦怠地倚靠在底座上，身形苗条的山鲁佐德则在他面前滔滔不绝地讲述她的救命故事。

如果说哈伦是《天方夜谭》的主角之一，未免有些轻描淡写。在十几个故事中，他的大名直接在标题里出现，而在其他更多故事中他也有精彩出场。在这些故事中他是一位热衷夜行、无眠不休的哈里发，每夜都会带着两位忠诚的伙伴——巴尔马克家族的维齐尔贾法尔和刽子手马斯鲁尔——在巴格达的街道上悄悄徘徊，巡视自己的城市与人民。他总是准备着新的冒险，又总能在最后化险为夷。在这部天马行空的史诗中，哈伦是魅力四射的男主角，而他的帝都巴格达城同样风华绝代，与他联袂共演。

就像《哈伦·拉希德与渔夫的宝箱》中所讲述的那样，不知疲惫的哈里发每夜都要巡视首都的街道。"一天夜里，哈伦·拉希德招来了贾法尔，并说：'我想去城里看看，问问老百姓对于管辖他们的官员有何看法，他们对谁有怨言，我就罢免谁，他们对谁感恩戴德，我就提拔谁。''悉听尊便。'贾法尔应道。"[17]贾法尔作为维齐尔常常险些被任性无常的哈里发处决，他可能并不像哈伦那样为失眠困扰，但也没得选择，只好跟随哈里发一同夜游。

尽管并不是可靠的历史文献，《天方夜谭》仍旧描绘了一幅惊人的中世纪巴格达图景。在这里居住着豪商巨贾，拥挤的市场上商品货物琳琅满目，狭窄的街巷两侧挤满了房屋，其上有着突出在外的阳台和高高的马什拉比耶雕花窗——从这种窗子内往外张望的人不会被外人看到。这里还有宏伟的清真寺、奢华的浴场和蜂巢状的商栈（比如米尔江客栈）。疲惫的行商与旅人可以在这些商栈下榻休息，储存货物，以及享受好客店主提供的热情服务。正如《天方夜谭》的译者、法国东方学家安托万·加兰在 18 世纪初提及这些故事时所说的那样，"从这些故事所展现的东方礼仪与传统，以及穆罕默德信徒和异教徒的宗教仪典来看，它们也是十分有趣的；而且这些话题的表达，要比作者与旅者的记录更加有趣"。[18]

《天方夜谭》是一座故事宝库，其中包含着数不胜数的精彩元素：性与爱，阴谋与冒险，奢华的宴会与荒淫的狂欢。也有着无数光怪陆离的异域人物：从独眼的驼背怪人到令人毛骨悚然的精尼（阿拉伯神话传说中一种超自然生物），从英俊的王子到品行端庄、顾盼流光的美丽女孩。故事中不仅有傲慢自大的维齐尔，也有目无法纪的盗贼，还有精明狡猾的骗子，性感诱人的侍妾，漂泊在外的渔夫，因吸食大麻神志不清的乞丐，以及饮酒酩酊不已的浮夸朝臣。这些故事抨击了腐败的警察与色迷心窍的法官，也对同性恋女巫和骚扰男人的淫乱荡妇冷嘲热讽。它们描绘了一个高度发达的城市世界，其间充斥着商人和钱商，裁缝和理发师，诗人和苦行僧，歌手、学者与水手。水手里最著名的无疑是辛巴德，他与阿里巴巴和四十大盗以及哈伦本人都在《天方夜谭》中占有一席之地。与阿拔斯王朝时代的巴格达相似，在这个虚构的世界中，生活也有着反复无常的一面，比如某人在觐见伟大的哈里发时，永远也无法确定自己接下来会被赏赐鼓鼓囊囊的一袋第纳尔金币，还是会被迫跪在刽子手呈上的皮垫子上，等着利剑一闪，人头落地。

《天方夜谭》中的瑰丽梦境启发了一代又一代作家、艺术家、诗人和电影制作人，几个世纪以来，他们在想象中重建的巴格达魔法世界已融入西方文化中。《对天方夜谭的思忆》最初发表于1830年，在这首长诗中，年轻的丁尼生为这座城市描绘了一幅梦幻般的感性图景。他在月光点点的底格里斯河上漂流，吹着清凉的微风，"漂过镶金的巴格达神殿，围墙高耸的古老绿花园"。他穿过芳香缭绕的凉亭与柠檬林，在繁星点点的靛蓝夜空下泛舟经过黄金的圣所。然后，他进入一座异域花园……

> 还传来隐隐的都市之声；
> 开着花的森森没药树丛
> 围住了挺拔的雪松、柽柳，
> 香气四溢的处处玫瑰花，
> 高大的东方灌木、方尖塔……

"睁着迷迷糊糊的眼睛"，他来到哈里发的凉亭。这是一座闪亮悦目的楼阁，在雕花的杉木门后，有着层层叠叠的台阶，扶手闪耀着金光。窗户中灯火通明，那是百万蜡芯在银制灯盏中燃着火苗。仿佛命中注定一般，诗人瞥见了一位波斯姑娘：

> 她眼睑白如银，神情安详，
> 明眸含情，她乌亮的睫毛
> 黑得发光，珍珠般的额角
> 披着黑檀似的长长香发——
> 一个个黑油油奇妙发卷
> 飘垂在玫瑰般脸颊之下。

图为一本 18 世纪法语译本的《一千零一夜》中的插图。巴格达和哈里发哈伦·拉希德在这本有关阿拉伯、波斯和印度的著名故事集中占比十分突出，这些故事可以追溯到 8 世纪和 9 世纪。

　　　　她是当时最可爱的女子……

　　最后，他来到了一座由六条纯银支柱托起，其上垂挂着金线织物的庞大宝座前，坐在上面的便是伟大的阿拔斯王朝哈里发：

　　　　我看到那里唯一的红日，
　　　　当时正是其金灿灿的盛世——
　　　　正值哈伦·拉希德的好时代。

　　将近一个世纪后，1923 年，也就是叶芝获得诺贝尔文学奖的那一年，他写下《哈伦·拉希德的赠礼》。这首诗意境朦胧，具有柯勒律治诗歌的风格，同样受到了《天方夜谭》的启发，描绘了一个飘散着茉莉花香的世界，在这个世界中，哈伦时而出使波斯，时而与拜占庭人开战。诗人被"一位苗条的新娘"的美丽深深吸引：

　　　　如今我的一切迷惑都烟消云散。
　　　　女子的美丽如同旗帜在风暴中飘扬，
　　　　而智慧在旗下矗立，只有我——
　　　　在全阿拉伯的有情人中，独我一人——
　　　　既不为旗帜猎猎而目眩神迷，也没有
　　　　因黑夜沉沉而迷失方向，
　　　　仍能听见那掌旗人的话语声。

　　就如 1921 年，格特鲁德·贝尔在写给她父亲的信中抱怨的那样，她可能认为没有人能了解哈伦·拉希德时代的巴格达究竟是什么样子，但《天方夜谭》以及阿拔斯王朝时期的许多其他史书为我们提供了无数生动多彩的可能性。[19] 比如在《搬运工与三位女士》的故事中，我们便在哈伦的巴格达见证了一场富饶集市的香艳购物之旅。故事中，一位戴面纱的黑眼睛女子雇用了一个生性多情的未婚搬运工帮她打下手。[20] 买了一壶葡萄酒之后，她去水果摊上买了"叙利亚的苹果，乌斯曼的木梨，阿曼的桃子，叙利亚的茉莉和睡莲，秋黄瓜，柠檬，苏丹尼橙，芳香的桃金娘、女贞花、甘菊，红色银莲花，紫罗兰，石榴花和野蔷薇"。从屠户那里买过肉后，她去杂货店买了阿月浑子、蒂哈玛果干和带壳杏仁作为甜点。然后，她在糕点店又买了各式各样的糕点："甜蛋糕、内填香料的甜面圈、'皂糕'、柠檬挞、麦蒙尼挞、'宰娜卜的梳子'、小甜饼和'法官的零食'。"这场花销庞大的购物血拼深入拥挤的巴格达市场，来到了香水商铺，她在这里购买了十种香水，其中包括睡莲香味和柳花香味的香水。

　　按照《天方夜谭》中的故事惯例，这自然不是一次寻常的市场购物，在这篇故事中，除家庭主妇出门购买水果蔬菜的情节外，还有更多精彩内容。之后，他们回到了女人的家，那是一座豪华的柱廊建筑，另一个美丽的女孩帮他们打开家门，她的眉毛"犹如舍尔邦月的弯月"，脸颊好似红色银莲花，"嘴巴就像所罗门的王印般圆润，嘴唇好像红珊瑚，皓齿如同白菊花瓣，又如珍珠连串，修长的美颈好似瞪羚一般。她的胸部就像华美的喷泉，双乳仿佛并蒂的石榴，腹部线条优美，小小的肚脐只堪一滴香膏"。同样美丽的第三位女子则布置好了宴席。这座豪宅本身就绮丽惊人，拥有一个宽阔的庭院，还有穹顶的房间和凉亭，精美的雕刻分布其间；到处都是锦缎帐幕，围绕一座大水池摆放着昂贵的软垫座椅，池中则是一条奢华定制的小船，船首有一张镶嵌宝石的刺柏木长椅，被笼罩在红色绸缎制成的蚊帐之下，这顶蚊帐上点缀的珍珠比榛子还大。

转眼之间，一场酒醉狂欢便开始了。其中一个女孩脱光衣服跳进水池，然后一跃而出，坐在了搬运工的大腿上。"好大人，亲爱的，告诉我这是什么？"她指着自己的阴部问道。每当他说出一个名字——子宫、阴道、阴户、袖口或马蜂窝，他都会挨上一记响亮的巴掌。最后女孩说，这应该叫"沟渠里的薄荷"。然后第二个女孩也来故伎重演，搬运工又结结实实挨了一顿打，最后女孩说她的阴部叫作"去皮芝麻"。然后是第三位女孩，她的则叫"曼苏尔老爹的旅店"。这时，搬运工也脱去衣服跳进池子，接着跳上了女孩的大腿。

> 然后他指着自己的阴茎说道："女士们，猜猜这是什么？"每当女孩们答出一个错误的答案，他就对她连亲带咬。最后她们问道那是什么？"这是一头冲破围栏的驴，啃了沟渠里的薄荷，吃了去皮的芝麻，还在曼苏尔老爹的酒店过了夜。"女孩们闻言捧腹大笑，然后他们继续饮酒作乐，直到夜幕降临。

《天方夜谭》中的大多数故事都光怪陆离，但也有些故事仅仅反映了历史现实。比如在《哈伦·拉希德与年轻的贝都因女奴》中，身边陪伴着贾法尔的哈里发爱上了一个女孩，他既为她的美貌，也为她的诗歌天赋而深深着迷。由于她能够吟诗作对，并将其润色改编成引人入胜的歌曲，哈伦大为赞叹，娶她为妻，她也获得了哈伦长久的宠爱。

与之类似，大胆任性的诗人艾布·努瓦斯也时常妙语连珠，出言逗乐哈伦。在故事《哈伦·拉希德与池中的祖蓓达女士》中，哈里发为躲避巴格达的酷暑而走进了他的御花园。他发现自己的妻子正赤身裸体，在他为她修建的水池中乘凉，树丛投下重重树影，掩映着她的身体，这些树丛时常能够保护洗浴者的隐私。祖蓓达并没发现丈夫正看着她，她从池中站起，用银壶冲洗自己的身体。"出于羞耻心，她用一只手盖住了自己的私处，但它们太丰满了，一只手也无法完全掩盖住。"山鲁佐德如是讲述道。哈伦被这番天真景象与妻子的美丽深深打动，遂做短联一首：

> 我所见令我备受煎熬
> 而分离让我欲火中烧

突然文思阻塞，哈伦一时无法吟完这首诗，于是他招来艾布·努瓦斯替他完成。毕竟，这样一个训练有素的诗人，不做此用，又有何为？短短停顿了一下，从未因选词而苦恼的艾布·努瓦斯便即兴吟出了下文：

> 我注视那瞪羚，深深为之着迷，
> 她就在两棵酸枣树的树荫之中。
> 水从银壶中汩汩流出，洒在那里。
> 她发现了我，匆匆企图遮住它，
> 但它太大了，双手遮盖不起。
> 我真希望能在那上面休憩，哪怕一两个时辰也好。[21]

哈伦为这首诗大感欣喜，于是重赏了艾布·努瓦斯。众所周知，这位热爱享乐的诗人在现实生活中时常敢于触动当权者的逆鳞，在《天方夜谭》中，他也一样不知休止地挑战权威的底线。在《哈伦·拉希德与三诗人》中，一天晚上，哈里发正在皇宫庭院中与一位酒醉的女奴亲热，艾布·努瓦斯就险些被哈伦亲手处决，却又一次靠自己的机智化险为夷——就在生死之间，他引用一句《古兰经》的经文，救了自己的性命。在《艾布·努瓦斯与三个男孩》中，这位诗人沉迷于勾引年轻男孩（就像他在现实中常做的那样）。他首先会物色合适的猎物：

> 我经过两个没有胡须的男孩，对他们说：
> "我爱你们。"他们问道：
> "你有钱吗？"
> "当然，"我说，"而且慷慨。"
> 于是两个男孩说："成交。"

他找到乐意与他厮混的对象后，便与他们一同在欢歌和饮酒中度过漫漫长夜，他们四个"大腿互相交缠，不顾罪恶廉耻"。

> 完美的快乐只有在饮酒时才会出现
> 而且身边伴着美貌的男孩……
> 清酒浊酒我们一同畅饮，
> 然后在入睡的伴侣身上倾泻色欲

然而哈伦见状大惊失色，打断了这情热场面，而艾布·努瓦斯在酒酣耳热之下的轻薄回应更使哈里发怒从心起。第二天一早，他便将诗人招进宫中。刽子手马斯鲁尔遵命将诗人的衣服剥去，在他身上捆上驴子的驮鞍，把皮带绑在他大腿上，还在他头上套了笼头，然后就这样牵着他，围绕女奴的住处巡行示众——哈伦企图在斩首前以此羞辱他一番。诗人遭受凌辱时，刚好被贾法尔撞见，后者对此感到莫名其妙，开口问他发生了什么。"我为哈里发陛下献上了最美妙的诗歌，而陛下赏赐了我最华贵的衣袍。"诗人讥诮道。[22] 哈伦闻言大悦，于是饶恕了他。

《天方夜谭》将那些巴格达巨富的奢华生活讲述得惟妙惟肖，魅力非凡。然而如果读者知道祖蓓达不仅拥有著名的宝石拖鞋，而且每次必定用贵重金属制成的餐盘进餐，那些由黄金或水晶制成的酒盏和汤勺时刻被摆放在镶金饰银的餐桌上的话，山鲁佐德讲述的故事也就不显得那么夸张离奇了。

《天方夜谭》中充斥着色情下流、有时还十分粗俗的幽默故事，的确反映了至少一部分阿拔斯王朝巴格达人的生活品位，这些人大多属于帝国的最高阶层。在故事《巴尔马克的贾法尔与老贝都因人》中，某天，哈伦、贾法尔和艾布·努瓦斯来到沙漠，遇见一个正骑着驴子去往巴格达的老人，后者想在巴格达治好他的眼疾。哈伦便鼓动他的维齐尔戏弄这个贝都因人，于是贾法尔为老人开了一份荒唐的"药方"，要他把风、阳光、灯光和月光混合，外敷 12 个月以上。"老人闻听此言，便从驴子上探下身来，当即放了个屁。'你就拿这个当医药费收下吧，'他说道，'要是我真用了这药方，而且真主治好了我，我就送你一个女奴，让她一辈子服侍你，直到你一命归西，然后等真主把你的灵魂扔去火狱的时候，她还要拉大便抹你一脸。'"[23] 哈伦在《天方夜谭》中很容易被逗笑，这次也不例外，捧腹大笑起来，赏赐了贝都因人 3000 迪尔汗，让他治病去了。

如果说上面这个污秽的幽默故事荒诞不经，读者可以看看下面这个塔巴里记载的真实的历史轶事。在这个故事中，一位阿谀谄媚的朝臣为哈伦献上了一罐珍贵的混合香水，它由一位来自巴士拉的香水大师，用西藏麝牛肚脐上的麝香、亚丁湾的琥珀、乳香和其他材料调制而成。见到这份别出心裁的礼物，另一位廷臣大为惊讶，于是他要来这罐香水，吹捧道："我要是把它抹遍全身，唯独漏了屁眼，我妈就是个婊子！"然后他便将长袍掀过头顶，将手伸进香水罐里，把珍贵的香水在肛门、腹股沟和腋窝涂抹起来。哈里发见状"笑得几乎无法思考"。但这位疯狂的廷臣似乎意犹未尽，又招来一个奴隶，把剩下的香水交给他，让他送回家交给妻子，他还给妻子下了指示："用这个涂你的下面，直到我回家操你为止。"哈伦"笑得差点窒息而死"。而后，为了进一步增添羞辱，他重赏了这个粗俗撒野的廷臣十万第纳尔，尽管这一数据并不怎么可信。[24] 塔巴里并没有提到那位破财献媚的廷臣后来怎样，但想来他应该是大大亏损了一笔。

803 年 1 月，在一个寒冷晴朗的清晨，一则惊人的消息震撼了巴格达。在贵族和巨富们的宅邸中，大臣们惊慌失措，简直不敢相信自己的耳朵。在市场上，震惊的搬运工和商贩们低声密语，同一个故事的不同版本在整个和平之城犹如野火一般传开。这个消息显然不可置信。信士的长官最近刚从麦加朝圣归来，便处死了他的密友——当朝维齐尔巴尔马克的贾法尔，又将维齐尔年事已高的父亲叶海亚及其兄弟法德勒收押软禁。一夜之间，巴格达全城人心惶惶。

巴尔马克家族的辉煌时代走向了终结，这场终结迅速而残酷。据塔巴里记载，哈伦派马斯鲁尔前往贾法尔的宫殿，要他提贾法尔首级回来。这位刽子手是维齐尔的老友，又是一同寻欢作乐的玩伴，贾法尔惊惶不已，恳求马斯鲁尔再确认一下，究竟是哈伦喝高了，还是他心意已决。于是满心困惑的马斯鲁尔又回去面见哈里发。"把他的脑袋给我带来，狗东西！"哈里发大吼道。

马斯鲁尔反复三次回来质询命令，最后哈伦忍无可忍，挥拳砸向这位倒霉部下的脑袋。"要是你再两手空空地回来见我，我就先找人砍了你的脑袋，再把贾法尔的脑袋提来。"他狂吼道。[25] 马斯鲁尔别无选择，只好执行了这道不同寻常的命令。

前一天，贾法尔还是阿拔斯帝国一人之下、万人之上的权臣。仅仅一天后，他的身体便被砍作三段，分别悬在底格里斯河的三座舟桥上示众了。

巴格达人一开始还不敢相信这一噩耗，但当他们看到贾法尔的首级被悬在绞架上时，一切疑虑都烟消云散了。人们之所以不敢置信的原因是，贾法尔和他的父亲叶海亚曾是哈伦的两根基石，他们为哈伦此前 17 年的辉煌统治打下了基础，在这段时间，阿拔斯帝国达到了权势顶峰，国境之内一片升平安康。当年皇位继承出现问题时，是叶海亚鼎力支持哈伦上位，他对于年轻的哈里发犹如父亲一般；贾法尔曾是哈伦最亲密的朋友、顾问和纳迪姆（即"玩伴"），曾与他一同在各自的宫殿中夜夜笙歌，沉浸享乐。1200 年后，我们仍旧不知道哈伦为何要做这样的决定。据说哈伦发怒的原因是贾法尔私自释放了一位他曾下令关押的叛徒。

据塔巴里记载，哈伦曾鼓励贾法尔迎娶他的妹妹阿巴莎，这样的话，她作为已婚女人，就可以正大光明地与他们一同彻夜宴饮了（作为一个与贾法尔没有任何血缘关系的皇家公主，她是绝不能与他一同出席哈里发的私人酒宴的）。在这则故事中，贾法尔一开始坚决避免在婚后与妻子圆房，但由于肉欲难抑，再加上美酒的催化，他们还是不可避免地发生了关系。"当时他们饮酒方酣，恰好两人正值年少，情欲旺盛，于是贾法尔便上前与她交合。"塔巴里讲述的这个故事在许多人看来是完全不可置信的。[26] 马苏迪也记载了一个相似的版本，但在这段故事中加上了贾法尔的母亲略施诡计的情节。一天晚上，当贾法尔参加完哈伦的豪华酒会回到家中时，她将醉醺醺的儿子骗到了苦于单恋的阿巴莎面前，称她是一个性感迷人、教育良好的女奴，并引诱他与其行房。一夜云雨之后，阿巴莎才揭晓自己的真实身份，但这让贾法尔陷入了绝望。"你这是无缘无故把我抛弃，还把我扔到深渊的边缘！"满心恐惧的贾法尔对他的母亲如是说道。[27] 据马苏迪记载，阿巴莎怀孕了。生下的婴儿后来被偷偷转移到麦加抚养，但由于哈伦的正妻祖蓓达和叶海亚之间关系日益紧张，这个秘密还是泄露了，于是哈伦暗下决心要为此复仇。

这些故事无疑生动且震撼人心。据我们对哈伦宫廷的了解，多年来哈伦对于巴尔马克家族的嫉恨与日俱增，他嫉恨他们空前强大的权势，以及令人目眩的财富。人们传言他们的财富足以与哈里发匹敌，甚至还要更多。据一些故事记载，哈伦曾多次小小地羞辱过巴尔马克家族，但这些羞辱行为都有很强的象征意义，比如某次他曾刻薄地责骂叶海亚，只因叶海亚未经允许便来到他面前，尽管这已经是他们之间的惯例；他曾在叶海亚前来时，命令侍者无需起立致礼；他还曾刻意冷落叶海亚，逼迫他重复几次请求喝水。在残酷的宫廷政治中，巴尔马克家族从不缺少在哈里发耳边暗中发难的敌人。据说某天外出游猎时，志得意满的哈伦转身检视随行队伍，对一位臣下问道，"你可曾见过如此华丽的队伍？""当然，没人能和贾法尔的随行队伍相比。"那位臣下唐突地答道。巴格达流行的俗语"富若贾法尔"显然也早已为哈里发所知，可能也让他心烦意乱。随着哈伦与巴尔马克家族之间的关系日益恶化，局势会突然倾覆也在情理之中。

贾法尔被残酷处决后，他渐渐腐烂的遗体被暴露示众长达两年之久，直到 805 年，哈伦才下令把尸骸取下焚毁。哈里发的账单事无巨细，根据其中一条记录，贾法尔的火化用了"十克拉特（kirat）石脑油和麻线"。叶海亚于 805 年瘐死狱中，此时他已是一个年逾古稀、精神崩溃的老人。三年后，他的儿子——哈伦的干兄弟法德——受尽哈里发的凌辱折磨，也死在狱中。

无论巴尔马克家族倒台的原因是什么，它成了巴格达历史的一个关键转折点。突然之间，文化赞助的涌泉被阻塞，而这至少使文化遭遇了持久的损失。诗人们是巴尔马克家的慷慨赞助下受益最多的人，他们写下诗行，如同哀叹世界末日一般，哀悼着旧日好时光一去不返。他们的感伤最为痛切，不仅是心痛，也是失去财源的切肤之痛。即使经过了编辑删减，马苏迪收集记录的挽歌哀诗还是长达五页之多。下面这首诗就抒发了诗人圈子对于此事的典型观点，该诗由萨勒姆·哈西尔所写：

> 慷慨之星已经湮没，
> 宽仁之手也已握紧，
> 银海金山皆不复存在。
> 巴尔马克的子孙是点点明星

> 指明了正道的方向
>
> 但已尽皆陨落。[28]

仅仅一夜之间，富足的好日子便戛然而止，阿什扎·苏莱米如是说。他曾在马赫迪的公开宴会上与巴沙尔·伊本·布尔德一同见证艾布·阿塔西亚大出风头：

> 巴尔马克的子孙离开了这个世界
>
> 假若他们依然当权，
>
> 人人都将获益颇丰，
>
> 他们执掌大权的时代
>
> 是全人类的豪门盛宴。[29]

这个事件意义非凡，甚至《天方夜谭》里也花了许多篇幅来纪念，比如以下这段：

> 巴尔马克家族是那个时代的点睛之笔，也是时代的宝冠。命运为他们降下了最大的恩宠，因此叶海亚的儿子们成了耀眼的明星、宽仁的海洋、慈善的激流、恩惠的甘露。世界在他们的一呼一吸下得以生息，帝国在他们的手掌之中达到荣耀的顶峰。他们是受迫害者的庇护者，百无依赖者最终的依靠。艾布·努瓦斯有诗云：

> > 自从大地将你们夺去，哦，巴尔马克的子孙啊，
> >
> > 曦光初现与暮光渐暗的道路

都已空空荡荡。我的心也变得空虚，哦，巴尔马克
的子孙。

他们是可敬的维齐尔，智慧的大臣，他们充实了国库。
他们坚定、优雅而且善于谏言；他们在学术上卓越出众；他们
的慷慨能够与哈提姆·塔伊相提并论。他们是幸福的源流，他
们是和煦的风，带来了多彩甜美的云彩；正是经由他们，哈
伦·拉希德的美名与荣光才得以从中亚的平原到北方的森林，
从摩洛哥和安达卢斯到中国与鞑靼的遥远国境传扬不息。[30]

几个世纪以来，"巴尔马克家族的时代"一词在中东被人们用
以指代那段繁荣富强的时代，也就是后来人们所称的"阿拔斯王朝
黄金时代"，尽管后来这个概念往往与哈伦统治的时代混为一谈。
巴尔马克家族两代人为曼苏尔、马赫迪、哈迪和哈伦效尽汗血之
劳，在权臣大位上取得了重大成就。或许这样说有失公允，但如果
不是《天方夜谭》与无数为哈伦歌功颂德的文学作品留存于世，可
能在哈伦死后，在阿拔斯王朝谱系的灿烂夜空中，他不会成为如此
耀眼的一颗明星。

显然，塔巴里对于哈伦摧毁巴尔马克家族的做法持悲观看法。
"哈伦的行径引起了众人的不满，"他写道，"人们将会铭记这件事，
直到审判日来临，到那时候，人们将不可避免地明白，对巴尔马克
家族的惩罚是一大失策之举。"[31]

在哈伦统治的余下大部分时间里，他投身于圣战之中，并在
803 年和 806 年对拜占庭帝国的战争中酣畅大胜。棘手的是，一场
叛乱在撒马尔罕爆发。叛乱的领袖名叫拉菲·伊本·莱斯，他是伍

麦叶王朝治下呼罗珊东北部行省最后一任总督的孙子。808 年夏季，哈伦与他的儿子，时任呼罗珊省总督的麦蒙从巴格达出发，领兵北上。809 年春季，他到达图斯城，然后在这里一病不起。

叛军头目拉菲的兄弟后来被俘，并被押至病重的哈里发面前。哈伦招来一个屠夫，不许他磨利屠刀，下令要他肢解这位不幸的俘虏——用哈伦的话说，"没受割礼的臭婊子生的犊子"——而且要一条肢体接一条肢体地，像取鸡骨一样剔掉骨头。"于是屠夫遵命肢解了他，卸下来的肢体堆做一堆。"塔巴里详细地记录道，"哈里发下令道：'数一数把他卸了多少块。'我数了数，老天，一共有14 块。"[32]

这是哈伦临终前做的最后事情之一。809 年 3 月 24 日，在他的干兄弟巴尔马克的法德勒死于狱中不到一年，哈伦去世了，终年约 47 岁。许多人都曾希望他的统治能再延续几十年。然而，对于那些抱持古希腊式观点，认为骄矜自大最终会遭受报应的人而言，接下来发生的事情是残酷无情且无可避免的。

第 3 章

"学者的源泉"，世界的中心

809—892 年

真主保佑巴格达，学术与艺术的宝座——

在这世界上，没有一座城市能与她媲美，

她的郊区敢与碧蓝的天穹一竞美丽，

她的气候温和，如同天园一般，吹来滋养生息的微风，

她的石材闪闪发亮，堪比多彩宝石，

她的土壤丰饶肥沃，散发着琥珀的芬芳——

底格里斯河畔的少女美丽多姿，远超

胡拉赫城的景象；

花园中仙女四处飞舞，犹如克什米尔仙境一样，

数千小舟泛游水上，

舞动闪烁好似天上的日光。

——安瓦里[1]

在哈里发的大力赞助下，和平之城从建成之日起便异常富裕繁华。曼苏尔于775年去世时在国库留下了巨额遗产——1400万第纳尔和6亿迪尔汗，后者可以折算成2640吨白银——这既表明了他的城市如何快速繁荣起来，也表明了自750年征服伍麦叶王朝以来，阿拔斯王朝是如何迅速在伊斯兰世界中心巩固地位的。

　　身披锦绣绸缎的皇族在华丽的宫殿中踱步穿行，飒飒作响，他们位居帝国社会层级的顶峰，沉浸在绝对权力之中；但坐拥巨额财富的可不止他们。阿拔斯王朝的廷臣与宠儿，声名遐迩的歌手，美丽的女奴和饮酒作乐的诗人都因哈里发宫廷的慷慨赏赐而盆满钵溢。在那里，只要哈里发心血来潮的一个想法，某人便能赚得足以一步登天的财富。（当然，同样迅速地，有时那也会让某人付出致命的代价。）

　　除耀眼夺目但又吉凶难料的皇家赞助外，贸易也为巴格达的崛起提供了助力。穆卡达西笔下记载的那位当地显贵预言成真了，他曾向曼苏尔盛赞首都选址将会大大促进商贸经营。货船在幼发拉底河和底格里斯河上来来往往，据说四条天园的古老大河中，有两条便是它们。风尘仆仆的商队长途跋涉，从埃及向叙利亚赶去，货船与牲畜满载货物，在各自的商道上向着这座新建的城市前进，而城中的居民很快便学会了在放纵挥霍中寻欢作乐。在巴格达建成后仅仅几年时间里，这座城市的市场便挤满了贩卖全世界各式商品的商人，从丝绸、黄金、珠宝到图书、香料、异国水果、华丽地毯和耐力强大的骆驼，商品琳琅满目，应有尽有。十几年时间里，这座城市的财富大幅增长起来。与此同时，成千上万人也加入进来，企图在其中投机牟利。曼苏尔新建的这座城市成了一个庞大无比的大都会，一个无与伦比的商贸中心，东方的罗马。和平局势带来了大量财富。以巴格达为中心的伊拉克行省，财政收入四倍于阿拔斯帝国境内第二富裕的埃及行省。每年的国库收入都高达惊人的 1.6 亿迪尔汗，约合 480 吨白银。[2]

一系列细心经营的帝国税收款项为国家财富的积累提供了保障。哈拉季税（土地税）从地产、农田和农产品上征收。税收由省份的总督（wali）负责监督，他们还负责将收集的税款上交巴格达。齐兹亚税（人头税）则依照齐米（dhimmi），即非穆斯林受保护民的身份而规定不同的税率，只要按期缴纳税款，他们就可以免服兵役。除此之外，还有欧什尔税（即什一税），这项税收向农产品和对外贸易商品征十分之一的税。这些收入将会交予税务库（Diwan al Kharaj）加以核查，然后上交公共金库（Bait al Mal）。哈里发的私人财产和用于政府公共花销的资金就储存在公共金库中。各项税金中的大部分都被历代哈里发在日常生活中挪用了，无论私人财产还是公共资金，他们都惯于据为己用。

巴格达的地位极其优越，主导了一场文化上的革命，它的文化在任何方面都能与其政治和商贸上的卓越实力相提并论，甚至还要更加令人赞叹。诗人与作家，科学家与数学家，乐师与医师，历史学家，法学家与辞典编纂家，神学家，哲学家与天文学家，甚至还有烹饪作家……共同塑造了这个黄金盛世，他们所创造的遗产流传千古，比这座城市中沐浴在政治与经济和煦阳光下的任何宝物都要更加长寿。"在这个时代，阿拉伯穆斯林研究天文学、炼金学、医药学和数学，他们在这些学科成效卓著，乃至于 9 世纪到 10 世纪这段时间，阿拔斯帝国的科学成就要远多于此前历史中任何一个时代。"[3] 从曼苏尔时代起两个多世纪里，他所建成的这座城市代表了伊斯兰世界的文化最高峰，也是整个世界的知识中心。正如理查德·寇克于 1927 年在他关于这座城市的论文中所写的那样，"巴格达的诞生恰逢其时，使得它不仅仅成为一个强大帝国的行政首都，也不仅仅成为早期中世纪最繁盛的贸易中心，还成为全世界的文化与艺术中心，从中亚到大西洋沿岸，无数才俊都对其趋之若鹜"。[4]

智者贤人们向巴格达纷至沓来，这一现象非同凡响，堪比 7 世纪阿拉伯骑兵纵马冲出阿拉伯半岛所发起的那场改变世界的征服。文化发展需要闲暇，而闲暇需要财富做保障，财富则从赞助和繁荣的经济中涌流而出。凭借着雄厚的政治和经济实力，巴格达逐渐成了一座无与伦比的文化中心，是这个令人目眩的大帝国当之无愧的首都。

这个时代堪称中世纪阿拉伯版本的古希腊黄金时代。这段时期开放探究、求知好学的态度可以由先知穆罕默德的一条圣训精辟概括："学问虽远在中国，亦当求之。"显然，对于学问无休止的探求是阿拔斯时代的一大标志。在伍麦叶王朝消亡时，阿拉伯学术界的范围一度仅限于阿拉伯文语法和诗歌，《古兰经》经注学，关于逊奈（sunna，即先知时代和早期伊斯兰社区宗教实践与传统）的口传材料的编辑集录，模范穆斯林行为指南，以及强调道德、崇尚苦修的神秘主义学说。与这些狭隘的知识领域相比，阿拔斯王朝取得了价值更加持久的知识成就，这些知识横跨多个领域，从科学到法学，再从诗学到数学，等同于开辟了一个无边无际的全新世界。[5]

四处漂泊的地理学家穆卡达西评价了伊拉克地区独特的学术氛围，认为巴格达是"体面人的居处、学者的源泉"。他还提到，这里孕育了"法学家中的翘楚艾布·哈尼法和最优秀的《古兰经》诵读者苏富扬"，还有"《古兰经》诵读规范的制定者艾布·阿慕尔"。除此之外，这里还是"哈姆扎和齐萨伊的出生地，实际上也是所有法学家、读者和文人的家乡，以及名人、智者、思想家、苦行者、精英人士的故乡，还是魅力非凡者与机敏过人者的发源地"，更不用说那位"真主的友伴"亚伯拉罕本人了。[6]尽管相比之下穆卡达西更喜爱巴士拉——他认为巴士拉在 10 世纪要更加虔诚，也更加繁荣——但他还是把更多注意力投在了和平之城。11 世纪的阿拉伯历史学家萨义德·安达卢西称赞曼苏尔创造了全新的学术探讨氛围。他写道，在这里，"精神焕发，智慧觉醒"。[7]

在巴格达，对于诗人和学者而言，最快速的上升途径无非是保证哈里发在财政和社会方面长期提供赞助。最早几任哈里发对知识事业的赞助十分热心，但有时也会因某些原因而停止。曼苏尔从来就不是一个慷慨的赞助人，事实上他本人曾在这方面犯下一大罪过。756 年，可能出于政治上的原因，他处死了阿拉伯世俗散文之父伊本·穆格法。此举终结了这位 36 岁译者的事业，他曾译有《卡里来和笛木乃》，这部印度寓言故事集后来成为阿拉伯世界最受欢迎的文学作品之一，在伊本·穆格法技艺高超的翻译下，它成了一部畅销全世界将近 1300 年的巨著。

810 年底，艾敏与麦蒙兄弟两人之间的冲突进入白热化阶段。尽管哈伦拼命想要保证皇位顺利传承，但他还是搞砸了：首先，他将帝国一分为二，西方由麦蒙＊统治，巴格达归艾敏统治；然后，他又将麦蒙指定为艾敏的继承人。然而后者已经有了一个儿子穆萨，艾敏坚持要让穆萨继承自己的皇位。此时局势已高度紧张，可谓一触即发，兄弟两人各自的朝廷——以及妻子们——都相互对立，迫使他们走向对抗，为以后的决裂制造了条件。据塔巴里引述，一位诗人预言了即将到来的灾难：

> 于是他在他们中间埋下了战乱的隐患
>
> 使他们渐生嫌隙，互相远离
>
> 悲哉，臣民离灾难已时日无多。[8]

预言果然应验了。双方先是立场愈发强硬，冲突因党争和措辞冰冷的通信（"我的父亲的儿子，既然我愿意接受你的臣服，不要逼我与你争斗。"麦蒙在其中一封书信中写道）而愈发激化，然后在 811 年，全面战争爆发了。一年后，巴格达陷入了一场长达两年的围城战，这场战役破坏巨大，这座辉煌都会的许多地段都在战火中毁于一旦，曼苏尔与他的继任者辛劳耕耘的城区变得面目全非。

艾敏被他兄长的军队重重包围在巴格达城内（麦蒙手下两位将领哈尔萨纳·伊本·阿扬和穆塞亚布·伊本·祖海尔分率两支部队，各自把守东北方和东南方两条通道；还有一支部队由呼罗珊贵族塔希尔·伊本·侯赛因统率，直攻城市西部外围安巴尔门附近的军营），他负隅顽抗，但包围圈越缩越小。他撤至曾祖父曼苏尔的永恒宫中，在这里遭到了麦蒙军的投石机和其他投射攻城器的狂轰

＊　此处疑误，麦蒙当时应主管东部，治所为波斯和呼罗珊地区。——译者

滥砸。在矢石如雨的攻击下，艾敏不得不放弃这座庞大的建筑，下令他的部下点燃地毯，烧毁了宫殿大厅。这是曼苏尔当年钟爱的宫殿，哈提布曾经为这座宏伟瑰丽的建筑赞叹不已，就这样化作了一片废墟。之后，艾敏撤入圆形城市，企图做最后一搏。

　　我们有必要强调，这场将巴格达撕得粉碎的手足相残是双方共同造成的。换句话讲，对城市造成破坏的远不止麦蒙的狂轰滥砸。惊惶狂乱的艾敏——用塔巴里的话说，"惶恐窘迫，心急如焚"——下令熔毁金银器物，用以铸造金币银币来维持军队忠诚，阻止士兵叛逃。他还下令用燃油抛掷物攻击圆形城市北部的哈尔比耶区。许多无辜平民在两军的交火中死于非命——如今的军事指挥官称之为"连带伤害"。据塔巴里引述，诗人胡莱米做出了更加生动的描述：

> 在每一条通往城门的街道上，每一个方向，
> 都有一座攻城器，悬臂飞扬，呼啸作响。
> 石弹有如人头一般，它们由石块
> 刻凿而成，恶人们将其装填在悬索之上。
> 在他们头顶，飞弹有如扬尘的群鸟
> 喧扰着飞啸而过。
> 地面上传来人们的呼喊，
> 同时投石机正抛出石弹。
> 你可见那出鞘的利剑
> 正在横行集市的恶徒手中挥舞？
> 骏马在街巷奔驰腾跃，
> 突厥人在马背上，手握锋利的尖刀。
> 道路上遍洒燃油，火光冲天；

平民百姓因滚滚烟尘四处逃窜。[9]

在这位诗人笔下,这座"地上天园",这座拥有闪耀宫殿,遍布奢华花园,身形袅娜的吹笛者舞动其间的"幸福家园",变得"比野驴的肚子还要空荡",成为一片荒芜的焦土,恍如人间地狱。在街道上,失去丈夫的女人们尖叫着跑过,恶狗在漫步,啃噬着无头的尸体。就连底格里斯河也失去了往日的美丽。溺死的男人、女人和孩童纷纷浮尸在它被鲜血染红的河面。没人能逃过这场浩劫:

> 我曾亲睹那些战场上的年轻人
>
> 纷纷扑倒在尘埃中。
>
> 这些年轻人都曾守护着那些
>
> 他们曾拼上荣誉守卫的人:
>
> 正因有他们,那些煽风点火的阴谋家在混乱中忧惧不已。
>
> 恶犬彻夜逡巡在他们身旁,撕咬他们的身体,
>
> 它们的爪子沾着鲜血。
>
> 你可见骏马徘徊,
>
> 背上负着骑手,臀部伤痕累累?
>
> 群马踏过死者年轻的面庞,
>
> 马蹄周围的皮肤染上了血色。
>
> 它们踏破了年轻勇士的肝脏,
>
> 又扬蹄踩碎了他们的头颅。[10]

艾敏颈上的绞索正慢慢收紧。塔希尔切断了所有通过陆路和水路入城的补给路线。城内物价飞涨,市场荒芜。由于对迟缓的攻城

进展感到失望，他将那些抵抗的地区都定为达尔·纳克斯（Dar al Nakth），即"毁约地区"——塔巴里特别提到了圆形城市及其东南方的卡尔赫集市区和东方的永恒宫。这是一道许可令，要求部队夺取哈希姆家族及那些迟迟不愿效忠麦蒙的将领和高官所拥有的领地和商业地产。艾敏麾下的正规军很快便丧失了斗志，于是城市的守备工作便逐渐落在了非正规部队的肩上——塔巴里和马苏迪称这支部队为地痞、群氓、盗匪、囚徒、恶棍、贩子和"衣不蔽体者"，最后一个词指这些人缺少盔甲的情况。塔希尔将圆形城市西南方仍在顽抗的街区夷为平地。巴格达北部大部分地区都已经荒废了。

由于害怕被敌人抓获，艾敏为逃出生天赌上了一切。他试图乘小舟逃离，但很快便被塔希尔乘快船的部下围追堵截，并被他们扔进河里。艾敏被抓住并关押在一间只布置着几方苇草席和坐垫的空屋子里，一同被俘的还有他手下的一位将领。这位将领后来描述了艾敏因盲目恐惧而崩溃的丑态：他此时已经成了一个浑身湿透、衣衫褴褛、半裸着身子的可怜虫，一想到自己可能被处决就疯癫不已。半夜时分，门外突然传来一阵马蹄声，一队波斯士兵冲了进来，奉命要处死艾敏。可怜的哈里发拼命抵抗这些刽子手，面对拔剑步步逼近的士兵，他拿起坐垫猛击他们。马苏迪记述了他狂乱的临终遗言："我们属于真主，也必将归于真主！我是真主使者的亲戚！我是麦蒙的弟弟！"处决队割断了他的喉咙，乱剑齐下，"直到他的身体变冷为止"，然后砍下了他的首级。[11] 他是第一位死在巴格达的哈里发。

麦蒙自813年至833年的统治尽管始于血腥动乱，但也代表了阿拔斯王朝科学学术事业的高峰，同时麦蒙对翻译运动的慷慨赞助，后来没有任何一位哈里发能够与之相比。著名的"智慧宫"（Bait al Hikma）相传是由麦蒙所建，尽管它可能早在曼苏尔时代就已落成。虽然它并没有任何实物痕迹留存于世，当初与其相关的活动也都成谜，但我们仍能得知，它曾是阿拔斯帝国学术活动的神经中枢，由奢华的皇家档案馆、饱学之士聚集的学院、图书馆和翻译部组合而成，其中充斥着无数敬业的学者、抄写员和装订工，他们一道工作，共同拓展知识的边界。在 9 世纪中叶，智慧宫是世界上最大的藏书库，据伊拉克裔英国理论物理学家、作家吉姆·哈利利评价，"它为后来阿拉伯科学黄金时代，从东方的乌兹别克斯坦一直延伸到西方的西班牙的一切成就奠定了基础"。[12]

作为一大新发明，在巴格达建城时从中国传来的纸促进了翻译的繁荣，也为书籍、图书馆、阅览室、书店和抄写员行业的崛起奠定了基础。罗马的法律，希腊的医药学、数学和哲学，印度的神秘主义和波斯的学术……所有知识都在这场运动中被利用起来，用以更好地理解世界，并且在古典巨著的基础上进行新的创造。天文学不断进步，为日常事务的运作提供必要保障，比如制定祈祷时间和圣城麦加的确切方向；还为制图学家提供了额外的助力，后来他们为麦蒙绘制了一幅具有开创性的世界地图。828 年，哈里发主持修建了一座全新的天文观测台，这是伊斯兰世界的第一座天文台，用以验证 2 世纪伟大的天文学家和地理学家托勒密在他的巨著《天文学大成》（Almagest）中记录的观测数据。在麦蒙统治的时代，许多当时最伟大的科学家被盛邀至巴格达，享受优厚的薪水待遇，以及在世界第一都会研究顶尖学术的显赫声名。这座天文台可谓是世界上第一个"大规模国家科研项目"，而且正如我们所见，它获得了辉煌的成功。[13] 广受敬仰的贾希里耶（Jahiliya），即前伊斯兰蒙昧时代的阿拉伯诗歌，在这段时间被记录在书面上，并被载入史册。每逢周二，麦蒙都会亲自主持法学辩论。伍麦叶王朝时代以阿拉伯排外主义和种族隔离的氛围著称，阿拔斯时代的学术繁荣则体现了高度的国际多元性，在它的主导下，宫廷与精英文化圈向整个帝国的才俊之士敞开了怀抱。

一位阿拉伯历史学家如是描述麦蒙：

> 他在智慧昭著的地方寻求知识，多亏了他的大度宽容和过人智慧，他将学问从隐匿的地方发掘而出。他与拜占庭的皇帝建交，赠予他们丰厚的礼物，并要求他们献出其拥有的哲学书籍。皇帝们纷纷将所藏的柏拉图、亚里士多德、希波克拉底、盖伦、欧几里得和托勒密的名著赠予他。然后，麦蒙选拔那些经验最为老道的译者，委托他们尽其所能翻译这些著作。翻译圆满完成后，哈里发便敦促臣子阅读译作，鼓励他们学习新的知识。最后，科学运动在这位君王的统治下愈发繁盛。学者们地位崇高，哈里发的身边围绕着博学之士、法律专家、传统主义者、理性主义神学家、辞典编纂家、编年史作家、诗人和系谱学家。[14]

自 813 年麦蒙即位起，尽管科学与翻译在巴格达的文化领域高居主导地位，诗歌在阿拔斯王朝初期也繁盛不息。诗人是那个时代的社会名流。与今日典型的穷诗人不同，在阿拔斯时代的巴格达，一个成功的诗人只要能找到赞助人，最好是哈里发本人，便能坐收滚滚财源。休·肯尼迪将这一时代的诗人类比为摇滚巨星，他们常被允许，甚至一定程度上被鼓励表现得特立独行，如果换作另一些笨口拙舌的人，他们的这些表现则是不可饶恕的。[15] 艾布·努瓦斯可能是阿拔斯王朝最为大胆，也最富才华的诗人。如我们所见，他常常毫不畏惧地对不正当性关系大加歌颂，假如放在现代阿拉伯世界的某些地区，这样的行为可能会让他人头不保。在这诗歌全盛时代的 1200 多年后，仍有大量阿拔斯王朝诗歌流传至今，这表明诗歌成了极受欢迎的文化媒介。大部分诗歌非常优秀，类型丰富多样，其中包括悲剧、浪漫、荒诞、宿命论和情色，有时也会有滑稽诗，这些诗歌体现了阿拉伯人对阿拉伯语的丰富内涵抱有深深的尊重敬仰。

阿拔斯王朝的诗人创作主题广泛，包涵了颂词，哀歌，壮志未酬诗，贬谪流放诗，歌颂堕落爱情的诗歌，沉思人类境况、哀叹人生苦短的忧郁诗歌，以及热情颂赞葡萄美酒的咏酒诗。

艾布·努瓦斯是这个时代最受欢迎的诗人——也是争议最多的诗人。他的名字的含义是"辫子老爹"，时至今日仍被巴格达人广为传诵。底格里斯河东岸的滨海街道就以他的名字命名，这是一条气派的林荫街道，街边餐馆林立，招牌菜是伊拉克特色美食烤鲤鱼（masgouf）。在穆太奈比大街（得名于 10 世纪的另一位阿拔斯王朝著名诗人）上一长串书摊的尾端，艾布·努瓦斯的雕像傲然矗立：他高举右臂，仿佛正对着大河对岸吟诵诗歌，将诗篇献给他所置身的这座城市。许多人认为他是最伟大的阿拉伯语咏酒诗人。离开家乡巴上拉后，与同时代其他少年早成的天才一样，艾布·努瓦斯去了巴格达，786 年，大约在哈伦·拉希德登基的时候他来到巴格达。尽管他教养优越，而且年纪轻轻就对《古兰经》烂熟于心，获得了"哈菲兹"的称号，但丑闻和亵渎行为总是与他如影随形。在少年时代，他被一位名叫瓦利巴·伊本·胡巴布的诗人收为宠儿，后者来自库法，是一个公开的同性恋诗人，以擅长同性爱题材的诗歌著称，在征服年轻的艾布·努瓦斯后，他的心深受触动。

根据一则轶事记载，在两人首次相遇的那一夜，他们吃饱喝足、酩酊大醉时，艾布·努瓦斯脱下了衣服。瓦利巴为他美丽的身形深深惊叹，走上前去亲吻艾布·努瓦斯的臀部。少年恼羞成怒，也许只是出于顽皮的恶意，便向他脸上放了个屁。瓦利巴顿时为这等丑态大骂起他来。艾布·努瓦斯自然不肯善罢甘休，当即反唇相讥："对于亲吻别人屁股的男人，还有什么奖赏比一个屁更妙的呢！"[16]

在一首诗中，艾布·努瓦斯似乎表达了自己对他的赞助人与好友艾敏哈里发怀有危险的迷恋之情：

> 我深陷爱河，却不敢直言所爱者谁；我畏惧他，他却无所畏惧！
> 一想到我对他的深爱，我便要摸摸脑袋，
> 看看它是否还与我的身体相连！[17]

在另一首诗中，他则以自己在单恋对象那里经历的神伤为开头：

> 哦，迷人的眼睛，你永远如此朦胧倦怠，
> 你的注视使内心最深处的秘密也无处可藏！……
> 想想我俩吧：你将我撕成一片片，然而你
> 并没有命运加在我身上的华衫。
> 你渐渐将我折磨致死，却并没有复仇的意愿，
> 就如杀死我是向真主的祭礼一般。

他向心仪的对象提供美酒，以便成就云雨美事：

> 共饮美酒吧，虽说犯了禁忌，
>
> 可就算再大的罪，真主也能原谅。
>
> 白葡萄酒拌匀时升起点点气泡——犹如黄金上点缀着颗颗珍珠
>
> 诺亚的时代，它便已在方舟之上——
>
> 当大地被洪水淹没时，它是船上最尊贵的存货……

酒席之后，正戏开始了，之后诗人狠狠地报复了让他煎熬不已的情人，宣告了最终的胜利。直到结尾几行，我们才知道他选中的不幸目标是个年轻男子：

> 今夜吉星高照
>
> 醉汉袭上酒徒
>
> 我们叩拜恶魔，消磨时光
>
> 直到教士敲响晨钟，迎来曙光
>
> 那年幼的少年离去，步履间拖着华丽的长袍
>
> 我用我的恶行玷污了它，
>
> 他哀道，"呜呼！"泪水止不住地落下，
>
> "你夺去了我宝贵的尊严。"
>
> 我答道："一头狮子盯上了一只羚羊，然后猛扑撕咬，
>
> 这应当归类为自然法则。"

由于饮酒以及放荡侵犯少年的禁忌欲望与他清醒时的虔敬悔

悟之间的矛盾冲突，艾布·努瓦斯的诗歌格外富有趣味。他的朋友和对手中不乏同时代最伟大的诗人与作家：比如另一位咏酒诗人侯赛因·伊本·达哈克，以歌咏爱情和葡萄酒著称的诗人穆斯林·伊本·瓦利德，哈伦的宠臣和宫廷情诗大师阿拔斯·伊本·艾哈奈福。当时最伟大的散文家、无与伦比的贾希兹可能是艾布·努瓦斯的学生，伟大的法学家沙斐仪——逊尼派四大教法学派之一沙斐仪学派的创始人——也曾在他门下学习。

诗人与作家的圈子精英荟萃，好似一部巴格达文化界的《名人录》。在这个圈子里，艾布·阿塔西亚（748—825）可谓阿拔斯王朝最卓越的公众人物之一。此人来自库法，出身颇为寒微，有段时间曾是一个身无分文的陶瓦匠，只靠自己的机智头脑度日。他是被巴格达所吸引的精英人才之一，在这里，他高超的语言天赋被马赫迪赏识。尽管历经挫折，也曾多次遭受毒打、驱逐和监禁，但他还是在先后六任哈里发的统治下设法保住了性命。

在马赫迪统治的时代，艾布·阿塔西亚曾热烈地爱上一个名叫欧特芭的美丽女奴，她归哈里发的一个妻子所有，艾布·阿塔西亚为她写了许多粗野放肆但质量平平的诗歌。这场单恋成了一件丑闻，那位女孩为此感到耻辱，便来到哈里发面前哭诉。于是诗人被马赫迪召到面前，先被审问了一番，然后挨了一顿暴打。但这并没有使这位桀骜不羁的诗人灰心。第二次再来时，哈里发赏赐了他五万迪尔汗作为安慰，这样的奖赏足以让大多数人止步于此。但艾布·阿塔西亚可不是凡人。某次为了庆祝波斯新年诺鲁孜节，他献给马赫迪一个罐子，里面装着一条浸过麝香的布条，以此作为节日礼物。他在布条上写了一首诗，恳求哈里发将他深深迷恋的那个女人赏赐给他。就在马赫迪正要准许他的请求时，欧特芭哭诉起来："信士的长官，请您像对待一个女人和家眷一样对待我。你真的要把我赐给这个靠写诗混饭吃的、卖瓦罐的丑八怪吗？"马赫迪闻言又心软了，于是拒绝了诗人的请求，代而下令用钱币装满他的瓦罐。艾布·阿塔西亚被打发走了，他拖着沉重的脚步来到金库，又在这里与书记官发生了口角——他要求书记官给他的罐子里装满金币，而不是银币。据马苏迪记载，就在他们争吵正欢时，欧特芭恰好路过，看见了这位倒霉的仰慕者，她自然对此毫不感冒。"如果你真爱欧特芭的话，"她说道，"你就不会在意要金子还是银子了。"[18]

或许出于这些倒霉事的刺激，这位任性的诗人下定决心不再作诗，结果他马上就被哈里发投进监狱。稍后，哈里发把他召到面前，要他观看一场斩首。观看途中，马赫迪转向艾布·阿塔西亚。"我给你两个选择，继续作诗，或者做下一个被押上去的人。"他说道。"我选择作诗。"诗人明智地答道。[19]

后来他成了哈伦的宠臣，曾与其一同去往麦加朝圣，像其他宫廷诗人一样，也为哈伦的统治歌功颂德。战场上赢得的伟大胜利，被他在诗歌中渲染得更加辉煌。哈伦曾多次征伐拜占庭帝国的异教徒，这一系列战役在 806 年的远征中达到了顶峰，在这场远征中，哈里发亲率 13.5 万大军进攻敌人，攻占并洗劫了位于黑海南岸的古城赫拉克利亚。忠诚的艾布·阿塔西亚很快便作诗赞颂了这场胜利：

> 赫拉克利亚可曾吟咏悲歌，当面对那
> 天佑君王的进攻？
> 哈伦的进军猛如疾雷。他的惩戒可怖，
> 迅疾如电。

> 他的旌旗飞扬，常胜不息。
>
> 您获得了胜利，哦，信士的长官；胜利的战果请您欣赏，请您品尝：
>
> 一切战利品都在这里，回家的路延伸向远方。[20]

在晚年，艾布·阿塔西亚不再注重写作浪漫诗歌和颂歌，而开始发掘另一些意义更加持久的诗歌，感叹生命与权势的稍纵即逝。咏酒诗所感叹颂扬的并不仅仅是高昂的兴致和肆无忌惮的狂欢；在诗句的表面下，还隐藏着更苦涩的感触内涵：

> 人们如同狂欢一般，纷纷举杯畅饮
> 那从世界的手中递出的死亡之酒。

据马苏迪讲述，某天午后，一位朝臣发现哈伦正独自坐在宫殿中，手里拿着一张纸，泪流满面。待到冷静下来，哈里发解释说他才不会为任何凡间事务哭泣，然后将手里的那张纸扔给了廷臣。纸上是艾布·阿塔西亚所写的诗行，字迹曼妙悦目：

> 你会警醒吗？为那个
> 在清晨死去，徒留宫闱空空的人？
> 为那个被死亡击倒在地，
> 被亲朋好友弃绝的人？
> 为那个空剩宝座，
> 讲坛寂然的人？
> 诸代帝王今何在？

同道先人何处求？

唉，你曾选择了这个世界，拣选了其间的欢乐，

你的耳边充盈着献媚诡谀，

你在这世上寻欢作乐，予取予求，

因为死亡终将结束一切。

"真主在上，"哈伦说道，"这首诗就好像不为别人，专门为我写的一样。"[21]

阿拔斯王朝诗歌界三巨头的最后一位是巴沙尔·伊本·布尔德（784 年去世），他是一位多面手，他的事业诠释了阿拔斯帝国境内最优秀和最富雄心的文人在社会各阶层和地理区域间流动迁移的情况，也展现了登上高位所要面临的致命危险。

巴沙尔的父系家族起源于阿富汗地区。他曾在诗歌中着重强调自己可能的波斯贵族血统和高贵教养，并将其与沙漠中那些骑骆驼游牧、大嚼蜥蜴的未开化的贝都因人对比。尽管他常常责难阿拉伯文化，但他本人正代表了典型的阿拔斯王朝融合文化，其中阿拉伯文化与波斯文化互相交融，难解难分。他也是一个鲜明的例子，表现了这个以巴格达为中心的新生帝国有着怎样的国际化胸怀。

单从外表看，巴沙尔似乎不太可能在这样一个竞争激烈的环境中拔得头筹。他天生目盲，身材肥胖，相貌丑陋且行为粗俗，脸上还生满了天花痘疤。他写的诗歌大多抒发了对难以捉摸的美人艾布姐的爱意。

为了那个不会俯就我的人，黑夜也愈发漫长。

只要星光在你眼中闪烁，或歌女在一位酒客面前欢唱，

我就永远无法慰藉艾布妲，她让我爱得发狂。

如果把她的爱标价售卖，我愿散尽金银宝藏，

假若我有那权能，干涉世间万物运行，

我愿倾尽我之所有，把她从死亡赎回身旁。

我的挚爱对我横加责骂——这位可人儿颇擅出口成章

因为一个小人传话，罗织谗言在她耳旁。

于是我辗转难眠，心锁散碎消亡，

我讶异于她对我的排斥——而讶异更令我热情高涨

我如是说道，胸骨覆着重重心伤：

"如果说对艾布妲的相思令人断绝希望，那我早已为自己
哀歌悼亡。"

哦，艾布妲，看在真主份上，请你从这永恒的摧残中，

把这男人解脱出来吧，他在与你相遇之前，曾是个和尚，
或像个和尚，

他整夜守斋，思考着万事报应。

然后，虔诚信仰败给了对成熟美人的热切渴望，

他深爱那女孩，正在真主的算计之中。

这爱慕者的真心永不会因渴求她而忏悔，

他心痛就如毒蝎蜇咬一样。

即使如此，爱慕者仍旧常把那恋人挂在嘴上。

恐怕若不这样，我的亲戚便会用棺木把我殓装，

急急慌慌抬去埋葬，赶不上我有幸见到你的模样。

所以，当你听到我的某位女眷哭丧，

悲泣着，在身披黑袍的女人中间围绕的，那被成熟美人
残杀的死者，

> 你就会知道，是对你的痴爱让我横遭死亡。[22]

然而，最终使巴沙尔横遭死亡的并非这位艾布妲女士，而是现实中丑恶的宫廷阴谋与争权夺利，就像许多巴格达宠臣的遭遇一样。我们可以得知，他曾多次以自己的伶牙俐齿率性而为，也总是将想到的妙对佳句脱口吟诵而出，尽管某些诗句还是留在他脑中更明智些。因此，他胆大包天地批判起了马赫迪哈里发本人，在诗中把信士的长官和伊斯兰世界的领袖写成一个沉迷享乐的败家子。

> 醒来吧，伍麦叶家族！你们已沉睡太久了！
> 你们的国家早已化作丘墟，哦，人们啊！
> 在琴瑟管弦中寻求真主的哈里发吧！[23]

他还被敌人控告犯有异端罪行，这是一项足以致死的重罪。尽管如此，如果塔巴里的记述可信的话，最终害死巴沙尔的既不是哈里发，也不是他的宗教界敌人。事实上，这整个悲剧事件更像是一场精心策划的处决行动。塔巴里记载了巴沙尔曾如何侮辱马赫迪的大臣雅库布·伊本·达乌德的兄弟，大臣为此愤恨不已，暗中谋划复仇。他在哈里发耳边悄悄中伤诗人，并向他出示了几首诗，称其为巴沙尔所作，诗中责骂马赫迪与他的姑姑通奸，号召大家推翻他，还要把马赫迪的儿子穆萨"塞回海祖兰的肚子里去"——海祖兰是哈里发美貌的妻子。[24] 于是哈里发下令将诗人招来，命令他立即做出解释。雅库布可能害怕阴谋败露，巴沙尔会妙语生花地做出一首好诗，逃过一劫，于是亲自下了黑手，将他悄悄杀死在巴格达南方的沼泽中。

诗人们心里自然清楚是谁在供养他们，因此，宫廷颂歌泛滥起来。这些往往感情过剩的赞歌颂赞的对象并不仅仅局限于哈里发本人。巴格达社会中的名流贵人也时常被热情地作诗赞扬。如前文所述，803 年哈伦一手促成了巨富望族巴尔马克家族戏剧化的崩溃，这一事件就催发出大量哀叹末日的诗歌。

诗歌或许在阿拔斯王朝早期的巴格达文化中高居主导地位，但音乐也不甘示弱。这两者时常被出色的诗人歌手结合起来，这些人中的翘楚有易卜拉欣·摩苏里，其子易斯哈格，以及易卜拉欣·伊本·马赫迪王子，他后来是一位短命的哈里发（817 年至 819 年在位）。在这段文华全盛期的 500 多年后，14 世纪的权威历史学家伊本·赫勒敦怅然地回顾道：“巴格达美妙的音乐会，至今使人念念不忘。”[25] 毫无疑问，马赫迪、哈伦、艾敏以及规模稍小的麦蒙的宫廷，代表了“古代阿拉伯音乐文化的高峰”。[26]

阿拔斯王朝哈里发宫廷中的音乐既能满足最高雅的品位，也能适应最粗俗的需求。时人对音乐这种艺术形式怀有明显的矛盾态度，这种态度脱胎于宗教教条中对于时常与其相关的道德堕落的谴责。尽管马赫迪哈里发本人是个音乐爱好者，但他禁止年幼的儿子哈迪和哈伦与歌手交往消遣，虽然后来这条命令很少被他的继任者遵守。

要想知道为何人们对此争议颇多，我们可以看看伟大的贾希兹是怎么说的，他为读者展现了巴格达瑰丽诱人的音乐世界。他描绘了一位女奴歌姬的形象，她玩弄人心的天赋远超音乐技艺。“这位歌姬几乎从不对爱情真诚忠贞，利用自己的气质与经受的训练，她常常刻意设下陷阱，布下罗网困住那些苦恋她的情人。”他如是警告读者。[27]这个女孩时常与她的爱慕者调情，装作一副渴慕的模样，"含情脉脉地"与他共饮，假装为他的离别而哀伤不已，为他写浪漫的情诗，赠予他一缕发丝，在诺鲁孜节送给他一包甜品，或一枚戒指和几个米赫拉江的苹果。有时这是出于真情实意，然而，贾希兹接着写道，"在大多数时间里，她都不会直接表达情意，而是利用诡计花招欺瞒情人，把那可怜人榨干，再无情地抛弃他们"。这位歌姬还时常挑拨爱慕她的情敌互相争斗。"假如恶魔没有致命花招、没有华贵首饰、没有勾人魂魄的妖媚可用的话，那么歌姬完全可以助他达到目的。"

接着，贾希兹解释了为何这些歌姬的价值如此高昂：

> 令这些女奴歌姬如此价值连城的原因，无非是她们能激起人们的欲望……歌姬能够诱发三种感官欲望——更不用提另外一种心灵上的欲望，那可以构成第四种——视觉，即秀色可餐的歌姬所引发的——因为对于寻欢作乐的主顾来说，才华与美貌难以兼得；听觉，那些仅满足于欣赏奏乐的男人必然怀有这种欲望；以及触觉，使主顾淫欲渐生，欲求不满……因此，与女奴歌姬为伴消磨时间必然是最为危险的诱惑。

因此，女奴歌姬的地位与侍妾只有一线之隔，而价格能差出好几千第纳尔来。根据贾希兹的记载，最聪明伶俐的歌姬能记住4000首歌，每首歌长两到四句，除非疏忽大意，否则歌词中不会提及真主，"它们的主题全都关于通奸、卖春、爱情、少年情热、热切的渴望和爱欲的激情"。从一位君王的视角来看，这些显然不利于王子们的教育。哈迪和哈伦应当学习宗教、阿拉伯语、诗歌、哲学、公正的传统和良好的品行，而不是同这些狐狸精一起饮酒欢歌作乐。

当然，也并非所有歌曲都是为了挑起危险的情欲而编写的。伟大的歌手易卜拉欣·摩苏里讲述了一则精彩荒诞的故事，称某天夜里，哈伦·拉希德曾招来无数歌手在他宫中汇聚一堂，为宫廷显贵们举行一场特别演出。在饮过酒后，他指定了一个曲调，要求歌手献唱。歌手伊本·贾米走上前来演唱了一曲，但哈伦并不满意。然后一个接一个的歌手都上场献唱，却始终不能讨得哈伦欢心。最后，来自麦地那的歌手密斯金受邀上场试试运气，结果他美妙的歌声震撼了哈伦，哈伦意犹未尽，又命令他再唱了一遍。密斯金为哈里发的回应所鼓舞，便壮着胆子告诉哈里发，他曾是一个奴隶，也是一个拥有歌唱梦想的裁缝，主人逼迫他每天交两迪尔汗的税，这样他才能自由追求自己的事业。某天他听到一位黑人女子唱着一首动人心神的歌，于是便恳求她把这首歌教给自己，她答应了请求，只要求两迪尔汗作为回报，这使他没有余钱承担自己的税负。"狗娘养的！"主人臭骂起他来，拿棍子痛打了他50下，然后剃掉了他的头发和胡须，这场责罚十分残酷，甚至让他忘记了刚学来的歌曲。第二天他又给了那女人两迪尔汗，要她再教一遍那首歌，但事后又窘迫地想要回那两迪尔汗。女人拒绝了，并告诉他，他花四迪尔汗买到的东西，能在哈里发面前换得4000第纳尔。为了逃避下一顿毒打，这位瑟瑟发抖的奴隶在主人面前坦白了一切，并为他唱起了这首歌，他的歌声深深打动了主人，因此主人免除了他在头发长出来之前应交的所有税负。

"我不知道是更喜欢你的歌声还是你的故事，"哈伦大笑道，"不过我的确有意兑现那黑人女子的承诺。"于是，哈里发赏赐了密

1. 一部阿拔斯王朝《古兰经》的细节展示，作者是 11 世纪巴格达著名书法家和插画家伊本·巴瓦卜。在阿拔斯王朝的全盛时代，巴格达成为无与伦比的阿拉伯书法中心。伊本·巴瓦卜是最为出众的阿拉伯书法家之一，他写下了许多优雅的阿拉伯文书法作品。他的书法学派一直延续到 1258 年巴格达被蒙古大军屠掠为止。

2.10 世纪作家伊本·赛亚尔·瓦拉克说："你们要在宴席中间尽可能久坐，与你内心的欲望交流，因为这正是你们生命中的佳美时刻。"图为 9 世纪阿拔斯王朝白底蓝花盘，上有鱼与枝叶图案。

3.10 世纪星盘，由艾哈迈德·伊本·哈拉夫在巴格达制作，是阿拔斯王朝学术界美丽雅致的最高表现之一。星盘有许多用处，其中之一是确定麦加的确切位置，以便穆斯林朝向圣城祈祷。在 9 至 10 世纪的阿拔斯帝国，天文、数学与药物学方面的发现比过去任何时代都要多。

4. 祖姆鲁德可敦的陵墓,她是穆斯塔迪哈里发(1170—1180年在位)的妻子,纳西尔哈里发(1180—1225年在位)的母亲。由于穹顶上凿出了许多小洞,光得以从室内透出,闪闪发亮。

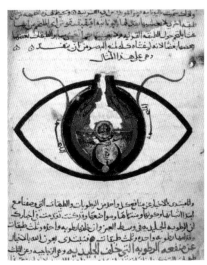

5. 一幅由侯赛因·伊本·伊斯哈格(808—873年)绘制的人眼解剖图,他是阿拔斯王朝学者中的翘楚,也是巴格达智慧宫的首席译者。

6. 优雅贵气的穆斯坦绥里耶大学庭院,该大学由阿拔斯王朝倒数第二位哈里发穆斯坦绥尔哈里发(1226—1242年在位)建于1233年,是巴格达存世不多的阿拔斯王朝地标建筑之一。由于大部分阿拔斯王朝建筑是由晒制和窑制泥砖,而非由石材搭建而成,它们大多经历了大量重建。

7. 士兵们在突厥霸主帖木儿（1336—1405年）面前列队，向他献上巴格达人的首级。根据史书记载，于1401年攻陷巴格达后，帖木儿令属下部队搭建了120座景观塔，堆起了9万颗首级。本图来自沙拉夫丁·阿里·雅兹迪著《帖木儿武功记》的16世纪抄本。

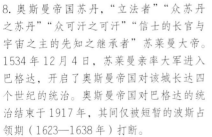

8. 奥斯曼帝国苏丹，"立法者""众苏丹之苏丹""众可汗之可汗""信士的长官与宇宙之主的先知之继承者"苏莱曼大帝。1534 年 12 月 4 日，苏莱曼亲率大军进入巴格达，开启了奥斯曼帝国对该城长达四个世纪的统治。奥斯曼帝国对巴格达的统治结束于 1917 年，其间仅被短暂的波斯占领期（1623—1638 年）打断。

9. 一份描绘了先知穆罕默德与四大正统哈里发（即逊尼派认定的最初四位哈里发）形象的族谱，作于 16 世纪的巴格达，为奥斯曼土耳其赞助人所做。穆罕默德用面纱遮住面孔，身边环绕着四大哈里发，他的头顶是祖父阿卜杜·穆塔里布。左边是前伊斯兰时代的波斯王霍斯劳·阿努希尔万（531—579 年在位）。

10.1 世纪学者迪奥斯科里德斯《论药物》的 1224 年阿拉伯文译本。在阿拔斯帝国的文化顶峰期，大量古希腊罗马世界的医药学、科学和哲学文献在巴格达被翻译成阿拉伯文。

11.《一千零一夜》的主角之一、8 世纪哈里发哈伦·拉希德与他的理发匠。图为尼扎米·穆勒克《五卷诗》15 世纪抄本的波斯细密画插图。1184 年，安达卢斯旅行家伊本·朱拜尔被告知巴格达共有 2000 家公共浴场。1327 年，伟大的摩洛哥旅行家伊本·白图泰称赞城中的浴场"数量众多，建筑优秀"。

12. 成吉思汗之孙、蒙古征服者旭烈兀（1218—1265年）逼迫阿拔斯王朝哈里发穆斯塔绥姆吞食黄金。这幅12世纪插图来自鲁斯蒂谦·达·比萨的《马可·波罗游记》，依据马可·波罗对于穆斯塔绥姆之死的生动描绘而作。

13.1258年旭烈兀对巴格达的烧杀抢掠，这是伊斯兰世界遭遇的最具毁灭性的攻击，为阿拔斯王朝500年的统治划下了一个血腥的句点。据说底格里斯河水也被丢弃的书籍墨水染黑。

14. 一幅 15 世纪波斯细密画，描绘了底格里斯河的景象。洪水之后总是伴随着瘟疫，这是巴格达生活中周期性发生的毁灭性事件，在数个世纪中葬送了无数巴格达人的性命。直到 20 世纪上半叶，通过修筑防波堤和其他防洪设施，洪灾才得以控制。

斯金 4000 第纳尔。[28]

同当时的大诗人一样，明星歌手与音乐家都是名人，其中有些人财富惊人。据《歌曲集》（该书长达一万多页）的作者艾布·法拉吉·伊斯法罕尼记载，易卜拉欣·摩苏里的一生就是个飞黄腾达的典型。这位易卜拉欣总是在马苏迪的记载中抛头露面，他生在乡下，出身鄙贱，与其他流浪歌手一同街头卖唱聊以为生，挣的钱只够勉强糊口（也有故事称他曾是个拦路强盗），后来在波斯城镇赖伊和伊拉克南部的巴士拉，在其天赋被路过的政府官员相中后，他来到了巴格达，就此登上名利的巅峰。在被从地方选拔到巴格达并进入马赫迪的宫廷后，他与儿子易斯哈格成了巴格达文化界的掌中瑰宝。易卜拉欣常手持一根指挥棒指挥他的乐队，因此可能是世界上第一位交响乐指挥家。马赫迪可能并不喜欢易卜拉欣不检点的品行——这位歌手是一个臭名昭著的嗜酒者，而哈里发则是个严格的禁酒主义者，但他还是乐意认可、尊重和奖赏易卜拉欣超乎寻常的才能。他的儿子和继承人哈迪与哈伦也是同样，在日后继续为易卜拉欣提供赞助。

据易斯哈格估计，到去世时，他父亲一生中共花费了 2400 万迪尔汗，除此之外他每月还领 1 万迪尔汗的俸禄。与巴格达吝啬的建城者截然不同，易卜拉欣的慷慨可谓挥金如土，他时常宴请大量宾客，酣饮作乐。这也难怪在他去世时，身旁只剩下了 2000 第纳尔多一点的财产。易斯哈格同样家财万贯。伊斯法罕尼记载了哈伦同父异母的姐妹欧莱雅公主是如何花 4 万迪尔汗从他手中买诗，并署上自己名字据为己有的。就像阿拔斯王朝皇室的其他高贵成员那样，她还威胁一旦他胆敢泄露秘密，就设法杀掉他。

歌手往往与小型乐队合作演出，这种乐队的成员最多不会多于六名，他们与哈里发之间有一层帐幕相隔，以此来保障君主的威严与隐私。然而，这套繁文缛节并不总被严格遵循，尤其当哈里发和臣子们酩酊不已，而歌手是在烛光下妖媚起舞的黑眼美人时。美酒、美女和靡靡之音，这三者共同构成了古老的阿拔斯王朝宫廷印象。

在乐队中地位最高的乐器是四弦乌德琴（oud，英文单词 lute 就来自这个词）。其次则是冬不拉，或曼陀铃琴，我们或许还记得，在前文中这种弦乐器曾被曼苏尔下令抢去，砸碎在一个倒霉太监的脑袋上。管乐器有悦耳动听的米兹玛尔管（mizmar），或苇笛，同乌德琴一样，这种乐器也在现代阿拉伯世界广为使用。如果有需要的话，乐队也会演奏打击乐器，比如大鼓和铃鼓。

据说有一次，著名的女奴歌姬艾丽卜、欧莱雅公主、诗人王子易卜拉欣·伊本·马赫迪和他们的兄弟雅库布一同演唱时，雅库布就曾用管乐器伴奏。艾丽卜为这几位皇室歌手的技巧深深打动。"我还从没听过能与他们相比的歌声，我知道我以后也听不到了。"她回忆道。[29] 时至今日，尽管许多歌词都流传了下来，还有大量诗人和歌手的生平传记存留至今，但阿拔斯时代的音乐却没有存世，因为并没有一套用来记乐谱的系统。

当诗歌与歌曲在 8 世纪、9 世纪和 10 世纪的巴格达，那个阿拔斯文化方兴未艾的时代广受欢迎，得到最高赞誉时，同时代的散文写作也兴盛起来。在创造和记录艺术、科学方面取得的重大进步方面，散文是再合适不过的文体了。在翻译运动开展的同时，哲学、历史、地理、神学、法学、数学、医药学和天文学都取得了爆炸性的进步。前文中我们已述及纸张的到来是如何为写作行业激发新动力的，它也为书法界带来了新的刺激，在这个领域，巴格达又一次成了先驱。这段时期最伟大的书法家有伊本·巴瓦卜,伊本·穆克莱(他是一位服务过三代哈里发的维齐尔,后来由于密谋针对统治者而被剁掉了右臂),以及雅库特·穆斯塔西米——他创立了自己的书法学派。

散文的兴起还受到了多产的博学家贾希兹(绰号"突眼",776—868)的强力推动,他是一位天赋异禀的学者,出身于巴士拉的一个寒微家庭,在 9 世纪初麦蒙统治下那个群英荟萃的年代,他被吸引到了巴格达。已故的法国伊斯兰文明学者加斯东·韦耶曾评价说,贾希兹"可能是阿拉伯文学界最伟大的散文家",是一个"天赋卓越"的作家。[30] 在他的 231 部作品中,最为著名的是长达七卷的百科全书《动物志》(Kitab al Hayawan),这部巨著大量借鉴了亚里士多德的理论。[31] 到现代,他的一些热心拥趸甚至认为,1000年后达尔文的自然选择理论在这部书中已有雏形。他写作范围十分广博,无所不包,拥有典型的阿拔斯王朝特色,话题包括黑种人对白种人的优越性,赛鸽,伊斯兰神学中对齐啬的观点,亚里士多德学说中对鱼的研究,以及女人是否应当在性爱中发出欢叫,等等。有人曾对他的某部书加以非议,而他对于恶评的回应一定能激起许多作家的共鸣。"即使这群学究知道这本书品质上等,价值连城,他们还是要津津有味地读完,然后立刻聚在一起非难一番。尤其当这本书是献给那些手握生杀予夺大权的王公贵族时,他们更会如此:那样的话,他们会肆意大放厥词,简直就像发了情的骆驼。"[32]贾希兹的作品内容发散,趣闻颇多,而且都是似是而非的悖论,可谓妙趣横生。维齐尔、法官和巴格达宫廷内的其他达官显贵都竞相出高价赞助,以求他在著作中写上自己的名字。要不是因为相貌极丑,生着一双鼓突的眼睛,他很可能还会从穆台瓦基勒哈里发手中获得更慷慨的赞助，据说这位哈里发曾将他任命为自己儿子的导师。关于这点，据马苏迪记载，贾希兹曾说："哈里发刚一见到我，看我长得这么招人厌，便赏了一万迪尔汗，把我打发走了。"[33]

阿拔斯王朝的巴格达也并非完全是诗歌、散文和音乐的天下。9世纪，这座城市成了世界一大知识与科学中心。在前文中我们曾提及智慧宫。除了这座备受尊崇的学术圣地之外，还有一些人也做出了卓越的贡献：比如穆奈吉姆家族，这个高贵的家族盛产天文学家与星象家，他们经营着"智慧宝库"（Khizanat al Hikma），这是一家专门招待学者的图书馆旅店。叶海亚是这个家族中最出色的科学家之一，著有伊斯兰世界第一部权威的天文学手册。

在9世纪，穆萨家族的穆罕默德、艾哈迈德和哈桑三兄弟共同拓展了科学的边界，他们的几何学、天文学和工程学著作建立在古典世界的基础上。同时，他们还是慷慨的科学赞助人，曾发起一场从巴格达出发，远至拜占庭帝国的远行，带回了全新的手稿；他们还雇佣翻译团队，每月支付他们500第纳尔的可观报酬——相当于今日的1.5万英镑——与高级官僚的薪资大致等同。翻译事业本身成了社会进步的象征，哈里发和雄心勃勃的维齐尔、朝臣、将领、基督教官员都纷纷开展翻译运动。

在穆萨家族的学术圈子中，有一位萨比特·伊本·库拉（836—901），曾是一个信仰异教的钱商，他与穆萨家族一同钻研学业，后来成为当时最伟大的数学家之一，著有至少30部数学及天文学著作，并翻译了阿基米德、欧几里得、托勒密、丢番图和尼科马库斯的著作。

在智慧宫的科学界，最为顶尖的学者无疑是穆罕默德·伊本·穆萨·花拉子米（850年去世），他是代数学和天文学领域的大师。在麦蒙的支持下，他写出了划时代的巨著《还原与对消概论》(*Al Kitab al Mukhtasar fi Hisab al Jabr wal mukabala*)。这部著作中恐怖的项代数传承久远，1000多年来阴魂不散地摧残着孩子们的校园生活；另外，它也是阿拉伯数字流传至中世纪西方的关键媒介。他的另一部著作《印度数学中的加减法概论》利用了由巴格达译者们引进的更加先进的印度计算体系，首次引入了由原有的九个数字和新数字"0"——"呈圆圈形状的第十个数字"——组成的十进制系统。[34] 在一个世纪之内，它促使人们发现了小数，小数后来被用来运算数字的根以及计算 π 在小数点后 16 位的值。对于那些宁愿忘记可怕的二次方程和线性方程的读者而言，比起花拉子米，或许"算法"(algorithm)这个名字更耳熟能详一些。他所编写的天文图表在阿拉伯文中被称为"zij"，来自波斯语的"zik"，即"导引线"，它们也是标志性的科学成就，被伊斯兰世界和日后的基督教世界沿用数个世纪。另外，他对星盘的研究同样影响深远，这些图表是伊斯兰世界现存最古老的星象图，通过它们，研究者能够确定太阳、月球和五个可见行星的位置，为观测恒星及太阳指定时间，以及预测新月会在何时出现——这些都是确定伊斯兰历法中每天五次礼拜和阴历月份所必需的科学发现。[35]

据传记作家伊本·哈利康的描述，穆萨家族曾在麦蒙哈里发的命令下不辞辛劳地发起一场科学实验，当时麦蒙想要验证古老的观测数据，看看地球的周长是不是 2.4 万英里。他们率队来到巴格达西北方辛贾尔的广阔平原上，观测了北极星的高度角之后，在地面上钉下一棵木桩，把一条绳索系在上面，然后一路向北直走，等绳索拉直时再钉下一棵新木桩，拉起一条新绳索，之后以此类推，直到他们到达北极星高度角提升一度的地点为止。起点与终点之间的距离是 66 英里。然后，他们又向南继续这一过程。最终他们测算出 360 度中每两度之间相距 66 英里，因此算得地球的周长是 2.4 万英里，与古代的测算数据精确吻合（实际上确切数据为 24 902 英里）。苛求精确的麦蒙又派他们去库法周边的平原重复实验。"他们发现两个实验数据相互印证，于是麦蒙认可了古籍的相关记载。"伊本·哈利康记述道。[36]

由于两座天文观测台的观测结果和对地球周长的验证，以及代数学和几何学的稳步进展，麦蒙绘制他那幅著名的世界地图的时机已经成熟。在这幅地图上，大西洋与印度洋被画成开放的水域，而不是托勒密地图中被大陆围绕的海洋。地中海的长度被修改到了 50 经度（托勒密则将其估算为 63 经度），更加接近准确数据。同一时代的另一专著《大地图景》（Surat al Ardh）则将超过 500 个城市的经纬坐标详细开列出来，在不同的图表中，分别描绘了城镇、山脉、河流、海洋和岛屿，每一张图表都记录着精确到每度每分的坐标。遗憾的是，麦蒙的世界地图并没有存世，尽管有引人遐想但未经证实的说法称，有一份 14 世纪的复制品收藏在伊斯坦布尔的托普卡匹宫博物馆。即便如此，"麦蒙的制图师们对于数理地理学领域发展做出的巨大贡献，是不可能被抹消的"。[37]

穆萨三兄弟中的二哥艾哈迈德吸收菲洛与希罗有关机械和气动学的相关研究，编写了《精妙机构论》（Kitab al Hiyal）。这是一部饶富趣味的精密机械导论，介绍了制造各种机械的方法，其中还包括一些能从酒中把水分离出来的机械。书里还记载了一个吹笛机器人，它可能是"世界上最早的可编程机械"，艾哈迈德称其为"自动奏乐机"，这座精巧复杂的机械利用气压和水压，在管道阀门的调节下演奏出不同的声音。[38]

在医药学领域，聂斯托利基督徒社群及其穆斯林后裔执掌乾坤，其中最优秀的人物是胡奈因·伊本·易斯哈格（808—873），他出身于伊拉克南部的基督教古城希拉。在为穆萨家族担任译者工作，又去拜占庭学习了一段时间后，他回到了巴格达，在这里自立门户，建立了自己的翻译会社，被穆台瓦基勒哈里发任命为首席御医和智慧宫的总领翻译，受赐了标志嘉许的最高印玺。他早在少年时就天资卓越。17 岁时，他翻译了《论自然官能》一书，该书是古希腊罗马时代医师盖伦的著作之一，而盖伦的医学理论在欧洲医药界居主导地位长达 1500 年。胡奈因还翻译了许多盖伦的著作，其中包括《静脉与动脉解剖学》和《神经解剖学》。这些盖伦与希波克拉底作品的译著十分易于理解学习，是他对医药科学最为持久的贡献，尽管他本人就已是一位卓越的科学家和作家，尤其在眼科领域尤为优秀。他的《眼疾十方》写于 860 年左右，记载了世界上第一幅人眼解剖图，并被认为是"世界上第一部体系化的眼科教科书"。[39]

如果伊本·哈利康的记载可信的话，作为一个体面学者，胡奈因似乎过着惹人艳羡的奢华生活。他每天会骑行去公共澡堂（hammam）洗个热水澡。小酌一杯酒，用过一点餐点后，便躺下小憩一会，把身体晾干。然后，他会用香料熏蒸身体，晚餐再吃上一只肉汁卤鸡配一块 500 克的面饼，接下来依照惯例美美地休憩一番。等他一醒来，他会拿些叙利亚苹果和榅桲来吃，当然还要就上两升口味颇重的老酒。伊本·哈利康并没有提到他是如何安排时间研究学问的。[40]

医学界的另一位巨人是拉齐（854—935），他是一位伟大的外科医生、哲学家、执业医师和医学著作等身的作者——这些著作中包括有关天花和麻疹的研究。他以"拉齐斯"（Rhazes）这个名字在西方广为人知，在现代，他被认为是中世纪时世界上最伟大的医师。他谨慎地将物质分为四大类别，即动物、植物、矿物和前三类的衍生物，这一理论在他的《奥秘志》（Kitab al Asrar）中有所阐明，标志着科学从伪哲学的神秘炼金术中脱离出来，转而依赖实验室实验和推理演绎，这为日后对化学物质的科学分类铺平了道路。在《盖伦医书的疑点》（Shukuk al Jalinus）中，拉齐对希腊的四体液理论嗤之以鼻，但后来这一理论在 10 世纪又被伊本·西拿（阿维森纳）重新引入主流医学界。有人说过，假如拉齐活在现代，他一定会因四体液概念在替代医学领域持续盛行而"目瞪口呆"，因为他曾"痛斥其为医学骗术，并且指出了它的危险"。[41] 他认为时间的本质是绝对无限的，既不需要依赖运动，也不需要依赖物质也能存在，这一观点在当时十分超前，甚至和牛顿在数百年后提出的理论有所类似。谈到宗教与理性以及两者间可能存在的矛盾时，拉齐坚定地站在了理性的一边。下面这段文字便简洁地总结了他的观点，可以说也与巴格达历史息息相关：

> 如果那些笃信宗教的人被问起他们的宗教因何而稳固，他们便会火冒三丈，勃然大怒，恨不得宰了胆敢问他们这种问题的人。他们禁止理性思考，一心想杀死他们的对手。这就是为什么真理总会被喧声掩盖的原因。[42]

从 10 世纪后期开始，毕马里斯坦·阿杜迪综合医院在阿拔斯医学界大放异彩，名声响彻世界长达三个世纪，这座无与伦比的医院及医学院位于巴格达西部，正建在曼苏尔永恒宫的废墟上，得名于白益王朝王公，也是这座城市的统治者阿杜德·道莱。它的成功促使一个新的街区很快在其周边兴盛起来。

在巴格达知识界突飞猛进的时代，艺术与科学百花齐放，阿拉伯人也头一次对哲学开始了探索。艾布·优素福·雅库布·坚迪（800—873）被誉为"阿拉伯人中的第一位哲学家"，他是这一领域无可置疑的开拓者。坚迪出身也门贵族世家，后来成为穆阿台绥姆哈里发之子艾哈迈德的老师，一直致力于利用以亚里士多德哲学为主的希腊知识著作来发展伊斯兰神学。尽管他本人并不会读希腊文，但他召集了一大群懂希腊文的学者共同研究，他比 9 世纪巴格达的任何其他学者都要积极热心地将希腊哲学引进伊斯兰世界。作为一个思想开明的学者，他对宗教抱有一种更加理性的认识，这也使他在那些思想僵化、不愿创新的圣训学者中树敌众多。他们顽固地反对他在认识真主的方面所拥有的卓越智力和成就，也对他同其他哲学家一样，因职业或个人原因而结交的基督徒伙伴抱有深深的怀疑。他是一位多产的作者，曾著有 250 部著作，从代表作《第一哲学论》到有关阿基米德、托勒密、欧几里得、希波克拉底医药学的著作——如果以上还不够兼收并蓄，那么还有关于玻璃制造、音乐和刀剑的著作。他关于早期伊斯兰武器的著作可以说是无可辩驳的资料记录。

坚迪的学术兴趣与知识成就似乎广无止境。他还是一位密码学先驱，设计了许多加密及解码的新方法，并且因发明了频率分析法而蜚声今日，这种解码法依靠分析某些字母或某几组字母的出现规律来破解特定密码。作为伊斯兰世界第一位音乐理论家，他在阿拉伯乌德琴上增加了一根弦，在音符方面做出了先驱性突破；他甚至还曾尝试用音乐疗法治愈一位四肢瘫痪的男孩。[43]10 世纪作家纳迪姆曾著有《名人录》一书，引人入胜地记录了文学、科学和知识界的各位精英人物，根据他的记载，"坚迪是当时最为卓越出众的人物，由于他对古老科学的精通，他也是当时独一无二的人物"。[44]如今，鲁萨法区拉希德大街东北方的巴格达坚迪医学院正以他的名字命名。

麦蒙统治的时代是巴格达文化与学术的顶峰，也标志着阿拔斯王朝光辉时代的结束。从 762 年曼苏尔建立巴格达城到 809 年哈伦去世，繁荣安康的半个世纪结束后，艾敏与麦蒙的内战为日后缓慢的衰落拉开了序幕。这场冲突摧毁了城市的大部分街区网络，使得巴格达西城从此不再作为政治和社会中心存在。它是在巴格达发生的第一场大规模流血事变，为后世树立了一个争战不休、流血不止以及在许多情况下残忍至极的先例，这种情况在和平之城的历史上还将多次上演。

当年曼苏尔为帝国新都选址时，决定避开伊拉克南部疟疾肆虐的广阔沼泽地带。尽管他实现了自己的目的，但暴力还是在巴格达像瘟疫一般蔓延开来，比任何蚊虫传播的疾病都要致命，在这座城市长达 14 个世纪的历史中夺去了无数人的性命。王朝冲突、政治暗杀、宗派斗争、酷刑摧残与处决行径，在阿拔斯王朝的巴格达盛行不息，预示着鲜血之河将在巴格达长流不竭至今。在这个早期阶段，唯一没有发生的变故是异族的入侵和占领，从 13 世纪至今，历次外族入侵总会动摇——有时甚至夷平这座城市的根基。

在麦蒙之后继任的哈里发统治时期，统治者权力逐渐流失到了突厥将领手中，最初这些突厥人是由麦蒙的继任者和同父异母的兄弟，哈伦与女奴玛丽达所生的儿子穆阿台绥姆（833 年至 842 年在位)征募的忠心耿耿的奴隶亲兵。就如同他们的后辈,奥斯曼帝国时代的马穆鲁克那样,这支被称为古拉姆禁军(ghulam)的势力渐渐位高权重起来,到后来执掌实权的已是他们,而不再是哈里发了。

巴格达自曼苏尔时代起历经了帝国的辉煌岁月,然而麦蒙去世后的 60 年是一个暗淡屈辱的时期。835 年,穆阿台绥姆将首都迁到了沿底格里斯河向北 100 英里的地方,在此地建立了一座名叫萨马拉的新城,到 892 年止,他与其后七位哈里发在这里坐镇统治。这场事发突然的迁都一定程度上是为了解决巴格达本地人——尤其是军事贵族阶层(abna)——和数千突厥古拉姆禁军之间的矛盾。这些古拉姆禁军被穆阿台绥姆从中亚草原征募而来,安置在巴格达城中,他们常常骑马在首都的街道上横行无忌,将任何挡路者撞倒在地,就算对方是妇女小孩也不犹豫——巴格达人对这群中亚来的不速之客恨之入骨。尽管并不会说阿拉伯语,但古拉姆禁军还是利用他们攫取到的宫廷高位,不择手段地挑战既定秩序。冲突在大街上和军营中爆发,谋杀此起彼伏。除此之外,当地人嫉恨古拉姆禁军还有一个原因。那就是年轻古拉姆军人的天赋并不仅仅局限在战场上,他们会利用多种方式赢得阿拔斯朝臣的青睐,"这样一个男孩对他的主人而言可能既是奴隶也是护卫,既是文友也是床伴"。[45]

与当时已是一座成熟城市的巴格达不同,萨马拉新城拥有广袤的空地用以召集军队。后来这一点对于军队比起对哈里发更加便利,因为阿拔斯帝国的领袖此时已越来越像是一个皇宫中的囚徒。首都迁到了萨马拉,巴格达则被屈尊委任给一系列总督进行统治。尽管巴格达的政治权力与威望遭受了严重打击,但假如这能使巴格达人的生活回归正常平静，则还是可以忍受的，然而和平的日子并没有到来。865 年，在头一场手足相残的围城战结束仅仅半个世纪后，巴格达又一次遭到了攻击。在萨马拉遭遇兵变后，穆斯塔因哈里发撤到了巴格达，而萨马拉的宫廷则宣誓对穆台瓦基勒哈里发的儿子，他的堂弟穆阿台兹效忠。

战争又一次爆发。巴格达总督穆罕默德·伊本·阿卜杜拉·伊本·塔希尔禁止了从巴格达出发的航运交通，企图以此封锁从南方通往萨马拉的食物供给。城防加固工作也如火如荼地开展起来，巴格达西城和东城都建起了高大的护城墙，在 2 月 22 日完工。人们还开挖了护城壕，建起了保护骑兵的大门。街道上充斥着发号施令的嘈杂人声，披甲的士兵们在各条街道上横冲直撞，四处加固防御，恐慌的人家打点行囊准备逃离，在木匠和工程师们建造抛石机和攻城器械的叮当敲打声中，商人、书贩、香水师傅和铜匠纷纷锁紧了店门，这些巨大的器械将被悬吊到城市周围的城墙和塔楼上就位。

巴格达东北的沙马西亚门旁矗立着一座储存投石机的军械库，其中最重型的投石机被称作"伽德班"，即"怒汉"。巴格达人还为自己做了更加致命且对财政危害巨大的战前准备。塔巴里记录了这长达十个月的围城战中几乎每一天的情况，根据他的记载，仅这些初期防御准备就花费了 33 万第纳尔。总督下令摧毁桥梁，掘毁安巴尔区的运河以造成洪涝，阻挡突厥军队从西北方向进军。这一行为严重地破坏了农业设施，巴格达和整个伊拉克为此付出了深远的代价。毕竟美索不达米亚的帝国总是依赖两河平原的沃土得以存续，而两河平原需要人们积极维护灌溉网络才能保持肥沃。

为了保卫巴格达城，塔希尔还下达了一条特别征召令，只有少数人逃过了强征。据塔巴里记载，当时有一队无辜的朝圣者正在从呼罗珊去往麦加的路上，这群惊恐万分、可能也怨怒不已的过客被强征入伍，和一群"土匪暴徒"编在了一起，他们拎着装满石块的饲料袋，拿着由草席编成、上覆沥青的盾牌。3 月 10 日，穆阿台兹的兄弟艾布·艾哈迈德在沙马西亚门外陈兵多达 1.2 万人，塔希尔部署的非正规部队后来换装了钉有铁钉的大棒，但在面对艾布·艾哈迈德麾下的突厥职业军人时仍旧战力不足。攻城战大多仅限于小规模突击及反击，城上的职业军人和非正规军都做出了激烈顽强的抵抗。3 月 21 日，巴格达人突袭了突厥人的军营，掠夺了他们的物资，然后将他们赶进底格里斯河，之后驾船前来的部队在河中杀死了他们。快船将舱中满载的突厥兵首级卸在岸上，这些首级后来被挂在了桥梁和塔希尔府邸的墙上。据塔巴里记载，有2000 至 4000 名悍勇的突厥士兵在这场接战中被杀，那些作战英勇的士兵被赐予手镯作为奖赏，而他们的指挥官则被赏赐了华贵的丝绸织锦长袍。"任何人只要拎着突厥人或马格里布人的头颅去塔希尔府邸，都能受赏 55 迪尔汗。"塔巴里记载道。[46]

　　在所有这些没完没了的攻城与反击中，塔巴里也记录了一些离奇且令人哭笑不得的僵持局面。比如某次，两军在沙马西亚门这座关键据点爆发了激烈的战斗，一位攻城者将抓钩投到城上，然后顺着绳索攀上了城墙，结果却被人砍下脑袋，并用投石机抛回了突厥军营，突厥士兵为之作呕，赶忙撤退。还有一次，当一个北非士兵正在攀爬城墙时，城上一个巴格达人脱口高呼"穆阿台兹必胜"，而非"穆斯塔因必胜"，这或许是一个可以原谅的错误，因为在 9世纪 60 年代，哈里发的接替换代令人眼花缭乱。然而不幸的是，这个倒霉的家伙当即被战友当成奸细杀死了。他的头颅后来被呈给塔希尔，塔希尔下令将其挂在桥上示众，就算他的母亲和兄弟再三恳求也没有归还。而最为荒诞的还要数这个故事：某次，沙马西亚门上一个弓箭手与一个咄咄逼人的北非士兵对峙，这个北非人每天都会来到城门前，脱下裤子露出屁股，一边对守军放屁一边辱骂他们。"那天，"这个巴格达人回忆道，"我张弓搭箭瞄准他，一箭射去，正射穿了他的肛门。那支箭从他的喉咙穿出来，他当场就倒地而亡。"[47]这个北非士兵的尸体后来被人拖走悬挂示众。在战争史上很少有谁像他这样急需一位后卫的。

　　然而，对于巴格达百姓来讲，战乱强加给他们的灾难就没什么幽默可言了。9月8日，突厥军队攻破了底格里斯河西岸的安巴尔门，冲进了曾经繁盛的哈尔比耶区，大肆砸抢商铺和水力工坊，烧毁了进军途中的一切东西。两军在街道上展开了惨烈的白刃战，街区又一次被鲜血染红。在守军的又一场反击后，突厥士兵被迫撤回军营，把战友被斩首的尸体丢弃在战场上。塔希尔下令重新用砖砌好安巴尔门，以防下一次入侵。到11月4日，疲敝的巴格达民众终于受够了，他们来到总督府前抗议示威，一边高呼着"饥饿！饥饿！"，一边抗议飞涨的物价，要求发放粮食。一个月后，群众又一次涌上街头，呼吁塔希尔要么与突厥人作战，要么签约议和。然后暴乱爆发了，暴民们解放了女子监狱。12月27日，五条从萨马拉来的船载着面粉和其他物资到达巴格达之后，人们纷纷谣传塔希尔已经罢黜了巴格达的穆斯塔因，转而向他的敌人萨马拉的穆阿台兹哈里发效忠了。市民们对这等无耻的投机丑行颇为恼怒，于是一拥而上，穿过巴格达城区，冲破了总督府的大门，直冲到内室门外才被300名士兵拦住。塔希尔赶忙对民众表明了他对穆斯塔因的忠心。在这个极富戏剧性的时刻，哈里发出现在总督府顶层，他身披先知穆罕默德的黑色圣袍，手里紧握着皇家的仪仗长矛，向民众保证自己绝没有遭受拘禁，塔希尔毫无疑问地站在他这一边。

然而狡诈的塔希尔私下里一直在与艾布·艾哈迈德秘密议和。866 年 1 月 7 日，城墙外搭起了一座奢华的红色大帐，正式会谈就在这里开始。在 1 月 25 日的星期五祷告中，穆阿台兹被宣布成为新一任哈里发。穆斯塔因则被流放至希贾兹，但他并没能活着到达流放地。10 月，他受命在军队护送下前去萨马拉，途中被一个名叫守门人萨义德的官员截住，并被其斩首，一同丧命的还有他的老奶妈。那位守门人因此次刺杀行动而受赏五万迪尔汗，并被擢升为巴士拉的安保总长。穆斯塔因的首级后来被呈给了穆阿台兹。"就放那儿吧。"穆阿台兹命令道，一边还在继续下着棋。[48] 等到棋局结束后，他看了看人头，确定那是穆斯塔因的首级无疑后，便命人把它埋葬了。穆斯塔因并不是头一个死于非命的哈里发——或者确切来说，前哈里发——当然也不会是最后一个。

第 4 章

阿拔斯王朝晚期

别了，黄金草原，892—1258 年

难道巴格达不曾是最可爱的城市吗？

难道她不曾是令人叹为观止的奇观吗？

是的，她确是这样一座城市。但如今她的美丽

已然销殒。在宿命的恶风摧残下，她已成了一片荒原。

她的人民历经苦难多年。

对游牧民和定居民而言，她成了怜悯的对象。

哦，巴格达，诸王之城，一切欲望之都。

一切伊斯兰学术的中心，地上的天园，您发掘财富，

给所有商人的心中种下希望，

请告诉我，那些我们曾在百花盛开的小道上相遇的人，

如今身在何方？

列位君王在随从簇拥中如明星闪闪发光，如今身在何方？

法官们埋首疑案，散发着理性之光，如今身在何方？

布道人与诗人充满智慧，谈吐和谐，如今身在何方？

您美丽富饶的花园，矗立河岸的宫殿，如今都在何方？

我曾见过那华丽的亭台楼阁，闪耀着珠光宝色，

如今又在何方？

——诗人阿里·伊本·艾比·塔里布

（引自马苏迪的《黄金草原》）

892 年，为了逃离萨马拉噩梦般的环境，逃脱那些肆意废立、流放哈里发的突厥埃米尔军阀的掌控，穆阿台迪德（892 年至 902 年在位）将首都迁回了巴格达，这里成为阿拔斯王朝余下 350 年的权力中心。*穆阿台迪德是穆阿台兹的侄子，是一位热情的宫殿建筑师，他对第二次围城战造成的破坏进行了大规模的重建。

他决定在底格里斯河东岸由贾法尔所建的哈里发宫殿群中定居，将其大规模扩建了一番，并花费重金在各处清理地皮，建造了全新的花园。第二座宫殿天园宫（Kasr al Firdus）也拔地而起，这座宫殿中还包括一座野生动物园（野生动物是后来才放养在这座园中的）和人工湖。

他的第三座宫殿名叫昴宿宫（Kasr al Thuraya），据马苏迪记载，这座宫殿与建筑群中心当初由贾法尔兴建的哈桑尼宫有一条两英里长的地下通道相连，皇家女眷可以通过这条通道完全避开外界进出各个宫殿，不必在意外人的窥视。穆阿台迪德修建的最后一座宫殿——或者至少它的地基——是宝冠宫（Kasr al Taj），这座宫殿后来成为阿拔斯王朝哈里发的正式住所，也是他们的镀金牢笼。

---

* 坐镇萨马拉的哈里发遭遇了多种多样的悲惨结局。处决哈里发的方式包括斩首（穆斯塔因）、用淬毒小刀割破血管流血而死（蒙泰绥尔）、锁在密室中不给饮食干渴而死（穆阿台兹）和捏碎睾丸而死（穆赫塔迪）。

　　阿拔斯王朝哈里发的权势正在渐渐流失，他们已从开化世界的主宰衰退成一个个傀儡君王，在奢华的皇宫中止步不出，实质上成了被软禁的囚徒。但他们在政治上的衰落却并没有使巴格达的建筑随之衰败。

　　相反，在 10 世纪，权势萎缩的哈里发却成了修建宫殿与花园的大师，皇家成员的理政热情转而聚焦在奢华的宫殿美化上。因此，这座城市当时仍保有美丽壮观的景象。

　　来到巴格达的旅行者为这一盛景提供了最可信的证据，其中最早且最著名的记载之一出自牧首约翰·拉蒂努斯和米海尔·托克萨拉斯。他们是拜占庭女皇佐伊派遣的使节，在两大帝国数年的交战后，于 917 年负责与穆克塔迪尔哈里发谈判议和。

　　穆克塔迪尔（908 年至 932 年在位）当时内有外族禁卫军叛乱，外有拜占庭帝国的侵扰。周边各省纷纷脱离哈里发的势力范围：北方的摩苏尔不再听从号令，南方阿拉伯半岛崛起的卡尔马特人正入侵库法和巴士拉。他决定在前来求和的希腊宾客面前宣示一番权势和荣光。

　　在从城市东北的沙马西亚门通往底格里斯河东岸哈里发宫殿群的整条大道上，仪仗马队之后，骑兵分列两队，个个跨坐在镶金带银的马鞍上，战马身上也覆有华丽的马衣。骑兵队之后，假若继续向哈里发的宫殿前进，前面还有一列列内宫侍从和宫廷奴仆迎接宾客，他们身穿华服，挎着宝剑，佩着镶金嵌玉的腰带。五种精心雕饰的船只——沙扎、塔亚拉、扎布扎布、扎拉拉和苏梅里耶——以及各色各样的快艇、轻帆船、游船和舢板在河面上列队泛游。*

时值 7 月，蓝天晴朗，热浪滚滚。巴格达东城区的市场、街道、屋顶和阳台人头攒动，大家都渴望一睹来自外国的神秘异教徒，看看他们会受到怎样的接待，俯视大道的店铺和房间都被高价抢租一空。这些使节是会受到体面和慷慨的款待，盆满钵溢而去，还是会被迫跪在哈里发面前的皮垫子上，伸长脖子等着皇家刽子手的利刃落下呢？国际外交生涯总是这样变化极端，吉凶难料。

被领进总管纳斯尔·库舒里的宫殿时，希腊使节被宫殿陈设的豪华和总管随员规模的宏大所震撼，"为之深感敬畏"，甚至错认为这位总管一定就是哈里发本人。而维齐尔伊本·弗拉特的宫殿更加金碧辉煌，当来到这座宫殿时，他们又以为这肯定是哈里发的宫殿。维齐尔坐在位于底格里斯河与皇家花园之间的会客厅中，厅内高悬织锦帷幕，地上铺满精美地毯，维齐尔身边环绕着身佩战锤佩剑的奴仆。在拜访过这座宫殿后，目瞪口呆的使节们愈发为眼前的景象所震撼，最终被领到了哈里发的面前。穆克塔迪尔端坐在宝座

---

* 自从 4000 年前的苏美尔时代起，底格里斯河流域就有多种传统船只存在了，其中有些船只的设计在几千年来几乎未改变。在巴格达最为普遍的是圆形碗状的古法船（guffa），这种颇具特色的船只由芦苇编成，内外抹上沥青以防进水，船夫用长勺状的船桨操纵这种船只，依靠不停划桨将其划到对岸。每一条古法船都能运载多达五六头绵羊、十来个巴格达人、两头驴子和把一个家庭所需的各式货物捆扎起的巨大包裹，或者竖起来堆得高高的苇草捆。这些满载的船只无疑是底格里斯河上一大盛景，曾有一位作家将其比作"1000 个翻覆的沥青泡沫"。除此之外还有卡拉克船（kalak），这是一种充气羊皮筏，制造这种船只的工艺曾被希罗多德盛赞为除巴比伦城之外，"这个国家最神奇的事物"（《历史》第一卷，第 194 页）。最后，同样平分秋色的还有狭长的贝伦平底船（bellum），高大修长、桅杆倾斜的马海拉货船（mahayla），沙赫图尔长船（shahtur），以及多种外形奇特的小型帆船。

上，两边是他的儿子们。按哈提布的话说，这景象"令他们震怖不已"。这些使节很快便被打发走了。

11 世纪的宫廷史官希拉勒·萨比记载了这个故事的另一个版本。在这个故事中，拜占庭使节被扣押在提克里特长达两个月之久，才被允许前往巴格达觐见，而他们在巴格达还要再等待两个月时间，才能受到哈里发的召见接待，这段时间里哈里发正在修饰宫殿，依照自己的喜好安排宫中陈设。最后只待哈里发一声令下，16 万步骑大军便来到直通哈里发宫殿的大道上列队迎宾。在短暂的招待过后，使节们受邀在宫殿中四处游览，身边由一群太监、管家和黑人侍从伴随引导。在这支队伍中共有 7000 名太监（据哈提布记载，其中 4000 名是白人，3000 名是黑人）、700 名管家以及 4000 名黑人侍从。最上好的织毯从全国各地运来，宣示着阿拔斯宫廷的富丽奢华：

> 穆克塔迪尔哈里发在宫中悬挂的帘幕多达 3.8 万条。这些帘幕上缀有金线，装饰着华丽的金杯、大象、骏马、骆驼、狮子以及鸟类等图案。除此之外，还有产自巴西纳、亚美尼亚、瓦西特和巴哈萨那的巨幅单色及彩色帐幕，以及产自达比克的锦绣帷幕……还有 2.2 万张产自贾赫拉姆、达拉布季尔德和杜瓦克的大小地毯。它们被布置在拜占庭皇帝的将军与使节必经的道路上。[1]

这 2.2 万张地毯还不包括产自塔巴里斯坦和达比克的、质量最为上乘的小毯，由于它们太昂贵，不宜用作地毯供人践踏，于是都被悬挂在了壁龛和会客厅中。

接下来，他们游览了骑兵宫（Khan al Khayl），这是一座布满大理石圆柱的柱廊建筑。建筑右侧林立着 500 匹身佩金银马鞍的骏马，左侧则是另外 500 匹骏马，身佩织锦鞍鞯，头上戴着长长的盖头，每匹马身旁都有一位打扮体面的马夫照看。他们穿过一连串厅堂，进入了穆阿台迪德哈里发建造的野生动物园。在这座宏伟惊人的园地里，动物时常前来接近宾客，嗅闻他们，并从他们手中取食食物。他们受邀来到邻近的一个庭院中，观看由四头身披孔雀羽毛织锦的大象出演的宏大节目。每头大象上骑着八位来自信德的象夫，除此之外还有杂耍演员表演喷火把戏，这景象"把希腊人吓得不轻"。在这些惊栗不已、酷热难耐的使节们面前，这座动物园还有更多的惊喜等着他们。首先，他们被领进一座安置着 100 头狮子的庭院，50 头在右侧，50 头在左侧，每一头狮子都"用铁链锁着项圈，上着笼头"，并且有一位看管人在旁看护。

到这时，这场巴格达强制观光之旅还没有要结束的意思，使节们面面相觑，交换着惊疑的眼神。然后，他们又被领至新亭阁，这座亭阁建在修剪整齐的花园中间。其中央是一座水池，这座水池约 30 腕尺长、20 腕尺宽，清水在包锡的水池里闪烁不已，"比抛光的白银更加耀眼"。四条船端庄地漂浮在池面上，船身金碧辉煌，船舱里镀金的座椅上饰有织锦和产自达比克的金饰。池塘周围则是随风波动的园林，其间种植着 400 棵棕榈树，每棵有 5 腕尺高，树干外包有一层精雕细琢的柚木，用镀铜环加以固定，它们的枝头几乎每季都会生满椰枣。园林之外则分布着片片柠檬林、橘林和其他果林。

无论织毯多么华丽，园林多么壮丽，野兽多么稀奇，它们带给希腊人的震撼都不及另一样东西。他们被领到了宝树宫，这座宫殿得名于一棵用纯银和黄金雕成的树，这棵树重达 50 万迪尔汗，也即一吨半多，"这棵树有 18 个树枝，每个树枝上都延伸出无数小枝，上面栖息着黄金或白银雕成的各种鸟类。树枝大多用银制成，但也有一些是金制的，它们会依据既定的次数摇动，多彩斑斓的树叶随着摇动飒飒作响，每一只机械鸟都会随之鸣叫歌唱"。使节们为这鬼斧神工的宝物而惊叹不已，相形之下，他们之前见过的一切事物都黯然失色。

在这场令人眼花缭乱的宫廷游览过后，他们来到另一座皇家居所，据哈提布记载，其中地毯与装饰数不胜数，更别提还有一万件金制护胸甲。然后他们一行人浩浩荡荡进入了一条长达 300 腕尺的走廊，走廊两边悬挂着各式甲胄：皮盾牌、头盔、小圆盾、胸甲、锁甲、精心雕饰的箭囊和弓。还有 2000 名黑人和白人太监分列道路两侧。

这些疲惫不堪的使节被迫在令人虚脱的酷热下游览了总共 23 座宫殿。直到最后，在游历了这些阳光闪耀的宫殿和园林，令人啧啧称奇的精巧织物和珍奇异兽，一列列骑着高头战马、身穿华丽盔甲的骑兵和步兵之后，简而言之，在经历了巴格达能够承担得起的所有这些奢华排场之后，筋疲力竭、意料之中备感敬畏的使节们才被领到宝冠宫，觐见穆克塔迪尔哈里发本人。三个儿子坐在他的右侧，两个儿子坐在左侧，"他头戴一顶卡兰苏瓦高帽，身穿产自达比克的衣装，其上镶有金线。他坐在一尊乌木宝座上，这尊宝座覆有产自达比克的锦帛，其上同样绣有金线"。在皇座右侧挂着七条珠宝项链，看似祷告用的念珠，左侧还有七条由硕大宝石串成的项链，"其中最大的宝石，光辉都能掩盖白日的光芒"。

希腊的高级特使站在哈里发面前，交叉双臂以示谦卑，然后说如果哈里发允许的话，他可以依照礼俗俯身亲吻哈里发面前的地毯。（而当伊拉克使节回访拜占庭帝国时，他们只被要求向女皇鞠躬致礼。）这次接待持续了一个小时。然后，穆克塔迪尔递交了"冗长而详细的回信"，向希腊特使阐述了有关缴纳赎金赎回被拜占庭帝国扣押的穆斯林战俘的问题，特使亲吻信函以示接受。然后，使节们便被领出禁门（Bab al Khasa），一路来到河边，从这里他们逆流而上，到达供宾客下榻的寝宫。甫一到达，他们便受赏了 50 袋钱币，每袋 5000 迪尔汗——显然用不着担心皇家刽子手的招待了。他们的向导艾布·欧麦尔则被赏赐了一件荣誉赐袍和一匹骏马。哈里发部下军队的统帅、太监穆尼斯受托带着 12 万第纳尔与希腊人一道离开，前去支付赎金。这场巴格达外交访问至此结束。

这些拜占庭使节看到的是哈里发大厦将倾时的巴格达。尽管哈里发至少在表面上仍旧高居巴格达社会的核心地位，忙于修缮宫殿和设计花园，但实权落入了突厥埃米尔军阀的手中，他们彼此明争暗斗，争夺着伊拉克中部地区的控制权及其财政税收。而在更偏远的地区，地方领主和军阀也在争权夺利，顶多只是在用词礼貌的信中对遥远的哈里发权威致以敬意。[2]

穆克塔迪尔哈里发统治着这个作为独立势力一息尚存的哈里发国家。政权分崩离析的预兆已不难发现。在他登基仅一年后，什叶派的法蒂玛家族在突尼斯自称哈里发；931 年，曾在大马士革被推翻的伍麦叶家族在西班牙和葡萄牙建立了敌对的哈里发政权。内战和围城战撕裂了帝国的大部分国土，摧毁了两河沃土上赖以维持一个庞大集权帝国的复杂灌溉系统。200 英里长、0.25 英里宽的纳赫拉万运河就在一场战役中决口，自此之后再未修复。[3] 969 年，法蒂玛王朝侵占了埃及，从此直到 12 世纪晚期，这个什叶派王朝一直坐镇开罗，统治北非。

政治上的衰落并未压抑建筑上的创新，同样地，巴格达的文学生活也持续繁荣着。在那些为时代打上烙印的散文作家中，出生于巴格达的历史学家马苏迪，如我们前文所见，为历代哈里发的生活、他们的宫廷和文化革命留下了生动形象，详实顺畅地记述了诸多轶事。他所著的《黄金草原》就是他为后世留下的瑰宝之一。在《与努比亚王的谈话》一章中，马苏迪描述了阿拔斯家族是如何评价前任统治者的："在曼苏尔举办的一次集会中……话题转到了伍麦叶王朝哈里发，人们开始讨论他们的领导、他们所遵循的政策和他们失势的原因。曼苏尔开口说道：'阿卜杜·马利克是个自负的暴君，根本不在意自己的所作所为。苏莱曼的追求也就仅限于口腹和色欲。欧麦尔·伊本·阿卜杜·阿齐兹好比一群盲人当中的一个独眼人。整个王朝唯一的伟人也就是希沙姆了……但从此之后，他们的权力被一群脂粉气的子孙继承，他们唯一的追求便是满足欲望，以及追逐真主所禁止的享乐。'"[4]

然后还有伊本·古太白，他是一位 9 世纪语言学家、语法学家、历史学家、文学批评家和作家；伊本·杜莱德（837—933），他是一位魅力过人、嗜酒如命的语法学家、语言学家和批评家，某天夜里曾失足落下屋顶，摔断了锁骨，可能那天他喝了太多酒；苏利，他是一位 10 世纪传记作家、象棋大师和多位哈里发的宫廷友伴；雅库比，他是一位 9 世纪地理学家，为我们留下了有关巴格达建城的生动描述。

阿拔斯王朝的巴格达可不是个保守的地方。诗人和作家们带着极大的热情歌颂和发掘生活中下流猥亵的一面，这种热情甚至会令他们的许多现代同行为之羞涩不已。贵族作家和朝臣伊本·沙阿·塔希里的作品中，就有着《奴隶男孩、通奸及其乐趣故事集》

以及《手淫》这样的书名。[5] 马苏迪讲述了一个故事，一天，诗人王子易卜拉欣·伊本·马赫迪与他同父异母的兄弟哈伦同乘一条船去往摩苏尔。哈里发问他世界上最美丽的名字是什么。是穆罕默德，他回答道，随即机智地补上一句，哈伦是第二悦耳的名字。哈伦又问他最可恨的名字是哪个。易卜拉欣，他回答道。哈伦震惊了。因为除去先知亚伯拉罕之外，这个名字也是先知穆罕默德的儿子的名字。所以他才会夭，易卜拉欣答道。然后他又列出了一长串著名的易卜拉欣，他们全都遭受了"杀戮、鞭刑和流放"。正在此时，皇家船队里一位水手突然大喊起来，"嘿，易卜拉欣！操你妈的！摇桨！"[6] 于是，哈伦的兄弟以此作结。据马苏迪讲述，哈里发闻言哈哈大笑，笑得耸动不停。

台努希（939—994）是一位居住在巴格达的退休法官，著有浓墨重彩的七卷本回忆录《美索不达米亚法官访谈录》（Kitab Nishwar Muhadara wa Akbar al Mudhakara），其中记载了许多据称属实的私密乱伦，男女同性恋行为，堂而皇之的招嫖和行骗，狡诈的大臣和卖冰贩子，别出心裁的酷刑折磨和死刑，奢华的哈里发及其侍妾，甚至还记载了一起巴格达城饥荒年间的食人事件。《叫卖的商人》就是一个典型的台努希式故事，这些故事常以粗俗幽默著称：

一个著名的巴格达滑稽人物正乘舟在底格里斯河漫游，他途经河边一座宫殿，阳台上坐着几位美貌的侍妾。她们开始挑逗他，而他立刻为之勃起了。为了回应她们的挑逗，他掀起衣服，露出了擎天玉柱，像个小贩一般叫道："新鲜的芦笋！"其中一个女孩立刻回击，她也掀起衣服，露出她的阴部，以同样的方式大叫道："刚出炉的热面包！"顿时，附近所有渔夫和看客都对他们嘘声大作。

下一个故事《蛇蝎女人》是最有台努希特色的故事之一。这个故事使希腊神话中俄狄浦斯的传说也相形见绌，这是一个可怕却又引人入胜的故事，讲述一位欲求不满的巴格达淫妇对自己英俊的儿子产生了不伦之情，并决心动手实施：

> 那女人的仆人劝她要心怀对真主的敬畏，满足于她已拥有的其他男人们就好，但她坚持要满足自己的欲望。当仆人问她如何才能诱惑那年轻人做出这等事而不闹出丑闻时，女主人便命她去找隔壁的书记员（这位书记员十分擅长写恳切感人的情书），要他给她的儿子写一份热情洋溢的情书，在信中要求与他见面。她嘱咐仆人，信中一定要提及邻家美貌女儿的名字。于是仆人便遵命去办齐了这些事，将情书交给了那位少年。读过信后，他果然对信上的那位女孩大动真心。于是他写了回信，说想要她前来见他，但他并不知道供两人私会的合适地点。女人便指示仆人给他回信，称她也不知道哪里可以幽会，因此她会到他家里。然后，女主人要求仆人准备出一个空房间，在屋里摆上水果和熏香。她还要仆人传话，告诉他邻家的女儿是个异常怕羞的少女，受不了在白天被别人看到，因此只会在晚上到来，与他在黑暗的房间中相会，以防被其他行人看见。这些准备做好后，那女人见她的丈夫已经上床睡觉了，便去洗濯身体，涂抹香水，换上最精美的衣服，趁夜进了那个房间。少年很快便赴约而来，与她彻夜干柴烈火，直至天明。清晨时他悄悄离开了房间，女主人也在仆人陪伴下回到自己的寝室。

过了一段时间，她被仆人告知已怀上了自己儿子的孩子，她询问如何是好，但仆人也无法给出建议。于是她继续与儿子交合，直到快要生产为止。然后，她对自己的丈夫假称生病，请求准许回娘家休养。丈夫默许了她的请求，于是她回到娘家，与仆人单独同住一屋，在那里请来一位产婆帮她接生。之后，她掐死新生的婴儿并抛尸他处，几天后回到了家里。她不顾仆人抗议，还想要重复之前的诡计与儿子偷食禁果。于是她又数次故技重施，结果又怀上了儿子的孩子。这次她生下了一个可爱的女婴，她把女婴交给仆人，命其丢掉。仆人狠不下心来犯这等罪过，于是将女婴送给一家穷人抚养长大。女主人出手阔绰地资助了这一家的生活起居，小女孩在他们的抚养下衣食无忧。她的亲生母亲每当想念她时，便会时不时地前去探望。

年轻人后来结婚了，令这位善妒的母亲绝望的是，他们之间的不伦关系也随之断绝。当小女儿长到九岁时，母亲又打起了邪恶的心眼，她对外宣称自己"买下"了小女孩，想要抚养她成为自己的女仆。于是，女孩在奢华的环境下成长起来，学习并精通了歌唱技艺。当她青春萌动时，母亲担心她嫁给外人的话会离家而去，认为将她留在自己羽翼下的最好方法是把她嫁给自己的儿子，也就是女孩的父亲。她又策划了另一条诡计，命她的忠仆告诉儿媳有一个年轻的士兵住在隔壁，爱她爱得发狂，并且想要让她回复他所写的情书。一开始儿媳对她不以为然，但在持续追求下，儿媳没能抵抗诱惑，回复了那些伪造的信件。结果这些回信成为她婚姻不忠的罪证，母亲顺水推舟，劝说儿子与儿媳离婚，儿子同意了。然后，她又劝说儿子迎娶她的年轻女奴，并且把嫁妆也赠给了他。于是，儿子与女孩结婚了，他们生了几个孩子。女孩就是他的现任妻子。[7]

如果这个故事本身还不够糟糕的话，更惨的是有人当面把真相告诉了这个深受其害的年轻人，令人惊讶的是，他此前从不知道其间内情。不消多说，他当即便和自己的女儿离婚了。"他深深地诅咒自己的母亲和她那个拉皮条的仆人，然后羞愧而绝望地走开了。"台努希如是讲述道。

无论是否着眼于性，文学都并不是娱乐的唯一形式。就像世界各地的情况一样，巴格达的男男女女也喜爱观看公开表演。据说有一次，穆台瓦基勒哈里发曾将500万轻薄的迪尔汗银币铸造成红色、黄色和黑色来装点节日庆典。他将700名奴仆装扮上绚丽多彩的服装，在一个多风的日子里，让他们聚集在一顶穹顶大帐中，这顶大帐共对外开有40道门。当朝臣们围拢在哈里发身边时，他便命令他们挥洒彩色的钱币，形成了一道令人难忘的美景。

流行文化也为多种多样的娱乐享受这一基本需求提供了助力。在哈里发和朝臣的大力赞助下，赛马受到了巴格达社会上层人士的狂热追捧。在巴格达建成30年后，曼苏尔的儿子马赫迪建立了第一座赛马场（maydan）。他的继任者同样对赛马运动大力支持。艾敏在曼苏尔宫的空地上建立了一座赛马场，他的兄弟麦蒙则在哈伦的宫殿群中建造了一座专供马球赛的球场。穆阿台绥姆在他的卓瓦斯克宫中修建了一座瓶形赛马场，穆台瓦基勒又建造了一座拥有八个房间的华丽凉亭看台，以供他舒适地观看比赛。马苏迪就记载了哈伦的某次大获全胜：在这场比赛中，哈伦的马首先到达终点，而他儿子麦蒙的马紧随其后，居于次位——一出典型的父子好戏。[10]

世纪的白益王朝统治者穆伊兹·道莱在赛场上种下一棵树，并将诱人的名贵礼品挂满枝头，在树干旁堆满了一袋袋迪尔汗银币。一到午后，赛场上便回荡着阵阵大鼓和长笛的乐声，穆伊兹亲自为胜者颁发荣誉赐袍。在胜者被授予华丽长袍的同时，最后一匹到达终点的马则要遭受羞辱，一只拿着鞭子的猴子被放在它的背上。这只倒霉的动物遭受的鞭刑对于马主人、骑师和骏马本身而言都是难堪的凌辱。

与现在一样，在那个时代，马在阿拉伯世界占有很高的地位，这点在阿拔斯王朝文学中有关谱系、马学、钉掌术等方面浩如烟海的著作中广有体现。先知穆罕默德本人就是个优秀的马术师，他认为敌人的战马也属于合理战利品的一部分，而且骑兵对阿拉伯大征服闪电般迅速的胜利起到了关键作用。尽管伊斯兰教禁止赌博，但在赛马、弓术和赛跑等赛事中下注是被官方允准的。或许对于人民群众而言，赛马这种娱乐项目过于贵族化了，不过平民百姓也可以靠赛狗、赛骡子、赛驴，自然还有赛骆驼来找寻乐子。

马球可谓运动中的国王，也是国王的运动，这项运动最早被哈伦发扬光大，一同流行起来的还有弓术竞技和壁球运动。哈伦还是阿拔斯王朝第一位下象棋——或者至少是象棋的前身"夏特朗吉棋"（shatranj），这种棋类游戏发源于印度，经波斯传入阿拉伯——和双陆棋的哈里发。有次他因为下输了与音乐家易卜拉欣·摩苏里的双陆棋局而被迫脱光了衣服。与此同时，棋类的流行也促使奴隶商人为女奴提供相关的特殊训练，以此来提升她们的价值。艾敏和麦蒙后宫中的著名女奴艾丽卜不仅因美貌绝伦和音乐天赋著称，也因棋艺卓绝而广受赞誉。

赛鸽子也是一大盛事，哈里发也在这项赛事上引领了潮流。马赫迪、哈伦、瓦西克和纳西尔都是热心的赛鸽爱好者，在他们的推动下，那些最受宠的鸽子被炒到了难以置信的高价。"鸽子的内在价值昂贵，地位高贵，以至于一只鸽子能卖到500第纳尔，"贾希兹记述道，"其他动物，无论苍鹰、游隼、猎隼、鹰、孔雀、鸡、骆驼、驴或是骡子……都卖不到如此高价。一对鸽子如同地产一般收益丰富；养鸽确实可以支持一家人的生活开支，而且能够带来高额收入以供家庭抵销债务，建造豪宅，买下获利颇丰的店面。同时，赛鸽也是一项优秀的爱好，其景象悦目，能够为思想者带来教益，为求索者提供线索。"[8]

这项运动也并非没有争议。政府曾多次不得不下令摧毁屋顶鸽舍，以确保附近居住的女性不会受到偷窥者的骚扰，或者制止屋顶上训鸽人工作时聒噪不停的噪音。一些手艺精湛的盗贼甚至会在鸽子的掩护下实施盗窃，他们会先在屋顶放出鸽子，然后假装追逐鸽子，在房屋间跳跃攀爬作案。

动物角斗在各个阶层都广受欢迎，也横跨了多个物种，从斗鸡、斗鹧鸪、斗鹌鹑到更加血腥的斗狗、斗羊、斗牛，甚至还有斗狮子。巴格达的一些街道，比如羊狮街，就得名于此种娱乐活动。据说穆阿台绥姆就曾主持过一场广受责难的狮子与野牛之间的血腥角斗。据塔巴里记载，短命的改革家穆赫塔迪哈里发（869年至870年在位）曾下令处死宫中所有狮子，并赶走了所有的狗，这也是他后来遇刺的诸多原因之一。（据说他被捏碎睾丸而死，即使在阿拔斯王朝的标准下，这种死法也过于惨烈。）据说还有一次，麦蒙甚至无法唤起宫廷奴仆的注意，只因为他们都沉浸于一件比专横的哈里发的指令还紧迫的事情：一场异常激烈的斗鸡。

摔跤颇受大众追捧。一些擅长体力运动的哈里发更是领衔出阵。

艾敏就是一位狂热的摔跤迷，但他比起穆阿台迪德稍逊一筹，后者曾搏杀过一头狮子，尽管是用剑杀死的。

传道者、街边小贩、说书人和喜剧演员争先恐后吸引着人们的视线。马苏迪记载了一位名叫伊本·马加齐里的著名街头说书人，他常讲滑稽故事逗乐观众，还能惟妙惟肖地模仿贝都因人、吉卜赛人、突厥人、阉人和麦加人等各色人等，满口"各种各样能使悲痛的母亲破涕为笑，让严肃的人笑得像孩子的笑话"。[9]

神学家伊本·阿基勒描述了 11 世纪巴格达的鲜活景象："市民们似乎一直保持着节庆般的氛围，每逢男婴受割礼和女子嫁人时更是如此。每到周六，人们便因声调婉转的讲坛宣道、击剑和摔跤表演以及赛舟竞技而聚集起来。"[10]

阿拔斯王朝的巴格达最受人瞩目也最令人毛骨悚然的"公开节目"在横跨底格里斯河的三座舟桥上演，这里常常被用作公开处决的场地。反叛者会在众目睽睽下被钉死，他们的首级被悬在高杆上，以警示其他妄图挑战阿拔斯王朝权威的人。我们在前文中已经述及，哈伦曾在 803 年将贾法尔的尸体剁成三截，分别悬在三座舟桥上。902 年，穆阿台迪德下令，将一个名叫阉人瓦希夫的谋反者的尸体用松香做防腐处理后，悬在了一座桥上，吊在他被斩落的首级旁边。这具尸体一直悬在那里，经过十多年时间才慢慢腐烂殆尽。[*]

---

[*] 除此之外，这三座桥对于罪犯来说也另有妙用。据台努希记载，"在一个大风天，有人曾看见一位著名的契约、书信和官方文书伪造师正在桥上书写一份文稿。当有人问他在做什么时，他回答说自己正在伪造一封由瘫痪病人写的信，由于疾病的原因，那人运笔颤抖。为了让他伪造的信件更加逼真，他便来到这座大风呼啸的桥上，让自己伪造的字迹更有'颤抖的效果'"。

　　自然灾害时常增添着这座城市的苦难。940 年，位于尔萨运河起点的幼发拉底河水坝决口，引发了一场大洪水，使那些受灾最严重的巴格达人长达两年无家可归。据哈提布记载，一年后，一场强风暴蹂躏了巴格达城，一夜之间，"大雨倾盆，电闪雷鸣，震耳欲聋，可怖之极"。圆形城市内部的曼苏尔故宫拥有标志性的绿色穹顶，曾是阿拔斯王朝巴格达的著名地标之一，风暴中，一道闪电劈中这座宫殿，当场摧毁了它。同时，与之相邻的清真寺也遭受了毁坏。寺内的讲坛能够追溯到哈伦·拉希德的时代，它被人抢救出来，安置到另一座新建的清真寺里。

　　945 年对巴格达来说是不祥的一年。在这一年里，异族人首次占领了巴格达城。艾哈迈德·伊本·白耶出身里海南岸的代拉姆山区，是当地一位白手起家的军阀之子，他利用中央政府崩溃的时机夺取了穆斯塔克菲哈里发的权力，并获得了"总帅"（Amir al Umara）的头衔。他还有一个更响亮的名号——穆伊兹·道莱，即"帝国的支撑者"。新来的什叶派白益王朝持续了一个世纪之久，对衰败的阿拔斯皇室来说象征着又一次屈辱，但也为巴格达谋得了一些福利。它留下的第一个也是最重要的长期遗产是位于底格里斯河东岸沙马西亚低地的巨型堤坝，这座大坝能阻止支流的洪水汇入底格里斯河干流，直至 350 多年后，人们仍然能够部分辨识出这座堤防的模样。[11] 但穆伊兹·道莱建造这座堤坝并非完全出于造福人民的无私念头：堤坝的建成也使他得以在底格里斯河东岸建造一个横跨沙马西亚区和穆哈利姆区的全新宫殿群，这个宫殿群后来被命名为"苏丹宫"（Dar as Sultana）。他为自己建造的第一座宫殿一定极尽奢华。据记载建造这座宫殿共花费了 1300 万迪尔汗，根据历史学家盖伊·勒·斯特兰奇估算，约值 1900 年的 50 万英镑，在今日约合 5000 万英镑。[12]

　　阿拔斯王朝的哈里发仍掌握着大把的时间和金钱，他们的新主人也迁就他们纵情大兴土木，修建宫廷楼阁。穆提哈里发（946 年至 974 年在位）为哈里发宫殿群增建了孔雀宫（Dar al Tawawis）、穆拉巴广场和穆萨迈纳八角亭。在 10 世纪的最后几十年中，哈里发皇宫群的占地面积甚至有整个设拉子城那么大。[13]

　　在穆提的描述中，他对阿拔斯皇室权力的衰败有着清醒而悲哀的认识，从下面这份写给白益王朝统治者伊祖德·道莱的书信中可见一斑，信中的哈里发被要求交出资金以支持针对希腊人的圣战。

　　　　假如世界仍在我的掌握之中，假如我还有能力掌管财政和军队的话，支持这场圣战于我是义不容辞的。但如今，我手中仅剩下了微薄的财产，尚不足够供我自己支配，当今世界被掌握在了你们和诸位地区领袖手中，无论圣战、朝圣或是其他任何国家大事都已与我无关。你们唯独可以从我手中得到的，只有在呼图白(周五讲道的祷告词)中提及我名字的权利，你们可以以此来安抚臣民。如果你们想要我连这项特权也抛弃掉的话，那么我愿悉听尊便，把一切都留给你们。[14]

　　毕马里斯坦·阿杜迪综合医院是白益王朝最宏大的建筑之一，这座医院由阿杜德·道莱（949 年至 983 年在位）所建，位于底格里斯河沿岸，巴格达西城的曼苏尔永恒宫遗址上或附近。[15] 安达卢斯地理学家、诗人和旅行家伊本·朱拜尔于 1184 年来到巴格达，将其描述为一座庞大壮观的建筑，拥有无数病房与病区，兼具皇家居所的一切功能，医生每逢周一和周四都会前来探望病人，诊断治疗和开具药方。这座医院十分卓越，可说是当时世界上最先进的医院和医学院之一。但无论堤坝多么坚固耐用，也无法阻挡大自然的力量，在 1074 年和 1159 年，这座医院被洪水淹没，1174 年，它又一次遭遇水灾——在伊拉克北部的摩苏尔地区遭遇了长达 40 天不停的大雨之后，巴格达水位暴涨，甚至船只都能从医院的门道和窗户进出自如。尽管损失可能十分严重，但从十年后伊本·朱拜尔的溢美之词来看，这些破坏也并非不可修复。有点讽刺的是，据伊本·朱拜尔观察，这座医院的用水来源正是底格里斯河。

想要了解 10 世纪中叶巴格达的大概情况，我们需要借助三位知识巨匠的著作，他们是中世纪的头三位阿拉伯地理学家：伊斯塔赫里，他于 951 年写下著作；伊本·豪卡勒，他于 978 年编辑和拓展了伊斯塔赫里的作品；穆卡达西，他于 985 年完成了《地域知识》一书。据伊斯塔赫里和伊本·豪卡勒的记载，当时巴格达东城区满布宫殿，其中既有哈里发的宫殿群，也有后来白益家族在北方新建的宫殿。这两片宫殿群自沙马西亚区沿河向下游蔓延长达五英里，一定十分引人注目。事实上，底格里斯河东岸已经成为一片广大的皇家专区。显然巴格达东城也渐渐走向了衰败，与西岸的趋势类似，这里的城区渐渐分散成了村镇。这座统一的阿拔斯王朝大都会一度规模庞大，盛况空前，如今渐渐演变成一座紧凑密集、规模较小的城市。伊斯塔赫里列出了三座大型聚礼清真寺——两座位于巴格达东城，一座位于巴格达西城的曼苏尔圆形城市内——伊本·豪卡勒又增补了第四座，位于圆形城市以西的巴拉萨区。除宫殿外，伊斯塔赫里和伊本·豪卡勒都着重描述了许多曾经繁盛的地区如今成为废墟的情景。尽管如此，卡尔赫区此时依然是最富裕且维护最为良好的街区，城市里最成功的商人大多在这里经营生意。据伊斯塔赫里估计，当时巴格达城东西长五英里。

尽管穆卡达西曾盛赞曼苏尔为首都定址的英明决策，他同样也哀叹了巴格达从黄金时代衰落的凄凉。仅仅此前不久，它还是"穆斯林最美妙的瑰宝，一座无比光辉的城市"，如今却"陷入荒废和无序，光华不再"。他将现状直接归结于哈里发政治权力的缺失："哈里发的权威衰落了，城市衰退萎缩，人口也随之减少。和平之城如今已然荒芜：只有大清真寺每逢周五仍旧时常有人聚集，除此之外，整个城市都荒凉不堪。如今居民最多的地区是西城的卡提亚特·拉比区和卡尔赫区，以及东城的塔克区和埃米尔宫殿周边地区。"穆卡达西显然无意为读者粉饰巴格达的景象。"我并不认为这座城市适宜生活，也不觉得它令人喜爱；如果我曾在前文中赞美过它，那也只不过是陈词滥调而已。"他嗤之以鼻地写道，并提到同时代埃及的福斯塔特城（建成于 7 世纪，后来被开罗吞并）才是鼎盛时期巴格达的样子。

尽管穆卡达西对城市现状评价颇低，他还是盛赞巴格达人"充满机智，魅力非凡，优雅知礼，而且教养良好"——除了那些"流氓恶棍"，他们"普遍道德堕落"。他也颇为欣赏巴格达人的着装品位。"这里的人通常穿着得体。"他如是写道。他还记述了"优雅精致、多种多样的服装"：丝绸和精美的印花布制成的衣装，高耸的裹头巾和塔伊拉桑帽——那是一种覆盖头顶和双肩的黑色尖顶罩帽或披巾，供有名望的男士穿戴。如同许多来到巴格达的访客那样，他也被底格里斯河的壮丽和河流航运的盛况震撼了："船只来来往往，川流不息，船员的驾船技巧十分高超。巴格达人就乘坐这些船只渡河，景象十分嘈杂繁忙。事实上，巴格达的繁荣，三分之二要归功于这条河流。"

尽管如此，巴格达给他留下的最深印象仍旧是负面的。每一代人都认为自己时代的国家越来越差，出于这种心理，穆卡达西写道："日复一日，这座城市的情况每况愈下：真的，我害怕它会变得像萨马拉城那样，遍地腐败、无知和伤风败俗，以及统治者恶劣至极的苛政压迫。"[16]

在哈提布笔下，11 世纪巴格达的情况则更加复杂：

> 世界上没有一座城市能够与巴格达相提并论，巴格达的财富之足，商业之盛，学者与伟人之多，领袖与平民之卓越，城区之辽阔，疆域之宽广，宫殿、居民、街道、小巷、清真寺、浴场、码头和商栈之繁多，空气之洁净，饮水之清甜，雨露之鲜美，树荫之凉爽，春秋之宜人，以及群众之浩荡，都是无与伦比的。在哈伦·拉希德统治的时代，建筑和居民不可胜数，那时，在这座城市及其周边，遍地都是凉爽的房屋、繁荣的地皮、肥沃的草场和繁华的船港。然后，动乱爆发了，接连不断的灾厄降临在居民头上，一度繁荣的城市大规模荒废，以至于在我们所处时代之前的 100 年里，由于所经历的动荡和衰落，它已变得与所有大城市格格不入，与一切有人烟的地区相差甚远了。[17]

关于10世纪和11世纪的巴格达，除这些地理学家的观点之外，烹饪作家伊本·萨亚尔·瓦拉克在美食方面也有着截然不同的看法，十分值得一提，毕竟阿拔斯王朝的知识精英们不仅仅需要精神食粮，也需要实实在在的果腹之物。毫不奇怪地，在这段时间里巴格达不仅有"世界之母"（Oum al Dunya）的称号，也有"万国肚脐"

（Surrat al Bilad）的诨名。

烹饪艺术和与烹饪相关的著作最初于 9 世纪兴起。最伟大的烹饪著作则在一个世纪后出现，在 10 世纪 40 年代或 50 年代，瓦拉克推出了他的《烹饪书：健康食品与美味餐品的制作方法，精选自多部医书，收录名厨与智者箴言》。瓦拉克的外国出版商显然认为这个书名太简洁直白了，于是在现存的伊斯坦布尔版手稿中，又加上了一个副标题："关于如何虏获恋人的心，并令其不必求医问药之书"。

瓦拉克并非等闲之辈。他的著作是已知世界上最早且最具价值的中世纪烹饪著作。该书记载了 615 个食谱，精选自 20 多部由哈里发、王公贵族、医师以及政界、文界名人所著，或为他们而著的烹饪书籍。除此之外，该书还讨论了烹饪时使用的最佳厨具和食材。书中菜品花样繁多，包括餐前冷盘，在炉中烤制后用热面饼盛上桌的菜肴、粥、豆类菜品、炖肉、焖菜、油炸食品和煎蛋卷。书中还记载了多个在户外用馕坑、烤架和烤肉签烹饪的食谱。此外书中还有解酒药的做法，更不用说增进性功能的膳食了，比如一种鹰嘴豆饮料能够"暖胃暖肾，利于排出宿便，益精壮阳"，另有一种深受麦蒙和易卜拉欣·伊本·马赫迪青睐的芦笋菜也有相同功效。[18] 瓦拉克甚至还为那些饱受"胃肠胀气"之苦的病人提供了专门的膳食，推荐他们食用一种由生姜、锡兰月桂、白孜然、甘松（辅以缬草）、蜂蜜和干玫瑰花瓣制成的药膏。[19]

单为盐的做法，瓦拉克就列出了五个食谱，其中一种通便盐还能有效缓解痛风、面部麻痹、关节炎和脾脏疾病（由岩盐与黑胡椒、生姜、干牛膝草、阿魏叶、芹菜籽、印度茶叶、伞菌、旋花草脂、独行菜籽和藏红花籽混合而成）。他还记录了丰盛美味的甜品，为病人准备的特殊食谱，以及一系列饮料——既有无酒精饮料，也有较为浓烈的酒品：从葡萄干酒、椰枣酒和蜜酒，到大米啤酒、杏仁啤酒和陈酿蜜酒。

美食可谓巴格达平民与贵族文化的基石。在哈里发的宫廷宴会上，奢华餐点、山珍海味琳琅满目；而城市中平民百姓的饭馆排档也不遑多让，有时连哈里发也会一时兴起，屈尊来到市井之间尝鲜。据说麦蒙就曾专门乔装造访一家饭馆，这家店的招牌菜是一种将馕坑烤肉搭配在甜面包布丁上的菜品。他的廷臣们为这种任性失礼的行为大惊失色，纷纷进言说这是平头百姓才吃的食物。"老百姓也和我们一样喝凉水，是不是也要禁止他们这样做？"哈里发冷冷地答道。[20]

在餐桌上和乐融融地享受美食一向是一件美事，这种行为曾受到先知穆罕默德的侄孙哈桑·本·阿里·本·塔里布这样的权威人物赞扬祝福，他优雅的训诫被瓦拉克引用在他的烹饪著作中："你们应在餐桌上尽可能久留，尽真心相互交谈，因为这正是生命中佳美的时刻。"[21]

最受欢迎的食谱之一当属纳巴泰鸡系列食谱，这种美食得名于伊拉克的原住居民，比如这道名叫纳巴提亚的菜，食谱由易斯哈格·摩苏里编写：

　　将两只去骨肥鸡放入罐中，并加入洋葱、香醇的橄榄油、腌制并捣碎的鹰嘴豆以及一条肉桂。煮沸两次后，加入一大块奶酪与盐。辅以芫荽子、黑胡椒、肉桂、高良姜、甘松、丁香、肉豆蔻和生姜，全部捣碎用以调味。然后加入玫瑰水面条和煮鸡蛋。待面条炖熟后，用勺盛至碗中。取出奶酪和鸡蛋，切块后摆放在去骨鸡周围。添加一捧大米和几条烟熏肉亦可。此餐美味可口，实乃真主意欲之一大善举。[22]

易斯哈格·摩苏里对他的食谱颇为自豪，甚至为其作诗一首：

> 纳巴提亚鸡，洁白似象牙。
> 寒冬享一碗，暖身赛仙方。
> 柔波轻荡漾，琼脂浮浓汤。
> 中天悬满月，明皎照阁廊。
> 鸡子若星斗，夜空闪碎光。
> 鲜黄嵌白玉，晶莹如琳琅。
> 乳酪方依稀，宝冠明珠亮。[*23]

炖肉广受食客青睐。"锡克巴贾炖菜"（sikbaja）无论在巴格达最豪华的筵席，还是最卑微的餐桌上都大受赞誉。艾敏就曾对他的叔叔易卜拉欣·伊本·马赫迪说过，他十分迷恋易卜拉欣的女奴比达烹制的名菜锡克巴贾炖牛肉——由上等羔羊肉、小山羊肉和禽肉烹饪而成，"他只想吃上这道菜，吃完后再美美地喝个酩酊大醉"。[24]比达欣然领命，为其烹制了一道极尽美味的锡克巴贾炖菜，并且配以多种香肠、切片夹肉饼、肉馅薄饼、填馅点心、蔬菜、草药和各类装饰。艾敏胃口大开，赏赐这位女孩一条价值三万迪尔汗的项链。他还赏赐了他的叔叔三箱上等香水、三条船、三袋钱币和

---

*　仙方，原文为"sikbaja"，是一种广受欢迎的炖菜，主要由醋腌牛肉制成。琳琅，原文为"khaluk"，一种名贵香料，因原料有藏红花而呈黄色。

下面这首诗：

> 比达端着餐点款款而来，好似夏日里的花园一般。
>
> 愈行愈近，那美餐如同笼罩了一层光纱。
>
> 艳丽夺目，芳香逼人，如同香水师的手笔。
>
> 热气腾腾，香气扑鼻，在少女手中耀眼闪亮。
>
> 那少女顾盼生姿，眼光就像男人心中的熊熊欲火一样。[25]

烹饪并不是女性的特权。事实上，对于阿拔斯王朝的体面男士来说，烹饪也是一大基本修养。烹饪技能颇受重视，以至于一位宫廷友伴要想受宠出名，需要至少掌握十种山珍海味的做法才行。据马苏迪记载，一次，穆台瓦基勒哈里发偶然闻到某位水手烹制的锡克巴贾炖菜，被诱人的香气吸引，他要求尝上一口：结果他发现，那是他吃过的最美味的炖菜。在阿拔斯王朝甚至还出现了现代电视烹饪节目的前身：即使贵为哈里发，也会不吝屈尊亲自主持现场烹饪秀。麦蒙和他的兄弟穆阿台绥姆尤其倾心于这种盛事。马苏迪就记载了麦蒙统治时期的一场烹饪竞赛，在这场竞赛中，达官贵人趁夜从巴格达的街道上强拉来一个无辜路人，邀请他来到宫殿品尝竞赛选手的菜品。然后，那人，"那个平民"，被人用麦蒙、穆阿台绥姆、某个希腊人和某位名叫叶海亚·伊本·阿克萨姆的法官烹饪的菜品招待，而他并不知道哪道菜是哪个人做的。万幸的是，当尝到哈里发烹制的菜品时，他深受打动。"太好吃了！"他大喊道，"我还以为这道菜全是用麝香做的。做出这道菜的人一定是个优秀的厨师——手法利落，创意无限，而且优雅从容。"穆阿台绥姆和希腊人做的菜也都获得了同样的赞赏。当轮到法官的菜品时，这位平民的评价却急转直下。"呕！凭真主起誓，这人肯定把大便当洋葱放里面了！"[26] 那位法官可能是笑不出来了，但其他所有人都笑得合不拢嘴。据马苏迪记载，之后这个人便打开了话匣子，笑话一个接一个停不下来，麦蒙被他逗得意犹未尽，便邀请他回到宫中，给了他一个官职。

美食也是助人青云直上的途径之一，有一位官员就因为赠送了穆尼斯·穆扎法尔总督一串烤鸡而获得晋升。美食还可以用来表达钦慕和尊重，艾敏便给他的叔叔易卜拉欣赠送了一批烤点心。这批点心可不是大路货。它们由名厨纳西尔·哈巴兹（"哈巴兹"即"面点师"）精心制成，原料有蜂蜜、藏红花和杏仁油，并且豪华地撒上了芝麻、松子和杏仁。易卜拉欣见此心意十分感动，诗兴顿起，作诗一首：

> 吾王艾敏性宽仁，赠我佳肴共恩赏。
> 状似玉盘尺寸仿，可拟满月在朝堂。
> 香甜润口真如蜜，又若和风送清香。
> 金丝银帛正相间，黄白怡目方比邻……
> 主佑吾王幸且直，福祚千年享安康。
> 没齿不忘贤侄恩，愿君美名留四方。[27]

如同今日一样，那时候美食也为懒人和毫无志向的人提供了慰藉。9世纪的老饕美食家、烹饪作家伊本·迪赫卡纳（去世于891年）生得异常肥胖，以至于觐见哈里发时都没法站起身来。"我吃呀吃，直吃到身患痼疾。现在我只想吃到死。"他自嘲道。[28] 哈伦的孙子瓦西克有个广为人知的外号叫"老饕"（Al Akul），他对美食的诱惑毫不抗拒，尤其对茄子情有独钟，常常一顿饭就能吃掉 40 个茄子。哈伦的另一位亲族尔萨·伊本·贾法尔也长得肥胖不堪，哈伦都不禁担忧起他的身体健康来。医生诊断后发现他只是纵欲过度，但却要求肥胖的尔萨写下他的遗愿，并骗他说他得了不治之症。这个震慑疗法取得了理想的疗效，尔萨很快便瘦下来五圈。

鱼总是受人欢迎，诗人往往长篇大论，歌颂他们如何捕鱼以及烹饪鱼类。著名的 9 世纪诗人和美食家阿里·本·阿拔斯·本·鲁米，便在一场河鲜宴会上写下了几行诗句：

> 您的庭院中卧着底格里斯的女儿，遭受永恒监禁的战俘。
>
> 她们翻腾挣扎，如同闪光的甲片，有时又似精心铸造的钱币。
>
> 又白又亮仿佛闪光的银锭，油脂满溢犹如酥油的薄皮一般。
>
> 她们曼妙悦目。美味的骨髓好似抽出的裤带。[29]

这位诗人对于美食的热爱和不善矫饰的诗歌最终害他走上了绝路。在吃下一块下了毒的点心后，他的生命就此结束，这是他嘲讽穆阿台迪德哈里发的维齐尔的代价。

阿拔斯王朝有一道名菜是将鱼头烤制，将中段水煮，并将尾部油炸而成的。但还没有哪道菜能够比得上这道最奢华精巧的鱼菜：鱼舌肉冻。这道菜由哈伦的兄弟易卜拉欣烹饪而成，易卜拉欣还著有一部闻名整个伊斯兰世界的畅销烹饪名著。哈伦一开始认为这道菜把鱼肉切得太过精碎了，便要求他的兄弟解释。当听到这道菜实际上是用 150 片鲤鱼舌制成，而鱼的其他部分则被抛弃，并且整道菜共花费了 1000 迪尔汗时，他顿时火上心头。于是他命令易卜拉欣的太监立即献上 1000 迪尔汗以补偿这"不知死活的败家行径",并将没收的钱财赈济穷人。这道菜则被施舍给了一个乞丐,后来,不知悔改的易卜拉欣又花 200 第纳尔从乞丐手中买回了这道菜。这个阿拔斯王朝的传说故事流传至今,即"千金鱼餐"的故事。[30]

布丁是饮食艺术的体现,在今天的巴格达同样如此,面点房的货架上总是摆着满满几层浸蜜面点。甜食种类繁多,有"木哈拉比耶"(muhallabiya,大米布丁)、"扎拉比耶"(zalabiya,浸有煮熟的蜂蜜的油炸面点)、"卡泰伊夫"(katayif,包有落花生和糖的薄煎饼,并用玫瑰香水、麝香和樟脑加以调味)、"穆加拉克"(mugharak,它是现代蜜糖果仁千层酥的祖先)和"胡什卡纳奈吉"(khushkananaj,用木质模具压制成几何形状的填馅甜面点,以新月形状居多)。多彩的糖果与坚果被点缀在布丁周围,卖相如同缤纷的果园一般。布丁内还会加入数层白面包,浸在水中让它们吸水膨胀,然后再浸入糖与蜜中。在另一些布丁中,几层浸蜜面包中间的空隙里还会填入香蕉、蜜瓜、桑葚和碾碎的葡萄干,这样就做成了一道水果"焙盘"。

在阿拔斯王朝,还有许多种"巴兹玛瓦利德"(Bazmawarid),即夹肉饼的做法。伊本·迪赫卡纳是穆阿台米德哈里发及其兄弟穆瓦法格的宫廷友伴,他就偏爱这样一种美食:将厚厚的圆面饼切作两半,然后在里面填上切碎的锡克巴贾炖肉。其中一半面饼上铺了细细切碎的绿叶蔬菜和一片肉,然后撒上盐、奶酪、切碎的橄榄、核桃、杏仁、阿月浑子和松子;另一半蔬菜碎叶则被夹进另一半面饼中。做好以后,这份夹肉饼需要用重物紧压一小时,然后先切成方形,再切分成三角形,最后用盘子呈上。这是一道符合哈里发身份的菜肴。

巴格达城内和周边坐落着许多修道院,在这些修道院紧闭的大门内，人们能够喝到各种酒品。这些修道院为人们的日常娱乐生活添色不少，也为深夜酒会提供了一整套美食。11世纪的作家沙布什提著有《修道院书》（*Book of Monasteries*），精辟地记录了伊拉克、叙利亚、埃及和阿拉伯地区的早期基督教情况，事实上，这本著作也可以被称为巴格达的"好酒馆指南"。"在漆黑的夜幕笼罩下，我造访了无数酒家！"精力过人的诗人艾布·努瓦斯如是回忆道，"老板上酒一刻不停，我也接连痛饮，身边伴着美丽白皙的姑娘。"[31]

纳克勒（nakl）是一种使人口干，能解除饥饿感，并有解酒功效的零食；它的一些成分在现代也十分常见，比如盐烤坚果和果干，还有石榴、苹果、冰糖（nabat al sukar）、浸过玫瑰香水的甘蔗、小香肠、填馅甜点、烤燕子，以及腊肉，这可比薯片和花生要豪华多了。

瓦拉克是一位坚守礼仪的绅士，记录了大量与朋友用餐时应当遵守的礼仪：他对洗手和使用牙签的体面方式提出了许多建议，并认为餐后小憩是一件十分惬意的事情。"对于品位高尚的朋友或有思想的友伴而言，双手与指甲的整洁是重中之重……他应当外貌齐整，皮肤散发着芳香，脸庞、胡须和鼻子要干净，前额要一尘不染。"牙齿必须洁净，胡须梳理整齐，尤其重要的是，裹头巾一定要保持洁净，不留污点，"因为比起其他服饰，人们首先看到的便是它"。阿拔斯王朝的体面男士"应当熏香身体，并用香粉给头发和衣服增香"。[32]

在用餐礼仪方面，瓦拉克是不可能失手的：

> 汤质的谷物与炖菜应当谨慎食用，否则就可能会溅在衣服上，这可能会给人一种暴饮暴食的印象。在吃鸡时，食客不应

该用手撕开关节，否则鸡皮下面或关节内部的油脂会飞溅到他面前或身边的宾客身上。这种场合下建议使用餐刀沿关节将鸡切开。用手满满地抓一大把甜点，将热食填得满口都是，操之过急地吞咽食物，喝水太多，打嗝发出声音，啃啮骨肉或吸吮骨髓，都是不礼貌的行为。[33]

在用餐后洗手是必要的，但一定不要让哈里发看见，因为对其而言这是一种强烈的侮辱。瓦拉克便提及了穆阿台绥姆哈里发的将军阿夫辛的事例，他曾要求将一个洗手盆摆在哈里发看得到的地方。"这长胡子山羊竟然把洗手盆摆在我能看见的地方，"哈里发大骂道，"逮捕他！"[34]在"平民与其上级或国王共餐时应遵守的礼仪"一章则阐述了"沉默是金"的必要，"在餐桌上用餐时，尽可能少说话或不说话是礼貌的行为"。这是有合理的现实原因的，"因为边用餐边说话可能会让食物碎屑飞出齿舌之间"。最重要的是，"食客应当避免行为失礼。他不应瘫坐、伸腿、打哈欠、喷鼻息、吐唾沫、搓手、掰响手指、玩弄戒指或抚弄胡须和裹头巾"。在"饮酒时应当遵守的准则"一章中，作者则建议小口啜饮，而不要太过放肆地痛饮，并且"当他自感醺醉时，应当趁还能自控，尽早离席"。[35]

另外，有谁能质疑瓦拉克提出的餐后小憩建议呢？"时常小憩能够提升人的气色，让人容光焕发。小憩尤其能健脑强心，对于膝盖和其他关节也大有好处……另外，它还能休养心脏，安抚精神，促进消化，强精养体。"[36]

不知瓦拉克听到下面这个故事后会做何感想，这个故事是在巴格达某个寒冷多雾的冬夜，讲给拉迪哈里发（934 年至 940 年在位）以供消遣的。拉迪向几任哈里发及其子嗣的导师阿鲁迪保证，如果他能令他开怀大笑，那么无论他想要穿什么、坐什么，哈里发都会赏赐给他。于是阿鲁迪讲了一个故事，这个故事讲述了一个男人去他表亲家做客居留。主人向他的女奴谈起了客人的良好礼仪，因为那个男人来做客两天都没上过一次厕所。女奴回答说她们会想办法把他弄走，于是偷偷在他的饮料里下了泻药。等到泻药起效时，主人便假装睡下。那可怜人只好询问女奴厕所在哪。她们却假装听不明白他的话，还给他唱起歌来。每次他问起厕所在哪，并且用不同的阿拉伯语词来描述厕所时，她们便继续装模作样，并为他另唱一首新歌。到最后，他的肠胃实在承受不了了，于是哭喊道：

> 再不去大便我就要死了！
> 她们却没完没了唱歌折磨我！
> 不过我的耐心已经用尽了，
> 我要甩这些小婊子一脸稀！

这样说着，他脱下裤子露出屁股，然后放飞自我——马苏迪如是记载道——把稀屎喷了这些捣乱的女孩一身。主人假装醒来，看到他的女奴"狼狈不堪"，便前去与客人攀谈。

"朋友，你这是怎么了，为什么要这么做？"

"他妈的，"客人答道，"你的女奴肯定觉得厕所是通往火狱的桥，你看看她们都不愿意告诉我厕所在哪。我没别的办法，只好这样报复了。"

阿鲁迪的肮脏笑话达到了效果。拉迪笑得前仰后合，赏赐了他的导师值1000迪尔汗的华丽衣裳和地毯。[37]

1055 年，紧随逊尼派与什叶派的大规模群众冲突摧毁了卡齐姆圣陵之后，也就是诺曼人入侵英格兰的十年之前，摇摇欲坠的白益王朝被各路王公的内斗撕扯得四分五裂。在法蒂玛王朝煽动下，层出不穷的部族起义削弱了白益王朝的实力，回光返照的拜占庭帝国也构成了一大威胁，就在这一年，白益王朝的国运戛然而止。塞尔柱突厥人的首领图格里勒·贝伊率领他的中亚部族联盟迅速征服了伊朗东部，在白益王朝的混乱局势中渔翁得利，应卡伊姆哈里发的邀请向巴格达进军。伊拉克的白益王朝统治者马利克·拉希姆无力抵抗敌军，在巴格达城外的几次小型接战结束后，新的异族统治者不速而至。[38]

塞尔柱帝国开疆拓土，发起战役对抗拜占庭帝国和法蒂玛王朝——在 11 世纪的最后几年，塞尔柱帝国迎来了巅峰时刻，其国土从中亚一直延伸到爱琴海沿岸。在他们掌权的一个世纪中，图格里勒·贝伊与他的继任者苏丹们大多并不居住在巴格达，他们更情愿在伊拉克任命总督代其行事，这表明巴格达对于这个王朝的家族而言多么无关紧要。巴格达从此不再是伊斯兰世界举足轻重的中心，但对于大多数逊尼派学者和廷臣而言，比起时不时因宗教问题而对哈里发刀剑相向的什叶派白益王朝，一个由哈里发统治的逊尼派王朝能够存在已经很不错了。这使得一种新的统治形式，即苏丹国逐渐发展起来，苏丹国成为哈里发国家的补充，辅佐支持哈里发国家，并且自称为哈里发的政治与军事先锋。[39]塞尔柱帝国的继承模式是将城市和领土分封给子嗣、兄弟和叔伯，但并没有规定明确的继承顺序，这使得国家政权陷入不稳。这是"一种不稳定的统治体系，天生就拥有破坏性，因为塞尔柱家族的成员会为了争夺地区霸权而互相结盟或毁约"。[40]11 世纪中，由于塞尔柱帝国内部的分裂，其首都在尼沙普尔、赖伊和伊斯法罕之间来回迁移。后来，在12世纪的大部分时间里，帝国分裂成了西部（以哈马丹为中心）和东部（以谋夫为中心）两大部分，其间还存在着无数小国，由名为"阿塔贝伊"的诸侯统治。这使得哈里发国家得以重夺大部分统治权力，尽管仅限于伊拉克中部。

文化生活仍然在动荡中欣欣向荣。1065年，未来将享有盛名的尼采米亚学院在哈里发宫殿群以南的底格里斯河沿岸开放，位置邻近今日的沙尔基门街区。这座学院以维齐尔尼扎姆·穆勒克（1092年去世）的名字命名，他曾是塞尔柱帝国的头号权臣。在尼采米亚学院的校友和学者中有许多伟大的智者：伟大的神学家、法学家和哲学家加萨里（1058—1111）曾在这里任教，为萨拉丁做传的两位传记作家伊马德丁和巴哈乌丁曾在这里求学，波斯诗人萨迪和西班牙穆瓦希德王朝的创始者阿卜杜拉·伊本·图马尔特也曾在这里学习。这段时期也是神学家和苏菲派神秘主义学者谢赫·阿卜杜勒·卡迪尔·盖拉尼的时代，他是一位12世纪的罕百里学派传道士，据说他的公开布道雄辩十足，甚至促使大批基督徒和犹太教徒改信了伊斯兰教。他来到巴格达时年仅18岁，到去世时，他已经成为一个极富名望、德高望重的老人。他被认为是最伟大的伊斯兰教圣人之一，其陵墓至今是巴格达最受人景仰的圣所之一。[41]

1074年，巴格达又遭遇了一场破坏巨大的洪灾。洪水冲破了穆伊兹·道莱大坝，冲毁了罕百里法学派创始人伊本·罕百里的陵墓，冲垮了哈里发宫殿群与昴宿宫之间相连的女士地下通道，并将巴格达东部大部分城区夷为废墟。这场灾难带来的后果之一，便是又一批新建筑的兴起。由于鲁萨法区大部分已经化为废墟，巴格达人逐渐开始迁出此地，向南建立了一个新的城区穆克塔迪耶区，得名于穆克塔迪哈里发（1075 年至 1094 年在位）的名字，该城区紧密分布在哈里发宫殿群周边。后来，由于卡尔赫区的居民持续向此地迁移，这一城区愈发扩大，到穆斯塔齐尔哈里发（1094 年至 1118 年在位）时期已成为巴格达的主体城区，穆斯塔齐尔围绕这片城区修建了围墙，围墙的遗址良好地存留到了 20 世纪。

1099 年 8 月，在一个闷热的午后，穆斯塔齐尔哈里发得悉一个令人震惊的噩耗。一分钟前，他还在自己的寝宫中与宠臣们避暑乘凉，共度盛夏的酷暑；一分钟后，一个衣衫不整但显然身份尊贵的不速之客冲进宫殿，匆匆掠过宫廷中聚集的诸位显贵，来到哈里发面前，大家都对他的无礼之举大感惊骇。

来客名叫艾布·萨阿德·哈拉维，是大马士革城的首席法官，他的外貌举止之所以如此失常，是因为他从叙利亚前来伊拉克途中忍受了长达三周的艰苦行程。在法兰克人经过 40 天的围城，于 7 月 15 日攻陷耶路撒冷之后，他便立刻启程离开黎凡特地区，第一次十字军东征就此达到高潮。在圣城陷落的两天中，城内的穆斯林居民尽皆遭受屠戮，这一悲惨的噩耗逐渐在穆斯林信众口中传播开来。

大法官难以置信地四下打量，哈里发的寝宫满是怠惰与奢华的景象。哈拉维疲惫不堪，一心只想面见这位伊斯兰世界——至少是名义上的——领袖，却眼见他身穿华贵的长袍懒洋洋地斜躺着，对他本应统治和挺身保卫的伊斯兰世界正遭受的苦难不为所动。哈拉维一时忘记了自己的处境，怒不可遏地爆发了。黎巴嫩作家艾敏·马卢夫重写了这段故事。"在你的叙利亚兄弟们正居无定所，在驼鞍上漂泊，被野兽吞噬的时候，你有何脸面在安全地带志得意满地歇息，日子过得像花园里的花朵一样无忧无虑。"哈拉维痛斥道，"人民遭受了杀戮！少女遭受了凌辱，她们只能把甜美的脸庞埋在双手中！难道英勇的阿拉伯人要对这等侮辱无动于衷，难道忠勇的波斯人甘愿忍受这种耻辱吗？"[42]

在他身后是一群衣衫褴褛的难民，他们被法官的动怒吓得瑟缩不已。据12世纪历史学家伊本·阿西尔记载，"他们在寝宫里讲述了自己的遭遇，泣如雨下，心如刀割。周五时，他们在清真寺为众人讲述苦难并哭求帮助，他们涕泪横流，引得旁人也纷纷泪湿衣襟。在他们的故事中，在那个神圣庄严的地方，男人遭受屠杀，女人和孩子被掳为奴隶，财产横遭掠夺，这些灾难都降临在穆斯林的头上"。[43]

穆斯塔齐尔此时年仅二十出头，尚未做好与十字军对抗的准备。他是一个善良高雅的绅士，热衷于建筑和情诗（"当我伸出手来与挚爱作别时，热情似火能融冰雪"），也憎恶残忍的暴行。面对大法官带来的噩耗，他痛哭失声，但这一回应并没有打动高贵的来客。"穆斯林从未被如此羞辱过，我们的土地从未如此残暴地破坏过。"他对哈里发责难道。

穆斯塔齐尔并没有实力应对这场灾难，只得为难民的遭遇和圣城沦陷于法兰克人之手的噩耗表示最深刻的哀痛。然后，在困难的抉择面前，他要了一个典型的政客伎俩：下令七位高官就此事展开调查。"或许这么说有点多余，但从此以后，这个智者会议就再没消息了。"[44]这个男人一度坐拥权势、荣耀和阿拉伯文明永不停歇的动力，如今却成为一个无能的傀儡。

对于巴格达而言，12世纪意味着一连串不停歇的暴乱、冲突、围城、火灾和洪水。只需粗略翻看伊本·阿西尔的历史巨著的索引，读者便会发现其中对于暴力行为和自然灾难的记载多到令人目眩。"巴格达陷入战斗""城市帮派""纷争内斗"是其中常见的关键词，间以底格里斯河决口，以及横扫城区、吞噬一切的火灾。法律与秩序已经岌岌可危。1099 年至 1101 年之间，短短 30 个月内，城市的统治权就转手了八次之多，平均每 100 天就有一位新任统治者上台，此时王子巴尔克亚鲁克与其兄弟——塞尔柱苏丹马利克·沙（1072 年至 1092 年在位）之子穆罕默德争夺王位，他们的斗争使整个中东陷入极端的动荡。

1136 年，城市黑帮又一次在巴格达及其郊区掀起暴乱，在街道上横行霸道，肆意抢掠。"他们在光天化日之下杀人掳掠，作恶多端，"伊本·阿西尔记述道，"总督突袭奴隶市场搜捕黑帮，但西城区的市民却武装起来与他对抗。于是他在街上放火，大量群众死于火灾。"塞尔柱苏丹马苏德指派的调解人也被杀了，这是为了报复 1135 年的穆斯塔尔希德哈里发之死——他在统治 17 年后，疑似死于谋刺。作为回礼，苏丹给他的部队下发了洗劫巴格达西城伊本·塔希尔寝宫的特许令，黑帮就在这片区域横行霸道。马苏德展开了为期 50 天的围城战。尽管一开始没能攻下城市，但他还是卷土重来拿下了巴格达，废黜了短命的拉希德哈里发，后来这位哈里发被刺杀了。动荡与混乱是这段时间的家常便饭。

历史学家认为，巴格达社会的动荡，包括数个世纪里层出不穷的暴动和叛乱，一定程度上可以归因为城市居民与生活在他们周边的那些侵略性强的游牧民之间存在着根本性的文化冲突。值得一提的是一位当代巴格达人的看法，对于这种循环往复的暴力斗争和文化冲突，他的观点分别与 14 世纪历史学家伊本·赫勒敦和 20 世纪历史学家阿里·瓦尔迪博士的观点不谋而合：

城市文化在游牧部族的威逼下不堪重负，这些游牧部族急剧改变了城市的传统架构，并将他们自己的粗犷信条和道德观注入巴格达社会中。游牧部族一直保持着自己的粗野习俗，从未改变过它们。多年以来他们居住在城市周围，贪婪地觊觎着城市，一俟良机到来，便要在先进而光荣的和平之城大兴烧掠。天长日久，巴格达人演化出一种双重性格：他们既代表高雅的城市居民文化，也模仿着游牧民的部落习俗，诸如复仇、劫掠、破坏公物以及其他难以言表的行为。统治阶层由于腐败而深受憎恶，他们也完全忽视人民的需求。富人依靠贿赂官员得到他们想要的东西，那些没钱贿赂的人则发起叛乱和暴动，直到被统治者镇压为止。异族的入侵与占领，自然灾害，以及饥荒和流行传染病，也在改变巴格达人性情的过程中起到了恶劣的影响。[45]

1157 年，在拉希德的继任者穆克塔菲哈里发与马苏德的继任者穆罕默德苏丹之间的关系彻底崩盘后，巴格达又一次被大军围困。一队正从麦加返回家乡的朝圣者见证了这场长达两个月的围城战，不难理解，他们"对信士的长官竟被塞尔柱苏丹围在城里这一事实感到震惊屈辱"。[46]战斗十分激烈，一方用攻城器械射出密集弹幕，另一方则投掷希腊火反击。[47]瘟疫在城内蔓延，造成了大量死亡。最后，穆罕默德突然收到自己的兄弟趁其不备攻取波斯的消息，于是率部撤离，返回自己的国土投身更加要紧的战事。穆克塔菲成功守住巴格达城意味着塞尔柱王朝在巴格达统治的结束，也是巴格达短暂重归哈里发统治的开始。

关于巴格达最著名的记载可以追溯到这个动荡的时代。某种程度上讲，尽管可能有所夸张，但它出色地记录了皇家的壮丽奢华与宫闱禁忌，也详尽地记述了一位避世独居的哈里发，其详尽程度有时甚至令人不安。这位哈里发可能是穆斯坦希德（1160 年至 1170 年在位），也可能是他的继任者穆斯塔迪（1170 年至 1180 年在位）。另一方面，它也翔实可信地记录了有关这座城市中最引人瞩目的秘密的第一手资料。对外界而言，尽管巴格达已经衰落，它仍旧是伊斯兰世界最伟大的城市，是城市中的典范。然而据犹太旅行家与冒险家图德拉的本雅明（图德拉位于西班牙北部纳瓦拉地区）记载，在伊斯兰社会的表面下，犹太人的生活也十分繁荣，他们拥有巨量财富，并用其源源不断地维持哈里发统治的生命线。本雅明的记载是我们手中最早的有关巴格达犹太人生活的记录，因此具有独一无二的珍贵价值。他于 12 世纪 60 年代末或 70 年代初（因此我们无法确定他的记录中描述的是哪位哈里发）到达巴格达，在此之前他穿越了欧洲与黎凡特地区。他的旅程共耗费了 10 到 14 年时间，造访了许多世界上最传奇的城市，从热那亚、罗马和君士坦丁堡到撒马尔罕、开罗和亚历山大都留下了他的足迹，他还曾途经耶路撒冷、大马士革和安条克等城。[48]

据他估计，巴格达城周长 20 英里，周边围绕着青翠的棕榈树林、花园和种植园。商人、智者和哲学家从世界各地纷至沓来，其间还有"精通各种巫术的魔法师"。哈里发的宫殿占地 3 平方英里，宫中有一座有墙分隔的花园，花园内分布着各种各样的奇树、果园、野生动物，以及一座广阔的人工湖，供哈里发与他的随从们盛装游猎使用。宫中有许多美轮美奂的大理石造建筑，其立柱由金银制成，装饰有许多珍稀宝石雕刻。宫殿内部的景象也奢华至极，"富丽堂皇的宝库与宝塔中满是黄金、绸缎与各种宝石"。

据本雅明记载，哈里发的所有兄弟与家族成员都居住在宫殿里，但"被上了铁镣铐，他们各自的住所也有卫兵监视，以防他们挑战伟大的哈里发"。此种禁闭措施似乎并没有阻止他们过上"富丽奢华"的生活。王公们从自己名下的城镇与村庄收取贡金，以保障奢华慵懒的皇室生活，"终年吃喝玩乐度日"。

据本雅明记录，哈里发在宫殿中与世隔绝的奢华生活每年仅会中断一次，也就是出席开斋节庆典（他并没有指明是两个庆典中的哪一个）。帝国各地的穆斯林群众远道而来，只为在这个特殊的日子里一睹哈里发的尊容。而"他骑着一头骡子，身穿镶金饰银的精致亚麻长袍；他的头上包着裹头巾，上缀昂贵无比的宝石，裹头巾上面还覆有一层黑色披巾，这是谦卑的象征，表示一切荣华都会在人去世的那天蒙尘。他的身边陪伴着所有伊斯兰教权贵，都身穿华服，骑着骏马"。

从阿拉伯到中亚的各路王公，包括"吐蕃诸王公"，都参加了这场皇室游行，从哈里发的皇宫行进到"巴士拉门旁的伊斯兰教大清真寺"。群众在巴格达的街道两旁列队，在绸缎和紫色布帛制成的旗帜下载歌载舞，欢呼致意，向哈里发热情行礼，"祝您平安，吾王与伊斯兰之光！"作为回应，哈里发亲吻自己的长袍，手持褶边挥手致谢。然后，他坐上清真寺的讲坛主持布道，详细讲解国家法律，然后毛拉* 为其祈祷，并赞扬他的"伟大与光荣"。他祝福了

---

*　mullah，伊斯兰教神职人员或学者，在阿拉伯语地区多称作"阿訇"。——译者

集会的人群，然后为群众屠宰了一头骆驼，将肉分给诸位王公，由他们分发给群众。据本雅明记载，在一片喧哗中，哈里发独自返回河边的宫殿，"他所选择的河边道路常年有人看守，因此是不许他人跟随哈里发通行的。此后他便滞留在宫殿里整年不出。他是一个和蔼慈善的人"。

本雅明之所以对这位哈里发大加赞誉，有以下两个原因：首先是巴格达城内犹太居民生活的富庶繁荣，其次是犹太人与伊斯兰世界领袖之间的融洽关系。据这位旅行者评论，哈里发"对以色列人关怀备至"，他的宫廷中也有许多犹太臣属。哈里发通晓多种语言，"精通以色列律法，能够读写神圣语言（指希伯来语）"。据本雅明估计，城中共居住着四万犹太人，"在哈里发的统治下过着安全、富足且体面的生活"，在他们中间有许多伟大的智者和智慧的拉比，主持着十座塔木德经学院，他们大多拥有高贵的出身血统。比如首席拉比撒母耳，他的族谱便能追溯到摩西的家系。

散民首领（exilarch），即巴比伦流散犹太人的首领，是一个名叫但以理的人，他是西斯代的儿子，被称为"全以色列流散民的首领大人"，拥有"一本足以追溯至以色列王大卫血脉的族谱"。穆斯林称他为赛德纳·本·达乌德，"在穆斯林的长官，即伊斯兰教的首领支持下，他全权管辖以色列的群众"。巴格达地位最高的犹太人是一位实权显赫的人物，他的管理范围远远不止巴格达一城，而是广达美索不达米亚、圣经中的示拿（苏美尔）、伊朗、呼罗珊、也门、托加尔米姆（突厥）和阿兰（格鲁吉亚及高加索地区），延伸全西伯利亚荒原和"撒马尔罕的大门、吐蕃与印度的土地"。全亚洲的犹太人社区"从世界尽头前来为他献上赠礼"。他在巴比伦拥有救济所、花园和种植园，还有大片继承自他父亲的土地，没人能够从他的手中强夺任一地产。照本雅明的话说，他"非常富有，且精通圣经以及塔木德经，每天都有许多以色列人与他同桌共餐"。

在本雅明来访巴格达的时候，城内共有 28 座犹太会堂坐落在底格里斯河两岸，其中最首要的礼拜堂是一座令人叹为观止的地标建筑，"散民首领大会堂拥有多彩的大理石柱，其上镶金饰银，在这些立柱上用金字篆刻着旧约诗篇。在约柜 * 前有十级大理石台阶；最顶端的台阶上设着散民首领和大卫家族诸宗主的宝座"。

巴格达人每年只有一天能够见到他们的哈里发，但城中的犹太人首领却能"每五天"觐见哈里发一次。他们会大摆排场，在基督徒和犹太骑兵的护送下前去觐见，与之相伴的还有游行队伍中管家们的呼喝声，"速速给大卫的子孙，我们的贵人让路！"犹太人首领骑着骏马，"身穿锦缎长袍，头戴一顶大大的裹头巾，裹头巾上系着一条白布，其上饰有一条链子，链子上雕刻着穆罕默德的名言"。在亲吻哈里发的手之后，他在哈里发对面的座位上落座，"所有信奉穆罕默德的王公贵族和宫廷臣子都在他面前起立"。

本雅明记录最多的是他所观察的犹太同胞和哈里发，但他也为著名的毕马里斯坦综合医院提供了颇具价值的记载，他将其描述为"数个街区的病房和用于治疗贫苦病人的救济所"。在这里约有 60 家药店，提供药品和哈里发要求的其他物资，"每一个来此治病的病人都由哈里发报销费用，他们将在这里享受休养和医疗"。这座医院还有——尽管以现代标准是不太适用的——针对精神病的疗法。这座医院"照料城镇里那些在盛夏酷暑中失心疯的疯人们，在冬天则用铁链把他们一个个锁起来，直到他们恢复理智"。尽管如

---

* 这里指盛放托拉书卷的圣柜。——译者

此，这些可怜的病人还是能得到哈里发的家眷施舍的食物，一旦每月诊断判定他们的神智恢复正常可以出院时，他们还能得到院方提供的回家路费。本雅明对此深表感慨，"所有这些善事都是哈里发出于慈善而行的，无论对病人还是疯子他都一视同仁。哈里发是一个公正的人，他的善举都是出于真心"。

本雅明强调了犹太人社区对于穆斯林统治阶层的重要性——这种重要性一直延续到了 20 世纪——据他观察，当散民首领即位时，犹太人领袖要向哈里发、王公贵族和大臣献上"大量钱财"。在献礼的这一天，散民首领在皇家队伍中居于第二的位置，从哈里发的宫殿被一路护送回自己的府邸，"伴着乐师吹笛击鼓"。据本雅明评论，"城中的犹太人都是饱学之士，且十分富有"，这一印象在此后又持续了 800 年，直到现代的浩劫降临。

作为一个犹太旅行家，本雅明在伊斯兰世界中心发现了一个富有活力和影响力的犹太人社群，这无疑使他颇受震撼。但要据此说巴格达不存在宗派冲突就太离谱了。尽管今日巴格达人常常将近期逊尼派与什叶派的暴力冲突归罪于 2003 年美国主导的入侵战争，但正如两大教派并非没有和谐共存的先例，因宗教差异而周期性爆发的暴力流血事件也可追溯至巴格达刚建成的时代。

我们或许还记得前文中，巴格达城的逊尼派奠基者曼苏尔曾对阿里的什叶派后裔发起过一场秘密战争，以及在 775 年，当他的儿子马赫迪开启地牢时的恐怖场面——广阔的地牢里堆满了阿里后人的尸体，从幼儿到无辜的老人，无一不是遭遇了曼苏尔的毒手。某种程度上，曼苏尔的手段保障了日后逊尼派在伊拉克的长期统治，其导致的一个频繁的后果便是人口占多数的什叶派群众时常遭到掌权者的暴力迫害，这一传统一直延续到了今日。

在阿拔斯王朝之前，伊斯兰教神学几乎并不存在。尽管在伍麦叶王朝就已有人提出了神学问题，但这些问题更多关注的是宗教与政治领导权，而并非更加复杂精妙的教条。然而在阿拔斯王朝，专业化的神学家与日俱增，愈发关注"非特奈"，即信仰内部分歧的话题。从麦蒙时代起，逊尼派内部的宗教分歧便是一大隐患，有时甚至事关存亡，麦蒙因宣布穆尔太齐赖学派为伊斯兰教正统，震慑了他的宫廷、宗教集体和学者。穆尔太齐赖学派坚信《古兰经》是"受造"物，反对此前主张《古兰经》传自极久远的岁月，仅在先知穆罕默德的时代受启的正统观点。麦蒙和穆阿台绥姆热心支持穆尔太齐赖派神学家，在政府官员中严格筛选教条纯洁的人士，这种宗教审判就是著名的"米哈奈"。就连伟大的伊斯兰教神学家艾哈迈德·伊本·罕百里这样的大人物也遭遇了传讯，据说还曾因拒绝放弃其突然变成异端的观点而遭受严刑拷打。[49] 塔巴里记载了一则事例，846 年，一个名叫艾哈迈德·伊本·纳斯尔的人在巴格达发起了一场反对现行正统信条的叛乱，但惨遭失败。他被押至瓦西克哈里发（841 年至 847 年在位）面前，坚定地拒绝承认《古兰经》的受造性。于是他被人强逼跪在一方皮垫上，哈里发亲自抽出名剑桑沙玛斩下了他的首级。在 10 世纪初的政局动荡中，巴格达的神学势力平衡被颠覆了，罕百里学派成了正统，并且组建了自己的宗教审判部门，大肆搜捕什叶派领袖，将其活活钉死或烧死，即使哈里发亲自出面调解也收效甚微。[50]

在前文所述的 1051 年暴乱中，一开始，逊尼派民众对卡尔赫城门上的一条铭文发起抗议，而抗议引发了一场混战，混战中逊尼派的一位头面人物被杀。为了报复，暴民洗劫了什叶派圣所卡齐姆大清真寺，并将其付之一炬。1174 年，在本雅明离开巴格达后不久，这座城市便陷入大规模宗教动乱中。当一座清真寺被洪水淹没后，巴士拉门区的逊尼派居民便与卡尔赫门区的什叶派居民展开了数场大战。后来这两个社群在 1185 年又一次厮杀起来，伤亡惨重。

尽管大部分宗派冲突集中在逊尼派和什叶派之间，但犹太人同样难以幸免于宗派斗争。1177 年，一群穆斯林从巴格达以南 20 英里的马达因赶来，开始对犹太人发起责难。伊本·阿西尔复述了这个故事——他们说道："我们拥有一座清真寺，平日里常呼召信徒前去礼拜，它就设在犹太会堂旁边。可犹太人跟我们说：'你们总是呼召礼拜，打扰到我们了。'而宣礼员则回答说：'我们才管不着。'"[51]

然后争吵爆发了，一开始犹太人占据了上风。这群穆斯林被暂时关押了起来，后来又被释放了，然后他们直奔皇宫清真寺，在周五布道开始前高声抗议喧哗。伊玛目预感事态不妙，便巧妙地缩短了祷告时间。当军队前来制止抗议时，这群暴民看到穆斯林同胞竟然与他们作对，顿时群情激愤。他们揭下建筑物上的瓦片向军队掷去，把军队砸得抱头鼠窜。

> 之后，暴民袭击并洗劫了药店，因为大部分药店都是犹太人经营的。宫廷总管试图制止他们，但他们却投掷石头砸向他，把他砸得落荒而逃。整个城市陷入了混乱之中。他们摧毁了巴萨希里宫旁边的犹太会堂，焚毁了托拉经书。犹太人纷纷躲藏起来。然后，哈里发下令将马达因的犹太会堂拆毁，改建成清真寺。[52]

哈里发在公共广场上竖起刑架，作势要钉死那些顽固的暴民。暴民对这等威胁毫不畏惧，纷纷把死老鼠挂在刑架上。似乎直到哈里发将一些普通罪犯从狱中拖出来公开钉死后，这场暴乱才告一段落。

很久以来，巴格达人对于针对他们信仰的侮辱十分敏感，无论对真实的还是他们自认为的侮辱都是如此。白益王朝统治了巴格达 100 多年，最终于 1055 年灭亡，至少在建立之初，这个王朝是什叶派的狂热支持者。穆伊兹·道莱规定人们在伊斯兰历禁月的第十天斋戒，以纪念伟大的什叶派殉道者侯赛因；作为报复，逊尼派又设立了他们自己的新节日，这在后来引发了一连串动乱。穆伊兹·道莱并没有花多少心思平息纷争。在打消罢黜哈里发的念头后不久，他便下令将一份责难逊尼派的传单张贴在各清真寺大门上，民众因此群情激愤，又引起了新的一波暴乱。

对于 1184 年初夏来访巴格达的另一位访客而言，宗教占有重要的地位，此时距图德拉的本雅明到访巴格达尚不到 20 年。安达卢斯地理学家与诗人伊本·朱拜尔跟随一队朝圣者来到了巴格达城，正巧在巴格达南部目睹了一场群众骚乱，当时人们在横渡幼发拉底河时发生了踩踏事故，许多群众和牲畜不幸遇难。

他对巴格达的第一印象十分恶劣。尽管巴格达依旧是阿拔斯帝国的首都，但"旧日光荣大多消散，仅剩下一个光辉的名头。相比起曾经的盛况，相比起它还没有遭受厄运摧残、强敌觊觎的时代，如今的它就像一片光秃秃的废墟，一个被洗刷干净的残迹，或一座亡魂的墓碑。城中并无引人注目的景物，也没有足以吸引大忙人放下手中工作、转而注视欣赏的美景"。城市景观也并非全然惨淡，仍然有两个例外存在。首先是底格里斯河，这条大河在东西两岸的城区间流淌，"就如闪耀在两道镜框中间的明镜，又像双乳间的一串珍珠。城市从其中取水，因此从不会缺水干渴。俯瞰下来，河面犹如明镜，不染一丝瑕疵"。第二个美丽迷人的景观则是"女子的美貌……要不是真主予以庇护的话，她们的可爱迷人一定会招致危险"。[53]

通过阅读伊本·朱拜尔在巴格达两周的记录，我们明显发现他十分注重享受这趟旅程的乐趣。他尖刻地评价了巴格达人，对巴格达人的招待颇有微词，并指责他们狭隘自大，爱慕虚荣，虚假伪善，举止不端。这位来自西方的访客显然并不为这座城市倾倒：

> 至于该城民众，你很难从他们中找到不作态谦让的人，但他们实际上十分虚荣傲慢。他们鄙视外地人，常常挖苦蔑视比他们身份低微的人，对于别人的故事和消息，他们都兴趣索然。每个巴格达人都深信，比起他们自己的土地来，整个世界都微不足道，除了他们自己的家乡以外，他们从不认为世界上还有什么别的地方适宜生活。似乎他们坚信除自己的土地以外，真主从未庇护过任何土地。

若有任何外地人想受到当地穆斯林同胞的热情欢迎，那么事实很快便会让他抛弃这种不切实际的想法。异乡人在这里总会被敲诈勒索：

> 他们与外地人之间毫无同胞情谊，外地人的花销将会陡然加倍，并会发现他们中没有一个人不是为了从他身上榨出利益而伪善相迎，调笑取乐。似乎他们只能用这种虚假的友谊为

生活获取安全与和谐的保障。这座城市中人们的品行恶劣无比，甚至盖过了空气与水质的优点，也抹黑了与其相关的传说故事的真实性。

当然，伊本·朱拜尔不仅对巴格达的居民着墨甚多，对他自己的行程也花了很大篇幅记录。从他消遣时间的方式来判断，在到访和平之城的访客中，他可说是思想最为高贵的人物之一。比起像拜占庭使节那样在宫殿之间匆匆穿行观光，伊本·朱拜尔似乎更爱光顾各清真寺的讲坛，评论各位谢赫（sheikh，在这里指长老或学问长者）、法基赫（fakih，即教法专家）和伊玛目的行为举止。比方说，他称赞谢赫与伊玛目拉迪·丁·加兹温尼"演说时肃穆庄严"，这位伊玛目是伊斯兰教四大教法学派中的沙斐仪派领袖，还在著名的尼采米亚学院任首席神学家。这位安达卢斯旅者目睹他的布道让信众纷纷动情落泪。伊本·朱拜尔随后又造访了另一个学派，前去听取了谢赫、法基赫和伊玛目贾马勒·丁·艾布勒·法德勒·伊本·阿里·扎乌齐亚特的布道，此人领导着保守的罕百里学派，颇具盛名，其宅邸与哈里发的宫殿相连。据伊本·朱拜尔记载，他是"一位旷世奇人，也是信仰的慰藉"，学识渊博，说话时"彬彬有礼，颇具魅力"；在布道时，开始每一段之前他都要抑扬顿挫地吟唱《古兰经》中韵律悠扬的开场词，而在他开口前，这些开场词要先由20位诵经者吟诵出来以表虔诚，其场景颇为动人。忏悔的信众高声赞美，如同"飞蛾扑火"般扑向讲道者。每个人都攥起他们的额发，请求这位圣人为他们修剪，"有些人甚至昏厥了，于是他便亲自把他们抱起来"。依照现代标准来看，这种行为可能近乎异端，但对于这位12世纪的旅者而言，"这是一场令人敬畏的盛景，使人满心悔悟，让人不禁想到审判日的可怖"。事实上，对于伊本·朱拜尔而言，这场布道为他的整场巴格达之旅定下了基调，"我曾渡过大海，也曾穿越干渴的沙漠，一切只为了听到这个人的教导，这是一场稳赚的交易，也是一次收获颇丰的远行"。当时的场面一定十分壮观。贾马勒·丁后来主持了另一场布道，这次的地点位于哈里发宫殿广场上的巴德尔门前，宫殿的高塔俯视着广场，哈里发与他的家眷就在高塔上惬意地听取布道。据伊本·朱拜尔记载，信众的情绪纷纷失控，"他们痛哭流涕，内心得到了其隐秘渴求的满足。人们向他扑去，一边坦白罪过一边痛悔不已。他们的心灵和头脑完全陷入了狂热，场面一片混乱。他们失去了理解和观察的能力，没人能够抑制他们"。这还不算完，布道者又朗诵起"撩动人心的诗篇，带着火热的激情和动人的情感"，犹如火上浇油一般，点燃了群众的狂热与虔诚。从伊本·朱拜尔的记载来看，贾马勒·丁可算是那个时代最具魅力且最成功的群众煽动家了。

　　长久以来，尤其在这座城市从阿拔斯帝国的大都会缓慢衰落成为一座死气沉沉的中世纪地方城市的漫长岁月中，旅者们为巴格达提供了许多引人入胜的描绘，尽管在其衰败不堪的时代里，文献资料也日渐销声匿迹。这些访客亲眼目睹了新城区的崛起和旧城区的消亡，也见证了战争的破坏、火灾、饥荒和洪水的浩劫。据伊本·朱拜尔描述，巴格达西部"完全是一片废墟"，尽管如此，这里还是分布着 17 个城区，每个城区与一座独立城镇的规模相仿，其中建有两到三座公共浴场，每 8 个城区共用一座大清真寺。4 个最大的城区分别是库莱亚区（据伊本·朱拜尔记载，该区邻近底格里斯河）、卡尔赫区、巴士拉门区和沙里赫区。巴格达西部分布着大片果林和围墙环绕的花园，用来给城市东部哈里发经营多年的宫殿和曼苏尔大清真寺提供水果。

伊本·朱拜尔似乎不仅仅对讲道百听不倦，也热爱欣赏地标建筑，他花时间造访了许多圣人的陵墓与圣地，其中最著名的是马卢夫·卡尔赫的圣所（他是巴格达广受爱戴的守护圣徒）、艾布·哈尼法伊玛目的圣陵以及艾哈迈德·伊本·罕百里的陵墓，"愿真主永远宠爱他们"。

巴格达东部取代荒废不堪的西部，成为城市的核心地带，这部分城区规模宏大，"市场豪华"，有着"除至大的真主之外无人能数清的众多人口"。这里建有三座大清真寺，分别是哈里发清真寺、苏丹清真寺和鲁萨法清真寺，其中鲁萨法清真寺内安置着历代哈里发的坟墓。在各个街区中，较小的清真寺更是数不胜数。至于学术部门，巴格达东部共有约 30 个学院，据说每一个都比最华丽的宫殿还精美。其中最出众的是尼采米亚学院："这些学院和医院正是这片土地上最令人骄傲的成就和永恒的光荣。"一位谢赫曾告诉伊本·朱拜尔，如果有人想在早上、中午或晚上任何时候消磨时间的话，巴格达有 2000 家公共浴场任君挑选，这显然是是夸大其词，但也确实表明了浴场之多。这些浴场大多都在浴池里抹了沥青，"因此粗看起来可能会像抛光的黑色大理石一般"。在这段时期的巴格达东部，穆斯塔齐尔哈里发修建的城市围墙内共有四道大门：苏丹门、萨法里耶门、哈勒巴门和巴塞里耶门。

与两个世纪前的穆卡达西一样，对于伊本·朱拜尔而言，巴格达城已经荣光不再。政治权势早已流失殆尽，曾经一手遮天的阿拔斯哈里发如今紧闭宫门，"被监禁在奢华的牢笼中"，任由他人代其统治国家。在这段时光里，哈里发只能以穷奢极欲、排场豪华的生活自慰。"哈里发的荣耀象征延续至今的只剩下成群侍从与黑人阉奴了。"伊本·朱拜尔苦涩地评价道，"简单说来，这座城市的伟大一言难尽，但是，唉，如今的她如何与过去的她相比呢！时至今日，我们可以用一句形容爱人的话来评价这座城市：'你已不再是原来的你，家也不再是我所熟悉的家。'"

伊本·朱拜尔到访巴格达时，纳西尔哈里发（1180 年至 1225 年在位）正值 20 岁，他是一位罕有的充满活力且雄心勃勃的领袖。在他的长期统治下，哈里发的权势再度复兴，伊拉克、波斯西部和叙利亚东部纷纷向哈里发政权俯首称臣。纳西尔从塞尔柱苏丹、王公及阿塔贝伊的内斗导致的不稳定局势中渔翁得利，建立了自己稳固的权力中心。于是，在几个世纪的衰落后，哈里发政权重获荣耀。他的统治时期也恰好赶上了塞尔柱帝国的崩溃，1194 年，塞尔柱苏丹图格里勒三世被花刺子模沙塔乞失击败。尽管水利渠道系统作为帝国的根基仍旧大部分失修，曾经无比繁盛的纳赫拉万运河河道已经部分阻塞，但纳西尔还是在巴格达建起了许多公共建筑设施。他拆除了鲁萨法的白益王朝旧宫殿遗址，在哈里发宫殿的努比亚门上加装了萨拉丁从十字军手中缴获的十字架，重建了哈勒巴门（并在上面题写了一条铭文，这座大门到 1917 年为止一直完好无损，最终是土耳其军队在撤退时炸毁了它），在底格里斯河上建造了一座临时河坝，并修复了马卢夫·卡尔赫谢赫的陵墓。花刺子模王朝的势力在波斯不断增长，逐渐威胁到了哈里发的安全，穆罕默德苏丹嚣张跋扈，先是宣称要废黜纳西尔和阿拔斯家族，然后发起了对伊拉克的进攻。但此时另一个东方大敌从中介入，在危急关头救了纳西尔一命，纳西尔万万不敢对其掉以轻心——蒙古人的狂潮即将席卷穆斯林的土地。

然而，阿拔斯王朝的文化尚未完全败落。知识界的景象直到巴格达倒数第二位阿拔斯哈里发穆斯坦绥尔（1226 年至 1242 年在位）统治时期仍旧繁荣兴盛。1233 年，由于尼采米亚学院和城市中其他学府已经衰落，他便兴建了一座新的大学，并为其冠上了自己的名字——穆斯坦绥里耶大学。这座大学是巴格达城中历史最悠久且最壮观的地标建筑之一，是阿拔斯建筑幸存至今的一颗明珠。它位于底格里斯河东岸，巴格达老城区的南端，坐落在一道饰有华丽铭文和几何图案的高大拱门之后，在这座城市中名声显赫，被认为是世界上现存最古老的大学。

"想象一下，这些是阿拔斯时代仅剩的遗迹了。"在某天早上一次心血来潮的游历中，我的朋友萨伊尔如是说道，他是巴格达大学的一位学者，"你能相信吗？其他的一切都被毁灭了。可是看看这些建筑多么美丽，我认为看着它们你就能感受到阿拔斯王朝有多么伟大"。他说的没错。在这座暴力始终如瘟疫一般肆虐的城市里，这个地方却拥有一种奇特的肃穆氛围，或许是因为这里的建筑风格简洁而又不失静谧。这座大学是 1258 年旭烈兀大屠杀的幸存物之一。反抗精神与怀旧情感深深铭刻在它的每一块石头上。

朝阳下闪耀的蓝色瓷砖穹顶旁，一座宣礼塔在街道上投下庄严的影子。走进那座直耸天际的锥形拱门后，我们突然发现自己置身一片光亮刺眼、酷热无比的空间，身边荒草丛生，还有一棵孤零零的橄榄树，与庭院周围的两层建筑及其上空荡荡的穹状空室相映成趣。"多安详啊，不是吗？比起另一个穆斯坦绥里耶差远了！"萨伊尔自嘲地笑道，"在巴格达，你只会看到学生杀害教授！"他说的是现代的穆斯坦绥里耶大学。该大学建于 20 世纪 60 年代，校区位于巴格达北部，曾于 2009 年被总理努里·马利基暂时关停，原因是为了扫除一个学生帮派，一些学生被控谋杀、拷打及强奸同学，以及谋杀大学教授和管理人员。[54]

在阿拔斯王朝的穆斯坦绥里耶大学日光灼灼的校园里，共有四大学院，代表着逊尼派伊斯兰教的四大正统教法学派。四大教法学派的基础是《古兰经》、圣训和乌莱玛宗教学者团体做出的解读，它们分别是：罕百里学派、哈乃斐学派、沙斐仪学派和马利基学派。学生和教师除了在浩如烟海的图书馆中埋首书卷苦读外，还能享受到大学附属医院的最新医疗技术（该院的医疗设备由阿杜迪综合医院提供）。该校还配有一座用以休闲享乐的浴场以及一个美食充足的厨房。迎客大厅里竖立着一座巨大的钟表，这座钟表由水力驱动，为师生报出祈祷和上课的时间。

这个时代出现了另一位阿拉伯地理学巨匠，人们广泛认为他比其他任何阿拉伯地理学家都要伟大。雅库特的《地理辞典》发行于 1226 年，被誉为"由一人之力编著成的，中世纪最伟大的地理常识库"，关于阿拔斯王朝灭亡前夕的巴格达，该书可谓一座资料宝库。[55] 30 年后，约在 1256 年，伊本·哈利康出版了《名人讣告集》——该书有一个更响亮的名字，即《传记辞典》——这是一部文笔精巧、轶事繁多的名册概览，记录了同时代的许多著名人物。而恰好在两年后，也是曼苏尔建成这座帝都的 500 年后，阿拔斯王朝即将为自己写下绝笔。

在阿拔斯王朝的五个世纪中，文化界迎来了繁荣兴盛的时代。毫不夸张地说，8 世纪和 9 世纪的巴格达代表了当时全球人类文明的顶峰。

"巴格达勃然兴起，如同一颗闪耀的流星，她的衰落则漫长缓慢，却也无可避免。伊斯兰社会生活的方方面面都被她所吸引，她为它们打上了自己独有的个性印记，然后失散了它们。这座城市的命运就到此为止了。"[56] 理查德·寇克的总结未免太过悲观。在巴格达的军事和政治势力从巅峰滑落时，知识与文化生活的销殒并非一朝一夕的事。

从 9 世纪中叶开始，随着哈里发政权的持续衰落，阿拔斯王朝的文化垄断时代也渐渐走向了末路。此时，东方的其他城市逐渐发展出了独特的地方文化，建立了各自的割据朝廷，也各自聚集了一群精英豪杰，从中亚的撒马尔罕、巴尔赫和希瓦等城堡，到波斯的大不里士、伊斯法罕和设拉子等中心城市莫不如此。伽色尼王朝的马哈茂德苏丹在他的有生之年里，将一座名不见经传的地区小镇建设成了当时世界上最宏大的城市之一。在巴格达北方，底格里斯河岸边的摩苏尔城正在茁壮发展，更西的地方则坐落着叙利亚古都阿勒颇。在北非，开罗方兴未艾，而在更遥远的西方，安达卢斯文化的种子正在生根发芽。

马苏迪认为巴格达文化的衰落可追溯至 9 世纪中叶穆台瓦基勒统治的时代，传统上人们认为他是阿拔斯王朝最后一任堪称伟大的哈里发。"穆台瓦基勒废止了自由思潮，哲学辩论，和穆阿台绥姆、瓦西克与麦蒙所弘扬的一切充实人头脑的知识，"他如是写道，"他重新树立了以往的正统信仰，并向传统的宗教价值观屈服。"[57] 据马苏迪记载，从此以后，人们都只得遵从统一的观点。尽管与他的父亲穆阿台绥姆及兄弟瓦西克不同，穆台瓦基勒在宗教上是一个虔诚的强硬派，对知识创新毫无兴趣，但他在建筑上却有着高雅独到的眼光。在他统治之初建造的萨马拉大清真寺，便是一座令人叹为观止的世界文明遗产。

事实上，巴格达人的生活在此之前就已陷入了动荡。哈伦统治的时代曾被休·肯尼迪比喻为"哈里发政权的爱德华夏日"*，随后便是 811 年至 819 年，麦蒙与艾敏兄弟间的毁灭性内战——其中包括 812 年至 813 年间的巴格达围城战——使巴格达城蒙受了屈辱。835 年，哈里发政权迁都至萨马拉时，巴格达城的卓越地位再次遭受打击。在 9 世纪的最后十年中，面对在埃及如日方升的图伦王朝、中亚的萨曼王朝和波斯反叛政权的步步紧逼，哈里发政权的统治范围渐渐萎缩至伊拉克、波斯西部和部分阿拉伯及其周边地区。

尽管如此，阿拔斯王朝的知识遗产还是超越了政治上短暂的兴衰变迁。公元 10 世纪中叶，巴格达的学术大发展最终汇集成了一座全新的知识库，当阿拉伯世界与西欧的后世数代人将如此巨量的信息编撰成百科全书和论著时，他们所研究的是阿拉伯语文本，而非希腊语或波斯语书稿。当 8 到 9 世纪的光辉顶点 ["顶点"（zenith）又是一个源自阿拉伯语的词汇] 结束时，巴格达城渐渐失去了政治与军事的实力，其荣光也大部分黯淡下来，但文化上威望仍在。然而，比起阿拔斯王朝的巴格达长期缓慢的衰退，接下来发生的事情无异于一场灭顶之灾。

---

* "爱德华夏日"指 1901 年至 1910 年英王爱德华七世统治的时代。在这十年内英国民主政治苗壮发展，文艺欣欣向荣，尤其浪漫主义文学蓬勃发展，这个时代因此被誉为"悠长的夏日午后"。——译者

第 5 章

"毁灭朝圣"

蒙古与鞑靼的浩劫，1258—1401 年你无疑已经从上至达官贵人、下至平头百姓的口中听过，蒙古大军从成吉思汗的时代起到今天，对整个世界及其人民施加了什么样的惩罚：感谢长生天的佑助，我们折辱了花剌子模沙、塞尔柱诸侯、代拉姆诸国、各阿塔贝伊和那些自负强盛无敌的王公们。既然巴格达的大门未曾将这些民族拒于城外，他们中的每一个民族都曾在此统治，那么这座城市为何竟敢对兵强势众的我们紧闭城门？我们早已警告过你，今天仍要对你重申：放下你的仇恨与敌意，切莫顽抗我们的军队，因为你只会空耗工夫。因此，勿再沉湎往事，让哈里发下令撤下卫兵，填平壕沟，让他将政事交予儿子，选择良辰吉日亲自前来拜访我们。假如他不愿意前来的话，也可让他遣他的维齐尔苏莱曼·沙，或者他的副首相（devatdar）来见我们，这样，我们便能将意图一字不落地传达给他。假如他服从我们的指令，那么我们自然不会浪费气力与他为敌，他将能够保留原有的领土、军队和臣民。但假如他拒绝听从我们的提议，一意孤行要与我们开战，并在战场上部署军队的话，我们也随时做好了打击他的准备。一旦我率领军队来到巴格达降下义怒，无论你躲藏在天空的最高处还是大地的最深处，

　　　　我将令你从天空之巅摔落，
　　　　我将如雄狮，将你投入最深的深渊，

我将在你的土地上不留一个活口，

我将把你的城市、土地和帝国化作炎炎火海。

如果你有心保住首级与古老的家系，就请细听我言。但若不接受我的提议，我将向你显明真主的旨意。

——旭烈兀汗致穆斯塔绥姆哈里发的劝降书，1257 年 9 月

（拉希德·丁，《史集》）

哦，年轻人，你几乎尚未开启你的事业，就如此不珍惜性命，你才痛饮了十日的幸福与财富，就自以为足以傲视世界，自以为你的大军拥有命运护佑，无可阻挡了，你何苦向我索求你绝无可能得到的东西呢？

你是否相信，凭借你的强横力量，凭借你的大军与你的蛮勇，便能摇坠天上的明星，将其收入你的锁链之中？

你这位王子忘记了，从东方到西方所有真主的信徒，无论国王还是乞丐，年老还是年幼，都对我的宫廷俯首称臣，构成了我的大军。我只消一声令下，从全国各地召集起这些卫国军，便能即刻收复伊朗，然后我还要率军扫平图兰，让人民各复其位。固然，这世道满目疮痍，混沌不已，但我既不渴望复仇，也不愿多虑他人……我只希望我的臣民能免受兵灾之苦，最重要的是，我与旭烈兀汗的

心意和语言彼此相通。假如像我一样，你有意结交友谊，那又为何强令我撤下卫兵，拆毁城楼？劝你早日回归正道，撤回呼罗珊。但如果你执意开战的话，

　　不需犹豫，切莫迟疑
　　若你一心来战
　　我有数百万步骑静待着你

　　当复仇时刻来临时，谁能击退海潮呢？
　　　　　　——穆斯塔绥姆哈里发给旭烈兀汗的回信
　　　　　　　　　　　　（拉希德·丁，《史集》）

1257 年，当旭烈兀率领蒙古大军横扫亚洲草原向西逼近时，巴格达即将面临有史以来最大的危机。穆斯塔绥姆在信中的自夸表明他严重低估了敌人。旭烈兀号称"天命之主"（Lord of the Ascendant），日后建立了横跨波斯、中亚和大部分中东地区的伊尔汗国，他的祖父便是号称"上帝之鞭"和"宇宙之主"的成吉思汗。他还是蒙哥的兄弟，后者于 1251 年即位成为蒙古帝国大汗。为了庆祝蒙哥登基，蒙古贵族决定发起两次大规模远征。按波斯历史学家拉希德·丁（1247—1318，他是鸿篇巨制《史集》的作者，这部史书是一项用以将蒙古对伊朗的统治合法化的浩大文字工程）的话说，"蒙哥的雄韬伟略转向了更加遥远的东方和西方"。[1]

忽必烈汗是蒙哥和旭烈兀的兄弟，负责指挥对中国的远征。至于旭烈兀——"从他的额头上，他（蒙哥）发现了征服、统治、王权和财富的吉兆在闪耀"——将率领另一路人马，前去讨伐伊朗北部山区城堡中蛰伏的小刀刺客（即"哈沙辛"，什叶派伊斯玛仪派尼查里支派的一支狂热分子），叙利亚的阿尤布诸侯国，埃及的马穆鲁克王朝，以及哈里发政权本身。除此之外，旭烈兀还给自己指定了一项任务，那就是前去解放中东与高加索地区被压迫的基督徒社区，正如拉希德·丁向他的读者郑重保证的那样，旭烈兀的目的是"主持正义，抗击异端"。[2]尽管蒙古人并不以仁慈著称，但他们对基督徒十分宽容。在此前几个世纪就已经有一些蒙古部落皈依了聂斯托利派基督教，而旭烈兀的母亲和妻子也都是基督徒。为了寻求盟友对抗埃及的马穆鲁克王朝，旭烈兀也曾积极联系西方的基督教势力。

数年以来，风雨飘摇的哈里发政权已见识了蒙古钢刀的威胁。早在 1219 年，成吉思汗就已率军入侵中亚，轻而易举地攻破和洗劫了许多世界名城，其中包括布哈拉、玉龙杰赤、铁尔梅兹、巴尔赫、谋夫、赫拉特和尼沙普尔。他与他的部落大军将恐惧作为战略武器四处散播，他们将熔化的金水灌进俘虏的喉咙，将死人和垂死者开膛破肚，将城市夷为平地，奸淫掳掠，无恶不作。1221 年，统治波斯和部分中亚地区的花剌子模王朝无力阻挡蒙古大军西征的脚步，就此分崩离析。此后，蒙古人对哈里发政权腹地的侵袭几乎成了每年一次的惯例，直到 1238 年，穆斯坦绥尔英勇地发起了一场圣战，将入侵者驱逐出境。但到了穆斯塔绥姆（1242 年至 1258 年在位）即位的年代，蒙古人再次以不祥的规律出现在东方的地平线上。

历史界几乎众口一致地谴责穆斯塔绥姆哈里发。用五卷本《蒙古史》的作者亨利·霍沃思爵士的话说，当旭烈兀入侵中东时，穆斯塔绥姆"如同智障"。[3] 皇家亚洲学会前会长，苏格兰东方学家威廉·缪尔爵士曾对哈里发政权的兴起、衰落和灭亡颇有著述，其评价更加尖刻。他将穆斯塔绥姆斥为"一个软弱吝啬的傀儡，在他的挥霍浪费之下，国家即使在和平时代也衰败不堪"。[4] 现代历史学家的评价也好不了多少。20 世纪的蒙古征服史专家约翰·桑德尔认为穆斯塔绥姆"软弱、自负、无能又怯懦"。[5] 在伊拉克历史学家法鲁克·奥马尔·法乌齐看来，穆斯塔绥姆是一个沉湎享乐的昏君，比起保家卫国，他更喜欢在后宫与猎场游玩嬉戏。他指责这位哈里发臭名昭著的吝啬习性使军队废弛，只在外敌入侵时才征募士兵，战事结束后为节省钱财而把军队统统解散，这个目光短浅的政策导致后来大量士兵溃逃，甚至叛投蒙古军队。[6] 想想穆斯塔绥姆的统治是如何结束的，再想想哈里发政权的灭亡带来了怎样天翻地覆的后果，也就不难理解为何人们会如此斥责他了。

尽管对阿拔斯王朝的末代哈里发穆斯塔绥姆的大部分批评都有些事后诸葛亮的味道，但我们也不能因为这些看法的后见之明而完全否定它们。在穆斯塔绥姆第一次接触蒙古大汗，也就是互相用本章开头所引信件联络的时候，旭烈兀汗仍驻扎在哈马丹城下，此地距巴格达东北 260 多英里。穆斯塔绥姆发出了错误的信号，回应以挑衅夸口，而没有在外交策略上加以斟酌。在这个错误之后，穆斯塔绥姆又错上加错，犯下了一系列政治和军事失误，最终酿成灭顶之灾。而实际上在此期间他一直都有机会采取其他方案避免灾难的发生。

举例来说，穆斯塔绥姆本可以为没能调兵支援蒙古军针对哈沙辛的远征而道歉。他本可以听从要求，派遣一位高官出使旭烈兀大营。当然，他还可以下令撤下城防，这个措施比前几个还要轻松许多。他甚至可以名义上称臣屈服，以使巴格达免受蒙古军的大屠杀，尽管这无疑会带来很大的屈辱。穆斯塔绥姆的军队荒废已久，多年兵力不足，哈里发政权也早已不再是那个曾经征伐四方的强大帝国，而蒙古大军残酷无情的恐怖怒火早已在整个亚洲恶名远扬。旭烈兀所率军队的规模并没有留下明确数字。尽管两份 15 世纪史料分别估计军力为 7 万人和 12 万人，但现代学者估计其最高可达 30 万人。[7] 无论实际军力多强，显然这支铺天盖地的大军足以令全亚洲胆寒。当双方兵锋接近时，尤其需要芭蕾舞般精巧的策略部署。

但穆斯塔绥姆既无手段也无妙计，他的舞步往好了说可谓笨拙天真，往坏了说简直愚蠢疯狂。

令穆斯塔绥姆的处境雪上加霜的是，他的宫廷内存在着深刻的分歧。他的什叶派维齐尔伊本·阿尔卡米玩弄着两面三刀的游戏，后世逊尼派作家称他曾暗中通过暗道前去会见旭烈兀，鼓动蒙古军发起进攻。同时，他还擅自削弱巴格达城驻军战力，裁减守军数量。[8] 在这样的背景下，穆斯塔绥姆决定立即反击，迫使旭烈兀发起全面进攻，但此时哈里发的部队战力低劣，难以维持，他的决定因此显得鲁莽透顶。旭烈兀厉兵秣马时，又向巴格达寄出一封书信：

> 长生天将成吉思汗和他的家族擢升到荣耀之中。他赐给我们一个帝国，幅员自东至西广达整个世界。任何自愿臣服的人，都能够保住他的财物、妻子、子女和性命。顽抗的人则将失去一切。对宏图伟业、财富和虚荣的迷恋，以及虚浮的快乐幻境已经完全迷住了你的双眼，好心人的话语已对你毫无作用，你的耳朵也已听不进亲人的谏言和警告。你已经完全离弃了你的父辈与祖辈遵循的正道。如今你所能做的只有准备作战，我正总领头阵向巴格达进军，我的军队多如蚂蚁，密如蝗虫。[9]

蒙古使团在大街上遭到暴民袭击。于是几乎尚未开始的外交斡旋迅速结束。旭烈兀集结大军，开始包围和平之城。曾征服塞尔柱人的拜住将军受命从鲁姆（小亚细亚）南下，途经摩苏尔，前来包围巴格达西侧。旭烈兀部下的基督徒将军怯的不花率左翼军从伊朗西部扎格罗斯山区的卢里斯坦省赶来，领土自东欧延伸至西伯利亚荒原的金帐汗国也从库尔德斯坦派遣了增援部队，旭烈兀本人则从伊朗西部的胡尔宛亲率主力军而来。

为了抢占先机,一支两万人的阿拔斯军渡过底格里斯河进攻蒙古军右翼。蒙古军随即退往连接幼发拉底河与底格里斯河的杜贾尔运河旁,引诱阿拔斯军继续向西追击。阿拔斯军陷落计中。蒙古军连夜挖开堤坝,引水淹没哈里发军队所在的平原,淹死了军中大部分士兵。1258 年 1 月 18 日,旭烈兀下令进攻巴格达东部,挥军逼近了这座高墙保护的城市。城中遍布的宫殿、法学院、喧杂的市场、古老的陵墓与整洁漂亮的花园岌岌可危。伊尔汗国的波斯宫廷颂诗者和史官瓦萨福用更加矫饰的话语描写道:"伊尔汗的鹰旗,好似一只吉庆之鸟,高傲地昂起了头颅,迸发出狂怒与战争之火,这火焰的燃料便是巴格达的末日。"[10]

1 月 30 日,蒙古军从各个方向展开了攻城战,蒙古军的攻城器械投石机、弩炮和攻城锤纷纷派上用场,它们被安置在高于地平线的土丘上,这些土丘由蒙古军队用从巴格达城墙上崩落的烧制砖搭建而成。巴格达人被困在了恐怖的弹雨中,饱受石弹、棕榈树干制成的攻城锤和燃油武器的袭击,"城市中落石如同雷鸣,燃油罐爆出火光好似电闪,弓如云集,箭如雨下,居民们被软弱屈辱的败兵践踏"。据瓦萨福描述,这座城市被"围困和威慑"了足足 50 天,但大部分历史学家都认为围城轰炸仅持续了一周,"两方弓弩交射,枪矛相击,投石索与抛石机射出大小石弹,一如天使携着正义者的祷告,倏忽直上天空之巅,又如命运的审判疾速落下,城墙内外都有许多人被杀,还有很多伤员被拖离战场"。[11]

正如他的祖父成吉思汗所做的那样,旭烈兀为军事行动做好了细密周全的准备。他下令在底格里斯河上搭建两座浮桥,分别位于城市的上游和下游,用以封锁河流上的一切逃生通道。一支一万人的蒙古军队配备攻城器械驻守浮桥，以防任何人逃脱。出于对灾难的恐惧，穆斯塔绥姆的副总管焦急地试图逃出生天。威力强大的蒙古军攻城器械立即吱呀作响地发动起来，向他射来石弹、箭雨和燃油罐，翻覆了他的三艘船只，杀死了船里的每一个人，只有这位惊魂不已的官员大难不死，仓皇逃回被围困的城市。蒙古弓箭手从巴格达城六面围攻，向城内射箭，同时谨遵承诺，不伤及宗教法官、法学博士、谢赫、阿里后人、商人和任何没有反抗蒙古军的人的性命。攻城战到达了生死存亡的高潮。

2月1日，一座城门旁的塔楼在铺天盖地的轰炸下分崩离析，蒙古军随后占领了整段东城墙，掌握了巴格达城的咽喉要地。惶恐之下，穆斯塔绥姆又派出一个使团前往会见旭烈兀，企图以此拖延时间。但他太迟了，旭烈兀恪守蒙古人的传统律例，作战心意已决，坚持继续扩大战果，拒绝了和谈要求，因为他先前对穆斯塔绥姆的臣服命令遭到了拒绝，此时已经谈无可谈。于是蒙古军继续狂轰滥砸。穆斯塔绥姆又派出两个使团，第一个由哈里发的次子阿卜杜·拉赫曼带领，第二个则由他的长子和继承人艾哈迈德及那位两面三刀的维齐尔带头，分别携重礼前去拜见蒙古大汗。穆斯塔绥姆的生路愈来愈窄，只好准备投降了。

拉希德·丁讲述了哈里发军总元帅苏莱曼·沙的故事，这位将军先前曾数次击败蒙古军队，在被蒙古人俘虏后，他与全家700口家眷一同被押至旭烈兀的大营。他被捆住了手脚。"你是个占星家，能观察星象预测吉凶。却为何没能预知这些事变，提前警告你的主子？"旭烈兀问道。"哈里发被命运愚弄，不听忠臣良言。"苏莱曼回以哀叹。[12] 他和全家老小随后都被处决，副总管与其长子也被处决，首级被挂在一座绞架上示众。

2 月 10 日，在巴格达的巴士拉区被毁后，阿拔斯哈里发带领他的 3 个儿子，以及城中最显赫的 3000 名头面人物出城，这些人中包括赛义德（先知穆罕默德的后裔）、伊玛目和法官们。他们来到旭烈兀大营，正式向其投降。蒙古大汗礼貌地招待了他们，命令穆斯塔绥姆停止一切抵抗，并发布通告，下令各条街道上的所有人立刻放下武器，出城接受清查。哈里发只好遵命照做。

于是，旭烈兀耀武扬威地进入了城市，他前往哈里发宫殿落脚，召见了穆斯塔绥姆。对于巴格达来说，最糟糕的灾难似乎已经过去。哈里发已经投降，接下来的问题就是如何划定议和条款了。然而那些深知蒙古式战术的人们早已明白，这一线生机仅是谵妄的假象。旭烈兀已经将他的势力扩张到这里，摩肩接踵的大军攻陷了巴格达城，既然穆斯塔绥姆胆敢拒绝第一次臣服命令，旭烈兀便说到做到，依照蒙古律例对其予以严惩，以这个恐怖的例子警告其他企图反抗的统治者们。在巴格达的漫长历史中，此时将是这座城市最黑暗的时刻。

当恐慌的巴格达人列队走出城市，分成几队向蒙古军投降，满心期待蒙古人许诺的仁慈时，残酷的现实很快降临在他们眼前。蒙古人将他们押往营地，然后在那里无情地砍杀了他们。被以这种方式屠杀的可能多达数十万人，人们无谓地哀求仁慈，迎来的却只有刀剑破空的回响。14 世纪的叙利亚历史学家与经注学家伊本·卡希尔在他的史书《开端与终结》（*Al Bidaya wal Nihaya*）中描述了旭烈兀的部下是如何屠杀学者、科学家和宗教学者的，这些人原本是巴格达的社会精英，"那人被从哈里发的宫殿里招来，带着他的子女和女眷。然后他被押到阅兵场对面的伊本·哈拉勒墓园（即今日哈里发大街上的胡拉尼清真寺及其广场），被人像羊一样宰杀，然后他们便从他的女儿和奴仆中挑选称心的收作奴隶"。[13]

据拉希德·丁记载，蒙古军在巴格达屠杀了80万人，13世纪历史学家敏哈吉·希拉吉·朱兹詹尼和14世纪波斯历史学家与地理学家哈姆杜拉·穆斯塔乌非·加兹温尼都引用了这一数据。15世纪埃及历史学家马格里齐则认为死亡人数高达难以置信的200万人。尽管中世纪史料在这方面数据记录上的失实可谓臭名昭著，但毫无疑问，一向嗜血的蒙古军队犯下了一起20世纪规模的大屠杀罪行。旭烈兀本人对遇害者数量的估计则更加保守。在1262年寄给法王路易九世的一封信中，他自称屠杀了20万人。[14]

在大规模处决几近结束时——当时有一些流民逃进城墙内部躲藏，几天后，许多人都爬出了避难所——旭烈兀给他的部下下达了奸淫杀掠的特许令。只有基督徒和犹太人获得了宽免。于是，正如蒙古大汗承诺的那样，巴格达化作了一片火海。整个城区在大火中噼啪作响，化成一片焦土。宏伟的阿拔斯宫殿纷纷被火焰吞没，邻近的清真寺、法学院、哈里发陵墓、市场、图书馆和整街整街的房屋也都无可幸免。空旷的苍穹下，巴格达，曾经世界上最雅致的文明之都，升起了滚滚狼烟。这座世界上最伟大的城市遭到了极其彻底的破坏。只有孤零零的几座牧牛人和外国人的房屋得以幸免。瓦萨福重述了当时的情况：

> 然后，他们在城市中横冲直撞，如同饥饿的猎鹰捕食惊慌的鸽群，又像狂怒的恶狼冲进羊群。他们信马由缰，不知廉耻，杀掠屠戮，散播恐惧……屠杀如此惨烈，乃至死者的鲜血像尼罗河一样汇入河里，红得好似染料木……他们在巴格达的后宫大肆扫荡，劫掠其中的宝物，他们怒不可遏，莽撞地推倒

了围墙，仿佛围墙使他们受辱一般。那些宫殿与其中用于装饰、为乐园遮羞掩丑的天篷，统统毁于一旦了……镶嵌钻石的黄金床榻被他们用刀剑砍成碎片，坐垫被撕成破布；在华丽后宫的帐幕后躲藏的那些尤物……被他们拽着头发，像人偶那样拖过大街小巷，每个人都成了鞑靼（指蒙古人）禽兽的玩物；白日的光芒都因这些无以复加的暴行而变得暗淡。[15]

朱兹詹尼记述了大屠杀中的一些细节。他记录有一队蒙古士兵剖开一具尸体，取出内脏，将抢来的珠宝黄金塞了进去。有些士兵故意把刀剑从柄部折断，好用剑鞘盛装抢来的财宝。还有一个蒙古士兵发现大街上躺着 40 个尚未断乳的婴儿，他们失去了母亲，无助地躺在空地上濒临饿死。为了解脱他们的苦难，他一个个杀死了他们。

伊本·卡希尔也记录下了一些悲惨场面，描述蒙古人如何"开进城市，对男人、女人、孩童、老人、中年人和少年大开杀戒。许多人只得逃进井里、厕坑里和下水管道里避难。有几群人逃进客栈中紧闭大门。但鞑靼人要么破门而入，要么放火烧门，将他们赶了出来。房屋里的人从房顶逃脱，但都被追上杀害了。鲜血顺着房顶的引水沟流下，洒落在街巷中。愿真主的旨意得到伸张"。[16]

据记载，厌恨穆斯塔绥姆的格鲁吉亚人曾经派遣援军赶赴大不里士协助旭烈兀作战，他们在针对穆斯林的大屠杀中格外卖力。这是基督徒的复仇时刻，在穆斯林长达五个世纪的压迫下，天罚终于降临了。"在巴格达霸权统治的时代，它就像一头不知餍足的吸血怪兽，吞噬着整个世界，"亚美尼亚编年史家占贾克的基拉科斯如是写道，"如今血债血偿，恶得恶报，它的滔天大罪得到了惩治。"[17]

当巴格达被烧为焦土，街道上血流成河时，旭烈兀坐镇哈里发宫殿，俨然贵客一般，带着嘲讽接见了哈里发。拉希德·丁记录了他们之间的对话。"告诉我，我们值得你献多少礼物？"穆斯塔绥姆献上了 2000 件长袍、1 万件金器和大量宝石，但旭烈兀仍不满足。"地面上的宝物是一回事，"他喝令哈里发，"再告诉我你的藏宝库在哪。"[18] 于是穆斯塔绥姆命部下挖开了一个蓄水池，里面满满当当全是黄金物件，每一件都重达 100 密斯卡勒，约相当于半千克重。

当旭烈兀提出他的下一个要求时，作为近 500 年来最伟大王朝的领袖，穆斯塔绥姆的高傲尊严一定被彻底摧毁了。据蒙古军统计，哈里发的后宫共有 700 名妻妾和 1000 名太监，哈里发哀求蒙古大汗放其中的 100 名女眷一条生路，"她们从未经历风吹日晒，也未受过寒夜之苦"，旭烈兀准许了他的恳求。[19] 哈里发便挑选了 100 个与他有血缘关系的女眷，其他人则被蒙古大汗和他的将军们瓜分了。这可能是旭烈兀对他已故的祖父成吉思汗的致敬，成吉思汗曾说过："男人最大的幸福便是追歼他的敌人，夺取他的财物，让他的妻妾哀号哭泣，骑上他的骏马，将他女眷的身体当作睡衣和靠枕，注视并亲吻她们玫红的胸脯，吸吮她们的柔唇和同样甜美的乳尖。"[20] 穆斯塔绥姆的 1000 名太监显然对这些草原武士缺乏吸引力，他们被全部处决了。

据不同的史书记载，无差别屠杀持续了一周，也可能长达 40 天。无论持续时间多长，史书一致记载了死者与垂死之人在街道上堆积成山的场面。巴格达成了一座笼罩着腐臭气息的鬼镇。最后旭烈兀终止了屠杀，听从了巴格达人的哀求与怯的不花将军的谏言，据他所说，假如再不停止屠杀，就没有活人能为蒙古军提供金钱和给养了。"巴格达变成了一座凄凉无比的空城，城内只剩残肢断臂。"伊本·卡希尔记载道，"街道上尸体堆积成山，它们被雨水淋湿后便开始腐烂，整个城市充斥着腐尸的恶臭。空气遭受尸毒污染，引发了一场猛烈的瘟疫，一路扩散至叙利亚，瘟疫四处传播，许多人因此死亡。人们付出了极惨痛的代价，遭受了瘟疫与死亡的摧残。愿真主降下慈悲。"

等到蒙古人终于宽赦所有城中居民时，那些先前逃进肮脏的地牢、暗沟和下水管道中避难的难民们纷纷爬出地面，照伊本·卡希尔的话说，他们看起来"犹如行尸走肉"。他们逃脱了疯狂的大屠杀，但大部分人很快死于城中肆虐的瘟疫。[21]

尽管此时已是全年中最冷的日子，腐尸的恶臭还是很快令人无法忍受。全城恶臭无比，甚至旭烈兀本人也为了躲避恶疾，于2月16日离开巴格达，回到了数英里外的大营，一路上卷挟着阿拔斯王朝五个世纪统治下悉心积累的无数金银财宝。

蒙古军还有一个重要问题需要解决：如何处理穆斯塔绥姆。或许不可避免地，在穆斯林社区内部不同宗派的观点泾渭分明。一些逊尼派警告，以往当哈里发被人处死时，灾难总会接踵而至，他们还预言一场大地震将会发生。什叶派占星家图斯的纳斯尔·丁则不赞同这种看法，争辩说在施洗者约翰、先知穆罕默德和他的侄孙——什叶派殉道者侯赛因伊玛目去世时就没有此种灾难发生。2月21日，考虑了部下的提议后，旭烈兀在巴格达城外的瓦克夫村附近处死了穆斯塔绥姆及其长子，还有五名忠诚的太监。诗人萨迪写诗哀叹了他的死亡：

唉，若天降血泪汇流成河，

那一定是为信士的长官，穆斯塔绥姆的败亡哭泣。[22]

关于穆斯塔绥姆的死亡，存在着不同版本的说法，其中一些异常离奇恐怖。有一个著名的传说讲述了穆斯塔绥姆在摆满金碟银盘和宝石的桌前活活饿死，这个故事最早可以从三份 14 世纪的基督教文献中找到参考：法国编年史家让·德·茹安维尔的作品，亚美尼亚贵族科里库斯的海顿的著作，以及最著名的马可·波罗的游记都引述了这个故事。

据马可·波罗的描述，旭烈兀强攻下巴格达城后，发现了一座装满财宝的高塔，他对此大为惊愕，"这是他们所见过藏宝最多的宝库"。于是他请来哈里发，询问他为何没有用这些金子供养士兵，让他们保卫巴格达城免遭蒙古入侵。哈里发沉默不语。"那么好吧，哈里发，既然你如此珍爱财宝，我就把它们赏给你吃下去！"旭烈兀对穆斯塔绥姆嘲讽道，将他锁进了"珍宝塔"中，下令禁止为他提供食物，"于是哈里发在塔中挣扎了四天，最后像条狗一样死掉了"。[23] 这个死于金屋的奢华悲剧后来因朗费罗的诗歌《罕巴鲁》而变得耳熟能详（"我对哈里发说道：'你已年迈 / 不再需要这些金块……'"），但任何同时代的穆斯林作家都没有过类似的记述。[*][24]

在另一些更加平实的记载中，穆斯塔绥姆是卷在地毯里被马踏死的，因为蒙古札撒——即习惯法——禁止使王家子弟流血的行为。或许有关穆斯塔绥姆的末路最详尽的记载出自埃及历史学家伊

---

* 在朱兹詹尼写于 1260 年的著作中并没有提到这个故事。下列作者也未在相关著作中记述这个故事：艾布勒·法拉吉（1286 年）、拉希德·丁（1300 年）、法赫里（1300 年）、哈姆杜拉·穆斯塔乌菲·加兹温尼（1330 年）、伊本·赫勒敦（1380 年）和苏玉提（1500 年）。

本·富拉特的作品，他可能亲自与那些父辈及祖父辈于 1258 年逃至开罗的巴格达人交流过，而阿拔斯王朝的第一位傀儡哈里发穆斯坦绥尔二世于 1261 年在开罗登基。据他记载，旭烈兀嘲讽穆斯塔绥姆爱金如命，但最终——更可信地——用王室专用的蒙古刑罚处死了他，这种刑罚专门用来避免使人流血：

> 然后，旭烈兀下达了命令，将哈里发关押起来忍饥受饿，直到他饿得无法忍受时，请求旭烈兀赐给他食物。于是可憎的旭烈兀便将一碟黄金、一碟白银和一碟宝石送到穆斯塔绥姆哈里发面前，对他说："吃这些吧。"哈里发回答说："这些不是人吃的东西。"旭烈兀回应说："既然你知道这些东西不能吃，为什么还要贮藏它们？你本可以从这些财富中拿出一些安抚我们，也可以拿出另一些召集忠于你的军队来抵抗我们。"然后旭烈兀命手下把哈里发和他的儿子带出营帐，押往一个地方，在那里他们被五花大绑，塞进两个大口袋里，然后被人骑马践踏至死——愿真主降慈悲于他们。[25]

穆斯塔绥姆的三个儿子中有两个被杀，只有穆巴拉克在旭烈兀的王后脱古思可敦的求情下获得了宽赦；他后来被送去东方，娶了一个蒙古女人。还有一个女儿也被赦免，被作为礼物送给了旭烈兀的兄弟蒙哥大汗。在她到达之前，据拉希德·丁记载，队伍在撒马尔罕稍事停留，她在这里请求准许拜谒阿拔斯之子库萨姆的陵寝。在陵墓前她祈祷道："哦，真主啊，如果我的祖先，阿拔斯之子库萨姆您仍值得荣耀的话，请您带走您的奴仆，将她从这些异族的手上解脱吧。"这个绝望的女人哭泣着，当场倒在坟墓上死去了。[26]

历史降下了最残酷的报应，五个世纪前阿拔斯王朝屠灭伍麦叶家族的惨剧，如今由蒙古人在阿拔斯家族的身上重演了。

在摧毁了巴格达城，掠夺了它的宝藏，屠杀了它的居民，虏获和奸淫了它的妇女，并灭绝了阿拔斯王朝家系之后，旭烈兀最终于3月8日离开了这里。有点讽刺的是，在实行了如此全面的破坏之后，他又下令重开城中集市。3000名蒙古骑兵受命清理街道上的尸体，恢复秩序，重建房屋。穆斯塔绥姆臭名昭著的维齐尔伊本·阿尔卡米官复原职，令他背上了更重的通敌嫌疑。多年以来，伊斯兰社会的学校课本上总写着一行大字："愿真主诅咒那些不诅咒伊本·阿尔卡米的人。"[27]

为了表示对基督徒社区的善意（保护基督徒社区是这场战役的借口之一），一座哈里发皇宫被划给聂斯托利派牧首管理，哈里发的圣所内大片土地被用作建设教堂。由于这座教堂位于这座具有标志性的伊斯兰皇城中心，拥有极强的象征意义，这一政策无异于奇耻大辱。数个世纪以来，这座教堂经历多次重建和修复，仍旧矗立在巴格达市中心的哈里发大街，见证了无数深受巴格达人厌憎的交通堵塞。直至今日，尽管愈发处境艰难，它的信众们仍旧遵从古老的礼拜习俗，在这座城市建立初期生活的信众们看来，这或许也不陌生：

> 哦，主啊，万千天使崇拜您，还有无数天使、受圣灵者、火与灵魂的主宰、智天使和圣洁的炽天使荣耀您的名，齐声高呼颂赞："圣哉，圣哉，圣哉，全能的主神，天地间遍布他的荣耀。"

从这座城市掠夺的财宝被聚集在一起：一部分被运往哈拉和林，作为贡礼献给蒙哥汗；剩下的则被贮藏在卡布迪岛上一座专门修建的藏宝库中，这座岛屿位于伊朗西北部的乌尔米亚湖中，1265年旭烈兀去世后便葬在这里。

在此前的数个世纪中，伊斯兰世界遭受了许多考验与挫败。西班牙的伍麦叶王朝于 1031 年崩溃，同一个世纪中，北非整片整片的海岸遭受了阿拉伯游牧民希拉勒部族的洗劫蹂躏，这是一支发源于阿拉伯半岛的贝都因部族联盟；塞尔柱突厥人侵入波斯和哈里发政权的东部领土，再之后，法兰克十字军侵入黎凡特，攻占圣城并吞并了叙利亚和巴勒斯坦的部分领土。但旭烈兀 1258 年的入侵全然不同，它令巴格达"从伊斯兰世界无可取代的宝座衰落成伊尔汗国的一座鄙陋的前哨"。[28] 伊斯兰世界遭遇了空前毁灭性的打击，伊斯兰教的命途陷入了风雨飘摇之中。

至少对一个巴格达人而言，和平之城的沦陷与其说是灭顶之灾，不如说是天赐良机。艾哈迈德·伊本·阿姆兰的故事便讲述了无耻的背叛能够怎样使一个人飞黄腾达。伊本·阿姆兰原本是一个奴隶，地位低贱，职业古怪，受雇为巴格达东北部巴布卡区的长官按摩脚底，并负责在漫长炎热的夏日午后哄他入睡。据拉希德·丁记载，某天，由于天气实在催人昏昏欲睡，他在工作时不慎睡着了。于是主人痛打了他一顿，逼他做出交代。他回答说自己做了个不寻常的怪梦，梦见自己被封为巴格达总督，结果这个失礼的预言又为他招来一顿毒打。后来，当旭烈兀率蒙古大军抵达巴格达时，伊本·阿姆兰发现蒙古军队的给养已经见底。于是他将一封短信捆在箭上，射进蒙古大营，声称有重要情报要与蒙古军官面谈。然后他引导蒙古人找到了几座隐藏的粮仓，里面贮藏的粮食足够支持两周的攻城战。在巴格达城破后，旭烈兀重赏了伊本·阿姆兰，任命他为维齐尔，总领城市东部所有街区。就这样，他走了大运。[29]

根据蒙古人的行政改革，伊拉克地区被分成两个省份：伊拉克·阿拉比，即阿拉伯人的伊拉克，领土主要为美索不达米亚，首府为巴格达；伊拉克·阿杰米，即伊朗人的伊拉克，领土主要为东部山区，首府为伊斯法罕，该地区归阿八哈的长子管辖——阿八哈是旭烈兀的儿子和继承人。这更进一步耻辱地证明了巴格达影响力的衰退，如今它甚至不足以统治伊拉克全境，更不用说统领一个帝国了。一位著名的波斯官员接下了管理城市的重任，他就是阿劳丁·阿塔·马利克·志费尼，他一生从未因生计发愁，其家族为蒙古帝国贡献了许多高官显贵。志费尼不仅行政能力卓越，主持了巴格达艰苦的重建进程，而且还留下了一部文学巨著，使他得以流芳百世——他是《世界征服者史》(*Tarikh i Jahangusha*)的作者，这部13世纪史书记载了成吉思汗统治下的蒙古帝国历史。

志费尼可不是一个浅尝辄止的文学爱好者，而是雄才大略的政治家。他的意志坚定如铁，在多次针对他的政治阴谋中都得以幸存，其中一次他被控贪污敛财。因为这次控告，他被判处上交罚款，并被迫戴上中国木枷以示羞辱，当证明自己无力承担罚款时，他便被下狱严刑拷打，然后被剥光衣服在巴格达游街。1282年，他的仇人遭到了报复，他官复原职，新封伊尔汗的苏丹·阿合马汗（即旭烈兀之子铁古迭儿，他曾公开改信伊斯兰教，并改变了自己的名字）释放了他。而那位总督最感到棘手的批评者，也是最坚定的政敌，随即被一群复仇情绪高涨的巴格达暴民撕成碎片（他的首级留在巴格达，其他身体部位分别送往帝国的各个角落：舌头被传往大不里士，双脚被送往设拉子，双手被送往伊斯法罕）。[30] 志费尼则在一年后去世。

巴格达人失去了他们的阿拔斯王朝，但新改信的穆斯林统治者决定向他们表明，他们的宗教不会消亡。下面便是他在加冕礼上对这座城市的宣告：

> 以至仁至慈的真主之名。万物非主，唯有真主，穆罕默德是主的先知。我们这些王座上的统治者都是穆斯林。巴格达的人民要铭记在心。他们要支持学院（madrassa）、瓦克夫（即宗教基金会），并履行其他宗教义务，就像他们在阿拔斯哈里发治下所做的那样，所有索求与清真寺和学院相关的多项布施的人们将要恢复他们的权益。巴格达人啊，不要触犯伊斯兰的律法。我们都知道，先知（愿真主福安之）曾说过："伊斯兰信仰将永远胜利，直至复活审判日到来。"我们都明白此预言真实不虚，因为它出自一位真正的先知，因为世间只有唯一的神，便是永恒独一的真主。欢呼吧，臣民们，将这个消息传遍全省吧。[31]

在这段时间里，宗教冲突与矛盾再次浮出水面，愈演愈烈。许多穆斯林对基督徒社区怀有憎恶，因为后者在旭烈兀围城时变节投靠入侵者，还建造了一座教堂羞辱那些信仰正统伊斯兰教的巴格达人；而且如前文所述，这座教堂建在了哈里发宫殿群中，这里以往是伊斯兰统治者的核心地带。1268 年，聂斯托利派牧首为了向穆斯林展现自己的权威，驳回了志费尼的命令，拒不释放一位改信伊斯兰教并因此即将被处决的基督徒。于是一如既往地，暴民展示了巴格达真正的力量：他们浩浩荡荡冲过街道，在牧首身后追赶着，众口咆哮着要血债血偿。这位牧首侥幸逃过一劫，仅被志费尼判决逐出巴格达。1271年，又一次反基督教浪潮爆发了，促使当局囚禁了所有基督教教士，因为他们被怀疑密谋加害总督。苏丹·艾哈迈德即位后，伊尔汗宫廷与基督徒的关系明显疏远了，许多聂斯托利派信徒改信了统治者奉行的新宗教。最后，基督教在巴格达社会上层的影响告一段落，聂斯托利派牧首离开了这座城市，并将中枢机构迁往北方更加安全的埃尔比勒山区，此地位于今日伊拉克的库尔德斯坦。

由于巴格达人由来已久的斗争精神，宗教问题的敏感性不仅仅局限在信仰基督教、伊斯兰教和犹太教的本地市民中。苏丹·艾哈迈德改信伊斯兰教的行为惹恼了许多蒙古贵族。他继位的头两年便遭遇了他的侄子、旭烈兀的孙子阿鲁浑发起的叛乱，阿鲁浑掠夺了巴格达的金库，还盘剥压榨惊恐的市民以供给他的军队。1284年，艾哈迈德被他自己手下的军官劫持，并以折断脊梁的刑罚处死。在酷刑和死刑上，巴格达人总是别出心裁。

萨阿德·道莱是巴格达最著名的总督之一，他是一个犹太医师，在这个典型的伊斯兰国家攀至政府高层，最终被擢升为大维齐尔。他之所以能从同胞中脱颖而出，步步高升，要仰仗于统治者的青睐和他自己的实际努力。他的成功理所当然地使他和他的犹太教同胞遭到了强烈抨击。一方面，蒙古人嫉恨他在税收方面一手遮天，另一方面，穆斯林为一个犹太人竟坐拥实权统治他们而感到出离愤怒。一位巴格达诗人就曾写诗抨击道：

> 我们时代的犹太人地位高贵，
> 比起层层青天更要高不可攀。

他们统治国家，掌控钱柜，

大臣和国王都被他们把玩。

唉，人们啊，请听我良言，

推翻犹太人，因为真主就曾把他打翻！[32]

阿鲁浑汗于 1291 年去世后，萨阿德失去了王室的保护，这使他很快便被暗杀，并在巴格达掀起了一场大规模排犹运动。一群狂热的暴民袭击了犹太区，双方都有许多人被杀。在完者都汗（1304 年至 1316 年在位）统治时期，犹太人再次遭到了怀疑，当时他们正逐渐大规模改信伊斯兰教。维齐尔拉希德·丁并不信任他们的诚意，下令让所有新皈依者吃掉一碟浸奶的骆驼肉。这个命令显然怀有恶意，因为这种行为同时触犯了犹太教的两条饮食律法。犹太人还被禁止拜谒位于伊拉克东南部齐夫勒的以西结圣陵，这座圣陵是伊拉克最重要的犹太教圣地之一。尽管这些处罚十分令人烦恼，但与数个世纪后即将降临在巴格达犹太人身上的灾难相比，简直不值一提。

1327 年，旭烈兀大军将巴格达化为焦土的 70 年后，一位亲切开朗的访客来到了巴格达。他著有《给热衷城市奇观与旅游奇景之人的珍贵献礼》这部名称引人入胜的大作，此时他已踏上旅程两年了，他的长途旅行长达 7.5 万英里，历时共 29 年。这位不知疲倦、无所畏惧的摩洛哥人是一个真正的"伊斯兰旅者"，在漫长的旅程中曾与苏丹、可汗和皇帝同席共饮，也曾逃脱海盗的袭击，曾频频迎娶新妻，也曾在不同的大洲生养子女，曾穿越大漠，也曾躲过黑死病的魔爪，还曾意外地被人聘为法官和廷臣。他曾跃上骆驼、骡子和骏马旅行，也曾登上中国帆船、独木舟和木筏航行，还曾乘坐牛车，必要时也不惧步行。他的名字是伊本·白图泰。

在到达巴格达之前，他经过了几座伊拉克著名的城市：库法，在那里，四处是"暴力"和"荒芜"；希拉，在那里，"宗派冲突"没完没了；卡尔巴拉，在那里，逊尼什叶两派之间"斗争无休无止"。[33] 换句话说，当时他对和平之城抱着极大的憧憬。

每一位来到巴格达的旅人都有他（在 12 世纪之前，很少有女性旅行家出现）自己的兴趣所在，其中有的可能格外特别。伊本·白图泰就偏爱洗浴——对于这位精力旺盛的摩洛哥人来说，浴场的吸引力有如布道台对 1184 年的安达卢斯旅者伊本·朱拜尔一般。作为一个思维超前的洗浴疗养爱好者，巴格达先进高端的浴场给他留下了深刻的印象——他们会使用蓬松的绒毛毛巾细心擦拭顾客的身体，这样慷慨周到的服务尤其令他深受感动：

> 巴格达的浴场数量庞大，建筑精美，大部分浴池都涂抹了沥青，看起来如同黑色大理石一般。这些沥青来自库法和巴士拉之间的一条溪流，沥青就从中源源不断地涌流而出。沥青像黏土一样堆积在小溪的两岸，人们就用铲子采掘它们，然后运往巴格达。每一座浴场都拥有大量个人洗浴间，每个洗浴间的角落里都安置着一个盥洗池，上有两个龙头，分别控制热水和冷水排放。每一位洗浴者都能领到三条毛巾，一条在入浴时围在腰上，另一条在出来时围在腰上，第三条则用来擦干身体。除巴格达外，我未曾见过其他城镇的浴场有如此贴心的安排……[34]

伊本·白图泰记录了底格里斯河上的两座固定浮桥：男男女女穿过这两座桥从此岸到达彼岸，夜以继日，川流不息，这两座桥对于巴格达人来说有着"无尽的乐趣"。[35] 他对于这座城市的评论与伊本·朱拜尔的评论异曲同工，这可能是他们重复了早已有之的论调。巴格达西部"大部分被废弃了"，退化成了 13 个城区和许多果园及花园。伊本·朱拜尔曾记载的那座医院如今成了"一座庞大的废墟，空余残迹"。尽管如此，无论旭烈兀对巴格达的洗劫破坏有多么彻底，城市东部显然在之后的几十年中恢复了生气，因为据伊本·白图泰记载，这片地区坐落着许多集市和学院。这位摩洛哥作家满怀敬畏地拜访了"伟大的尼采米亚学院，它的壮丽宏伟在当地谚语中广受纪念"。[36] 但他最为青睐的学府还是穆斯坦绥里耶大学，它是巴格达最精致的纪念建筑之一，就坐落在距离底格里斯河不远的地方，"（伊斯兰教的）四大教法学派都包括其中，每个学派都有各自独立的教学场所（iwan），配有一座小型清真寺和一间讲堂。教师在一个木制顶棚下，坐在一张覆有坐毯的椅子上讲课；他坐姿庄严，态度肃穆，身穿黑色长袍，头戴裹头巾，左右各有一位助教，负责重复教师口述的所有内容"。[37]

这位摩洛哥人时而轻浮玩乐，时而正经博学，与那位来自安达卢斯的先行者都对陵墓抱有兴趣。他们都记载了鲁萨法清真寺附近的艾布·哈尼法圣陵、后者艾哈迈德·伊本·罕百里陵墓（"深受当地居民尊敬，他们大部分都遵从他的学派"），还有几位苏菲派圣人的陵墓，但他误将其位置记成了东岸。

伊本·白图泰可不是个假正经的学究。作为一个无可救药的八卦专家，他自然不会放过机会记录下这条有关艾布·萨义德苏丹（或称不赛因汗，1316 年至 1335 年在位）的丑闻，他是当时巴格达的统治者，又名"巴哈杜尔"，即"勇者"。据说艾布·萨义德迎娶了一位极其美丽的女士，名叫巴格达·可敦，她完全掌控了他，在婚姻生活的大部分时候都占据上位。然而到了晚年，他又迎娶了另一个名叫迪尔沙德的女人，"他狂热地爱上了她，将巴格达·可敦晾在一边。后来，巴格达·可敦愈发嫉恨，于是设计在他的手帕上下毒，行过床事之后，她便用毒手帕擦拭夫君的身体。他就这样被毒杀了，家系也就此断绝"。本地的埃米尔军阀攫取了各省的统治权，发誓要向这个女人复仇。她的仇人"在她正在浴室中时接近她，然后用棍棒把她活活打死。她的尸体横躺在那里长达数天，浑身赤裸，只有阴部覆着一块麻布"。[38]

如果说伊本·白图泰亲眼见证了巴格达大部分地区的衰落废弃，那么他没看到的是，在最后一代堪称伟大的蒙古伊尔汗艾布·萨义德统治结束后，蒙古伊尔汗国陷入了极端的政治动荡和持续的瓦解状态。艾布·萨义德于1335年去世时并没有留下子嗣，这很快便触发了一场内战。在他死后八年间，共出现了六位傀儡伊尔汗。其中包括撒迪别（1338年至1339年在位），短命的首位女性统治者。在阴谋诡计和血雨腥风中，统治者犹如走马灯般匆匆交替，与此同时，伊朗各省互相敌对的军阀们也对汗国的宝座虎视眈眈。[*]

先前巴格达才刚刚成为文明世界的中心、伊斯兰世界的宝库和举世无敌的军事坚城，如今却慢慢变成了一座不设防的城市，被一群投机钻营者争来夺去。巴格达的地位一落千丈，1339年，和平

---

[*] 其中五位伊尔汗被短命的札剌亦儿王朝和丘拜尼王朝操控，这两个王朝是从伊尔汗国分裂而出的。

之城沦落成了札剌亦儿王朝的冬都。这个偏安一隅的蒙古王朝领土包括伊拉克东北部以及伊朗西部，是由一个野心勃勃的伊尔汗国封臣建立的。这个初生的王朝还有一座夏都，即伊朗西北部的古城大不里士。

在以上政治问题压迫下，巴格达衰退成了一座弱小可怜的城市，与此同时，自然灾害也持续威胁着这座城市，令艰难求生的居民们生活更加悲惨。1356 年，底格里斯河水冲破堤防，扫荡了数个街区。1374 年，又一场破坏力更加巨大的洪水席卷而来，据说当时有四万巴格达人死于这场洪水。在这段时间里，伊尔汗国国事衰微，四分五裂，波斯、阿塞拜疆和伊拉克各地爆发了地区性战争，巴格达城内的起义与暗杀也层出不穷，为艾哈迈德·札剌亦儿苏丹这位投机分子打开了机遇之门，他于 1383 年入侵伊拉克，夺取了巴格达的统治权。

尽管这一系列派系混战为巴格达带来了极大的混乱和破坏，但与不久之后的另一场灾难相比，可谓不值一提。

1401 年 7 月 23 日清晨，巴格达的居民在又一个酷暑夏日中醒来。底格里斯河闪着点点微光，在城市中央缓缓向南流淌。城市在地平线上的轮廓——顶棚平阔的阳台、丛丛碧绿的棕榈树、覆有蓝色瓷砖的绚丽耀眼的清真寺穹顶——在泛着微光的晨雾中若隐若现。只有宣礼塔冲破微光游移的柔波，静默地矗立着，犹如表示警告的惊叹号一般。然而静默并不代表安宁，而是灾难将至的预兆。看到城外大批敌军围城扎营，地平线上覆满样貌野蛮的步兵、工兵和骑兵队伍，四处是营火狼烟和缀有貂皮的皇家大帐，"惊恐的居民不再将自己的城市视为和平之城，而是地狱与战乱之城"。[39]

他们的惊慌是理所当然的。先前的每一天里，巴格达颈上的绞索都在悄然收紧。在之前的六个星期中，巴格达就已经陷入包围，重重围困这片周长六英里的地域的，据 15 世纪波斯宫廷历史学家沙拉夫·丁·阿里·叶兹迪记载，是一支热衷奸淫掳掠、屠杀破坏的鞑靼大军。这些鞑靼人是一支蒙古血统的突厥人，是成吉思汗的后裔，在中亚定居后便改信了伊斯兰教。这数不尽的战士都效忠于恐怖的帖木儿，他自封"正信的执剑之手""一切吉庆之主""当世帝王"和"世界征服者"，在西方则以"坦麦能"（Tamerlane）的名号著称。他于 1370 年在中亚草原发家，在征服中立下盖世功业，如同烈火风暴一般攻陷了一座又一座中亚名城。与近 150 年前的旭烈兀一样，这位东方侵略者也在底格里斯河上修建舟桥，并在河流下游布置弓箭手以防居民逃跑。在河流上游，两位王子驻守着通向城市的道路。所有逃亡路线都被封锁了。

这年早些时候，在洗劫了锡瓦斯和阿勒颇之后，帖木儿向大马士革进军，洗劫了这座城市，并展开疯狂的屠杀。被阿拔斯家族推翻的那个一度大权在握的王朝的标志，被巴格达取代的帝国首都的中心地标——宏伟的伍麦叶清真寺——被付之一炬。据 15 世纪叙利亚作家、曾著有一部满篇恶言的帖木儿传记的伊本·阿拉伯沙记载，这无异于一场"毁灭朝圣"。[*][40] 如今，"七重天的不败之主"盯

---

* 阿拉伯沙对帖木儿的蔑视事出有因。在他年仅八九岁时，曾被 1401 年洗劫大马士革城的帖木儿军队掠走，与母亲和兄弟一同被作为俘虏押往撒马尔罕。尽管他后来事业有成，在奥斯曼王朝苏丹穆罕默德一世手下担任枢机秘书，但他永远无法原谅帖木儿的暴行，因为他曾亲眼目睹鞑靼大军四处奸淫掳掠，犯下恐怖的罪行。因此，他给传记的章节起了如下名称："这杂种启程欲将阿塞拜疆和伊拉克王国化为焦土"以及"这自负的暴君是如何垮掉并去往毁灭之家的，他将永居火狱的最底层"。

上了一个更具历史意义的目标,他"率领多如蚂蚁、密如蝗虫、铺天盖地犹如飞蛾的大军降临在巴格达城"。[41] 巴格达人恐惧至极,因为他们深知当帖木儿夺下一座曾溜出他掌心的城市后将会发生什么。

正当守城者闭门不出,不敢面对他们最大的恐惧时,他们听到了一阵阵刺耳可憎的噪音:帖木儿的工兵正坚定不移地挖掘着城墙,一码接一码地向更深处挖去。在恐惧的驱使下,守军急忙修补被挖空的地基和他们头顶摇摇欲坠的城墙。

尽管如此,或许仍然存在一线希望。民众中流传着一个消息,说帖木儿手下的王子和埃米尔都恳求皇帝下令全面攻城,但他驳回了请求。据帖木儿的拥护者叶兹迪后来解释(尽管有些不足采信),这是因为他认为居民很快便会恢复理智,意识到自己的错误,并向皇帝乞求宽恕。根据他的记载,帖木儿并不想看到巴格达这座美丽的城市"完全荒废"。[42]

巴格达人仍在为上一次帖木儿大军兵临城下的回忆而胆战心惊。据叶兹迪记载,在 1393 年 10 月 10 日,这个鞑靼人率领着他无可计数的大军来到巴格达,这支军队在巴格达北部和南部延伸有五英里之远。尤其令巴格达人震惊的是,这支大军居然能够全副武装地游过河流,这一场面令市民们"惊惧地咬着手指"。[43] 守军明智地打开城门向帖木儿投降,而他的大军随后便洗劫了惶恐的艾哈迈德苏丹留下的"全部财富"——艾哈迈德苏丹其人则在大军到来时耻辱地逃跑了,先是逃到希拉,然后逃往埃及,还在途中丢弃了他的军队和家眷。叶兹迪将鞑靼军队比作"蚂蚁与蝗虫大军,他们覆盖原野,劫掠四方"。[44] 尽管在帖木儿的血腥征服中,这位"伊斯兰之剑"所斩落的穆斯林首级比犹太人和基督徒的还要多上千万颗,但他还是不遗余力地把自己塑造成一位虔诚的伊斯兰统治者。

于是他下令把在巴格达查抄的所有酒类——酒类在伊斯兰教中属于禁物（haram），尽管私下饮酒从阿拔斯王朝时代起就已成为这座城市的生活特色之一——全部倾入底格里斯河中。他还掳走了巴格达所有的学者和博学之士，以及艾哈迈德苏丹的妻妾和子女，用以装点他钟爱的帝都撒马尔罕，为这颗"东方明珠"增添几分知识气息。这些俘虏中包括"巴格达书籍装饰学派的大师们，他们先前受艾哈迈德苏丹的保护"。[45] 而那些留在城里的人则被迫缴纳一笔罚金以求活命。

显然，这一次情况更加险恶。在帖木儿率大军来到巴格达之后的八年间，艾哈迈德苏丹与他的封臣兼盟友、土库曼黑羊部族联盟的领袖喀拉·优素福曾多次藐视帖木儿的权威，艾哈迈德还重夺了巴格达城。这样的冒犯是难逃惩罚的。由于恐惧必将降临的报复，艾哈迈德苏丹简略地安排了城市防守，并带来喀拉·优素福的土库曼军队守城，当帖木儿到来的消息确定无疑时，他再次弃城而逃。他与喀拉·优素福两人逃到阿勒颇，然后去往安纳托利亚的奥斯曼宫廷寻求庇护。在这十万火急的时刻，巴格达陷入了群龙无首的状态。

时值正午，酷热的夏季对于在无处遮阴的城墙上驻守的守军来说实在难以忍受。据叶兹迪记载，"酷暑难当"，就连"鸟儿也在半空中热得掉下来摔死"，身穿盔甲的士兵们"热得像蜡一样融化"。[46] 由于酷暑难忍，披甲的士兵汗流浃背，便把头盔用木棍支起来立在城墙上，拙劣地做出他们还在守卫城墙的假象，纷纷擅离岗位，满身大汗地回家乘凉了。

这个细节没能逃过帖木儿的眼睛，精明的他是不可能被这种小伎俩骗到的，于是他下令总攻。鞑靼人吹起号角，敲起震天的军鼓，大军向着城市汹涌而去。屈身躲在城墙后的巴格达人小心翼翼地向外张望，企图看清城下发生的事情，却目睹了令人战栗的场面。无数云梯树立起来，重重拍在高耸的城墙上。士兵如同不可阻挡的浪潮一般滚滚涌来，同时，在他们身后，大批弓箭手向城内倾泻着一阵又一阵箭雨。过不多久，皇帝最信任的指挥官之一，谢赫·努尔·丁便将帖木儿令人畏惧的半月头马尾战旗树立在了城墙顶端。"法拉吉（巴格达城总督）与巴格达居民吓破了胆，"叶兹迪如是写道，"因此他们不再出于勇猛，而是出于绝望奋战。"[47]

被围困者已无路可逃。许多巴格达人由于恐惧整个城市将遭到屠戮，便焦急地同家人一起跳进底格里斯河逃生，但被驻守在下游的弓箭手射死。另一些人则乘小船逃走，企图冒险一搏，但很快便在凶猛的箭雨中翻覆。法拉吉和他的女儿试图乘船逃离，但被箭雨射中，连船带人倾覆河中。这场失败的逃离与 1258 年穆斯塔绥姆哈里发的副总管在旭烈兀的弹雨下经历的那场如出一辙，他们父女两人双双淹死在底格里斯河里。帖木儿的船夫将法拉吉湿透的尸体打捞上来，随意地丢弃在河岸上。

帖木儿第二次征服了巴格达城。那些早已清楚这位"世界征服者"嗜杀恶名的巴格达人被这一噩耗吓得呆若木鸡，因为在城破之后大屠杀是不可避免的。30 年来，依靠着精心谋划的野蛮行径，帖木儿利用恐怖政策将恐惧深深植入敌人心中，在新征服的土地上扫清敌人，并将日后叛乱的风险降至最低。他鼓动敌人即刻投降，因为反抗所得到的只有最迅速最恐怖的惩戒。无论负隅顽抗的城市先前多么宏伟辉煌，最终都会化作一片狼烟滚滚的废墟，被斩首的尸体在街道上堆积如山，被斩落的首级则被筑成高塔并被点燃，如同熊熊燃烧的路标，它们是象征着暴君怒火的图腾柱，为下一场征服指示着方向。

巴格达的降而复叛激怒了帖木儿，重夺巴格达的战斗让他损失了许多部下。因此，只有那些俯伏在帖木儿脚下哀求宽恕和庇护的宗教领袖与学者才会受赐荣誉赐袍，并被护送至安全地带，除此之外，没有人会获得宽免。"他向这座城市降下怒火，毁灭了他双手所能触及的一切事物，在如雷霆闪电般攻陷这座城市后，他又如洪水烈火般毁灭了它，并在其上笼罩了灾祸的浓云。"伊本·阿拉伯沙如是写道。[48]

实际上，这段话指的是他最为恶毒的复仇。据阿拉伯沙记载，帖木儿下令属下每一位士兵都要为他献上两颗巴格达人的首级。

> 他们将巴格达人或单个或成群地带走杀掉，以至于底格里斯河中鲜血漫流，足以将尸体冲刷到岸上，然后他们收集人头，用人头筑成高塔；他们凶残地屠杀了约九万巴格达人，当他们找不到巴格达人可杀时，便砍下与他们同伍的叙利亚人的脑袋，或者杀死军中的其他俘虏；另一些人在找不到男人可杀时，便在婚床上斩杀女人猎取首级。[49]

这场大屠杀惨烈异常，帖木儿的铁令也无人胆敢违抗，以至于有些人竟堕落到杀死战友以满足皇帝要求的配额。即使是帖木儿最忠心的拥护者叶兹迪也不得不承认，这位征服者"无论八旬老人还是八岁小孩都不放过，无论贫民富人都不庇护，死者过于众多，数不胜数"。[50]

对巴格达的物质破坏紧随其后，这一次巴格达又被彻底夷平了。据叶兹迪记载，"帖木儿下令，不许在这座城市中留下一座房屋"。[51] 尽管先前征服大马士革造成的破坏深重，伍麦叶清真寺也惨遭毁坏，但叶兹迪无疑十分在意帖木儿在后世的声誉，据他记载，只有清真寺、学院和医院免于被毁，但这些建筑在当时是否存在都不大确定了。帖木儿惯于亲手整个地夷平顽抗他的城市。集市、商栈、隐修院、修道院、宫殿和伊本·白图泰曾经钟爱的浴场都冒出了滚滚浓烟。阿拉伯沙见证了这个鞑靼人是如何"将城市化为焦土"，洗劫财物并掠夺"隐蔽的财富"的。他"翻覆了整座城市"，在自己身后留下一片完全荒芜的土地。[52]

此时正值每年一度的麦加朝圣，在伊斯兰历法中这是最神圣的日子。在挥剑屠杀了九万人——其中多数是穆斯林——之后，这位"伊斯兰的持剑之手"肃穆地来到巴格达东部的艾布·哈尼法圣陵朝拜。这座圣陵造型优雅，顶部建有一个白色穹顶，帖木儿在这里"恳求这位圣人为他代祷"，却无一丝嘲讽之意。[53] 巴格达人对旭烈兀的暴行至今心有余悸，据说他洗劫巴格达期间，蒙古大军丢弃的书籍甚至将底格里斯河染成黑色。而在帖木儿破坏这座城市后，史书作者们纷纷记录下了底格里斯河被鲜血染红的惨状。

帖木儿在圣陵祷告的同时，他的士兵们正在被夷为平地的城市里将 120 座人头高塔搭建完成。[54] 秃鹫在巴格达废墟上空逡巡，时而俯冲下来，从头颅的眼窝中把眼睛啄走。猫头鹰和乌鸦在皇宫的残垣断壁间筑巢。尸体在盛夏的酷热下迅速腐烂，空气中弥漫着腐尸的恶臭。

帖木儿的"毁灭朝圣"到此接近尾声。如同之前的安条克与阿克，巴勒贝克与贝鲁特，哈马与霍姆斯，大马士革与阿勒颇那样，巴格达也化作了一片废墟。"'和平之城'，"阿拉伯沙写道，"已经变成了'弃绝之城'。"[55]

第 6 章

黑羊，白羊

1401—1534 年

蒙古入侵后贫困、战乱和荒废的漫长年代，令历史学家不禁怀念起汉谟拉比与居鲁士，塞琉古与霍斯劳，以及哈伦统治的时代。自哈里发的荣光熄灭起直至今日，愈发沉重的黑暗笼罩着伊拉克历史。

——斯蒂芬·亨斯利·朗格里格

（《现代伊拉克的四个世纪》，1925 年）

巴格达在蔚蓝的天空下瑟瑟颤抖。此时正值严冬清晨。对于那些已经适应了此地酷热气候的人来说，酷暑令人头昏脑涨，时常引起来得快去得也快的争端，但寒冬却是一场令人大惊失色的奇观。巴格达人身穿厚厚的冬装，脸上挂着悲伤的神情。城市中枪声断断续续。远方警报哀鸣。美军的黑鹰直升机掠过天际，枪手们时不时端枪瞄准不明目标。"真是个观光的好日子。"我的朋友萨伊尔调侃道，此时我们正在装甲车队的护送下前往卡齐米耶区，此处坐落着巴格达最大的什叶派圣所，同时也是伊拉克四大圣城之一。*但这座城市并不太平。

在此次卡齐姆圣陵之旅中，冲突是一个不幸却恰合时宜的背景。几个世纪以来，这里一直都是什叶派与逊尼派之间暴乱的导火索。其中最惨烈的一次冲突发生在 1051 年，当时一群逊尼派抗议曼苏尔圆形城市南面卡尔赫区大门上一道铭文的拟定。这条赞美阿里哈里发的铭文，在正统的逊尼派群众眼中无异亵渎。激烈争吵过后，打斗开始了，逊尼派的领头人物在这次冲突中被杀。第二天在他的葬礼上争端再起，很快便升级成一场席卷卡齐米耶区的全面暴乱。成群的逊尼派暴民洗劫圣陵，掠夺金银器物，扯下锦缎帷幕，

---

* 四大圣城（Atiyat Aliyat，本意为"崇高的门槛"）分别为：卡齐米耶、纳杰夫、卡尔巴拉和萨马拉。

抢走无数珠宝，最后将建筑付之一炬。根据阿拉伯历史学家、名著《全史》的作者伊本·阿西尔（1160—1233）记载，这座纪念两位圣人的圣陵上方华美的柚木穹顶被火焰吞没，之后大火蔓延，曼苏尔之子贾法尔的陵墓，两位白益亲王的陵墓，哈伦·拉希德的皇后祖蓓达与艾敏哈里发的陵墓纷纷起火。

　　车队穿过刺客门——这座外观庸俗的砂岩拱门拥有一个耐人寻味的名字——离开绿区，然后沿着与底格里斯河平行的海法大街直直驶向西北方。底格里斯河曾被 12 世纪的地理学家伊本·朱拜尔比作明镜与珠串，如今却变成了灰暗的泥泞浊流。我们经过了遍布街边的混凝土高层建筑，在这些建筑中，有几座前院开阔的华丽别墅点缀其间，它们拥有突出的弓形窗，爱奥尼亚柱头，精致的阳台，以及粉刷的山墙和镶板，这是一种自由开放的建筑实践，将西式古典风格与东方风情相互融合。大部分建筑都遍布新近交战中留下的弹痕。同行的保安人员是前英军士兵，他们低声谈论这个路段的危险（"这里是整个巴格达最容易撞上'VBIED'[*]的地方，我们该走七月十四日大街才对"），兴奋地聊着女人和武器。在遭受武装分子的多次袭击后，美军将海法大街戏称为"手榴弹小巷"或"紫心大道"。

　　在巴格达地图上，底格里斯河贯穿了整个城市。卡齐米耶区状似一颗疖子，生在南边由卡尔赫区和卡拉达特·玛利亚姆区所组成的鼻子上，北面、南面和东面则被河流环绕。我们沿着路线穿过了曼苏尔的圆形城市一度矗立的地方。曼苏尔将他的皇城北部这片地

---

[*]　VBIED 是 Vehicle-Borne Improvised Explosive Device（车辆运载简易爆炸装置）的缩写。

区定名为"马卡贝尔·古莱氏"，意即"古莱氏墓地"，古莱氏是先知穆罕默德及其后裔所出身的部族。曼苏尔将这里作为阿拔斯王室成员及其远亲阿拉维家族成员的墓场。他的长子贾法尔于767年第一个被葬在这里，但这片地区之所以影响深远，是因为799年穆萨·卡齐姆伊玛目，以及后来834年他的孙子穆罕默德·贾瓦德都下葬于此。今日的卡齐米耶区遍布着镀金的穹顶和宣礼塔（这里共有52座清真寺），窄巷罗织，市集满地，其中有穆萨卡夫集市、阿斯特拉巴尔迪集市以及法兹瓦集市；这里书店众多，朝圣者招待所随处可见，黄金市场人流如织；这里坐落着贾玛·艾格德·阿萨达图书馆和贾瓦丁图书馆；这里的饭馆提供本地特产的椰枣汁和油渍蚕豆（bakila bi dahn）。这里是虔诚的朝圣者、饥肠辘辘的商贩和爱书的知识分子聚集的地方。

我们转向西北方，走上穆萨·卡齐姆伊玛目大街。几分钟后，一对金色穹顶从地平线上杂乱无章的轮廓中凸显出来，我们到了。尽管天色尚早，但在宽阔的步行街上，商铺和旅馆已经繁忙起来。"这些人大多是朝圣者，"萨伊尔说道，"伊拉克人和伊朗人。他们去圣陵里参拜那对穹顶下黄金屋内的两座坟墓，那上面装饰着手工绘制的花纹，还誊写着古兰经上的经文。据说到周五、周六两天，会有50多万访客拜谒这里。"年轻情侣结伴走过一排排金店，仿佛神气的将军在视察阅兵队伍，时不时停在某家店面，拿起一件珠宝与店主攀谈。"他们一般都会来卡齐米耶区。他们快结婚了，所以来这里买婚戒和新娘的珠宝首饰，这也是女方嫁妆的一部分。卡齐米耶区因阿沙里夫·艾雷迪、齐布拉门和穆拉德门的金匠而著名，他们制作珠宝和各类器物都是纯手工。他们技艺高超，一个家族好几代都是金匠。"萨伊尔叹道，他还没有结婚。"你知道，对于男人来说这可不便宜。按照习俗男性应该出钱备齐所有珠宝，可能得花上几千美元。"

我们边走边聊，圣陵在一道铺有蓝色瓷砖的拱门后愈行愈近。这座建筑居于围墙内，墙上装饰着笔走龙蛇的库法体古兰经文，大门上铺设着复杂细腻的瓷砖，黄、蓝、绿、白交加，浓墨重彩。这些瓷砖继承了可追溯至阿拔斯时代的艺术遗产，那时，这座城市是世界的中心，举目皆是明净光亮的陶瓷表面。这个场地十分空旷——围墙围出的场地长约 135 米，宽约 200 米——似乎是专门设计用来激起访客的敬畏之心的，我们没有被准许进入。这座圣陵最初建于哈伦·拉希德统治时代，在 947 年前后由白益王朝统治者穆伊兹·道莱扩建，他兴建了两座木造穹顶和一圈围墙；它如今的外形可以追溯到 16 世纪，波斯沙阿伊斯玛仪一世于 1508 年攻取巴格达城，对圣陵兴起了全面重建的工程。在萨达姆·侯赛因统治期间的数十年被忽视而荒废之后，现在它又被完全修复一新。如今这座圣陵是巴格达最为宏伟的景观之一。它的两座穹顶上贴着金色瓷砖，在阳光下如灯塔般闪耀，从很远的地方就能看到，四座细长的金顶宣礼塔环绕在穹顶周围。

当疲惫的朝圣者终于结束艰苦的旅程到达巴格达时，不难想象这座圣陵曾经给他们带来了怎样的鼓舞——至今依然如此。"他们长途跋涉穿越沙漠之后，会突然看到这一抹惊艳的亮色出现在一群棕褐色砖造建筑中间，两座高大的穹顶从河边的棕榈林中显露出来。"萨伊尔说道。到晚上，卡齐姆圣陵笼罩在一片绿色霓虹灯光中，闪亮的白色灯泡穿成四串，将四座宣礼塔连在一起，可谓古老与现代交融的一大奇景，一对子弹状穹顶和宣礼塔上光亮的金色釉面在地平线上闪耀似火，与下方光芒璀璨的金店相映成趣。与这座光彩耀人的什叶派建筑相对应的是逊尼派的艾布·哈尼法圣陵，这座圣陵坐落在底格里斯河对岸东行一英里多的地方。艾布·哈尼法圣陵是一个较为平淡朴素的景点，而卡齐姆圣陵则色彩斑斓，尽显华丽。要想阐释伊拉克国内伊斯兰教的宗派分歧，没有什么象征能比横贯两座圣陵之间的这一小块地区和河流更明确了。

在其当下的辉煌中，卡齐姆圣陵也是一座象征反抗精神的胜利纪念碑。它经历了无数苦难，成为巴格达最伟大的幸存物之一，见证了这座城市的兴衰变迁，撑过了火灾、洪水和人祸的考验。这些天灾人祸造成的伤亡可以一直追溯至几个世纪前。1051 年的那场灾难后，它的主穹顶于 1225 年毁于火灾，后来又被重建起来。1258 年，旭烈兀率领蒙古士兵在这座圣所降下狂怒，将其洗劫一空后又一把火烧掉了它。再次重建完成后，它又于 1300 年化作废墟，这次是被底格里斯河的两场大洪水冲垮。七个世纪后，它与其他几座伊拉克什叶派圣所遭到了一连串恐怖袭击，均与全球恐怖组织"基地"组织及其支持者有关。近年来伤亡最惨重的灾难发生在 2005 年 8 月 31 日，在纪念穆萨·卡齐姆殉道的活动中，近 1000 名朝圣者在艾玛（即"伊玛目们"）桥上死于踩踏事故，此次事故的导火索是即将发生恐袭的流言。

大街上逐渐挤满行人。人们纷纷侧目观望我们。我这个身穿防弹背心的外国观光客颇为惹眼。"走吧，咱们该离开了。"萨伊尔说道，"我们待的时间够长了。这不安全。"

旭烈兀和帖木儿两次毁灭和平之城的"造访"之间的一个半世纪里，巴格达至少还有机会展望可能辉煌的未来。尽管成吉思汗的孙子抹杀了阿拔斯哈里发政权，并将巴格达投入毁灭的深渊，但这座城市还是悄悄地恢复了元气，再次欣欣向荣起来，它的规模可能扩大到了能与札剌亦儿王朝的夏都——新兴的大不里士城——相媲美的程度，这座城市位于东北方 350 千米外库尔德斯坦的群山中。在帖木儿于 1401 年第二次攻陷巴格达后，复兴之梦彻底破碎了。

　　蒙古与鞑靼征服者所造成的物质破坏是他们为这座城市带来的一系列浩劫中首个最显著的后果。巴格达建筑的明珠——壮美的哈里发宫殿、大清真寺和奢华的阿拔斯时代皇家花园——全部被彻底毁灭了。尽管如此，房屋、清真寺和市场的重建相对来说更容易些。巴格达最根本的问题是如何处理先前被旭烈兀特意破坏的复杂水利网络，堤坝与渠道，长期以来这座城市的繁荣与它们息息相关。自古以来，美索不达米亚的财富、权势和成功都要归功于繁荣的灌溉系统。苏美尔人、巴比伦人、亚述人和波斯人的帝国都建立在对底格里斯河与幼发拉底河开发利用的基础上。[1] 水利网络分崩离析后，河道很快便阻塞不通，变得无法修复，而城市中剩余的居民已很难有余力处理这种情况。大屠杀导致巴格达人口急剧减少，使得公共设施的例行维护和维修无法进行。

　　除了造成物质破坏外，旭烈兀和帖木儿的入侵还导致了长期的政治衰落。历史学家对旭烈兀大加鞭挞，事实上更宣示了他的名声。无论数个世纪中阿拔斯哈里发政权经历了怎样剧烈的衰落，1258 年的阿拔斯哈里发政权依然代表着伊斯兰帝国，并象征着从北非海岸到中非高原的伊斯兰世界的团结一致，尽管它的统治破碎而空虚。巴格达之所以伟大，就因为它是这个跨大洲帝国的首都。就在旭烈兀入侵的前夕，它仍是伊斯兰国家的旗手，然而仅仅一夜之间，这面大旗便被连根拔起，碾为碎片。巴格达的卓越地位，数个世纪的劳动、征服与文化所结出的果实，全部终结了。

第二场浩劫则彻底毁灭了城市自第一次屠城以来有限的重建成果。当帖木儿兵临巴格达城下时，这座城市依旧——按叙利亚作家伊本·阿拉伯沙的话说——"美名远扬，一言难尽，气氛美妙，妙不可言"，但它在政治上的重要性早已远不及 1258 年之前。[2] 这座城市曾是一座衰败的大都会，如今则成了一个小国的冬都，这个国家从旭烈兀的伊尔汗国残骸上崛起，占据了伊拉克与波斯西部。巴格达作为伊斯兰世界中心的日子早已一去不返；就在伊拉克陷入困顿潦倒的同时，新的势力在东方和西方崛起了。

在旭烈兀和帖木儿席卷巴格达之后的荒芜三重奏中，萎靡的文化生活是不幸的终章。在持续了六个多世纪激动人心的表演过后，和平之城拖着伤残的躯体退出了舞台，无数作家写手随即纷纷离席退场。随着阿拔斯宫廷的消亡，依靠文学已经很难在巴格达寻求名望和财富。挥金如土的艺术赞助人已经成了明日黄花。

诗人们，这些如艾布·努瓦斯和艾布·阿塔西亚那样在权贵中逡巡的投机门客，为大都会的文学增光添彩的人才们，都不再像从前那样不可抗拒地被巴格达吸引。伟大的地理学家——雅库比、穆卡达西和后来的雅库特——都已随阿拔斯王朝那个科学发现大发展的时代远去了；一同消失不见的还有像阿拔斯时代的马苏迪和塔巴里那样卓越的历史学家。既然帝国谱系已经断绝，足以让人以溢美之词颂扬的光荣和财富已经不复存在，宫廷史官和宫廷诗人的存在也就无关紧要了。

由此，巴格达迎来了黑暗时代，罕有史料记载这段时期的历史，直到 15 世纪 70 年代的威尼斯使团对乌尊·哈桑的宫廷留下了一星半点的记载。乌尊·哈桑是土库曼部族联盟白羊王朝（Ak Koyunlu）的领袖。在 14 世纪后期和 15 世纪的大部分时间里，白羊王朝都在与土库曼黑羊王朝（Kara Koyunlu）争夺巴格达及其周边领土的控制权，他们活动的区域广达今日的亚美尼亚、阿塞拜疆和土耳其东部，以及伊朗和伊拉克的大片地区。这两个王朝都是统治松散的突厥语部族联盟，这些草原游牧民的来源不明。据说王朝的名字就来源于他们牧群的主要颜色。[3]

这些威尼斯使节的记载预示着与中世纪巴格达相关的一种新型史料即将出现。从 16 世纪 50 年代开始，爱好文学的旅行者开始时不时地造访巴格达，并留下引人入胜的记载，由于其他史料十分匮乏，因此研究这座城市的历史学家们对这些记载十分感兴趣。

在帖木儿入侵之后旳岁月里，巴格达的未来很快便落到了两个人手中。与古老的阿拔斯诸哈里发相比，他们地位卑贱，这更使这座城市所遭受的屈辱和痛苦倍加深刻。他们就是札剌亦儿苏丹艾哈迈德与其战友、土库曼黑羊王朝的首领喀拉·优素福。他们并不是虎步世界、藐视一切的伟人领袖，而只是野心勃勃的地区酋长而已。

在得知一向热衷结党斗争的巴格达人没花多大力气便赶走了帖木儿任命的总督后，两人便于 1402 年从安纳托利亚返回，暂时收复了这座城市。此时帖木儿正准备与他在伊斯兰世界最强的敌人奥斯曼苏丹巴耶济德决战，作为回应，他派出了四支骑兵部队，其中一支由他的孙子米尔扎·艾布·伯克尔率领，前去镇压反叛。据 15 世纪史书作者米尔赫万德记载，艾哈迈德刚刚听到消息，便立即如往常一样夹着尾巴逃跑了——只穿了一件单衣，仓皇渡河逃走。[4] 于是帖木儿突然把军队从伊拉克撤回，以增援安纳托利亚的战役，任由阴魂不散的艾哈迈德再次返回巴格达，这一行为充分表明巴格达此时已沦落到多么无关紧要的境地。如今巴格达人已看清了这位札剌亦儿统治者的真面目，纷纷对他冷眼相向，"艾哈迈德在这座城市中完全不受民众欢迎，部分是因为他对待人民暴虐苛刻……部分是因为一旦变故发生，他似乎总能施展阴谋诡计牺牲大众的利益，用以逃命自保"。[5] 他与喀拉·优素福之间的权力平衡也在发生改变，那位曾经的下属盟友正逐渐膨胀成为强大的合作伙伴。后来他们两人爆发了争端，于是艾哈迈德使出看家本领逃出了巴格达——这次据说是骑牛逃走的。[6] 后来米尔扎·艾布·伯克尔发起了一场军事行动，这两人随即被埃及苏丹的军队俘虏，双双囚禁在大马士革，在那里他们秘密立下盟约以图大业。

在戎马征战 35 年，给全亚洲降下恐怖的死亡威胁后，帖木儿于 1405 年去世了，他的死亡让整个大陆都松了口气。巴格达的城墙又经过了重修，尽管经历了无数围城与攻城战，这座城墙仍顽强地矗立到了 19 世纪。艾哈迈德和喀拉·优素福被释放了，前者乔装打扮成一个托钵僧重回巴格达城掌权，巴格达市民一定为此感到十分懊丧；后者则在库尔德斯坦巩固了自己的统治。在那个时代屡见不鲜地，艾哈迈德与喀拉·优素福的同盟没能持续多久。1410年，在从他曾经的盟友手中夺取大不里士后不久，艾哈迈德便在另一场战斗中受伤败逃，最后被人发现躲藏在一座花园中。喀拉·优素福一开始并不乐意处决这个他曾经效忠过的人，但最后还是下定决心悄悄扼死了艾哈迈德。

巴格达人并不十分怀念艾哈迈德。他的人格拥有极端的两面性，他既是一个清高的知识分子，也是一个残忍无情、诡计多端、吸鸦片成瘾的享乐主义者。远离战场时，他是一个富有激情的诗人、画家和音乐家，也是一个慷慨的艺术赞助人，曾资助过阿卜杜·海伊和祝奈德·巴格达迪，他们发展出了日后鼎鼎有名的札剌亦儿风格波斯细密画。艾哈迈德收藏有一部插图精美的《哈菲兹诗集》，这部诗集颇能衬托那位比他更加著名的诗人的身价。假如当年能够成功邀请波斯大诗人哈菲兹来到巴格达的话，或许他还能赢得更为持久的美名。但如今我们能找到的只有这位哈菲兹的两句煽情短诗，表示他至少对邀请感到十分受用：

> 在设拉子我们没能寻到正道；
> 哈菲兹上路去往巴格达的那天，一定晴朗快活！ 7

在另一首诗中，哈菲兹赞美艾哈迈德是"出身贵胄的国王"和"世界的灵魂"，还不恰当地（甚至以宫廷颂诗来讲也是不恰当的）将其比作成吉思汗。然后，他再次表明自己对和平之城仰慕已久，愿意在那里安家落户：

> 在法尔斯的大地上，全无幸福的花蕾为我绽放：
> 哦，我向往巴格达的底格里斯河与精神上的美酒醴泉！ 8

尽管巴格达已经沦落，但这座城市仍在继续衰败。艾哈迈德刚刚死去不久，曾经长期处于王家统治下的和平之城就遭遇了令人痛心的羞辱。在新的一波混乱与暴力浪潮结束后，它先是落入一个名叫纳哈西斯的奴隶手中，然后又被另一个名叫阿卜杜·拉赫曼的奴隶掌控。喀拉·优素福的军队很快便摆平了乱象，扶持黑羊王朝名义上统治巴格达，到 1468 年为止。他的儿子沙阿·穆罕默德被任命为巴格达总督，在位 23 年。

黑羊王朝以及后来取代他们的白羊王朝流于表面的统治，表明巴格达的权势已经萎缩成了动荡不停的部族联盟政治荒漠中一个与世隔绝的绿洲。从字面上说，"荒漠"一词也十分贴切：曾经为帝国中心提供食粮的肥沃原野如今演变成地平线上的片片黄沙，除了寒酸干燥的灌木丛可以供牧群啃食外，再也长不出任何收成。曾经一向明显的"沙漠-耕地分界线"如今已然模糊。因此，在短短几代人时间里，

> 除了庞大的废墟之外，再没有什么能够证明伊拉克曾是伟大的阿拔斯帝国最骄傲光荣的省份，曾孕育了古老著名的城市和生机勃勃的文明。这片土地在所有闪米特宗教的圣书中都曾被誉为天堂，此时却化为一片不生树木的荒漠，力大无穷的狂风席卷其中，夏季无情的酷热降临其上，冬季洪流徘徊，大河水流冲出河道，浩荡不息，仿佛自诺亚大洪水席卷世界以来的第一次。[9]

埃及历史学家马克里齐（1364—1442）于 1437 年简要地描述了这座城市的情况，其观点十分悲观灰暗："巴格达荒废了，在这里没有清真寺，没有虔诚的信众，没有礼拜的召唤，也没有市集；大部分棕榈树都枯死了。它不足以被称为城镇。"[10] 当威尼斯商人和探险家尼科洛·德·孔蒂于 1444 年途经巴士拉时，他简短地描绘了这座城市，和许多中世纪作家一样，他误将巴格达当成了巴比伦，他仅用三言两语提到当地的大量古代遗迹，还记述了他去往巴士拉的八天和去往波斯湾的另外四天旅程中的所见所闻，笔调平和淡漠。[11]

　　大致在德·孔蒂来访的同时期，巴格达落入了贾汗·沙的掌控之中，他可能是黑羊王朝最伟大的领袖。先前他是帖木儿之子沙鲁赫的封臣，在沙鲁赫于 1447 年去世后，他自立门户，自封为"苏丹"和"可汗"，并开始为自己新兴的国家开疆拓土。在这位精力充沛的首领统治下，黑羊王朝的领土扩张到了安纳托利亚的部分地区、伊拉克大部、伊朗中部、法尔斯和克尔曼，向南远达阿拉伯河，这条战略水道分隔了伊拉克和伊朗。尽管如此，他的统治并非一帆风顺。他深受接连不断的叛乱困扰，其中他叛逆的儿子、巴格达总督辟尔·布达克就曾起兵反叛他，在长达一年的围城战结束后，这位逆子投降被杀。贾汗·沙本人的末路同样血腥残酷：1467 年，他被白羊王朝的首领乌尊·哈桑（"高大者"）杀死。乌尊·哈桑就此终结了他的仇敌黑羊王朝，尽管后来贾汗·沙的儿子哈桑·阿里子承父业，发起了一次垂死抗击，但还是战败并断送了性命。一如往常，和平之城不愿随随便便向新的主人屈服，除非大动兵戈。于是又一场围城战爆发了，又一个总督被杀了，然后，巴格达人不情愿地接受了哈桑的统治。

　　尽管这段时期的巴格达对于外国来说缺乏吸引力，这座城市并没有能够唤起帝王贪欲的财富，但威尼斯人还是想方设法拉拢讨好乌尊·哈桑的帝国，因为此时在地中海，他们正遭受新崛起的奥斯曼帝国步步紧逼的威胁。哈桑本人也于 15 世纪 70 年代与奥斯曼苏丹穆罕默德二世有过多次交锋，自然完全有理由与奥斯曼帝国对抗。其中一位威尼斯使节安布罗乔·孔塔里尼，就曾在 1474 冬季来到大不里士拜访白羊王朝宫廷，并描绘了乌尊·哈桑其人的形象。据他观察，这位国王对他献上的葡萄酒十分满意，每餐都会伴着歌手乐师的歌声和笛声喝上几杯。他年约七十，身材瘦高，大致上"肝脏健康……性格风趣"，但与许多醉汉一样，"当喝酒太多时，有时也会变得很危险"。数十年的嗜酒如命对他的健康造成了损害，"当他喝酒时手会颤抖"。[12]

这一时期来到巴格达并留下见闻记录的著名访客十分稀少，且各自相隔久远。这座城市曾经是无数作家、学者、科学家、诗人、音乐家、律师和神学家趋之若鹜的目标，更不用说那些美艳绝伦的歌女和侍妾也曾纷纷来到这里，但中世纪的巴格达突然与知识分子——以及歌女们——无缘了。哈菲兹可能曾在诗中表示渴望前往巴格达，但他的巴格达诗歌之梦永远没能实现。

1472 与 1473 年之交的冬季，波斯大诗人贾米在巴格达停留了四个月时间，这次经历令他极其失望，他后来对此的回忆也略带一丝苦涩。他当时正从伊朗出发前往麦加朝圣，在和平之城暂住期间，他曾远足前往什叶派圣城卡尔巴拉。于是一个心怀不满的仆人和他的兄弟便利用这次远足大做文章，还着重挑出了贾米写来批判宗教"异见者"的诗句加以宣传，这些诗句后来促使巴格达的什叶派信徒掀起了针对这位诗人的愤怒狂潮。贾米被迫来到公众面前，在巴格达总督和他的宫廷大员，哈乃斐学派和沙斐仪学派的宗教法学权威人物，以及大群宗教狂热分子的质问下为自己辩护。他展示了诗作的原文，解释了控告的荒谬，最终辩赢了诬告者。

令他感到些许欣慰的是，他的诬告者遭到了严惩。首先，他当众将诬告者的胡须剃光。而后，这个被剃光胡子的仆人的兄弟面临着更难堪的惩罚，他被迫戴上高帽，倒骑着驴在街道和集市上游街示众。这样的公开报复一定令贾米出了一口恶气。但在巴格达遭遇的深深不快与实打实的威胁还是给他留下了无法抹平的伤痕。后来他为此次事件作了一首格扎勒短诗：

> 哦，斟酒人，请开启阿拉伯河岸边的酒坛，
>
> 洗去我记忆中巴格达人的可厌。
>
> 用酒盏封住我的双唇，因为这片土地上没一个人值得
> 议论。
>
> 对这些鄙劣小人，我不指望虔诚，也不指望慷慨大方，
>
> 从恶魔的品性中别想找到人类的善良。[13]

1478 年乌尊·哈桑去世后，阴魂不散的宫闱阴谋与弑君行径重又降临巴格达城，"一个个王子匆匆接替，阴谋与暴力撕碎了这个松散动荡的帝国"。[14] 整个王国里继承危机此起彼伏，当白羊王朝统治者雅库布·米尔扎的母亲于 1490 年毒杀了自己的儿子时，动乱恶化到无以复加的地步，这场谋杀诱发了又一轮阴谋、战乱与暗杀的浪潮。

巴格达已经不再是一个政治和军事势力，它甚至连自身的命运都已无法掌握，只好在动荡的风暴中随波逐流，风雨飘摇。白羊王朝在内斗中四分五裂。乌尊·哈桑的后代你争我夺，沉浸在内战之中。正当白羊帝国被卷入自相残杀的血腥漩涡时，一支新的势力在东方崛起。又一轮异族入侵的前兆已然降临。

16 世纪初，波斯迎来了复兴。在上一个世纪的最后几年里，波斯西北部阿尔达比勒的萨菲教团创始人，著名苏菲派苦修士谢赫·萨菲的一位后裔崭露头角。他之所以卓越出众，比起他所宣扬的《古兰经》，更多要归功于他手中的利剑。伊斯玛仪是白羊王朝统治者乌尊·哈桑的外孙，当他还是个幼童时便担起了教团领袖的

重任，开始为自己召集信众。1499 年，他在年仅 12 岁时便开始为夺取波斯的统治权而奋斗，越来越多的战士和起义军聚集在他麾下。在酣畅大胜白羊王朝军阀阿勒万德，使大不里士的大门为他洞开之后，他于 1501 年自封为伊斯玛仪沙阿。

伊斯玛仪夺取大不里士后，许多恐怖的故事流传出来。据说他曾大肆屠杀孕妇；将埋葬在墓地中的贵族遗体掘出焚烧；将 300 名娼妓当众列队，全部斩为两截；斩首盗贼，并将其首级丢进火里焚烧。据传伊斯玛仪甚至下令斩首了他的继母，因为他发现她竟嫁给了他曾在杰尔宾特（位于达吉斯坦）之战中对抗的一位贵族，而他的父亲就是在杰尔宾特被杀的。"从……尼禄的时代直至今日，还从未存在过如此血腥的暴君。"一位同时代的意大利商人如是写道，但他或许没听说过成吉思汗、旭烈兀和帖木儿的大名。[15]

仅仅一年之内，整个波斯西部对伊斯玛仪俯首称臣，更远的省份也一个接一个地被这位如救世主般的萨法维王朝创始者攻占。[16]伊斯玛仪或许是一个虔信的宗教人士，但他在战场上也始终冲锋陷阵在第一线。在波斯北部结束一场残酷的征战后，他曾将两个被俘的敌军军官串在烤串上烤熟，然后当作烤肉摆上了餐桌。

自 7 世纪中叶阿拉伯军横扫波斯以来，波斯终于再次连成了一个整体。在被阿拉伯哈里发、突厥苏丹和蒙古可汗统治了 850 年后，波斯终于回归了波斯人的统治，什叶派被确立为官方宗教信仰。[17]1508 年，在击败伊拉克的白羊王朝统治者穆拉德后，伊斯玛仪派遣拉拉·侯赛因将军夺取巴格达城，这位将军兵不血刃地占领了这座城市。伊拉克历史学家阿拔斯·阿扎维记载了侯赛因是如何被封为巴格达与伊拉克总督，并被授予夸大其词的荣誉头衔"众哈里发之哈里发"（khalifat al Khulafa）的。[18]

　　既是为了庆祝巴格达落入股掌，也是为了潜心朝圣，伊斯玛仪在巴格达被攻陷不到一年的时间里便造访了这座城市。他无心隐瞒自己的宗教信仰，据伊拉克历史学家阿卜杜勒·阿齐兹·杜里记载，他平毁逊尼派圣人陵墓，处决了城中好几位逊尼派领袖人物，与此同时花费大量金钱修缮卡齐姆圣陵，然后启程去往什叶派圣城萨马拉、卡尔巴拉和纳杰夫朝圣。[19] 新来的波斯统治者们在蓄意毁坏了艾布·哈尼法圣陵和罕百里学派传道士谢赫·阿卜杜·卡迪尔·吉兰尼的陵墓后仍不满足，又下达了一道极具煽动性的命令，要求将所有逊尼派清真寺改为什叶派清真寺。在西北方 1000 英里外的地方，有关伊斯玛仪屠杀逊尼派信众的夸张传言在伊斯坦布尔集市的人群中流传开来。

　　尽管如此，自大部分巴格达人能够追忆的日子以来，这座城市第一次成了名副其实的和平之城。巴格达与伊拉克的其他宗教圣城纷纷表态拥护这位新任霸主强硬的什叶派立场，同时，河流两岸散布的部落也都臣服于他的宗教权威。波斯商人开通了前往巴格达的商路，为这座城市日趋平静的宗教氛围注入了几分商业色彩。此后20 多年间，巴格达没有大乱发生。

　　但这样和平安宁的局面并不是巴格达的常态。在黑羊王朝与白羊王朝数十年的征战结束后，巴格达又成了一对更加强大的仇敌争夺的焦点：逊尼派奥斯曼帝国的"冷酷者"塞利姆苏丹（1512 年至 1520 年在位）虎踞西方，而在东方崛起的什叶派萨法维帝国，伊斯玛仪沙阿也雄心勃勃。乐观主义者或许认为在这其中巴格达城的重要性会有所回升，但交战双方的紧张局势令被夹在中间的巴格达民众忧心忡忡。

　　两国之间的缓冲地带白羊王朝灭亡后，两大帝国先是一番唇枪舌剑的威胁，而后正式开始了交锋。伊斯玛仪派遣使团，带着许多黄金、一个华丽马鞍和一把精心雕饰的刀剑前去拜见塞利姆。"波斯人的伟大宗主伊斯玛仪将这些礼物馈赠给你塞利姆，这些礼物与你的伟大十分相称，且与你的王国同价；如果你是个勇敢的男人，就保管好它们，因为我将到来，把它们从你身边夺回，还要一同夺走你的首级与你无义攫取的王国，因为一个贱农的子孙不配统治如此多的省份。"他在信中这样写道。[20]

据说塞利姆强忍住了想要当场杀掉使者的冲动。他在臣子的安抚下恢复冷静，下令割掉了使者的耳鼻。他这样回复道："土耳其人的伟大宗主塞利姆答复那条猖猖狂吠而不自知的恶狗，告诉他，只要他敢露面，我就将用穆罕默德＊对待乌孙·卡萨诺（乌尊·哈桑）的方式对待他。"[21]

宗教是这场战争名义上的开战借口，因为塞利姆自命为正统信仰的守护者。为了在出兵前宣示自己的权威，他宣布帝国境内的什叶派为非法，然后不加预警地屠杀了国内四万什叶派信徒。为了使异见者知难而退，他还屠杀了所有他认为有可能威胁统治的家庭成员。尽管塞利姆可能是一位卓越的诗人，但他铁腕嗜血的坚定决心并未体现一丝诗意，正如他某次对大穆夫提（mufti）提出的那个问题，"假如处死帝国三分之二的人口，能够保证余下的三分之一人口更加幸福，这样做是否被允许呢？"[22] 尽管伊斯玛仪的个人勇武被广受认可——同时代的一位意大利旅行家认为他"如斗鸡一样勇猛，比他手下任何一位领主都要健壮"，但他的军力远远少于奥斯曼军，所以在 1514 年的查勒迪兰战役中不出意外地被奥斯曼军击

＊　此处指奥斯曼苏丹穆罕默德二世。——译者

败了。²³塞利姆率军耀武扬威地进入了大不里士城。

这场战败极大地打击了伊斯玛仪沙阿，尽管在之后十年中频频失地，但他再也没有亲临战场。他开始整日哀叹，穿戴上黑色的衣服及缠头巾，并将他的军旗染成黑色。在伊拉克北部，波斯可汗被奥斯曼帕夏所取代。各个好战的部族充当着一个大国的走狗，袭扰着另一个大国。在巴格达，尽管总督坐拥高调的"众哈里发之哈里发"荣誉头衔，但难以掩饰权势的衰落。1528 年，巴格达总督的侄子祖尔·法卡尔在伊拉克北部的一个山口刺杀了他的叔叔，这更证明了波斯统治者掌控力的衰弱，然后他率军南下，夺取了巴格达的统治权。由于他深知在没有外部支持的情况下自己的地位无法保证，而且也预感到了政治风向的变化，这位一步登天的叛徒便将奥斯曼苏丹的名字铭刻在钱币上，同时在周五的布道辞（呼图白）中诵念他的名字，以这种传统方式表达对奥斯曼帝国的效忠。臣服和请求支援的消息很快便传到了伊斯坦布尔，同时到达的还有象征投诚的城市钥匙。

仅仅一夜之间，巴格达便溜出波斯帝国的股掌，加入了奥斯曼帝国。接下来奥斯曼帝国对这座城市的统治持续了两年，直到1530 年，伊斯玛仪的儿子和继承人太美斯普一世立誓夺回巴格达城。他在正面战场上发起了一系列进攻，但没能占到便宜，于是便施展阴谋诡计，买通祖尔·法卡尔的兄弟们，利用他们残忍地刺杀了他。然而，自从祖尔·法卡尔夺权以来，伊斯坦布尔一直自命为巴格达真正的主人。对于奥斯曼帝国来说，拥有这座城市对于巩固其在中东地区的合法统治地位意义重大。尽管这座城市荣华已逝，但它的名头及其唤起的回忆，仍然有着强烈的象征意义。因此，太美斯普沙阿凭借一时蛮勇重夺巴格达城的行为代表着对奥斯曼帝国苏丹、塞利姆之子苏莱曼大帝的直接侵犯，势必会引起奥斯曼人对什叶派异端的憎恶。

波斯人胜利了，但他们仅仅赢得了片刻喘息之机。自 16 世纪中叶以来，战争威胁的雷鸣愈发轰隆作响，号称"大帝""立法者""当代之主"的苏莱曼苏丹正厉兵秣马，准备吞并尚且稚嫩的太美斯普沙阿统治的土地。对于一心发动战争的人来说，借口不难编造。边界地区发生的变故，比如比特利斯的奥斯曼总督叛投波斯，完美地为战争借口增添了说服力，同时，苏丹还起草了将战争合法化、要求根除什叶派的教令（fatwa）。萨法维王朝治下的地区也威胁着奥斯曼帝国对从东南亚通往东欧的商路的控制。奥斯曼帝国于1517 年在开罗大门前击败埃及的马穆鲁克苏丹国，保证了对跨红海和埃及商路的掌控，自此以后奥斯曼苏丹正式自任为阿拔斯哈里发的正统继承者，而如今，伊斯坦布尔的野心转向了伊拉克与波斯湾的商路。

苏莱曼的"两伊拉克战役"——此处的"两伊拉克"指的是蒙古时代划定的伊拉克·阿拉比（美索不达米亚下游地区）和伊拉克·阿杰米（东部山区）——如火如荼地展开了：1533 年，他的大维齐尔伊布拉欣帕夏率军开进了北部高地。1534 年 7 月 16 日，凡城周边的库尔德要塞投降后，大不里士被奥斯曼军攻陷，苏莱曼亲自进城，接见并慷慨奖赏了尽忠职守的当地可汗和贝伊们。波斯军不愿与苏莱曼正面交战，于是撤退。翻越扎格罗斯山脉后，奥斯曼军筋疲力尽，损失惨重，20 万大军里的许多人都死在途中，但奥斯曼军还是到达了美索不达米亚平原。通往巴格达的道路门户大开。

和平之城陷入一片混乱：奥斯曼进军的消息和末日预言般的流

言四处传播，造成了极大的恐慌。总督穆罕默德·汗收到了许多劝降信，信中利用他的提克土库曼部族血统大做文章，企图以此引诱他叛投奥斯曼军。穆罕默德对劝降不为所动，但也不相信波斯援军即将到来的传言。眼见奥斯曼军力强盛，他相信抵抗只是徒劳，于是决定弃城逃回波斯。与他同一部族的同胞却已准备好向苏莱曼献城投降，不愿跟随他逃亡。当他催逼他们随他离开时，他们发起兵变，将古老的穆斯坦绥里耶大学占为据点。于是穆罕默德只好放手一搏：他决定采取欺骗的招数，先是假意变节，将部族首领们送出城外迎接苏莱曼，然后小心翼翼地渡过底格里斯河来到右岸，与他的家眷和什叶派拥护者一同逃回了波斯。

他逃亡的消息很快便传到奥斯曼苏丹耳中，于是他派遣伊布拉欣帕夏率先锋军占领巴格达城。大维齐尔未遭遇任何抵抗便进入城内，然后关闭城门以预防劫掠发生。一切都已准备就绪，只等苏莱曼在1534年12月4日盛大驾临。

历史并没有记载当巴格达人眼见侵略者大军驻扎城外时脑中有何念头。巴格达的社会精英们——部落贵族、法学家、学者、伊玛目和富商们——纷纷受邀来到苏莱曼奢华的临时行宫向他致敬，他们可能深知谦卑服从、个人魅力以及溜须拍马的艺术，于是盛赞奥斯曼帝国军功甚伟，信仰纯洁，欢迎这位新任哈里发来到举世著名的诸哈里发之城，为他讲述有关巴格达旧日荣光的故事，还信誓旦旦地保证在这位苏丹雄才大略的领导下，巴格达一定能够重返光荣。许多什叶派信徒则对这些逊尼派异族心怀畏惧，集市中耸人听闻的谣言疯传，声称针对异端的大屠杀即将开始，就像仅20年前塞利姆曾下令屠杀帝国境内的什叶派那样。

然而苏莱曼似乎准备安抚他的臣民，将逊尼派与什叶派一视同

仁。他大张旗鼓，庄严从容地朝拜了什叶派的卡齐姆圣陵与伟大的
苏菲派领袖马卢夫·卡尔赫的陵墓。在东部的阿扎米亚街区——如
今这里仍旧是一个狂热拥护逊尼派的地区——他不惜重金修复了先
前被伊朗什叶派占领者破坏的艾布·哈尼法圣陵。这座陵墓对于奥
斯曼帝国有着格外重要的意义，因为奥斯曼帝国支持哈乃斐法学派
远远超过罕百里、马利基和沙斐仪学派。这座圣陵被重建后拥有一
座高耸的穹顶，苏莱曼又为其增建了配套的清真寺和收容所，它在
之后的几个世纪里成了逊尼派信徒的朝圣地。苏莱曼还奇迹般地"重
新发现"了艾布·哈尼法的陵墓，这个精心编造的轶事与 1453 年
穆罕默德二世苏丹在征服君士坦丁堡、灭亡拜占庭帝国时，曾在君
士坦丁堡发现穆斯林圣人阿尤布·安萨里坟墓的故事不谋而合。[24]

苏莱曼继续进行着这场宗教精神感召下的建筑工程。他在谢
赫·阿卜杜勒·卡迪尔·盖拉尼陵墓的上方修建了一座穹顶，还完
成了 1519 年由伊斯玛仪沙阿发起的卡齐姆圣陵重建工程。伊斯玛
仪沙阿自称穆萨·卡齐姆伊玛目的后裔，他曾为这座圣陵铺设了闪
亮耀眼的彩色瓷砖。而后，苏莱曼还发起了更加朴素实用的建筑工
程，对运河进行了维护，并且建造了一座铭刻有他大名的堤坝，以
保护卡尔巴拉免受底格里斯河的洪涝危害。

苏莱曼在巴格达城内外停留了六个月，冬季艰苦进军库尔德
斯坦山区，令广大地区无数城池壁垒投降称臣后，他在这里休整军
队。迪亚巴克尔（位于安纳托利亚东南部）前总督苏莱曼帕夏被擢
升为伊拉克的首位奥斯曼总督，其麾下的卫戍部队包括 1000 名火
枪手和 1000 名燧发枪手。

这位"立法者"用干劲十足的行动证明了他的绰号所言非虚。
他花费大量时间规划了一套新的行政系统以管理他占据的广阔领

土，一套新的法典（kanunname）就此发布了。尽管在许多方面，这部法典与萨法维王朝的律令较为相似，但它还是显著减轻了总体税负，废止了许多不合法和欺压人民的行为。苏莱曼决心向世人显明，奥斯曼帝国的秩序要比萨法维帝国的统治更加优越。[25]

尽管和平之城又一次落入了外族统治者手中，但这次并没有流血杀戮。对于那些关心此类事务的巴格达人来说，或许在得知这位统治者是伊斯兰世界的领袖时，他们会深感宽慰。苏莱曼大帝，众苏丹之苏丹，众汗之汗，信士的长官和宇宙之主的使者的继承者，并非黑羊王朝或白羊王朝的地区军阀所能相比。

第 7 章

土耳其人与旅人

1534—1639 年

有情人眼中，纵使巴格达也不遥远。

——土耳其谚语[1]

1574 年 10 月 27 日，当曙光降临巴格达城，显露出棕榈林的片片树影、城墙的轮廓、长枪般耸立的宣礼塔和日光闪耀的穹顶时，一位疲惫的旅人拖着沉重的脚步来到了城郊。他此时正在进行一场长达三年的史诗旅程，拜访各个"东方国家"。他从巴伐利亚南部的奥格斯堡镇启程，在马赛乘船去往叙利亚古港城的黎波里；然后从阿勒颇出发，与一个由骆驼和驮驴组成的商队一同穿越大漠，到达了底格里斯河畔的比尔镇；他又从这里乘河船渡到费卢杰，此地与巴格达距离较近。这场长途跋涉的目的既非远行闲游，也非猎奇冒险或暧昧的谍战故事；莱昂哈特·劳沃尔夫来到巴格达是为了商业事宜。

　　劳沃尔夫是一位德国医师、植物学家和准商人，他受连襟之托，前去探索和研究新的药物、药用植物和草药，以便拓展家族生意。他对这座城市的第一印象并不美好：他将巴格达比作莱茵河畔的巴塞尔，"但远没有那么招人喜爱，建筑设施也不如巴塞尔完善"。因为街道"十分狭窄"，房屋"情况糟糕"，许多建筑都衰退得只剩一层，另一些则"几乎只留废墟"。破败灰暗的教堂都"荒废无比，你很难找到一座完整的教堂"。[2]

　　再没有旅者对这座城市表达肃穆的敬畏之情，阿拔斯时代旅人的激情赞叹也早已随时间消逝。曾经的宏伟壮丽如今变成了满目疮痍。巴格达西部的卡尔赫区曾经分布着人头攒动的繁华集市，但如今更像是"一座大村庄，而非城镇"。只有巴格达东部还存在着加固完善的城墙和壕沟。唯一值得观赏的景观只有土耳其帕夏——或"巴肖"——的营地和底格里斯河靠波斯那边岸上的大集市了。劳沃尔夫提到了河上的舟桥，但当年被安达卢斯作家伊本·朱拜尔比作"闪耀在两道镜框中间的明镜，或……双乳间的一串珍珠"的底格里斯河，此时已变得"灰暗无光，以致不忍目睹"，而且水流迅疾，使他头晕目眩。[3]

劳沃尔夫受召来到营地内一个"非常普通"的房屋里面见帕夏。这间房屋内点缀着雅致的装饰和精美的挂毯，帕夏严密地讯问了他此行的目的和所携带的商品。然后帕夏命令他离开这里，好好反省一下自己的处境。劳沃尔夫再明白不过了，这场讯问的目的其实是为了"从我们身上榨出些油水"。于是他先是假装没理解帕夏话里的话，再呈上了阿勒颇帕夏与法官分别签发给他的通关文牒，两样证件井然有序，分毫不差。然后他便小心翼翼地后退告辞离开，溜之大吉，"因为假如你转身用后背对着任何人（尽管那人可能远比帕夏地位低贱），都会被他当作是极其粗鲁、不文明和轻蔑的举止"。[4]

假使劳沃尔夫曾期待像阿拔斯时代的大美食家兼作家伊本·赛亚尔·瓦拉克那样尽享美食的话，那么他一定会感到失望透顶。因为在城里并没有为饥肠辘辘的旅客甚至为巴格达本地人服务的旅店，人们只能从集市上购买食物，然后自己动手烹饪。"无论是谁想吃什么都要自己做"，而且需要在自己住所前面的露天空地上烹饪。[5]住宿条件也远远谈不上精致贵气。由于房间里没有床铺、桌子、凳子、椅子或躺椅，劳沃尔夫只能打地铺入睡，将斗篷叠成两层作为床单和被单。食物供应十分短缺，曾经肥沃的"两河沃土"农耕地区已经萎缩成了一小片耕地。巴格达无力自给自足，只得依赖外地输入补给，其中包括谷物、水果和葡萄酒，这些货物主要从摩苏尔经底格里斯河顺流而下，运至这里。

尽管已经衰败不堪，但在曼苏尔听从建议在底格里斯河畔的这片贸易要地建城的八个世纪后，巴格达仍旧是一个熙熙攘攘的商业中心。据劳沃尔夫记述，这里"大量聚集着各式商品"，无数货物通过陆路和水路被运至此地，其中特别多见的商品来自小亚细亚、叙利亚、亚美尼亚、君士坦丁堡、阿勒颇和大马士革，被运往波斯和印度贩卖。12 月 2 日，这个德国人目睹了 25 艘货船载着"香料与名贵药物"抵达，这些商品从印度出发，经波斯湾进入霍尔木兹港，再运至巴士拉，然后用较小的河船，花最多 40 天时间向北运达巴格达。巴士拉与巴格达两地的商人利用信鸽保持着"良好的联系"。当满载的货船停靠在巴格达时，将香料贩运往土耳其的商人们便在城外开阔地带扎下帐篷，尽量隐蔽地将货物隐藏在麻袋下面以确保安全。他们人多势众，远远望去不像一大群商人，更像是一支浩浩荡荡的军队。

巴格达并不仅仅是香料贸易中心，这里也有其他货物的交易，甚至还有更加贵重的商品交易。在这些商人中，劳沃尔夫就曾遇到一位载着钻石、玉髓、红宝石、黄玉和蓝宝石的珠宝商人，巧妙地藏起货物避过了海关官员的搜查，这些官员由"极其贪婪"的巴格达总督任命，对此类珠宝严查勿论。[6] 珊瑚与埃及绿宝石，还有藏红花、樱桃、椰枣、罗望子、无花果、杏仁、丝绸、土耳其手帕以及最为贵重的良马，都一同被销往印度。由于这些商贸活动的繁荣，巴格达成为一个高度国际化的地点，在这里，阿拉伯人与波斯人、印度人、土耳其人、亚美尼亚人和库尔德人比邻而居。波斯人不仅在最富有的大商人中尤其著名，在最注重心灵虔诚的外国访客中也占有极大比重，他们大批大批定期途经巴格达去往麦加朝圣。某天，劳沃尔夫就曾目睹一支共有多达 300 名波斯朝圣者的商队来到巴格达，这支商队由马和骆驼载重。在此前的几个世纪中，对于这些饱受沙漠灼烤，夹杂在散漫的商队中来到城墙前的朝圣者们，巴格达早已习以为常了。

这位德国人记述了土耳其人与波斯人之间顽固不化的敌意，这种敌对关系在几个世纪里对巴格达造成了许多直接后果。尽管波斯人与基督徒关系友好，但据他记载，"至于土耳其人，由于其内部时常爆发血腥残酷的大战，因此他们十分仇恨土耳其人，并且称他们为异端"。[7]

至少在当时，土耳其人占据了上风，劳沃尔夫感到他们在态度举止上充分表现了这种优越感："土耳其人无比自大，以至于他们完全相信没有任何民族能像他们那样立下征服世界的功业。"[8] 这种仿佛理所当然的优越感，在将近 350 年后统治巴格达的英国人中间也绝非少见。

在驻留巴格达的两个月间，劳沃尔夫是一个机敏的观察者。尽管他曾多次轻信流言——比如他糊里糊涂地记载了生着三头的昆虫的故事以及波斯沙阿秘藏的独角兽——但他对于当地生机勃勃的商贸活动的赞叹，体现了欧洲人对于与巴格达的贸易机会愈发强烈的兴趣，也预示了多年以后德国与英国将在 19 世纪下半叶全面爆发的纷争。

劳沃尔夫所著的《奇妙旅行》与《远航记》，在更广的层面上也对巴格达的历史有着重要意义。在 16 世纪中叶以来前往巴格达的大部分欧洲旅者中，他是最早带回格外详尽记录的人之一，这一点在那个其他史料日渐缺乏的时代尤其难得。自 1534 年苏莱曼苏丹夺取巴格达城起，由于此后城市文献记录的损毁，奥斯曼帝国在此地第一个世纪的统治在多数情况下显得晦暗不明。这段时期文献失传的情况极为严重，以至于管辖这里的土耳其帕夏的确切交替顺序都已无从查考。更广泛地说，整片地区的历史记载都正在渐渐消失，沦于沉默。这种趋势仿佛帐幕一般笼罩了这座城市，只为这座城市保留了一层若隐若现的轮廓，却湮没了绝大多数引人注意的详尽细节。由于这段时期的历史记载不幸空缺，旅者们记录的故事也就拥有了格外的重要性。长途漂泊的中世纪修士与商人、贵族、作家、冒险家和探索者，都带回了大量有关巴格达的信息，其中包括建筑、居民、风俗、宗教和贸易等。这些文献大部分都由欧洲人所写，反映了以欧洲为中心的观点和囿于时代局限的偏见，尽管存在这些缺陷，我们还是要感谢这些旅者为这座早已退下神坛的城市留下详尽宝贵的细节描述。举例来说，在劳沃尔夫写作《奇妙旅行》和《远航记》之前，威尼斯商人切萨雷·菲德里奇就曾于 1563 年来到这里，贵族珠宝商加斯帕罗·加尔比也曾于 1579 年来到巴格达，一路上深受 "大群狮子和阿拉伯盗匪" 困扰。[9]

　　大量有关帝国在巴格达行政管理的基本信息留存了下来。当巴格达作为行省（ayalet）首府城市并入奥斯曼帝国领土时，这座城市被置入了一种全新的行政等级体系之下，而帕夏端坐在这个等级体系的顶端。他属下最高级的官员是法官和财务官（daftardar）。为权威提供保障的是耶尼切里军团[*]，这是一支帝国直属部队，至少

---

[*]　耶尼切里是奥斯曼帝国的精英步兵，组建于 14 世纪。其兵员大多是从基督教社区征募的少年，在经历严格的伊斯兰教育与军事训练后，他们成为奥斯曼帝国的一流作战部队。耶尼切里有可能——并且确实时常——在奥斯曼帝国内部攀得高位。

在理论上直接效忠帝都伊斯坦布尔；除此之外还有本地征募的部队，他们组成了帕夏的私人卫队。还有一个望族议会，用以监督帕夏的权力，尽管这种监督很不完善。

这套行政体系似乎正规有序，但掩盖了当时在巴格达权威阶层和帕夏们中间存在的局限性，这些局限虽不上台面，却十分现实。比方说，当地有许多什叶派信徒拒不接受遥远的逊尼派大国施加的外来统治，便各自串联起来加以应对。这座城市之外的纳杰夫、卡尔巴拉等地，以及名义上归属于巴格达管辖的广大沙漠地区，实际上都被纷争不断的各部族依照他们各自的律令统治着。中央政府的控制仅仅在首府以西40英里便已形同虚设，从费卢杰起，沿幼发拉底河向南延伸至库法和纳杰夫的大片土地都落入了部族的控制之下。沿幼发拉底河北上，在更远方的阿讷，艾布·里沙部族的酋长从阿勒颇与巴格达之间的沙漠商路上来往的商人手中榨取着财货，遥远的伊斯坦布尔也认可他为此地的合法统治者。另外，苏丹本人无论权势多么遥不可及，也总是对目中无人的帕夏虎视眈眈。更近在咫尺的麻烦还有波斯人，他们一直是逊尼派奥斯曼帝国的什叶派大敌。反叛、暴乱和动荡时有发生，有时破坏巨大。

巴格达变得狭隘孤立起来，"这座城市愈来愈像一座荒漠之海中央的孤岛，其上居住的只有目无法纪、咄咄逼人的海盗。它的生活曾经与领先半个世界的先进思想紧密相连，如今却渐渐沦落成了顾影自怜；就算对邻近城镇发生的事情，它的居民也已不再提起兴趣"。[10] 尽管巴格达已经衰败，但波斯人一如往常地将其看作通往麦加朝圣道路上的重要中转站，这条道路途经什叶派圣城纳杰夫，那里坐落着先知穆罕默德的堂弟和女婿阿里的圣陵，还有卡尔巴拉，先知的外孙侯赛因和他同父异母的兄弟阿拔斯就葬在那里。许多与伊斯法罕和大不里士交易的波斯商人常驻巴格达，这里也是他们的居住地。对于奥斯曼帝国来说，巴格达的价值在于它占据了战略要地，通过这里能够控制波斯湾，让印度和地中海建立联系。对于大部分伊斯兰世界的逊尼派统治者来说，尽管可悲的什叶派异端仍旧存在，但只要控制了这座城市，也足以流芳千古了。

第一位抵达巴格达的英国人是 1581 年的伦敦商人约翰·纽波利；他后来又于 1583 年再次起航，乘"猛虎号"前往叙利亚，随行的还有商人约翰·埃尔德雷德和拉尔夫·菲奇，珠宝商威廉·里德和画家詹姆斯·斯托利，这是一次开拓性的远航，莎士比亚曾在戏剧《麦克白》中专门用一句台词加以纪念（"她的丈夫是'猛虎'号的船长，到阿勒颇去了"）。[11]

从此开始，与巴格达的贸易公开地成了英格兰的优先政策。一开始这项政策是通过黎凡特公司的阿勒颇办事处进行的——这家公司于 1581 年在伦敦成立，成立之初便出资赞助了纽波利前往巴格达的商业任务——后来则通过东印度公司进行（这家公司直到 1798 年才在巴格达派驻代表）。[12]

埃尔德雷德认为巴格达是一个"四通八达之地，是东印度至阿勒颇之间的重要联通枢纽"。他描述了摩苏尔商人如何精巧地使用木筏（kalak）将货物运至城市：这些木筏被安置在充气的羊皮气囊上，气囊"像膀胱一样被吹得鼓鼓的"，然后相互捆扎在一起。运达之后，商品交易就会如期进行，木筏所用的木材会被拆下来当作柴火卖掉，而羊皮气囊则被放掉空气，打包载于驴子或骆驼背上，经陆路运回北方，等着用于下一次顺流而下的商业航行。像许多来到中世纪巴格达的旅者一样，埃尔德雷德也将他所发现的遗迹误当成"巴比伦古塔"，据他判断，这座遗迹"几乎和伦敦圣保罗大教堂的石造尖塔一样高"。[13]

欧洲人对于与巴格达的贸易机会兴趣颇丰，但他们留下的记载也表明他们对令人困扰的砝码与衡量单位，以及在巴格达流通的多种货币都感到困窘不已。但为了在这里做生意，这些常识都是必不可少的。纽波利以极大的勇气对当地的商品价格进行了调查。在作家和地理学家理查德·哈克卢伊特于1583年7月20日发表的书信中，他提到丁香和肉豆蔻皮每"贝特曼"（1贝特曼重7磅又5盎司）价值5"杜卡特"，月桂每贝特曼6杜卡特，肉豆蔻每贝特曼45"梅丁"（1杜卡特价值40梅丁）。生姜价值40梅丁，胡椒价值75梅丁，图尔贝塔价值50梅丁。尼尔每"彻尔"（1彻尔等于27.5"阿勒颇……罗特尔"）70杜卡特。比波斯货还要上等的丝绸每贝特曼11.5杜卡特。* 这封书信写于霍尔木兹监狱，因为一位威尼斯商人为了除掉自己地盘上的这位外国对手，污蔑他为间谍，向葡萄牙当局告发了他，"或许……他们会割断我们的喉咙，或者长时间羁押我们"。[14]事实上，仅两个月后他们就毫发无伤地被释放了，画家斯托利是个例外，他出人意料地出家做了修士。

1583年，英国人威廉·巴雷特也努力尝试厘清当地货币，他的一篇文章可能会给英制度量体系最狂热的支持者们当头棒喝，让他们重新审视自己对于公制度量体系的敌意。与同时代大部分来到

---

* 本段中的"贝特曼""梅丁""图尔贝塔""尼尔""彻尔""罗特尔"来自16世纪英语，在《牛津英语词典》中只能查到其中三个单词的含义：贝特曼（bateman）是"一种东方的重量单位"，梅丁（medin）是"一种值半迪尔汗的银币"，尼尔（neel）是"木蓝属植物（anil）的模糊写法"。这三个词条的最初来源就是本书介绍的这封书信。——译者

巴格达的旅者一样，他将当时的巴格达城误当成古代的巴比伦城，并且认为前者就建立在后者的遗址上。

> 巴比伦的现行货币是赛伊，同阿勒颇一样，1 赛伊价值 5 梅丁，40 梅丁价值 8 赛伊，折合 1 杜卡特，而 47 梅丁价值 1 威尼斯金杜卡特，最保值的银币价值 33 梅丁。根据需求，100 王家硬币出售价格为 100 德拉姆；但在商人中间，它的交易价格为 100 迈特劳，折合阿勒颇的 150 德拉姆。而阿勒颇的 150 德拉姆值 135 王家硬币；但在铸币厂或城堡，人们会出价 100 德拉姆交易，而这里的 100 德拉姆值 90 王家硬币。铸币厂支付的每 100 德拉姆都会比商人中间出售的要少 5 梅丁，他们会在 40 天期限内用赛伊付账。[15]

毫无疑问，与他通信的那位一定完全明白他在说些什么。

尽管蒙古人的浩劫永远地毁灭了巴格达作为帝国大都会的优越地位，但并没有完全抹除这座城市作为宗教学术、文学和艺术中心的重要性。大诗人福祖里（他为自己取的这个笔名十分引人注意，意为"冒失者"和"莽撞者"）用阿塞拜疆语、土耳其语、波斯语和阿拉伯语进行写作，他的作品暗示巴格达的文化界仍然充实丰富。他先前曾备受伊斯玛仪沙阿和萨法维王朝巴格达总督的恩泽，但在苏莱曼大帝于 1534 年夺取巴格达城后，他迅速转变了立场——也改信了教派。他为苏丹献上了一首颂歌（kaside），然后生怕这还不够，又分别给大维齐尔、大教法官和巴格达帕夏题献了三首阿谀拍马的诗歌。他被许下了一笔俸禄，这笔俸禄本应从什叶派圣所的多余捐赠基金中支取，但诺言并未兑现。这次经历无疑促使他写出那部尖刻的《怨言集》(Sikayetname)，在这部诗集中他强烈抨击奥斯曼帝国的官僚制度，也对自己没能当上宫廷诗人而痛悔不已："我为他们献诗，他们却不接受，只因那并非贿赂。"[16]

在漫长的沉寂过后，从 16 世纪中叶起，书籍插图行业也在巴格达重新复兴起来，在 16 世纪末又受到了宗教赞助者的强力支持。奥斯曼对于逊尼派圣所和神学院的重建造成的影响之一，是毛拉维泰克（tekke，即"分会"）的兴起，这是毛拉维教团在本地的一个分支——毛拉维教团最初由 13 世纪苏菲派诗人和神秘主义者杰拉勒丁·鲁米在安纳托利亚中部城市科尼亚创立。

尽管早年人员数量稀少，但在 15 世纪，毛拉维教团的清修者在伊斯坦布尔的奥斯曼帝国宫廷和贵族阶层中间规模庞大，有着极大的影响力。在这个教团中，德尔维希（即苏菲清修者）们遵行萨玛——即旋转舞，这是宗教典仪之一——舞蹈中伴有吟唱、诵诗、祷告及奏乐，用以引导舞蹈者进入出神的状态。从 15 世纪开始，历代苏丹由这个教团的领袖授剑以彰显统治的合法性，其中一些苏丹本人便是教团的清修者。1600 年前后，巴格达的毛拉维分会成了一个艺术成就中心，至少有两位杰出超群的书法家在这里工作：努塞拉·迪迪，他曾在伊朗和印度的宫廷被奉若上宾；阿卜杜勒·巴基·毛拉维，他还有个更广为人知的名字叫作库西，他曾在巴格达许多重要建筑的门面上题词，其中包括分会本身的门面。这段时间里，还有两位著名的抄写员居住在巴格达，他们是毛拉纳·哈桑·阿里和毛拉纳·巴巴。

最近的研究表明，从约 1590 年到约 1606 年，这座城市中存在着一种生气勃勃且奇异独特的"巴格达学派"细密画风格。这个学派最重要的赞助者和客户是毛拉维教团，他们委托编著了毛拉纳·鲁米和其他苏菲派圣人的配图传记；此外还有巴格达的帕夏们，他们要么希望自己收藏世界历史和系谱，要么想把它们敬献给苏丹；还有富有的什叶派客户，他们对于用细密画重现卡尔巴拉的悲剧格外感兴趣，那是一场发生在 680 年 10 月 10 日的战斗，当时伍麦叶王朝军队消灭了先知的外孙侯赛因率领的部队。[17] 由于这些赞助者并非皇家成员，细密画艺术也就摆脱了传统宫廷风格的死板僵硬和固定格式，转而用一种折中的笔触描绘巴格达的国际化景象、宗教史及其联通土耳其、欧洲、波斯与印度的商贸地位。绝大多数留存至今的细密画手稿都完全以宗教作为主题：亚当的堕落和被逐出乐园，亚伯拉罕被投入火中，穆罕默德端坐在麦地那的敏拜尔（即讲坛）上，巴格达诸圣人的画像，苏菲派神秘主义大师的生平和阿里一生中经历的事件。按米尔斯坦的话说，这是"伊斯兰绘画史上的最后一种独特风格"。[18] 十分不同寻常的是，在一份福祖里的《福乐花园》（*Hadikat al Suada*）手稿中，还出现了先知的女儿法蒂玛的画像。

这些细密画中体现了惊人的现实主义风格，它们尽量避免关注宫廷生活，而更注重城市本身，注重它的地标建筑、居民和访客。这里齐聚着土耳其人和波斯人，印度人和阿拉伯人，人人衣着服饰各不相同，年轻的贵族和花花公子们头戴平滑的缠头巾，浑身生癞的乞丐持碗乞讨，私家房室安宁祥和，秀丽的花园青翠宜人，人潮拥挤的集市艳丽耀眼。更具异域风情的是，这里还有流匪强盗、将罪人丢入火狱的恶魔、令人毛骨悚然的死刑、血腥的围城战、风尘仆仆的商队和欢乐的宴会。

奥斯曼人将巴格达看作动荡地区是有充分理由的，其中许多冲突动乱由萨法维王朝挑起，不出意外地，在这段时间里，宗教分歧也在巴格达城内外持续激化着冲突。太美斯普沙阿（1524年至1576年在位）是萨法维王朝历代君主中统治时间最长的一位，在他统治时期，波斯人向巴格达省境内纳杰夫与卡尔巴拉两地圣所的50名工作人员支付薪俸，命他们每日每夜诵读颂诗，赞美伟大的什叶派领袖，或者奥斯曼人口中的"邪恶沙阿"。伊斯坦布尔方面疑惧这是一套处心积虑的危险政策，用以煽动不满情绪，促使民众推翻苏丹的统治。[19] 在1573年下达的一条皇家律令（firman）中，苏丹指示巴格达省的贝勒贝伊（总督将军）"清除"这50个人。1577年，在对波斯的战争爆发前夕，这位官员又一次受命调查省内异端，并"惩治煽动者……有必要除去他们"——这是奥斯曼人对"处决"的委婉说法——结果他发现省内活动的"异端和不信者层出不穷"。1582年，宗教迫害达到高峰，形势凶险无比，甚至别有用心的逊尼派阴谋家会半夜潜入无辜者家里，把一顶奇兹尔巴什帽放在桌上作为证据，诬陷此人是什叶派异端。* 在巴格达城内外，许多人仅仅因为流言蜚语便被投入监狱。

　　尽管从量上讲，逊尼派与什叶派的分裂是最为主要的宗教争端——其所造成的暴力事件也最频繁——但宗教分裂冲突不仅是穆斯林的特例。1552年，聂斯托利教会发生分裂，此次分裂导致一支反叛派别与罗马天主教共融，并于一年后成立了全新的加色丁礼教会**，其领袖为西默盎八世，他是首任巴比伦宗主教，这一职位一直延续至今。对于聂斯托利派牧首西默盎七世而言，这个新教会

---

* 　奇兹尔巴什（字面含义为"红头"）运动得名于萨法维家族支持者头戴的红色头饰。这个词也被奥斯曼人用以蔑称小亚细亚的什叶派教团。

** 　这个术语沿用至今，一直用于指代塞浦路斯的加色丁礼教会。

15. 786年哈伦·拉希德在巴格达接待查理大帝的使节。图为德国画家尤里乌斯·柯克尔特（1827—1918年）于1864年绘制的油画，是欧洲东方主义艺术的经典范本，强调了欧洲人印象里中东文明的异域感和感官刺激。

16. 一位蒙黑面纱的巴格达女子，出自18世纪的《女书》。

17. 巴格达女性在玩中东流行的"曼卡拉"游戏，佛朗索瓦–马里·罗赛《东方服饰》中的一幅水彩画，该书出版于1790年。

18. 一幅19世纪的素描，描绘了从底格里斯河望去的巴格达景色，由皇家海军詹姆斯·菲茨詹姆斯中尉绘制，他参与了弗朗西斯·劳顿·切斯尼于1835—1837年进行的幼发拉底河远航。

19. 亨利·皮克斯吉尔为英国旅行家詹姆斯·西尔克·白金汉及其妻子画的肖像画，画中两人皆身着阿拉伯服饰。当白金汉于1816年来到巴格达时，他称英国领事克劳德·里奇为奥斯曼帝国帕夏之下巴格达"最有权势的人"。

20. 威廉·科灵伍德于 1853—1854 年绘制的巴格达地图。这位年轻的海军见习军官不得不使用"各种各样的秘密手段"绘图，比如在袖口和衣角记录下方位、距离与步数，"来打消土耳其人的怀疑"。

21.1914 年横跨底格里斯河的浮桥。近 1200 年来，直到 1932 年英国人建立第一座稳固的大桥为止，浮桥与渡船一直是沟通底格里斯河东西两岸的仅有工具。

22.1917 年巴格达的英国领事馆。由于占据了河边的首要地点且规模宏大，这座领事馆从建筑上大大宣示了英国在伊拉克的地位与影响力。英国于 1920—1932 年对伊拉克进行托管。

23. 巴格达人划着古法船横渡底格里斯河，古法船是一种传统的圆形船只，用芦苇编织而成，并抹上沥青防水。河面上古法船众多，1914 年有一位作者将之比作"1000个底朝天的巨大沥青泡泡"。照片背景里是欧洲蒸汽轮船。

24.1917年3月11日英国陆军罕布什尔郡第4团穿过穆阿扎姆门进入巴格达，结束了土耳其人四个世纪的统治。格特鲁德·贝尔这样说："我相信，我们将把这里建设成阿拉伯文明与财富的伟大中心。"

25.1921年8月22日伊拉克第一位国王费萨尔一世的加冕礼在巴格达的军营宫举行。照片最左边是英国高级专员珀西·柯克斯爵士，他身旁是国王的顾问基纳汉·科恩瓦利斯爵士。英军总司令艾尔默·哈尔丹上将站在费萨尔的左手边。王座背后是国王的副官陶菲克·丹鲁吉，最右侧的是马哈茂德·盖拉尼，他是首相的儿子。

26.20 世纪 20 年代，巴格达，费萨尔一世与萨松·埃斯基尔（坐在中央，留白胡子、戴菲兹帽者）坐在一起，后者是伊拉克犹太人政治家与金融家。1909 年埃斯基尔是巴格达驻伊斯坦布尔的六位国会议员之一，10 年后他成为伊拉克新政权的建筑师。1904 年的巴格达拥有四万犹太人，占城市总人口三分之一。

27. 以色列联合大学于 1865 年在巴格达建立了第一所犹太学校。照片中的劳拉·凯杜里女子学校也是以色列联合大学的计划之一，该学校于 1911 年开放，很快就在女强人巴桑夫人的管理下成为巴格达顶尖的女子学校。

28.1924 年格特鲁德·贝尔在英国驻巴格达高级委员会,身旁围绕着英国同僚与伊拉克高官。贝尔是一个强势人物,拥有东方秘书、阿拉伯学家、探险家、拥王者、现代伊拉克的奠基人等多重身份。她曾宣传:"整个伊拉克境内所有部落领袖,不论地位高低,我都了若指掌。"

29.1932 年 10 月 6 日费萨尔一世在王公举办的宴会上,基督教主教们庆祝伊拉克加入国际联盟与英国托管的结束。同犹太人一样,伊拉克基督徒生活在美索不达米亚的历史远比穆斯林久远。

的诞生令他无比难堪。他并没有遵守基督徒的美德，伸出另一边脸去任其羞辱，而是与奥斯曼帝国当局合谋抓捕西默盎八世，借助当局严刑拷打并处决了他，为这个新生的教会贡献了第一个殉道者。1628 年，又一支新的基督教派别来到巴格达，博韦的儒斯特神父在这座城市建立了嘉布遣会的分会；嘉布遣会在这座城市留存下来，直到 19 世纪初才被加尔默罗会取代。

1598 年 9 月 29 日，巴格达迎来了最为耀眼夺目的外国贵客之一。安东尼·谢尔利爵士是一位老派英格兰冒险骑士兼游侠。在充满惊奇经历的一生中，他曾先后被伊丽莎白女王和詹姆士一世国王下狱，被法王亨利四世授封骑士，被阿拔斯一世沙阿封为亲王和大使，被神圣罗马帝国皇帝鲁道夫二世派往摩洛哥，还被西班牙国王腓力三世任命为舰队司令。他与波斯沙阿（被当时的英格兰人称为"索菲"）谈笑风生的事迹，以及他在这场会面中获得巨额财富的故事，甚至流传到了莎士比亚的《第十二夜》中。*谢尔利背负着双重任务：其一是振兴英格兰与波斯的商贸联系，其二是鼓动波斯人打击奥斯曼帝国。

在他到达巴格达城时，所携带的价值 6000 克朗的货物（其中包括他最为珍视的绿宝石酒杯）被当地官员查封了，因此在受到巧取豪夺的哈桑帕夏接见时，谢尔利完全没有心情与他交涉。他的同伴乔治·曼纳林写道：

---

* 费边："即使波斯王给我一笔几千块钱的恩俸，我也不愿错过这场玩意儿。"（第二幕，第五场）托比·培尔契爵士："嘿，老兄，他才是个魔鬼呢；我从来不曾见过这么一个泼货……他们说他曾经在波斯王宫里当过剑师。"（第三幕，第四场）

当安东尼爵士面见他时，帕夏期待他会致上极大的敬意，但……安东尼爵士大胆地走上前去，一个躬也不鞠，直接在他身边落座，毫无摇尾乞怜之态。于是总督冷冷地盯着他，说他应该被锁链锁起来，押去君士坦丁堡面见土耳其大君，他的所有同伴都应该被砍头，再把首级挂在巴格达城门上。[20]

谢尔利对威胁不为所动。在他停留的短暂时间里，他赞美了巴格达所提供的商业机遇，吹嘘这里"齐聚各式优良商品，物美价廉"，而曼纳林发现此地"人流如织，到处都是东印度、亚美尼亚、波斯、土耳其和威尼斯的商人，还有很多犹太人"。[21]但没过多久，谢尔利便听说伊斯坦布尔方面下达命令，要哈桑帕夏抓捕他们这队英格兰人和一个法国人，一同押去面见苏丹。于是在一位名叫维克多里奥·斯贝奇埃罗爵士的佛罗伦萨商人对他们倾囊相助，偿清了谢尔利的损失后，他们混进波斯人的朝圣队伍逃走了。

1603 年，又一位英格兰人约翰·卡特怀特，赞美了这座底格里斯河上的城市喜庆的景象。据他记载，巴格达"各类货物一应俱全，谷物、肉类、禽类、鱼类和野味琳琅满目；除此之外还有大量水果，尤其椰枣储量最为丰足，而且十分廉价"；巴格达城周长三英里，全城遍布着用日晒砖建成的低矮平顶房，这座城市比起巴比伦来"既不宏伟也不美丽"——他认为巴比伦曾经矗立在巴格达的废墟上。[22]

在这段时间，巴格达的地平线上有几座新建筑崛起。其中较为著名的有穆拉德帕夏建于 1570 年的穆拉蒂耶清真寺和哈桑帕夏所建的被称为"贾米·瓦齐尔"的清真寺。更有趣的是，这里还新建了著名的商栈、咖啡屋和集市，由吉亚拉扎迪·优素福·希南帕夏于 16 世纪 90 年代兴建，并在上面铭刻了自己的名字。这些建筑很快便成了巴格达最受欢迎的一角，时常聚集着手艺人和商人。因此一个本地谚语也应运而生，"他家变成了'汗·吉干'"——"汗·吉干"是他名字的变体，而娼妓或荡妇淫娃的阴部也被比作'汗·吉干'，用以比喻它们同样人来人往。吉亚拉扎迪因重建金匠清真寺（Jami al Sagha）而流芳后世，这座清真寺至今仍矗立在穆斯坦绥里耶区附近的街区内（今日的行人会看到有一家老字号咖啡屋，缭绕着水烟壶的烟雾，占据在它的门口）。他还修复了毛拉维分会，这座建筑也存留至今，被今日巴格达人称为"阿萨菲耶清真寺"，它细长的宣礼塔和成对的蓝色穹顶高耸在底格里斯河畔。

1604 年 10 月 4 日，葡萄牙探险家与探索者佩德罗·特谢拉来到巴格达。当年这个时候舒适宜人，无疑使他印象大好，他认为这里的气候"十分纯净、温和且健康"。他对一座由 28 条船组成的浮桥印象深刻，这座桥一端在东岸的城墙上，另一端在西岸的房屋上，用"巨大的铁链"加以固定。每到周五夜间祈祷，或者起大风和涨水时，它便会在河流中央分成两半，与两岸平行安置。

在驻留巴格达的两个月里，特谢拉首次记录了一种日后将风靡世界的新的社会现象：咖啡屋。男人们——只有男人们——会在这里聚集畅聊。"他们依秩序坐下，每人上一杯热气腾腾的饮料，用四至五盎司的瓷杯盛着。每个人手里都端着一杯饮料，一边吹凉一边小口啜饮。这种饮料是黑色的，味道差劲；尽管据说它有很多优点，但没有一条被证实过。只是因为他们有这样的习俗，所以他们才聚在这里聊天，并且喝这东西作为消遣。"特谢拉写道。咖啡屋老板还注重其他吸引顾客的手段，比如音乐，以及更重要的——"盛装的俊美男孩，负责上咖啡和收钱"。[23] 这些咖啡屋在夏季夜晚和冬季白天都生意红火。

据这位葡萄牙人记载，除此之外，还有几座引人注意的公共建筑。他提到了穆斯坦绥里耶学院、哈里发大清真寺、穹顶集市及其他几座清真寺，自然还有帕夏官邸所在的城堡，坐落在底格里斯河东岸，今日穆阿扎姆门区所在的地区。帕夏与其部下 2000 名士兵就居住在这座府邸中，它"宽敞但没那么坚固"，砖造围墙周长 1500 步；城墙上架着大炮，周围的空地上围绕着一圈 8 腕尺深、12 腕尺宽的壕沟；城堡周边的土地平坦，利于耕种，在冬季常被洪水淹没，只能乘船渡过。巴格达卫戍部队的总数为 1.4 万名步兵和骑兵，其中既有土耳其人也有其他民族；其中约有 5000 人（包括 1500 名耶尼切里士兵）居住在城市中，其余则在军营和哨卡居住。

尽管帕夏"全权负责战和两端的最高指挥权"，但这里还存在着一位由奥斯曼人任命的"护法官"，负责协助外乡人，在他们或其他商人遭受政府欺压时为他们辩护。在特谢拉停留期间，这位"护法官"就曾迫使几位奥斯曼官员下狱，帕夏本人也被迫放弃了他颇为重视的项目计划。

这位葡萄牙探索者对巴格达人的外貌、性格和礼仪颇有好感，巴格达人说阿拉伯语、波斯语和土耳其语，其中土耳其语最为流行。"男性大多骑马，衣装齐整华丽；女性也是同样，她们中许多人相貌美丽，大多数人的眼睛十分好看。在大街上她们总是身穿名叫'恰多尔'（chaudele，即 chador）的长斗篷，但并不是黑色的，她们的脸上覆有丝质或薄面纱，多为黑色或紫色，因此她们能看到一切，而别人看不见她们的面目。"特谢拉描写道。他认为人们并不总是诚心遵守这种展现女性庄重的礼节，因为他曾注意到，一些女性多次"故意让面纱滑落"，从未失手过。[24]

他估计巴格达有 2 万至 3 万间房屋，其中有 200 至 300 间——也就是 1% 的房屋属于城中的犹太人社区。在这些犹太人中，大约有 12 个家族据称其祖先可追溯至约公元前 586 年的巴比伦第一次犹太大流散时代。犹太人居住在单独的街区里，拥有自己的会堂；他们中大多数人都"非常贫困"。10 间房屋属于亚美尼亚基督徒，而聂斯托利派基督徒占有 80 间房屋。

尽管同他的某些前辈一样，特谢拉称赞了巴格达的商品丰富，物美价廉，但在他的记载中，他也评价了巴格达商业区萎缩的情况，当地只有不多于七条或八条街道分布着店铺和工坊，供长途商人投宿的商栈数量也是同样。最兴盛的加工业似乎是编织业，共雇有 4000 名羊毛、亚麻、棉花和丝绸纺织工，"从不辍工"。巴格达本地也有铸币厂，负责铸造金币、银币和铜币。

帕夏们你方唱罢我登场。1607 年，动乱爆发了，巴格达驻军中一位名叫穆罕默德·塔维尔的耶尼切里队长夺取了权力，这一事件再次体现了奥斯曼帝国在此地权势的薄弱。伊斯坦布尔方面派出了曾任大维齐尔、时任迪亚巴克尔总督的纳西尔帕夏前去镇压叛乱。纳西尔率领四万军队向南进军，却于 1608 年因军中叛变而溃败。在这次讨伐失败后，伊斯坦布尔方面只好让步，屈辱地承认了穆罕默德·塔维尔的帕夏头衔。仅仅一天后，穆罕默德·塔维尔被穆罕默德·查拉比刺死，后者曾在城中为毛拉维派旋转舞苦修士建造了一座分堂。无论叛军们期望这来之不易的权力能给他们带来什么利益，此刻全都化作了痴心妄想。局势持续动荡不安，残酷血腥，巴格达见证了总共五位帕夏的兴亡。

罗马贵族皮耶特罗·德拉·瓦雷于 1616 年 10 月 20 日来到巴

格达，他为自己的故事增添了一抹浪漫色彩。德拉·瓦雷身材结实，蓄着时髦显眼的山羊胡，戴着一只耳环，他是一个伤痕累累的失恋者——他先前曾向人求婚，却被狠心拒绝——立下誓言要前往东方远行朝圣。他为人荒唐古怪，有时又矫情造作，总是喋喋不休地抱怨在游历巴格达的旅程中丢了自己的意大利内衣，"因为土耳其亚麻布都不怎么样"。从来没有人敢于小看沙漠旅行的危险性，他就描写了当自己夜间离开帐篷，去附近"小解"时，也要随身带上佩剑和火绳枪，"满怀斗志，随时准备好力战至死"。[25] 尽管德拉·瓦雷有着拉丁式的狂妄张扬性格，但他同时也饱览群书，积极进取。通过深入研究圣经，古兰经，古希腊历史学家及地理学家希罗多德、斯特拉波和狄奥多罗斯的著作，他驳斥了当时人们普遍持有的认为巴格达就是巴比伦古城的猜想，他可能也是头一个辨认出今日伊拉克首都以南 55 英里处的遗迹才是巴比伦城旧址的人。

德拉·瓦雷发现，巴格达西部更像是一个"广大开阔，没有城墙保护的郊区"，而不像一座城市，这证明了在底格里斯河西岸，城区经历着更为剧烈的衰落。大部分房屋的底层位于街道平面以下，因为"夏季温度极其炎热"。人们就居住在地下房间里，在最炎热的时间一连几天都留在室内，这些房间光线阴暗，时常没有窗户。当想要透口气时，巴格达人便会在小院里坐下乘凉，他们管自己的院落叫"迪万"（diwan），"所有房屋都有一侧向外敞开，就像大型凉廊一样"。[26]

德拉·瓦雷对于巴格达建筑的良好印象因一场家庭悲剧的突发戛然而止。一天中午，当他的仆人洛伦佐在厨房一边哼着小曲一边准备沙拉时，他的另一个仆人托马索突然冲进来，在洛伦佐背上连刺两刀。

你可以想见，当我目睹这滔天大罪发生时有多么惊愕——一个常年忠诚侍奉我的人无缘无故被杀，几乎死在我的怀里。但再三思量，我又为如何处理这件事而感到焦虑。我们身处一个土耳其治下的国家，而且我们所在的城镇距离宫廷十分遥远，在那里也没有我们的大使或者顾问；在那里公正一文不值，所有人——尤其基督徒——都会遭到最无情的对待。[27]

出于与生俱来的戏剧化自我表现天赋，德拉·瓦雷在脑中预演了诸多他可能会面临的刑罚：关押，高额罚款，严刑拷打，逼迫改信伊斯兰教，或者——他甚至不敢细想——自己可能会被活活钉死。最后，在一位好心的马耳他商人朋友帮助下，这场危机终于解决了。当天晚上，那位商人将尸体用船运出城市外围，偷偷丢进底格里斯河，从巴格达建成至今，这条大河一直都起着抛尸场的作用。

德拉·瓦雷经历了许许多多戏剧化的事件——其中多数都是自我陶醉——他在一趟旅途中的惊奇遭遇，比大多数人一辈子遇上的都要多。后来，就在他刚刚从巴格达的家庭谋杀案中恢复精神时，30 岁的他狂热地爱上了一位美丽的基督徒贵族女孩，她名叫马阿妮·乔叶莉达，年仅 18 岁，是叙利亚与亚美尼亚混血儿。这场求爱炽热而激烈，这个无所畏惧的罗马人不顾女孩母亲和父亲的先后阻挠，用必要的贿赂摆平了土耳其官员，最终把他的"巴比伦爱人"娶到了手。这是一场伟大的爱情，尤其在这位罗马人的笔下更为撩人心弦。但这场热恋却以悲剧告终：在一次流产过后，年仅 23 岁的她去世了。

德拉·瓦雷到达巴格达时，刚好遭遇了波斯人的又一轮发难——1616 年 12 月，一支军队侵入巴格达省，抢掠了巴格达城东北方的大城镇曼德里。帕夏派出了约 8000 名士兵的军队进攻他们，但也敏锐地感觉到，中断商队的自由通行权是万万不可的，"因为巴格达十分依赖波斯的商品供应"。[28] 但这场小规模的波斯入侵仅仅是个前兆，预示着巴格达即将遭遇更加致命的危机。历史学家斯蒂芬·亨斯利·朗格里格并不总是口出惊人之语，但根据他的说法，"在人类历史上，这则故事足以称之为背信弃义的经典案例"。[29]

1619 年，一位名叫"苏巴什人伯克尔"的耶尼切里军官推翻了软弱的优素福帕夏，一跃成为城中最具权势的人物。1621 年，正在伯克尔外出进攻巴士拉时，一场阴谋酝酿起来，阴谋的主使人是伯克尔的劲敌穆罕默德·坎巴尔，他一心想要除掉这位篡位者。有关密谋的消息传到了伯克尔的儿子及其副官耳中，于是他们迅速行动起来，占领关键设施，封锁街道，并且包围了帕夏藏身的城堡。然后他们致信通报伯克尔，后者立刻挥军回攻巴格达。在帕夏被一发流弹射杀后，坎巴尔很快便投降了，并且获得了人身安全的担保——但正如许多此类许诺一样，那一纸担保并无分量。伯克尔继承了巴格达历代统治者在过去十个世纪以来展示的残酷天才，他为坎巴尔及其两个儿子设计了一套极其痛苦的死刑。他们被人用锁链锁起来，捆在一条满载硫黄和沥青的船上，推到底格里斯河中央，然后点起火来。伯克尔出神地观赏着行刑场面，直到他的仇敌被烧成焦炭为止，坎巴尔父子三人焦黑的尸体带着嘶嘶声沉入了河底。然后大屠杀开始了，一位高级宗教学者，德高望重的巴格达穆夫提成为其中地位最高的死难者之一。

伯克尔自立为帕夏，企图得到伊斯坦布尔方面的承认，但遭到断然拒绝。大维齐尔米尔·侯赛因派出了奥斯曼朝廷自己的人选苏莱曼帕夏，前去巴格达掌权，支援他的还有迪亚巴克尔总督哈菲兹·艾哈迈德帕夏。尽管伯克尔一开始击败了前来罢黜他的军队，但后来还是一败涂地，被迫谈和。他继续坚持自己的帕夏地位，但他的敌人决不接受这个条件。

就在这些既高贵又肮脏的国家交易进行的同时，巴格达的平民百姓正在备受苦难煎熬。一场严重旱灾引发了恐怖的饥荒，导致物价飞涨，掠夺横行。正在他们艰难求食的当口，成千上万阿拉伯难民的到来又加剧了凄惨的现状——他们从阿拉伯半岛崎岖的内志高原来，同样深受饥荒之苦，向北涌入这里——巴格达人陷入危急的处境，人吃人的事件时有记载。

投机行径很快化作了明目张胆的背叛。伯克尔修书致信阿拔斯沙阿，并随信献上了巴格达城的钥匙，意欲以此为条件换得萨法维君主对其总督地位的承认。一支波斯军队迅速集结在哈马丹总督苏菲·库里·汗麾下，踏上沙场，沿边境聚集。在得知伯克尔与波斯人狼狈为奸后，哈菲兹·艾哈迈德帕夏只好不情愿地承认了他的帕夏地位。一俟得手，伯克尔随即出尔反尔，违反了刚刚与阿拔斯沙阿订立的协议。为了表示他新近向奥斯曼称臣的诚意，伯克尔下令将波斯人倒吊在城墙上。

1623 年夏季，阿拔斯沙阿率军御驾亲征巴格达城。城内的境况再次急剧恶化，变得凄惨无比。据记载，巴格达人被迫捉狗充饥，易子而食，甚至取食尸体。逃兵源源不断地翻过城墙，投奔另一端的波斯大营。伯克尔不知情的是，他驻守城堡的儿子穆罕默德此时正与沙阿暗中通信，像父亲之前所做的那样，许诺将巴格达城拱手让出，换得总督大位。穆罕默德的提议被波斯人接受了。

1623 年 11 月 28 日深夜，放大批波斯士兵进入城堡后，穆罕默德打开了城市大门。顿时波斯军的号角声响彻全城，阿拔斯沙阿被拥立为巴格达的主人。希罗多德或许会把这件事当作因痴心妄想招致自我毁灭的经典案例，伯克尔处心积虑背叛他人，最终却因另一场更高明的谋叛而死。他被押到阿拔斯面前，亲眼看着他那变节的儿子身穿华丽的丝制荣誉赐袍，冠冕堂皇地坐在沙阿身边。然后他与自己的支持者一同被施以极其缓慢的酷刑，最后被处死。许多人都被活活烧死。之后，沙阿颁布大赦，安抚城中满心恐惧、面有菜色的居民。

然而这不过是一场谎言。波斯士兵将最富有的巴格达人驱赶在一起，严刑拷打他们，逼问藏匿财产的地点。逊尼派与什叶派之间的势力平衡又一次被倾覆了，并且再次带来了屠戮与毁灭。数千逊尼派穆斯林，包括巴格达穆夫提——一个充满风险的职位——都遭到了屠杀；还有数千人被掳回波斯，贩卖为奴。1508 年的悲惨景象重演，巴格达建筑的瑰宝，艾布·哈尼法圣陵和谢赫·阿卜杜勒·卡迪尔·盖拉尼陵墓再次遭到洗劫，几乎被彻底毁坏。但令人宽慰的是卡尔巴拉所守护人的善行：他着手开列了一份巴格达什叶派人口清单，同时也把许多逊尼派人士的名字加了进去，被列在这份名单上的人将免于一切暴行。阿拔斯沙阿血洗了这座城市，以此欢庆自己的朝圣之旅，然后便凯旋回军伊斯法罕，随后苏菲·库里·汗执掌了巴格达城。

1623 年巴格达的陷落又是一次毁灭性的暴行。由于逊尼派社区被屠掠殆尽，巴格达人口锐减，只有少数波斯人迁入补充了部分人口，其中大多是军人、商人和官员。屠城造成的破坏并未被修复，许多因围城战而损坏的房屋都化为空壳，学院则改成了马厩。这座城市萎缩严重，原来在 12 世纪穆斯塔齐尔哈里发统治下，巴格达东部被城墙包围的许多土地，此时都被抛荒，只剩下大片焦黑荒芜的空地和散落着破砖乱瓦的池塘，如此惨象一直延续到 20 世纪。

尽管 1623 年的阿拔斯沙阿可能不会提前预知后事，但波斯人对巴格达的占领仅仅是土耳其人从 1534 年至 1917 年对巴格达长达四个世纪的统治中间一段短暂的空白期。这段插曲并不令人快活，因为在这 15 年间的绝大多数时间里，巴格达人都要被迫面对城墙外企图尽全力重夺这座城市的奥斯曼大军。和平之城的沦陷令伊斯坦布尔方面震怒不已，苏丹决意从波斯人手中夺回这座孤苦凄惨的纪念碑。1625 年底，此时已升任穆拉德四世苏丹的大维齐尔、同时仍持有迪亚巴克尔总督职务的哈菲兹·艾哈迈德帕夏，率领奥斯曼军发起了第一次围城战，集中全力攻打影门附近的南城墙。在战壕、炮位和临时掩体搭建完成后，随着 50 枚地雷震天动地的爆炸和一系列突击的展开，攻城战正式开始了。城内物价飞涨（一拉特尔 * 小麦涨价到了七迪尔汗银币），令巴格达的民生状况更加悲惨；又一场饥荒到来，再次加重了苦难。巴格达坚守了长达七个多月时间，沙阿派遣的大批援军更鼓舞了守军的决心。援军持续不断地袭扰着奥斯曼军队，两军之间爆发了三场激战，尽管不分胜负，但令双方都损失惨重。饥荒和瘟疫在奥斯曼军大营内横行，城内也渐渐遭遇了同样的厄运。双方僵持的同时，谈判也在断断续续地进行。在一次谈判中，波斯人提出交出巴格达，换取对纳杰夫的控制权，

---

* 拉特尔（ratl）是中世纪中东普遍使用的一种用于称量小件物品的计量单位，一般用于称量食品。几个世纪里，巴格达的 1 拉特尔在约 300 到 500 克之间变化。

但不了了之。最后，因为进退两难的奥斯曼军大营内部爆发兵变，巴格达城终于摆脱了危机。哈菲兹·艾哈迈德帕夏很快便发现自己被围困在艾布·哈尼法圣陵的废墟中。由于军纪完全崩溃，耶尼切里部队也拒绝继续作战，奥斯曼军只好撤围退军。

1630 年，在哈菲兹·艾哈迈德因战败而被降职后，奥斯曼人再次尝试重夺巴格达。苏丹派遣了另一位大维齐尔胡斯列夫帕夏，前去围攻巴格达城。他于 8 月到达，然后于 10 月发起了进攻，主攻方向为北城墙。在将近两个月时间里，巴格达城承受着奥斯曼炮兵的轰击，以及用于炸塌壁垒的地雷的轰炸。胡斯列夫帕夏仅差一点就成功攻下了这座城市，但由于巴格达的城防无比庞大复杂，再加上补给和弹药供应的中断，进攻变得吃力起来，最后奥斯曼军于 12 月撤退，仍旧没能达成任务目标。

这段时期持续不停的战乱使和平之城的居民陷入绝望的境地。从 1632 年至 1638 年，在波斯总督贝克塔什汗统治期间，巴格达人口骤降了七成，这还并未算上因战争而死伤的人口。围城战造成的最大灾难并非血战和轰炸导致的死伤，而是随之而至的瘟疫和饥荒，它们如同双子恶魔般夺走了大多数人的性命。因此，据法国的奥斯曼历史学家罗贝尔·曼特朗估计，巴格达人口从 16 世纪后期约 4 万至 5 万人的峰值跌落到 17 世纪的仅 1.5 万人，这更多是因为传染病蔓延，而非围城战造成的杀戮的后果。[30]

1664 年，法国旅行家，精通土耳其语、阿拉伯语和波斯语的语言学家让·德·泰福诺，在巴黎出版了一部名为《黎凡特旅行记》（*Relation d'un voyage au Levant*）的著作。在去往北非和中东长达四年的艰辛旅程中，他运用丰富的想象力记录下了自己的历险经过。他的游记中满是英勇的冒险行为，比如他曾攀登西奈沙漠中的圣凯瑟琳山，还曾发掘亚历山大的古墓。书中也记载了无数琐碎的奇人趣事，比如受割礼的女性、制作柠檬汁冰糕的方法、波斯天象家，还有一个专门从孩子的耳朵里取出虫子的女人。

泰福诺从摩苏尔出发，顺底格里斯河南下，经历了一场波澜起伏的冒险旅行，途中他曾多次被衣不蔽体的盗匪、豺狼和紧追不舍的狮子袭击。1664 年 8 月，天气酷热令人萎靡，他在巴格达停留了四天时间。此时的巴格达是一座两个小时便能逛完一圈的城市。虽然城中遍布波斯人建造的"漂亮的集市和美妙的妓院"（"基本上所有良好的建筑都是由波斯人建造的"），还有一座白色石材建造的宏伟城堡，但他还是发现，尽管城市规模庞大，城内却意外地"空旷少人"。据他记载，城中分布着大片荒地，不见人烟，"除集市（集市总有人流涌动）外，其他地区仿佛荒野"。在他到访之前，围城与战乱已将巴格达曾经富庶的土地化作了一片被盐碱覆盖的白色荒原，"这里只有多刺的野生灌木和匍匐的蒺藜，除此之外寸草不生"。[31]

泰福诺引人入胜的游记中包含了一份极其重要的资料。如果按照 17 世纪风格的译法，为这份写于 1638 年 12 月 29 日（或"舍尔邦月 22 日"）的资料定一个全名的话，那么可以叫作"记巴比伦，或称巴格达特，被土耳其人的皇帝阿姆拉特苏丹攻占之经过；译自一封书信，由苏丹陛下的首席训鹰师从上述城市寄往埃及的区长之一，开罗的穆斯塔法贝伊"。[32]这份资料无比珍贵，因为其中关于穆拉德苏丹围攻巴格达城的目击材料十分详尽。在经过周密规划了 110 个阶段的进军后，围城战于 1638 年 11 月 15 日展开，此时距穆拉德的祖先苏莱曼苏丹兵围巴格达城已过去了 104 年。除 20 门大炮由军队运输之外，奥斯曼军将其他火炮拖上了当地特有的卡拉克羊皮筏，从摩苏尔顺底格里斯河而下运往巴格达。

苏丹本人的大营扎在一处狭小的河畔陡崖上，毗邻艾布·哈尼法圣陵。苏丹立誓，除非获得足以令他的朝圣增光添彩的大胜，否则他不会踏入圣陵一步。他在皇家大帐前修建了一座高塔用以俯瞰战场和城市，他的军队在"敌方炮火的射程外"列阵就位。诸位维齐尔、帕夏和高级将领纷纷领命，指挥部队排兵布阵。苏丹率领亲军进攻饱尝战损的城堡以及穆阿扎姆门所在的面向西北方的外墙；由耶尼切里主将（agha）和鲁米利亚（位于博斯普鲁斯海峡以西）贝勒贝伊率领的部队向城市东北部挺进，直取宽阔的哈勒巴（赛马场）拱门（因为这道城门上的铭文不同寻常，它后来被称为"塔里桑门"，即"符文门"）。在更远的东边，由一位海军将领、两位耶尼切里高级将官、安纳托利亚帕夏及希瓦帕夏分别率领的数支部队正在完成对影门的合围。而在巴格达城内，总督贝克塔什汗指挥守军严阵以待。

尽管在数个世纪间，巴格达的势力不断萎缩，情况凄惨，但其城防仍旧宏伟坚固。奥斯曼军官扎耶丁·易卜拉欣·努里为此次战役写下了一部史书，其中记叙了苏丹大军所面临的挑战。[33]据努里统计，周长约2.7万步的城墙外围共有211座塔楼，每两座塔楼中间便有52座垛口。尽管如此，由于在这1万多座垛口中，理想条件下每一座垛口后面都要安排至少5人——两个火枪手、一个弓手和两个助手——防守，巴格达城仅仅守卫城墙就得占用一小支部队。这些城墙——高80英尺，底部宽30英尺，向上收窄后在顶部仍有22英尺宽——由防震砖块建成，并用夯土墙加固。与易碎的石材不同，这些防御工事能够长期抵挡强烈的轰炸。

在骑马巡视营地后，穆拉德命令工兵迅速在"城上的火炮可能会烦扰我们的地方"建起整套防御工事，他们还利用夯土、木材和柴捆建造了三座庞大的塔楼，"比巴格达特的城墙还要高大"。每座塔楼上安置 20 门火炮，一俟就位便立刻对巴格达城发起猛烈齐射。一时间火炮齐鸣，火舌与黑烟喷射而出，巴格达的无辜平民纷纷逃进地下室躲避轰炸。

然后穆拉德召集起麾下将领，发表了一篇战前演说。他的演讲既有鼓舞军心的话语，也发出了令人齿寒的威胁。首先他强调了对真主的敬畏："你们，穆夫提、维齐尔、贝勒贝伊、帕夏和区长，还有其他所有人，真主命你们听我号令，不要以为我来到这里以后，又会空手而归。不，我率领无数谨遵正道的士兵而来，决意要么征服此城，要么战死沙场，因此你们中的每一个人都应与我下同样的决心。"这则激动人心的开战号召以冷酷的承诺收尾："因为我决心亲手对任何失职者格杀勿论，不管他有多位高权重。"

之后他用更加高尚的目标激励将士们：没有什么奖赏能够比得上死得其所。他咆哮道，"杀死正信的敌人"将会升上永恒的天园，没有什么能比这带来更持久的荣誉。最后，生怕部下忘记了先前的警告，他提醒将领们，"假如让我发现你们中有谁没在战场上奋勇杀敌，我会拿我的剑亲自杀了他"。[34]

穆拉德身先士卒，对于围城军队从情报到后勤各个方面都事必躬亲。他将军医帐篷搭在自己的大帐旁边，定期前去探望伤者，为那些情况最困难的伤者分拨钱财。泰福诺引述苏丹在一天之内向 700 名伤员分拨款项，以此证明战斗有多么"激烈残酷"，即使见惯了 20 世纪战争造成的庞大死伤，这个数据在现代读者看来也是颇为离奇惊人的。围城军队士气高涨。一天，当巴格达人从睡梦中醒来时，他们发现一支庞大的队伍正开向城市，影影绰绰地半掩在其掀起的沙尘中间。这是一支由一万头骆驼组成的驼队，由艾布·里沙部族的酋长派遣而来，向穆拉德军运送物资补给以供分配。巴格达人深陷重围，饥饿难忍，却只能眼睁睁看着他们的敌人从骆驼背上卸下新鲜食物大快朵颐。在连续轰炸数日后，奥斯曼军的火炮逐渐击穿了巴格达城防，在城墙的东北段炸出了一道缺口。萨菲沙阿（一位道德败坏、吸食鸦片成瘾的昏君）正率兵向西来援的流言提振了巴格达人的士气。他的确这样做了，但他所率的 1.2 万名士兵过于弱势，不足以扭转局势，的黎波里帕夏和阿勒颇帕夏受命率领一支军队前往截击，迫使他屈辱地撤回波斯。巴格达沦为了一座孤城。

每当城墙上被轰开一个新的缺口，穆拉德的不耐烦也增长一分。他企图号令总攻，但被大维齐尔的恳求和警告打断。大维齐尔强调城内还存在重重壕沟和路障，构成了城市的内层防御。工兵在距离城墙更近的地方建起土垒，重炮继续大肆轰炸，夷平整段城墙，炸毁房屋、集市、公共浴场和清真寺。巴格达的街道上再次横尸遍地，变得肮脏恶臭，混乱无比。

最后，在 1638 年圣诞节，也是围城的第 40 天，苏丹下令沿着满目疮痍的底格里斯河东岸发起进攻。一时间军号声四起——对于巴格达居民来说这声音格外恐怖，因为他们深知这意味着什么。大维齐尔一马当先冲锋在前，却被"一发火枪弹击中头部"而死。[35]混战中，军官们一个接一个战死在他身边，但进攻势头无可抵挡。随着奥斯曼大军涌入城墙缺口，巴格达人已经回天乏术。很快波斯人的旗帜便被降下。由于兵力差异悬殊，火力惨遭压制，防御工事也尽数被毁，贝克塔什汗只好做出唯一明智的选择——向奥斯曼军投降。

1638 年圣诞节，大雨从阴沉的铅灰色天空中倾泻而下；暴雨势若倾盆，据首席驯鹰师记载，以至于士兵都无法保持火枪的火绳燃烧。贝克塔什的副官兼卫戍队长俯首走向新任大维齐尔，"脖颈上围着围巾，围巾里裹着佩刀，象征屈辱降服"。他恳求大维齐尔宽赦自己和上司的性命，受到准许之后，贝克塔什汗才亲自出面。这位巴格达的波斯总督被两列奥斯曼卫兵护送到苏丹面前。当时的场景"无比盛大壮观"——这很可能是宫廷惯用的奉承话——贝克塔什汗"为雄壮的盛景感到惊愕不已……以至寒彻骨髓，除了念叨赞美真主，赞美真主，说不出别的话来"。他俯伏在地乞求宽恕，得到恩准后，回答了许许多多提问，显然令苏丹心满意足。然后，他被赏赐了一件紫貂衬里坎肩、一把匕首和镶嵌宝石的套具，还有一面昂贵的旗帜，其上装饰着苍鹭羽饰。之后他被领去向自己的军队和巴格达平民通告投降：任何乐意服侍苏丹的人都将受到欢迎；不愿效忠苏丹的人将被解除武器遣散；而顽抗者将被"用刀剑处决"。[36]

由于战乱频仍，时代久远，城陷之后爆发的暴力事件不可避免地被笼罩在黑暗的历史迷雾之中，此次事件的起因永远也无法查清了。首席驯鹰师宣称是由于大维齐尔麾下的奥斯曼士兵"掠夺人家"，激起了六位波斯可汗的愤怒，于是他们纷纷召集士兵抵抗。但土耳其史书《哈里发的花园》（Gulshan i Khulafa）则认为是波斯将领米尔·法塔赫刻意策划反抗。无论出于以上何种原因，在艰苦卓绝的战役——光是向巴格达进军就花了 197 天——结束后，士兵们本就热切地期盼着自己应得的奖赏：即使拿不到全部，也要虏获许多财物或活口作为战利品才能满足，其中女人尤其讨人欢心。

另一些士兵则满心仇恨，渴望为死去的同袍复仇。尽管苏丹已经下达了特赦，但"我们的人狂热地沉浸在屠杀和掠夺之中"，见人就杀——"只有真主知道在这次行动中有多少波斯人被屠杀了"。[37]

仍有 1.5 万名波斯残军坚持顽抗。苏丹听说这件事后，"下令将其他据点的所有士兵召进城里，统统处死"。当军火库的火药仓库起火爆炸，致使土耳其人死伤惨重时，苏丹才下定决心不再姑息。于是 1 万名波斯人在战斗中被杀，5000 名投降了。这些战俘被交给一位贝勒贝伊看管起来，以防遭到屠杀。在看到这一大批俘虏经过自己的大帐时，大维齐尔叫来自己麾下的将领说道："为何我们要庇护这些没有信仰、不守信用的狗？"出于一时心血来潮，他故意违背了苏丹的命令，命手下"把他们剁成碎块"，并为自己的行为担负全责。穆拉德"勃然大怒"地招来了他，质问他为何犯下如此可憎的抗命行为，大维齐尔则声辩称屠杀什叶派异端的行为是正当的。苏丹被他的言辞打动了，亲自脱下御衣赐给他，"赞赏了他的所作所为"。[38]

据首席驯鹰师的目击材料记载，共有 3.1 万名职业士兵和 2 万名志愿守军遭到处决。杀戮蔓延到了城市难民云集的奥斯曼大营中，许多人被当场斩杀。据说巴格达的男人因为恐惧奥斯曼人对他们的家庭下手，绝望地亲手杀死了妻子和幼童。5000 匹名贵好马都被割断了腿筋，以防它们落入敌人手中。

贝克塔什因毒而死，依据奥斯曼军官努里的记载，他可能被妻子毒杀；根据《哈里发的花园》记载，也可能是服毒自杀，被人发现死去后，他被"像条狗一样地埋葬"了。[39]

巴格达的新任统治者召见了波斯使者，命他向沙阿传达以下指令：释放他所囚禁的土耳其帕夏与官员，归还包括大不里士在内的所有曾被穆拉德的曾祖父苏莱曼大帝占领的领土，并献上贡礼和其他礼品。"否则我将向他宣告，纵使他如同蝼蚁一般躲入土地，或是像飞鸟一样逃上天空，他必逃不出我的掌心；我必将蹂躏他的全部国土，令其没落至此：在他的王国里，一座房屋也无法留存……一丛青草也无法生长；我将追逐在他身后，犹如猎人追杀猎物。"他威胁道。[40]

苏丹下令重建城市，修复城防，正如那些刚刚毁灭城市的征服者——比如旭烈兀和帖木儿——习惯做的那样。在巴格达的街道遭受血洗后，仿佛惯例一般，破落的艾布·哈尼法圣陵又一次经历了慷慨奢华的重建，其上增设了金色灯笼、装点了宝石，还加挂了最精美的丝绸毯。在巴格达动荡的历史中，穆拉德苏丹绝不是表面虔信却制造了工业规模大屠杀的第一人，固然也不会是最后一人。

穆拉德苏丹任命哈桑·库楚克帕夏（"矮子"）为巴格达总督。1639 年 2 月 17 日，这位胜利的"众苏丹之苏丹"率军通过塔里桑门，之后这道门便立刻被封住，从此再没被使用过。这座雄伟的城门有许多照片留存至今，至少能够追溯到 20 世纪后期，照片中被砖块封住的门道在这座城门中显得古怪而不自然。塔里桑门傲然矗立，守护着城市的东部入口，直到 1917 年被撤退的奥斯曼军队炸毁——奥斯曼帝国 383 年的统治就此结束，英国人接管了巴格达城。

第 8 章

瘟疫、帕夏与马穆鲁克

1639—1831 年

当（阿拔斯）王朝陷入腐朽和奢靡……被鞑靼人推翻时……真主降下慈悲，在存亡关头拯救了正信，恢复了穆斯林的团结……他从突厥民族和他们的无数伟大部落中为穆斯林拣选了保卫他们的统治者和忠心不二的帮手，他们为奴隶制统辖下的伊斯兰世界带来了……其中掩藏着真主的赐福。借由奴役，他们学习着光荣和恩惠，受到了真主的佑护；他们被奴役所净化，带着真信徒的坚定决心进入了伊斯兰国家。同时他们也怀有游牧人的品格，不被下贱的本性沾染，不受污秽的享乐污染，不因文明人的生活方式而堕落，也不会因奢靡挥霍而将激情消磨断绝……就这样，在一代又一代人的时间里，一批又一批突厥人被吸纳进来，伊斯兰因通过他们得到的好处而幸福欢乐，王国因年轻人的活力而枝繁叶茂。

——伊本·赫勒敦，《殷鉴书》

（*Kitab al Ibar*，14 世纪）[1]

在穆拉德苏丹残酷的凯旋式落幕后，巴格达城静静沉入了历史阴云，如同过去 130 年中的大部分时间一样，与伊朗大敌的斗争耗竭了这座城市的一切活力，它仿佛只得崩溃沉沦，化成日光炙烤下的死城。伊朗萨法维王朝的没落保障了此后 80 年的和平，它即使算不上友好，但也已经无力挑起纷争。在伊朗对奥斯曼帝国构成威胁的年代里，遥远的苏丹曾对这座麻烦不断却又名声赫赫的城市保持着密切关注。既然外国威胁已经消除，巴格达也就淡出了帝国的视野，只有在本地的权力争夺中才会重新引起注意，而权力斗争似乎是巴格达的城市生活中少数传承下来的特征之一。维齐尔与苏丹时常因巴格达不能如期如数缴纳税额而愤怒，但由于他们也对现状无能为力，奥斯曼帝国的这个纷乱角落于是被抛弃在动荡之中。

由于失去了国际意义，这座城市自行衰落下去了。帕夏们接连继任，统治短暂不过一瞬。在 17 世纪其余的时间中，只有少数人能够真正在巴格达执掌局势，或从这片充斥着阴谋诡计，血腥杀戮无穷无尽的败落政治环境中得以升迁。历史学家研究这段不幸年代的残缺史料时，多会发现巴格达人对于刺杀领袖怀有一种残忍的天赋，至此时为止，这种天赋已在过去的将近 1000 年间历经了无数锤炼。一连串的毒杀、绞杀、刺杀和斩首，间以病死和罕见的安然离职，65 年里巴格达共有 37 位帕夏接连退场（平均每一位帕夏在位 21 个月），与这一纪录相比，同时代惊天动地的英格兰国王查理一世被弑事件显得那么温和平静。

城外部落叛乱纷起，城内凶残的兵变和戍军反叛不息，在这样的背景下，帕夏们起落无常，也有一些著名的特例，他们扛住了沙漠贝都因人愈发猛烈的进攻。在农村地区，水利系统愈加破败失修。当时的巴格达与如今一样处境艰难，大部分帕夏都将自己的职位看作一个巧取豪夺的机遇，趁自己还能幸存就尽可能捞到最多利益，抓紧时间抽身而退。腐败行径在当地四处蔓延，成为另一个延续至今的政治传统。

多数帕夏在政绩上默默无闻，却因花里胡哨的诨名著称。首先是"矮子"哈桑帕夏，他是阿尔巴尼亚人，在奥斯曼苏丹收复巴格达后被任命为巴格达帕夏，但仅仅几周后，便因被人指责缺乏雷厉风行的手段而遭到罢黜。紧随其后的是侯赛因帕夏"疯子"，他之所以获得这个诨名，是因为时常夜巡全城，重演哈伦·拉希德当年微服夜行的著名事迹。巴格达统治者中脾气最为暴烈的一位无疑是"胖子"穆萨帕夏，他是一个太监，身材肥胖到甚至无法走动。据说正是行动不便促使他频频做出臭名昭著的暴虐行为，他曾大肆处决那些被怀疑是前任帕夏支持者的人，而他倒霉的前任易卜拉欣帕夏则死于伊斯坦布尔方面下令的刺杀。1649年，穆萨帕夏被罢黜，接替他的艾哈迈德帕夏"天使"是个不寻常的好心肠，仅任职不到一年便被擢升为大维齐尔。担任大维齐尔期间，艾哈迈德着手改革财政体系，制定了固定的税额指标，并将税收外包给收税人。尽管政策本意良好，但罕有巴格达市民为此感谢他，因为大群腐败而擅权的税官来到了他们的城市，或者在帝国的其他行省中横行，不受法律约束地榨取税款。

至于没有诨名的穆尔塔达帕夏，当时的主要史料之一、土耳其史书《哈里发的花园》记录了他的大门如何永远向穷人敞开。甚至某天夜里，一个贝都因人偷偷溜进城市，悄悄潜入了帕夏的私宅，叫醒他倾诉怨言。据记载，帕夏并没有因如此失礼之举当场砍下他的脑袋，而是叫这个部落人把他的写字桌拿来，即刻伏案写下了一纸制止恶行的命令。一方面，他因执法严苛而著名，另一方面，他也以善待穷人而著称。此外，他还因支持卖淫和展示宫廷色情绘画而臭名昭著，他的房间里挂满了"奇异下流的绘画"。[2]

　　然后是另一个也叫"矮子"的穆萨帕夏和勇敢无畏的"白人"穆罕默德帕夏——他单枪匹马出城与叛军谈判，平定了一场兵变，如此的勇敢壮举令人惊叹不已。还有"驼背"穆斯塔法帕夏，他是一位服用大麻糕点和鸦片成瘾的前耶尼切里队长。作为一个不可靠的酗酒之徒，穆斯塔法时常在酩酊之下大发雷霆，迫使满心恐惧的仆人匆匆逃出他的房间，以避免他一时兴起而惯于随意下达的处决命令。再之后是"棉花"穆斯塔法，他是一个幼稚的恶棍和色鬼；"高个子"易卜拉欣帕夏，他在动荡不息的巴士拉死于一场叛乱；"醉鬼"艾哈迈德帕夏；还有"商人"艾哈迈德帕夏，他因前任帕夏没有按时离职而将其下狱。

　　如果说巴格达人对于他们那些起落无常、大多凶狠残酷却很少有能力胜任的领导者们毫不关心的话，外国访客们对此时的巴格达城也可以说并无关切。从伟大的探险家、贸易先驱和钻石商人让－巴普蒂斯特·塔维尼耶（他是一位永无止境的旅行家，可谓伊本·白图泰的后世法国翻版。在 40 多年间，他的六次远航加起来长达惊人的 18 万英里。他因发现了巨大的塔维尼耶蓝钻石而著名，这颗钻石重达 112 克拉，他以 22 万里弗的价格将其卖给了法王路易十四，这一大笔钱相当于 147 千克黄金。这颗钻石后来被切割成

"法国蓝钻石"，成为法王王冠珠宝中的无价珍宝之一，再后来又被加工成 45 克拉的深蓝色"希望钻石"，目前被收藏于华盛顿特区的美国国家历史博物馆）的记载中，我们能够一睹 17 世纪中叶的巴格达景象。他远行探索的足迹遍及欧亚，这一壮举后来使他受到了奥尔良公爵的资助。1652 年，在从摩苏尔出发，顺底格里斯河南下的九天旅程后，塔维尼耶来到了巴格达。他对和平之城的第一印象十分恶劣：

> 总体上说，这座城市建设十分简陋，除了集市就没有什么美观的建筑了，这些集市全都建有穹顶，以防商人暴露在难以忍受的酷暑之中。它们需要每天用水清洗三至四次，这项公共服务由几个被雇来的穷人负责。这座城市商贸兴盛，但并不如波斯王统治时期那般繁荣，因为当土耳其人攻下这里时，他们杀掉了大部分最富有的商人。

他提及了五座拥有穹顶的清真寺，其上铺设着"多彩的亮漆瓦片"。[3] 尽管集市中人口骤减，但巴格达城内仍旧"挤满了人"。这座城市吸引着商人和时常前来朝拜阿里的什叶派朝圣者，前去麦加的朝圣队伍也"一刻不停地"经过这里。

塔维尼耶记录了逊尼派（他称之为"遵从律法者"）和什叶派（他称之为"拉希迪人或异端者"）之间古老的宗派冲突。作为一个可能喜欢小酌一两杯美酒的法国人，他记述了"拉希迪人不会与基督徒或犹太人共饮，也很少与另一派别的穆罕默德信徒一同饮酒"。规模较小的基督教社区中居住着"聂斯托利派，他们拥有一座教堂，还有亚美尼亚人和雅各派，他们没有教堂，只能去圣方济各会忏悔"。

塔维尼耶对巴格达城的建筑本无兴趣，对当地习俗更无好感。他发现当地的葬礼习俗格外过分："至于他们的葬礼，当丈夫去世时，妻子便会扯下头巾，把头发披散在耳边，然后拿一壶烟灰抹在脸上，疯疯癫癫地蹦来跳去。"亲朋好友和街坊邻居在死者的家中聚集，"女人们打着鼓，像疯子一样嚎叫"。当遗体被抬去墓地时，大群穷人一边送行，一边唱着"最凄惨的哀歌"。

塔维尼耶估计，巴格达人口有 1.4 万，这是这座城市有史以来最低的人口统计记录，暗示这座城市自阿拔斯王朝的顶峰以来沦落到了多么凄凉的地步。1663 年，在塔维尼耶到访的十多年后，"为了服侍两位帝王，一位在天堂，一位在人间"，耶稣会神父曼努埃尔·戈蒂尼奥从葡萄牙出发去往印度，中途经过了巴格达。尽管在从巴士拉出发来到此地的疲惫旅途中，他享用了"极其美味的"黄油炸蚂蚱，但他也险些因用水耗竭而丧命，甚至不得不吮吸铅球解渴。戈蒂尼奥赞扬巴格达人"亲切温文的习俗"，同时认为"他们失去了古代的英勇名声，土耳其人在任何重大事宜上都不信任他们"。这位葡萄牙旅者估计巴格达人口有 1.6 万人，其中包括土耳其人、阿拉伯人、库尔德人和波斯人，还有 300 户犹太人。[4] 前文已提到法国旅行家让·德·泰福诺在 1664 年盛夏的旅程中如何更进一步地证明了巴格达的人口衰退，他评价这座城市已变得何等"人烟罕见"，除集市外，他写道，"其他地区仿佛荒漠。"[5]

泰福诺还提及奥斯曼帝国为多灾多难的巴格达人带来的又一长期不幸。"这里的士兵猖狂自恣，作恶多端，他们的长官却不敢惩罚他们。"他写道。在他到达巴格达的几周前，帕夏就"因为他的暴政"而被人毒死了，耶尼切里队长很有可能参与了此次毒杀。

塔维尼耶来访后不到五年，在反常的暴雨之后，巴格达遭遇了一场极为严重的大洪水，幼发拉底河与底格里斯河冲破河岸，将都城以西的平原化作了一片浮沫翻滚的泽国。洪水卷过街道，冲垮了数座最高大的建筑，淹没了运河，破坏了城墙的地基，使巴格达陷入艰险异常的境况。帕夏向迪亚巴克尔、基尔库克和摩苏尔三地传达命令，要求派军队来加强巴格达城防务。

1689 年，在这个不幸时期的尾声，农业发生歉收，恐怖的饥荒席卷了伊拉克地区。据《哈里发的花园》记载，巴格达挤满了阿拉伯和库尔德部落民，他们从荒芜的乡间蜂拥而至，只为乞得一点饼屑。街道上遍地是死尸和垂死者。然后，洪水后的瘟疫不可避免地袭来，在三个月内收割了十多万人的性命。金库空虚，帕夏下台，耶尼切里部队爆发兵变。巴格达又一次深陷危机。

17 世纪的大部分时间里，一连串无关紧要的帕夏接连交替，令人眼花缭乱，在此之后，18 世纪的上半叶则只由两人统治，一个相对稳定的准世袭王朝就此开始。

哈桑帕夏出身格鲁吉亚，作为穆拉德苏丹手下一位西帕希（即骑兵军官）的养子在伊斯坦布尔长大。由于在战争中机智勇猛，他被连番擢升，很快便先后当上了维齐尔和科尼亚、阿勒颇、乌尔法和迪亚巴克尔省的总督。1704 年，他被任命为巴格达总督。假如伊斯坦布尔方面知道他后来会如何统治地方，尤其是如何解决继承问题的话，一定不会把这个职位交给他，因为在之后的 130 年中，奥斯曼苏丹将会发现自己完全失去了任命巴格达帕夏的实权。对于伊斯坦布尔来说耻辱的是，从哈桑帕夏时代起，任免命令便被巴格达方面专擅，而"高门"——奥斯曼帝国政府——则只能屈辱地批准巴格达的任免决定。*事实上，哈桑帕夏并没有大费周折，而只是模仿了奥斯曼帝国的制度。奥斯曼帝国从切尔克西亚、格鲁吉亚、达吉斯坦和高加索地区引进童奴，将他们送进特定学院加以教育，命他们皈依伊斯兰教，然后将这些皮肤苍白的高加索男孩训练成一支精干的公务骨干和军官队伍——也就是耶尼切里。当时为了让哈桑镇压长期动乱的部落民，从而保障国家金库的税收稳定，伊斯坦布尔方面准许他在当地实行这一政策。但通过这个政策，哈桑也建立起了一支后来在伊拉克奠定马穆鲁克统治的部队。一个新的移民部门被设立起来，负责购买和训练定期运来的男童奴隶。⁶对于哈桑帕夏来说，马穆鲁克就是耶尼切里的替代品。

大规模引进男童导致了一个可能事先未曾预料的问题，那就是鸡奸行为，这一问题在马穆鲁克时代（1704 年至 1831 年）始终阴魂不散。据说在他们休息的宿舍里，导师眼皮底下明目张胆的同性恋行为十分兴盛。与此同时，根据记载，一些道德败坏的巴格达人也会诱惑这些男孩做出"难以置信"的行为。这些人即使后来得到晋升，年轻时行为不轨的恶名也不会消散。有一位马穆鲁克就因早年沉迷同性恋行为而出名，他时常被人称为"没眼见人的家伙"，据说是因为他总是满脸羞愧，不能直视别人的双眼——这个词语至今仍在巴格达流传。⁷

在政绩上，哈桑的确是巴格达权威坚定而成功的捍卫者。他掌权时曾许诺要大动屠刀，后来果然没有辜负诺言。"作为匪徒，你

---

* Sublime Porte（"高门"）是土耳其语词"bâbilâi"（"高门"或"贵人之门"）的法文译名。这个词是伊斯坦布尔行政建筑大门的正式名称，长期以来，成了奥斯曼帝国政府的简称。

们将会遭到针对匪徒的伊斯兰式惩戒，就算逃到世界尽头，也逃不出我们的掌心。砍下你们的脑袋对我们来说可不是什么新鲜事。"他下达了简短的命令，宣布首先消灭巴尼·拉姆部落、哈宰勒部落、沙马尔部落、阿尼扎部落、哈米德部落、萨阿达部落和拉菲部落的威胁；[8] 这几场镇压部落的战役前后持续了 11 年之久。[9]

1708 年，他派出一支大军南下进攻巴士拉，最终推翻了强大的蒙塔菲克部族联盟，后者据说损失了十万人。作为对这场艰苦大胜的奖赏，伊斯坦布尔方面赐予了他任命巴格达城总督的权利，而巴士拉则成为逐步复兴的巴格达城的从属。

先是在哈桑帕夏，然后在他的儿子与继任者艾哈迈德的统治下，巴格达重获信心，将触角伸向了四面八方。在北方，摩苏尔和基尔库克受到了它的权势约束，而在如艾玛迪耶、苏莱曼尼耶和柯耶·桑贾克之类的库尔德地区也是如此，尽管只有部分地区受到控制。巴格达省向外扩张，吞并了马尔丁和土耳其东南部的著名贸易中心乌尔法，该地因棉花、皮革和宝石贸易著称。巴格达还控制了南方的港城巴士拉，这座城市是通往东方的门户，并且因大片椰枣林的丰富产出而富裕，这意味着巴格达已有能力主导北方商路，影响波斯湾和叙利亚之间的一切商贸活动。[10]

据马穆鲁克时代历史学家阿卜杜勒·拉赫曼和苏韦迪叙述，1716 年，通过废除沉重的巴吉税（baj），即针对牧羊和农产品的进城税，哈桑"废止了丑陋的暴行"，曾经在这个腐朽的制度下，"就算农民进城卖鸡蛋，税官也要抽走一颗"。[11] 他还废除了对山羊皮筏船夫（kalakejiya）施加的塔姆加税（tamgha），这一税收以柴火的形式收缴。顽固的部落尽其所能地抗拒交税，但哈桑慷慨散财，改善公共工程建设，赢来了人们持久的尊敬。他建设了新的桥梁和运河，资助了清真寺，并将捐赠的土地与资金用于宗教目的，这些政策为他带来了一个广受欢迎的绰号"艾布·海拉特"，即"慈善老爹"。而且他并不是一个虔诚的宗派主义者：他曾于1721年准许加尔默罗会在巴格达传教。1722年，也就是他去世的前一年，哈桑收到了奥斯曼帝国最高宗教领袖伊斯兰谢赫（Sheikh al Islam）的教令，呼吁他发兵对抗伊朗萨法维帝国，在遭受残暴的阿富汗王公马哈茂德汗入侵后，此时的萨法维王朝正濒临崩溃。趁伊朗衰弱的时机，俄罗斯帝国的彼得大帝和奥斯曼苏丹艾哈迈德三世开始着手瓜分这个什叶派王国，扩张两大帝国的领土。夺取哈马丹的光荣由巴格达的新任总督艾哈迈德帕夏赢得，而他的父亲哈桑此前死在了征伐克尔曼沙赫的战役中。

艾哈迈德帕夏在位时间为1723年至1747年，其中在1734年至1736年间，为了安抚伊斯坦布尔一位善妒的大维齐尔，他曾明哲保身，退位两年。尽管在位的大部分时间里，他都在忙于应付叛乱的部落和野心勃勃的纳迪尔沙统治下的敌国伊朗，但他还是成功巩固了父亲赢来的基业，确保了巴格达仅在名义上对奥斯曼帝国的臣属。托普卡匹宫中许多身穿华服、头巾顶天的达官贵人恨透了巴格达的自治统治。尽管苏丹总会用最肮脏的手段把暴发户置于死地——其中包括无数暗杀行动——但机智的马穆鲁克帕夏也总有自保活路的办法。

1817年，马德拉斯军事基地的一位年轻英国军官威廉·赫韦德中尉途经巴格达，记录下了几起针对艾哈迈德帕夏的刺杀尝试。奥斯曼苏丹曾派遣一位使节携带苏丹诏书（firman）前去处决艾哈迈德。帕夏在城内和大道上密布亲信和间谍网，因此总能在使者到达巴格达之前拦截令状或直接刺杀信使。但这次这位信使的行动格外隐秘迅速，当艾哈迈德帕夏探知消息时，他只剩下一个小时来应对事变。于是他与手下的最高层官员骑行出城，假装前去玩"贾力德"游戏（jareed），"这是一种在土耳其人中盛行的战争游戏"，在这种游戏中，骑兵军官们会一边高速骑马奔驰，一边互相向对手掷出钝矛。[12] 就在巴格达城门前，艾哈迈德遇上了携带悬赏令的官员，他大摆排场，热情地接待了他，还邀请他一同参加竞技。由于盛情难却，这个官员只好亲自与帕夏同台角斗。帕夏手拿"一枝钢尖标枪，趁这位狡猾的对手不备，尽全力投了出去，当场将他杀死"。他打开使者的信件，重新封好后又寄回伊斯坦布尔，还附上一封回信，为这位使者遭遇的这场"悲惨的事故"致以最深切的哀悼。[13]

赫韦德还讲述了一个艾哈迈德帕夏的奴隶苏莱曼因救了帕夏的性命而获得自由的故事，当时艾哈迈德帕夏在巴格达城外猎狮时不慎折断了骑枪。据赫韦德记载，当时其他所有人都吓坏了，不敢上前介入，因为艾哈迈德总是执意单枪匹马捕杀猎物，"否则他会损失狩猎的全部荣誉"。[14] 苏莱曼当场获得了恩赏，艾哈迈德将长女艾迪拉嫁给了她，这份贵重的谢礼成了他日后步步高升的垫脚石，也为一个新王朝的开创奠定了契机。

18世纪上半叶的稳定局势一定令巴格达人感到近乎陌生，但这种状况不过是相对的。安稳的局势没能阻止1733年那场残酷的围城战爆发，被历史学家称为"波斯拿破仑"和"亚历山大第二"的纳迪尔沙此时刚刚开始他那精彩而残暴的征服事业，对这座城市发起了进攻。[15] 侵略军击败了艾哈迈德派去防守城市的军队，切断了从南方来的粮道，然后占领了卡尔赫区。纳迪尔沙在这里举办了盛大的伊朗新年诺鲁孜节宴会，这场庆典安排周全，场面奢华，纳迪尔沙为他手下的官员分发了7000件荣誉赐袍，又挥金如土地赏赐了少数受邀参加豪华宴会的宠臣。从陷入重围的城墙上，巴格达人惊恐地张望着荒漠平原上 2700 座塔楼如鬼怪般崛起，每一座都建在另一座的火枪射程之内。伊朗战船封锁了城市，而在城市上游地区，一座能容纳约 30 万人的巨型帐篷城市围绕着两座堡垒拔地而起。这庞大的人群中只有很少一部分是战斗人员，其余都是商人、工匠、奴隶及随军平民。城墙外的富足华丽——城外物资价格低廉且数量丰富——与城内的饥馑惨景形成了格外鲜明的对比。由于缺乏足以击破城墙的重型火炮，纳迪尔沙只好依靠饥荒迫使巴格达城屈服。日积月累，春季逐渐结束，灼热的夏季如期而至，城内的情况再度恶化。日后在亚美尼亚独立运动中起到重要作用的约瑟夫·艾敏便是亲历者之一，当时年仅六岁的他在这场围城战中失去了母亲和兄弟，多年后他还记起"穆罕默德信徒被迫吃马肉、驴肉、狗肉、猫肉和老鼠肉充饥"的景象。[16] 这段时期的史料描绘了一幅令人揪心的惨景。在某条小巷里，一个美丽的年轻女子拿尖刀撕扯着一头驴的腐尸，而当她被问起在做什么时，她说她在过去五天里除饮水外粒米未进。据阿里·瓦尔迪记载，饥民们被迫吃下棉籽，处女为了一块面饼甚至愿意出卖肉体。[17]

出于对城中处境焦灼的饥民的嘲讽和怜悯，纳迪尔沙向巴格达城遣送了一车队西瓜。艾哈迈德帕夏则回以一篮刚出炉的美味面饼和一纸虚张声势的字条，向伊朗人保证这是他们的日常餐食。他还邀请敌军派出一支使团前来参加豪华宴会，据说这一策略的确动摇了纳迪尔沙围城的信心。

艾敏记录了一则有趣的故事，这个故事讲述了在围城期间，艾哈迈德帕夏某次开完早会后，邀请他的密友，居住在巴士拉的英国人多勒尔先生游览他的城防设施，吹嘘纳迪尔沙永远也无法攻破这座城市。然后帕夏询问英国朋友对巴格达城防的想法。"殿下您乐意听的话，假如不是纳迪尔沙，而是一支欧洲军队围攻这座城，那么五天内就能拿下。"后者说。一听这话，帕夏面色铁青，说道："异教徒，如果不是事先允诺过你的安全，我就会把你的脑袋砍下来。"[18]

将巴格达城从纳迪尔沙的掌握中解脱出来的既非坚固的城墙，也非美味的面饼，而是托帕尔·奥斯曼帕夏"瘸子"的到来。他是一位鬓发斑白的希腊人，曾任大维齐尔职务，在早年的一场战役中因伤致残，被奥斯曼人夸耀为帝国的最强战士。在两军几度交锋之后，战斗于 7 月 19 日正式打响。为了展示自己勇猛善战，奥斯曼丢掉了先前在战役中从不离身的轿子，头一次跨上战马亲自鼓舞将士。"我看见他如同少年一般执刀骑马奔驰，脸上光彩四射，双眼熠熠生光。"他的医生让·尼科戴姆如是写道。[19]

激烈的战斗持续了九个小时，双方时有胜负。在一次惨烈的遭遇战中，纳迪尔沙身下的战马也被射倒。而换上的另一匹坐骑又将他甩翻在地，当即在伊朗军队中造成了一阵恐慌，许多士兵以为他们的精神领袖已经死在乱军之中。纳迪尔沙先前所向披靡的部队开始溃退，他本人也被迫下令撤军。伊朗军先前还在伊拉克领土上高奏凯歌，而战局在一天之内便发生了逆转，对于他们来说，这是一次灾难性的失败。纳迪尔沙可能损失了三万人，许多人死于慌乱溃退途中，被艾哈迈德的城市守军屠杀。但奥斯曼军也为胜利付出了惨重代价，他们损失了多达两万人。

在饥馑中煎熬了七个月的城市里情况十分危急。尽管戈蒂尼奥在 1663 年估计巴格达人口约 1.6 万人，从这个数据来看，围城期间死者多达 10 万的数字过于夸张，但损失确实令人心惊。[20]就像在历史上常见的那样，底格里斯河又一次被人们用作水上墓场。由于暴露的尸体在盛夏的酷热下腐烂，瘟疫随之而至，在城中蔓延。这些场面凄惨可怖无比，以至于艾哈迈德寄往伊斯坦布尔的文书内容显得颇为可疑，据他描述，巴格达人无论老幼都蜂拥到他们的解放者奥斯曼帕夏面前，"争相舔去他脚面的灰尘"。[21]

纳迪尔沙后来又两次攻打巴格达：第一次是在 1733 年秋季，奥斯曼军的大英雄奥斯曼帕夏"瘸子"在这场战役中被射杀；第二次是在 1742 年。后来伊朗爆发起义，迫使他放弃了攻略伊拉克的战役。1746 年，伊朗与奥斯曼帝国签署和平协议，次年，两位领袖先后去世。伊朗与伊拉克之间的战争由来已久，他们两人仿佛是这一时代两国的人格化身。首先去世的是纳迪尔沙，此时的他已经迷失在病态、野蛮而疯狂的杀戮中，着魔一般屠杀了大部分亲人近臣。为了仿效他的榜样，同是亚洲军阀的帖木儿，他迷上了用死难者的头颅搭建高塔。而在他遇刺身亡的八周后，艾哈迈德在征战中死去。

在艾哈迈德帕夏漫长而不寻常的成功统治下，巴格达的势力范围扩张到了比现代伊拉克还要广大的地区，从叙利亚以北土耳其东南的山区，绵延至南方波斯湾温暖的海洋。如果说这座城市在阿拔斯王朝时代的辉煌过往仍然深埋在千年的记忆中，那么他也至少为其恢复了几分光荣和权势，多少弥补了其没落的名声。巴格达已不再君临自北非至中东的大片土地，但它在其正式所属的帝国内部获得了较大的自治权，地位近乎独立，并且只需向伊斯坦布尔的国库缴纳一丁点的赋税。白皮肤的马穆鲁克源源不断地从格鲁吉亚流向巴格达，为新王朝的建立打下了基础，这个王朝将随心所欲地行使权力，而不需观察奥斯曼苏丹的脸色。在此后 80 年间，一连串的苏丹都对这等抗拒帝国权势的行为颇为轻蔑，但也无能为力。

18世纪中叶，欧洲正浸润在启蒙时代的知识财富之中。在法国，狄德罗著名的《百科全书》于1751年首次出版，吸收了当时最著名的哲学巨匠，诸如伏尔泰、卢梭和孟德斯鸠等人的思想。英格兰有霍布斯和洛克，苏格兰出了休谟和斯密。普鲁士已在腓特烈大帝治下度过了十年，国家在他漫长的统治时期里逐步走向现代化。随着巴赫、海顿和莫扎特先后涌现，音乐界也进入了新的时代。自由民主的启蒙政治理想受到杰斐逊、富兰克林和潘恩等人的拥护，更为1776年革命打下坚实基础，这场革命将英国在美洲的13个殖民地凝聚成独立的美利坚合众国。

而在遥远的巴格达，知识界则没有如此的思潮涌动；尽管如此，两场对这座城市的未来影响深远的重大事件还是必须提及的。1750年，在艾哈迈德帕夏死后的三年动荡时期，苏丹任命的连续四任帕夏在本地势力反对下纷纷倒台后，他父亲曾经的马穆鲁克奴隶苏莱曼在巴格达夺取了权力，开创了一个持续近一个世纪的王朝。影响更为深远的则是1798年英国贸易公司的成立，这个公司起初是东印度公司巴士拉办事处的一个分部，也是欧洲对伊拉克兴趣愈发浓重的最早标志。

苏莱曼是一位不同凡响的传奇人物。巴格达人称他为"狮子"苏莱曼；贝都因人则戏称他为艾布·莱伊拉，即"暗夜老爹"，这可能是指他模仿哈伦·拉希德夜访巴格达的习惯，也可能是因为他总能掌握战机发起远征，击败沙漠中的部落人。他在战场上英勇无畏，残酷无情，因消除了游牧部落的威胁而深受巴格达人爱戴。在他去世后超过半个世纪的时间里，巴格达人仍旧歌颂着他在这座城市立下的功绩。[22]

爱德华·艾夫斯医生是一位前海军外科医生，于 1758 年经过巴格达，据他记录，苏莱曼假称需要维修城防设施，从不向奥斯曼苏丹缴纳赋税。由于这种欺诈行为，苏丹曾三番五次试图刺杀他，派出三四个身藏处决令的使者前去取他性命，但苏莱曼手下的四万耶尼切里可不会坐视不管。多亏了效率极强的情报网络，他才能"总将那些使者，而不是他自己的首级呈献给君士坦丁堡"。[23]

苏莱曼延续了哈桑和艾哈迈德开创的事业，增加了引进男童奴隶的数额，建立了一座负责教育奴隶的专门学校，还任命了大量马穆鲁克担任要职。这些政策损害了突厥和巴格达望族的利益，令他们无比失望，他们只得眼睁睁地看着自己的权势渐渐流失。

尽管苏莱曼的军事和政治实力无可置疑，但他的家事就没那么亮眼了，甚至还会遭到某些大胆的巴格达人悄声讥嘲。他的妻子艾迪拉·可敦在家中管制严厉，从不允许丈夫另娶妻子，以防其生出后代与她竞争。或许这种限制在当时看来过于不同寻常，他只好选择其他途径放飞自己。历史学家史蒂芬·亨斯利·朗格里格曾痛斥苏莱曼"由于沾染上同胞的恶习，私生活淫乱不堪"。但比起这段刻板评价，艾夫斯医生做出了更为详细的记录，他在回忆录里提供了"详尽生动的细节"。[24]艾夫斯的记载确实更加吸人眼球。"震惊！据说他包养了 20 多位男童用于淫乐。"他如是写道。[25]

自从近 1000 年前建城以来，巴格达社会一直是一个稳固的父权社会，政治权力总是由男性专享。女性则被局限在家中，与家眷共处。但艾迪拉·可敦不愿墨守成规。在市井流言中，"狮子"变成了畏缩惧内的小丈夫，正如威廉·赫韦德所写的那样，"然而，针对他的怨言大多指向他对妻子的看法和意愿百依百顺；而她作为一位伟大的帕夏的千金，满怀骄傲，雄心勃勃，自然不会忘记，尽管丈夫如今风光无限，但他曾经不过是她父亲的奴隶而已"。[26]

对于男人来说，女性是没有资格进入公共领域的，但非凡的女强人艾迪拉动摇了这一传统。她怀着无穷的精力投身政治生活，一方面令巴格达非议缠身，另一方面也令巴格达人敬畏有加——她甚至能够照自己的意愿随意废除丈夫下达的法规和命令。人人都深知胆敢反对她将会付出多大代价。她将大众的批判置之一哂，亲自举办政治沙龙，无论男女招揽参与者，为自己的宫廷成员下发刺绣丝绸围巾以标明身份。那些她认为有必要收买的土耳其人和阿拉伯人，都收到了奢华的外套和大氅。

吃到苦头的高官们发现，艾迪拉·可敦不是个好应付的女人。作为帕夏的女儿，她身缠万贯，权势遮天且不择手段，利用自己的地位擢升宠臣（并收取相应费用），剿灭政敌。她参与了多起政治暗杀事件，她妹妹阿伊莎的丈夫，完全无辜的艾哈迈德阿加的死也与她有关——她曾误以为此人密谋暗害苏莱曼。她也积极参与了针对库尔德斯坦帕夏萨利姆的密谋，这位帕夏是一个顽固的破坏分子，曾与伊朗人勾结，多次深入伊拉克腹地劫掠袭扰。1758 年，艾迪拉谏言苏莱曼将萨利姆诱骗至巴格达，声称将宽免他过去的罪行，认可他的官职并授予他其他荣誉。于是萨利姆南下巴格达，来到宫殿觐见苏莱曼。他受到了盛大的招待，受赐了一件上好的毛皮衬丝绸外套。然而片刻之后，苏莱曼的侍卫便冲上去将他制服，收缴了他的武器，将他锁上镣铐后拖下去打入牢中，在关押九天后，他被人绞死。

艾夫斯描述了艾迪拉如何以不屈不挠的决心捍卫自己在巴格达

社会顶层的高位。一次，帕夏副官（kahya）的妻子找工匠为自己
定制了一顶豪华坐轿（takht-revan），这种轿子是专门为"第一流"
人士准备的。坐轿完成后不久，正当这位夫人准备坐上去游逛一圈，
秀一秀这豪华绚丽的地位象征时，

> 她收到了帕夏夫人（the Haram）寄来的道贺信。信中写道，
> 她听说从坐骑就能看出一位帕夏夫人比副官夫人地位更高；信
> 中还暗示，假如副官夫人不知道如何用其他方式来保持彼此差
> 异的话（帕夏夫人也承认自己是完全不知道有什么其他方式
> 的），那么乖乖听话，别再想着坐上那顶定制坐轿才是明智的
> 选择。副官的夫人别无退路，只好服从，她可能因此感到深受
> 羞辱。[27]

著名的艾迪拉开创了一个独特而短暂的新时代，在这个时代，
女性或至少贵胄女眷也能在巴格达社会中掌握相当可观的实权。在
苏莱曼于 1762 年去世后，艾迪拉不愿就此放弃自己的影响力，于
是处心积虑地非难他颇受争议的继任者，伊朗裔的阿里帕夏。她散
布谣言称他是一个狂热的什叶派信徒，说服马穆鲁克相信帕夏将会
杀光他们，还策动了一场兵变，获得了她的妹妹和妹夫（高级军官
奥马尔阿加）的支持。阿里帕夏众叛亲离，男扮女装试图逃离巴格
达城，但还是穿着这副耻辱的伪装被逮捕处决了。艾迪拉看好的候
选人奥马尔顺理成章成为帕夏，统治巴格达直到 1776 年。

从艾迪拉掌权的时代到 1831 年马穆鲁克王朝灭亡为止，统治
者家族的女性一直牢牢把持着巴格达政治生活的中心地位，尽管实
际权力的操作总是愈发小心地在幕后进行。每当一个帕夏死去，他

的妻子们便会主导至关重要的继承斗争，助一位觊觎者继承帕夏大位。比如奥马尔帕夏，他执掌巴格达的时间自 1764 年开始，到 1776 年被暗杀为止，据说他富有的妻子是助他上位的真正幕后推手；至于 1807 年至 1810 年在位的"矮子"苏莱曼，他之所以能担任帕夏，完全归功于他妻子手中的巨额财富；萨义德帕夏的短命统治（1813 年至 1816 年）则是在他母亲提供的财政支持下建立起来的。

女儿们被当成为帕夏扩张政治关系网的工具：嫁给最强大或最忠诚的马穆鲁克，将他与自己的家族捆绑在一起，再利用资本迫使他依赖妻子。但这些策略无法保障政权稳定，因为每位马穆鲁克家庭的女主人都会代表她自己认定的帕夏与对手互相厮杀。1790 年至 1831 年间，除"伟人"苏莱曼及其诸子的亲信势力外，巴格达城最重要的派系是由进入苏莱曼家族的前马穆鲁克领导的。[28] 政治斗争激烈凶残，时常发展到你死我活的地步。但这些帕夏家族的女人大多能比她们的丈夫更稳定地掌控权势，因为她们有能力退居幕后，利用自己的显赫地位累积财富。另外，男性一旦政治失利，总会遭到处决清算，但她们却能免遭一死。

在这段时期，女性也扮演着更加传统的角色。有这样一个叫穆罕默德·阿杰米（阿杰米即"伊朗人"）的家伙十分有趣，他与自己的母亲及两个美若天仙的姐妹组成乐队，一路坑蒙拐骗，成功混进了阿卜杜拉帕夏的亲信圈子——阿卜杜拉是 1776 年继承奥马尔的帕夏。在这个乐队中，穆罕默德主唱，他的母亲演奏铃鼓，两个姐妹负责舞蹈和满足帕夏的淫欲。这个野心勃勃的伊朗人毫不掩饰自己对给帕夏拉皮条的热情。"要不是有过如此光荣的经历，我还不会像如今这般得意！"在借助姐妹的肉体飞黄腾达后，据说他如是吹嘘道。[29]

1766 年 1 月 8 日，在又一场伊朗入侵与瘟疫相伴而来的两年后，德国探险家和制图学家卡斯滕·尼布尔来到了巴格达。此行是受丹麦国王腓特烈五世赞助的科学考察的一部分。在这段漫长的旅程中，尼布尔考察了伊朗西部的波斯波利斯古城和贝希斯敦铭文，他在这两地的严谨研究为日后破译楔形文字的工作奠定了基础。楔形文字是世界上最古老的文字之一，能够追溯到公元前 4000 年的苏美尔时代。在他到访巴格达的十天里，随着北方普降暴雪，底格里斯河水位猛涨，猛烈的水流冲垮了古老的舟桥，将整座桥卷挟而去。巴格达周边的所有地区都被洪水淹没，尼布尔细致绘制巴格达地图的愿望也就此泡汤。

尼布尔发现底格里斯河东岸的巴格达城墙内大片地区"完全没有建筑分布，也没有居民居住"。[30]据他统计至少有 20 座清真寺配有宣礼塔，还有 250 座没有宣礼塔的清真寺。当地开设了许多公共浴场和五六座接待大商人的商栈。他到访的时候正值一场格外严酷的寒冬：据他记载，2 月初的冰层厚度相当于半根手指的宽度，一夜之间就有 20 人被冻死。就像同时代的许多英国和欧陆访客一样，爱德华·艾夫斯医生可能曾对巴格达抱有不切实际的幻想，以为那会是诸哈里发主宰的传说之城，但当地的建筑令他大失所望。"公共建筑比巴士拉的要好些，"他带着一丝自矜之情写道，"但即使其中最好的建筑也配不上一位年薪一万英镑的正经英格兰绅士。"城中街道十分狭窄，覆有顶棚的集市绵延漫长，顶棚每隔一段便开有孔洞，以便采光和空气流通。39 条船组成的浮桥上"堆满了椰枣树、旗帜、马粪以及黏兮兮的烂泥，护栏简陋不堪"。[31]作为一位热爱自然的人士，艾夫斯情有独钟地描述了清真寺和教堂鸽子聚集的景象。他无比喜爱被巴格达人称为"长腿"的鹳，这些鹳在宣礼塔上建巢，被赞誉"值得上遍地的绵羊和骆驼"。如果某家屋檐有鹳筑巢，人们就会认为这家人吉庆临门。一如既往地，宗教在形式上起着重要作用，即使在鸟类学领域也不例外，"假如有基督徒杀了一只鹳，那么他也将性命堪忧"。[32]

无论来访的欧洲绅士有多少怨言，如果就此认为这一时代的巴格达建筑发展陷入停滞的话，就大错特错了。恰恰相反，从 16 世纪至 19 世纪有大量宏伟的清真寺拔地而起，这表明巴格达并未遗忘久远以前其身为伊斯兰世界（Dar al Islam）基石的独特身份。这里坐落着闪烁耀眼的穆拉蒂耶清真寺，该清真寺于 1578 年建成，占据着拉希德大街的北端；哈桑帕夏的萨莱清真寺（1704 年建），这座暗褐色的多穹顶建筑位于库什拉军营门口；高墙围拢的艾哈迈迪耶清真寺（1796 年建）俯视着麦丹广场，帖木儿曾在这里犯下了累累暴行；还有蓝色穹顶的海达尔·哈纳清真寺（1826 年建）也位于拉希德大街上。哈桑帕夏还在库什拉军营旁建起了一座街区，如今名为"贾迪德（即'新的'）·哈桑帕夏区"，这座古色古香的街区中满是奥斯曼时代的建筑，曾经宏伟大方，如今则褪尽铅华。女强人艾迪拉·可敦是一位伟大的建筑赞助人，她修建了数座学校和两座清真寺，其中一座至今仍能够见到。她所建的汗·塔基亚法院幸存到 2010 年才被拆除，为新造建筑让位。[33] 有趣的是，尽管巴格达与伊朗的敌对历史久远绵长，但从 16 世纪到 19 世纪，巴格达建筑对伊朗宗教建筑的模板甚为依赖，模仿着伊朗的结构形式和铭文风格，用伊朗式的闪亮蓝色釉瓷砖装饰着穹顶与宣礼塔。

我们当警醒那种认为这一时期衰落迹象无处不在的论调。正如安德烈·雷蒙所指出的那样，在奥斯曼帝国统治的数个世纪里，阿拉伯城市曾急剧扩张。假如将城市中心定义为大清真寺以及集市和商栈周围常有城墙环绕的地区，那么据他估计，16 世纪的大马士革约为 9 公顷，阿勒颇 11 公顷，而奥斯曼帝国的第二大城市开罗则为 58 公顷。到 1837 年，以上城市分别扩张到了 313 公顷、367 公顷和 660 公顷。在同一时期，巴格达的扩张犹如底格里斯河洪水泛滥一般，城区规模增长了将近 30 倍，从 12 公顷暴涨到了 340 公顷。[34]

尼布尔不无悲伤地提到，巴格达的学者们早已废弃了底格里斯河东岸庄严肃穆的穆斯坦绥里耶学院。他发现这座学院的厨房此时已被用作征税所，剩下的大部分建筑成为一座名为"奥特梅达尼·汗"的商栈。尼布尔清醒地认识到巴格达从文化繁荣昌盛的阿拔斯时代沦落衰微已久，这一发现可能会令诸如哈伦·拉希德和麦蒙这些曾为知识和艺术事业付出甚多精力的哈里发为之惊愕、伤感，甚至震怒。尽管在这座城市中科学曾享有盛名，尼布尔写道，但如今巴格达对科学的重视还不及开罗或也门。他在巴格达只见到了少数能读会写的人，而且找不到一家能买到旧书的店面，"如果有人想收藏书籍的话……他必须得等到某人去世，人们才会把死者的藏书像旧衣服一样运上街，城里的叫卖人会把这些书籍拍卖掉"。[35]

然而衰落并没有抹去辉煌。尼布尔称赞奥马尔帕夏由 800 名骑兵组成的私人卫队"装扮华丽，坐骑俊美"。[36] 据他估计，理论上帕夏能够投入战场的兵力约为 3.6 万人，但实际上，他认为其中主力军只有 1 万多人。至于巴格达城有限且疲敝的城防——在城堡的十座塔楼中，每座塔楼上有五六门火炮缺少炮架——他的评价与 30 年前艾哈迈德帕夏的英国朋友多勒尔先生如出一辙，"一支欧洲军队能够轻易入主这座城市"。[37] 而 1917 年的英军可能也持类似看法。艾夫斯还对他笔下"高帽绅士"，也即贵人（agha）们的服饰风格惊叹不已，他认为他们的服装"非常整洁漂亮"。马穆鲁克高官会头戴由亚麻布或驼绒布制成的绿色或白色缠头巾。除此之外，他们还会头戴一种内有棉衬的黑色硬布无檐帽，这种帽子至少12英寸高，外面围有白色或绿色的亚麻布缠头巾。他们将长衬衫塞进亚麻衬裤里，外面再套上一条宽松的驼绒长裤。裤子的踝部缝着一双黄色无跟拖鞋，外面又套有另一双鞋，外层的鞋子在进入房屋时要脱下来摆放在大门左侧。衣装整洁的绅士会在亚麻布衬衫外面套一件长及腿肚的修身上衣并系上纽扣，再在这件上衣外面套一件同样长的外套，其上配有精美的亚麻翻领，腰部饰有纽扣，还有"一个类似衬裙的尾部"，再加上一条绣有金边或银线的精致腰带，更令整体效果锦上添花。然后，他们会在衣领下面的口袋里装一条刺绣手帕或一块怀表。最后，他们还会在两层上衣外面宽松地披上第三件丝绸衬细布或绒布外套，系扣或敞开皆可，到家时往往会脱掉。以上是夏装搭配，而冬装则在服装材质上有所不同，但服装层数差异不大。艾夫斯对头饰种类之繁多颇感惊讶，其中最令人印象深刻的头饰足有三英尺高，周长极长，并且外覆皮毛。[38]

这些衣装华丽的官员位于马穆鲁克的等级制度上层。马穆鲁克主宰了公共生活的大片领域，以至于土生土长的巴格达人已很难争取到事业机会。

对于那些几乎源源不断到来的高加索男童而言，马穆鲁克训练课程包括阅读、写作、游泳、骑马和格斗技巧。其中一些人注定会进入统治上层与大家族的族长们共事；另一些会成为帕夏的贴身护卫，在宫廷或政府任职。一旦训练完成，大部分马穆鲁克会进入帕夏亲信圈的内层，他们将会任职"衣柜总管""咖啡总管""地毯总管""私宅守卫"或"格鲁吉亚卫队指挥官",其中格鲁吉亚卫队下辖三个团,每个团拥有 1000 名士兵——至少理论上讲是这样。

而帕夏亲信圈外层的马穆鲁克则被指派到公共管理岗位上,他们将任职书吏、税官,有些时候也会当上位高权重的政府高官。

在帕夏的这种正式统治结构之下,那些天资聪颖或满怀壮志的巴格达人很难踏上升迁之路。诸如法官、穆夫提和纳吉布(nakib)之类的宗教及法律人士总是从宗教贵族中任命,而高级财政职位萨拉夫·巴希(saraf bashi),即帕夏的银行总管,则由某个最具影响力的犹太银行家族代表人担当。财务官(khaznadar)的职务包括帕夏的私人财政总管、近侍总管或首席税务稽查员,有时也会三职兼具,而财政官(daftadar)则是直接向伊斯坦布尔方面负责的公共财政总管,后来也身兼部队指挥官职务。奥斯曼高门直辖的三大官僚,即法官、财政官和耶尼切里队长都位高权重,但事实上即使是他们也无法与坐拥马穆鲁克军事实力的帕夏幕僚相比。帕夏的副官和首席大臣是卡希亚(kahya)。在大多数情况下,卡希亚的主要职能是为军事或其他方面的严重失败背黑锅。[39]

执掌和行使权力的地方是行政厅(diwan),这里完全被马穆鲁克官员所占据;以及权力较小的议事厅,这座机构的成员更为广泛,包括除马穆鲁克之外的各界领袖,比如巴格达的纳吉布,多位穆夫提,谢赫·阿卜杜勒·卡迪尔·盖拉尼清真寺和艾布·哈尼法清真寺的宣教人,以及居住在巴格达的前任总督。[*]

---

[*]　纳吉布是巴格达乡绅的头目和代表,他们被选拔出来以代表城中的显要人物与统治者或外宾会面。谢赫·阿卜杜勒·卡迪尔·盖拉尼的直系后裔阿卜杜·拉赫曼·纳吉布是最后一个持此头衔的人。在费萨尔国王于 1921 年登基之前,他曾是伊拉克的第一任首相。

16 世纪的最后几十年可谓巴格达马穆鲁克王朝的黄金时代。格鲁吉亚裔的"伟人"苏莱曼是四个世纪以来唯一堪当这个绰号的帕夏，从 1780 年到 1802 年间，他作为总督统治着巴格达、巴士拉和沙赫里祖尔三省。在这段时间里，来自伊朗的外部威胁已经完全消失，本地也没有严重危机出现。尽管宗教激进主义的瓦哈比派正在阿拉伯沙漠中蔓延，逐渐对三省构成威胁，而苏莱曼并没能清除他们，但他的个人统治在这 22 年里毫无动摇。* 他依靠充沛的精力（尤其对于一个在 60 岁高龄就任帕夏的人而言）、英勇的事迹和不知疲倦的军事征服壮大了马穆鲁克的权势，遏制了动乱的部落与耶尼切里，为王朝盛世打下了根基。在伊拉克，帕夏们针对沼泽、沙漠和山地部落的征战频繁，"如同家常便饭"。[40] 而苏莱曼发起的远征比其他帕夏挺进得都要更远。他对部落的遏制增强了地区稳定，对于他所大力增进的与欧洲的外交和商贸沟通十分必要。这种商贸活动所带来的利润能够让每位帕夏都负担得起奢华的消费，用以在无数政敌和繁多派系中保持权威，并为自己万众瞩目的壮丽宫廷提供财政保障。

既然此地存在商贸活动，英国人自然就会见缝插针。读者或许还记得上文曾提到，第一个来到巴格达的英格兰人是 1581 年来访的伦敦商人约翰·纽波利。200 年后，英国直接介入了苏莱曼的上位，这个惊人的事例表明英国对伊拉克的影响力正在逐步上升。在

---

* 穆罕默德·伊本·阿卜杜勒·瓦哈比（1703—1792）是一位出身阿拉伯半岛的宗教改革家和煽动家。他曾在巴士拉求学，呼吁回归以《古兰经》和未被现代化沾染的逊奈（即先知穆罕默德订下的传统准则）为根基的纯净伊斯兰教。他于 18 世纪中叶与沙特家族结盟，为沙特阿拉伯延续至今的严苛版本伊斯兰教教义奠定了基础。

英国驻巴格达特派员威廉·拉图什协助下，苏莱曼成功被任命为帕夏。拉图什是帮助他与伊斯坦布尔方面交涉的中间人，以苏莱曼的名义向伊斯坦布尔献上了大量礼金。1782 年，为表示感谢，帕夏向孟买订购了几批武器弹药，之后又购入了许多常规商品，还一并引进一些欧洲教官。次年，苏莱曼批准了巴格达东印度公司代理人的任职；1798 年，他更进一步大开绿灯，准许东印度公司在巴格达建立永久领事馆。就他批准东印度公司在巴格达建立第一座领事馆而言，与他颇有交情的英国外交官哈尔福德·琼斯·布里吉斯如是评价道：“苏莱曼可能是古往今来所有土耳其帕夏的典范。”[41]

在“伟人”苏莱曼统治下的 18 世纪最后几年美好时光结束后，巴格达进入了多灾多难的 19 世纪。1801 年，瘟疫重返巴格达城，迫使年已耄耋、身体衰弱的帕夏前往首府以北受灾较轻的哈利斯镇避难。同一年里，一支拥有 6000 至 7000 头骆驼和马匹的瓦哈比派军队从阿拉伯地区北上，洗劫了什叶派圣城卡尔巴拉，屠杀数千居民并劫掠了金碧辉煌的侯赛因伊玛目圣陵，然后骑着满载什叶派伊斯兰教宝藏的坐骑奔回南方。此时年老昏聩的苏莱曼已经受不住如此沉重的打击，他就此一蹶不振，最后于 1802 年 8 月 7 日去世。

在他死后，巴格达重回政治动荡不稳的故态。帕夏们再次如同走马观花般一个接一个上位，在他们的职业生涯中，最值得一提的总是死于非命的下场。1807 年，苏莱曼的继任者阿里帕夏在公开祷告时被人刺杀。1810 年，“矮子”苏莱曼帕夏逃出敌军重围，来到沙马尔·托加部落的营帐中避难，部落民不顾阿拉伯人古老的好客传统，当即砍下了他的脑袋。然后是阿卜杜拉帕夏“烟鬼”，他通过明争暗夺取得大位，但后来又被苏莱曼“伟人”之子萨义德掀起叛乱推翻；1813 年，他和一小撮亲信被绞死后埋葬，然后尸体又被掘出枭首。

　　萨义德帕夏是一个挥霍无度、沉溺享乐的年轻人，缺乏在巴格达掌权所必要的坚毅性格。在他任命了一大批不可靠的高官，又为了奢华的宫廷享乐而欠下一屁股私债之后，人们便开始质疑他的判断能力。除他那位总是外出忠心耿耿为他征战的连襟兄弟达乌德外，他身边的近臣便只剩下了"一个愚钝的母亲、一个无能的朋友和一个蠢小丑"。[42] 正当巴格达内外的局势开始动荡时，伊斯坦布尔方面也开始对这个长久以来比起臣属行省来更像独立盟友的省份虎视眈眈。马哈茂德二世撤回了对萨义德的支持并下令要他退位，再三犹豫之后，他要求达乌德接任帕夏。萨义德在战场上初尝胜果后便解散了部队，因为已经几乎发不出军饷了，他很快就为这个自作聪明的幼稚行为付出了代价。由于达乌德在最具权势的格鲁吉亚卫队成员中大行贿赂，萨义德的支持者土崩瓦解，他只好撤城城堡以期最后一搏。1817 年 2 月 20 日，达乌德进入巴格达城，被拥立为帕夏。当夜，新任的耶尼切里队长来到城堡大门前，向卫兵展示了他的官方印戒，然后悄悄走进帕夏的私宅。溺爱萨义德的母亲被队长的甜言蜜语打动，糊里糊涂打开了房门。末日很快到来了，"正当这位母亲紧紧抱着深爱的儿子，狂乱地呼号哀求时……他们用战斧砍倒了他，只留下一具无头的尸体在他母亲的怀里"。[43] 再一次地，一位帕夏的狂妄野心（在这里指他先前针对阿卜杜拉的谋叛）为自己招致了毁灭。

　　在南肯辛顿皇家地理学会的咖啡厅里挂着这样一幅有趣的肖像画。画中一位留着大胡子、衣装华丽的男子坐在妻子身边，他身穿绿白相间的亚麻长袍，外套一件深红色绣金边短袍，一把做工精美的匕首鞘从他腰间的条纹腰带底凸现出来，显得英气十足。他的缠头布由几条白色亚麻布交缠而成，从额头往上足有一英尺高。他妻子的小指正被他满怀爱意地握在手中，与丈夫的精致奢华相比，妻子看起来要朴素许多，仿佛野鸡配上了孔雀。她穿着一件淡粉色的长袍，头戴配套的头饰，长发扎成好几股及腰的小辫子，整齐地塞在花纹腰带下。丈夫深情地望着妻子，而妻子则注视着画家，脸上带着些许忧伤。

粗看起来，这个大胡子男人仿佛是一位马穆鲁克帕夏。但这幅画背后的故事表明，他其实是与夫人一同身穿巴格达阿拉伯服饰的詹姆斯·西尔克·白金汉爵士。白金汉是一位多产的英格兰旅行家和作家，于 1816 年夏季来到巴格达并在克劳迪厄斯·里奇门下做客，后者是当时的英国领事，也是古巴比伦和伊拉克古文物历史学家。作为一个观察敏锐的作家，白金汉特别着眼于英国领事的当权，在当时这宣示着英国在伊拉克成为仅次于奥斯曼当局的第二大势力。原本就拥有许多附属建筑的领事馆，此时成了"城中最大、最豪华也最宽敞大气的建筑之一"。[44] 里奇主管着一大群文化背景多样的工作人员，其中包括一位英格兰外科医生，一位意大利秘书，几个译员，一群耶尼切里、马夫和仆人（"分别是土耳其人、阿拉伯人、格鲁吉亚人、波斯人和印度人"），还有一组负责护卫的印度兵，以及一小队欧洲骠骑兵。这位英国领事在生活和旅行中派头十足：

> 一艘又大又宽敞的游艇总是停在河上待命，随时准备起航游玩。这艘游艇由一位印度船长（Serang）和他的船员维护。马厩中的公马个头高大，品种精良。领事馆的一切物什都是精挑细选，精工细作而出，专门让居民们肃然生畏的……事实上，

里奇先生的确被大部分人认为是巴格达仅次于帕夏的最有权势的人物；甚至还有些人怀疑帕夏本人行事都是根据里奇先生的意见和建议，而非议会的意愿。

他所探访的其他方面就没那么吸引他了。与半个世纪前尼布尔的失望发现如出一辙，白金汉发现文学"在这里流失殆尽，以至于整座城里都没有一套著名的藏书或手稿，也没有一位毛拉因他对本国的渊博认识而在同道间出名"。他大略估计巴格达人口有五万至十万人，其中犹太人超过一万人。犹太人中有一位著名的大卫·萨松，他于1817年继承父亲萨利赫的位置，成了巴格达财政总管。但无论犹太社区变得多么繁盛，巴格达的集市还是入不了白金汉的法眼，因为它们充斥着"一股我在其他任何土耳其大城市都未曾体验的吝啬气息"。

白金汉是一个难以取悦的访客，不仅对当地文学失望透顶，也对本地语言感到厌恶。据他所写，巴格达阿拉伯语"十分鄙陋，比起巴格达方言，很少有语言发音如此难听，结构和外语词的使用如此粗野"。他对巴格达的女性也评价甚低。出身高贵的女性缺乏魅力，气色不佳，而下层妇女的肤色更加阴沉，有时还"纹有野蛮的纹面，显得面容极其可怖"。但他对格鲁吉亚和切尔克西亚女性赞赏有加，"天生相貌美丽，后天的装扮也不会减损容颜"。由此看来，白金汉的品位和偏见与奥斯曼苏丹略同，更不用说全帝国的帕夏也都是这样认为。正如伏尔泰于1734年所写的那样：

> 切尔克西亚人十分贫困，而他们的女儿生来美貌，因此他们就将女儿作为主要商品出口。他们为土耳其大君、波斯索

菲和那些买得起也养得起这些美丽商品的巨富的后宫提供美
女。怀着出人头地的意图，他们训练这些女孩如何爱抚和取悦
男人，如何表演性感妩媚的舞蹈，如何利用最撩人的小技巧点
燃那些位高权重的主人——她们的天命之主——的欲望。[45]

　　达乌德最终推翻了他反复无常的主人萨义德，迎来了马穆鲁
克王朝的金色黄昏。在同时期的记载中，达乌德是一位堂吉诃德
式的离奇人物，为人极端矛盾，既极端慷慨又极端挥霍，一方面
贪婪到失心疯，另一方面他的吝啬仅次于他的贪婪。当他在家中
奢靡享乐时，真可谓挥霍无度。他的宫廷光辉闪耀，灿烂无比，
据说可与帝都媲美。他既被人认为胆小懦弱，优柔寡断，同时又
以勇猛无敌著名。他既是一位现代化推动者，热心改革军队，发
展纺织业和军工业，积极疏浚运河，建造集市，还建立了巴格达
第一家印刷厂，但同时又极端反对现代化，尤其当发展进程威胁
到马穆鲁克的存在时更是变本加厉。在充斥着革命与进步的后启
蒙时代，这个奴隶王朝仿佛已经不再适应当时的时代发展，在伊
斯坦布尔方面看来更是如此。

　　达乌德任帕夏的大部分时间里，都面临着伊朗死灰复燃的威
胁。1818 年，波斯沙阿的王子、克尔曼沙赫省亲王穆罕默德·阿
里·米尔扎侵入伊拉克，之后他得到了库尔德斯坦的叛徒马哈茂
德·拜班协助，两军合力对抗达乌德。为了使入侵伊拉克的行径显
得正当，波斯官方宣称起因是多年来朝拜什叶派圣地的伊朗朝圣者
在帕夏那里遭受了恶劣待遇。但这些局部地区冲突反映了波斯沙阿
与奥斯曼苏丹之间更大的敌意。边境冲突很容易便会成为全面战争
的先兆，因此达乌德接到伊斯坦布尔方面指令，受命做好全面战争

准备。一系列遭遇战就此展开，既有小规模接战，也有大规模战斗，其间充斥着习以为常的逆转、变节、瘟疫、重组、谈判、围城，以及对叛变部落的谴责。穆罕默德·阿里·米尔扎之死加速了战争结束的进程，1823 年 7 月 23 日，双方签订了《埃尔祖鲁姆和约》，标志着战争正式结束。"自此以后，仇恨之剑应当入鞘，一切可能使人心寒憎恶，与友谊和团结背道而驰的行为都应被禁绝。"和约如是写道。[46] 由于这份和约重申了 1639 年穆拉德征服时期的确切领土边界，它并没能消除日后的战争隐患。1847 年，经过一个成员混杂的边界委员会讨论裁定后，该和约正式生效，这个委员会首次有英国和俄罗斯代表参与。尽管如此，这条棘手的边境线还要等到 1914 年才正式固定下来。

在英属印度陆军少校乔治·凯普尔的记录中，我们能够一瞥达乌德宫廷的奢华盛况。这位少校于 1824 年在巴格达停留，此时与伊朗的战事刚刚结束不久。凯普尔骑马亦步亦趋跟在一位官员身后，这位官员手持一柄银权杖，其上配有精工细作的镀金球状杖头。他自己所骑的马也配有华丽的鞍鞯，披挂着精美绚丽的天鹅绒布，上面饰有镀金和银制镶钉。

> 帕夏的秘书派遣了几个仆人招待我们，我们在距宫殿有些距离的地方遇见了一支耶尼切里代表团。穿过宫殿大门后，我们便进入了宽阔的庭院，帕夏的士兵在这里列队迎接……在第二层庭院的大门前，我们纷纷翻身下马。帕夏手下的高官就在这里迎接我们，引领我们觐见他本人，途中我们经过了两列耶尼切里，他们个个双臂交叠，表现出一副不怒自威的气势。会客厅内的布置满是东方风格，还装饰着无数面三角形小镜

子，显得闪耀夺目、光怪陆离。帕夏就坐在一个角落里，身下依靠着软垫。[47]

凯普尔感到这等隆重的欢迎应该更配得上一位大使，而不是像他这样的普通旅客。但这场对英国人示好的盛大表演背后有着非常现实的考虑。1820 年，在违背伊斯坦布尔方面的协定，擅自对所有英国商品提升一倍关税后，达乌德与英国领事克劳迪厄斯·里奇陷入了纠纷。当里奇表示他要前往孟买，与东印度公司董事会继续追究此事时，帕夏当机立断禁止他离开巴格达，并派遣军队包围了领事馆。与这些军队对峙的是一支秩序井然的部队，由印度兵、阿拉伯人和欧洲人组成，严阵以待地守卫着领事馆。在这场紧张的僵持中，达乌德首先让步。双方草草达成妥协，帕夏撤回了军队，里奇也被准许于次年春季离开。

帕夏的权力又一次出现了衰退的迹象。1826 年，伊斯坦布尔上演了戏剧性的一幕，锐意进取的年轻苏丹马哈茂德二世对耶尼切里发起了致命一击。苏丹认为后者是一支反动腐败的势力，是改革的绊脚石，尤其阻碍了现代化军事训练、枪炮技术与其他军事创新的发展。频发的兵变和战场失利令马哈茂德坚定了推进改革的决心，但在彻底摊牌之前，他遭遇了猛烈的抵抗。在要求一定比例耶尼切里接受新式训练的指令下达后，一场兵变不可避免地爆发，但这次他们被镇压了。苏丹军架起大炮轰击耶尼切里军营，几分钟内便将其化为一片火海。据目击者称当时共有 6000 人被杀，除此之外，全帝国境内还有数千人被追捕并处死，这就是著名的"吉祥事变"。[48]马哈茂德直捣传统军队的心脏，将耶尼切里一举废除，这也暗示着伊拉克将面临严重的后果以及更多的杀戮。

　　在巴格达，达乌德帕夏下令举行了一场精心安排的阅兵游行，在这场活动中，18 个连队的耶尼切里被特别安排驻扎在奥斯曼帝国宏伟的萨莱宫中心地带。当苏丹谕令下达，帕夏大声宣布他们已被废除，并公布了新的军队编制时，耶尼切里们先是惊愕万分，然后愤怒不已。但正当他们企图发起暴乱时，却被矩形场地周围严阵以待的野战炮和一排排随时准备将他们屠杀殆尽的马穆鲁克所震慑。一阵剑拔弩张的静默之后，耶尼切里纷纷扔下卡尔帕克毡帽，换上了新组建的"新秩序军"军帽。炮手们纷纷松了口气，达乌德无疑更是如释重负，于是大炮被缓缓推出，鸣响礼炮，令人恐惧的大屠杀终究没有发生。巴格达这一次终于能与其"和平之城"的别号相衬，耶尼切里在伊斯坦布尔和奥斯曼帝国各地的退场血腥惨烈，但在这里完全和平。

　　1830 年，马哈茂德苏丹在俄土战争中耻辱战败后，他的目光转向了巴格达。显然达乌德此前没能给予苏丹任何援助。于是马哈茂德便派出使者萨迪克·艾芬迪前往巴格达，迫使帕夏退位并让位给一个不具马穆鲁克背景的接任者。这位使节受到了帕夏盛大殷勤的接待，尽管帕夏谨遵外交礼节，但他却拒绝回礼，对军队表演和萨莱宫的正式接待会视若无睹。在到访第三天冷若冰霜的氛围中，萨迪克·艾芬迪终于揭示了自己的此行目的。可以想见这是一场并不融洽的会谈：很快双方便争吵起来，会谈变成了相互责难。这位使节许诺让高官苏莱曼·阿加继任帕夏，但此人不久便跑去向达乌德告密，交代了使者的阴谋。于是，这场奥斯曼式的风波被马穆鲁克式的手段解决了。帕夏迅速召集起军事会议，下令速战速决。1830 年 10 月 19 日，一支由达乌德特别指定的马穆鲁克部队溜进使节的住处，干掉他的侍从后破门进入他的房间，当场勒死了他。

事后，帕夏将一封文笔优美的慰问信和一批贵重的礼品紧急寄往伊斯坦布尔，在信中，帕夏为这位值得尊敬的使者不幸死于霍乱而深表遗憾。

马哈茂德自然不会被如此拙劣的诡计骗到。奥斯曼苏丹当即宣布达乌德已经反叛，并任命阿里·里达为新任帕夏，他是一位马穆鲁克编制外的低层军官。1831 年 2 月，里达从阿勒颇发兵南下，但很快便被迫停止进军，因为此时很可能不需他劳师远征，只需借助大自然的力量便足以取得胜果了。

1831 年 3 月，灾难降临了。去年夏季在大不里士肆虐的瘟疫此时向南蔓延到了伊拉克北部山区的基尔库克和苏莱曼尼耶，最终到达巴格达，首先在犹太人居住区爆发。英国领事试图说服达乌德下令隔离检疫，后者却回应说任何预防措施都是有违法律和伊斯兰精神的。结果帕夏没有采纳任何医疗预防措施。[49] 来自瘟疫受灾地区的商队在巴格达进进出出，畅行无阻，瘟疫在城中肆意传播，却没有人加以检查。从一开始的迟钝中醒悟过来后，巴格达人纷纷想要逃出城外，但出城的多条道路都危机四伏。所有陆上通路都在部落人的掌控之下，他们对劫财害命颇为热衷；同时，底格里斯河上那些仅为社会高层人士准备的船只数量稀少，人满为患，且已经遭到了瘟疫的侵染。基督徒们将自己隔离在家里，避免与其他市民接触沟通，绝望地试图以此来逃避瘟疫，但瘟疫还是席卷了整个城市。见高层官员拒绝采取所有必要的预防措施，英国领事便带领他的员工乘船逃去了巴士拉。

综合多份文献记载，这期间的每日死亡人数从 4 月 4 日的 150 人左右暴涨至 4 月 12 日的 1100 人，然后继续增长，到 4 月 27 日为止，每日死亡人数达到了 1500 人至 3000 人。[50] 英国旅行者詹姆斯·威尔斯泰德这段时间居住在一座能够俯视周围所有房屋的宅邸中，每天都会目睹周边睡在房顶的人逐日减少。其中一栋房屋里，有25个男人、女人及孩童曾登上过房顶，但在三周后就只剩下了6个人，再后来一个人都没了。[51]

一切都陷入分崩离析的状态。巴格达的日常生活蓦然中断，整座城市仿佛落入但丁笔下的地狱一般。由于生者来不及埋葬与日俱增的死者，尸体在街道上堆积成山。食物供应日渐萎缩，直至枯竭。送水工消失了，连同一起人间蒸发的还有士兵、廷臣和最后残留的少数政府官员。在这场恐怖的浩劫中，法律与秩序荡然无存。暴徒们拉帮结派，借着鸦片的毒劲，在兴高采烈之下昏头乱撞。他们挥舞着匕首、军刀和火绳枪在荒无人烟的街道上横行，寻觅着无助的猎物，而这种猎物从不会匮乏。他们在民居之间来回游荡，肆无忌惮地抢劫掳掠，时常会杀死户主，再从他们的尸体上掳走一切珠宝与财物。

据一个当时深受热病之苦的男人后来记述，他当时正病卧在自家二楼的一条草铺上，深爱的妻子伴在身边悉心照料，就在这时匪徒破门而入，顺着楼梯冲了上来。这位户主此时正躺在两具病死的家人尸体旁边，病重到动弹不得。"我看他们的样子就知道他们要干什么了，"他回忆道，"但我病得不行，连抬起一根手指都做不到，更不用说拯救她的性命了，否则为了她我愿意舍弃自己的生命。"[52]其中一位匪徒手拿明晃晃的尖刀逼近了她，他不顾夫妻两人的拼命求饶，在她身上一刀接一刀刺了下去。被高烧折磨得奄奄一息的丈夫只得眼睁睁看着妻子在自己身边流血至死，然后，就在匪徒从他身上扒下珠宝逃之夭夭时，他陷入了昏迷。尽管也有无私友谊和为所爱自我牺牲的高尚事例存在，但多数目击者还是记述下了道德的普遍堕落，这是瘟疫造成的最恶劣的后果。

巴格达迅速沉沦。但瘟疫还只是大自然为这座城市带来的第一场灾难。在 4 月的头一周，天气逐渐恶化。厚重的云层积聚起来，黑暗阴沉的天空中雷鸣电闪交加，一场巴格达人有生以来未曾经历的大暴雨倾盆而至。街道化作泥泞。4 月 12 日，底格里斯河开始涨水。4 月 20 日晚间，河水冲破河岸，以恐怖的势头席卷了城市。仍在自家房顶上躲避瘟疫的威尔斯泰德记述了当夜发生的事件：

> 当洪水暴发时我还在屋顶睡觉，被冲进大厅的洪水咆哮声惊醒。我保持安静，没有发出一点声音，因为我确信这时没人能够解救我。没有哭叫和骚乱声传来；也没有听见尖叫声或哀号声；但正当我坐在墙壁上观望时，我能够看到几具尸体，其白色的衣装在浑浊的洪流中闪闪发亮，静静地被席卷而去。[53]

据威尔斯泰德记载，当夜共有 1.5 万人死去，这些浮尸也包括其中。数量庞大的死者中包括儿童、瘟疫患者和老人。其中许多死者都是在埋葬了不幸的亲友之后撑过瘟疫的人。4 月 21 日早些时候，洪水渐渐退去。到日出时分，水流已减弱到可以涉足的程度。威尔斯泰德用绳子小心翼翼地将自己降到街道上。"正当我的双脚刚刚够到地面时，随着一声巨响，房子倒塌了。真是大难不死！"他这样写道。[54]

至于巴格达就没有这么幸运了。在狂暴的洪水助力下，瘟疫收割了城中三分之二人口的性命。[55] 城市建筑遭到的损害更是无法估量。在第一波洪水来临的几个小时内，数百座房屋被毁，就连地基也被连根拔除。到第二天已有 7000 座房屋化为废墟，有许多户主和房客被活埋在废墟里。4月26日，穆阿扎姆门附近的一段城墙垮塌，城堡的一部分也随之倒塌。著名的盖拉尼清真寺内的隐修士客栈曾在1508年遭到伊朗人劫掠，又在1623年被洗劫并大部分被毁，如今完全被洪水夷为平地。饿狗撕咬着掩埋在泥泞中的死尸肢体，原属于帕夏马厩的内志名驹在荒无人烟的街道上嗒嗒奔行。

达乌德几乎已众叛亲离。他身边曾有成千上万制服整洁的马穆鲁克、耶尼切里、阿加、廷臣、奴仆以及顾盼神飞的后宫美女随时听候他的差遣，但如今他病卧在饱经洪水肆虐的空旷宫殿中，身边只剩下一个老妇人还在照料他。仅仅不久以前，他还在这里举办了宏大欢乐的宴会，但如今，当他望着面前一碗从渔夫那里捡来的鱼沉思时，先前的奢华化成了一段残酷的回忆。

随着洪水消退，瘟疫的高峰也渐渐退去，达乌德又看到了一线生机。但他的敌人阿里·里达兵临城下，又为他的悲惨命运增添了一笔。率领这支军队的是摩苏尔的卡西姆帕夏。敌军高声宣读了废黜达乌德的苏丹谕令，在城内引发了一场不可避免的暴动，但暴动很快被平息。达乌德斗志全无，身患重病且众叛亲离，只剩下一小撮随从还在身边，他坐在马鞍上，让一位埃塞俄比亚奴隶抬着逃去朋友家避难。在这座城市，没有什么秘密可以长久保守，帕夏的藏身地很快便被发现了，于是他被押走软禁起来。卡西姆帕夏与随从骑马进入城市，受到少得可怜的巴格达贵族夹道欢迎，然后他被一路护送至萨莱宫。这场权力交接迅速且和平。

但巴格达总是擅长在安稳的局势中搅起恐怖波澜，这一天赋从未湮没。由于卡西姆的部队中有许多纪律恶劣的沙漠贝都因人，这支部队随后开始劫掠城市。流言开始疯传，人们纷纷传言达乌德的手下都将遭到清洗，并认定卡西姆才是应该除掉的人。6月13日，一大群马穆鲁克、巴格达民众和乌盖勒部族人被愤怒冲昏了头脑，对萨莱宫发起了围攻。尽管卡西姆很快便投降了，但这没能阻止城市接下来将要遭遇的悲剧上演。

萨莱宫的会客厅，巴格达最雄伟的地标建筑之一，被暴徒付之一炬，大火迅速蔓延到了优雅的拱廊建筑，烧毁了镀金的宅邸，吞没了无数还没来得及被掠走的宝物。最美丽的地毯也升起了滚滚黑烟，一同葬身火海的还有精致的绘画、大马士革丝绸和贵气的家具。价值连城的珠宝、成套的甲胄、镶嵌精巧的镜片、来自整片大陆的财宝——全都万劫不复了。达乌德与他的残军重回高位，但他的权势似乎已日薄西山。

阿里·里达意识到自己必须亲自出面解决事端，于是从摩苏尔出兵前往巴格达，下令封锁城市。刚刚挺过一场恐怖的瘟疫，又在一场有史以来最大的洪水中苟延残喘地幸存下来，正深陷在内乱的泥潭中无法自拔的巴格达，在这盛夏的酷暑中又遭受重重围困。由于守军兵力仅有一千出头，而阿里·里达麾下拥有两个步兵团和两个骑兵团，还有 1.2 万人的辅助部队，局势显然无比明朗。两军僵持了两个半月的时间。集市里物价飞涨，即使最基本的食物供给也格外勉强。时常发生的叛逃和阴谋削弱了守军的决心。城墙外爆发了几场胜负不定的小规模接战，零零散散的轰炸也在持续。当阿里·里达接到伊斯坦布尔方面要求撤退的命令时，他决定用外交手段解决这场纷争，提出只要达乌德投降便能得到赦免。很显然，拒绝这个提议将会招致彻底的毁灭。1831 年 9 月 14 日夜，达乌德最终做出背信弃义的决定，巴格达就此落入阿里·里达手中。他依照接待马穆鲁克帕夏的礼节招待了达乌德，两人遵循古老的礼仪传统共饮咖啡。

奇怪的是，尽管在巴格达历史上有着诸多死于非命的先例，而且达乌德也曾给伊斯坦布尔方面造成了许多麻烦，但他并没有被处决。赦免令生效了，这位末代马穆鲁克帕夏最终效忠了他和诸位奴隶帕夏先辈们曾算尽心机抗拒的帝国权威，并作为其臣子度过余生。他先是被任命为波斯尼亚总督（wali），然后被擢升为国务会议主席，之后又受命管辖安卡拉。1845 年，他成了广受尊敬的圣城麦地那守护。达乌德于 1851 年去世，他的一生传奇非凡，从基督徒男孩到穆斯林奴隶，再到高贵强势的帕夏、身无分文的囚徒和命悬一线的逃犯，最后，一份意想不到的赦免令让他得以在生命的最后 20 年爬上奥斯曼帝国的最高官僚机构，作为一位德高望重的老人，赢得了人们的敬仰。

他的前马穆鲁克同袍和朋友们一定会嫉妒他的好命。在掌权的第三天，阿里·里达召开了一场大迪万，即贵族大会，在这次大会上他宣读了帝国谕令，正式就任巴格达、阿勒颇、迪亚巴克尔和摩苏尔总督；这还是首次有一位帕夏同时统治以上所有省份。1517 年被废弃且已与古代无甚联系的哈里发称号如今又被引入使用。但新任帕夏事实上仅仅掌控了伊拉克一地。一切马穆鲁克权力结构与职务都被当即废除。一排排马穆鲁克站在他面前，在他麾下的阿尔巴尼亚兵包围中井然列队，他们如今已被帝国视作一支不合时宜的反动势力。随着阿里·里达退入寝室，他的部下便开始对马穆鲁克展开屠杀。马穆鲁克们要么被第一轮火枪齐射杀死，要么接下来被军刀砍杀。城市中的其他成员也纷纷被追捕杀害。

一个曾统治巴格达 130 年，受伊斯坦布尔方面干预甚少，以至于实质上独立的奴隶帕夏王朝，也是为这个已没落成地区小城的城市恢复了权势、风度和辉煌的王朝，迎来了它彻底消亡的命运。

第 9 章

帝国碰撞

1831—1917 年

鱼死从头烂。

——土耳其谚语

问题：当敌人侵犯伊斯兰世界时，当他们确实在侵占和掠夺伊斯兰国家，掳掠穆斯林人民时，当伊斯兰大帝陛下（即奥斯曼苏丹穆罕默德五世）因此下令总动员进行圣战时，那么圣战，正如伟大的《古兰经》经文那样，"你们当轻装地或重装地出征，你们当借你们的财产和生命为主道而奋斗。这对于你们是更好的，如果你们知道"，是否将会成为全体穆斯林义不容辞的义务和全世界所有穆斯林的个人责任，无论他们年轻或年老，步行或骑行，都应当快快将自己的财产和金钱投入到这一事业之中？

答案：是的。

——穆罕默德五世苏丹，《圣战宣言》
（伊斯坦布尔，1914 年 11 月 [1]）

不到一个世纪以前，巴格达东北部的阿扎米亚区周围环绕着棕榈树林，向底格里斯河岸的方向延伸，愈行愈窄，艾布·哈尼法清真寺就坐落在这片地区。如今这座清真寺被柏油马路所环绕——既有宽阔的大道，也有车流滞塞的小路，但仍旧俯瞰着伊玛目·阿扎姆*大街尽头的河面，这条大街从南方的麦丹广场一路延伸，经过艾布·哈尼法清真寺和曾在 2003 年伊拉克战争中被轰炸和抢掠过的店铺，穿过艾玛桥，直通卡齐米耶区。几棵棕榈树在一座墓地里直耸天际，这座墓地便是阿扎米亚区得名的缘由，它建于城市建成之初，是一座专为大多数巴格达名门望族准备的公墓。公墓中最著名的人物是艾布·哈尼法伊玛目，他是伊斯兰教四大教法学派中最大的哈乃斐法学派的创始人。在他于 767 年去世（很可能是被曼苏尔所杀）之后，他的坟墓便成了朝圣胜地。

　　"阿拔斯王朝中后期的哈里发及其家眷就埋葬在这里。"我的朋友马纳福说道，他正在与我一同游览阿扎米亚区。这里是巴格达的逊尼派中心地带，三面被底格里斯河道围绕，"哈伦·拉希德的母亲海祖兰就埋葬在附近，因此这里后来被称为'海祖兰墓地'。在这其中一条街道上还坐落着乌姆·拉比亚圣陵，她是被蒙古大军

* 伊玛目·阿扎姆（Imam al Adham），意即"最伟大的伊玛目"，指艾布·哈尼法。

所杀的阿拔斯王朝末代哈里发穆斯塔绥姆的儿媳"。一时间，我忍不住遐想自己正在伟大的阿拔斯王朝诸哈里发陵墓之间踯躅而行，但马纳福很快便打破了我的幻想。"因为洪水和这片街区在巴格达的诸多黑暗时代中屡遭灾祸，哈里发的陵墓早就消失了。"他静静地说道。

就像底格里斯河对岸几乎正对的卡齐姆圣陵一样，数个世纪以来，艾布·哈尼法圣陵也曾历经毁坏、重建和扩建，它标志着这座城市在什叶派（波斯）和逊尼派（奥斯曼）入侵者你来我往之间的多舛命运。1066 年，一座神学院在这里建立，并一直作为宗教学校矗立至今。当朱拜尔于 1184 年来到巴格达时，这座学院是一座观光胜地。据他记述，这是"一座建筑精美的圣所，上有白色穹顶高耸入云，内部安置着艾布·哈尼法伊玛目的陵墓"。1327 年，摩洛哥旅行家伊本·白图泰也拜访了这里，赞美了这座清真寺对穷人不吝施舍的善行："圣陵上有一座宏伟的穹顶，还有一座救济所向来客提供食物。如今巴格达城里只有这一座救济所还在分发食物了。真主啊，变化太大了！"[2] 奥斯曼帝国后来又扩建了这座建筑，先是 1534 年由苏莱曼大帝扩建，而后是 1638 年由穆拉德四世再度扩建。到 19 世纪，这座圣陵及其周边数英亩棕榈林被四座街区围拢起来，这些街区组成了今日阿扎米亚区的中心地带，它们是：萨菲那区（船区）、纳萨区（低地区）、哈拉区（热地区）和谢赫区（部落酋长区）。城区发展突飞猛进，人口也从 20 世纪初的 2000 人增长到超过 40 万人。

与底格里斯河对岸的卡齐姆圣陵相比，艾布·哈尼法圣陵作为地标建筑有一种斯巴达式的简朴风格。它的砖块都是沙黄色，拥有一对穹顶和一座单独的宣礼塔。即使是很久之后才落成的钟楼，也几乎因缺乏色彩而显得严峻冷酷。"你应当看看这座清真寺在圣纪节时的样子,"马纳福说道,"这里是全伊斯兰世界逊尼派翘首以望的焦点,而圣纪节庆典是阿扎米亚区最盛大的活动之一。每逢庆典,宣礼塔、中央穹顶和钟楼间便会悬挂起长长的绳索,上面缠绕着灯泡,景象相当壮观。"他向上指了指钟楼顶端,阿拉伯语铭文"الله"(真主)下的四面钟:"这座钟可能看起来没什么了不起的,但实际上它可不一般了。它完全由阿卜杜勒·拉扎克·马哈苏布纯手工制成。他是一位手艺精湛的巴格达匠人,从没受过教育,却拥有一项美索不达米亚特有的天赋,善于创造和制作不可思议的东西。这座钟上没有一个零件是外国进口的。他就在工坊里一点点地把它组装起来。当 1925 年这座钟终于完成时,走时之精准令人难以置信,每到整点和半点都会准时鸣响。它在 1932 年的巴格达博览会上赢得一等奖,马哈苏布便将其作为礼物赠送给圣陵,用以装点圣陵的入口。"

美国国防部的一个网站将艾布·哈尼法圣陵列为伊拉克重点历史文化景点之一。"巴格达周边和城内最重要的历史景观大多以过去的政治或宗教(逊尼派或什叶派)人物来命名,或与该城市及伊斯兰教的历史有关,因此这些地标属于高价值目标。"该网站写道。悲哀而讽刺的是,2003 年 4 月 11 日,正是美国空军自己发射火箭弹击中了艾布·哈尼法圣陵的钟楼,对圣陵造成了破坏。在一段墙壁上,有一幅涂鸦写着:"耐心吧,忍耐吧,巴格达。总有一天侵略军会被一扫而光。"2006 年 11 月 23 日,另一次逊尼派针对什叶派的残酷宗派斗争中,这座清真寺被迫击炮破坏。最近几年里,在针对什叶派最为严重的冲突中,卡齐米耶区成了中心地带,同样地,阿扎米亚区的逊尼派居民也遭遇了频繁恐怖的暴力冲突。

2007年，这里频繁发生的激烈冲突使美军焦头烂额，于是他们宣布，"为了打破宗派斗争的死循环"，他们将围绕阿扎米亚区修建一道三英里长的围墙——日后被士兵们戏称为"阿扎米亚长城"——并且禁止任何决死队和民兵组织进入。[3]然而这并不能阻止流血事件继续发生。

当我们走过几座沿底格里斯河而列的巴格达老建筑时，马纳福眼睛一亮，这里坐落着一长串卖巴格达特色烤鱼（masgouf）的小餐馆。"这些过去的老建筑真是漂亮，"他兴奋地说道，"屋子外部有封闭阳台，透过窥视窗能够俯瞰房屋所在的街巷。而房屋内部，各个房间都通向庭院，你可以在那里透气晒太阳。沿楼梯往上走，二楼还有更多房间，而最棒的是开阔的屋顶露台，夏夜在那里睡觉是巴格达特有的别致体验。想象一下底格里斯河的清风拂过一排排蚊帐下的床铺，多么安逸。每逢满月，一家人便会在屋顶共享晚餐——好似一首动人的巴格达月光奏鸣曲。居民用陶制水罐储存饮用水，因为这种水罐能让饮水自然保持凉爽。当清晨到来，苍蝇开始活动，太阳升起，天气转热时，你还可以下到一楼的庭院里继续补补觉，那里种着一两棵树，足够遮阴避凉了。"

伊玛目·阿扎姆大街穿过历史上巴格达逊尼派显赫贵族的住宅区。安塔尔环路边矗立着一座阿拉伯骑士的雕像，那骑士挥舞着弯刀，胯下骑着骏马，就在那里，曾经坐落着王家奥林匹克俱乐部（"他们原先布置了宽阔的红土球场，年轻人就穿着一尘不染的网球服在那里打网球"）。艾布·哈尼法圣陵南方一片围绕着常青树和棕榈树的半圆形场地里，有曾被战火破坏的王陵，这座王陵是逊尼派权威地标艾布·哈尼法圣陵的世俗对应，由英国建筑师梅森和迪克森于20世纪30年代初设计建造而成。王陵的天青色大穹顶左右各有一座小穹顶，大穹顶下安置着伊拉克三位国王——费萨尔一世、加齐和费萨尔二世——及他们的王后和公主的大理石坟墓。年老的保安加奈姆·贾米尔·阿里警惕地守望着这座陵墓，咕哝抱怨着美军的占领，以及士兵们砸毁费萨尔墓大理石墓盖的劣迹："他们说他们是来搜查武器的。"再往东南方向，经过马格里布大街的棕榈林后，我们来到曾坐落着王家法院的地方，它曾矗立长达半个世纪，后于 1975 年被拆除，人们在原址上用玻璃和铝材搭建了一座军官休息室。街道对面还有一座与之相对的文化建筑，即曾经的艺术学院。"伊拉克最天才的一代艺术家、演员和雕塑家们曾在它的剧院、教室和花园中徜徉，他们在这里成长为美的创造者，正如他们的苏美尔、巴比伦、亚述和阿拉伯先祖一般。"马纳福说道。西边是萨拉菲亚桥，这是一座闷声作响的钢铁桥梁，于 20 世纪 40年代由英国人建造。"桥上原先有与汽车道并行的铁轨，当蒸汽列车轰隆隆开过街道上空，鸣响汽笛时，小时候的我就和小伙伴们一起欢呼，那可真是件乐事。"他回忆道。

我们继续沿着伊玛目·阿扎姆大街前行，然后转向南方穿过鲁萨法区。马纳福随手将一座豪华别墅指给我看，一边哀叹这样的建筑更多早已惨遭毁灭，一边介绍他所钟爱的 20 世纪 30 年代建筑风格，这种风格曾将扎哈拉维大街装点得辉煌绚丽，那条大街得名于一位伊拉克诗人。他说起了塔哈大街，那里曾居住着一位前总理和一大票部长、政治领袖及将军。谈笑之间，我们不知不觉来到了穆阿扎姆门——征服者们曾在这座著名的阿拔斯帝国之门下列队行军，但这座城门在 1922 年被拆毁后，便只空余盛名，麦丹广场也出现在视野中，帖木儿曾于 1401 年在这里犯下了狂暴的屠杀恶行。

"许多年来，无数大事在阿扎米亚区发生，这里拥有一种强大的精神，"马纳福说道，"它接纳并哺育了巴格达的许许多多著名人物——政客、医生、将军、工程师和艺术家。我真希望以后还有更多优秀的人才从这里诞生出来。"

对于巴格达而言，马穆鲁克王朝是中世纪的最后一抹余光。19世纪的发展进步带来了新的科技和更有秩序的帝国体制下新兴的先进理念——从火车、蒸汽轮船和电报，到贸易的兴盛和石油的发现——帮助巴格达从一潭死水一跃成为欣欣向荣的国际化都市。随着马穆鲁克的退场，这座萎缩残缺的城市不再坚持实质独立，而是恢复了从前对帝国的效忠，被现代化的——或至少力图现代化的——土耳其所牢牢掌控。

在数个世纪中，巴格达曾拥有强大的向心吸引力。在阿拔斯王朝的巅峰时代，从大西洋沿岸到阿富汗的学生都曾云集至此追求学问，与当时世界上最具盛名的大学者们同台而坐。然而在巴格达疾风狂飙般的历史中，并非胸怀高尚理想而来的不速之客也常常在城墙下出现，比如从遥远之地或邻近国度开来的数以万计的士兵，满心征服杀戮、奸淫掳掠。

当中世纪结束，现代化时代来临时，新的一批外国侵略者也为巴格达注入了他们的——少数时候是"她的"——影响力。从东方而来，比肩接踵、手持利剑的蒙古、鞑靼、伊朗和突厥大军已不复存在，取而代之的是自西方而来的，巧舌如簧、手无寸铁的文明人。古老的侵略者曾经发出将这座城市付之一炬、将居民逐个斩杀的血腥威胁（这种噩梦往往会成真），但如此恶劣野蛮的行为在19世纪的英格兰、德国及法国绅士们看来是不可想象的。

相反，这些着装得体、胡须整洁的欧洲客人会轻言细语地说明,自己历经漫长艰辛的旅途来到巴格达是为了向这座曾经四海扬名的城市献上现代文明的赠礼。他会谦卑地请求主人给予贸易特许权;自信地提及蒸汽轮船将带来巨额利益,而电报的搭设将对巴格达的商业起到革命性的影响,乃至惠及万代;然后以钢铁新发明将带来的发展前景来诱惑。他们中,先是英国人建立了幼发拉底河谷铁路公司,而后德国人建立了巴格达铁路公司。

诚然,由于前不久发生的洪水和数次瘟疫,这座城市从 200 万人口的辉煌大都市衰落成了一座默默无闻的地区小城,人口仅有 2 万到 5 万人。但巴格达城内外仍然存在着复兴的希望,最糟糕的时代已经过去,城市再度运转了起来。科技高速发展,新发明如雨后春笋般大量涌现。在曼苏尔哈里发选中这个"宇宙的十字路口"兴建帝都的 1000 多年后,蒸汽机与铁路的到来重新把巴格达推回了世界舞台。通往印度的古老沙漠商道重又复兴,但已不再通行驼队,而由列车取而代之,对欧洲经由好望角通向亚洲的传统海上商路构成了威胁。阿里·里达帕夏很快便恢复了东印度公司的特权,令其影响力在伊拉克日渐扩大。巴格达的命运从此开始逐渐被西方而非东方影响。

在利用和平之城的传统做法残酷地消灭了马穆鲁克部队后,新任帕夏又开始大肆抓捕他们的妻妾和家眷并施以酷刑。阿里·瓦尔迪记载了其中一些令人难熬的刑罚。那些可怜的男人和女人们被捆在法拉卡(falaka,一种两端系有绳索的厚木板,用以捆住受刑者的双脚)上抽打,直到双脚肿胀不堪,血肉模糊。为了迫使受刑者更快交代财产藏匿的地点,施刑者还会用烧红的铁棍灼烧他们裸露的肉体,令他们痛苦万分。[4]

尽管与先前的政权相比实际上并无多大不同,但阿里·里达还是为伊拉克建立了一种奥斯曼帝国政府的全新执政风格。首先在最浅显的层面上，服饰发生了改变。巴格达帕夏们曾经穿戴飘逸的长袍和精致的缠头巾，如今却换上了本地化改造的欧洲服饰：大氅、领结和衣领，再加上配有蓝色流苏的红色菲兹帽，这些就组成了朝廷新贵艾芬迪们的流行服饰。令巴格达人，尤其宗教人士和老一辈人震怒的是，人们纷纷剃掉了古老华丽的长胡子，把下巴刮得光光的。山羊胡——亵渎中的亵渎！——愈发常见起来。一系列坦齐马特（即"重组"）改革带来的愈发宽松自由的氛围，也为这股服饰潮流提供了强大助力，这些改革由马哈茂德二世苏丹于 1839 年发起，直到 1876 年结束。坦齐马特改革通过发布一系列帝国诏书与法令，对整个国家及各机构从基础上进行了重组。奥斯曼帝国的臣民们被给予了安全和财产方面的权利保障。军队进行了重组和职业化改革。一部以法国刑法为蓝本的新刑法出台，它引进了欧洲式法庭和不论宗教信仰，法律面前人人平等的新概念。同样以法国制度为模范，税收得以规范化，传统上对非穆斯林征收的齐兹亚税被一举废除。新的纸币被发行出来。工厂取代了行会，卫生与教育部就此建立，一同新建的还有多所大学、学校、一座中央银行、股票交易所、邮局和科学院。1847 年，奴隶制废除。1858 年，同性恋行为合法化——比英国还早了 100 多年。改革家们所沿用的许多政策都被认为是当时欧洲最先进的社会实践。这些狂飙突进的改革创新在欧洲实行一段时间后影响到了遥远的巴格达，但伊斯坦布尔如火如荼的改革激情在巴格达早已消散殆尽了。[5]

　　在这个时代初期，巴格达面临的困境和悲剧与前一个时代并无不同。尽管英国领事多次发出警告，并提议隔离从伊朗来的朝圣者，但比起基本的卫生问题来，帕夏更加贪求外来旅客的税款，瘟疫还是在 1831 年到 1834 年间三次卷土重来。帕夏坚持以分而治之的政策治理巴格达周边内斗不息的部落，1832 年，他先是在沙马尔部落围困巴格达城时与伊尼扎部落结成同盟，然后又向沙马尔部落求援，以图赶走盘踞逗留的伊尼扎部落救兵。这位帕夏身材肥胖，懒散怠惰，是一个臭名昭著的酒鬼和淫棍。持续的洪水灾害给城市更添苦难，再度削减了城市人口，摧毁了巴格达许多本已摇摇欲坠的建筑。鲁萨法区三分之二的建筑都被夷为平地，底格里斯河对面的卡尔赫区的情况则更加凄惨。萨莱宫建筑群的达乌德帕夏宫殿已经摇摇欲坠，濒临倒塌。不久之后，阿里·里达下令将其改建为军营供他的士兵驻扎，这也体现了当时难堪的现状，后来巴格达人将其称为"军营宫"（Saray al Kushla），以此说明它的双重用途。它于 1921 年被费萨尔国王选为加冕典礼场所，并一直矗立至今，成为底格里斯河边一座高傲的地标。

在瘟疫和洪水肆虐的几年里，英国旅行家贝利·弗雷泽来到巴格达，为这座城市留下了一份令人惊异欣喜的记载。他对这里的第一印象良好，"首先，城墙非常宏伟——它们用窑砖搭建而成，并且配备有塔楼加固，每个角度都有为枪炮准备的射击孔……"[6] 几层高的房屋也十分引人注目，精致漂亮。弗雷泽估计城中人口为六万人。尽管城市可能遭到了严重破坏，但他还是统计出了 200 座清真寺、6 所学院和 24 座公共浴场。传说中的哈里发清真寺如今只剩下了一座孤零零的宣礼塔；残破衰败的穆斯坦绥里耶学院曾是世界上最古老的大学，此时则被改建成了挤仄的海关局；当然，帕夏的萨莱宫已经化作了一片废墟。

回顾土耳其统治伊拉克时期的最初几年，对于 20 世纪 20 年代英国管理时期的伊拉克政府高官斯蒂芬·亨斯利·朗格里格而言，恐怕罕有亮点可说。尽管也承认了新规范的确立和部分新进展的实现，但他还是像同时代典型的英国官僚那样，从总体上提出了尖刻无情的批评："假如以臣民的自由和幸福为标准评判这个政府的话，那么在新时代中，它比起旧政府并没有表现出多大进步；安全保障仍旧不足，公正仍旧难以伸张，剥削仍旧残酷，政策仍旧愚蠢。"新的官僚阶层"会读写但其他方面受教育不足，落后保守却在意繁文缛节，身穿拙劣模仿的欧洲服饰，满口精辟且过度精简的官场术语却完全没有公务精神……对部落民和农民不屑一顾，在阿拉伯人中间固执地使用土耳其语。最后，贪污腐败几乎无处不在"。[7] 这位英国人对于社会进步怀着一种截然不同的理解。

19 世纪 30 年代，巴格达逐渐向世界开放，或者不如说是被外人，主要是英国人所开放。1830 年，时任海军部二等秘书的约翰·巴罗与一群志趣相投的绅士、探险家一同提议建立了伦敦地理学会——从 1859 年起更名为"皇家地理学会"（RGS）——创始人中包括 3 位公爵，9 位伯爵，24 位来自各界的贵族和乡绅，以及一群热心的海陆军官。[8]

在探索世界各个角落的黄金时代中，皇家地理学会成了先驱，而勘探家与制图学家总是走在时代的前沿。这其中就有弗朗西斯·劳顿·切斯尼上尉，在阿里·里达帕夏的支持和伊斯坦布尔方面的勉强准许下，他于 1835 年至 1837 年间领导了对幼发拉底河的考察行动，此次考察受到了英国政府和东印度公司的共同资助。开辟通往印度新陆路的前景令切斯尼振奋万分。他率领两艘蒸汽轮船来到幼发拉底河，其中一艘轮船名叫底格里斯号，这艘轮船遭遇狂风而沉没，船上 20 个人不幸身亡。幸运的是，另一艘轮船幼发拉底号从土耳其的比雷吉克出发,在与它同名的河流上航行全程后,平安到达巴士拉。但由于幼发拉底河上游险阻重重,这条航路并不适合作为通往印度的便捷轮船航线。由于在美索不达米亚的不懈努力,切斯尼于 1838 年获得皇家地理学会金质奖章。

与此同时,在更加风平浪静的底格里斯河上,切斯尼的副官亨利·林奇中尉正驾着蒸汽轮船沿河航行。这位努力上进的爱尔兰人在 1837 年至 1842 年间发起了一连串大胆的航行,这促使他与兄弟托马斯一同建立了著名且获利丰厚的林奇公司,而托马斯后来成为波斯驻伦敦总领事。1839 年的英波危机发生后,身处巴格达的亨利颇具先见之明,他在一封书信中写道:"只要沿着这些河流,行军将畅通无阻。"[9] 1862 年,林奇兄弟开办了两河轮船航运公司,直到 20 世纪 30 年代为止,这家公司运营巴格达与巴士拉之间的业务,也负责通往印度的航运。出于对英国人控制伊拉克河道的恐惧,以及对民众愤怒抗议英国特许权利的惊愕,土耳其政府着手建立了自己的公司与其竞争,这家公司于 1867 年定名为"阿曼-奥斯曼管理局",但收效甚微。据专攻 19 世纪至 20 世纪巴格达历史的专家阿卜杜·卡里姆·阿拉夫所述,这家公司从一开始就被更加现代高效的林奇公司彻底击败了。[10]

底格里斯河上的竞争与日俱增,因此,据 1910 年 6 月 20 日的奥斯曼帝国档案记录,政府将执照授予了两位巴格达商人阿卜杜·卡迪尔·帕夏·胡代里和贾法尔·查拉比,命他们负责巴格达和巴士拉之间底格里斯河上的两艘航船和六艘渡船。奥斯曼帝国对此十分敏感。根据规定,"无论航船还是渡船都应当悬挂奥斯曼旗帜",而且"执照不可交予外国人"。[11] 航运指挥、官员和军方人士享受半价优惠,国家邮递的包裹和信件则免费运输。航运所获净利润需要缴纳 10% 的税额。胡代里出身名门，腰缠万贯。他的府邸至今仍矗立在拉希德大街的尽头，俯视着底格里斯河，这座豪宅于 1915 年被赠予军人学者、德国陆军元帅柯马尔·弗赖海尔·冯·德·格尔茨。同样地，查拉比家族在今日也十分著名。

亚美尼亚摄影师 Z.G. 多纳托西安在巴格达经营着一家照相馆，他于 1912 年拍摄了一张漂亮的照片，照片上是巴格达的土耳其总督与其属下官员，他们身穿整洁干净的大衣，头戴菲兹帽，正登上一艘小轮船，准备前往参加辛迪亚河坝的落成典礼。辛迪亚河坝是幼发拉底河上的一座防洪坝，由伟大的灌溉专家威廉·威尔科克斯爵士修建，他曾于 20 世纪初为伊拉克政府担任顾问。现代科技带来了让这个曾经的鱼米之乡重获新生的希望——尽管有些过于浪漫，甚至不太现实。正如英国女性 M.E. 休谟 - 格里菲斯在中东居住八年后曾信心满满地宣称，"美索不达米亚的灌溉系统将会改变这个国家的全貌；大片的沙漠将转变成花园，荒废的村庄将重新复苏，一个新的王国将会诞生，巴比伦也可能会被重建起来"。[12]

1917 年，英国人的到来为底格里斯河带来了另一些更具美感的变革。除古老的古法船、卡拉克船、贝伦平底船、斜桅的马海拉货船、沙赫图尔长船、轻舟、破旧小艇和舢板之外，河面上又增添了一种全新的水上交通工具。格里瑟快艇（glisseur）是专门为美索不达米亚远征军司令莫德将军配备的，也是巴格达最快的船。这种船只能够在水面高速滑行，发出喧嚣的噪音，船上的全新引擎足以续航至令人惊叹的 35 海里。巴格达本地人和旅客面对明镜一样的河面纷纷目瞪口呆，他们一定在心里将东方寂静神秘的船只与西方风驰电掣的快艇暗暗做了对比。对于底格里斯河而言，蒸汽机和内燃机的引进无疑标志着一场航运革命。不仅旅行时间大大缩短，河上的风景与音效也发生了永久的改变。

在同僚探索伊拉克的各条河流时，英属印度海军司令詹姆斯·菲利克斯·琼斯正在绘制一份细节极为详尽的巴格达机密地图。随着英国对伊拉克的影响力步步攀升，奥斯曼帝国官方也开始对外国人的任何制图行为持完全敌视态度，这种行为被理所当然地看作势力扩张的先兆。而在那个时代，英国与俄罗斯正在为印度的控制权而激烈竞争。琼斯并不畏惧奥斯曼帝国的阻挠，从 1853 年至 1854 年，秘密派遣候补军官威廉·科林伍德前去暗中测量记录巴格达错综复杂的街道。这位精力充沛的青年遭遇了许多"非常令人不悦的限制"，只好利用"各种各样的花言巧语来安抚别人的疑心"。当满身大汗地在袖口和衣角草草记录下方位、测量结果和步数时，他"多次险些没能脱身"。[13] 最终，地图于 1857 年在孟买首次发布，并对奥斯曼帝国方面保密，直到 1912 年奥斯曼帝国政府索求该地图副本以供市政改革之用为止。该地图名叫《伊拉克-美索不达米亚首都巴格达，或称达雷·赛拉姆或麦地那·哈里发的城廓平面图》，在当时是这座城市最为详尽的地图。

这幅地图十分精美，最顶上画着引人遐想的城市水平视图，视角正对着英国领事馆。领事馆的旗帜高高飘扬，其高度似乎是专门为惹怒奥斯曼当局而刻意安排的。领事馆坐落在数英亩椰枣林的北端，这些椰枣树高入云霄，俯瞰着周边的建筑，自北向南一同高耸的还有毛拉·哈奈、西雅格、梅尔江尼耶、哈塞基和苏克·加齐勒清真寺的宣礼塔。

在琼斯和科林伍德的巴格达地图上，鲁萨法区占地 591 英亩，看似一大片被纵向切开、顶上覆有面包皮的面包。底格里斯河的蓝色宽条将这片"面包"一分为二，上面标满了以英尺为单位的数字，用以表明在水位最低的季度河流的深度（从城市南部的2英尺，到城市北方的36英尺）。一度宏伟的城堡矗立在鲁萨法区的西北角，一眼就能望见，它的监狱、马厩、火炮室、弹药库、火炮补给品仓库、军营和墓地也格外引人注目。南方的第一座建筑是阿里帕夏宗教学院，再往南是萨莱宫的后宫以及库什拉军营，一大片延伸到医院的滨河土地，以及维齐尔清真寺，正好坐落在孤零零的浮桥北面。

英国领事馆南边是轮船船坞和停靠点。在领事馆北边，鲁萨法区中央则是簇拥的宗教圣所，其中有一座拉丁教堂、两座亚美尼亚教堂、一座加色丁礼教堂和一座叙利亚教堂。广大的犹太人居住区位于旧城墙内的废墟西边，这些废墟如同白色的荒芜孤岛一般点缀在大片棕黄色沙漠中间。在鲁萨法区南方和北方是大片绿色灌溉耕地，河岸上则分布着数英亩棕榈林和果园。许多小路向四面八方延伸开去，通向阿拔斯王朝城墙最东边的瓦斯塔尼门。同一段城墙更南方的塔里桑门则没有道路相通，在1639年穆拉德通过这道门凯旋离城后，它便被用砖块封了起来。卡尔赫区，或巴格达西城区，萎缩成了占地146英亩的一小块地皮，东临底格里斯河，南接棕榈林，北边是摇摇欲坠的祖姆鲁德可敦陵墓[*]（墓主是穆斯塔迪哈里发的妻子），马卢夫、达乌德和曼苏尔·哈拉吉三位谢赫的陵墓，以及几座砖窑，西边则有郁葱的绿色农田和马苏

---

[*]　科灵伍德和琼斯犯了一个常识错误，将祖姆鲁德陵墓标成了更著名的祖蓓达的陵墓，后者是哈伦·拉希德的妻子。祖蓓达被葬在古莱氏墓地，在她的儿子艾敏坟墓旁下葬，那片地方如今是卡齐姆圣陵，她们母子的坟墓都早已无迹可寻了。

迪运河。

琼斯的《巴格达省回忆录》为读者展现了一位大英帝国勤谨公仆献身工作的热情态度。他测量了包括河岸线在内的巴格达东城区周长，得出 1.06 万码的数据，西城区周长则为 5800 码。他还煞费苦心，将鲁萨法区的 91 家咖啡屋、46 座集市和 39 座清真寺，以及卡尔赫区的 9 座主要清真寺，还有当地所有的居住区（mahalla）及其附属的商栈和浴场一一注明。作为一个无可救药的热爱者，他盛赞塔里桑门"情况良好，仿佛最近才新建的一样"。他还记录了城墙的 10 座圆塔楼上安置的几座造型美观的大口径火炮。"它们大多是在巴格达本地铸造，可如今巴格达连一座能制造小型火炮的铸造厂都没有了。"他写道。有时这位自信满满的作者也会做出大胆尖锐的评论。比如，他将本地方言称为"一种不纯正的阿拉伯语，受到了基督教居民语言极大的扭曲影响，这些基督徒可能是这里格外愚昧无知的社区中最无知的居民，比如巴格达城墙内的社区就是如此"。[14] 商人一般说土耳其语和波斯语，工人和搬运工说库尔德语、卢尔语和迦勒底语。只有少数人说希伯来语和亚美尼亚语。在英国领事馆的晚餐时，你能听到 13 种语言。

琼斯与科林伍德敏锐的观察与精益求精的态度令现代读者非常欣喜。在一份有关各行业及其每日薪酬的调查报告中，据琼斯记录，收入最高的是金匠师傅，每天 50 银圆。宝石匠、刀剑匠师傅、银器设计师和裁缝师傅紧随其后，每天 40 银圆。帐篷师傅每天 30 至 35 银圆，而鞋匠和皮革匠分别为每天 30 和 25 银圆。银线工匠每天能领到 20 银圆工钱，一位骑马火枪手每天 15 银圆，一位咖啡屋男侍者每天 10 银圆，而集市保安每夜只能领到微薄的 5 银圆。琼斯列出了流通中的 19 种土耳其金币，并且标出了它们的重量和汇率，从值430银圆的马吉迪到值84银圆的加齐·海伊里都有涉及。

然后，他们还记录了巴格达集市上贩卖的药品，这份清单颇具异域风情，其中有苦艾、硝酸、阿魏、杂交藏红花、黑槟榔、黑色石脑油、砒霜、甘菊花、樟脑和茴香籽，以及龙血、大戟树脂、乳香、鸦片、葫芦巴、茴香、车前、阿拉伯胶、毒堇、甘露、水银和没药。*

他们甚至还收录了一些有趣的素描画像——这些画像临摹自在中东拍摄的最早几张照片——其中，马卢夫谢赫的穹顶陵墓在棕榈林中耸立，祖姆鲁德可敦（自然不是祖蓓达）陵墓像一颗上下颠倒的平头钉，巴格达房屋拥有高大的外墙和开向大河的窗户，英国领事馆庭院树荫遮罩，还有一艘停靠在底格里斯河船坞的双桅蒸汽轮船。

当先进的机器冒出一团团白色蒸汽，成为19世纪下半叶的河上一景时，陆路的改革创新却成果寥寥。缺乏发展的原因是显而易见的。在整个巴格达城只有一条街道可供轮式车辆通行。直到这座

---

* 琼斯庞杂的清单里还罗列了城里集市贩卖的其他产品：桑葚、羊肉、芥末、牛奶、点心、黄油、牛肉、小阉牛、花椰菜、豆子、蜡烛、骆驼、咖啡、奶油、奶酪、鱼、面粉、家禽、羊、盐、糖、羊脂、鸽子、鹧鸪、桃子、石榴、梨、李子、甜瓜、油桃、苹果、杏子、无花果、椰枣、葡萄、酸橙、柠檬、榅桲、橘子、洋蓟、杏仁、榛子、开心果、核桃、葡萄干、芜菁、番茄、松露、辣椒、黄瓜、卷心菜、胡萝卜、南瓜、土豆、蘑菇、洋葱、大麦、小麦、玉米、小米、烟草、油、肥皂、木炭和柴火。对于那些喜好饮料的读者而言，琼斯也热心地列出了白兰地、香槟、雪利酒、啤酒、乡村蒸馏酒和波斯葡萄酒，"这些酒类隔三岔五才能买到，供货总有限制"。

城市被卷入第一次世界大战时，这里才有了第一条正规的城市街道。在那之前，城里的主干道都是些斗折蛇行、错综复杂的街巷。因此，巴格达的商人们一直使用古老的驮畜——耐力强大的骆驼、马与驴子——以及人力，比如库尔德搬运工。对于其他旅行者来说，最受欢迎的方式是与商队一同旅行——商队用骡子、驴、马或骆驼驮运。那些达官贵人与妇女老人一同乘坐驴车或驼轿，尽管不算舒适，却也能免受日晒雨淋。颠簸的旅途从巴格达出发，到达卡布卡、希拉和卡尔巴拉需要约 12 个小时。在那个时代，马匹就相当于跑车，能够为主人带来名誉。但可怜的驴子就没有这么高的地位了，它们在阿拉伯世界饱受污蔑嘲弄。血统能够追溯至沙特阿拉伯哈萨镇的哈萨维驴颇为流行，直至今日，巴格达人还用"哈萨维"（hasawi）一词来形容傻到透顶的笨蛋。

1865 年，热情进取的法国人艾德蒙·德·贝居伊伯爵从大马士革出发去往巴格达，在这场旅途中他经历了许多本不必要的艰难险阻，他认为假如乘坐车辆的话，这趟路程会好走很多。据他回忆，途中逡巡骚扰的沙漠部落很容易就能贿赂买通。几家巴格达商人乐意相助，答应载他们一程，但由于林奇轮船公司的成功及其土耳其竞争对手的失败，土耳其总督纳米克帕夏感到草木皆兵，很快便制止了他们的计划——这位法国贵族被警告不许介入沙漠部落事务，并被强令打道回府。贝鲁特、大马士革和巴格达之间舒适便利、设有空调的运输线路直到 1923 年才出现，当时来自新西兰的诺曼和杰拉德·奈恩兄弟刚从英国陆军复员，建立了奈恩运输公司和"沙漠陆路邮政服务公司"，该公司拥有一队天蓝色长途汽车。[15]

除河流航运和陆路运输外，铁路运输，或者至少建设铁路的多重努力也是不可不提的。1857 年，印度民族起义爆发的同一年里，幼发拉底河谷铁路公司在伦敦成立，立志于缩短去往东方的旅行时间——这对于邮政、军事和商贸都大有意义。该公司与欧洲和印度电报总站联合，由三方董事共同经营。当时还是将军的切斯尼被任命为监理工程师，加入了亨利·林奇的董事会。公司的商业精英们将巴格达包装成了一个天生的商业枢纽，指出这座城市近来每年能出口由 2000 头骡子运载的珍珠、丝绸、羊毛、原材料、披巾、咖啡、五倍子和靛蓝颜料，运往土耳其东北部的埃尔祖鲁姆，更多商品则运往摩苏尔、迪亚巴克尔和乌尔法，"由于位置极佳，巴格达只需稍加发展，便可成为英国、阿拉伯、波斯和东方之间的重要商贸中心，而只有引进蒸汽机才能广泛地扩展其影响力，大幅增强其实力"。[16] 然而投资人和英国政府的支持才是决定一切的因素。最晚至 1871 年 6 月 23 日，国会议员乔治·詹金森爵士组建了一个特别委员会，专门讨论这一计划的收益。在当时，苏伊士运河——"直通印度的大道"——已经开放了将近两年，因此人们对此计划兴趣索然。

当英国、法国和德国将眼光投向东方和西方时，它们用轮船航路将亚洲、美洲和欧洲繁盛的世界贸易中心连接了起来。然而，庞大的奥斯曼土耳其帝国仍然横亘亚洲，虎踞在欧洲边缘，与新兴的环球航线绝缘。尽管巴格达旧日的盛大繁荣已经远去，但在东南方向 500 英里处，港口城市巴士拉犹存。只要从欧洲修建一条铁路通向波斯湾，至少从理论上讲，就能开辟一条通往东方的更加快捷的道路，这条道路不仅比曲折漫长的好望角航路更加便利，甚至——就像最热心的铁路鼓吹者所坚称，并且拿出数据来证明的那样——比苏伊士运河还要快。

因此，巴格达铁路公司应运而生，这是"某种最适合世纪末风格[*]，欧洲人运营的，几乎失心疯的帝国主义企业"。[17]铁路线从土耳其的科尼亚出发，向东南通往阿勒颇，然后继续通向摩苏尔和巴格达，最后到达巴士拉。1903 年铁路开始动工，到 1912 年，巴格达铁路公司已经雇用了 1.6 万名员工，从德国工程师、意大利木工和希腊爆破专家，到无技术的土耳其、库尔德和阿拉伯劳工，一应俱全。[18]在土耳其苏丹的支持下，德国的威廉皇帝向英国大肆挑衅，开启了这项威胁英国在波斯湾霸权的计划，动摇了横在印度面前的壁垒。通过这个举措，威廉还将全新的德国元素引入巴格达。而英国政府只能自食苦果。尽管做出了许多复苏的努力，但幼发拉底河谷公司的计划还是胎死腹中，流于无名。后来成立的英国底格里斯公司，尽管受到了英国商界的支持，也没能为英国政府扳回一局。

尽管途中不乏天堑，还有德国、法国、英国与土耳其之间纠结不清的争吵，以及第一次世界大战爆发所导致的致命中断，德国公司最终还是将铁路从柏林铺到了巴格达。对于德国而言，这条铁路连接了它的东方殖民地及其在波斯湾的落脚点。英国在殖民贸易中的统治地位受到了直接威胁，于是下定决心阻止巴格达铁路公司成为独占市场的德国企业，否则，它将如 1905 年大英帝国国防委员会书记乔治·克拉克爵士所忧虑的那样，"无疑会重创我们的商业，最终更会摧毁我们在波斯和两河三角洲的政治影响"。[19] 1918 年，美国东方学会前会长莫里斯·杰斯特洛在文章中阐述了英国人对于一战前铁路竞争的看法："据说拿破仑曾说过，假如安特卫普落入

某个欧洲大国手中，将无异于一把对准英国海岸的手枪。正如此言一般，英国人感到，如果巴格达和波斯湾被德国（或其他强国）掌控，将相当于一门瞄准印度的 42 厘米口径重炮。"[20] 当战争到来，这种恐惧更加强烈起来，巴格达铁路公司也成了德国战争政策必不可少的参与者，开始挑起针对大英帝国的圣战，鼓动阿富汗和波斯与德国结盟进攻印度，并且企图夺取苏伊士运河。*[21]

新技术并非仅局限在运输方面。电报与邮政服务也与时俱进，让巴格达得以更加便捷地与外界沟通交流。1856 年，东印度公司与奥斯曼帝国政府联系，商讨引进从叙利亚到波斯湾的陆上电报线路的前景。又一次，伊斯坦布尔对英国的干涉感到不满，拒绝为此计划提供担保。一年后，英国政府才与奥斯曼政府就另一套方案达成共识，由奥斯曼帝国出资，聘请英国工程师建立了一条电报线路。1861 年，伊斯坦布尔与巴格达之间的电报线路连通了，这条线路从此蜂鸣不断，热闹非凡——以至于电报的蜂鸣声使许多部落人对这等怪异发明颇为忌惮，认为电报线中寄宿着恶魔。

在帝国的枢纽城市之间搭建通信线路的本意是好的，但在巴格达这样的省份中暴力如同瘟疫般滋生，这种基础设施需要良好保护才能维持工作。因此我们可以看到，1861 年 4 月 16 日，在摩苏尔总督发往电报理事会的一条电报中，他要求从沙马尔部落选任 30人"守卫电报线，防止阿拉伯人破坏"。[22] 便捷及时的邮政服务还要再等一段时间才会出现。英国领事馆当时仍旧依赖通往大马士革

---

* 长久以来讽刺的是，尽管"东方快车"出自德国人的构想，但这条线路为人所熟知却是拜英式冒险故事所赐。最好的詹姆斯·邦德小说之一《俄罗斯之恋》，格雷厄姆·格林的小说《伊斯坦布尔列车》，以及阿加莎·克里斯蒂的赫尔克里·波洛系列中最为人喜爱的《东方快车谋杀案》，都令其深入人心。

的传统骆驼商路，一趟路程需要 11 天时间。信件与包裹需要 45 天才能抵达伦敦。1868 年，塔齐·丁帕夏准许英国在巴格达和巴士拉两地建立英属印度邮局，但不到十年便被全帝国四通八达的奥斯曼帝国邮政部门取代。

巴格达从马穆鲁克暴发户的手中重归中央统治，令奥斯曼帝国深感庆幸，但随着 19 世纪渐渐结束，这座城市也逐渐脱离了奥斯曼帝国一家的掌控，而成为国际问题的焦点，它的命运渐渐受到了外部势力的掌握。在城市内部，外国势力的竞争逐步展开，几乎成了每天的家常便饭。

穆罕默德·纳吉布于 1842 年接替阿里·里达继任帕夏。在他统治时期，英国与法国在一切领域激烈地竞争着，从经济政治实力到气势排场，谁都不甘居人之后。英国领事身边簇拥着一群外表光鲜的印度兵，在底格里斯河上拥有一艘最豪华的轮船，而且总是为各部落首领慷慨分发令人艳羡的大笔资金，因此胜过了法国对手一筹。依照惯例，帕夏将英国人奉为上宾。据说 1845 年爆发了一次著名的外交冲突，当时英国领事一如既往常地先于法国领事向帕夏道贺宰牲节的到来。法国外交官认为此等冷落实在过分，感到受到了冒犯，便只派遣一位下级官员前去道贺，这一行为激怒了帕夏。1846 年，帕夏的士兵袭击了法国领事馆，在做出如此过火的毁约行为后，这些士兵却并未受到惩罚。伊斯坦布尔方面随后介入进来，煞了帕夏的锐气，帕夏只得匆忙举办一场宴会，将法国领事置于比英国领事更优先的宾座上。[23]

傲慢与自以为是可不是英国人的专利。据历史学家阿拔斯·阿扎维记载，某次当纳慕克帕夏（他于 1851 年推翻了穆罕默德·纳吉布）与他的随从在城中巡行时，一个法国人撞见了他。颇不明智地，这位法国人拒绝如领事协议规定的那样下马行礼。由于他的无礼，帕夏的卫兵把他从马上拖下来好一顿暴打。法国很快便为此事提出索赔，于是伊斯坦布尔方面裁撤了纳慕克帕夏。[24]

1868 年，法国人再次惹祸上身，当时法国领事正去拜访塔齐·丁——这段时期的又一位短命帕夏——为苏丹诞辰献祝词。这位极度自以为是的领事注意到法官并没有起身向他致礼。于是他立刻过去揪住了他的胡子——在以胡须为荣誉标志的文化中，这一行为是极大的羞辱——威逼法官说他有义务起立致礼。法官拒绝了，于是法国人一边大骂这是宗教偏执的行径，一边气冲冲地大步离去。这一事件差点酿成暴乱，因为巴格达人很快便将其看作是对伊斯兰教的侮辱。他们号召进攻法国领事馆，处死领事，但军队前来包围了领事馆，阻止了流血事件发生。帕夏招来巴格达的头面人物，宣布与法国领事断绝一切关系，并要求他离开巴格达。伊斯坦布尔方面闻讯裁撤了帕夏，为安抚法国的情绪，又放逐了那位法官。[25]

欧洲人的竞争除贸易和外交之外，其幕后掩藏的宗教冲突也不可忽略。他们费尽心思大建教堂，以此在城市中扩散各自的影响力。1869 年 2 月 24 日，塔齐·丁致信高门的首相办公室，提请官方禁止外国人在巴格达开办新教学校。由于当地只有 13 个新教徒家庭，总共 35 人，他写道，专门为他们设置独立学校是不公平的。况且，帕夏忧虑外国人开办新学校的行为背后还存在其他动机："英国会抓住这个机会在本省扩张其影响力……这也会为传教士煽动作乱大开方便之门。因此，建立新教学校既不明智，也于政治上无益。"[26]英国认为这条信息是在法国施压下发出的：法国人从 18 世纪开始就对当地天主教学校施加了强大影响，并且自认为是它们最大的靠山。对于法国而言，新教的干涉是不可忍受的。大部分巴格达人则认为几方外国势力无休无止的干涉都同样令人憎恶。尽管如此，随着 19 世纪渐入尾声，大国之间的竞争，尤其是英国与德国之间的竞争，只会日趋激烈。

1852 年，一位新帕夏上台了，他是为数不多留下美名的巴格达帕夏之一。穆罕默德·拉希德·古兹黎里（"眼镜男"）是奥斯曼帝国首位戴眼镜的总督，他成功复兴了奄奄一息的丝绸产业，使得城市收入倍增，还打击腐败税官，清还长期拖欠的军饷，向希贾兹出口粮食以防部落侵犯。[27] 他出身格鲁吉亚基督徒，幼时被土耳其人劫走后被迫改信伊斯兰教。曾有流言称他并不虔信宗教，也有故事称他曾偷偷阅读圣经，在这样一座圣洁与狂热紧密相连的城市中，这些谣言都是敏感话题。据历史学家苏阿德·哈迪·奥马里记载，为了平息这些谣言，他自费建造了一座小清真寺。[28] 然而，为了满足伊斯坦布尔方面为维持克里米亚战争开支而持续不断下达的财政要求，他还是焦头烂额。在克里米亚战争期间，由于坊间盛传伊朗将趁机入侵伊拉克，英国将两艘战舰派往两国交界处的阿拉伯河。但这场入侵并未成真。

当统治者治理巴格达时，维持秩序的良政和弄巧成拙的苛政之间总是存在一条微妙的界限。短命的奥马尔帕夏很快便对此深有体会，他是一位匈牙利改信穆斯林，曾在克里米亚战争中战绩卓越。他于 1858 年被任命为帕夏，然后于 1859 年被撤职，他曾在巴格达实行强制兵役制度，但这一举措只是让他得到了部落民团结一致的仇视。在部落人大败他的部队后，伊斯坦布尔方面立刻罢黜了他。[29]

巴格达的一些统治者几乎未给城市留下痕迹便匆匆逝去，而另一些则将事迹留在了民间传说中，变得亦真亦幻起来。哈吉·艾哈迈德·阿加是帕夏亲信圈里一位权势遮天的党羽，他以丑恶可憎却又古怪滑稽的形象著名。有一个最早可追溯至 19 世纪 60 年代的故事，讲述一位老母亲由于遭到儿子虐待，来到阿加的府邸鸣冤。阿加被她的故事打动，于是命令手下官员找到她的儿子，让他背起母亲游街示众。然后她便在一位治安官的陪同下离开，去指认自己儿子了。就在这时，她突然感到一阵悔恨和罪恶感涌上心头，因此决定让儿子免遭此等公开羞辱，转而指认了一个素不相识的路人。治安官向那位惊恐的路人宣读了阿加的谕令，然后一边拿警棍用力抽打、催促他，一边强逼他将老妇人背了起来。那人被这个古怪老太的体重压得步履蹒跚，走着走着便经过了他兄弟的店铺。

"你背上的这个女人是谁，兄弟？"他的兄弟问道。

"哎呀，这是咱妈呀，你不认得了吗？"那可怜人不无讽刺地回应道。

"咱妈？她不是 12 年前就过世了吗！"

"是啊，我也知道，可你得跟哈吉·艾哈迈德·阿加解释啊！"

直至今日，上了年纪的巴格达人还在用"跟哈吉·艾哈迈德·阿加解释去吧！"来调侃与不讲逻辑的人扯清逻辑的行为。[30]

在 19 世纪巴格达的诸多帕夏中，有一位足以鹤立鸡群。他的肖像高高挂在朗格里格的奥斯曼伊拉克风格书房里，画中的他是一位不苟言笑的男人，戴着眼镜和菲兹帽，半张脸都被茂盛的大胡子和巨大的八字胡覆盖，身穿黑色大衣与白色衬衫，显得干净帅气。尽管他治理巴格达仅三年，但直至今日都可算是一位响当当的大人物，这也印证了他为这座在许多方面仍停留在中世纪的城市带来了怎样意义深远的改变。

米德哈特帕夏是一位无与伦比的现代化改革者。他于 1869 年
4 月 10 日来到巴格达，时年 46 岁。他作为改革家的资质在此前治
理巴尔干半岛的十年中得到了充分验证，他管辖下的多瑙河州被
公认为帝国的模范州。*他的正直无可置疑，毫不夸张地说，这在
帕夏中间是不同寻常的。很快他便发布严刑峻法，重罚那些受贿
官员，他是头一个这样做的巴格达帕夏。[31]

虽然作为巴格达帕夏的在任时间十分短暂——在这段政绩非
凡的时期结束后，他便被升至帝国最高官职，成了大维齐尔——
但他为巴格达带来了一阵狂风骤雨般的改革创新。在他任内，第
一家印刷厂和报社（《扎乌拉报》）建立了。军工厂刺激了经济的
发展：在米德哈特帕夏之前，伊拉克士兵的军服可谓乱七八糟；
而他所开办的现代织布厂——阿巴哈奈织布厂给着装混乱的军队
带来了统一的制服。与此同时，新的济贫院、孤儿院和医院，以
及大量学校也开办起来，这表明了他对人道关怀的注重。[32]

在米德哈特帕夏执政期间，巴格达人注意到，饱受忽视的教育
领域发生了翻天覆地的变化。多亏了他的扫盲改革，据估计，巴格
达的识字率从 1850 年的约 0.5% 提高到了 1900 年的 5% 至 10%。[33]
他建立了萨纳伊学院（Madrassat al Sanayi），这是一座职业训练学
校，用以教授孤儿实用技术，如木工、铁匠、纺织以及其他手工。
米德哈特帕夏为 19 世纪的许多新发展定下了基调，比如创立中等
（idadi）军事学校，其中就包括拉希德中等军事学校，该校最优秀

---

*　作为坦齐马特改革的一部分，"州"（vilayet）这一术语在 1867 年被新创
出来用以划分奥斯曼帝国的省份，在之后的 20 年间替代了"行省"（ayalet）
一词。如今的伊拉克囊括——但面积小于——奥斯曼帝国的巴格达、摩苏尔
和巴士拉三州。

的学生将被提拔至伊斯坦布尔的梅克泰比·哈尔比耶（军事学院）
继续深造。1881 年，第一批进入军校学习的伊拉克新兵纷纷毕业。
1917 年，拉希德中等军事学校被马尔卡齐耶中学取代，这座愈发
著名的学校至今仍在为巴格达最优秀聪颖的学生提供教育。这座学
校的大厅里仍然铭刻着一位著名占领者的名字——格特鲁德·贝尔
女士，英国陆军将学校建筑改为总部后，她就在这里工作。

　　在米德哈特帕夏野心勃勃的改革之下，这座一度是世界学术
中心的城市的教育机会经历了一次革命般的飞跃。历史学家穆罕默
德·拉乌夫·塔哈·谢赫里的概要数据显示了这座城市此前从光辉
时代衰落到了何种地步。在 1890 年的普查数据中，巴格达共有 11
所公立学校，1351 名学生；除此之外还有 8 所基督教学校（1440 名
学生）、21 所犹太教学校（550 名学生）和 27 座用于将学生培训成
伊玛目和传教士的伊斯兰教学校；最后，关于最基础的初级读写及
算术教育，巴格达本地共有 34 名毛拉在家中或清真寺开设课堂。[34]

　　在米德哈特帕夏治下，为了缓解卡齐米耶区来来往往的大量朝
圣者带来的交通压力，巴格达甚至出现了有轨电车，尽管那只是一
列稀奇古怪的马拉双轨车厢。在那个时代，这可算得上是全中东最
先进超前的东西了。然而，随着 20 世纪 20 年代渐入尾声，街头巷
尾争论已久的电气化时代并没有到来，巴格达人只好用福特森拖拉
机代替马牵引有轨电车了。[35]

　　米德哈特帕夏的精力充沛无比。他的传记作家萨迪克·丹鲁吉
记载了他所实行的一项影响深远的改革——他是如何力排众议，成
功地在巴格达实行义务兵役制的。[36] 但他建立塔普土地注册局的尝
试并不成功，他的意愿本是良好的，却没能有效利用分配土地所有
权的手段平息长年累月的部族矛盾；高瞻远瞩的计划最终在政府的

腐败行径、部落的不屑一顾和公众的不信任中分崩离析。[37]

在建筑方面，米德哈特帕夏留下的影响可谓功过皆有。一方面，许多公共建筑拔地而起，库什拉宫等古老的地标建筑被翻修一新，阻塞的赛克拉维耶运河（阿拔斯王朝时代的尔萨运河改名后的称呼）也被疏浚清淤，重新投入使用。巴格达的第一座公园城市公园（Balandiya）也出自米德哈特帕夏的努力，这座公园位于如今综合医院区所在地，坐落在巴格达东部的穆阿扎姆门区，俯瞰底格里斯河。在这座公园开放之前，当地家庭若是想呼吸新鲜空气，享受绿色风景，观赏鲜花流水，就不得不长途跋涉，前往东边沙尔基门外或阿扎米亚区北部的果园和树林才行。米德哈特帕夏甚至在和平之城以外也做了宏伟的谋划：在他的监督下，纳西里耶和拉马迪两座新城在巴格达东南方崛起。

但米德哈特帕夏的现代化狂飙也酿就了灾难。其中最令人叹惋的是他拆毁了宏伟的巴格达城墙，这座阿拔斯时代的宏伟城防建筑在数个世纪间曾阻挡了——也曾屈服于——无数次异族入侵与袭扰。米德哈特帕夏原定将城墙替换为欧洲传统的林荫大道。最终城墙被拆毁了，林荫大道却始终没能建起来，只留下一片残骸。直到60年后，巴格达人仍旧为他们周围的这片废墟愤愤不平，它们曾是宏伟而坚固的城墙，如今却沦为荒芜。

假如帕夏的雄伟计划得以实现，将巴格达城中肮脏拥挤的狭窄街道改换一新的话，或许在20世纪开头几年中，巴格达不至于瘟疫盛行：疟疾、白蛉热、血吸虫病、钩虫病、痢疾和伤寒，还有最恐怖的天花和霍乱。19世纪巴格达最毁人容貌的疾病之一就与阿扎米亚区有着特殊的联系：这里坐落着一间臭名昭著的制革坊，吸引了铺天盖地的白蛉。白蛉能够通过叮咬传播寄生虫，引发皮肤黑热病，这种病会在患者脸上留下可怕的伤疤，这种疤痕以"巴格达痣""巴格达疬肿"或"阿扎米亚印记"闻名。直到20世纪50年代，这种疾病最终被根除之前，不幸罹患这种著名疤痕的巴格达人都被称为"真正的阿扎米亚人"。供水、污水处理、电力和街道清洁往好了说发育不全，往坏了说简直并不存在，这一现状令疾病问题更加恶化。也难怪巴格达会被人借用它在阿拔斯时代的绰号，尖刻地称作"一千零一种异臭之城"。[38]

公道地说，米德哈特帕夏与先前几任帕夏不同，他为防治传染病做出了最大的努力——尤其在防治瘟疫方面。当时传染病随着波斯死者的尸体传播，它们被家人埋在伊拉克的圣所附近，在卡尔巴拉和纳杰夫尤其密集。为了防止疾病的进一步爆发，米德哈特帕夏下达命令，要求此种葬礼应在死者去世一年后才能举行。[39]同往常一样，总有一些头脑发热的人不惜绕过规章法令，提前将亲人的遗体偷运出去。他们先用石灰处理尸体，然后用砷将骨肉分离，在阳光下曝晒干燥后，骷髅被安置在棺材里，肉则另装一包带往纳杰夫安葬。阿里·瓦尔迪讲述了一个令人毛骨悚然的故事——胆小的读者请不要看——这个故事讲的是一个饿急了的伊朗人从葬礼驼队中顺到了一包肉。他毫不迟疑地偷走了包裹，做熟了肉，然后大快朵颐，简直不敢相信自己的好运。而失物的主人发现丢了东西，看到发生了什么之后，登时暴跳如雷。"你吃了我父亲！"他尖叫起来，"你吃了我父亲！"[40]

就伊斯坦布尔方面看来，米德哈特帕夏的改革试验获得了极大成功，相当重要的原因是，在他短暂的统治期间，伊拉克上缴的税收达到了前所未有的110万奥斯曼里拉。高门对这一数字深感震撼，还想让他再接再厉，但米德哈特已经受够了，在治理巴格达三年取得值得纪念的成绩后，他于 1872 年辞去了帕夏职务。[41]

对于巴格达的一个古老社区而言，19 世纪尤其是一个充满重大变革和繁荣发展的时代。伊拉克犹太史学家优素福·利兹卡拉·加米纳讲述了一个令人惊奇的故事。1845 年，27 岁的罗马尼亚犹太木材商人约瑟夫·以色列突然放弃自己的事业，离开惊慌失措的妻儿，踏上了寻找以色列失落十宗族的荒诞远航。以色列自称"本雅明二世"，这是为了纪念图德拉的本雅明，他曾在将近 700 年前游历巴格达。以色列于 1847 年到达巴格达，发现这里的犹太人过着欣欣向荣的生活。"在巴格达共有 3000 户犹太人家，他们的知识和专业技能使他们能够在商业及各类专业领域中富有竞争力而且发展繁荣，"他写道，"犹太人把握了商业机遇，他们中有许多大商人与遥远国家和不好交往的国内外客户做生意。"[42]

巴格达的犹太人自愿居住在底格里斯河东岸专门的居住区里。几个世纪以来，旅客无不为和平之城的犹太会堂数量之盛而称奇。以色列记录了 8 座；而到 1949 年，巴格达共有 26 座犹太会堂。[43]

英国制图家詹姆斯·菲利克斯·琼斯认为这座城市在宗教关系方面走在了时代前面。"或许我们在别处看不到像巴格达这样宽容的民众。"他如是写道，并提及犹太人和基督徒如何与穆斯林一样在马背上自由骑行，而不像在其他伊斯兰城市那样，为了表明贱人一等的地位，他们必须步行或骑驴。"他们在这里确实享有罕见的自由。"他认为。[44]

巴格达首座犹太学校开放于 1865 年，这家学校以犹太人社区中最为显赫富有的家族之一命名，名为阿尔伯特·达乌德·萨松学校。1911 年，在数年的建设完成后，作为世界以色列人联盟（AIU）

的计划之一，了不起的劳拉·凯杜里女子学校敞开了大门。劳拉是艾利·凯杜里爵士的妻子，后者是一个上海银行家，其家族能够从孟买追溯至巴格达——孟买从 19 世纪后期起就是一座有许多巴格达犹太人聚居的城市。这座学校很快便成为犹太女孩的教育首选。有许多令人忍俊不禁的记载，讲述望女成凤的母亲们踏破门槛也要找到巴桑女士的办公室，请求这位严峻可畏的校长让她家的小公主入学读书。1913 年，这座学校在犹太区的中心地带占据着一座雄伟的建筑，这个顶尖的教育机构拥有红砖、白柱和带有优雅铁艺装饰的拱形窗户，以及明亮的教室。在这一时期，学校共有 788 名女生，年龄从 4 岁至 17 岁不等。在头一批从这所学校毕业的女生的照片中，我们可以看到许多有才华的少女取艾伯婷、苏洁特、伊琳娜和克拉蕾之类的名字，身穿配有蕾丝高领的垂地长衣。她们在这里学习钢琴和网球，当老师没有在监视时，她们也会模仿成年人的风情，拿配着玳瑁烟嘴的香烟吞云吐雾。[45] 到 1924 年，这座学校开办得十分成功，共有 1600 名学生。

在巴格达生机勃勃的犹太社区中，公平地说，并不是所有人都把欧洲式的教育现代化改革当作天赐大礼看待。相反，在那些更加保守的居住区中，有许多人带着难以掩饰的憎厌，将其看作某种外来侵犯。世界以色列人联盟的教师们努力试图让自己的管理更加"先进"，不那么"落后"——换句话说，他们想要法国化。作为这项工作的一部分，他们鼓励年轻犹太人放弃传统的犹太服饰和习俗，从裹头巾到鬓角和胡须都要去除。于是，印度阿拉伯语犹太报纸《佩拉赫报》（*Perah*）在巴格达的分社（18 世纪有许多巴格达犹太人移居印度）于 1885 年 9 月 23 日刊发新闻，记录了当地拉比派人寻访全城的犹太理发师并加以威胁：假如他们再给犹太人剃掉胡子或剪去鬓角，就要面临开除教籍的处罚。巴格达犹太人意识到他们还是要遵守自祖先的时代起便流传下来的强制性规条，即这些毛发决不能被刀刃触及。尽管如此，危险的潮流还是风行起来：

> 人们开始剪去他们的胡须和鬓发，转而将自己打理得像个异教徒（基督徒）一样。眼见这种情形，耳闻这种潮流，真是令人叹惋。现在我们宣布，任何剃掉鬓发或胡须的人都触犯了数条托拉禁忌……就连异教徒（穆斯林）都为此惊讶万分，并说："看看犹太人是如何抛弃他们的宗教的（主禁绝这样的行为）。以前他们没有一个人会对自己的胡须和鬓发下手，如今却剪掉它们，然后丢进垃圾堆。"就这样，我们变成了全世界人嘲讽挖苦的对象，在各个国家，上帝遭到了亵渎。[46]

尽管有着这样那样的阻碍，但巴格达的犹太人似乎依旧在现代化方面成效突出，同时既没有被同化，也没有失去自己独特的文化认同。世界以色列人联盟在记录幸存传统的顽固时悲叹的语气便十分明显地体现了这一点。正如联盟的领导人之一 N. 阿尔巴拉于1910 年记述的那样，"对于我们的教胞而言，道德水准进步与物质的繁荣并不同步。尽管他们几乎垄断了商贸行业，并且在欧洲和亚洲建立了繁荣的居住区，但他们的传统、他们的习俗、他们的思想仍然近乎固步不前"。[47]

莫里斯·科恩是 19 世纪 90 年代联盟学校的一位英国校长，对于巴格达犹太人中广泛盛行的迷信颇有怨言。其中尤以妇女为甚，她们总把时间浪费在"无数毫无意义的防邪眼护符和江湖灵药"上：从给孩子衣服缝上蓝色陶瓷珠、贝壳和成对的五倍子，到盯着死尸的脸看，以及买下被处决犯人的衣物碎片以促进受孕。[48]

随着时间流逝，世界以色列人联盟逐渐失去了在伊拉克犹太人教育上的先锋地位，因为犹太人社区发动自身资源，走上了一条更加独立自主的现代化道路，摆脱了与大众冲突的、欧洲化的法国思想。

巴格达犹太社区在这段时期具有十足的活力，从迅速的人口飞跃便可得出证明。根据1890年人口普查，巴格达人口共有约15万，其中穆斯林约13.4万（将近90%），犹太人约1.3万人（9%），基督徒仅有2300人。[49]1904年，根据法国驻巴格达副领事的估计，犹太人口增长了几乎两倍，达到了4万，也就是说约占总人口的三分之一。1910年，H. D.硕赫特撰写了一份英国领事报告，估计巴格达的犹太人口为4.5万至5万。[50]《阿拉伯公报》由日后被称为"阿拉伯的劳伦斯"的T. E.劳伦斯运营，是一份"中东政局秘密杂志"，1917年10月，这份刊物利用土耳其发布的最新数据，记录了巴格达共有约10万名阿拉伯人和土耳其人、8万名犹太人（将近城市人口的40%）、1.2万名基督徒、8000名库尔德人和800名波斯人。[51]尽管读者需要谨慎看待这些数据，因为它们所基于的普查数据是由官方直接采信于男性户主的，但人口上升的势头仍旧令人惊异。到1936年，据伊拉克政府记录，"以色列社区"在国内的人口达到了12万。[52]

硕赫特指出了犹太人之所以在巴格达成功的原因："（犹太人）实际上垄断了本地的商贸，无论穆罕默德信徒还是基督徒都无法与他们竞争。即使是穆罕默德信徒中数一数二的大商人，也得靠那些可靠高效的犹太人常年在他们手下做会计，才能发家致富。犹太会计实际上是他们公司的经理人。"[53]

对于犹太商人而言最受欢迎的商品是曼彻斯特产的布匹。这些布匹通过设在曼彻斯特、伦敦、克尔曼沙赫和哈马丹各地的办事处从英国进口，又出口至伊朗。自 18 世纪起，尤其在 19 世纪下半叶，巴格达犹太人向世界各地扩散，在全亚洲设立贸易站，从孟买、加尔各答、仰光、香港、上海和日本，与巴格达维持着商贸联系。

毫无疑问，巴格达的犹太社区与占人口多数的穆斯林社区时常会发生摩擦和冲突。在这座城市中，不同居民之间的和谐关系总是微妙而难以捉摸。根据穆斯林教法，犹太人属于被保护民（dhmmi），即受保护的少数群体，只要缴纳人头税和土地税便可免服兵役并保持宗教信仰自由。作为二等公民，他们也被强令穿上与穆斯林不同的服饰，从头饰上表明自己的身份。

1889 年，德高望重的拉比哈卡姆·阿卜杜拉·索梅赫去世后，冲突爆发了。在葬礼举行的地点，巴格达城外底格里斯河右岸的约书亚大祭司陵墓，穆斯林门卫拦下了犹太掘墓人，强迫他们付 50 英镑的昂贵小费，否则不许进入。掘墓人拒绝了这一无理要求。一阵争吵过后，约 2000 名犹太哀悼者强行闯了进去，葬礼才得以进行，但一群手持棍棒的穆斯林冲进来打断了葬礼，并开始殴打犹太人。在 1889 年 10 月 29 日的一份记录中，莫里斯·科恩记录了这些穆斯林如何"狂怒地从四面八方冲来殴打他们。因而整个场面疯狂混乱。这场袭击来得突然，而且此地距离城区遥远，此时又正处黑夜，因此许多能够逃出院落的人由于恐惧遭到大屠杀，都向着城镇的方向逃之夭夭。许多人的头部、面部和胳膊都受了重伤，还有人被击倒在地，在一片混乱中遭到了踩踏"。[54] 次日，大拉比被捕入狱。

抗议电报纷至沓来，传到了伊斯坦布尔的苏丹和大维齐尔面前，传到了犹太人代表委员会，传到了英国犹太人协会和伦敦的萨松家族，还传到了巴黎的世界以色列人联盟。这些电报是由巴格达的 70 名犹太名人联合签署的。总督立即下令逮捕所有签署电报的人。在伦敦，英国犹太人向首相萨利斯伯里爵士发起抗议。10 月 30 日，据英国领事馆的军医 R. 鲍曼少校记载，共有 10 名拉比和其他 60 名犹太人在混乱中被捕。其中一些人被警察用一种"野蛮的方式"逮捕入狱，他们被拴在骡子尾巴上，被骑着骡子的警官硬生生拖走。

科恩的报告展示了这一时期巴格达犹太人所面临的艰难困境。他写道，穆斯林对待犹太人的态度，已经变得"极不友好"，这在某种程度上是中东对欧洲，尤其是德国、法国和俄罗斯兴起的反犹主义的一种反映——在俄罗斯，针对犹太人的大屠杀已经正在发生。轻微的羞辱行为如同家常便饭。"一位我交情颇深的、令人尊敬的商人在一家挤满人的咖啡屋被一个穆斯林袭击了，只因为在那个暖和的中午，他把菲兹帽从头上摘下，在膝盖上放了一会儿。"他写道。更糟糕的是，在最近一次霍乱爆发期间，科恩注意到总督下令穆阿扎姆门限制犹太人通过，而穆斯林和基督徒却被准许自由进出城市。尽管如此，人们却很少知道以上这些事件时有发生，"犹太人不敢去找当局鸣冤，在这个他们已经历了如此多不公的地方，他们不再那么指望公正了。在这里，倒打一耙的行为十分普遍，而且在伪证的协助下很容易成功，因此犹太人往往倾向于默默忍受苦难，而非通过鸣冤上访打动大人物"。英国总领事特维迪上校在他给萨利斯伯里爵士的报告中重复了这种对于虐待犹太人的观点："对于每一个穆斯林而言，由于拥有这种与生俱来的宗教上的优越感，他因此有不成文的权利对犹太人为所欲为。"

尽管在 19 世纪，犹太人的商贸和财政实力强大，但他们还是长期居于社会和政治的次等地位。一方面，巴格达犹太人牢牢掌控着城市内部和国际的贸易，另一方面，他们也被迫忍受各种各样的迫害欺凌，从轻微的骚扰到极端的暴力。而后到了 1908 年，青年土耳其党革命带来了天翻地覆的变化，军队的不满加上世俗主义者、民族主义者和自由主义者相互混合，一触即发的政治异见引燃了一场兵变。阿卜杜勒·哈米德二世苏丹被迫恢复了议会和 30 年前被他暂时废止的、短命的 1876 年第一部宪法（该宪法是米德哈特帕夏的精神遗产，当时他是奥斯曼帝国大维齐尔）。奥斯曼帝国的正统统治者如今改换了面貌。权势从苏丹手中溜走，转移到了新的政权机构，即土耳其青年党统一与进步委员会手中。伊斯坦布尔的街头巷尾议论着自由与改革。

随着保护民制度的废除，犹太人在一夜之间变成了全权公民。在他们漫长历史的这一非凡时刻，巴格达犹太人——以及他们在帝国境内的教胞们——头一次与穆斯林平起平坐。1909 年，在新建立的伊斯坦布尔民选议会，巴格达犹太人萨松·埃斯基尔成为代表巴格达的六位国会议员之一，在巴格达历史上的其他时代，这一地位是犹太人无可企及的。[55]

对于巴格达的犹太人来说，这是一个风平浪静的时代。20 世纪的宏伟光荣愿景仿佛正在这个独特非凡的社区慢慢实现——但这是不可能的。在这个躁动的穆斯林城市，他们取得的显著成功天生便孕育着危险。正如英国大使在他的 1909 年年度报告中提及的那样，"美索不达米亚犹太人日益增长的财富和影响力也引发了人们的不满；他们把一切商贸活动都垄断在自己手里，并且入侵其他更繁荣的城区，哄抬他们垄断的商品价格，这使他们招致了穆斯林居民的憎恨——他们发自心底对这种行为感到痛恨"。[56]

在萨松·埃斯基尔获得令人鼓舞的政治成功后仅仅过了32年，灾难便降临了，关于此事我们将在第10章中详谈。

在犹太人的活力驱动下，巴格达大大小小的商业领域繁荣兴盛起来，除高级金融交易外，城市里也日日夜夜交融着商贸的喧杂声。尽管主要产业——织布作坊、制鞋工坊、银器作坊、铜匠作坊、砖窑和造船工场——尚未完成工业化，但新一批日渐专业的工厂已经开始出现在巴格达的地平线上。1889年，林奇兄弟企业拥有两台蒸汽打包机，每年能捆扎三万包羊毛。另一家企业达比·安德鲁斯公司也运营着类似的车间。在世纪之交，美国企业麦克安德鲁斯与佛比斯公司建造了一座水力车间工厂，数千吨甘草在这里被烘干、打包并运出——对于全世界的口香糖、甜食、烟草和啤酒爱好者来说，这无异于天赐大礼。

在这座城市的街道上漫步，从118座仓库中的一座走向另一座，沿着底格里斯河两岸徐行，走过一座座集市，巴格达人呼吸着这座复兴的大都会所特有的混杂气息，从香料市场的异国熏香和皮革工坊令人反胃的恶臭，到底格里斯河岸的鲜鱼味——以及烂鱼的腐臭味。从筹备婚礼庆典的家庭中，家常美食的诱人香味飘散而出——酥炸千层饼（shakkar borek）是一种嵌有杏仁的烤制油酥薄饼；米哈拉比（mihalabi）是一种内填橙花馅的大米布丁；嚼劲十足的美味天园甘露（man al simma）撒有开心果和小豆蔻调味；经典的糖渍哈尔瓦（halawa）镶有胡萝卜丁、小豆蔻和藏红花；精致可人的原型克莱恰（claytcha）蛋糕填有椰枣馅；细粉面中拌着青翠闪亮的开心果。

巴格达进入 20 世纪时即使不是活力十足，也至少在规模上比 19 世纪 30 年代衰败严重的城区扩大了两倍。尽管它还只是奥斯曼帝国一个沉睡的角落——奥斯曼帝国本身，据尼古拉一世沙皇于 1853 年所称呼的，已成了"欧洲病夫"——但巴格达还是日渐成为吸引国际关注与竞争的焦点。如在早已逝去的阿拔斯时代那样，它再一次成为世界事务的中心，虽说此时的它还无力主宰自己的命运。

到 20 世纪进入第二个十年时，土耳其对巴格达的英国人的态度明显强硬起来。对于土耳其青年党人充斥着世俗主义、民族主义和改革的美丽新世界而言，英国如此张扬的特权，比如印度卫兵和满载枪炮的英国领事馆豪华军用炮艇"彗星"号，简直令人深恶痛绝——并且已经不合时宜。1910 年，林奇公司的办事处被捣毁。该公司的成功令奥斯曼人恼怒，因为它正反衬了奥斯曼对手在底格里斯河航运业方面的低效无能。这次行动为那年秋季晚些时候对卡齐米耶区其他英国产业的破坏拉开了序幕。同年，对于巴格达的权势转移方向具有标志性和象征性的事情发生了，第一座德国无线电台在瓦斯塔尼门旁建立，瓦斯塔尼门是底格里斯河东岸一座宏伟的地标建筑，也是被米德哈特帕夏拆除的中世纪城墙中唯一幸存至今的部分。

当时，列强在巴格达的竞争日趋激烈。在 1877 年至 1878 年的俄土战争中战败后，伊斯坦布尔方面便将改革奥斯曼帝国军事的重任委托给了德国。从 1885 年到 1895 年，该项任务的主导者是德国贵族柯马尔·弗赖海尔·冯·德·格尔茨上校，第一次世界大战中，他的名字将使美索不达米亚的英军士兵闻之色变。[57]

对于政治阶层来说，政治局势风平浪静，但巴格达的平民百

姓却被 1910 年开始的另一种截然不同的斗争惊得目瞪口呆，此
次斗智斗勇成了城市中热议的话题。萨拉·可敦是一位非常年
轻、极其富有且貌美无双的亚美尼亚裔伊拉克女子，她继承了一
大笔财产和大片地产，其中包括分布在巴格达内外的好几片果林。
她的家族豪宅坐落在拉希德大街上，正对面便是底格里斯河。流
言——以及集市上流传的许多闲话——称她家的地产庞大到就算
坐火车也得花半个小时才能全部看完。她的父亲是一位慈善家，
曾于 1901 年建立了巴格达首家女子学校，在他去世后，她受叔叔
的监护，叔叔掌控了她的财产。1910 年 8 月，一个命中注定的夜
晚，留着大八字胡的奥斯曼帝国巴格达统治者纳齐姆帕夏在一艘
内河航船上开办了一场慈善晚会。现场灯光璀璨，彩旗招展。这
场晚会上，在趾高气扬的外国领事和他们沉默端庄的夫人中间，
他对萨拉一见钟情。她面纱半掩，令他神魂颠倒。他时年 62 岁，
而她才 17 岁。他对她展开了求爱攻势，先是装作好心人模样，将
她从叔叔严苛的监护下解脱出来，然后便向她求婚，但她断然拒
绝了——因为已经与别人有婚约在先。她的表亲丹尼尔试图溜进
她家绑架她，把她掳到他停靠在豪宅门前的船上，但她邻居家的
仆人提前得知了阴谋，把他打跑了。作为回应，帕夏逮捕了她的
仆人，将她可怜的未婚夫押去基尔库克服兵役，还命令警察闯进
她家里活捉她。千钧一发之际，萨拉翻过花园的围墙逃进了邻居
德国驻巴格达领事海瑟先生的家里避难。见外交豁免权也难以阻
止色迷心窍的帕夏死缠烂打，这位德国人便把萨拉偷偷送到附近
的达乌德·纳吉布家中，后者的家族可以追溯至伟大的苏菲伊玛
目谢赫·阿卜杜勒·卡迪尔·盖拉尼。然后，她又被从那里带到
了赛义德·阿卜杜·拉赫曼·盖拉尼家中。他是城市中的贤达长

者，也是日后的首任伊拉克首相，他为萨拉提供了避难。于是，纳齐姆帕夏只好等待时机，派人在她家及周边盯梢，命警察一见她露面便立刻实施抓捕。一次，当她试图躲藏在马车中通过封锁线时，警察识破了她并动手拘捕，却被谢赫门街区（该街区以谢赫·阿卜杜勒·卡迪尔·盖拉尼命名，他的圣陵就坐落在这里）的群众打得落荒而逃。这宗愈发可憎的丑闻最终传到了伊斯坦布尔——讥讽纳齐姆帕夏的歌曲和诗歌早已在巴格达疯传起来——于是，一位土耳其记者闻讯赶到巴格达。他的文章——其中包括一篇对不幸的萨拉的采访——引发了大众的不满情绪，并且在1911 年初激起了奥斯曼帝国国会中伊拉克议员的强烈抗议。纳齐姆帕夏仍旧不为所动，他伪造了一份医学报告，声称萨拉已经精神失常，试图以此将她拘禁起来。此时的萨拉焦急万分，装扮成一位法国修女，设法逃到了古老的穆斯坦绥里耶大学。当时前往巴士拉的航船都在这里停泊，她登上一艘林奇公司的航船，寻得了一队法国修女和一个西班牙修士的保护。通过无处不在的密探协助——保守秘密在巴格达总是一项艰巨的挑战——帕夏的警察试图阻止她从巴格达出航，但他们被英国船长禁止登船。纳齐姆帕夏仍旧不甘心接受自己的求婚被萨拉拒绝的事实，便拼命声称她被法国修女逼迫改信了天主教，因此必须把她从巴士拉解救回来。当林奇公司的船到达巴士拉时，帕夏的爪牙已经在码头上严阵以待，只等她一下船就要把她抓走。但船长将她转移到了另一艘等候在此的英国轮船上，这艘船途经布希尔，载着她去往孟买避难。在布希尔，她被珀西·柯克斯爵士短暂照料了一段时间。他当时是英国驻波斯湾领事，后来成为首位英国驻伊拉克高级专员。纳齐姆帕夏被撤除了他在伊拉克的职务，这件事让全城民众高兴万分。著名诗人扎哈维也在他的诗歌《巴格达暴君》中抒发了庆贺之情，他赞扬"那贞洁名声远扬的高贵女孩"，嘲讽了那位"伊拉克的罪人"。正如格特鲁德·贝尔于1911年写给他父亲的信中所说的那样，"这座城镇已无法忍受纳齐姆的恣意妄为……他们宁愿让恶魔来统治巴格达"。[58] 1913年，时任奥斯曼帝国军队总长和战争部长的纳齐姆帕夏在伊斯坦布尔遇刺身亡。萨拉终于摆脱了他的纠缠骚扰，之后从孟买去往法国，直到第一次世界大战结束后才回到巴格达。她后来在巴格达成为呼吁土耳其停止将伊拉克亚美尼亚人强制迁往其国内的死亡集中营的领导人之一，并尽自己的余生照料亚美尼亚难民。在公益事业和一位臭名昭著的律师设计针对她的骗局中散尽家财后，她于1960年在贫困中去世。她的名字至今留在巴格达的萨拉营区，这是为了纪念她将自家的地产慷慨售出用以安置大量亚美尼亚难民的慈善之举。[59]

当战争爆发时，巴格达枕戈待旦，做好了冲突的准备。在伊斯坦布尔，国家元首穆罕默德五世苏丹下达了总动员令。之后，1914年11月11日，在伊斯坦布尔天际线上最惹人注目的地标建筑之一——穆罕默德·法提赫苏丹清真寺——苏丹举行了一场盛大非凡的典礼。这座清真寺由这位苏丹的先祖——也就是1453年攻陷君士坦丁堡的征服者（fatih）——所建，并以其尊号命名。它矗立在拜占庭圣使徒教堂的遗址上，对于这场典礼来说，很少有比它更合适的会场了。在这里，苏丹兼哈里发从伊斯兰谢赫于尔居普鲁·海伊里·贝伊手中接过先知之剑，宣布全球圣战就此展开。12月，大马士革的数百名英国人、法国人和俄罗斯人遭到扣押。

德国赞助的宣传册子被译成通顺易懂的阿拉伯语、波斯语、乌尔都语和土耳其语，在奥斯曼帝国境内印发传播。1915 年 4 月 8 日，美国驻阿勒颇领事馆的杰西·杰克逊向美国驻高门大使亨利·摩根索发送了一份样本，其上这样写道："无论公开或者隐蔽，杀戮统治伊斯兰世界的异教徒已成为一项神圣义务，正如神圣的《古兰经》所言，'你们在哪里发现他们，就在哪里杀戮他们'。"[60]

对其在美索不达米亚和波斯湾的利益所遭受的严重威胁，英国的反应并不迟钝。石油迅速成为列强争夺的战利品。自 19 世纪 70 年代起，德国便已经觊觎此地的石油了。1910 年，德国的一项勘探任务取得了诱人且极其精确的成果，他们发现这片地区是一个"石油湖"。[61] 三年后，奥斯曼帝国政府给德意志银行控制下的安纳托利亚铁路公司下发了在美索不达米亚勘探石油的特许令。又过了十年，英波石油公司和荷兰皇家壳牌公司也加入进来。1914 年，几家相互竞争的公司合并组建了土耳其石油公司，但战争打破了它们的妥善布局。[62] 从这一时期起，奥斯曼帝国巴士拉省的潜在价值——保护英国在波斯的能源利益以及输送对于皇家海军来说至关重要的石油——成了英国战略规划的核心，尤其是在奥斯曼帝国加入同盟国，作为德国盟友参与战争时。[63]

11 月 6 日，英印美索不达米亚远征军在法奥（Fao）附近登陆，在沃尔特·德拉曼准将的指挥下，他们很快拿下了这座南方城镇与堡垒。德拉曼命令部队保护阿巴丹的炼油厂、储油罐和管道，一俟对方宣战便向奥斯曼帝国统治下的巴士拉进发。当战争爆发的消息抵达英国时，这一野心实现的机会到来了。德拉曼的援军由亚瑟·巴雷特上将指挥，挥军北击巴士拉。在可怕的风沙天气下、危险的海市蜃楼前和泥泞的河道中艰难作战后，他们于 23 日正式攻下了巴士拉。

历史学家所称的"大规模军事行动"就此展开。[64] 在巴士拉被英军攻陷后立刻发出的一封电报中，英国远征军总政务官珀西·柯克斯爵士号令继续进攻："我不认为我们能够对巴格达置之不理。我们不能容许土耳其继续占领巴格达并且对巴士拉的我军造成威胁；我们也不能容许任何大国夺取它。"[65] 于是，向北的攻击开始了。库尔纳是一片栖息着戴胜、翠鸟、鸸鹋和鹭鸟的芦苇荡，被人们认为是伊甸园的所在地。12 月 14 日，英军占领了这里。从法奥登陆起不到一年的时间里，英军便已对巴格达势在必得。

阴谋和扶植新王的计划紧锣密鼓地筹备开来，其中大部分内容都包含在1915 年 7 月至 1916 年 1 月的《麦克马洪 – 侯赛因协定》中。1915 年 10 月 24 日，正当英国筹划 1916 年至 1918 年的阿拉伯反奥斯曼起义时，英国驻埃及高级专员亨利·麦克马洪爵士致信麦加的沙里夫·侯赛因，向他保证英国将在某些条件下"承认并支持所有地区的阿拉伯人"；而"关于巴格达区及巴士拉区，阿拉伯人应当承认大不列颠固有的地位与利益，必须利用特别行政安排加以保障，以防止这些地区遭到外国侵略，提高本地人民的福利，以及保护我们的双边经济利益"。[66] 至于这些"特别行政安排"究竟是什么，则还悬而未决。

事实上，在三大洲错综复杂的英国官僚机构中，政治目标与军事目的出现了几点混淆。首先，军事方面的指挥系统一半在印度，一半在英国本土。印度政府与印度事务部都认为巴士拉将会被英国永久统治，而巴格达应该从土耳其分割出来，设立本地政府，成为英国的保护国。陆军大臣基奇纳勋爵则有着更加宏伟的帝国主义设想，他想要将整个美索不达米亚纳入大英帝国的版图。首相阿斯奎斯与外交大臣爱德华·格雷爵士反对吞并的计划，但并不反对向巴格达进军。英国的商贸企业与个人也极力敦促进攻巴格达，其中就有英奇凯普勋爵，他在波斯湾进行了大量投资。

这些政治策略——无论是高屋建瓴的还是针对基层的——在战争迫近时都几乎没有令巴格达人及时警觉起来。在巴格达，人们对统一与进步委员会日渐集中的权力抱有复杂的感情——它曾是一个包含土耳其青年党在内的联合革命组织，在 1913 年政变后却成了帝国的唯一合法政党。社会气氛愈发恶化。1915 年春季，在驻巴格达的帝国第六军总司令努尔·丁·贝伊命令下，诗人兼报纸编辑阿卜杜勒·侯赛因·乌兹里在家中被捕。他的罪名是刊发批判奥斯曼帝国政策的煽动性社论以及呼吁自治和独立。他被押去外地，监禁在安纳托利亚中部的开塞利（古称"凯撒利亚"），在这里他遇到了其他几位遭受奥斯曼帝国迫害的巴格达知识分子，其中包括耶稣会学者佩尔·安纳塔斯-马里·卡玛利。[67]

1915 年 4 月，战争已肆虐到了巴格达。在一份目击材料中，著名探险家和东方学家阿洛伊斯·穆齐尔——捷克版"阿拉伯的劳伦斯"——记录了战争与洪水带来的恐怖破坏：

> 内城区的街道在 1912 年时曾拥堵不堪，如今却空旷少人，店铺大多关门了，咖啡屋也仅有半数顾客……一队队士兵时不时在各处出没……在通往波斯的大道东边，基督教公墓的洪水中漂浮着棺木和生着霉菌的骨殖。由于城镇中霍乱蔓延（每天都有 300 人死于此病），人们便把基督徒的尸体葬在新筑的堤岸上，因此步行和骑马的行人只好从坟墓中间行路，甚至踏过坟墓前行……这座城镇先前还是东方最繁盛的城市，如今已然了无生机。[68]

10月，土耳其人关闭了劳拉·凯杜里学校，将其征用并改建成一座战地医院。世界以色列人联盟的男校也被征用了。

10月中旬，接替巴雷特的第六师（浦纳师）师长查尔斯·唐申德少将在英印远征军司令约翰·尼克松上将的指挥下向巴格达挥军进发。正如印度政务部于10月6日向跨部门委员会递交的有关美索不达米亚战略局势备忘录中所指出的那样，占领巴格达将会"重振英国在中东的声势"，并且使英国得以"切断德国与波斯的联系"。[69]

尽管巴格达已经受了数个世纪的衰退，但它的大名在大英帝国的权力圈中仍然充满着浪漫魅力。然而对于大多数被派驻这里的奥斯曼帝国官员而言，巴格达是一个可怕的名字，也是一片烈日炙烤的偏远荒野（正如谚语所言，"就算远至巴格达，流言也能往回钻"）。许多英国决策者则抱着相反的看法，他们将其看作是一颗"不可抗拒的引路明星"，至少从远方看起来是这样的。[70]在这里取得大捷将会鼓舞英国人的士气，并且补偿先前在加里波利战役和德军入侵塞尔维亚的战役中的失败。

冬季，土耳其军试图重夺巴士拉，但在沙巴被击败，导致他们在巴格达的军事指挥层被重新洗牌。12月5日，冯·德·格尔茨元帅带领30名德国军官昂首迈进巴格达城，受到交响乐队的精心鼓噪和大群孩子的夹道欢迎。巴格达人很快便领教了这位德国指挥官的冷血与严苛，其中一些人还有所目睹。未来的伊拉克政治家艾哈迈德·查拉比的父亲，哈迪·阿卜杜勒·侯赛因当时在以城堡为总部的土耳其指挥部任职，是一位少年传令兵——当一位茶童因为不慎将茶水洒在文件上而被这位元帅重重鞭笞时，他就在现场惊恐地旁观。与之相反，并且令许多讨厌狗的巴格达人困惑的是，冯·德·格尔茨对他的卷尾土耳其坎加尔牧羊犬却关爱有加。[71]

库特镇位于巴格达东南方 100 英里处的底格里斯河岸，对于英国人来说，它正拦在通往巴格达的道路上。在向巴格达进军失败后，英国在这里遭受了帝国历史上最大的耻辱之一。1915 年 12 月，土军发起了一场猛烈的包围战，持续了五个月时间，即使 T.E. 劳伦斯和奥伯雷·赫伯特尽力贿赂，也没能将英军救出。等到 1916 年 4 月 29 日唐申德终于宣布无条件投降时，城镇内的现状几乎如同末日景象一般。照片上那些瘦骨嶙峋、目光呆滞的英印军幸存者们，干硬的皮肤上条条肋骨清晰可见，今日见之仍触目惊心。"包围战的最后一段日子非常难熬，我们忍饥挨饿，身患重病，劳累不堪，"英印军第一战地医院的厄内斯特·沃克少校当时写道，"叮人的苍蝇和蚊子接踵而至。我们的恶臭、死去的土耳其人的尸臭四处飘荡。我永远也忘不了那些猫，它们显然饿疯了，它们吃那些土耳其人的尸体，连骨架都啃了。腹泻和热病开始发生，坏血病更加恶化了。"[72]

唐申德在包围战开始之前损失了 4500 人，在痛苦的围困中又损失了 3800 人。三次失败的突围行动令英军损失了 2.3 万名士兵的生命。但投降并不标志着苦难的结束。战俘们还未察觉到自己将面临怎样可怖的磨难。

巴格达人亲眼见证了围城所导致的部分悲惨结果。5 月中旬，英国皇家空军飞行上士 P. W. 朗作为一位战俘从铁甲运输舰朱勒纳尔号上下来，蹒跚走进了这座城市。此前一场几乎致命的霍乱仍然令他头脑昏沉，但这场大病令他免于被强迫从库特到巴格达行军赶路之苦。朱勒纳尔号是在英军一次失败的突围中被土军俘获的，这艘船从头到尾满目疮痍，在旁观者眼中简直像是一个浮在水面上的漏勺。

如同先前的许多旅客一样，朗第一次见到巴格达便为之入迷了。"当我们绕过卡拉达——这座城市的一个郊区——附近的河曲时，我永远忘不了映入眼中的美景。"他在战后记录被俘生活时如是写道，"翠蓝色的穹顶和修长的宣礼塔俯瞰着墨绿色的棕榈叶，构成了绝妙的背景。灰蓝色天空倒映在底格里斯河中，前景中有一片岛屿，其上遍生着芦苇，一群长腿的鹭鸟在这片猎场栖息。"[73]

在聒噪不安的鹤群下面，河边房屋的高层阳台上挤满了不戴面纱的基督徒女子，对新进城的憔悴战俘高呼"Bonjour！"（法语"你好"）和"早安！"。当英国和印度战俘穿过舟桥进入巴格达西城时，情况变得更加屈辱了，他们在这里被命令穿过一座拥挤的"肮脏集市"，其间"穿宽松长袍的大胡子阿拉伯人和戴红色菲兹帽的年轻人惊奇而憎厌地盯着我们看"，气氛十分阴郁。一群群女人"脸上文着纹面，身上破衣烂衫，她们向我们尖叫，在地上吐痰以示蔑视"，然后，

其中一位文面的女士走近我，一口痰正吐在我脸上。我气得完全忘了自己还是个俘虏，虚弱地伸出手去掐那臭婆娘的喉咙。在我身后最近的那位士兵用枪托对准我两肩之间重重一砸，把我砸倒在肮脏的路中间。在他用刺刀猛地刺来时，我急忙翻身仰面，正巧让他刺穿了我的下唇……我的下巴上血如泉涌，鲜血流下来沾湿了破衬衫，让我显得面目可憎。人群当中的看客为这小插曲疯狂欢呼。当我趔趄着走回队列时，那女人

还在对我嚷着："Kaffir, kelb ibn kelb（不信者，狗娘养的狗杂种）！"[74]

发着高烧、头晕目眩地蹒跚穿过集市之后，朗作为 300 名战俘中的一员，被强迫安置在巴格达火车站的露天营地中。一天晚上，他被两个英国病员的尖叫声惊醒：那两人当时正在战壕厕所里解手，突然遭到一群阿拉伯人袭击，然后被剥光衣服扔在那里痛苦呻吟，身上满是深深的刀伤和严重的瘀伤。在巴格达的九天中，暴晒、饥饿和疾病令许多战俘命丧黄泉。

至少在一开始，英印俘虏中的军官受到了更良好的待遇。1916 年 5 月 9 日，爱德华·桑兹上尉在先前的英国领事馆登岸，如今这里成了土军的战地医院。英军的上尉和中尉被沉重的行李压得汗流浃背，还要跟在印度军官身后被迫游行全城，"我们像在一场罗马凯旋式中一样被示众，只不过没有镣铐束缚，也还穿着全套制服"。[75] 他们经过了城堡的步兵军营，又列队穿过北门，进入沙漠，向围拢在几片水域中的广阔的土军骑兵军营行进，在接下来的四天中，这里将成为他们的住所。过不多久，饿肚子的军官们便被大群喧扰的巴格达小贩团团围住，他们叫卖着橘子、洋葱、本地产香烟和甜蛋糕，把价格哄抬到了形同敲诈的地步。英军少校、上校和将军们在旅程中保留了更多尊严，其中最高级的军官乘坐马车走完了全程，他们被护送到了舟桥附近的大巴比伦酒店。

正当士兵们艰苦求生时，桑兹与他的同僚们乘坐轻便马车前往奥斯曼帝国银行兑换货币，接着又去拜访大名鼎鼎的美国公使查尔斯·布里塞尔，他招待了他们"上好的利口白兰地、咖啡和香烟，还赠送给每个人三里拉金币"。[76] 厄内斯特·沃克少校于 6 月 5 日到达巴格达，他被允许同军官同僚在底格里斯河边一处俱乐部欢度夜晚，享受美食，"这家俱乐部其实是一个河边酒店或咖啡屋，有一片漂亮的草坪，小餐桌旁准备着椅子、威士忌、苏打水和冰块……我们休息到晚餐时间，痛痛快快喝了一夸脱红酒和上好的咖啡"。[77]

在巴格达强制驻留的一天，朗上士等人衣衫褴褛，这些生命垂危的战俘迎来了一位出人意料的尊贵访客土耳其军务部长恩维尔帕夏前来视察。他好言安慰这些经历了库特噩梦的幸存者："你们的不幸已经结束了，我亲爱的朋友们。你们将会作为苏丹陛下的客人被好生招待。"[78]

事实上，唐申德将军就是少数被穆罕默德苏丹奉为座上宾的库特战俘之一。哈利勒帕夏在巴格达设宴专门招待他之后，唐申德陪同冯·德·格尔茨元帅的棺柩北上——元帅此前在攻占库特后不久因伤寒去世（有谣言称他是被土耳其人毒死的）——在接下来的战争岁月中，他一直在伊斯坦布尔附近的一座小岛上安享生活。

朗与数千名同袍则面临着另一条截然不同的旅程：他们将被强迫顶着40摄氏度高温，在沙漠中行军500英里，其间得不到足够的食物与水源供给，还要遭受卫兵的欺侮、殴打和盗抢。战俘们深受疝气、坏血病、痢疾或霍乱之苦，因中暑而疲惫不堪，许多人或者蹒跚走出队列，死在路边，或者就地倒毙。这场通往土耳其和叙利亚战俘营的艰苦长征结束之际，2680名在库特被俘的英军士官及士兵中，有1306人死亡，449人下落不明。约1万名印军官兵中，有1290人死亡，1773人下落不明。[79]这可称得上是历史上最为残酷血腥的行军之一。[80]

英国公众对库特战役的惨败大为震惊。吉卜林在他发表于

1917 年 7 月的诗歌《美索不达米亚》中，抒发了大众对于英国政府颟顸无能的愤怒之情：

> 他们一去而不返了，那些坚定的、年轻的人，
> 热情和忠诚的人，我们所献出的人：
> 但至于那些任由他们饥乏惨死在自己粪便中的人，
> 难道应当让他们竟以寿终，坐享光荣？
>
> ……
>
> 难道我们只能在此刻空自愤怒威胁？
> 当风暴平息，我们是否将发现：
> 他们如何悄然而又迅速地潜回权位，
> 运用小恩小惠和同僚之间的诡计机谋？
>
> ……
>
> 他们的性命不值得为我们赔偿——即使死也抵消不了
> 他们令我们民族蒙受的耻辱。
> 但至于那些害人的怠惰者和屠杀士兵的自负草包，
> 难道我们应当让他们安然尸位素餐？

尽管如此，库特的大败也更加坚定了英军的决心。1916 年 7 月下旬，斯坦利·莫德少将受命指挥美索不达米亚的全体英印联军。同年的一份秘密记录中，印度政务部副部长提到，要"将库特

大败的记忆彻底抹除"——接着，相应的反击措施迅速出台。"夺下巴格达无疑将震撼整个中东"并使英国得以主宰这一地区。[81]1917年2月，首相劳合·乔治对大英帝国总参谋长威廉·罗伯逊说道："你一定要尽可能为我们拿下巴格达。"[82]

当英军再度向巴格达进军时，城内的情况日渐险恶起来。在目睹同行被土军拖出店门，强征入伍后，萨法菲尔金属市场的铜匠们纷纷躲藏起来。几座公共广场上，逃兵的尸体被高悬示众。每天都有大量伤兵涌进城来。原本就窄小的街道因为堆放着未加盖的简陋棺材而更显狭窄，棺材里的尸体上趴着厚厚一层恶臭不堪的苍蝇。糖和小麦等基础物资价格飞涨。城南村庄的女人们穷困潦倒，为逃避战乱而大批涌入，巴格达变成了一座巨型难民营。

由于狭小的街道导致部队补给困难，行军曲折，1916年5月，土耳其军事首长哈利勒帕夏在德军指挥官的敦促下，做出了一个将永久改变巴格达的决定。自麦丹广场起，经过米尔江清真寺，直至城北的穆阿扎姆门，一条与底格里斯河平行的大道将从鲁萨法区辟出。一切挡路的东西都被夷为平地，其中包括本应受到保护的海达尔·哈纳集市，这是一座"瓦克夫"（wakf），即"公共地产"。只有那些付得起天价贿赂的人，才能保证自己的房屋幸免于难。

7月，急于为库特的大捷留下纪念的土军举行盛大仪式，开放了哈利勒帕夏大街——日后的拉希德大街。1917年，勇敢的美国女记者埃莉诺·伊根与莫德将军及英军指挥层一同在巴格达停留了一段时间。据她所言：

> 这条大街欠缺一些对居民和户主情感上的考虑。他们既没有事先调查，也不尊重财产权利。这条大街就这样直接被开辟

了出来。一些户主的房屋因此被推倒了，直至今日，他们还不忍将自己曾经居住过的痕迹从半毁的房屋中清除出去。他们留下的图画挂在房间的墙上，孤零零地晃荡着，四处散落的家具碎片被风化侵蚀，不成形状。它们裸露在外，看起来耻辱不堪。[83]

1917 年 3 月，土军在巴格达城外挖掘战壕以阻止英军的猛烈进攻，军官在全城征收物资，并通过铁路运往萨马拉。3 月 10 日，一场异常猛烈的沙尘暴席卷了城市。哈利勒帕夏在希尔阁（Khirr Pavilion）召开军事会议，着手应对面前的艰难境遇。一方面，恩维尔帕夏严苛施压要求他守住巴格达城，冷酷的德国盟友也坚决敦促发起反击。另一方面，他的战地指挥官则指出守军数量过于薄弱，难以抵挡更加强大的敌军攻势，并且强调假如突然无计划地撤离巴格达，军队将面临严重的威胁与困难。当夜 8 点，在与总参谋长最终密谈结束后，哈利勒帕夏做出了决定。他下令军队全体撤退到巴格达以北 19 英里的另一条防线。帕夏向伊斯坦布尔发送了一封电报，宣称"尽管令人悲痛，但放弃巴格达实属必要"。[84]

是时候用焦土战做最后的告别了。城里所有工厂都遭到了摧毁，其中包括德国的无线电台、几所英国公司，还有尚封装在集装箱里的七架全新飞机。弹药被倾倒进底格里斯河，舟桥也被烧毁了。巴格达人瑟缩躲藏在自家地窖里，听着土军恐怖的炮火声撼动他们的房屋。沙尘伴着烈风涌进城市，造成了恐慌与混乱。土军官兵生怕因擅自离队而遭到枪决，急忙穿过城市去往北门。巴格达的暴徒趁机横行霸道，破门闯进商铺，肆意盗抢起来，从沉重的床架和铁轨，到商人的保险箱和公园长椅，无不惨遭他们毒手。在一片混乱中，哈利勒帕夏和他的随从乘火车去往萨马拉，将巴格达甩手丢在了一边。当土军从巴格达撤离时，他们进行了最后一次破坏行动。穆阿扎姆门，13 世纪的阿拔斯王朝明珠——穆拉德四世苏丹于 1638 年攻下巴格达后，曾用砖封住该门，以防止步他后尘的征服者穿行——被炸得粉碎。

土军疯狂的炮火轰炸将布满沙尘的天空染得通红。午夜到来前不久，莫德部下第三十五旅沿底格里斯河右岸出发。凌晨 1 点 35 分，第三十九旅报告称已占领左岸敌军战壕，巴格达城似乎正起火燃烧。凌晨两点，第三十五旅占领了敌军阵地，一小时后受命继续前进。清晨 6 点，二等中尉休斯顿率领的一支苏格兰高地警卫团巡逻队控制了城外四分之三英里处的巴格达火车站，士兵们开始四处搜罗战利品。在当地的涂鸦中，他们看到了一些挑衅标语，比如"100 个英国佬顶 1 个非洲兵"，也有触动人心但不尽确切的"到巴格达的长路漫漫"。

清晨后不久，两支骑兵中队向巴格达挺进。在南门前，他们遇到了一个阿拉伯与犹太显贵代表团，这些人携带着城中商人的请愿书和美国领事的恳请书，请求英军切莫耽搁，即刻占领巴格达城，因为阿拉伯人和库尔德人正肆虐全城，无恶不作。据战地记者艾德蒙·坎德勒报道，皇家骠骑兵指挥官闻讯惊呼："老天爷呀！我看这些家伙是把城堡的钥匙直接交给咱们了！"欢迎的民众中间颇有几位不戴面纱的迷人女子，"她们热情主动，几乎让士兵们感到难堪，除了那些在底格里斯河边拿罐子打水的'黑布袋'以外，他们已经好几年没见过像样的女人了"。[85]

在一个小时之内，第三十五旅的三个营——皇家东肯特团第 1/5 营、第三十七道格拉斯营和第一零二掷弹兵营——征用古法船横渡底格里斯河进入巴格达城。半个小时后，英国国旗飘扬在城堡上空。与此同时，英印军队向空中开枪维持秩序，吓退成群的掠夺者。

早上 8 点 30 分，一支由七艘炮艇组成的英国海军小型舰队——其中包括被英军俘虏的土耳其战舰萤火虫号——从巴格达东南部泰西封古城以北四英里的村庄巴维出发，与乘坐 P.53 号巡逻艇的莫德将军会合。3 月 11 日下午 3 点 30 分，莫德在英国领事馆下船，他可以说是巴格达的征服者中进城最为隐秘的一位了。

就这样，英军来到了莫德麾下官兵所称的"土耳其老公鸡的哈伦·罗斯柴尔德之城"。[86]

第 10 章

英式君主

巴格达三王，1917—1958 年

英国人征服了这个国家，他们倾散财富，在这片土地上遍洒他们的热血。英国人、澳大利亚人、印度穆斯林和拜偶像者的鲜血浸入了伊拉克的土地。他们难道不该享受赢得的战利品吗？先前的征服者给这个国家施加了太多苦难。正如它曾被他们征服一样，它如今被英国人征服了。他们将要建立起自己的统治。女士，您的国家伟大，富有且强盛。而我们的权力算得上什么呢？假如我说我希望能受英国人统治，而英国人并不乐意管理我们，我能怎样强迫他们呢？假如我说我希望别人来统治我们，但英国人执意要担此重任，我又怎么能驱逐他们呢？我认可你们的胜利。你们是统治者，而我们是臣民。如果问我对英国继续统治有何看法，我会回答我服从于胜利者。

——巴格达的纳吉布

（致格特鲁德·贝尔，1919 年 2 月[1]）

我们这里的天气和我们一样，都是热一天，冷一天。我们也会勃然而起，直至让你以为全宇宙都要分崩离析，然后又平静下来，以至于让你以为我们已不剩一点激情。

——贾布拉·易卜拉欣·贾布拉

（《狭街猎人》，1960 年）

被战争摧残，被火焰吞噬，爆炸声回响不已，凄惨的人民忍饥挨饿，许多建筑被彻底夷为平地，莫德于1917年3月11日进入的巴格达城与传说中的阿拔斯王朝都城毫无相似之处。面对满目脏乱、凄惨和被以各种方式毁灭的残迹，英国人在第一次见到令人惊叹的蓝金穹顶，修长的宣礼塔，以及在朝霞与暮色中倒映在底格里斯河平静如镜的河面上的椰枣林和桔园时心中所怀的一切浪漫憧憬，很快便消解尽净了。

据英国官方的第一次世界大战史记载，巴格达城外围散落着"死去动物的尸骨"。英印军队开进城市后，看到了"悲惨荒废、摇摇欲坠的棕色泥砖房屋和……狭窄肮脏的街道"，"这里既没有人维持卫生，也没有人打扫环境，恶臭的味道弥漫不散，数百条饿得半死的病犬四处游荡"。[2]

从沙漠和疟疾蔓延的沼泽中艰苦跋涉而出，经历了令人萎靡的暑热和刺人肌髓的严寒后，英军将士们原本渴望在那个理想化的巴格达城内休养生息，甚至对一年多没有见到过的女子大饱眼福一番，毫不令人惊讶的是，他们都感到"大失所望"和"幻想破灭"。第一批进入巴格达的军人之一、战地记者艾德蒙·坎德勒干巴巴地写道："幻灭之后，浪漫全无。"事实上，"这里没有什么遗迹了，巴格达所有的精尼也举不起一杯啤酒"。[3]然后，英军继续向北方和西方进攻土军。

更让英军官兵心碎不已的是，土军在撤退时在全城布下了隐藏的爆炸物。高墙宏伟的城堡被笼罩在汽油燃起的熊熊大火与滚滚黑烟之中，"因为被满载着（炸药）的火车引爆了军火库"。[4]莫德的部队花了一天一夜才扑灭大火。

城内的英国产业曾兴隆了几十年。但如今"没有一点点英国财产幸存下来，除了英国领事馆，这座气派的建筑矗立在河岸上，令人禁不住回想起大英帝国与土耳其帝国曾经维持着一段特殊而庄严的关系"。英国领事馆被改建成了一座战地医院，据震惊的同时也是热情支持英军的美国记者埃莉诺·伊根记录，即使是这座医院也"肮脏混乱以至于任何人都无法描述"。[5]英国官方历史也为这出悲惨的景象作了证明，据其记载，土军征用作为医疗场所的大型建筑都"肮脏杂乱，害虫横行，难以言喻"。在城市适宜驻军之前，"英军马不停蹄地开始了卫生工作"，其中包括为7000名伤病员供应医院床铺。[6]狭窄的街道上充斥着军队巡逻的叮当声，士兵们逐家逐户搜查武器，在集市维持治安，尽管大部分房屋和商户都早已遭到洗劫，如今门户大敞，徐徐闷烧。巴格达的暴徒利用从土军撤离到莫德到来之间混乱无序的短短几小时迅速动手，城中的犹太商人在3月11日凌晨2点至上午9点间共损失了200万法郎。

大群巴格达人——阿拉伯人、犹太人、伊朗人、亚美尼亚人、迦勒底人和许多基督教支派信徒——纷纷出来迎接新的征服者。"他们在街道、阳台和屋顶上列队，一边欢呼一边拍手庆贺，"坎德勒写道，"一群群学童在我们面前起舞，一边喊叫一边喝彩，城里的女子也穿起节庆装束出来了。"[7]不到一个世纪后，巴格达也将以同样稍纵即逝的热情欢迎美军士兵。

尽管满目疮痍，受莫德及其指挥部庇护的伊根还是发现这座被征服的城市极为迷人，颇具异域风情。在斗折蛇行的街道上，无数头饰组成了一个源源不绝的队列：裹头巾，塔布什帽、软草帽、软木帽、草帽、无边便帽，传统的阿拉伯头箍，卢尔人和库尔德人头戴的长毡管帽和巴赫蒂亚里人的无边高帽，偶尔也有北方人的羊羔皮帽。这里有身穿英国长大衣、打着赤脚的布希尔苦力，裹着腰布的孟加拉人，戴耳环的马德拉斯仆役，还有戴着草帽和眼镜、一脸学究气的中国人。头戴绿色裹头巾的赛义德是先知穆罕默德的后裔，他们与穿黑袍的伊朗人比肩接踵，还有帕西人和外貌狂野的桑给巴尔人，斯瓦希里人和阿比西尼亚人，希腊人和犹太人，以及各门各派的基督徒——从加色丁礼教徒、亚美尼亚教徒到赛伯伊基督徒、聂斯托利教徒和雅各派教徒。她倾心于"波斯人、阿拉伯人和东方犹太人一同懒洋洋地喝咖啡，吸水烟"，数百位身穿多彩缤纷的长袍、不戴面纱的女子，"背着难以置信的重负艰难前行的库尔德人"，以及"引人注目的一群群女苦力工，背着大捆木杆和沙漠草根"。之后还有身穿宽大黑袍、"头戴高大裹头巾的穆斯林长老"，"穿着不合身欧洲服饰、头戴红色菲兹帽的犹太人"，以及令她想起圣约瑟的"身穿多彩丝绸长袍、头戴羔羊毛小帽的英俊波斯人"。她尤其为"古老的迦勒底基督徒"感到惊奇无比，他们身穿阿拉伯服饰，却生着蓝眼睛，而且"肤色白得像德国人一样"。唯一负面的评论是关于东非奴隶的，这些男男女女"黑得好似黑檀木，眼睛瞟来瞟去，充满了质疑与敌意"。[8]

当战友还在家信中写满欣喜的思乡之情、无趣的行伍玩笑以及阿里巴巴与四十大盗和辛巴达航海的奇特故事时，第 38 旅的掷弹兵乔治·科尔斯直接跑去了最近的酒家。他找到了一家酒馆，"大约 100 个阿拉伯人正懒洋洋地倚在长沙发上，打着哈欠，喝着小杯薄荷茶，与此同时，一个亚美尼亚女孩站在略高的平台上，在钢琴和两种奇异的弦乐器伴奏下跳着莎乐美舞"。在这场表演的高潮阶段，那女孩"疯狂起来——赤裸得仿佛刚从娘胎出来一样！……真个是原形毕露的东方"！[9]

在伦敦，攻陷巴格达的消息受到战争叫嚣者的大肆庆贺。"英国国旗飘扬在巴格达上空"，《战争画报》如是宣称道，"德国对东方帝国的黄粱美梦就此终结。"莫德攻陷这座城市，给了德国"整场战争中最为沉重的一击，也给了奥斯曼帝国250年来最具毁灭性的一击"。[10]

3月19日，莫德发表了著名的《巴格达宣言》，该宣言由英国政治家马克·赛克斯起草，他是阿拉伯办事处的创始人，也是1916年的《赛克斯-皮科秘密协定》起草者之一——这一协定在阿拉伯人不知情的情况下，将奥斯曼帝国的中东领土割裂成分别由法国和英国影响与控制的地区。这份宣言明确提及阿拔斯王朝的往日荣耀、蒙古人的凶残破坏和奥斯曼帝国在巴格达犯下的罪恶。

演说开始时，莫德向伊拉克人保证：

> 我们的军队并非作为征服者或敌人，而是作为解放者进入你们的国家和城市的。自从哈拉库（旭烈兀）的时代以来，你们的城市和国家屈服于异族的暴政之下，你们的宫殿化为丘墟，你们的花园沦为荒芜，你们的祖辈和如今你们自己只得在镣铐中悲叹。你们的男儿被强征去打你们不想打的战争，你们的财富被不义的人剥夺，挥霍在了偏远的土地上。

然后，莫德重重抨击了土耳其人，他们承诺的改革最终化作了可悲的畸形产物。而与之相反，大英帝国的决心已定，"你们将繁荣起来，一如既往，你们的土地曾经肥沃，你们的祖先一度为世界贡献了文学、科学和艺术，巴格达往昔是世界一大奇迹"。

莫德强调了英国与巴格达之间"紧密的利益纽带"，双方的商人两百年来共同经营，"互利共赢，友谊深厚"。德国人与土耳其人将巴格达作为自己的权力中心，用于进攻英国和它在波斯及阿拉伯地区的盟友；"因此英国政府不能对你们国家在当前或未来发生的事情袖手旁观"。

他还为巴格达的政治命运做出了另一项——含糊而不祥的——保证。英国并不想"给你们强加外国的政府机构"，但希望在遵从"神圣律法"与"民族理想"的政府机构治理下，巴格达能够繁荣起来，"你们的哲人和作家的期望能够实现"。莫德将巴格达人的注意力吸引至阿拉伯沙漠，在那里，阿拉伯人已经"赶走了压迫他们的德国人和土耳其人，拥立谢里夫·侯赛因为王，他的统治独立而自由"。*

宣言最后以煽动性的强调作结，"许多高贵的阿拉伯人都已经为争取阿拉伯的自由而死去了，死在了异族统治者的手上，死在了压迫他们的土耳其人手上"。大英帝国决心保证"这些高贵的阿拉伯人不会白白死去。英国人民以及与其同盟的民族衷心希望阿拉伯

---

* 侯赛因·伊本·阿里，自 1908 年至 1917 年任麦加谢里夫与埃米尔，他于 1916 年与奥斯曼帝国决裂，在英国支持下领导了阿拉伯大起义，次年自称希贾兹国王和全阿拉伯人的苏丹。作为一个哈希姆家族成员，他是先知穆罕默德的曾祖父哈希姆·伊本·阿卜杜·马纳福的后裔，在伊斯兰世界享有特殊地位。1924 年，奥斯曼帝国灭亡后，他自称哈里发，但在同年被他在阿拉伯半岛的死敌、后来的沙特阿拉伯国王阿卜杜勒·阿齐兹·沙特击败。

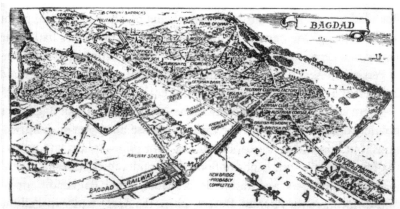

THE BRITISH FLAG OVER BAGDAD
End to German Dreams of Eastern Empire

ON March 11th, 1917, Lieut.-General Sir Stanley Maude, in command of the Mesopotamian Expeditionary Force, occupied Bagdad, and so dealt the German Empire the heaviest blow it has suffered in the war and the Ottoman Empire the most damaging blow inflicted upon it in a quarter of a thousand years. For Germany the capture of the city means the end of her dream of dominion in the East, towards which she was reaching slowly along the Berlin-Bosphorus-Bagdad Railway line. For Turkey it means almost certainly the disruption of her Empire in Asia, consolidated among the Moslem peoples when Bagdad surrendered to Murad IV. on Christmas Day, 1638. With her Empire in Europe also tottering to its fall, it means the final elimination of Turkey from the Powers of the world.

Politically, the event is of transcendent importance in the East. It restores British prestige, undoubtedly shaken by the earlier failure to relieve Kut-el-Amara. It frees Persia from the Turkish occupation of some 30,000 square miles of her territory. It secures the frontier of India. It stills Mohammedan unrest throughout the East. It opens up the possibility of a great and far-reaching revival of the Arab race. Strategically, too, it is of great importance. It enables us to co-operate with the Russians advancing from Persia, and still further compromise the Turks' line of retreat from Bagdad; and, in any case, it seriously threatens the whole efficiency of the Turkish armies to help the Germanic Powers. With every mile of the railway that falls into our possession we shall interfere more seriously with their means of moving reinforcements and supplies northwards, and so increase the weight that they have already become upon Germany, which is their real military base.

Chiefly, however, because of its

Lieut.-Gen. Sir STANLEY MAUDE,
General Officer Commanding the Mesopotamian Expeditionary Force, who captured Bagdad, March 11th.

extraordinary picturesqueness will the capture of Bagdad first impress the imagination of the world. The very name of the city is redolent of romance. It stands in that great plain which is the focal point of immemorial associations, whose history covers at least five thousand years and rings with names that still are magnificent. Bagdad itself was founded in 762 by Al Mansur, first of the Abbasid Caliphs, who thought it desirable to move the capital of the new dynasty from Damascus, where the Ommiades had held their Court. He built it on the site of an infinitely old village, on the west bank of the Tigris, and for five hundred years it remained the seat of the Caliphate until Hulagu, grandson of Genghis Khan, and his Mongol hordes carried and sacked it in 1258. At its zenith Bagdad really was the city of which we dream when we read of Haroun al-Raschid in "The Arabian Nights": in the heart of a district made fertile by a wonderful system of irrigation canals, with exquisite gardens, fairy palaces, flourishing colleges whence learning spread the whole world over, priceless libraries and works of art, and wealth beyond the dream of avarice.

After the Mongol invasion Bagdad ceased to be the spiritual home of Islam. Its glory had departed. Hulagu had destroyed the whole system of irrigation and Mesopotamia was blasted. Once again Bagdad was sacked—by Tamerlane, in 1410, and after a prolonged and chequered history, Murad IV. besieged it, accepted its capitulation, and, after a most bloody massacre, turned it into the seat of a Turkish Pasha. But its geographical position kept it a chief point on the great highway to the East. As such it attracted the covetous eyes of the German Kaiser. As such it became of vital importance in the Great War; and as such it has passed now into the possession of the British Empire.

1917 年 3 月 11 日，英国陆军中将斯坦利·莫德爵士指挥的英印联军进入巴格达，结束了奥斯曼帝国对于该地长达 383 年的统治，该城被大英帝国控制。

民族能够再度伟大起来，在世界各民族中间重现声名"。

　　哦，巴格达的人民，还记得你们已在异族暴君统治下忍受
了 26 代人的时间，他们一向挑拨阿拉伯各家族互相为敌，只
为了从你们的分裂局面中牟利。这种政策深为大英帝国及其盟
友所厌恶，因为在敌意与恶政之下，和平与繁荣是不可能实现
的。因此我受命邀请你们，通过你们的贵族、长老和代表，与
大英帝国的政治代表以及英国军队合作，共同参与管理你们的
民政事务，这样你们便能与北方、东方、南方和西方的同胞团
结起来，实现你们民族的理想。

　　在巴格达，这份宣言如同石沉大海，回音寥寥。[11] 在伦敦，它
则引发了严重关切。在 3 月 21 日的辩论中，下议院发言人就曾说
过这样一句尖刻的风凉话："恐怕它包含了太多东方风格的生花妙
语，不是很适合我们西方的氛围。"[12]

　　对习惯了几个世纪以来土耳其人统治的巴格达人而言，1917 年
3 月 11 日，改变突如其来，如当头棒喝一般。光是服饰的变化就令
人眼前一亮。一夜之间，软木帽和领带便取代了裹头巾和菲兹帽。
至关重要的宗教方面发生了同样突然的转变。远道而来的异教徒
取代了曾经比邻的教胞，尽管这些教胞从前也令人讨厌。文化上，
英国人的到来无异于一场革命。慵懒的帕夏与大官们树倒猢狲
散，被脸膛通红、脊梁直挺、激情满怀的大英帝国公务员所代
替。从政治角度讲，拿莫德的宣言来评价的话，从前那种专横妄
为的统治正逐渐被某种更像"自由与独立"的东西所取代。除了他

们与生俱来的优越感外，英国人与土耳其人共通的唯一特点，就是他们都爱留大八字胡了。

如果说土耳其人怠惰懒政，那么英国人似乎发狂一般地充满"改良"事物的精力，从卫生、造桥与维护道路，到灌溉、宪法与政府行为，莫不如是。正如蔚为壮观的十卷本《1914年至1932年伊拉克管理工作报告》所证明的那样，这些英国官僚同样也是痼疾入骨的单据编纂员。举一个典型事例来说，在莫德任命的巴格达军事首长 C.J. 霍克准将发布的1917年年度报告中，他列出了一份本部门所有行动的概览。这份文件中包含许多条目，完美地概述了英国的利益所在与当务之急。在"虐待动物"条目下，他列出了266件起诉虐待动物的案件。其中100只动物因为它们"惨不忍睹的情况"而被人道毁灭。巴格达的犬类一般很少受居民怜悯，但如今却受到了特殊关注——以及照料。在"犬类"条目下，霍克记录了一条令人悲伤的消息：宪兵"射杀并埋葬了"4917只生病的动物。在"总体卫生"条目下，"清空茅坑的工作正在积极展开，一周之内共有281辆车和161头驴运载的粪坑垃圾被卸在垃圾场"。"消毒站"忙碌异常，它在一周之内为6694件物品做了消毒工作。"谷物供给"在1月份平均每天售出60吨。"疫苗接种"工作也十分顺利，仅在1月就有3929名巴格达人接种了疫苗。然而，尽管成绩斐然，霍克还是不免加上一句明显英国式的旁注："该城镇的居民相当服从规章制度，但在经历了几个世纪的恶政后，他们自然需要首先接受教育，然后才能深刻理解与卫生、虐待动物、举证充分的必要性以及其他此种事务有关的现代观念。"[13]

这个时代涌现了许多著名的英国官员，比如珀西·柯克斯爵士——巴格达人口中的"苏坡西·考库斯"——他是莫德的总政务官和后来伊拉克的首位专员。作为亲受柯曾爵士提携的哈罗公学毕业生和一位优秀的阿拉伯学者，他当时年纪五十出头。在除投身政治密谋之外的余裕时间里，他会花数小时来收集美索不达米亚的鸟类。其中一些来到巴格达时已经死了，而另一些还活得好好的，其中就包括一只鹰。它在柯克斯宅邸中的一段栖木上生活了一段时间，以夜晚飞越底格里斯河的蝙蝠为食，这些蝙蝠在他的花园里被用网捉住，然后让柯克斯夫人放在冰块上保存一夜（因为这只鹰更喜欢将蝙蝠作为早餐而非晚餐）。

柯克斯是一位军人外交官，战前曾在波斯湾沿岸的布希尔任英国领事 10 年，他对现代伊拉克国家的建立起了重大作用，其中最重要的是他于 1922 年至 1923 年划定了约旦、内志（今沙特阿拉伯）和科威特之间的边界。协助他完成这项重大工作的是他同样能力卓越的东方秘书格特鲁德·贝尔。她是一位坚强无畏的女性，至今仍被巴格达人尊敬而怀念地——有些时候甚至是崇敬地——称为"贝尔小姐"。贝尔是第一位在牛津大学现代历史专业取得一等荣誉的女性，第一位获得皇家地理学会奖金的女性，也是英国军事情报部门的第一位女性官员。除此之外，她还在这些英名之上更添一笔，成为首次穿越阿尔卑斯山脉的女性。另外，在 1897 年，刚刚学会波斯语的她便出版了一套哈菲兹诗集的译本。据波斯文学权威学者爱德华·布朗评价，除其中一首外，"可能是用英语表达出来的最精美、最具诗意的波斯诗歌"。[14] 她的妹夫、海军中将赫伯特·里士满爵士就曾画下一幅诙谐的漫画，将她描述成大英帝国最富权势的女人：

从特拉比松到的黎波里，

> 她把帕夏碾得扁平，
>
> 然后告诉他们如何这样想，
>
> 又要如何那样想。[15]

　　贝尔一生未婚，膝下无子，自认为是帮助新伊拉克国家诞生的助产妇。而有些时候，她甚至还要自视更高。正如她于 1918 年 12 月 5 日写给母亲的信中所说，"有时候我感觉自己好像创世近半的造物主。他一定十分期接下来会发生什么，就像我一样"。[16]

　　然后还有柯克斯的副手，虔诚信教的帝国主义者，后来的美索不达米亚民政专员阿诺德·威尔森爵士。他因领导镇压 1920 年的伊拉克叛乱而得到了"粪坑暴君"（Messpot Tyrant）的外号，这场暴力运动预示了一年后伊拉克国家的正式成立。

　　这支明星荟萃的全英国阵容由被其仰慕者称为"美索不达米亚大人物"的斯坦利·莫德将军主导。人们经常能看见他骑马走出巴格达城。在一张摄于 1917 年夏季的照片上，这位整洁利落、容光焕发的老伊顿人身穿一尘不染的军服，脚蹬油光锃亮的皮靴，脸上留着大八字胡，一副盛气凌人的模样，十足的大英帝国公务员做派。他被围在英国和印度人员中间，后者相比之下稍显矮小。一面新近升起的英国国旗蔫蔫地低垂在背景里的椰枣林中。

　　英国治下的巴格达在最初这段日子里充满了希望——一如将近 90 年后美军领导的入侵发生后那样。"我相信，我们将把它建设成伟大的阿拉伯文明中心与繁荣核心。"1917 年 3 月 10 日英军接近巴格达时，贝尔在给父亲的信中兴奋地写道。[17] 4 月 20 日，在她的第一封从巴格达发出的信中，据精力过人的贝尔描述，这里的一切都"极其有趣"，她"有一大堆振奋人心的事要做"。"巴格达遍地都是鲜花和祝贺！（他们真心为摆脱土耳其人而开心。）"她写道。[18]
作为一位热衷骑马的骑手，莫德在那年夏天晚些时候也记录下了同
样的氛围：

> 当地人见到我们都很开心，无论何时我晚上骑马出去，
> 在哪里都能遇见有人笑脸相迎，致礼问候。到目前为止我只被
> 人袭击过两次，一次是被一个男人，另一次是被一个女人，他
> 们从人群中冲出来，执意要亲吻我的皮靴，我想他们可能是喜
> 欢我的皮靴吧。在外面也是一样，我们的官兵被他们以最友好
> 的态度欢迎，但是当然了，正如你所知，阿拉伯人的性格是狡
> 诈叛逆的。[19]

同往常一样，当英国人到达时，他们总是知道他们需要什么来
让自己在巴格达生活得更舒适些。"新的俱乐部落成了，配有马球
场、跑道、草地网球场、板球场和足球场，（还有）高尔夫球场。"
莫德于 9 月 6 日写道。他才刚参加了一个晚会，在会上玩了抢座位
游戏，观赏了河边一间房屋中的"女护士"表演的舞蹈 。

尽管如此，莫德在巴格达的光辉时刻还是过于短暂了。11 月
14 日，他带埃莉诺·伊根一同去一家犹太学校参加晚宴，宴会结
束时喝了一杯咖啡。几天后，当他来到办公室时，感觉身体不适，
便叫来医生诊断，医生建议他多休息，多喝牛奶。他素来在军中以
工作狂闻名，只好在午餐时间不情不愿地返回家里休息，而在前一
年，德军元帅冯·德·格尔茨正是在那座俯视底格里斯河的宅邸中
去世的。下午 6 点，英军顾问医师威尔科克斯上校为他做了初步诊
断，后来诊断出他患上了一种致命的霍乱。莫德先前曾在一个霍乱

和鼠疫盛行的街区喝过牛奶咖啡；而伊根则没有。尽管莫德总是敦促手下接种疫苗，但他自己却从不接种，还自称像他这个岁数的男人已经百毒不侵了。晚上 7 点 45 分，"霍乱病情突然急剧恶化，患者在几分钟之内陷入极度虚脱的状态"。11 月 18 日下午 4 点 30 分，莫德失去了意识，6 点 25 分，他平静地去世了。

"他的最后一刻非常美好，"A. C. E.贾维斯牧师写道，他陪伴莫德度过了生命的最后几小时，

> 他的亲随、医生、护士和勤务兵围在床边静立。廓尔喀卫兵在外面列队而立。房间里弥漫着平静安详的气氛。6 点 5 分，我开始主悼词，6 点 25 分，正当我诵出这几句话时——
> 主啊，求您赐他永享安息，
> 愿永恒的光照耀着他
> ——他静静步入了天堂。就这样，我们爱戴的指挥官离去了，一如既往地，他在最后的大敌面前仍是赢家。[20]

在征服巴格达这一改变世界的事件后如此短的时间里，莫德的去世令巴格达人和英国人同样震惊不已。1918 年 3 月 4 日，首相劳合·乔治在下议院发表讲话，向这位指挥官致敬，称他"在这世界上一个威望至关重要的地方，从低谷中挽救了英国的威名……攻占巴格达的传奇远扬整个东方，这些可谓军事史上最伟大的成就，它们在整个中东犹如魔法一般提升了英国的名声和地位"；莫德在巴格达的胜利打破了德国的"美梦"。[21]

11 月 19 日，莫德被下葬在北门外当时荒凉且没有围墙的沙漠墓地中，葬礼上人头攒动，有许多巴格达名人贤达，以及无数热心

尽责的军官参加。贝尔认为直到最后军号"难以名状而动人心弦的合奏响起",葬礼号在城中回响之前,这场葬礼"异乎寻常地简朴,在这片广阔的沙漠里显得很不真实"。"我对他所知甚少,"她如是写道,"他总是彬彬有礼,平易近人,但缺乏情趣。"[22]

莫德的坟墓上有一座受损的高大纪念碑,坐落在巴格达北门战争公墓中。这座公墓位于鲁萨法区瓦齐里耶街区繁忙的萨菲·丁·希里路旁,这片贫穷的街区正对着巴格达大学校区的一部分和古老的穆阿扎姆门区。在墓地里还有许多英印军官以及库特死亡行军和安纳托利亚战俘营死难者的坟墓。其中许多墓碑和十字架都在 2003 年美军入侵后如复仇天使般席卷全城的暴力活动中,要么被损坏,要么被毁掉了。"这片地带时常遭到汽车炸弹和迫击炮袭击——基地组织和其他武装的。"在一个春天的下午我们来访时,孤独的守墓人贾西姆·科里指着杂乱草丛中的一块碎石如是说道。与一般来说整洁简朴、受到精心维护的英国战争公墓不同,这里是一片破旧荒凉的地方,疏于照料而且周边危机四伏。在入口处有一个牌子说明此处经历过修复,但那已经是 1997 年的事了,在这块牌子上还有机枪扫射的痕迹。

葬在这里的 6889 名英联邦官兵中,大多数是英国人和印度人,其中 4160 人的名字被铭记下来:

> 5633 印度兵阿夫扎尔·汗,第 126 俾路支斯坦步兵团,死于 1918 年 10 月 3 日
>
> 4770 G.安德森中士,第 13 骠骑兵团,死于 1917 年 3 月 5 日
>
> 2770 达法达尔·艾敏·昌德准下士,第 10 剑桥公爵枪骑

兵团，死于 1920 年 9 月 3 日

　　2056 C. J. 艾斯莱特列兵，第 7 龙骑兵近卫团，死于 1916 年 10 月 7 日

　　JUM/1941 司机艾什拉夫·汗，运输兵团，死于 1918 年 9 月 28 日

　　还有 2729 名未确认身份的死难者，其中一些被合葬在了同一个坟墓里。英联邦战争墓地委员会用一句朴素但隽永的话语来纪念他们：

　　　　伟大战争中的一位士兵——上帝知道他是谁

　　这些歪斜的墓碑如同烂牙一般立在被曝晒干裂的土地上。在这座经历了太多战争的城市中浑然一片弥漫着死亡气息的飞地，仅走过这一排排墓碑就令人感到憋闷窒息。这个地方充满尊严，也充斥着迫人的悲伤。其中一块纪念碑上写着："这些是从巨大的苦难中得以解脱的人们。"[23]

　　从 1917 年莫德攻占巴格达城，到 1921 年伊拉克现代国家诞生，运动的疾风从未停止。英国阵营内部存在着严重的内部竞争与冲突。早期的分歧是柯克斯与莫德争夺政治管理权，后来的冲突双方则是 T.E. 劳伦斯的"谢里夫"阵营——他们致力于将麦加的谢里夫·侯赛因家族成员之一推举为国王，首选是侯赛因的儿子费萨尔和阿卜杜拉——与柯克斯的副手威尔森。后者是阿拉伯独立的铁杆反对者，支持由一位高级专员（柯克斯）在阿拉伯官员和英国顾

问的协助下治国，而不需要阿拉伯埃米尔或其他国家领袖的参与。即使在民事方面，矛盾也十分尖锐。在一个"令人震惊的场合"威尔森对贝尔大发雷霆，斥责她在幕后扶植国王的行为，指责她破坏了英国的官方政策。[24] 贝尔成了费萨尔的坚定支持者。他是反抗奥斯曼帝国的阿拉伯起义领袖，曾与他的兄弟阿卜杜拉率领阿拉伯游击队，在包括劳伦斯在内的协约国军官协助下，通过炸毁希贾兹铁路路段和袭击土耳其驻军的方式骚扰敌军补给线。* 尽管劳伦斯后来将这场战役描述为"一场助兴节目的小插曲"，但阿拉伯大起义还是将三万土耳其军牵制在了沙漠中，加速了土军的战败。[25]

在一些巴格达人眼中，英军"解放"他们之后没过多久，便露出了狐狸尾巴。截然相反的言论在中东各地与大西洋另一头发酵蔓延起来。先是 1917 年布尔什维克革命导致秘密的《赛克斯-皮科协定》遭到泄密，令英国与法国对这片地区的分割计划暴露无遗——这使英国极为尴尬，奥斯曼帝国幸灾乐祸不已，阿拉伯人则失望愤怒透顶。突然之间，这场"管理上荒谬可笑，道德上颇为可悲"的丑闻令莫德明确支持"阿拉伯人自由事业"的宣言大打折扣。[26]1918 年1 月 8 日，美国总统伍德罗·威尔逊在国会发表"十四点原则"演说，促发了民族自决的思潮。然后，1918 年 11 月 8 日，如同当头霹雳一般，《英法联合宣言》出台，呼吁"在叙利亚与美索不达米亚建立本地政府与管理机构"。[27] 这一宣言成为这片地区所有民族主义者的动员令。正如愤怒的阿诺德·威尔森日后回忆的那样：宣言与其后的全民公决"在巴格达激起的声势与愤怒，更不用说激情

---

* 阿卜杜拉后来成为首位外约旦埃米尔（1921 年至 1946 年在位），再之后成为首位约旦国王（1946 年至 1951 年在位），他所创始的哈希姆政权一直留至今。

与阴谋，很难有比之更甚的了"。[28]

抵抗的星星之火已经燃起。1918 年，同盟会（Jamiat al Ahd）的巴格达支部伊拉克同盟会（Al Ahd al Iraqi）成立。同盟会是由土耳其军队中一批阿拉伯民族主义军官组成的地下团体，他们中有许多人在 1916 年的阿拉伯大起义中与费萨尔并肩作战。1919 年 2 月，英国拒绝同盟会代表团参加凡尔赛和会后，一个大部分成员是什叶派的敌对抵抗组织独立卫队（Haras al Istiklal）在穆罕默德·萨德尔的领导下加入了巴格达的党争，穆罕默德是著名什叶派阿亚图拉[*]哈桑·萨德尔之子（萨德尔的大名在 2003 年美军入侵后还将再次在巴格达回响）。

1919 年，阿诺德·威尔森暗中操纵举行了一次公投，此次公投统计了全伊拉克的部落领袖——而非全体人民——对于"一个英国托管下的阿拉伯国家"以及该国是否应由"阿拉伯埃米尔"治理的看法。[29] 最终显示绝大多数人赞成英国继续控制伊拉克。

1920 年 3 月，大阿亚图拉设拉子发布教令禁止与占领军合作。这一政策让什叶派将政治空间、影响力和最高权力拱手让给了占少数的逊尼派信徒。尽管如此，对英国统治的反抗也绝不仅仅局限在什叶派。4 月 23 日，在巴格达库尔德权贵哈姆迪·巴班门户紧锁的家中，一场会议正悄然进行。与会者都是独立运动领导人，其中包括穆罕默德·萨德尔，逊尼派抵抗领袖优素福·苏韦迪，什叶派富商贾法尔·艾布·提曼，年逾七十的逊尼派地主里法特·查迪尔奇，逊尼派谢赫萨义德·纳赫什班迪和他的兄弟阿卜杜勒·瓦哈

---

[*] "阿亚图拉"一词来自阿拉伯语的"Ayatu Allah"（真主的迹象），是什叶派伊斯兰教等级关系中的高级神职人员，也是伊斯兰教法与哲学方面公认的大师。

布·纳伊布法官，前奥斯曼帝国议会伊拉克代表福瓦德·达夫塔里，艾哈迈德·达乌德谢赫，还有来自基尔库克的逊尼派地主法塔赫帕夏。

如果说越来越多的巴格达人已经越发困惑，正如 1919 年巴黎和会所显示的那样，他们自己的命运并非掌握在自己的领袖而是列强手中的话，那么在两天后，1920 年 4 月 25 日的圣雷莫会议则彻底引爆了民族主义者的怒火——在叙利亚宣布独立后仅几天时间里，列强便为分割奥斯曼帝国而吵成一团。此次会议将美索不达米亚划为英国的国际联盟托管地，将巴格达、巴士拉和摩苏尔等三个前奥斯曼行省组合成一个现代国家。英国似乎已不再热衷于阿拉伯的自由，"比起接受英国协助下的阿拉伯统治，人们发现自己倒不如说是在承受名义上由阿拉伯人协助的英国统治"。[30]伊拉克同盟会曾在 3 月宣布伊拉克独立，设想将奥斯曼帝国的巴格达、巴士拉和摩苏尔三区交予麦加谢里夫侯赛因之子、费萨尔的兄弟阿卜杜拉埃米尔统治，他们如今发表宣言，号召人民起来反抗。几周之内，如今伊拉克的大部分地区纷纷揭竿而起，发起了大规模叛乱。

圣城卡尔巴拉下达了一道法特瓦教令，宣布一切服务英国新政府的工作皆属非法。伊拉克政治学者加桑·阿提亚曾著有一部有关 20 世纪初伊拉克的专著，记录了一份英国警察报告，其中提到"在巴格达，越来越多人开始谈论布尔什维克话题"。[31]不久后，伊拉克的清真寺，无论逊尼派还是什叶派，都爆发出了抗击异教侵占者的狂热呼声。突然之间，这两个时常敌对的教派紧紧团结起来，逊尼派纪念先知穆罕默德诞生的传统颂诗仪式也在什叶派清真寺举行，甚至和什叶派哀悼侯赛因受难的塔齐亚仪式结合在一起。大众集会的发展势头愈发不妙。民族主义诗歌与爱国演讲在全城四处传扬。一位年轻的政府雇员因发表"危及公共秩序"的演讲而遭到逮捕，这成了动乱与大规模抗议的导火索。英国人派出装甲车前去镇压，他们遭到了民众袭击，于是向人群头顶开枪示警。在海达尔·哈纳清真寺闪亮的蓝色穹顶下，15 位巴格达显贵被推举为代表（manubin），与政府展开了谈判。威尔森同意于 6 月 2 日在萨莱宫会见他们，届时还有另外 25 位巴格达显贵到场——其中包括犹太人和基督徒，以及先前 15 位代表之外的其他社区代表。现场氛围异常紧张，群众情绪十分高涨。威尔森被迫为推迟建立文官政府而道歉，但示威者所要求的却是一个阿拉伯民族政府。一时间"叫骂嘘声四起"，而威尔森认为这是"执意开战的信号"。[32] 在 6 月 14 日写给她父亲的信中，贝尔提到了愈发高涨的"暴民热情"和民族主义者的"恐怖统治"。她认为解决问题的关键是费萨尔的兄弟阿卜杜拉，"阿卜杜拉是个每天早上都会在早餐时读《费加罗报》的绅士。毫无疑问，我们应该与他友好合作"。每天都有"好几大包"信件被投递到各部落，号召大家发起全面抵抗。贝尔怀疑发生叛乱的可能性，但也认为情势"一触即发"。[33]

尽管贝尔半信半疑，但武装叛乱仅在她写信两周后便在幼发拉底河对岸爆发，并在英国人逮捕部落领袖之后迅速蔓延起来。当时英军规模仅 6 万多人，包括 5.3 万名印度士兵和 7200 名英国士兵，其中 2.6 万人是非战斗人员。[34] 由于手头兵力如此有限，新上任的总指挥官艾尔默·霍尔丹上将无法立即应对这样一场在几周内便沿幼发拉底河而上，穿越伊拉克直入北方库尔德地区的叛乱。8 月，纳杰夫和卡尔巴拉宣布发动圣战。当社会气氛敌意渐浓时，巴格达的犹太人和基督徒开始忧惧自己在伊拉克的未来。在酷热的盛夏里，叛军控制了整个伊拉克除巴格达、摩苏尔和巴士拉三大主要城市之外的所有地区。政府军集中在巴格达城中，这里是民族主义者阵营的核心地带，叛军发现他们在这里几乎不可能掀起有组织的公开反抗。英军被迫使用压倒性的暴力手段来镇压叛乱，其中包括轰炸圣城库法，这座城市是什叶派圣地，因为先知穆罕默德的堂弟和女婿阿里就是于661年在此地殉难的。

英国公众开始反对这场耗资巨大的沙漠冒险。8 月 22 日对战后现实政治深感厌倦的 T.E. 劳伦斯在《周日时报》上撰稿警告道："英国人正被牵着鼻子步入美索不达米亚的陷阱，若想抽身而出，将难以保全尊严和荣誉。"这篇文章言辞激愤，将威尔森"血腥而低效"的管理体制痛斥为"大英帝国历史上的耻辱"，比它所取代的土耳其制度还要糟糕。当年的奥斯曼帝国依靠 1.4 万名当地征召兵，每年平均杀死 400 名阿拉伯人来维护和平，而如今英国却需要 9 万士兵，配备飞机、装甲车、炮艇和装甲列车来维持秩序，并且仅在这个夏季就"屠杀了约 1 万名阿拉伯人"。"为捍卫一个对除当权者之外任何人无益的殖民体制，我们究竟还要浪费几百万英镑，牺牲几千名士兵，屠杀几万名阿拉伯人？"他如此问道。

在英国管辖下的伊拉克，这场起义加速了威尔森时代的结束，它令英国付出了难以忍受的鲜血与财富代价：4000 万英镑，比用在阿拉伯大起义的财政拨款高出两倍；据估计有 6000 名伊拉克人和 500 名英印官兵被杀。[35] 威尔森身心俱疲，在 1920 年 9 月给母亲写的信中，将自己描述为"一个努力将最基本的原则引入这个野蛮国家干枯荒凉的土地上，却惨遭失败的激进青年，在这里人们从不争论，只知火并"。[36] 英国人也在火并中出力不少，他们直到 10 月才重新恢复秩序，此时柯克斯回来接替了威尔森的职务，开始着手组建阿拉伯临时政府。

如果梳理这段时期的英国文献，就会发现官方记录有时蒙上了一种似真似幻的色彩。比如美索不达米亚民事监狱监察长 W.B. 雷恩中校于 1921 年 3 月 20 日所写的 1920 年年度报告，就将这一年委婉地称为"多事之秋"。巴格达中央监狱关押了 1934 名罪犯。动乱迫使英国人又在瓦斯塔尼门区增设了一座拥有铁丝网的市外监狱——这座监狱后来还被扩建。6 月 21 日，发生了一次"集体越狱未遂事件"。狱卒的铅弹丸仅仅激起了囚犯的"蔑视"。步枪与炮弹则令囚犯警惕起来，"因此无事发生"。7 月 29 日，当巴格达准备应对卡齐米耶区的又一场街头骚乱时，又一次越狱行动发生了。囚犯们袭击了两个英国狱卒，后者用左轮手枪击退了袭击者，射杀两名囚犯，击伤六名。[37]

伊拉克叛乱所造成的最为持久且危害深远的结果之一，就是令逊尼派与什叶派之间积蓄已久的矛盾重新浮上水面。格特鲁德·贝尔将巴格达的大多数人口描述为"原始人"和"什叶派愚民"，这是英国人的普遍看法。什叶派自以为给了英国占领军致命一击，但实际上他们却将自己的大部分人隔绝在权力之外。

"为了表明阿拉伯人多么坚定地相信我们被打败了，我听说有七个人因为袭击哨兵而被军事法庭判处枪决，当被关进监狱时，他们一边大笑一边嬉闹，说把他们关在这里也没用，因为再过两个星期英国人就滚出这国家了。"雷恩记录道。

但正如伊拉克人所发现的那样，英国人才不会那么快地离开。

在几个月紧锣密鼓的密谋，以及巴格达、伦敦与开罗之间没完没了的官场内斗之后，在大马士革扶植国王的计划流产了，英国人操纵了又一场公投，举行了一场精心安排但态度冷淡的接待会，欢迎费萨尔来到巴士拉。1921 年 8 月 23 日早上 6 点整，费萨尔在萨莱宫出场了。他身穿全套卡其色制服走下台阶，身边环绕着一干人等：包括珀西·柯克斯爵士，他身穿白色外交礼服，佩着绶带与勋章，显得光华夺目；艾尔默·霍尔丹上将，他身穿军服，腰板笔直；费萨尔戴软木帽的顾问基纳汉·康沃利斯；以及一群谈笑甚欢的副官。他们走过宽敞的庭院，踏过长长的地毯，经过多塞特郡团第一连的仪仗队，来到一座三英尺高的讲台前，在 1500 名起立迎接他们的显贵、高级官员和部落领袖见证下，登上了每一级台阶。与会者中包括巴格达纳吉布的长子马哈茂德·盖拉尼（纳吉布本人因为太老而无法出席）和国会秘书侯赛因·阿福南。那些姗姗来迟的巴格达显贵则被阿拉伯警官拦在门外，他们对此震怒不已。

36 岁的费萨尔在匆匆赶制的王座上就座。这尊王座是用集装箱的木材打造的，据说上面还能看见一些明显非伊斯兰的标志，暴露了它的来源——朝日啤酒。[38] 当贵宾们纷纷落座时，费萨尔望向前排，看到了格特鲁德·贝尔，他与她对望片刻，悄悄接受了她的秘密致礼。贝尔认为费萨尔看起来"高贵庄严但浑身紧绷——这一刻太令他紧张了"。然后，侯赛因·阿福南起立宣读柯克斯起草的宣言，宣布费萨尔已被美索不达米亚 96% 的人民选举为国王——伊拉克国王费萨尔一世万岁！

新的国旗诞生了。这面旗帜从旗杆上飘扬而出，黑、白、绿三色横条上覆盖着一个红色三角，三角形内有两个白色七芒星，这种设计源自阿拉伯大起义期间阿拉伯军使用的旗帜。由于伊拉克还没有国歌，乐队便奏响了《上帝保佑国王》。当 21 响礼炮响彻巴格达时，马哈茂德·盖拉尼拼命提高音量，试图让观众都能听到他的祷词。然后，费萨尔起立向民众发表演讲。他感谢伊拉克人选举他为国王，又对英国人为阿拉伯人解放事业做出的帮助与牺牲表示感激。他向听众讲述了伊拉克的光辉历史，但昔日"文明与财富的摇篮，科学与知识的中心"早已从那个振奋人心的时代悲惨地衰落了，"安全不复存在，混乱占据主导，工作机会日渐稀少，两河之水散入大海不复回，一度葱郁富饶的土地沦为荒芜"，只有团结一致，才能让伊拉克重归伟大。费萨尔呼吁他的所有同胞团结起来，无论他们信仰何种宗教，来自哪个部族或宗派。"在我看来，除非知识和能力足够优越，否则没有谁高人一等。这个国家作为一个整体是我的党派。除此之外我没有其他党派。"³⁹ 以这句激动人心的伊拉克爱国主义号召作结，费萨尔许诺将展开议会选举并在英国人协助下建立民主政府。加冕礼步入尾声，人群逐渐散去，美索不达米亚变成了伊拉克，一个新国王统治的全新国家。"看到伊拉克全境从北至南联合在一起，真是令人激奋，"贝尔写道，"这还是有史以来头一遭。"⁴⁰

加冕礼的官方相片显而易见地揭示了在王座背后运作的真正势力。费萨尔是一个瘦小的男人，在高靠背王座与身边围绕站立的柯克斯、康沃利斯和霍尔丹的高大身影映衬下更显畏缩。前排的观众大多戴着军帽、软木帽和女士遮阳帽，也明确无误地展现了英国的主导地位。

尽管英国权势遮天，但在这段时期，巴格达的领袖人物也开始在这座城市——以及新成立的伊拉克国家——的政治生活中发挥更加显著的作用。在这座首都，巨富和权贵家族的数量并不庞大。如果把最大的商人和最负盛名的宗教领袖统计出来的话，整座城市里可能只有约 20 个大家族。与中世纪的意大利家族类似，它们往往纠缠在世仇宿怨中无法自拔。它们的名字——帕恰奇、苏韦迪、查迪尔奇、乔巴尼、查拉比、达吉斯坦尼、沙维、拉维、达夫塔里和库巴——直到 1958 年兵变为止时常在政府部长的名单上起起落落。这第一批伊拉克政治家中，就有 2003 年美军入侵后崛起掌权的那一代政客的先人。

于是，内阁在 9 月 10 日组建完成，总理为阿卜杜·拉赫曼·盖拉尼，他是巴格达的纳吉布，此时已老态龙钟。在这个内阁中还有许多熟面孔，例如，财政部长是显赫的巴格达犹太人萨松·埃斯基尔，他自 1908 年起曾在伊斯坦布尔的议会中担任巴格达代表，还曾担任部长职务，据英国官员评价，他可能是除纳吉布之外"承担责任最重的人"，"其智慧和正直广受赞誉"。国防部长是贾法尔·帕夏·艾斯卡里，他曾在费萨尔手下担任少将，最近刚刚结束叙利亚阿拉伯政府阿勒颇总督的任期，作为阿拉伯大起义老兵返回巴格达。由于哈桑·帕恰奇不舍得放弃有利可图的私人法律服务业，因而没有到场，司法部长便由著名律师纳吉·苏韦迪担任。教育部长由著名什叶派教士穆罕默德·阿里·沙赫里斯坦尼担任。伊扎特·帕夏·基尔库里是一位出身土耳其血统的基尔库克本地人，他曾在奥斯曼帝国治下担任高级军职，并且"在整个美索不达米亚享有盛名"，他被任命为劳工部长。[41]

许多伊拉克人认为这是一个英国人控制的傀儡政府，而什叶派成员的入阁在巴格达掀起了轩然大波。1922 年阿卜杜勒·侯赛因·查拉比被任命为教育部长。同年，皇家空军得到了伊拉克境内英军的指挥权，直到第二次世界大战为止都将负责指挥这里的英军。卡齐米耶区的著名什叶派宗教领袖谢赫·马赫迪·哈利希发声谴责他的异端之举，为他违反教令的行为而禁止他进入金顶的卡齐姆圣陵，还在圣陵的墙上张贴大字报，明文禁止他进入。[42]

在接下来 40 年的大部分时间里，巴格达陷入英国势力与伊拉克势力旷日持久的对抗中。在亲英阵营与日渐崛起的民族主义阵营之间暴力且时常致命的冲突中，这座城市被生生撕裂，其中，领导民族主义者的是诸如民族党（Watani）、觉醒党（Nahda）和自由党（Hizb al Hurr）的新兴什叶派党派。令柯克斯和贝尔震惊的是，仅在费萨尔登基后不到一年时间，在里哈布宫的广场上为费萨尔登基一周年献上祝贺时，他们就遭遇了民族主义者的起哄。当时有 400 名民族主义者在几位王家官员的引领下高呼："打倒托管！"[43]

反对英国托管的声浪传播甚广，时常强烈无比。对《英伊条约》的抵抗也利用印刷品和其他更加有力的方式，被人们富有激情地表达出来——该条约意在给托管国虚构的伊拉克全权统治加上一层更惹人喜爱的面纱。《英伊条约》最终于 1922 年签订，1924 年被批准生效，1930 年被另一份新条约取代，当时，许多新油田的发现提高了伊拉克对英国的重要性。

在此之后，石油便成了老生常谈的话题。从 1928 年起，重组的土耳其石油公司伙同壳牌集团、英波石油公司、法国石油公司以及美国近东发展公司作为其主要股东，主宰了石油领域。正如斯蒂芬·亨斯利·朗格里格干涩的评价，"已故的阿卜杜勒·哈米德苏丹的子嗣和一大群土耳其皇子、公主对前奥斯曼帝国曾经拥有的全部石油所有权以及其他许多东西提出了索求，而伊拉克人在当时或后来都没有加以严肃看待"。[44]

格特鲁德·贝尔置身于沸腾的伊拉克政治圈外，以伊拉克博物馆的形式，她为巴格达——以及整个伊拉克——留下了一份持久的文化遗产。1922 年，她被任命为名誉古文物主任；一年后，她建

立了巴格达考古博物馆，用以安置和保存伊拉克的珍贵古文物。这
些文物可以追溯至人类最古老的文明时代，从苏美尔、阿卡德到亚
述、巴比伦、美索不达米亚和伊拉克时代都有涉及。在此之前，重
返伊拉克的欧美国际考古队正将他们的发现运往异国的海岸。博物
馆里有一块铭牌，1966 年时它被安置在巴格达西城的萨利西亚街
区如今的地点，纪念着贝尔建立这座极为重要的机构的功绩，它代
表着这个全新国家的共同历史与民族活力的源泉：

> 格特鲁德·贝尔
>
> 阿拉伯人将永远充满敬意与仰慕地怀念她
>
> 她于 1923 年建立了此博物馆
>
> 时任伊拉克名誉古文物主任
>
> 她将最珍贵的文物齐聚于此
>
> 并顶着夏日酷暑
>
> 坚持钻研，直到她去世的那天
>
> 1926 年 7 月 12 日
>
> 费萨尔国王与伊拉克政府
>
> 为感谢她为这个国家做出的贡献
>
> 特将主大楼以她的名字命名
>
> 在他们的许可下
>
> 她的朋友们立下了这个铭牌

贝尔从巴格达寄出的大量书信，详尽生动地描述了自 1917 年
至 1926 年她去世前的巴格达城市生活。她笔下的家常景象尤其富
有魅力。1920 年 7 月，她曾将煎蛋放在手里为一只幼獴喂食，这

只獴是巴格达市长的儿子赠送的礼物。1922 年 8 月，她写到一天晚上曾与费萨尔国王一同参加洗浴与野餐宴会："我们在棕榈叶篝火上烤着穿在木签上的大鱼——真是世界上最美味的食物。我带来了地毯和软垫，把古老的巴格达灯笼挂在柽柳丛上面，我们就在这里，在玫瑰色的安详暮色中享受着简单的快乐。'这就是和平！'国王说道，'这就是幸福！'晚餐后，我们倚靠在软垫上歇息了几个小时……我几乎未曾经历过比今晚更加美好的夜晚。"[45]

在这些书信的描述中，她曾与费萨尔打桥牌，参加茶会，在教堂分发礼品，远足前去观看爱国戏剧，也曾时常抱怨无情的酷热；她骑行出城与显贵在桑园相会，与来访的国会议员和议长聚餐，出席王宫露天晚宴，参加领事馆的大型舞会，并高度评价国王的儿子和继承人加齐——"一个仪态动人的可爱小男孩"——还过问了她钟爱的西班牙猎犬皮特的健康状况。在晚年，她将个人的不幸与君主制总设计师政治地位的丢失抛诸脑后，又记录了自己在博物馆的进展，为编制目录的困难和巴比伦、亚述、阿拉伯展厅的规划而忧心忡忡，"我能预感到接下来一段时间里，我要对博物馆感到异常厌烦了"！[46]

1926 年 7 月 12 日较早的时候，贝尔溘然与世长辞——死因是安眠药片中毒——令巴格达人无比哀伤怅然。当天晚间，伊拉克诸位领导人与代表费萨尔的阿里摄政出席了她的葬礼。哀悼者与士兵在街上排起队列。这场葬礼距她 58 岁生日仅差几天。对她的哀悼也不仅仅局限于亲英国阵营，民族主义报纸《阿拉伯世界报》（*Al Alam al Arabi*）赞扬了她的惊人贡献与成就："她的爱国赤诚脱离了对个人利益的渴望，这位无可比拟的高贵女性对本国利益的热心追求令她成为所有伊拉克人应当效仿的模范。"[47]

30.20 世纪 50 年代初，巴格达阿玛纳大厅的一场红十字会时装表演。塔玛拉·达吉斯坦尼说："我的一些年轻朋友甚至把这当作丑事。"她是穆罕默德·法齐勒帕夏·达吉斯坦尼元帅（曾是巴格达的代理总督）的孙女。照片中的女性都没有戴头巾。

31. 一部 20 世纪（1952 年）好莱坞电影，讲述了哈里发与后宫佳丽的故事。"她穿着衣服出场的时候，我们差点没认出她是谁。"一位影评人如是评论片中饰演配角的女星吉普赛·萝丝·李。

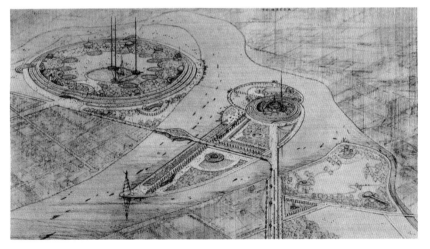

32.1957 年，美国设计师弗兰克·罗伊德·莱特对巴格达市中心的非凡设计。在他称为"埃迪纳"（中心）的河中岛上矗立着仿照 9 世纪萨马拉大清真寺宣礼塔的螺旋高塔，高达 100 米的哈伦·拉希德雕像耸立在塔尖，其东北方是一座斥资数百万美元兴建的建筑群，其中包括剧院、文化中心和博物馆。左上方是巴格达大学，右下方是植物园。

33.1958年7月14日，伊拉克王室被血腥军事政变推翻几个小时后，狂喜的人群涌上巴格达街道，这场政变开启了伊拉克共和国的动乱新时代。自从这座城市奠基以来，巴格达的暴民在伊拉克政局中就是一股强大、不稳定且野蛮的力量。

34.1958年政变的领导人阿卜杜卡里姆·卡西姆少将（右下角）在革命后不久召开了一场公开内阁会议。于1959年的刺杀事件（年轻的萨达姆·侯赛因也牵涉其中）中幸存后，民族主义者卡西姆于1963年被他的旧日革命同袍、泛阿拉伯主义者阿卜杜勒·萨拉姆·阿列夫处决，后者随之上位。

35. "为满足复兴党的饕餮权欲"而进行的"一场完美、巧妙、冷血、病态、邪恶"的公开表演，犹太人见证者马克斯·索戴伊如是写道。1969年1月27日，复兴党政权在解放广场绞死了九名犹太人。"这令人寒彻骨髓，甚至动摇了对人性的信念。"

36. 伊拉克共和国总统萨达姆·侯赛因（1979—2003年在位）。萨达姆还身兼部长会议主席、武装部队总司令、革命指挥委员会主席、阿拉伯复兴社会党地区指挥部总书记、奋斗者领袖、阿拉伯民族骑士、民族解放英雄等职务。

37. 1981年，两伊战争期间，几个伊拉克士兵运送伤兵。尽管大部分冲突在南方展开，但巴格达也遭受了导弹袭城带来的恐怖和八年战争导致的难熬的贫困局面。亨利·基辛格对这场战争有一个精辟的评论："可惜双方都输不起。"

38.2003 年 4 月，在巴格达市内的作战中，美军第三机步师士兵穿过双刀阅兵场。"胜利拱门"于 1989 年由"和平英雄"萨达姆正式向公众开放，用于纪念伊拉克"战胜"伊朗。异见者卡南·马基亚称之为"纽伦堡与拉斯维加斯合为一体"。

39.2003 年 4 月 9 日，巴格达市中心，美国海军陆战队爆破兵柯克·达尔林坡旁观菲尔杜斯广场上一座六米高的萨达姆雕像被推倒。一位英国记者称这次事件为"硫磺岛战役之后最适合摆拍的场面"。

40. "留下的基督徒都被折磨、杀害和绑架了。"安德鲁·怀特教士被称为安立甘教会"巴格达教区牧师",管理着来自查色丁礼教会、亚述教会、东正教会和亚美尼亚天主教会的基督徒,在过去几年激烈的暴力之下,基督徒数量急剧减少。他们说的是阿拉米语和叙利亚语,是最古老的基督教语言。

41. 2003年9月28日,巴格达最后的拉比埃马德·列维。伊拉克的犹太人可追溯至公元前6世纪的巴比伦之囚时代,是世界上最古老且最重要的犹太人社群之一,但如今已经近乎灭绝。

42."这是巴格达历史上最惨重的灾难之一，这是对人类遗产的犯罪。"2003年4月8—12日的洗劫过后，唐尼·乔治博士正在检查一片狼藉的亚述馆。唐尼·乔治博士如今已经去世，他是巴格达伊拉克国家博物馆馆长。这座博物馆最初由格特鲁德·贝尔所建。

43.巴格达市政工人正在移除阿拔斯王朝开创者曼苏尔哈里发的雕像残骸。2005年10月，这尊雕像被一颗炸弹击中炸毁。

44. 生活还在继续：2008 年 5 月 3 日，巴格达市民在革命城大公园的动物园里休憩，此处是城市中的周末休闲胜地之一。

45."开罗写书，贝鲁特印书，巴格达读书。"一则阿拉伯谚语如是说。每逢周五，巴格达的书虫们就会来到穆太奈比大街，这条街道得名于伟大的 10 世纪诗人穆太奈比，街边书店、书摊绵延超过 200 米。

46.宏伟的穆萨·卡齐姆伊玛目圣陵，安葬着什叶派十二伊玛目之一及其孙穆罕默德·贾瓦德，位于巴格达西北部卡齐米耶区的中心地带。自9世纪建立至今，卡齐姆圣陵就一直是逊尼派与什叶派之间争端的焦点，古老的宗派隔阂令伊拉克深受其苦。

47.巴格达人聚集在艾布·哈尼法圣陵庆祝先知穆罕默德诞辰。艾布·哈尼法生活于8世纪，创立了四大伊斯兰教法学派中最大的哈乃斐教法学派，他也是建立巴格达城的领导人物之一。艾布·哈尼法圣陵坐落于巴格达东北部的阿扎米亚区，与卡齐姆圣陵隔河相对，对于逊尼派而言，它的意义等同于卡齐姆圣陵在什叶派眼中的意义。

与莫德一样，她的砂岩坟墓位于一片遍布破碎墓碑的简陋坟地中：交通拥堵的沙尔基门街区中的英国公墓。如今这里访客稀少。2005 年，"为了纪念格特鲁德·贝尔对伊拉克的历史贡献"，伊拉克政治家艾哈迈德·查拉比的女儿、作家塔玛拉·查拉比在这座坟墓周围种下了一圈茉莉花与椰枣树。一段时日后，当我来访时，尽管守墓人阿里·曼苏尔已经做了最大努力照料它们，但它们大部分还是枯死了。

当民族主义报纸抨击英国，痛斥《英伊条约》强加的"奴役暴政"——并因此催生了一个"禁止有害政治宣传法"——的时候，巴格达在 20 世纪早期获得了急速发展。在城市中，以往被忽视已久的教育受到了关注。1923 年，费萨尔创立的阿尔·拜特大学开放，最初只提供一门伊斯兰教神学课，之后扩大了课程范围。1921 年，一家招收男生的美国中学落成，1925 年，一家女子中学开放。现代消防机构被引进，街灯也开始在城市中哪怕最黑暗的道路上闪耀。

拱廊夹道的拉希德大街愈发生机勃勃起来，正如回忆录所写的那样，在这条大街上，东西混杂的喧闹人群在城市中川流不息：光脚的朝圣者，从幼发拉底河流域来访的部落人，谷物商人，犹太销售员和会计，英国商人，灌溉专家，政治顾问，还有文着纹身、涂着黑眼影的少女头顶酸奶罐，小心翼翼地保持平衡，步履蹒跚地前行。邻近的萨缪尔大街传出流动食物摊贩的叫卖声，他们贩卖的是腌制蔬菜（tursi）和煮鸡蛋配腌芒果三明治。20 世纪 30 年代，咖啡馆的留声机播放着最新的埃及情歌和传统的伊拉克歌谣；毛拉·阿卜杜·卡尔赫的每周诗歌与流行歌曲引领着娱乐风尚，这些流行歌手有苏丹娜·优素福、扎齐娅·乔治，假声男歌手拉希德·昆达尔奇，犹太领唱歌手尤塞夫·胡列什，以及或许是其中最绮丽惊人的萨丽玛·帕莎——她明眸如满月，朱唇似玫瑰，可谓令全巴格达为之心动的丽人。[48]

西方风格的旅馆、四五家欧洲店铺、许多商业征信所和三家银行——东方银行、奥斯曼银行和波斯皇家银行——为这座发展中城市愈发增多的访客提供了照料。1924 年，别致时髦的艾尔维亚俱乐部首次对外开放，格特鲁德·贝尔晚年时曾在这里抽着水烟壶度过漫漫长夜。这家俱乐部至今仍是巴格达城市建设的一大支柱。

在这段时期来到巴格达的诸多游客中，唐纳德·麦克斯韦尔是一位海军预备役军官，曾于第一次世界大战期间在海军部担任军旅艺术家。他著有回忆录《美索不达米亚居民：一位军旅艺术家的伊甸园历险》，书中满是引人入胜的照片，都是他在美索不达米亚旅行时应皇家战争博物馆要求拍摄的。他在巴格达的经历既有欣喜，也有失望。他发现，这座城市在夜间即使无法与他浪漫想象中哈伦·拉希德的荣光和《一千零一夜》里那个激动人心的世界相比，也是相当迷人了。月光明皎的夜空映出底格里斯河上的古法船，它们紧随在隆隆作响的"喷气比利"号轮船后面；月光显露出宣礼塔的细长剪影，还照亮了精致的网格吊窗下狭窄的街道。然而到了白天，强烈的阳光驱散了这座城市的迷人色彩，暴露出了粗陋庸俗的现实景象。"当我来到现实中的巴格达时，我期待的太多，而我发现的太少，"麦克斯韦尔如是写道，"我是说，我对东方的魅力抱有的期待太多了。诚然，有那么几户'富贵人家朱门大开'，但也有大量尘土垃圾；有那么几位诱人的深色眼睛美女在网格窗后羞怯张望，但也有无数肮脏污秽；有那么几处惊艳动人的娱乐场所供我们观赏波斯舞娘的迷人妖术，但剧院只有一家，那就是巴格达的首要娱乐机构——看啊，一个家伙正给货摊常客卖洋葱呢！"[49]他还遭遇了一场意外之喜。麦克斯韦尔先前错过了奥斯卡·艾什风靡伦敦的音乐喜剧《朱清周》，于是他在骆驼、乞丐、英国军官和福特汽车——它们在街道上的存在感与日俱增——的车流人海之中拼命开出一条路来，专程去看"巴格达的大嘴巴酒鬼"阿里·巴巴被遣送回乡的事迹。这场演出在巴格达大受欢迎。

旅行者期待着随风轻摇的棕榈树与光亮的金色穹顶，但他们往往会大失所望地发现，他们所珍藏的美梦正深陷在美索不达米亚无处不在的烂泥中。在麦克斯韦尔笔下的巴格达，泥泞是一大特色，就连底格里斯河也不是清澈的蓝色，而是"牛奶咖啡"的颜色。"这些天来我时常想，既然美索不达米亚的泥巴储量如此巨大，或许有人能发现这种物质的商业价值，因为它如油一般滑腻，同核桃汁一样沾上东西就洗不下来，似鱼胶一般黏性强大。"他写道。[50]泛滥遍地的泥浆在如今沥青混凝土覆盖的巴格达早已被人遗忘了，而在1937年，英国旅行家和作家罗伯特·拜伦这样评论道：

那是一片泥泞平原，它极为平坦，以至于一只鹭鸟在沟渠的细流里单脚独立休息时，看起来有无线电天线一般高。在这片平原上，淤泥村庄和泥巴城市拔地而起。河道里流动着泥水。空气里弥漫着污泥升华而出的瓦斯气味。人们都灰头土脸，面有泥色，他们头戴的本民族的帽子简直就是捏出形状的泥饼。人人都知道，巴格达是这片上帝恩宠之地的首都。它潜藏在一片迷雾之中；当气温下降到110华氏度以下时，居民们便开始抱怨天气转凉，穿着毛皮衣服出来了。在这里只有一种东西举世闻名：一种要九个月才能治愈，而且会留疤的脓肿。[51]

　　1931 年，无所畏惧的探险者芙蕾雅·斯塔克到达巴格达。在她九岁生日时，姑妈送了她一本《一千零一夜》，她对东方的热爱就此点燃。多年之后，查尔斯·道提的《阿拉伯沙漠纪行》令她沉浸于中东不可自拔。1932 年，她为《巴格达时报》绘制的巴格达风景画被收集整理成《巴格达草稿集》出版发行。她租住的臭烘烘的贫民区房屋里发生了许多轶事，每晚她的储水池都会散发出一股难闻的气味，犹如"巴比伦妖魔"一般，让她忍不住遐想在院子里是否埋葬着一位苏美尔时代的先祖。据她回忆，在巴格达，"幸福与卫生并无任何特别联系"。这片地区地势极其低平，甚至完全没有排水系统，"正因如此，这里令卫生官员绝望，让喜好研究微生物的人喜悦"。[52] 在她最为引人入胜的见闻插曲中，她描述了乘船渡过"狮子色"的底格里斯河去赴晚宴的经历。陪伴她的是船夫老萨利赫，一个眼睛水汪汪的狡黠老人，他是一个"相貌更加凶神恶煞的喀戎"，船帮上总挂着一串活蹦乱跳的鱼。"萨利赫的功德簿里可没有善待鱼类这一项，但他斋戒起来十分虔诚，这对于一个非常贫穷的人来说，真是个值得欣赏的美德。"她写道。[53] 一天，在收下斯塔克的十卢比慷慨小费之后，他便消失得无影无踪了，自此之后再没人见过他。

　　斯塔克对底格里斯河上的生活颇为入迷，老少男人操持各行各业，赤脚妇女肩扛水壶在河边穿梭，冬日薄雾和水牛来到岸边饮水时"日落河滩上的条条黄色"，这些景象都令她神迷。或许全年中她最钟情的时刻是斋月：在白日的昏沉困倦之后，这座城市突然便生机勃勃起来。每到此时，她会去与女性朋友聚会，听她们讨论各自不争气的丈夫，然后在午夜之后漫步热闹的街道。"在月光下的街巷中漫步，总会给我一种如梦似幻的奇异感觉，在斋月真是太美妙了。整座城市迷宫般的街巷好似一个黑暗中涌动不息的蜂巢，充满了沙沙声、脚步声和窃窃私语声。人群不辨面目，轻声细语的路人如流水一般来来往往。"她写道。[54] 与其他旅行者不同的是，斯塔克对英国人的批评最为苛刻。她尤其对移居巴格达的外国妇女格外反感，认为她们大多粗鲁无知。在旅行中，斯塔克下了这样一个刻薄的结论："英国人无论在哪都受人喜爱，只有等他们来到这里和妻子定居下来时才会原形毕露。"[55]

对于许多巴格达人来说，英国文化令人（字面意义上地）沉醉，有时令人迷惑，往往惹人咒骂。酒精随处可得，到处都有人酗酒。狗在历史上被当地人鄙视，但如今突然受到戴着遮阳帽的列兵们宠爱，而他们的妻子简直没大没小。最令人震惊的是大量的肉体暴露。20 世纪 20 年代后期，理查德·寇克就曾注意到：

> 今日的欧洲男性举止自由随便，热爱烈酒和犬类，粗鲁蔑视生活小节，与阿拉伯人心中的绅士形象恰恰相反。男性的配偶更是如此，现代欧洲的女士声音聒噪，外貌阳刚，喝着鸡尾酒，衔着女士长烟嘴，惯于公开抛头露面，在公共场合着装暴露，几乎没有给男人留下遐想的余地。那些对西方女性的"自由"价值观不屑一顾的、德高望重的丈夫和父亲们打心眼里感谢真主，因为他们的女眷与这些不信者的女人不一样。[56]

一段时间里，至少在巴格达社会最为光鲜亮丽的圈子里，这种潮流也流行了起来——遮盖全身、不显身材的罩袍也随之过时。在穆罕默德·法齐尔·帕夏·达吉斯坦尼元帅的孙女塔玛拉·达吉斯坦尼收藏的家庭档案中有许多漂亮的老照片，其中有一系列照片摄于 20 世纪 50 年代初在阿曼纳大厅举办的一场红新月会时装展览。优雅的模特们身着印花布夏装、整洁套装和拖地露肩舞会晚装，自信地走着猫步，下面一排排不戴面纱的迷人女士钦羡地望着她们。2011 年，塔玛拉说道："我有一些更年轻的朋友对此十分反感。当她们看到我美丽的母亲身穿短衣时，便纷纷问我她到底穿的什么东西。我就告诉她们：'你们都过时了！'上年纪的人都爱死那些了。这让他们为自己是伊拉克人而感到自豪。你们没法想象这种潮流会在今天重演，真是太可悲了。"[57]

从巴格达建成的一开始，强人们便在这座城市的故事中留下了不可磨灭的印记，在建城者的年代，曼苏尔哈里发（正如我们在第 1 章中所述的那样）就曾热衷于将他杀害的诸多敌人的尸体堆放在一座地下仓库中，并在他们的耳朵上打上名牌和家谱证明。权势无边的阿拔斯王朝哈里发，残暴的蒙古和突厥征服者，土库曼部落酋长，伊朗沙阿，奥斯曼苏丹和帕夏，目中无人的马穆鲁克、阿加和耶尼切里——都利用大规模屠戮确立了自己在城市中的主宰地位。尽管他们之间多有不同，但在很重要的一点上他们都是一样的——没人会为残酷流血反应过度。

20 世纪上半叶，一个新的强人崛起，成为这个时代一位多变但不那么血腥的标志人物。从 20 世纪 20 年代初到 1958 年，他的名字成了漫长的伊拉克内阁人员名单上的常客。1922 年 11 月 20 日，努里·赛义德（"幸福者"）被任命为国防部长，他先前已经担任了伊拉克的首任警察总长，在此后的 36 年中，他极少从内阁缺席，当他不在八届总理任期内时，一般就是在外交部长和国防部长任上。1930 年，他第一次上任总理；他的最后一届总理任期在 1958年结束。伊拉克人谑称他为"帕夏"。

毫无疑问，以赛义德的背景，他来领导伊拉克是再正确不过了。他出生于 1888 年，曾是巴格达地下组织同盟会运动成员。他曾作为一个巴格达军官，与费萨尔和劳伦斯在沙漠中并肩奋战，后来成为他的连襟贾法尔·帕夏·艾斯卡里的总参谋长。他曾统率部队于 1918 年攻占大马士革。1920 年，费萨尔短暂担任叙利亚国王期间，他因功被晋升为费萨尔的总参谋长。劳伦斯从不轻易称赞或过誉他的同僚，但他认为赛义德的"勇气、权威和镇定"使他成为当之无愧的理想领袖。"大多数人在炮火下都会加快语速，并且强装出一副假惺惺的轻松快活模样，"他如是写道，"但努里却愈发冷静。"[58]1921 年 2 月，格特鲁德·贝尔第一次见到他时，也对他印象深刻，"他身材极修长苗条，生着一张小小的尖脸和一双灰色眼睛，在他说话时，那双眼睛便会渐渐亮起来。一看见他我就意识到，我们正面对一个强壮且有能力的强人，我们要么与其合作，要么与他为敌苦战一场——但要战胜他就太难了"。[59]

赛义德既是一个务实主义者，也是一个投机主义者，他早早便昭示了自己的亲英立场，签署了 1930 年的《英伊条约》，该条约将伊拉克的一切国防与内务安全事务交予巴格达方面，但同时给予了英军穿越伊拉克国土，为军队提供顾问和补给资源的权利，另外还在伊拉克保留了两座皇家空军的大型基地，一座位于巴士拉附近的沙巴，另一座位于巴格达附近的哈巴尼亚。这份饱受争议的条约奠定了此后 30 年英伊关系的基础，并巩固了赛义德的亲英立场，而这一立场终究会送掉他的性命。1931 年，在挤满盟友的议会支持下，赛义德推动通过了一份石油协议，授予伊拉克石油公司在伊拉克北部的独家特许权和税收减免，以换取比任何石油出口额都要优厚的年金收入。尽管在 1927 年基尔库克附近发现了石油，但直到 1934 年，石油才对外出口。多亏了赛义德的规划，一年后，石油收入便从 1930 至 1931 年度的几乎一无所有，一跃增至政府全部收入的 20%，一定程度上缓解了全球经济大萧条带来的最恶劣影响。[60]

在费萨尔国王统治的早年，巴格达的安全情况远远说不上完美，尤其对于年轻女性而言，生活更是凶险异常。城市中占谋杀案比例最大的——每周约 100 起——是年轻女子因被断言有在其兄弟看来所谓玷污了她自己和家族荣誉的行为而被兄弟谋杀的案件，"女孩身上造成耻辱的部分会被用刀割去"。[61]未婚怀孕的女性也会被她们的男性亲属带去偏僻地方加以谋杀并秘密埋葬，这种行为被称为"洗刷耻辱"（gasl al arar）。后来的验尸结果显示，有相当一部分遭到指控的女性实际都是处女。女性还可能因在婚礼前夜之前私会未婚夫而遭到谋杀。而实施这些"荣誉"谋杀的男性往往会因他们的"义举"而在当地报纸上受到赞扬。[62]

自 1917 年英军到来开始，尤其在 1941 年至 1958 年间，可以发现"巴格达正迸发着一种长期以来不知名的活力，这里的中产阶层持续增长且已经进行了强烈的自我表达，现代教育在内容上尚且贫乏，但在范围上不断扩张，公路、铁路和航空航线在国内愈发增多，商业仍旧迟滞，但也富有生机"。[63]

对于伊拉克的精英阶层来说，这段时期可谓巅峰时代。费萨尔为这个快乐年代奠定了基调，他时常在宫殿设宴，晚上打桥牌，在阿玛拉射猎黑鹧鸪取乐。他对石油公司、国家预算和海法－巴格达铁路有着特别的兴趣。到午餐时间，人们经常见他开车出城数英里，去赛马场喝上一杯，在那里，身穿传统长袍、戴着头饰的谢赫们个个都是狂热的马匹爱好者，与身穿套装、戴着巴拿马草帽的欧洲人共享马场。他们在栏杆和赌金告示牌之间横穿直撞，为他们的这匹马或那匹漂亮的母沙漠马投下赌注。四处闲逛的阿拉伯骑手身穿色彩明亮的夹克，头戴鸭舌帽，也有少数思想更为保守的骑手戴着头巾。费萨尔在专用凉亭下观看赛马，戴着他的标志性双角帽，这种帽子被巴格达人称为"费苏里耶"（faisuliya）并广泛模仿。[64]

尽管君主制政体试图为伊拉克带来一定程度的稳定，但与过去的阿拔斯王朝哈里发类似，政治生活仍旧动荡不已。巴格达人目睹着政府以眼花缭乱的速度交接变换。从 1920 年到 1958 年，平均一届内阁的寿命只有短短八个月。另外，令人为伊拉克的未来忧心的是，在许多什叶派眼中，在君主制政府的最初几年里，费萨尔通过支持那些曾跟随他作战的谢里夫派军官，牢固地确立了逊尼派的权力地位。

1932 年，英国急于避免投入过多花费来管理一个动荡且民族主义日益强大的伊拉克，于是与伊拉克统治者联合声称建国进程已经圆满完成——尽管行政、财政与军事上仍旧存在着显而易见的诸多缺陷。英国托管正式结束，伊拉克也作为一个独立国家加入了国际联盟，但它仍旧受到英国的紧密钳制。[65]1933 年 6 月 20日，费萨尔国王出访伦敦，标志了一个时代的结束。他参观了威斯特敏斯特大教堂，并在皇家近卫骑兵的护送下，与英王乔治五世同乘敞篷马车共游了白金汉宫。在新闻短片和时事照片中，二人散发着皇家的奢华气息，他们身穿军服，头戴白羽毛配饰的帽子，手戴白手套，留着优雅的八字胡和鬓须，胸口上垂着一连串刺绣流苏，悬挂着无数勋章。

　　这出光彩照人的景象几乎立刻便以悲剧收场。9 月 8 日，仅仅在出访英国三个月后，50 岁的费萨尔国王在瑞士去世，此前他在这里因心脏病接受治疗。整个伊拉克陷入了悲痛之中。国王的遗体被运回国内举行国葬，首都的街道上挤满了哭嚷的妇女，她们捶胸顿足，哭声震耳欲聋。费萨尔广受爱戴，勇武过人，风度翩翩，沉稳耐心且在政治上富有勇气，他成功地领导伊拉克赢得了独立——而这也是他的目标——在强大的挑战下，将伊拉克团结在一起，并引导国家走上了现代化道路，尽管民族与宗派分裂总在破坏和平局面，诱发流血冲突。国王临终前曾写下简短的一段话，这些文字一定能够在 1933 年至今的许多伊拉克领导人心中产生共鸣："在伊拉克，我心中充满悲痛地这样说，仍旧不存在伊拉克人民，只有难以计数的民众，他们抵触任何爱国观念，深受宗教传统和荒诞恶习浸染，相互没有共同纽带，对邪恶言听计从，倾向无政府主义，无论什么政府他们都要千方百计起来反对。"[66]

　　1933 年，费萨尔的独生子加齐加冕继位，加齐是一位 21 岁的民族主义者，他的观点与其父的亲英观点截然不同，很快，他便沉浸在了政治阴谋之中。他支持了伯克尔·西德基将军领导的 1936 年政变，将文官政府转变成为一个军事政权，于是，巴格达因孕育了现代中东国家第一场政变而臭名昭著。10 月 29 日，军用飞机隆隆飞过巴格达上空，撒下了西德基签署的传单，他自命民族改革军司令，要求首相亚辛·哈希米下台。军队开始向巴格达进发，城市遭到轰炸。政府倒台了；赛义德流亡开罗，首相则逃亡伊斯坦布尔；阿拉伯大起义的功臣、国防部长贾法尔·艾斯卡里遇刺，这场刺杀甚至以巴格达的标准来讲也过于无耻野蛮了。军事政变推翻民选政府的先例就此在巴格达发生，此次事件将在中东及其他国家影响深远。

　　根据看待伊拉克历史的不同观点，西德基既可以说最不堪，也可以说是最堪当大任的领袖。他曾主使了臭名昭著的亚述人大屠杀。亚述人是美索不达米亚的古亚述人的后裔，1933 年 8 月 11 日，在当地发生动乱后，伊拉克军一个机枪连开进摩苏尔西北方一座名叫西梅尔的亚述基督教村庄，有条不紊地射杀了每一个男人。被害者数量为 315 人，其中包括 4 名女性和 6 名儿童。[67] 在这几天中，60 多座村庄里总共有 3000 人遇害，其中大多数是被残忍屠杀的。事后，为了掩盖暴行，大屠杀被粉饰成一个杂糅着亚述人叛乱、英国人削弱控制国家的阴谋和伊拉克军队爱国功绩的故事。伊军士兵受到表彰，在摩苏尔和巴格达举行了胜利阅兵，在这两座城市，人们用甜瓜堆成胜利拱门，这些甜瓜被匕首刺穿，以象征亚述人的首级。据伊拉克作家卡南·马齐亚所言，西梅尔大屠杀是"这个奥斯曼帝国前阿拉伯行省的首次民族独立表现"。[68] 与伊拉克政权更迭的漫长传统相符的是，西德基本人于 1937 年遇刺身亡。

　　20 世纪 30 年代后期，巴格达的氛围陷入恶化。由于阿拉伯人与犹太人之间的矛盾日益激化，以及越来越多德裔犹太移民的迁入，巴勒斯坦问题令伊拉克人对犹太人愈加反感。纳粹政权与巴格达方面日益频繁的接触也造成了同样的后果。柏林方面提出了一个长期项目，邀请学生前去参与柏林的青年团体，并对伊拉克军队中的积极人士进行纳粹宣传。对于那些收听柏林阿拉伯语电台的巴格达人来说，蓝眼睛的伊拉克播音员尤尼斯·巴赫尔的开场词愈发耳熟能详，他是纳粹德国宣传部长约瑟夫·戈培尔的好友："这里是柏林。我向阿拉伯同胞致以问候。你们是我的兄弟，从大地上崛起的伊拉克人民。"[69] 富图瓦（Futuwa），即伊拉克青年运动，也在形式上与希特勒青年团如出一辙。1937 年，加齐在自己的皇宫中建立了专门的无线电台——光辉台（Al Zouhour）——用以广播对英国外交政策的批判；与此同时，该电台也头一次用来宣传伊拉克对盛产石油的英国保护国科威特拥有主权，这为后来的血腥悲剧埋下了种子。同情希特勒的声音渐起，1938 年，犹太居住区遭到了炸弹袭击。1939 年，巴格达迎来了一位臭名昭著的破坏者，他就是 1936 年至 1939 年巴勒斯坦阿拉伯反英起义的领袖、耶路撒冷大穆夫提哈吉·艾敏·侯赛尼，起义失败后，他在这座城市受到了庇护。在接下来的两年中，这位被英国人称为"大祸根"的人物在伊拉克政府获得了极大的影响力，成为激怒当地人反对巴勒斯坦犹太聚居区的一道闪电。[70]

在巴格达的动荡中，令人欣慰的是，一些事物仍旧一如既往——尽管可能有些离经叛道。年轻的加齐时常主办王家盛宴，极为慷慨好客。1937 年 3 月 31 日，一场宴会在王宫以国王的名义举行。宾客欢聚一堂享用十道大餐的同时，宫廷音乐家为宴会更添气氛，演奏了十首乐曲，开场曲是一首苏佩歌剧的序曲，接下来是莫什科夫斯基优美的小夜曲和马斯卡尼的幻想曲，以及威尔第、施特劳斯和瓦格纳的作品。最后，盛大的王家晚宴在威尔第的《阿依达》激动人心的咏叹调中进入尾声。

与许多年轻人一样，加齐钟爱跑车。但与许多 20 来岁的年轻人不同的是，他能买得起跑车，并且能经营起一支别具一格的车队。加齐被称为"一个出色的高速车手"，他年仅 12 岁时便能驾车在英国的布鲁克兰赛道参赛了；同时他也是一位技艺精湛的飞行员，拥有一架英国珀西瓦尔海鸥单引擎竞赛飞机。[71] 几年时间里，巴格达人对这位驾着诸如 150 马力的奥本 Speedster 之类跑车四处狂飙的年轻国王熟视无睹。1939 年 4 月 4 日，这位青年国王的驾车品位害死了他，那天加齐开着敞篷车猛地撞上了宫殿旁的路灯杆，他的统治在一阵金属碎裂的巨响中戛然而止。由于头部多处受伤，他在几个小时后死去。巴格达长期以来就拥有盛产阴谋论的土壤，如今更是弥漫着对国王死因的疑虑。在柏林电台的煽动下，其中一些最为离奇的流言声称国王是被英国秘密特工杀害的。顿时群情激愤，数以万计的群众参加了国王的葬礼。在摩苏尔，英国公使被一群暴徒袭杀。

然而就君主制本身而言，它的生命还在继续。先王已逝，新王万岁。加齐三岁的儿子费萨尔二世在叔叔阿卜杜拉亲王的摄政下登基为王。王位继承十分顺利，但局势稳定的希望无比渺茫。在愈发躁动紧张的氛围中，政府一个接一个成立，又同样迅速崩溃。尽管巴格达没有直接受到波及，但 1939 年 9 月爆发的战争也令这座城市感同身受。市场上物价飞涨，家家户户囤积物资，商业陷入恐慌，银行出现挤兑。国家宣布进入紧急状态。一个绰号为"黄金四人"，由四位反英上校组织起来的秘密社团开始在幕后掌控越来越大的权力。许多伊拉克的大人物都认为轴心国早晚将会击败英国，因此一直与柏林和罗马方面保持着秘密联系。在诸如赛义德这些坚守《英伊条约》的人与将军们组成的反英派系之间，在报界与大部分公众之间，巴格达被痛苦地撕裂。

1940 年 3 月 31 日，在赛义德最近一届任期仅仅持续六周便结束后，民族主义者律师拉希德·阿里·盖拉尼接任首相，他被伦敦方面认为是一个恶毒的反英人士。伦敦为此惊恐万分，便悄悄警告摄政，于是在 1941 年 1 月 30 日，拉希德被迫下台。之后，4 月 1 日，局面急转直下，一场军事政变爆发了，拉希德在黄金四人的支持和德国联合抗英的许诺鼓动下夺取大权，建立了民族自卫政府。由于恐惧性命有虞，摄政逃去向美国大使寻求庇护，后者把他裹在一张毛毯里，塞进美国公使馆专车的后备厢，偷运出巴格达，送到哈巴尼亚的英国皇家空军基地；然后他被从那里护送至巴士拉，接着去往安曼。亲英政客纷纷被捕，还有许多侥幸逃脱，英国与新政权的关系降至冰点。随着德国在巴尔干和北非节节胜利，突入中东的希望也若隐若现起来，英国在伊拉克的地位似乎突然便陷入了摇摇欲坠的危险局面。

然后，二战中最耐人寻味的一场冲突爆发了。焦头烂额的英军中东总指挥官阿奇博尔德·韦维尔坚称自己的兵力不足以部署在伊拉克，丘吉尔无视抗议，命令他动员一支部队保护英国利益。4月17日，英军开始增援巴士拉附近的沙巴皇家空军基地。

接下来的一个月里，巴格达被战争和流言所笼罩。全城下达了灯火管制；学校关闭，市场歇业；电台没完没了地广播着军歌和军事宣传，威胁一旦击败英军便要处理"内鬼"。煽动战争的大穆夫提宣布了圣战。犹太人被广泛蔑视为英国代理人，并被警察以通敌罪名拘捕。其中一位犹太女性因身穿的罩袍里有一颗闪亮显眼的银色纽扣而被捕，因为警察认为这颗纽扣能够用来给头顶盘旋的英国飞机打信号。[72]

4月29日，250名英国公民被驱逐出巴格达，另有500名英国公民进入英国大使馆和美国公使馆寻求庇护。伊拉克军队围困了哈巴尼亚，很快，巴格达上空便回荡起威灵顿和布伦海姆轰炸机的轰鸣声，英军轰炸了进攻的伊拉克军队，同时从空中摧毁了伊拉克王家空军。5月6日，一群手持棍棒和匕首的暴徒冲进梅尔·伊利亚斯犹太医院，由于谣言声称这里是英军特工总部，他们便射杀药剂师，殴打病人，洗劫建筑，最后放火焚烧了医院。5月19日，在夺取费卢杰后，英军向东进军巴格达。未来的第八代威灵顿公爵，年轻的亚瑟·韦尔斯利中尉被编入了"哈伯军"，这是一支由第一骑兵师的部分部队与其他几个步兵及炮兵团混编而成的军队。这支部队从巴勒斯坦出发，艰苦行军前往巴格达，它强行军穿越沙漠，途中遭受了流窜部落持续不断的骚扰和梅塞施密特Bf110重型战斗机时断时续的轰炸，又频繁被伊拉克军破坏幼发拉底河道系统造成的洪涝、断桥和障碍所阻。当韦尔斯利和他的部队终于接近伊拉克时，他们遭遇了密集火力攻击，只好依托一座座沙丘躲避敌军步枪和维克斯重机枪的射击。"我感觉自己就像公园射击场的假人靶子一样，不过同时还有点让人兴奋，感觉有点像跳过几座高栏杆去狩猎。"他这样写道。他第一眼见到巴格达，看见引人注目的卡齐姆圣陵金穹顶时，便认为这座坐落在数英亩棕榈林与沙漠中间的城市"壮观夺目，是一座宏大的景点"。当站在巴格达外围时，他看见难民潮从城市中逃出，"我听见有人说，'真是可悲可叹的景象。'说这话的是格拉布·帕夏，他是阿拉伯军团的指挥官"。[73] 5月31日，巴格达投降。第二天，复位的阿卜杜拉摄政乘英军驱逐舰归来，在鲜花宫举行了一个公开会议（majlis）。随后，策划政变的军官纷纷被处以公开绞刑。对于英国人而言，1941年春季是一场胜利；但对巴格达的一个最古老的居民群体而言，这是一场不可挽回的悲剧。

6月1日晚上，犹太人以为英军的胜利将他们从毁灭中拯救了出来，于是纷纷端出卤鸡，拿出一两瓶亚力酒庆贺七七节。正当此时，一声令人心寒的呼喊响彻了首都的街巷："Cutal al Yehud！"
（"杀光犹太人！"）[74] 天际线上火光突现，横行的暴徒冲上了街道。
那天中午早些时候被解散的士兵开始在胡尔桥上攻击犹太人，暴乱
开始了。士兵们看到犹太人盛装游行，顿时火冒三丈，他们以为这
是在庆贺英军的胜利，而非庆祝宗教节日。犹太人被扫射，被刺
杀，他们的尸体开始在城市的不同区域出现。芙蕾雅·斯塔克的一
位伊拉克朋友称他当时正在加齐街的"血泊中跋涉"。[75] 在谢赫门，
犹太人被从公交车上拖下来，当街活活打死。古旧的巴塔维恩区传
出一阵阵妇女被强奸时揪心的惨叫声。暴徒们跟随着犹太人家门上
的红手印和万字符标记，发起了一场杀戮狂欢。一位老人因为拒绝
交出财产积蓄而被割断了喉咙。[76] 在一个犹太人和穆斯林混居的街
区，一群暴徒点燃了一座房屋，然后狂喜地穿过街道，一个男孩以
为他们手里举着肉块：实际上那是他母亲的朋友们的乳房。[77] 杀戮
如同风暴一般席卷城市，犹太人只好躲藏在地窖里，紧锁起加固的
门板。秩序彻底崩溃了，就连军队和警官也在拉希德大街上带队劫
掠起来。6月2日下午5点，宵禁令终于下达，镇暴部队受命射杀
所有擅自外出者。当天下午共有60至70人被射杀。

　　据估计约有200名犹太人遇害。被杀的穆斯林数量则更多，其
中包括暴徒、镇暴部队士兵和那些英勇保护犹太朋友和邻居的人。
在这场大屠杀前夜，巴格达的犹太人占这座城市三分之一的人口，
他们将6月1日及2日发生的这场事件称为"法胡德"（farhud），
这是一个用来指暴力掠夺的阿拉伯语词。犹太人被国内治安委员会、
伊拉克警察和军队以及驻守在巴格达边缘的英国军队无视了，他们
中没有人哪怕做出最小的努力救助犹太人。对于许多犹太人而言，
他们对自己在新的伊拉克国家中的地位已不再继续抱有希望。蔓延

进入美索不达米亚核心地区的纳粹仇恨诱发了法胡德大屠杀，打碎了犹太人的幻梦，加速了 2000 多年来和平共存局面的结束。巴格达从未真正从这场悲剧中恢复过来。

接下来几年里，犹太人所恐惧的悲剧预言成真了。1948 年以色列国家成立后，锡安主义在巴格达成为死罪，城市中的犹太人再次成为暴力袭击的目标。1948 年 7 月到 1949 年 12 月间，约有 800 名犹太人被剥夺公职且没有得到任何补偿或补贴。犹太人的商业遭到频繁骚扰，并被强加羞辱性的税负，犹太人的银行被吊销执照，警察涌入犹太人聚居区，以发现锡安主义者地下活动为由，任意抓捕拷打犹太男女居民。[78] 1950 年，以色列通过了《回归法》，许诺即刻授予任何犹太人公民权。"犹太人！以色列在召唤你——从巴比伦出来吧！"一条锡安主义宣言如是宣称。一年后，巴格达政府允许巴格达人离开伊拉克，但需要遵守一定条件——在当时这些条件并不公开——他们必须放弃伊拉克国籍以及所有资产财物。离开伊拉克时，他们仅被允许携带不超过 140 美元以及不超过 66 磅行李。珠宝被严格禁止带出国外。伊拉克犹太人意识到局势险恶，于是数以万计地逃出国外。从 1951 年 5 月到 1952 年初，以色列的以斯拉与尼希米行动，或称"阿里·巴巴行动"，共从伊拉克解救了至少 12 万犹太人。行动结束时，原有约 15 万人的伊拉克犹太人里，只剩下 2000 人仍旧留在巴格达。这些尼布甲尼撒的囚徒，这个曾在伊拉克延续了 25 个世纪，比基督徒和穆斯林都更加古老的社区，如今几乎被赶尽杀绝了。

留下来的少数犹太人中，有一些来自富有家庭，比如年轻的乔治·阿布达，他的父亲是一个大地主与房地产经纪人，向大教法官和西班牙及德国大使出租房产，同时也是政府高官的心腹密友。生于 1942 年的阿布达回忆起童年时与家鸽玩耍的天真午后，逃课去底格里斯河上荡着达胡尔（dahur）船泛舟水面，以及在纳迪·梅尔哈布犹太俱乐部练习网球和排球消磨时间的日子。他家的六层豪宅拥有一个法国风格浴室和一个小动物园，里面饲养着一头羚羊、几只羊羔、一群鸽子、一只猫、一条狗和几只鸡。他们每个月都会举办豪华晚宴，"几百宾客整夜畅饮威士忌和亚力酒，欣赏着木卡姆乐师和肚皮舞娘。*在那些日子里，巴格达十分特别，犹太人在国王的保护下安然无恙。20 世纪 40 年代和 50 年代里，他们几乎执掌了整个国家"。他叹息起来，或许是在沉思 1959 年他的家庭被逐出伊拉克的经历，"问题是巴格达人性子太急，脾气太暴烈了"。[79]

伊拉克社会内部的分歧日益加深。在巴格达，君主制政府渐渐孤立无援，不再被大多数普通民众所关心。

1946 年，迄今为止无可争议的阿拉伯音乐女王、埃及国宝级女歌手乌姆·库勒苏姆来到巴格达，在年轻国王宏大奢华的生日庆典上献唱。伊拉克共产党如日方升，代表那些对政府怀有积怨者发出了强烈的声音，他们反对现政府体制，以之为欺压与迫害的代名词，而其中英国人仍旧保有独特的特权地位。不同寻常的是，直到1946 年为止，其他国家还是无权在伊拉克设立大使馆。选举被特

---

* 在巴格达，饮酒的漫长历史可以追溯到阿拔斯时代，甚至还要更早，始终与古老的基督徒社区和酒馆相伴。第一次世界大战中，美国总统西奥多·罗斯福的儿子柯米特·罗斯福曾在美索不达米亚的英军中服役，当他到达这座城市时，他花了大量时间痛饮威士忌和亚力酒。"大多数人都不太自觉遵守《古兰经》里禁止饮酒的律令，即使那些在公开场合不饮酒的人，在私下里也很少守戒。"他如是写道。请见他的《伊甸园之战》（*War in the Garden of Eden*），第 136 页。

权阶层操纵；少数逊尼派的地位得以巩固；大多数什叶派群众则被剥夺了政治权利（第一任什叶派总理萨利赫·贾布尔是 1948 年上任的）。政党往往只是当权者利益的载体；而在热气熏天的贫民窟，生活总是污秽不堪，野蛮暴力，且匆匆无常。

1948 年 1 月初，伊拉克人震惊且无不厌恶地发现，英国与伊拉克一直在进行秘密谈判。1 月 15 日，《普利茅斯条约》将英国的军事特权与政治影响再度延长了 25 年。民众号召罢工示威，巴格达的街道自初生之日便见证了无数动乱与杀戮，很快又被喧嚣愤怒的群众占领。对于巴格达人来说，这是一场"瓦斯巴"（wathba），即"跃进"，一场由共产党、国家民主党、独立与自由党成员和城市群众共同参与的大规模抗议运动。作为回应，警察向游行队伍无差别开火射击。

人群从卡尔赫区冲出，突破了一支封锁道路的警察队伍，设法与对岸鲁萨法区的群众汇合。正当他们刚一落脚上岸，一支装甲车小队便开始向他们"无情地扫射"，当场杀伤众多。另一些人惊慌失措地往回逃窜，试图逃回对岸，却"遭到苏韦迪广场上一家客栈顶部搭设的机枪扫射。人群死伤情状恐怖，尸横遍地。还有人失足落入河底，被急流卷走"。[80]

20 世纪 40 年代的动乱过后，巴格达进入一段罕见的稳定时期，文化上也迎来一场复兴。上了年纪——且有一定社会地位——的巴格达人一提起 20 世纪 50 年代，仍旧会热泪盈眶。"啊，那是巴格达的黄金时代，"一个伊拉克朋友曾一边充满怀念地叹息，一边这样对我说，"与先前的战争动乱和其后的丑恶局面相比，那是一个光辉雅致的年代。"

　　由于石油业带来了大量财富，20 世纪的巴格达生机焕发，吸引了许多世界最顶尖的学术与艺术界人物。伊拉克政府摆脱长期以来对英国公司的依赖，发起了一系列大型建筑工程，这些建筑大多体现着现代主义精神。意大利建筑师与设计师吉奥·庞蒂为发展部与发展理事会设计了一座建筑，这个部门由赛义德于 1950 年建立，他利用 80% 的国家石油收入，领导伊拉克进入了现代化时代。芬兰的阿尔瓦·阿尔托受邀前来设计了国家艺术馆，苏黎世的威廉·敦克尔设计了中央银行。由于 1947 至 1957 年间，城市居民人口上升 90%，达到了 100 万人，为应对市民需求，政府委托希腊建筑师与城市设计师康斯坦丁诺斯·道萨迪亚斯对全城的大型住房计划进行设计。随着大量农民从伊拉克南部湿地迁入巴格达，这项任务也变得紧迫起来。由于当地土壤盐化，加之城市工作优裕收入的诱惑，这些农民离开了祖辈生活的土地，放弃了湿地的原始生活条件，转而向往巴格达的泥造棚户区。随着教育迅速受到重点关注，在 1957 年 11 月到访巴格达后，德国包豪斯主义领军人瓦尔特·格罗庇乌斯开始着手筹办巴格达大学。与此同时，瑞士伟大的现代主义者勒·柯布西耶到访巴格达，为伊拉克工程师协会开办了一场现代建筑讲座，他受邀设计了一座全新的体育场馆，日后被称为萨达姆·侯赛因体育场。城建计划打算将一种全新的城市建筑风格引入巴格达，用以向美索不达米亚的古老文化传统致以公开的敬意。用巴格达大学校长的话来说，"我们将重返阿拔斯帝国的巴格达黄金时代"。

　　1956 年 3 月，英国建筑师与城镇设计师米诺普里奥和斯宾斯利以及 P. W. 麦克法兰为这座城市进行了总体规划。他们将防洪措施引入底格里斯河沿线，终于结束了千年以来灾难性洪涝的历史。

巴格达有史以来第一次有一系列街道穿越了古老的城市中心，同时卡尔赫区与鲁萨法区也被新建的桥梁连接起来。总体规划提出一年后，费萨尔二世国王亲自为这几条大道和桥梁剪彩，宣布开放通车。

假如这十年能够以另一种方式收场的话，今日的巴格达人或许就能在底格里斯河中岛上享受由弗兰克·罗伊德·莱特设计、斥资百万美元建设的剧院、文化中心与博物馆，仰视螺旋宣礼塔上 300 英尺高的哈伦·拉希德塑像了。这座宣礼塔仿照 9 世纪的萨马拉大清真寺宣礼塔而建，其旋转而上的阶梯装饰着手持长枪，身骑骆驼的骑手。

1957 年 5 月，距这位美国建筑师的生日仅有一个月时间，在飞越城市上空选址时，莱特发现了一座完全未被开发的河中岛，之后他被告知这属于王家财产。在与费萨尔国王的会面中，莱特解释了他的河中岛计划，而年轻的国王对此饶有兴致。"嗯，他把手放在地图上河中岛的位置，然后看着我。'莱特先生，这就交给你了。'他面带逢迎地笑着说道，"美国人回忆道，"'既然让我行使王权的话。'"[81]

在本地历史协会的激励和这片世界最古老文明故土的鼓舞下，莱特浪漫地将他的"大巴格达计划"冠名为"苏美尔、伊辛、拉尔萨和巴比伦"，这一系列图画大多在 1957 年 6 月 20 日完成。河中岛被称为"伊甸岛"，用以纪念据说位于巴格达以南 120 英里处的伊甸园所在地。莱特设计了一座从河中岛延伸而出的大桥，连接了费萨尔二世国王大道，这条大道向东北通至巴格达市主火车站和机场附近的公共建筑群，同时它的西南方向直指麦加。第二座大桥则从河中岛的东南角通往莱特预想的巴格达大学新校区，当时格罗庇乌斯还没有受托建立巴格达大学，这座新校区预计坐落在东岸卡拉达区以南河曲地带的一座公园中。

毫无疑问，莱特对于战后巴格达的展望极其激动人心，他的规划规模宏大而不失优雅别致，庞大雄伟而又充满异国风情，假若完成将永远改变巴格达的面貌。然而"大巴格达计划"从未实现。由于花费庞大，浪费严重，这项华而不实的计划最终只停留在了纸面上。或许，它未能实现的原因之一在于莱特自己对这项计划的描述："与王者相配"。莱特到访巴格达之后的第二年夏天，这句话便彻底站不住脚了。

在诸多创造力迸发的领域，建筑的繁荣仅仅是其中一个方面。20世纪50年代，巴格达的文化繁荣起来。巴格达艺术学院于20世纪40年代由著名的土耳其乌德琴演奏家和古典作曲家谢里夫·穆希丁·塔尔甘所建，这座学院培养出了新的一代艺术家，诸如贾瓦德·萨利姆、菲克·哈桑、苏瓦德、莱伊拉·阿塔尔、穆罕默德·加尼、哈立德·拉哈勒和伊斯玛仪·图尔克等画家、雕塑家纷纷涌现。刚从斯雷德艺术学校毕业的英国艺术家伊恩·奥尔德与塞浦路斯陶艺家瓦伦迪诺斯·哈拉兰布斯共同在这所学院创立了陶瓷艺术系。音乐家和作曲家有前巴格达交响乐广播电台台长贾米尔·巴希尔和他的兄弟穆尼尔、加宁姆·哈达德以及萨利姆·侯赛因。萨尔曼·舒库尔也是一位才华横溢的乌德琴演奏家，他在这所学院担任东方音乐系主任长达30年；与此同时，来自瑞士的可畏的莫雷夫人与来自罗马尼亚的钢琴家尤里安·赫尔茨和小提琴演奏家萨杜·阿尔布主导着西方音乐系。

然后还有先锋诗人及作家萨叶卜、马莱卡、巴亚提和阿卜杜勒·马利克·努里，他们成为现代阿拉伯文学的领军人物，在整个阿拉伯世界广受欢迎和崇敬。艺术展览越来越受人欢迎。古典音乐会和独奏会，无论是传统的还是西方的，总能吸引大批伊拉克和外国观众就席。从 20 世纪 50 年代下半叶开始，伊拉克国家交响乐团成了巴格达音乐生活的核心。巴格达人可以从电视上看到许多这些信息，在这段时期，电视机成了街头巷尾咖啡馆的必备之物。

对于电影爱好者来说，这也是一个值得纪念的时代。富裕的顾客往往会选择布置华丽且票价更为昂贵的影院，他们会一边观看最新的英国和美国电影，一边喝着汽水，大嚼谢里夫与哈达德餐馆三明治店新鲜出炉的 30 种三明治，那是拉希德大街上最受欢迎且最负盛名的餐饮店之一。20 世纪 50 年代中期，海亚姆影院迎来了更加奢华夺目的新时代，不仅对于巴格达的电影迷来说如此，而且在整个中东，它也被广泛认为是最棒的影院。这座由美国人设计的影院以天鹅绒覆盖的暗色墙壁、描绘奥玛尔·海亚姆四行诗的巨幅壁画、天花板上闪烁的灯光和深陷的旋转座椅而闻名。还对其留有记忆的巴格达人都认为它是他们所去过最好的影院。至于那些囊中羞涩的人和不太欣赏国际口味的观众，则会去一些票价便宜的影院，观看阿拉伯语的埃及电影。

文化生活植根于一种面向世界开放的文化之中。1949 年，英国历史学家阿诺德·汤因比来到巴格达授课，在这里，他与巴勒斯坦裔伊拉克流亡者贾布拉·易卜拉欣·贾布拉讨论了他的流亡经历。后者是一位剑桥大学毕业的小说家、诗人和批评家，著有小说《狭街猎人》，该书讲述了在 20 世纪 50 年代的巴格达，一个基督徒与穆斯林之间的爱情悲剧。1956 年，著名拜占庭和十字军史学家斯蒂芬·朗西曼爵士飞抵巴格达主持讲座，并且参加了为庆祝伊拉克艺术协会成立而举办的艺术节。

业余戏剧与专业剧院也一道兴盛起来。朗西曼来访期间，苏汉姆·绍柯特为他举办了一场招待会，他是一位才华过人的业余演员兼制片人，曾组织起一众志同道合的好友，在他位于底格里斯河岸的雅致会客厅中表演了格雷厄姆·格林 1953 年的戏剧《起居室》。在城市另一边，坐落着另一座奥斯曼时代的河畔宅邸，这座两层豪宅拥有一个夜里星光照耀的宽阔庭院，颇受英国外交官钟爱，萧伯纳的《人与超人》在这里赢得满堂喝彩，观众中便有时任巴格达公约组织助理秘书长的杰里科爵士。巴格达的美国侨民也有自己的组织，他们在英国领事馆上演了杜鲁门·卡波特的《草竖琴》，之后又在阿尔维耶俱乐部再次出演此剧。演出结束后，英国、巴格达和美国观众还要急忙冲回家里换上黑色礼服，再去阿玛纳大厅参加伊拉克红新月会的慈善舞会。[82] 曾造访赛义德的河畔豪宅的政界和外交界宾客仍能记起，那时候他们参加优雅的星光晚宴，在赛义德的花园中享用着烤鲤鱼（masgouf，一种古老的巴格达美食），托着堆满面饼的盘子喂成群的鸭子、鹅与天鹅。对于社会、政治和商业精英人士来说，这是一个光辉时代。

对于许许多多精英圈子之外的巴格达人和伊拉克人而言，生活少了几分雅致华丽，多了几分险恶杀机。1956 年，在这座城市潮热难忍、臭气缭绕的贫民窟里，据估计婴儿死亡率为每 1000 名新生儿中就有 341 人死亡。[83] 泥造棚户密密麻麻挤成一堆，向着地平线延伸开去，一直越过远方为保护城市东岸不受洪水侵袭而修建的高大土堤，成为另一座独立的城市，也成为巴格达名声的污点。这里的生活条件极端恶劣。盛夏的热风袭来时，高温令人难以忍受。而在冬天，全家人没有任何取暖措施，只得覆着打补丁的毯子躺在泥地上瑟瑟发抖。尽管流行病和瘟疫的大规模爆发已经基本上成为

过去，但伤寒、结核病、疟疾和眼疾仍旧在过于拥挤的居民中蔓延
肆虐。[84] 贫民窟中，民怨无处不在。

　　正当巴格达上流社会在一场又一场盛宴间流连，囿于舒适的镀
金鸟笼无法自拔，对民生安危置之不顾时，民族主义的威胁甚嚣尘
上。1955 年，赛义德签署了《巴格达公约》，将英国、伊拉克、土
耳其、伊朗和巴基斯坦联结成一个防御同盟，以对抗苏联在中东的
影响。当时，极端反西方的阿拉伯民族主义正如日方升，这项公约
当即引起了全国民众的强烈反对和谴责。埃及独裁者加马尔·阿卜
杜勒·纳赛尔在阿拉伯之声电台发表言辞激烈的广播演说，带头掀
起了反对的声浪。叙利亚拒绝加入公约。在约旦，年轻的亲英国王
侯赛因犹豫再三，最终还是屈服于大众意见，没有加入公约。纳赛
尔与中东老资格政治家赛义德竞争着阿拉伯世界领袖的地位，鼓动
着狂热的反英情绪，尼罗河住民与两河居民的古老斗争在 20 世纪
再度上演，这场斗争最早能够追溯到底比斯与巴比伦的时代。巴格
达公约组织成立后不到一年，苏伊士运河危机便令中东的局面面目
全非。在美国总统艾森豪威尔的羞辱下，英国、以色列和法国被迫
从埃及撤军。英国对中东地区的影响力不复从前，而在巴格达，英
国威望的衰退十分显著。民族主义浪潮即将席卷伊拉克。

　　1958 年 5 月 19 日，赛义德开始了他的第八届也是最后一届
总理任期。作为一个死硬的亲西方反共产主义者——当纳赛尔于
1956 年将苏伊士运河公司国有化时，他曾向安东尼·艾登提议"赶
紧打，狠狠打"——他早已被群众视为英国和美国的帮凶走狗。
1964 年，伊拉克前总理及外交部长法泽尔·贾马里认为，赛义德
对西方的铁杆支持终将导致这位老谋深算的政治家与伊拉克民众决

裂，而他一向忽视人民大众。他分析道：

> 难道美国不是以色列的亲密盟友和主要支持者，并且牺牲了阿拉伯人对于自己祖国所拥有的权利吗？难道英国不是侵犯埃及的入侵者和巴勒斯坦悲剧的始作俑者吗？难道法国不是入侵埃及的侵略者与在北非屠杀数十万阿拉伯人的凶手吗？在伊拉克，大多数情况下政治活动自由与出版自由会助长反西方情绪，而不是反共情绪。没人会感激努里的手段。某种意义上，他深受西方针对阿拉伯世界的政策所害。[85]

"帕夏"的最后一届任期也是他最短暂的一届。不到两个月后，赛义德——这位阿拉伯大起义的英雄，曾与费萨尔一世和阿拉伯的劳伦斯并肩作战的同志，钢铁般强硬、无人能敌的伊拉克政治家——死了。

在 1921 年到 1958 年之间，巴格达的变化几乎可以说是翻天覆地。英国军官、阿拉伯学家和伊拉克王室密友杰拉德·德·高利总结了一些最显而易见的发展，记录了蒸汽轮船、骆驼、马匹和计程马车是如何被公交汽车、出租车、自行车和有轨电车取代的。曾经巴格达人只能依赖口传耳闻和唯一一份政府报纸接触外界信息，但如今他们有了 55 份伊拉克和巴格达本地报纸，还有多个广播电台、电视频道以及一些欧洲出版物。在不久之前，教育大多仅仅局限于伊斯兰学校（madrassa），其宗教课程完全由阿拉伯语授课，但如今，学生们可以进入中学、技术院校和法律学校发展特长，还可以学习一门外国语言——通常是英语。

许多女性抛弃了针对她们性别的古老苛刻的习俗，变得"十分无拘无束"。东方歌舞，包括剧场里男扮女装的少年表演，逐渐转变成了欧洲化的卡巴莱歌舞表演。影院放映着西部片、惊悚片和令人惊喜的色情片，这些电影里从来不吝展露肉体。酒精更加不受限制了，在富裕街区如雨后春笋般涌现的夜总会尤其如此。商店沿街林立，玻璃橱窗里摆满了最新的奢侈商品，比如电视机、冰箱和洗衣机，时而会有一辆劳斯莱斯银色幽灵豪车屈尊光顾街道，在车身巨大的凯迪拉克、别克、雪佛兰、福特、奥兹莫比尔和敦实的沃克斯豪尔、威洛克斯轿车中显得鹤立鸡群。人们的着装品位也发生了改变。传统的阿拉伯宽松长袍和头饰遭到修身的欧洲套装、衬衫与领带的挑战。尽管大众依旧习惯食用米饭、无酵饼、烤肉串、椰枣、牛奶和亚力酒，但饮食方式发生了转变。直接用手的人越来越少，人们早已转而使用刀叉和勺子进餐。[86]

如果不考虑始终被忽视的人民大众，在 20 世纪 50 年代的十年中，巴格达的上层社会生活迎来了有目共睹的繁荣。然而，这个时代最终还是在暴烈的动荡中结束了。

1958 年 7 月 14 日，周一早上 8 点 15 分，一位伊拉克军官上气不接下气地冲进费萨尔国王的好友与亲戚谢里夫·侯赛因·阿里拉着百叶窗的房间。他的帽子不知所踪，衬衫也没系扣子，整个人看起来惊惶失措。"他们都死了！"他大口喘着气说道，"他们全都被杀了！——真主慈悯他们。趁你还能活命，快逃！"[87]

谢里夫·侯赛因的宅邸距离王宫不到数百码，仅仅一个半小时前他才刚和国王谈过话。早上 6 点 15 分左右，王宫附近爆发了一阵枪战。当枪声渐渐密集时，谢里夫·侯赛因通过私人线路拨通了王宫的电话。23 岁的国王告诉他自己正被围困。全副武装的士兵们耀武扬威地挥舞着手中的武器，刚刚进入王宫广场。从更远的地方则传来了年轻暴徒的咆哮声，这些暴徒来自城市东部的萨利法贫民区。他们生活在没水没电的简易苇草房中，极端贫困且毫无公民权利，他们积极响应着无线电广播上宣扬阶级战争，呼吁与英国及其走狗伊拉克王室政权做斗争的纳赛尔主义宣传。"Al mawt lil malik！"（"国王去死！"）"Al mawt lil Abdul Illah！"（"王储去死！"）的呼声响彻宫墙之外。[88]

王宫里，面如死灰的费萨尔聆听着巴格达广播电台——此时已经更名为"自由伊拉克电台"——的广播，在军乐与爱国歌曲的间歇，该台已经播报了阿卜杜·卡里姆·卡西姆少将将领导的这场正在进行的革命。早上 6 点 30 分，卡西姆的二把手，阿卜杜勒·萨拉姆·阿列夫广播发声。他向"高尚的伊拉克人民"宣布了"一号宣言"，声称伊拉克军队正在"从帝国主义者扶植的腐朽王室手中解放可爱的祖国"，号召他的同志们拥护"那倾泻向里哈布宫和努里·赛义德官邸的正义怒火"。仿佛预示了接下来 60 年间伊拉克政府兴替的基调，他鼓励同胞们举报一切"侵略者、叛国贼和腐败分子，以便将他们斩草除根"。"巴格达的公民们！王政已死！共和已立！"[89]

正当王室家庭深陷重围时，费萨尔的司机建议他们乘车突围，从一道仍旧开放的大门逃往巴格达东南的迪万尼耶，但国王坚持要留在王宫。国王与王储都不愿逃亡。更多部队持续赶来。早上 6 点 45 分前后，一门步兵反坦克炮开始向皇宫开炮，令宫墙内的众人惊恐万分；炮火引爆了军火库，大火在王宫上层大厅蔓延开来，使逃亡的希望变得更加渺茫。早上 7 点 45 分，王家卫队投降了。

然后，将近早上 8 点，随着枪声渐渐平息，烟雾与混乱中传来了阿卜杜勒·萨塔尔·萨巴·阿布西上尉的呼声，这位与王室素不相识的军官要求将国王及其亲随用王家专车送往国外避难。尽管将性命托付给这个完全陌生的人令他们深感忧虑，但王室还是不情愿地同意跟随这位军官和他的军士。他们共有 15 人，其中包括费萨尔国王，王储阿卜杜拉和他的妻子哈彦姆，王太后娜菲萨和他的姐妹芭堤雅公主，副官萨比特中尉和宫廷仆人、随员。正当离开王宫时，王储的妻子在大衣下只穿着一件晚礼服，于是便跑回宫殿，找出些更实用的衣服穿上。当他们来到庭院中央的喷泉旁时，那位军官突然绕到后面，举起冲锋枪瞄准射击，将王室成员从背后射倒在地，此举引发了四面八方的疯狂开火。王室家庭几乎全数当场被杀，除了费萨尔，他后来因伤势过重死在了去医院的路上；以及哈彦姆，她在千钧一发之际折回王宫去取衣服，因此逃过一劫。阿布西上尉当年并未参与策划兵变，他仅仅是在那天早上受到广播鼓舞才加入叛军队伍的，多年后在回忆这场刺杀事件时，他说自己当时陷入了"狂热状态"，就仿佛眼前笼罩着"一团黑雾"，于是便"无意识地"扣下了扳机。[90]

尽管起义者凌辱王储遗体的行为无疑令人发指——他们剁掉了他的手脚，肢解了他的尸体，还将其赤身裸体地拖过街道，高悬示众，再开车反复碾压，直到只剩下一截血肉模糊的脊椎骨为止——但这场残酷的暴行只是巴格达长期以来的政权更迭以及暴民行径在 20 世纪的重演。对于许多读者来说这反常可怖，但在和平之城，此等暴行并非罕见。

还有一人是起义者的眼中钉。"能刺杀我的人还没从娘胎里出来呢。"强硬逞勇的赛义德曾如此夸口道。尽管赛义德仍旧虚张声势，但在 1958 年夏季，他已深为民众所厌弃。"努里的国民畏惧他，尊敬他，或在他面前故作敬畏，"1957 年，一位记者在对总理的采访文章中如此写道，"但他们并不爱戴他，尽管在他们中的大部分人出生之前，他就已在治理国家事务了，但只有少数伊拉克人把他当作一个活生生的人看待。他作为一个独裁者统治着他们，冷漠对待他们的意见，甚至近乎不屑一顾。"[91]

得知王室成员被杀的消息后，赛义德穿着睡衣乘渔船仓皇渡河逃走，焦急地寻求老牌参议员穆罕默德·阿莱比谢赫的救助，他是阿玛拉附近沼泽阿拉伯人部落的领袖，能够精明地帮他谋划逃出伊拉克的路线。底格里斯河东岸满是全副武装的叛军，于是他折返西岸，让人偷偷藏进汽车行李箱，护送到了卡齐米耶区一个朋友的家里。据广播报道，悬赏他人头的赏金高达一万第纳尔。第二天，他做出了一个危险的决定，要重返巴格达市中心寻找谢赫。由于害怕家里的一位年轻人出卖自己，他便男扮女装逃上街道，身边伴着一位政界友人的妻子阿斯塔拉蒂夫人作为照应。没过多久，赛义德便被一位杂货店主认了出来，那人发现了罩袍下露出的睡衣，便招呼起街坊，提醒大家巨额赏金送上了门。赛义德转身面对追击者，拔出手枪开火射击。他与同伴都在交火中被射杀。他的遗体被送往医院正式确认之后，葬在了北门附近的一座公墓中，但后来一大伙暴民又将其掘出，在大街上用绳子拖行示众；然后他们开车反复碾压尸体，又将其肢解，最后捆在一棵枯树上焚烧。

一些巴格达人把自由伊拉克电台的口号——"今天是杀人和被杀的日子！打倒帝国主义代理人！……杀死叛国贼和帝国主义走狗！"——当作了杀戮的特许令。在革命广播发布的几个小时里，首都的街道上便挤满了民族主义者、共产党人、泛阿拉伯主义者、萨利法贫民区居民和横行霸道的暴徒——巴格达暴民沸腾，残酷之至。上午 9 点 30 分左右，萨迪克·夏拉上将报告了起义者进入新巴格达酒店的情况，他们扯走电话，洗劫办公室，劫持了至少 20 个外国人，其中包括 3 位约旦公使、3 位美国商人和两个英国人。这些人被塞进了一辆军用卡车。就在国防部门外，一伙暴民袭击了这辆卡车。阿拉伯联盟副总理易卜拉欣·哈沙被一块石头击中头部，当场死亡。一个年轻的瑞士人或德国人被抓住头拖出车外，8 个人围上来用铁棍将他活活打死，然后割下了他的脑袋。3 个美国人也被杀了。根据夏拉上将的报告，国防部的大门一打开，卡车上仍然活着的人便赶紧跳下车，拼命地向门内跑去，"那些没能抵达大门的人都被杀死分尸了"。[92]

大批暴民闯进了英国大使馆。大使刚刚打开房门，便听见一颗子弹从他耳边呼啸而过。大使馆的部分建筑遭到了劫掠和焚烧。审计官格雷厄姆上校被杀。暴民们推倒了费萨尔与莫德的雕像。最终，革命军从他们煽动的无可驾驭的暴力狂潮中清醒过来，宣布了戒严与军事管制。

当天共有至少 30 人被杀。以许多政权交替的标准看来，此次流血十分有限，但 3 位最重要的国家领导人——国王、王储和总理——全都死于非命。

最终事实证明，在伊拉克人心中，英国人与王室的联系远比先知穆罕默德的神圣血统传承更为重要。伊拉克的哈希姆王室政府在沙漠战争中兴起，结束了奥斯曼帝国在伊拉克的统治，如今被斩草除根，不复存在了。旭烈兀的蒙古士兵毁灭了国祚 500 年的阿拔斯王朝，而在 700 年后，一小群伊拉克军官毁灭了尚在襁褓的国王政权，此时距离其迎来诞生 37 周年尚有六周。政变结束的五个月后，时任美国大使的沃尔德玛尔·高尔曼如是评价赛义德："伊拉克失去了引领它最终实现高贵和有尊严生活的最好领导人，以及为它抵御周而复始的混乱野蛮的最坚强后盾。"[93]

当天中午，卡西姆少将在国防部走马上任，伊拉克迎来了一位新的领袖。尽管巴格达人尚不知晓，但黄金时代已经悄然结束了。

第 11 章

政变与复兴党

屠戮之母，1958 年至今

事实上，我们的人民是独裁者的制造者。

——哈希姆·贾瓦德，1959 年至 1963 年任外交部长 [1]

所有钥匙都揣在他口袋里。

——巴格达人对萨达姆·侯赛因的评价

1958 年政变的几周后，卡西姆的远亲法迪尔·阿拔斯·马哈达维上校主持"特别最高军事法庭"，审判了 106 名被控"密谋颠覆国家安全及腐化政府机构"的犯人。[2]

这个袋鼠法庭的判决流程成了全城最火热的公开节目，每天的场面令人震惊且引人入胜。观众席位于旧国会大楼，门票则分发在政权亲信手中。为聚集尽可能多的民众观看，电视直播庭审听证会被特意安排在工作时间之后播出，并在巴格达街头的咖啡馆成为热议话题。首都上下，数以万计的巴格达人打开收音机，聆听上校咒骂挑衅被栏杆围拢在狭小场地里的被告人。上校还鼓动观众一同羞辱被告，并喋喋不休地高声谴责英国与美国，然后又谴责起了纳赛尔。死刑判决如同雪片般无以计数，仿佛庆典一般被带着狂喜的情绪宣布下达。1958 年 12 月 31 日，在巴格达铁路俱乐部的一次聚会上，马哈达维宣布他为伊拉克带来的新年大礼是另外 12 场处决。[3]

公开审判和紧随其后的大量死刑与监禁判决一直持续到 1959 年。这是对旧秩序的复仇性清算，也是一场全民狂欢，正如《每日电讯报》记者于 1959 年 5 月 19 日所言，"暴民们全都沉浸在了马哈达维法官堕落恶毒的木偶戏中。审判夜的巴格达是一座恐怖之城，所有人都对着被告席上的倒霉鬼哈哈大笑，幸灾乐祸"。这种气氛感染了整个城市，"在宽阔的底格里斯河对面的夜幕中，邪恶的恐怖交响也清晰可闻。法庭中残忍的大笑声被成千上万的收音机和电视机传播，被这座充满虐待狂的城市所扩大"。[4]

1959 年 10 月 7 日下午 6 点 30 分前后，阿卜杜·卡里姆·卡西姆总理乘着他的军用雪佛兰旅行车向南驶过拉希德大街。一辆民用车辆在前开道，后面稍远处一辆军车跟随护送。当车队缓慢经过交通拥挤的拉斯卡利亚街区中央时，数名枪手从街道两侧的高大廊柱间闪身而出，近距离向卡西姆的座驾开火。据一些目击者描述，袭击者还投掷了一颗手雷。司机卡齐姆·阿列夫下士当场被击中，汽车戛然而止。后座上的卡西姆赶忙伏下身子。在确认总理受伤但性命无虞后，副官卡西姆·艾敏·贾纳比少校冲出雪佛兰汽车开火还击，但即刻被射倒在地。在接下来的混乱中，警官与士兵赶来将遍体鳞伤的汽车团团围住，然后将总理紧急送往达拉萨拉姆医院，刚过晚上 7 点，总理入院接受治疗，被直接送进了手术室。

10 月 10 日，美国大使约翰·杰尼根来到医院慰问卡西姆，他见识到了一场典型的伊拉克式虚张声势的作秀。总理尽管看起来"略显虚弱"，但还是"无比热情地"在病床上谈论着此次刺杀未遂事件，历数自己如何被"12 至 15 发子弹"击中。其中一位袭击者正要投掷手雷，手雷却脱手掉在了地上，当卡西姆拔出手枪向他射击时，那人仓皇逃走了。卡西姆还询问美国大使要不要参观一下他那辆满目疮痍的雪佛兰汽车，这辆车已经化作了架在轮子上的漏勺。杰尼根回答说他已经见过那辆车了，并且为他居然能活着从车里出来而感到惊奇不解，卡西姆"报以微笑，并说他当时很确定自己绝不会被杀，事实上当枪战开始时他还笑出了声"。[5]

卡西姆的右手、左上臂和肩膀受伤。在这次未遂的刺杀中共有两人被杀：卡西姆的司机和一位袭击者。其他刺客从拉菲代因洗衣店附近的两条小巷逃离了拉希德大街。

在这支复兴党[*]六人暗杀队中，有一位 22 岁的青年，他先前刚因谋杀公务员而被捕入狱，又因证据不足而获得释放。他在这场袭击的交火中负伤，先是逃去了自己的家乡提克里特，而后又踏上一场戏剧化的凶险旅途，穿越沙漠逃亡大马士革。他在 15 岁时便完成了第一次杀人壮举，20 岁时第二次杀人，而后，他将在未来的漫长生涯中以迫害、折磨、虐待和大规模屠杀蜚声天下，即使以伊拉克的暴力标准来看也无人可比。他就是萨达姆·侯赛因。

1958 年之后的几年中，街头权力斗争在共产党、复兴党和泛阿拉伯主义的伊拉克自由军官运动中间摇摆不定，政变与未遂政变几乎成为巴格达习以为常的生活方式之一。民族主义者卡西姆受共产党人支持，而主张泛阿拉伯主义的副手阿卜杜勒·萨拉姆·阿列夫则急切要求伊拉克与埃及和叙利亚阿拉伯联合共和国结成同盟。在革命之后不久，他们两人之间的内斗加深了政局的分歧。

1956 年，复兴党的人数仅勉强达到 300 人。但他们的增长十分迅速：1958 年政变之后的几个月里，他们便声称拥有了 300 名"积极党员"、1200 名"有组织的游击队战士"、2000 名"有组织的拥护者"以及 1 万名"未形成组织的同情者"。[6] 1976 年，复兴党党员和有组织支持者达到了 50 万人，1980 年人数更翻一番，达到 100 万人，1984 年又增长至 150 万人。[7] 巴格达人渐渐对复兴党人的街头

---

* 复兴党（Baath）于 1947 年在叙利亚建立，是一个结合社会主义、反帝国主义和泛阿拉伯民族主义的政治运动组织，其宗旨是"统一、自由、社会主义"。尽管该党致力于推行泛阿拉伯主义，但它仅在叙利亚和伊拉克两国成功当权。

口号习以为常："Al Wahda Bakir, bakir ma il Asmar Abd al Nasser"
（"明日团结在一起，明日与棕色的阿卜杜·纳赛尔站在一起"），
该口号顺带提及了纳赛尔的深肤色。

　　借由一系列民粹主义措施，卡西姆迅速树立了他亲近贫民的
形象，这些政策包括将面饼价格从 6 费尔降低至 4 费尔，大块椭圆
无酵饼价格从 20 费尔降至 8 费尔。国家调控的房租价格也大幅下
降：房间租金下降 20%，房屋租金下降 15% 至 20%，店铺租金下
降 10% 至 15%。每日工作时间被限制在八小时；夜班时间则被限
制在七小时。1959 年至 1960 年，卡西姆为巴格达的泥砖房住户建
设了一整个郊区，其中兴建有一万所住房，还有全新的道路、市
场、学校、药房以及公共浴场。他称其为"革命城"（Al Thawra），
这里后来成了巴格达东北部规模广大的萨德尔城区，如今 250 万巴
格达人居住在这里，其中多数是什叶派。

　　阿列夫曾两次试图将他的昔日盟友赶下台，但都失败了。第三
次他才终于得手。1963 年 2 月 8 日周五，他离开阿扎米亚区的宅
邸前去参加晨祷，然后在艾布·格莱布的第四坦克团总部与艾哈迈
德·哈桑·伯克尔上校会合，艾布·格莱布是一座位于巴格达西边
的小镇。在那里他钻进一辆坦克，开回巴格达夺取了底格里斯河右
岸的广播电台。三架霍克猎人战斗机和四架米格 –17 战斗机从哈巴
尼亚出发，呼啸着飞临巴格达市区上空，向着这个国家固若金汤的
政权中心、卡西姆的国防部总部倾泻火箭弹长达两个小时，令市民
恐慌不已。刚过上午 9 点不久，巴格达电台播出了"一号公报"：
"英勇的人民之子，忠勇的军队士兵，请听这个好消息：在我们的
英雄，空军的雄鹰摧毁那罪恶叛徒的老巢后，在我们的军队不懈前
进，四处传扬革命之后……我们的兄弟，国防部的军官与士兵们弃

暗投明，杀死了那恶贯满盈的叛徒。"[8]

卡西姆并没有死，但他的处境每过一分钟都变得愈加艰难。至少 2000 名复兴党民兵首次戴上了绿色的民族卫队（Al Haras Al Kawmi）袖标，从阿扎米亚区汹涌而出，他们中许多人装备有冲锋枪。一支暗杀小队驾车来到伊拉克空军司令贾拉勒·奥卡提的府邸，将他射杀在门口。上午 10 点，第八旅和第四坦克团部署完毕，城市陷入了包围。为了预防巴格达东部广阔的贫民窟为卡西姆提供支援，坦克前去占领了该地区的防洪堤岸。

为了击败政变者，满心焦急的共产党第一书记侯萨姆·拉迪急忙起草了一份宣言。上午 10 点之后，这份宣言便贴遍墙壁，在街头群众手中四处传递，被大声宣读起来。这是一份充满激情的斗争宣言："武装起来！粉碎反动的帝国主义阴谋！……骄傲斗争的人民群众！冲上街道！将叛国贼从祖国大地上扫除干净！"[9]

工人、搬运工、匠人，以及最贫困街区和东部棚户区中的赤贫者团结一致，愤怒地挥舞着棍棒冲上街道，向国防部涌去。共产党示威者聚集在卡拉达、阿格达基尔克和卡齐米耶区，试图强行突破至艾布·努瓦斯大街增援国防部，但许多人都被杀死了。由于卡西姆不肯武装他们——共产党人曾于 1959 年在摩苏尔、基尔库克、埃尔比勒和巴士拉实施屠杀行为，而且他害怕他们会成为威胁自己政权的不稳定因素——"他们便像羊群一般，群情激奋地冲上前去，成群结队地遭到屠杀"。[10] 在卡尔赫区所在的河对岸，糕饼师傅、渔夫和菜贩从克莱马特街区和沙瓦卡街区冲向广播电台，但在遭遇惨重损失后又被驱赶回来。

更多广播公报接连不断传来，号召卡西姆交出领导权，并宣布巴格达机场与国家边界已经关闭。卡西姆对国家的掌控力持续萎缩，到最后他所能控制的就只有国防部及其 600 名驻军士兵了。下午 3 点，进攻总部的战斗打响了。下午 5 点 30 分，坦克和装甲车开进了国防部建筑群，驻军残兵纷纷投降。在一场凶残的室内突击过后，卡西姆致电阿列夫，乞求后者保证他安全逃往土耳其，但被告知于次日早上 7 点在沙阿布大厅投降。他在那里遭到逮捕并被押往广播电台，并遭到阿列夫、伯克尔及其他自由军官的激烈掌掴。一场军事审判匆匆展开，卡西姆和他的两位将军——冷血嗜杀的前任法官马哈达维与塔哈·谢赫·艾哈迈德——被判处死刑。根据某个版本的传闻，卡西姆曾问他的这位前战友，他曾在阿列夫政变失败后对其宽待，这难道就是宽恕的报应吗？阿列夫则回答说这与他毫无关系。卡西姆对他做了一个鄙弃的手势，然后不蒙眼罩转身面对行刑队。下午 1 点 30 分，他与部下在墙边列成一排，被行刑队用冲锋枪处死。当晚，他们的尸体被埋葬在了一座无名坟墓里。[11]

接下来一周中，许多伊拉克人都拒不相信卡西姆已经死了，在之后的几年中，革命城区的群众仍旧与军队和复兴党民兵进行着血腥的巷战。为了向民众证明卡西姆确实被处死了，新政权夜复一夜地在电视上广播着同一个剪辑片段，片段里一位士兵托起卡西姆满身弹痕、张着嘴巴的尸体，将其放在椅子上，又朝卡西姆的脸上吐了唾沫。为了回应 30 名共产党士兵抵抗政变的行为，阿列夫处死了 25 名"反革命分子"，在当时这是战后阿拉伯国家规模最大的一次司法处决行为。伯克尔被任命为副总统兼总理。

稳定局面稍纵即逝，在整个 20 世纪 60 年代里，巴格达依旧是一座动荡的城市。试图通过暴力颠覆政权的行动层出不穷。1964 年，一场精心计划的复兴党政变被安全部队破获。根据其中一个计划安排，萨达姆·侯赛因将与同僚们突袭总统府，破门进入阿列夫总统与其部长会面的会议室，接着用冲锋枪扫射杀死他们。计划没能实现，萨达姆却因此横遭两年牢狱之苦，入狱的那段时间里，萨达姆逐渐因革命激情和暴力热情而著名。1966 年，萨达姆获释，并被他的远亲、复兴党地区指挥伯克尔任命为副总书记。然后，1968 年 7 月 17 日，高级军官与他们的复兴党盟友发起了政变。他们夺取了广播电台、国防部和共和国卫队总部，然后宣布了这十年中的第七次武装政变。前总统死于一场直升机坠毁事故，他的兄弟阿卜杜勒·拉赫曼·阿列夫总统则匆忙乘飞机逃离了伊拉克，总理及其内阁纷纷遭到逮捕，伯克尔宣布担任总统，萨达姆则被任命为他的副手。通过严密掌控无数安全与情报部门，在接下来的十年中，他稳步而冷酷地扩大着自己的权势。

复兴党攫取了巴格达的大权。而这一次，他们绝不想任大权旁落。

当美国与英国的大批乐迷留着长发，随着滚石乐队、披头士乐队和鲍勃·迪伦的旋律狂欢时，巴格达人则享受着另一场截然不同的娱乐活动。

1969 年 1 月 27 日，男人、女人和孩童们刚刚从睡梦中醒来，便听见电台播音员催促他们前去解放广场，庆祝这个"欢乐幸福"的"神圣节日"。在那里，他们目睹了一个非同寻常的景象。九具犹太人的尸体被吊在几座临时绞架上，每两座绞架之间距离 220 英尺。这场令人毛骨悚然的死尸陈列展横跨了整座广场——这座城市最广阔的公共场地。每具尸体双脚悬离地面六英尺，被拷打折磨得遍体鳞伤。有的折断了胳膊和腿，有的被打得胸膛凹陷，有的被火烧焦，有的被砍断双手。作为仪式性羞辱的一部分，这些尸体赤着双脚，身上被套上了廉价的棕色亚麻布裤子和衬衫。

无数大中学生、工人、士兵、警察、复兴党干部、巴勒斯坦人和巴格达城外来的赤脚村民涌进广场，围观这场针对"以色列间谍"的刑罚。许多人欢呼起来，载歌载舞。他们咒骂死者，向其吐口水，又对着这些扭曲的尸体投掷石块。声音沙哑的复兴党高级干部萨勒赫·奥马尔·阿里通过麦克风鼓动着群众的狂热情绪：

> 伟大的伊拉克人民！今日的伊拉克绝不容忍任何叛国贼、间谍、特务和第五纵队！你们这些以色列弃民、美帝国主义者和锡安主义者，竖起耳朵听吧！我们将会揭露你们的一切肮脏伎俩！我们将惩治你们的特务！我们将吊死你们的所有间谍，即使他们成千上万！伟大的伊拉克人民！这仅仅是个开始！伊拉克伟大而不朽的土地将铺满叛徒与间谍的尸骸！等着瞧吧！[12]

对于那些当天早上未能到达解放广场的人，电视摄像机贴心地为他们转播了死者可怖的特写镜头，镜头慢慢从尸体的头顶摇到双脚，展示着从耳鼻流出的鲜血，然后在一张张白纸上摇晃。白纸上标着犯人的身份与所谓罪行，最下面显眼地写着"犹太人"几个大字。

上午 11 点，总统伯克尔到达解放广场，同国防部长哈尔丹·提克里提站在敞篷军用吉普上，在针对以色列的"伟大胜利"中陶醉不已，据犹太人见证者马克思·索戴伊估计，现场群众多达20 万人。对于惊魂未定的索戴伊与当时在场的所有人而言，这场面令人难以忘怀——而这是始作俑者特意为之的。据他回想，那些无辜的死者看起来就像"九个死亡天使……仿佛预言了不远的未来，灾难与横祸即将降临在这个可悲的国家"。这是一场"完美、经典、冷血、病态且残酷可怖"的展示，一场为"满足复兴党的贪婪权欲"而精心安排的替罪羊处决秀。"这令人寒彻骨髓，"那天晚些时候，他在日记中写道，"甚至足以动摇人们对人性的信念。"[13]

在巴格达最初的年代，曼苏尔哈里发为自己建立了富丽堂皇的永恒宫（Kasr al Khuld），其中奢华夺目的花园使人不禁想起《古兰经》中那座来世赐予虔诚信徒的著名的"永恒花园"。后来，这座宫殿成为他最青睐的皇家寝宫，因其宏伟无双的建筑和"优越非凡的规划"而饱受赞誉。提起曼苏尔的血腥历史，或许与之相称的是，在 1979 年，后世的永恒大厅为巴格达当代史上最可怖的章节铺开了舞台。在这段时期，一切都由一人主宰，此人自 1968 年起便稳步掌控了伊拉克的全部权力机构，他以自己的"伟大计划"为名，残酷无情地下达决断。同时，正如 1200 年前曼苏尔掌权时那样，他以同样冷漠无情的态度清除着对手。

7 月 17 日，在副总统苦口婆心的劝诱下，伯克尔宣布因"健康原因"辞去总统职务。萨达姆就任总统。然后，7 月 22 日，在彻底将他的这位资助者、庇护者与亲属一脚踢开后，萨达姆从伊拉克全国召集了 1000 多名复兴党人，召开了一个意义非常的大会。没人知道接下来将会发生什么。萨达姆曾将该次会议的全过程拍摄下来以儆效尤，因此我们可以通过旁观这场政变，来观察那一刻整个复兴党如何屈服于某个匹夫的淫威，这个威权国家如何转向完完全全的独裁统治。[14]

粗糙模糊的黑白影像开场，萨达姆淡然倚坐在讲台一侧，手持一根粗大的古巴雪茄吞云吐雾，身边是新任副总统和复兴党民兵"人民军"首领塔哈·亚欣·拉马丹，萨达姆在党内的副手和革命指挥委员会副总书记伊扎特·杜里，外交部长塔里克·阿齐兹，以及萨达姆的远亲和总参谋长阿德南·海拉拉上将。拉马丹宣布了"一个凶残可憎的阴谋"，令与会者大惊失色。当他继续说阴谋的策划者就在会议大厅里时，突如其来的恐怖氛围可想而知。萨达姆随之站起身来，身穿剪裁合体的制服的他显得精神焕发。他镇定从容地把雪茄放在一边，然后开始脱稿发言。

"在收集证据之前，我们便在心底预感到了阴谋蠢蠢欲动，"他说道，"但我们按兵不动，有些同志抱怨我们明悉一切却袖手旁观。"

然后，他邀请几天前还是革命指挥委员会总书记的穆希·阿卜杜勒·侯赛因·马什哈迪上台揭露"恐怖罪行"。现场弥漫的恐怖氛围再一次浓重起来。早已被狱中酷刑折磨得憔悴不堪的马什哈迪——拷打者曾威胁他假如不认罪的话，就把他的妻女带到他面前先奸后杀——开始坦白阴谋罪行。据他所说，自从 1975 年起，他与叙利亚勾结，企图推翻萨达姆和伯克尔，促成与叙利亚的同盟。他供认了同谋人名、地点和会面日期。当他喋喋不休时，摄影机镜头中的萨达姆又开始抽起了雪茄，神情颇不耐烦。

萨达姆回到了讲台上。他先是解释了自己为得知犯人作案动机而做出的努力——"他们没说一句为自己辩护的话，只是承认了罪行"——然后以一句简短的声明作结："接下来我念到名字的人，重复一遍党员口号，然后离开大厅。"

同谋者的名字被念了出来；身穿大翻领制服的与会者随之站起身，很快便被全副武装的复兴党安保人员押出会议中心。萨达姆继续抽着雪茄，望着一个又一个人高呼复兴党口号，"承载永恒旨意的统一阿拉伯民族！统一！自由！社会主义！"其中一个名字被念到的人壮着胆子质问萨达姆公正何在。萨达姆淡定地打断了他，对在场听众重申了马什哈迪的供词，然后，他头一次在声音中显露出真正的威胁意味，说道："Itla,itla!"——"出去，出去！"

过了一段时间，当叛徒名单终于念完时，幸存的党员一跃而起——想想那是怎样如释重负的场面——惨声齐呼"萨达姆万岁！""真主保佑萨达姆免遭毒计！"有些人抽泣不已，令萨达姆也为之动容，他取来纸巾擦掉了一滴眼泪，另一只手仍旧紧握雪茄。日后因于 1988 年用毒气杀害库尔德人而获名"化学阿里"的阿里·哈桑·马吉德高呼了几句煽动人心的口号，表达对萨达姆的拥护。然后，萨达姆从讲台上走下，来到了党员中间，邀请他们加入即将集结完成的行刑队。

8 月 8 日，55 名被判处阴谋颠覆政权罪的复兴党人中，22 人在永恒大厅的庭院中被枪决。在记录这几场"民主死刑"的影片中，眼上蒙着黑布的犯人跪在地上，双手反绑在背后。行刑者将手枪（萨达姆亲自赠予每位行刑队成员的私人礼物）顶在犯人太阳穴上，然后开枪；犯人猝然倒地，鲜血浸湿了他周围的地面。有些行刑者比起同行来不够熟练利落，时不时还需要另一位专业人士上来了结犯人。就这样，萨达姆同父异母的兄弟巴尔赞·提克里提给阿德南·侯赛因·哈马丹尼补上了最后一枪，后者自 1973 年起就是总统办公室主任，这年 7 月才刚被任命为副总理。正当他倒在地上垂死蠕动挣扎时，他的妻子还正在巴黎与萨达姆的妻子萨吉达·侯赛因享受着购物旅行。[15]

永恒大厅的大清洗巩固了萨达姆对伊拉克的极权统治。在处刑的那一天，当阴谋破灭的消息被广播传遍全国时，巴格达已鲜有人不懂这样一个道理，那就是任何反对萨达姆的行为只有死路一条。

　　1980 年 9 月 23 日黎明，在巴格达市中心底格里斯河岸的曼苏尔酒店，年轻的荷兰记者阿诺特·凡·林登被同事从睡梦中叫醒。他急忙冲到阳台上，刚好目睹四架麦克唐纳·道格拉斯 F-4 鬼怪战斗机当面飞来，引擎的呼啸声与其下哀鸣的空袭警报和密集的防空炮火声响成一片。三架战斗机转向同一方向，一架转向另一边，投下炸弹后便返航了。[16]

　　清算完政敌的 14 个月后，正当巴格达主办"建筑遗产与新阿拉伯建筑"大会期间，萨达姆将伊拉克拖进了战争。萨达姆对伊朗的敌意可追溯至幼年时代。由于自幼无父（他的父亲据说失踪了），萨达姆被他的舅舅、前巴格达总督海拉拉·塔尔法抚养成人。塔尔法是一位民族主义军官，曾写过一本复兴党小册子，名为《真主本不应创造的三类造物：波斯人、犹太人与苍蝇》。在该书中，他将波斯人描述为"真主塑造成人形的禽兽"，犹太人则是"由尘土和各色人等的残羹剩饭混合而成的杂种"。[17]萨达姆对滥施暴力的热衷同样根源久远。小时候为防被人欺负，他总是随身携带一根铁棍。为了取乐，他常把铁棍烧到红热，然后去戳流浪狗的腹部或肛门。

　　在战争发生前的几个月里，两国就已发生过多次剑拔弩张的交锋了。该年 3 月，巴格达与在德黑兰新成立的阿亚图拉霍梅尼革命政权断绝外交关系。一个月后，萨达姆宣布驱逐什叶派"第五纵队"。9 月 17 日，他撕毁了 1975 年的《阿尔及尔协议》。该协议规定伊拉克与伊朗共享两国之间战略水道阿拉伯河的相关权利。前伊朗国王的流亡将军们对萨达姆进言，称他在三周之内便

能击败伊朗，于是借着伊朗霍梅尼政权动荡的时机，萨达姆草率
开战。这场战争将成为 20 世纪最旷日持久的常规战争，到战争结
束时，共有至少 100 万人死亡，其中一半是伊拉克人。两个世界
最富裕石油国家的经济均遭受了毁灭性打击。单就巴格达而言，
伊朗人的空袭为战争拉开了帷幕，在伊拉克人眼中，这场战争将
最终决定——并且荒废——接下来的整整十年。[18] 整座城市中没有
一个家庭得以幸免。

在已有的谎言之上，萨达姆政权又迅速用每日不断的谎言——
以及疯狂开动的宣传机器——来鼓吹战争。德黑兰声称其出动 140
架飞机，袭击了 15 个目标，仅有两架被击落，而伊拉克则自称击
落了伊朗 67 架飞机。[19] 正如"卡迪西亚·萨达姆"这个国家公认
的绰号所体现的那样，这是一场只为一人的战争。这个绰号暗指公
元 635 年的卡迪西亚战役，在那场战役中，一支规模较小的阿拉伯
军队击溃了波斯大军，并迫使其皈依伊斯兰教。

在最初两年中，巴格达所经历的战争大部分还只是遥远的传
闻。尽管战争影响了日常生活的一些方面——比如灯火管制与夜间
宵禁——但物资供应仍旧充足，物价也依然平稳。在短期之内，萨
达姆拥有充足的财政储备来防止国家陷入物资短缺的境地，因而不
需实行限量配给。为了加紧备战，国家提高了进口额：从 1978 年
的 42 亿美元提升至 1981 年的 205 亿美元。外国盟友也十分乐于帮
忙。由于不满以色列空袭由法国资助的坦穆兹核反应堆，自 1981
年 1 月起，在总统密特朗鼓动下，法国每月为巴格达提供两架幻影
F1 战斗机。[20]

萨达姆野心勃勃，决意让伊拉克成为世界舞台上更加重要的
角色。1979 年 12 月 17 日，他用令人瞠目结舌的手段实现着野心，

在伊拉克情报部门的指使下，一股伊朗叛乱者劫持了伊朗驻伦敦大使馆。[21] 同时，萨达姆为以色列的敌人提供庇护，准许巴勒斯坦恐怖分子与佣兵艾布·尼达尔在巴格达建立根据地，后者在这里策划了许多袭击，其中包括一次针对以色列驻伦敦大使施罗莫·阿尔戈夫的未遂刺杀行动。在巴格达东南邻近泰西封古城的萨尔曼·帕克，这位伊拉克领袖建立了他的第一家神经毒气工厂，提供协助的正是美国参议员杰西·赫尔姆斯所称的联邦德国"萨达姆外籍军团"以及其他公司。[22]

身穿卡其色制服的军人获得了优良的待遇。在战争中丧失亲人的家庭都会获得一辆汽车、一片免费的土地和一笔无息建房贷款，此举进一步促进了建筑业的繁荣。哈吉·穆罕默德·祖瓦特是一位60来岁的市场摊贩，嘴里镶着一颗闪亮的金牙，向记者讲述了那时如果不是大多数，也是许多巴格达人的生活状态："我们听说国家在和伊朗打仗，不过在这里我们还是过着自己的日子，不受战争影响。"[23]

事实上，巴格达如日方升。在石油收入的刺激下，萨达姆将公共支出从1980年的210亿美元提升至1982年的295亿美元。大量建筑工程投入运作，城市天际线上的塔吊起重机变得比宣礼塔还要密集，将这座中世纪古城改造成了一座现代化绿洲。包括卡尔赫区、海法大街和卡齐米耶区在内，巴格达中心商务区与居住区的六大区域——城市的扩张使一些曾经的郊区也成了主城区的一部分——都被重新规划建设，"巴格达在一夜之间变成了一座巨型建筑工地"。[24]到1982年，全城共有45座购物中心开业。狂热的建筑潮流——1座新机场、12座新桥梁、新的酒店、医院、公园、重新开发区、地标建筑、会展中心、道路、高速公路、绵延数百英里的新下水道和水管线路——是萨达姆为争取在巴格达主办 1982 年不结盟运动大会而做出的必不可少的努力。城市新貌的中心景观是坐落在底格里斯河东岸、耗资 8000 万美元、高达 21 层的谢拉敦酒店——如同伊拉克的许多其他事物（比如自行车、冰箱和杂志）那样，这座酒店被刻板地冠上了古美索不达米亚丰饶女神伊什塔尔的名号。

20 世纪 50 年代，巴格达的重新开发曾吸引来一批世界上最受瞩目的建筑大师，而如今，大量国际公司趋之若鹜，帮助萨达姆挥霍他的石油收益。先前瓦尔特·格罗庇乌斯的公司如今被吸纳进了建筑师合作所，为哈里发大街设计了一套总体蓝图，其中包括全新的建筑、两座广场、一座市民中心，大规模扩建哈里发清真寺以及修复老城区（有些人认为这些区域无比浪漫，也有人认为其残破不堪）。英国奥雅纳公司与西班牙的里卡多·波菲尔负责翻新生机勃勃的谢赫门区；加拿大的亚瑟·埃里克森事务所改造了巴格达东城区沿河而建的艾布·努瓦斯大街；文丘里与劳奇则设计了沿街店面与办公建筑，还主持了一场新巴格达国家清真寺的竞标活动。

尽管老城区、所有街区与城市天际线的变化时常令人难以适应，但其中至少也有一些事物毫发无损地留存了下来，令人颇感欣慰与怀念。深受巴格达人钟爱的红色双层巴士——在 1968 年的电影《售票员》中，其受欢迎程度便可见一斑，该片讲述了一位胖售票员的故事，在一辆拥挤不堪的双层巴士上展示了巴格达人的日常百态——仍在城市的新旧道路上来来往往，与 1954 年它们刚从英国进口时别无二致。

一些建筑师为城市大变样的计划陶醉不已，赞美这些规划体现了"对于巴格达历史和植根于历史的地域特色、气候及地理位置的明确认识"，还大胆预言这将是"又一场全球建筑运动的潜在源泉"。

东京《建筑》杂志更是不吝一整期的版面来讨论 1979 年至 1983 年的"新巴格达"。[25]

尽管如此，这种新审美并不适合所有人的品位。20 世纪 60 年代的巴格达"动荡不安，自相矛盾，破碎不堪，但充满着生机和人情味"，而萨达姆对城市的后现代风格改造则是"一种异化实践"，一栋栋方方正正的全新公寓楼拔地而起——比如在海法大街沿线——高耸着直冲天际线，几乎毫不珍惜巴格达的遗产，尤其是那些珍贵的传统马什拉比窗，其上装饰着精美复杂的花格网栏。[26]

国家宣传大肆鼓吹新的建筑形式，令人深感审美疲劳。但也有鹤立鸡群的范本存在。1983 年，萨达姆耗资 2500 万美元的舍希德纪念碑在巴格达东城区建成，这座壮观不凡的建筑位于卡西姆的革命城区（当时已更名为"萨达姆城"）以南。舍希德纪念碑由伊拉克艺术家伊斯玛仪·法塔赫·图尔克设计规划，为纪念伊拉克的战争烈士而建，是一座直径近 650 英尺的圆形平台，其上搭建着一座裂成两半的穹顶，高 130 英尺，呈引人注目的海蓝色。整座建筑位于一座人工湖上，其下建有一座地下博物馆。这座纪念碑由三菱公司依据奥雅纳公司（曾以设计悉尼歌剧院而著名）提出的确切标准承建，至今仍在巴格达东部占据了一大片土地，可谓一处引人驻足的景观。同年，萨达姆还开放了七月十四日大街的无名烈士陵墓，它位于卡拉达特·玛利亚姆区，这里是重兵把守的国家政权核心区域。雕塑家哈立德·拉哈尔意图表现一面正从死去的伊拉克士兵手中滑落的圆盾（diraa），但实际上这座建筑更像一个悬在半空的飞碟。正如伊拉克流亡知识分子卡南·马基亚（为了保护家人，他用了"萨米尔·哈利勒"的笔名）所写的那样，这是"一座庞大的媚俗作品"。[27] 这座纪念碑所在的人造丘陵之下是一座地下博物馆，向游客讲述萨达姆的生平故事，把他包装得犹如先知穆罕默德再世。

萨达姆在巴格达内外逐渐变得无人不知，无处不在。在伊拉克贫瘠的土地上，萨达姆的个人崇拜找到了肥沃的土壤。一份全国流传的族谱荒谬地将他与第四代哈里发阿里联系在了一起，因此他和先知穆罕默德也搭上了亲戚。这个显而易见的谎言异常厚颜无耻，简直令人毛骨悚然。30 英尺高的巨幅萨达姆画像挂满了全国各地的城市中心。广播听众每小时能够听到 30 到 50 次萨达姆的大名。到处都是萨达姆手表（他向尽忠职守的士兵赠送的礼物）、萨达姆笔记本、萨达姆钢笔和萨达姆 T 恤衫。*

萨达姆热衷于打扮，并扮出各种不同风格。他穿过正装、商务休闲装，扮过农民、部落人，也曾赶过西方时髦。照片中，他在战壕里身穿军装，在田野里与农民手持镰刀犁地，身穿全套盛装检阅军队，身穿剪裁合体的皮尔卡丹套装会见外国领导人，身穿全套库尔德民族服饰与库尔德人和解，身穿白色阿拉伯长袍拥抱他的阿拉伯同胞。[28] 在这段时间里，一个伤感的伊拉克笑话如是讲道：伊拉克总人口 2600 万，照片里的萨达姆就占了 1300 万。

当年伟大的阿拔斯王朝哈里发乐于沉湎在诗人的赞美之中，萨达姆也为御用文人狗屁不通的阿谀拍马沉醉不已，一门心思钻营的作家效仿他们的中世纪祖先，为求得奖赏而向萨达姆摇尾示好。在

---

* 萨达姆的荣誉头衔在整个 20 世纪 80 年代不断累积增加。他是共和国总统、内阁主席、军队总司令、革命指挥委员会主席、阿拉伯社会复兴党地方指挥部总书记、最高规划委员会主席、协作委员会主席、最高农业委员会主席、义务扫盲最高委员会主席、总元首、奋斗领袖、旗手、阿拉伯领袖、阿拉伯民族的骑士、民族解放英雄、慈父领袖以及英勇善战的骑士。

对伊朗的战争开始时，一位诗人将他比作：

> 伊拉克的芬芳，
> 伊拉克的椰枣，与两河的河港，
> 伊拉克的海岸与汪洋，
> 伊拉克的利剑，伊拉克的盾牌，
> 如雄鹰扬威天穹之上，
> 自从世上有了伊拉克，
> 你便是它的应许与期望。[29]

玛雅达·艾斯卡里是伟大的伊拉克爱国者贾法尔·帕夏·艾斯卡里的孙女，曾在萨达姆当权时短暂入狱，她回顾了1982年的另一首诗：

> 哦，萨达姆，我们的胜利，
> 哦，萨达姆，我们爱戴的人：
> 您将民族的黎明
> 托在眉心。
> 哦，萨达姆，只要有您，
> 一切都幸福美好。
> 真主！真主！我们快乐欢畅
> 因为萨达姆照亮了我们的日子。[30]

随着战争继续，经济状况逐渐恶化，人们已经难以从萨达姆的浮夸作势和宏伟建筑中获取慰藉。到1982年底，萨达姆主持不结盟运动大会的希望因战争而落空，大会主席由古巴领导人菲德尔·卡斯特罗接任，伊拉克国内的通货膨胀率飙升至50%。这年夏天早些时候，伊朗在战场上获得了一系列胜利，引发了巴格达、卡尔巴拉、巴士拉、希拉与纳西里耶的什叶派骚乱。

7月8日，萨达姆在杜贾尔险遭刺杀。杜贾尔是一座位于巴格达西北方35英里处的什叶派小镇，也是反政府的达瓦党根据地。这次刺杀未遂事件招致了不可避免的野蛮报复，800名男性、女性和孩童遭到逮捕扣押。其中许多人死于严刑拷打。148名被判处死刑的男性中，大多数遭到处决。为了执行这位当代帖木儿的命令，直升机飞行员向小镇投掷凝固汽油弹，推土机夷平房屋，摧毁农田和一片片椰枣林与果园。从这一刻起，萨达姆扯下了自己从前那个从容不迫的哈伦·拉希德式政府的假面。[31]

到1983年，巴格达与整个伊拉克陷入了严重的经济危机。伊拉克石油收入从1980年的261亿美元暴跌至1981年的104亿美元，又再度下滑至1983年的84亿美元。与此同时，进口额从1981年的205亿美元跌至两年后的117亿美元。外汇储备从战前的350亿美元萎缩至1983年底的30亿美元。建筑与改造工程被迫停止。石油丰富的伊拉克如今不得不屈辱地向海湾邻国乞求帮助。萨达姆号召伊拉克爱国人士为了高尚的目标而捐献黄金、珠宝与现金，这场运动共筹集了4亿美元。[32]（见怪不怪的是，慷慨的捐赠并不总能进入有需要的人手中。曾有一位富有的巴格达女士不情愿地捐出了一套奢华的黄金蓝宝石首饰，后来却看见萨达姆的第一任妻子、因贪得无厌和痴迷宝石而臭名昭著的萨吉达正佩戴着这套首饰招摇过市。）[33]

1981年，来访萨达姆办公室的贵客要途经几座宏大奢华的前厅和摆满诸如烟熏三文鱼、鱼子酱之类异国美餐的自助餐厅，而到了 1983 年，当战争遗孀们源源不断地前来面见"慈父领袖"时，他的府邸已尽显疲敝之态。伊拉克损失惨重，巴格达财政压力巨大，以至于沙特阿拉伯与科威特也出手负担了伊斯兰教传统的"血金"（diya），即赔付死难者亲属的补偿金。

　　曾经丰产的"新月沃地"如今已不适应人类工业化战争机器的需求，农业生产因而遭到重创。20 世纪 70 年代中期，伊拉克年均生产小麦 180 万吨。到 1982 年，这一数字跌至 96.5 万吨；两年后又跌至 30 万吨。据经济学家阿拔斯·阿尔纳斯拉维估计，1980 年至 1985 年间，伊拉克在与伊朗的战争中投入了 940 亿美元，损失了 555 亿美元石油收入。在这段时间里，两国的总支出达到了4160 亿美元。更直观来讲，两国到 20 世纪 80 年代中期为止，总石油收入只有 3640 亿美元。[34]

　　尽管在两伊战争中，巴格达从未成为前线战场，但战争依旧以各种途径影响着这座首都。从军事角度讲，巴格达诡异地成了萨达姆的战争行动指挥部，因为萨达姆完全无力也不情愿将指挥权下放给他的高级将领。萨达姆从未正式参军，尽管他在 1976 年曾为自己晋升了上将军衔，但他还是执意在巴格达总统府的地堡中指挥一切军事行动。令将军们极为懊丧气恼的是，下至排级的一切行动都必须请示巴格达方面的准许。不知疲倦的复兴党政委针对军官及士兵的检举报告也像雪片一般传向巴格达。巴格达人在收看电视时，总会不可避免地看到一系列引人厌恶的照片，这些照片展示着死去的伊朗士兵，其中许多都遭到了分尸。电视还不厌其烦地播放着身穿卡其色制服的部长与高级官员办公的场面，此前萨达姆曾命令复兴党领导层将制服染成橄榄绿色，以向战争期间越来越多的伤亡者致敬。

　　前线阵亡军人的葬礼在巴格达成了令人悲哀的日常景象。失声痛哭的女人们更是令葬礼过程揪心不已：随风飞扬的大幅黑色旗帜上写着士兵们的名字和他们的阵亡地点，还标着《古兰经》经文（"烈士不死"）以及萨达姆的战争宣传语（"烈士比我们所有人都更加慷慨"）；包裹着伊拉克国旗的棺材被死者的亲朋好友抬过街道。在战争的最初几天，国库还没有枯竭之前，"烈士"遗属可以获得 5000 伊拉克第纳尔（当时约值 1.55 万美元）的补偿金，以及一片土地和一辆汽车。一位巴格达风趣人物就依此将一首儿歌改编成了战争讽刺歌曲：

　　　　我爸爸要从前线回来了，

　　　　钉在棺材里回来了，

　　　　我妈妈就要嫁人了，

　　　　但我有丰田车开了。[35]

　　无论战争形势实际如何，巴格达广播电台都夜以继日地进行着广播轰炸。1984 年 2 月 28 日，播音员播报了一条电报信息，该电报是由以巴士拉为基地的第三军司令马希尔·阿卜杜勒·拉希德在当天早些时候拍发给萨达姆·侯赛因的："伟大的总统阁下，我们不胜荣幸地通知您，昨天深夜我们消灭了数千可恶的害虫巫士（对伊朗人的蔑称），挫败了他们的进攻。我们……将把残余的害虫丢去喂食荒野中的飞鸟和沼泽里的游鱼。"[36]

　　从 1985 年起，在萨达姆首先挑起愚蠢透顶的袭城战之后，巴格达终于遭受了战争直接带来的恐怖：萨达姆的决定使得伊拉克首都遭到一连串地对地导弹的轰炸，其中多数是苏制飞毛腿 B 型导弹。1986 年 9 月 12 日，一枚瞄准萨达姆秘密警察总部的导弹落点偏离目标数英里，导致 21 人死亡，81 人受伤。据阿亚图拉霍梅尼的说法，此次袭击给了萨达姆·侯赛因"一个大耳光"。这场战争如今已演化成了两个毫不在乎本国人民生命价值的领袖之间的私斗，[37] 正如亨利·基辛格那句著名的评论，"真遗憾，他们双方都输不起"。[38]11 月 26 日，国家报道 53 人死于一场导弹袭击后，数千巴格达民众在复兴党干部的带领下，抬着覆盖伊拉克国旗的棺材上街游行。[39] 次年 10 月 13 日，电视摄像机播报了一个令人心碎的场面，画面中一群受伤的教师正在被导弹击毁的学校废墟中扒开碎石，试图救出哭叫不止的孩子们，当 29 具血迹斑斑的孩童尸体——他们的年龄都不到十岁——被抬走时，父亲们为之哭泣不已。这是该年击中巴格达的第 16 枚飞毛腿导弹。[40] 一个月后，当阿拉伯峰会在安曼召开时，又有两枚伊朗导弹击中巴格达的人口密集区，造成大量伤亡。[41] 在这不可预料而又威力巨大的天降弹幕之下，"伊拉克人的士气出现裂痕"也就不足为怪了。[42]

到 20 世纪 80 年代后期，巴格达全城已罕有人未受战争影响了。大部分巴格达人都有一位兄弟、父亲、堂表兄弟或叔伯在前线战斗。"在那时，我记得我们参加了城里好几场葬礼，"巴格达饭馆老板穆罕默德·阿里如是说道，"整个街区的人都哭喊着'真主至大！真主至大！'——女人们也哭嚎着，因为那些年轻的烈士还没来得及结婚就死了。那段日子可真不好过。"[43] 持续将近十年的激烈战争过后，巴格达的街道上满目疮痍，望之引人恻然，"到处都是被烧伤脸的、锯掉腿的、截去胳膊的年轻人。绝望的人们心灵空虚，双目无神"。[44]

双方总要有所让步。战争双方已两败俱伤——经济也已告崩溃。最终，萨达姆用他典型的嘴脸宣告了战争的结束。1988 年 8 月 8 日深夜，伊拉克新闻社发布"总公报"，号召伊拉克民众庆祝针对伊朗的"伟大胜利"。通告一出，民众欣喜若狂，鸣枪放烟花通宵达旦。成千上万的男人、女人和孩童涌上街道，挤上汽车车顶和引擎盖，驶过巴格达的街道，他们击鼓欢歌，在"和平英雄萨达姆·侯赛因总统"和"巴格达群众向和平英雄致敬"的大旗下，挥舞着旗帜和手掌。鸣枪庆祝的枪火密集，甚至有许多人遭到误伤，来航的飞机也接到指示延后降落巴格达的时间，以防被流弹和高射炮火击中。[45] 日后看来可能颇为讽刺的是，萨达姆接受了科威特埃米尔贾比尔·艾哈迈德·萨巴赫谢赫的电话祝贺，然后在扎乌拉公园的大庆典广场庆祝了"胜利"。

恰在一年之后，萨达姆在这里开放了臭名昭著的"胜利拱门"（或称"双刀纪念碑"），并且亲自骑着一匹白色牝马穿过这两座拱门。胜利拱门先由伊拉克雕塑家哈立德·拉哈尔，后由穆罕默德·加尼在萨达姆本人的严密监督下设计完成，假如再高一些的话，这可谓复兴党的凯旋门。根据开幕庆典邀请辞的说法，这座建筑的意图在于"向全体伊拉克人民宣扬胜利的好消息"。组成该拱门的每把弯刀重达 24 吨，用伊拉克"烈士"的机枪和坦克熔铸而成，弯刀被重达 20 吨的前臂举在半空，那是萨达姆手臂的放大版铸像，由英国贝辛斯托克的莫里斯·辛格铸造厂制造。双刀在距离地面 130 英尺高处交叉，其造型仿自萨阿德·伊本·艾比·瓦加斯曾使用的战刀，他是卡迪西亚战役中的阿拉伯军主将；拱门底下放置着几个巨大的网兜，盛装着 2500 顶伊朗士兵的钢盔。[46]

巴格达又新建了一座庆典广场和一座"萨达姆赠礼博物馆"，

馆内展示着世界各国领导人赠予萨达姆的礼品：沙特弯刀、猎枪、手枪、卡地亚打火机和金笔、一柄芬兰手杖、古巴雪茄以及一颗盛在手工皮制天鹅绒内衬礼盒中的黄金手雷——该礼物由利比亚的卡扎菲上校赠送。新建的公共广场在巴格达市内为复兴党开辟出一大片场地，真可谓"纽伦堡与拉斯维加斯合二为一"。[47]

战争结束了。随着作战行动的终止，在接下来几周里，两国将各自的军队撤回了毫无变动的国境线之内，联合国维和部队也介入进来监视两国的停火进程。战争伤亡本已令人难以置信，而萨达姆于 1988 年秋季对伊拉克边境地区的库尔德人发起了一场残酷进攻，又增添了五万人的伤亡数字。[48] 无论巴格达人如何看待萨达姆为他们赢来的这场胜利，至少他们终于能够期待未来会更好。在荒废的十年结束后，和平重又回到了这座城市。

对于巴格达而言，与伊朗的战争在蔓延于社会各阶层的暴力浪潮中仅仅是一个方面。这场战争始终伴随着一个大背景，那就是萨达姆针对本国人民发起的一场无止境的内部扫荡。在伊拉克北部山区，库尔德人面临着持续不断的迫害，比如在 1988 年秋季，恐怖的哈拉布贾毒气袭击造成多达 5000 人死亡。在伊拉克南部的湿地和宗教圣城，饱受压迫的什叶派民众也遭遇了同样凶残的迫害。阿亚图拉穆罕默德·巴基尔·哈卡姆出身于伊拉克最古老的教士家族之一，也是伊拉克伊斯兰抵抗运动最高革命委员会的创始人——该组织致力于推翻萨达姆政权。1983 年，由于他拒绝停止在伊朗发布反萨达姆广播，作为惩罚，萨达姆下令逮捕了他的 125 名近亲。阿亚图拉的家族中至少有 18 人遭到处决。[49]

在萨达姆政权这架精心校准用以控制、恐吓与屠杀的巨型机器中，巴格达一向居于引擎室的地位。这里坐落着萨达姆令人畏惧的四大安全机构总部及其各类下属部门，在它们的运作下，整个国家吞噬着自身：巴格达东城区的艾敏·安姆秘密警察局，曼苏尔区的对外情报局（Mukhabarat），位于卡拉达区、毗邻底格里斯河的军事情报局（Ishitikharat），还有最具权势的艾敏·哈斯，即高级官员特别安全组织。在主宰萨达姆治下伊拉克的无数安全与情报部门中，以上这些天罗地网只是其中的四个而已。

萨达姆的总统府建筑群位于底格里斯河西岸，占地六平方英里，坐落在艾布·努瓦斯大街东南侧的一块楔形区域中，被底格里斯河道环绕。这片区域密布着军事与安保设施，是一个戒备森严的禁区。该区域北面和西面邻近雅法路，东面和南面则与河相邻。其内圈是萨达姆的私人办公室、私人秘书办公室和审讯中心，由一支经过严密审查的特别安保小队守卫。在这个秘密中心之外，曼苏尔的圆形城市曾矗立的地方附近，坐落着总统府、部长办公楼群以及艾敏·哈斯总部。

巴格达总统府建筑群是一切零散线索的集中地。这里是一座交缠着揭发、背叛、复仇和抱怨的泥潭，此时贪婪与野心滋生，下一刻致命的惩罚便会降临。有罪或无辜在这里无关紧要，身在其中者插翅难逃。这里的体系应和着萨达姆独有的无情权欲，彻底亵渎了人类生命的神圣性。正如加拿大作家保罗·罗伯茨所评论的那样：

> 少数人必须为多数人的福利而被牺牲掉，为了实现这一点，最有效的途径是恐惧。正如没有人曾逃脱手持尖叉的恶魔和盛满滚烫硫黄的大瓮而从地狱重返人间那样，同样未曾有人从铁钩、电线和对外情报局为惩治同胞的罪恶而实施的怪诞拙

劣的"内科治疗"下幸存，从那隐秘的人间屠场回来。通过这种无穷无尽的恐怖裁判，他们维持着一个井然有序的社会。[50]

在巴格达，萨达姆的拷打者们从不缺乏想象力和对手头工作的热情。他们曾接受前东德和苏联情报及特勤部门顾问的专业训练，在刑讯技术方面能力精湛，会利用无数种匪夷所思的酷刑折磨他们的伊拉克同胞，其中许多刑讯被录制成一系列录像，收藏在"萨达姆特别对策室"中。

在其中一盘录像中，一个男人被绑在一张被螺丝钉固定在地板上的椅子里，乳头和生殖器上夹着硕大的鳄鱼夹。当电流接通时，他的身体随之颤抖抽动，双眼暴突，口吐白沫。然后，摄像机镜头拉近他扭曲的面容。他惨叫不止。有些人被拷打者用电锯或斧头截掉了手脚；有些人的嘴巴被大大地撬开，直到下巴脱臼；有些人的皮肤被铁钎打上烙印；有些人的鼻子被重锤砸碎；有些人的手指甲和脚指甲被拷打者用镊子生生扯出；还有人被反绑在老虎凳上上下猛拽，直到肩膀骨折为止。其中有一个体格精瘦的男人被赤身裸体地绑在煤气炉火圈上，然后炉灶开启，顿时把他烧得皮开肉绽。

一个男人站在墙边，脑袋被夹在两根木楔中间，木楔上钉着他的双耳。当他再也无力支撑，跌倒在地时，他的耳朵也随之被生生扯掉。犯人的牙齿被钻通。死难者的尸体被扔进牢房，在巴格达的酷暑下腐烂。为了加速分解，尸体上被喷洒了强酸。咆哮的猛犬——罗威纳犬和杜宾犬——被赶入牢房，撕咬那些已经因酷刑而虚弱不堪的犯人。细针被拷打者用来刺穿犯人的舌头，刺入犯人指甲下面的嫩肉。犯人的手脚被没入烧滚的热油。杀虫剂被拷打者喷入犯人的眼睛。犯人的双臂被捆在电热器上灼烫。女人在其丈夫眼前惨遭强奸。玻璃瓶被捅进男人的肛门。流着经血的女人被倒吊起来。电线被拷打者刺进犯人的皮肉。一个蒙着双眼的男人在一间空荡荡的刑房里蹒跚徘徊，同时一台大功率音响持续不断地播放着高频噪音，令他无法入睡。在一盘录像中，几个伊拉克犯人被拘束起来，在一间密不透风、室温飙升至 50 摄氏度的刑房里关押数周之久。父母们被迫眼睁睁看着自己的孩子在一间摆放着蜂巢的刑房里赤身裸体地来回乱跑，拼命试图摆脱蜂群的蜇刺。行刑者用电锯将一个男人的生殖器锯作两片。一个男人被铁棒打断了双臂，而另一个则被台钳的钢牙夹碎了脑袋——随着一阵颠簸，那人的头骨突然破碎，脑浆像牙膏一样从中挤了出来。[51] 在巴格达有关死亡与暴力的全部恐怖历史中，没有什么能比这更加邪恶病态。

在 20 世纪 80 年代两伊战争的愚行和悲剧结束后，如果巴格达人希望 20 世纪 90 年代能够带来些许宽慰的话，他们的幻想将被残忍地击个粉碎。1990 年 5 月 30 日，阿拉伯国家紧急峰会在巴格达召开，萨达姆在会上谴责科威特对伊拉克发动"经济战"，声称其用廉价石油抢占市场。在与伊朗长达八年的战争摧残下，伊拉克的经济陷入了危机。这场战争花费了伊拉克约 4530 亿美元，而在这段时间伊拉克的总石油收入仅有 1040 亿美元。通货膨胀疯狂恶化，外债在这个自从 20 世纪 50 年代以来早已清除债务负担的国家肆意飙升，失业率高涨不下，慷慨的国家福利津贴也难以为继。[52] 萨达姆的经济观点与约翰·梅纳德·凯恩斯和弗雷德里希·哈耶克大相径庭，他决定亲自出手进行干预。

1990 年 8 月 2 日，距离纪念所谓战胜伊朗的胜利拱门揭幕还不到一年，萨达姆便挥军南下，穿越国界线，入侵了狭小的科威特埃米尔国。两国之间的国界线被许多伊拉克人认为存在争议，他们认为科威特自古以来就应是伊拉克的一部分。由于科威特盛产石油，军事实力薄弱，且不愿轻易将伊拉克欠下的巨额战争债务一笔勾销，该国成了萨达姆垂涎的目标，他此前就已与科威特埃米尔贾比尔·艾哈迈德·萨巴赫谢赫进行了一番唇枪舌剑，声称后者通过过剩生产压低了石油价格。8 月 6 日，伊拉克军队控制了科威特全国（贾比尔谢赫及其政府在入侵后的几个小时内便逃去了沙特阿拉伯），联合国安理会通过 661 号决议对伊拉克施加制裁，这项惩罚性措施为伊拉克接下来的整整十年奠定了基调。

短时间内，对科威特的胜利为巴格达带来了意想不到的利好。这座城市突然之间便堆满了从科威特的商店掠夺而来的外国商品，其中许多还没来得及把价格签去掉。挪威三文鱼、鸡肝酱、最先进时髦的摄像机、昂贵的香水、全新的洗衣机纷纷涌入巴格达。萨达姆的妻子萨吉达撬走科威特宫殿和豪宅中的大理石地板，源源不断地用卡车运回巴格达。对于萨达姆精神错乱的长子乌代伊·侯赛因而言，通过倒卖掠夺来的科威特汽车，这场胜利为他带来了巨额不义之财。成千上万的巴格达人渴望能抢购到一辆凯迪拉克（4000 美元）、雪佛兰（5000 美元）或宝马（8000 美元），这些汽车囤积在萨达姆的女婿、领有四个部长职位的侯赛因·卡梅尔上将经营的大型汽车商行里，大量对外销售。到 9 月初，据信乌代伊已通过这些汽车商行聚敛了 1.25 亿美元。

在乌代伊的亲信圈子里，金钱与酒精的流动空前自由，使得他本就以荒淫而臭名昭著的巴格达私人聚会更加堕落不堪。在一次聚会中，乌代伊特地把卧室门打开，以便让宾客欣赏他一边捆绑奸淫女人，一边用他最爱的道具——一根黑色电缆抽打她们。被迫担任乌代伊替身的拉提夫·叶海亚就曾在此种聚会中被奉为上宾，"赤身裸体的女孩尖叫着与保镖们在地板上滚作一团。有一次，乌代伊让一个女孩跳上摆满各种羔羊肉热餐的餐桌。那女孩在烩饭上翻来滚去，将咖喱和各种酱汁涂在双乳上，然后让我们舔掉。有些人这样做了。"他回忆道。[53]

如果说针对科威特的战争在短期内为萨达姆的家族带来了极大财富和荒淫享受的话，那么对于巴格达及伊拉克全国来说则是一场不折不扣的灾难。萨达姆没有遵守联合国要求 1991 年 1 月 15 日之前从科威特撤军的最后通牒，又将自己拖入了另一场毁灭性战争之中。在美国率领下，从英国、法国、加拿大到埃及、叙利亚、科威特和沙特阿拉伯等 36 个国家组成联盟，纷纷响应，1991 年 1 月 17 日，一场大规模空军轰炸行动就此开始，联军发起了极为猛烈的进攻。

巴格达当夜遭到轰炸，夜空闪烁着红色、白色和黄色的光——仿佛一场展现着超现实美感的恐怖焰火表演。"我永远也不会忘记那第一波攻击，"商人朋友萨阿德如是回忆道，"凌晨 1 点 30 分的时候我正在看电视，突然之间，卡尔赫区那边发生了猛烈的爆炸。随着 F-117 隐形轰炸机飞过，爆炸一波接一波，一直持续到 5 点 30 分。真是太恐怖了。许多家庭蜷缩在被单底下抱在一块，母亲们拼命安抚着歇斯底里、大哭大闹的孩子。巴格达变成了一座鬼城，夜晚尤其如此。"[54]

共和国大桥被炸成了三截。阿扎米亚桥、烈士桥和七月十四日大桥也都遭到了轰炸。在黑暗的夜幕中，家家户户躲藏在地下室和防空掩体里，将反复不断播放宣传口号的巴格达广播电台切换成蒙特卡洛电台、BBC 广播电台和美国之声电台，与此同时，外面警报哀鸣，野狗惶恐呜咽，火箭弹、炸弹和巡航导弹雨点般落下，整座城市在爆炸声中动摇。房门被爆炸震开；窗户被震得粉碎，碎片乱飞。笼中的鸟儿被冲击波活活震死。伊拉克艺术家努哈·拉迪在巴格达遭到轰炸期间写下了一部扣人心弦的日记，据他记录，全城有成千上万的野生鸟类死于非命。幸存的鸟儿则被恐怖的噪音和震荡摧残得方向感错乱，疯狂地翻着筋斗，肚皮朝天乱飞。[55]

　　巴格达人又重新适应了古老的生活方式，自食其力地制作起面饼来，他们将未发酵的面团摊在铁丝网上擀平，然后放在古旧的煤油炉灶上烤制成饼。人们在盛着煤油的瓶子里塞上灯捻，并用椰枣泥封住瓶口，制成油灯，男男女女都紧握着这种冒烟的油灯照明。许多在巴格达城外有亲朋好友的居民把冰箱装进皮卡车后斗，向农村逃去，一边赶路一边吃掉解冻的食物。供电和供水都中断了，电话线路也被切断，汽油被限额配给。留在城内的家庭只得想办法尽快处理掉冰箱里堆积的羊肉、鸡肉、羔羊腿和大片牛肉，这些肉类正漂浮在发臭的死水中，渐渐腐烂变质。

　　巴格达人开始从底格里斯河取水，并在河里洗衣服。在白天，大街上汽车和公交车十分稀少。孩子们便借着这段相对安宁的时光抓紧时间玩耍，骑上自行车四处闲逛。政府的卡车时不时驶过街区，为绝望的民众分发麻袋装的面饼。萨达姆政府为误导敌军飞行员而焚烧轮胎，产生的缕缕黑色烟柱升起在城市的天际线上。生活在城市东部贾德里耶区的居民声称当地暗无天日：从轰炸巴格达的头几个小时起，熊熊燃烧的多拉炼油厂冒出的黑烟就彻底笼罩了天际。

　　这场被称为"第一次海湾战争"的冲突造成的损失是无法估量的。伊拉克国内大多数发电厂都被摧毁，装机容量损失92%。炼油厂遭到轰炸，产能暴跌80%。除此之外，石油化工厂，电信中心，

135 座电话网络，至少 100 座桥梁，难以计量的道路、高速公路和铁路，列车和各种铁路车辆，国家电台和电视广播站，混凝土工厂，面粉厂，以及从铝业和纺织到电缆加工和医用物资制造的一切工厂——全部在空袭中被夷为平地。[56] 过去 50 年中精心搭建的经济基础，在接连两次空袭之下被毁得一干二净。人均国内生产总值顿时暴跌。1980 年与伊朗开战前夕，伊拉克的人均国内生产总值为 1674 美元，到 1990 年，该数字萎缩至 926 美元，一年后更是跌落至 546 美元。[57]

2 月 28 日，地面行动开始仅四天后，美国总统 H.W. 布什声称科威特已告解放并宣布停火。到此时为止，尽管联军并未向巴格达进军，伊拉克大部分国土已沦为焦土。为了进行人道援助，联合国副秘书长、前芬兰总统马尔蒂·阿赫蒂萨里曾在 3 月 10 日至 17 日间到访伊拉克，他为战争破坏的规模深感震惊：

> 我们曾见过和读到过的东西，都没能让我们做好心理准备，面对这个国家如今遭遇的毁灭性打击。近来的冲突近乎彻底毁灭了这个到 1991 年 1 月为止已拥有较高城市化与机械化水平的社会。现如今，大部分现代生活必需品要么被摧毁了，要么变得匮乏稀少。在未来一段时间里，伊拉克将倒退回前工业时代，但它已经无力再依赖大量能源和技术应用重返后工业时代了。[58]

或者用美国国务卿詹姆斯·贝克更加简洁精准的评价（原话是一句战前威胁）来说，伊拉克"被炸回了石器时代"。[59]

　　1991 年 3 月，尽管反抗萨达姆的起义大多仅在南方什叶派地区和北方库尔德地区爆发——南方和北方除摩苏尔以外所有大城市都很快被叛军占领——巴格达也再一次成为全国危机的中心，政治活动随之密集起来。萨达姆政权动员起大批军队镇压起义，许多挺身反抗政权的勇士遭到了围剿、拷打和处决。在卡尔巴拉，死者家属因恐惧萨达姆政权狗急跳墙的报复屠杀而不敢上街收尸，只得任由猫狗啃食街头死尸充饥。许多被俘的叛军被押往雷德瓦尼耶（Redwaniya），一座位于巴格达市中心以西、邻近萨达姆国际机场的大型拘留营。据亲历者描述，人称"巴格达屠夫"的萨达姆·卡梅尔在那里负责监督大规模处决，有一次他曾在一座庭院中，坐在扶手椅里亲自肆意射杀什叶派和库尔德囚犯，长达数小时之久。这座监狱散发着呕吐物、尿液、粪便和腐肉的恶臭；犯人被处决后，尸体又被扔回监牢，直到恶臭连狱卒也无法忍受时，才会将尸体移走。据说从阿里·哈桑·马吉德开始，卡梅尔每杀一个人便会获得两万第纳尔的赏金。大约与此同时，萨达姆亲自处决了 30 名囚犯，在共和国宫附近被炸毁的"2000 计划"宫殿废墟中，他一个接一个地近距离射杀了他们，然后宣称"我感觉好多了"。[60] 起义期间的被害者人数不详，据某组织估计约在 2.5 万至 10 万人之间。双方都犯下了无数暴行。[61] 镇压起义只有一个最高目标：保障萨达姆作为伊拉克统治者存活下去。如果以这个目标为标准的话，萨达姆大获全胜。

　　即使在最好的时代，伊拉克也很难从毁灭性的海湾战争及其残酷后果中恢复。而在联合国的严密制裁下，恢复的可能性更是微乎其微。美国、英国和法国对萨达姆持续施压，在伊拉克北部和南部设立禁飞区，分别保护库尔德人和什叶派的安全。直到 2003 年的入侵战争为止，空袭轰炸持续了整个 20 世纪 90 年代。

在这十年里，孩童因营养不良而饿死的传闻开始在巴格达人中间流传。萨达姆谴责联合国的禁运措施，联合国也反唇相讥，对萨达姆加以谴责。无论时局是好是坏，萨达姆政权在维护自己的利益时从来不知收敛。在底格里斯河畔，身穿黑色罩袍的妇女像她们几个世纪前的祖先那样手持古旧的镰刀收割芦苇，而与此同时，奢华的迪斯科舞厅游艇——伴着呼啸的水上摩托艇——在河面巡行不息，烟火、舞娘、盛大的宴会和酒水齐全的酒吧应有尽有。严苛的制裁为巴格达带来了许多较少为人所知的悲剧性后果，其中之一就是它极大地改变了巴格达的面貌。几个世纪以来，棕榈林曾是巴格达及底格里斯河沿岸的著名特色，但随着困于生计的巴格达家庭大量砍伐棕榈树当燃料，它们开始成片消失。这进而使得更多土地退化沙化，沙尘暴随之恶化。

除高级领导人及其亲信密友的小圈子外，物资匮乏在伊拉克全国成了常态：食物、药品、各种设备以及备用零件无一不缺。巴格达人早已在政治和精神上受尽了萨达姆政权的重压，如今又被迫忍受一场全面经济封锁。在发展中国家里，伊拉克几乎是唯一一个在短时间内遭受如此巨大制裁的国家，到制裁结束时，全国已变得"外债累累，内债沉重，基础设施残破不堪，经济萎缩孤立，人民贫困饥饿，收入分配极度不均"。[62] 通货膨胀飙升的日子里，街头小贩（通常是孩子）摆摊时总坐在一摞摞破烂的钞票旁边，这些钞票往往要用尺子来计量。1990 年时，1 美元值 6 第纳尔。到 1995 年，官方汇率为 1 美元值 600 第纳尔，但在黑市上，1 美元能够换得 3000 纳尔。一年后，一个医生的月工资就只够买 24 个鸡蛋了。

在这个骤然压迫而来的贫困局面中，萨达姆的宫殿修建计划却如火如荼地急速展开。四座新宫殿从底格里斯河沿岸倏然崛起，掩藏在 20 英尺高的白色混凝土高墙后，避开了公众的视线。其中一座外观类似西班牙庄园别墅，另一座仿佛缩水的航空交通控制塔，第三座的设计则基于 20 世纪 70 年代的科幻风格。据一份 1999 年的美国国务院研究报告估计，从第一次海湾战争起，萨达姆花费至少 20 亿美元，修建了将近 50 座宫殿。[63] 在作家卡南·马基亚看来，这些宫殿只是更多用来粉饰"美索不达米亚及伊斯兰传统文化复兴"而七拼八凑出来的粗劣模仿品罢了。独裁者的媚俗"极权统治"彻底抹杀了艺术，"很难想象，怎么可能会有人将万物最糟糕的糟粕如此成功地结合在一起"。[64]

20 世纪 90 年代，由于一位匹夫及其政权的愚行，和平之城被隔绝在世界之外，逐渐萎缩零落下去。

> 这座城市曾繁华富足，活力四射，充满雄心壮志，饱含希望，遍地迪斯科舞厅和宏伟的建筑计划，而今却变成了一座丑陋破败的第三世界贫民窟，在其以平方千米计的广大城区里，找不到一样事物可称得上美丽悦目……在这里，残破的表象与隐藏的残杀和恐怖相比也相形见绌。不仅仅这座城市本身经受着忽视与虐待；其居民的精神也遭受着一场极端残酷、或许无可挽救的践踏。20 多年来在伊拉克发生的一切日积月累，化作了一场精神上的大规模虐杀。[65]

上文的作者保罗·罗伯茨曾在第一次海湾战争前夜短暂地采访了萨达姆。当那位独裁者盯住他的双眼时，"我感到一阵颤栗，如同一柱冰凉的水银顺着脊柱冲了上来"。[66]

萨达姆统治下的伊拉克生活催发了一种全国性的精神分裂症。一位军方心理学家曾如是评价许多伊拉克人："我就好像拥有两重人格一样。在军官岗位上我会尽职尽责，但等回到家里，我就会偷偷说政府的坏话。所有伊拉克人都拥有双重甚至多重性格。在如此漫长的高压统治下，唯有这样才能生存下去。"[67]

一次无心之言，一辆突然出现在家门外的汽车，一阵敲门声，一声电话铃响，某个未曾听闻的官员的传唤，甚至仅仅一个无辜的眼神，都有可能会永远改变以及毁灭一个人的生活。就这样，通过渗透一切的恐惧，萨达姆政权无孔不入地掌控了巴格达。没有谁能独善其身，每个人都对此心知肚明。仅仅看错一眼，或许就会为某人招致末日。一度被囚的玛雅达·艾斯卡里讲述了这样一个恐怖的故事：曾有一对 14 岁的双胞胎兄弟在街上踢足球，恰巧一辆载着安全特务官员的汽车从旁经过。两个男孩仅仅多盯了一会儿汽车，便被掳走严刑拷打，最后遭到处决。他们伤心欲绝的父母磨破嘴皮地哀求，绞尽脑汁地打通关系，才被准许看一眼儿子的遗体。两个男孩的胸口布满了电烙铁留下的烫伤，从脖子到腹部被剖开，眼球也被挖出了眼眶。这对父母被告知他们还算幸运的：有许多人直接销声匿迹，从此再也没有人听说过他们的消息。[68]

然而到 1996 年 2 月，曾领导伊拉克武器开发项目的侯赛因·卡梅尔及其兄弟、萨达姆的女婿萨达姆·卡梅尔被杀的消息传播开来时，就连巴格达人也为之战栗。一年前他们两人曾叛逃安曼，之后又被劝诱回巴格达并遭到杀害。政权的信息十分明确：我们有能力，并且有决心毁灭任何人。

在萨达姆与制裁制度的双重摧残下，苦难四处蔓延。在卫生部的宣传画上，萨达姆怀抱着生病的孩童，与此同时，巴格达的年幼男孩和女孩正数以万计地死去。维瓦妇产科医院在 20 世纪 70 年代曾是人工授精技术的领头羊，因此享誉整个中东，如今却衰退成了一座恶臭熏天的建筑，医院里每两个新生儿只能共用一个恒温箱，能够为病患提供的治疗用品几乎仅有氧气。结核病、伤寒、疟疾和霍乱曾是上一个时代的标志，如今又卷土重来，在伊拉克各医院臭烘烘的病房内肆虐。产妇在生产时因轻微感染而死去；医生们被迫重复使用外科手套和未消毒的针头。

在城市最贫困的区域，比如萨达姆城，面容枯槁的孩童在大街上随处可见，这些年仅 11 岁的孩子每天要作为送货员或小摊贩在污水成灾的街道上工作 12 小时之久，日收入却仅有不到一美元。他们的早餐只有剩米饭和豆子，晚餐则是一小块面饼和一点点油。根据争议颇多——而且腐败严重——的联合国石油换食品计划规定，伊拉克获准每六个月出售 20 亿美元的石油来换取食品和药品，全国分配的食品包括面粉、大米、糖、茶叶、鹰嘴豆、豆类、盐、食用油和两岁以下儿童的婴儿食品，其中并没有畜肉、鱼肉、禽肉、水果和蔬菜。[69]

定量供给不足以维持人民的生存。有一些母亲严重营养不良，以致无法分泌母乳。[70]联合国儿童基金会的数据显示，婴儿死亡率从 1991 年的 61‰ 翻了一番，达到了 1997 年的 117‰，该数据大体基于伊拉克政府的统计数据。死于呼吸道感染、营养不良和腹泻疾病的五岁以下儿童数量从 1991 年的平均每月 500 人增长至 1996 年的平均每月 8000 人。据联合国估计，三分之一的伊拉克儿童营养不良，伊拉克这个富油国衰退到了堪与撒哈拉以南非洲相比的境地。[71]联合国儿童基金会估计约有 50 万名五岁以下儿童无谓地死于禁运所导致的恶果，这一数字后来被用于国际运动者用以抵制制裁的宣传口号。[72]

学校与大学缺乏书本、纸张和铅笔。学生们不得不在收据、账单和零碎纸片的背面记笔记。有些大学生因为父母交不起学费，只好隔年交替半工半读。

巴格达的中产居民落到乞食求生的地步。拥有博士学位的伊拉克人被迫开出租车维持生计，而未受教育的走私者或"禁运猫子"，却靠非法营生飞黄腾达，开着顶级的奔驰、宝马豪车在巴格达畅行无阻。在巴格达文化人的故乡穆太奈比大街，书摊贩子们叫卖着精美的阿拉伯文与英文古旧大部头书籍。这些书籍曾经的主人抛售它们，只为能买到给孩子治病的药品。巴格达的大部分影院都被迫关闭了，因为胶片和放映电影所需的化学制品遭到了联合国的禁运。对外界的深刻憎恨成了巴格达人的常态。

20 世纪 90 年代到访萨达姆国际机场的外国旅客总能看到一幅巨幅壁画，这幅壁画以萨达姆政权的口吻讲述伊拉克的伟大历史，下面题着几个大字："欢迎来到伊拉克：文明的摇篮。"画面上首先是尼布甲尼撒检阅穿过巴比伦城的得胜之师，士兵们一边牵着身戴枷锁的犹太囚徒，一边举剑向其致敬。接下来是曼苏尔哈里发，他检阅着另一支军队和更多俘虏。最后是萨达姆，他被画在一群被刻意丑化的俘虏旁边，这些俘虏有的身穿邋遢不整的制服，有的穿着阿亚图拉的黑色长袍。

当巴格达精神病院中那些精力尚存的病人向外宾歌唱着"我们热爱萨达姆·侯赛因，歌颂他的名字是我们的荣耀"时，每个月里都有 15 名更虚弱的病人死去。贫乏的汤类、小扁豆、米饭和茶叶供给只够满足病人三分之一的营养需求。结核病、腹泻和阿米巴痢疾是这所病院里最致命的疾病。1996 年，1340 名病人中有四分之一是因家里没有足够食物养活他们而被家人送来的。由于缺乏药品和其他物资，这座精神病院里最常见的治疗方法是电击疗法。[73]

生存成了每个人的当务之急。如果说击败萨达姆的杀戮机器需要付出极精密的细心谋划和一定程度的好运的话，那么克服其带来的、尤其对于年轻人危害深重的极端贫困、营养不良和疾病，则需要极其坚韧的耐心。为了谋生，家家户户典当着银器、瓷器、珠宝，或其他任何值钱的财物。数年之后，紧随 2003 年入侵战争而到来的许多美国和英国购物者将会在拉希德酒店的精美时装店发现，萨达姆主题编织品中间掩藏着那些一度富有、如今陷入困窘的巴格达人被迫放弃的奢侈品：都彭与登喜路的打火机、卡地亚手表、昆庭镀银托盘、万宝龙钢笔和伊斯法罕产的精致雕花古董银香烟盒，还有萨达姆在两伊战争期间赠送给空军飞行员的百年灵手表。

盗匪猖獗起来。在 20 世纪 90 年代初，汽油、啤酒、香烟和枝形吊灯是黑帮首选的猎物。在这座城市里，流言是生活中不可缺少的一环——萨达姆政权空洞无物而又无处不在的政治宣传体系导致了如此恶果——有关最近发生的盗窃大案的消息总会迅速传遍巴格达全城。在其中一个故事里，一位出租车司机将一副收殓着阵亡士兵的棺材捆在车顶，从前线开车返回家乡；为了寻找那位士兵的父母，他把车停在一栋房前下车问路，回来时却发现汽车连带着棺材已经不翼而飞。（而在车主自己家门口停放一夜的汽车，第二天早上也会被人发现架在四摞砖头上，车轮早已被卸走了。）有些时候，人们全无尊严可言。对于黑帮来说，神圣的宗教活动有时仅仅是偷盗的天赐良机。在葬礼上，原本用于捐赠给死者亲属的食物也被偷走。据一位曾于 1995 年参加过一次葬礼的妇女回忆，当时人们刚刚宰完羊，一半的羊肉就连同好几麻袋面粉和糖被人顺走了。[74]

养狗是预防盗贼的妙策之一。盗窃警报器遭到了冷落，因为并没有足够的备用零件以供维护。巴格达人又一次展现出他们兼具创造力和好斗性格的独特魅力，驯养出了一种格外凶猛的"野狗"，这种狗混合了部分德国牧羊犬的血统和部分贝都因牧羊犬血统，除非最丧心病狂的盗贼，没人能与其作对。

2002 年，巴格达最受欢迎的戏剧是《爱如明月》，这部超现实主义的时空穿越题材喜剧由伊拉克戏剧界鼎鼎有名的演员兼导演海达尔·莫纳瑟出品。它讲述了一位名叫法拉吉的年轻人到访巴格达博物馆，却被意外抛到了 1917 年——英军入侵前夕的奥斯曼帝国时代。他与美丽的少女卡玛尔相爱，却发现她已经被选去充填苏丹的后宫。接下来的一段情节十分伤感失落。但希望并未全然消失，在一系列弄巧成拙的波折过后，多情的法拉吉终于成功带着卡玛尔逃回了现代巴格达。

这部戏剧颇能逗人开心，票价也多少还算平易近人（门票价格为 2000 第纳尔，约 1 美元），在长达 11 年的制裁过后，让巴格达人得以逃避残酷的现实，获得一刻的轻松。这段时期，巴格达的其他公共娱乐活动已寥寥无几，然而建于 20 世纪 70 年代、拥有宽敞大理石前厅的国家剧院仍旧坚持演出，彰显着渐已消亡的旧日辉煌。

作为阿拉伯世界最古老的古典交响乐团之一，巴格达爱乐交响乐团艰难地维持着经营，乐团成员被迫用琴弦磨损的小提琴和簧片破裂的双簧管演奏音乐，他们的薪水从每月 300 美元削减到了 3 美元。2002 年，乐团创作了交响乐《致联合国》，这篇愤怒的乐章中充斥着震耳欲聋的铙钹声和鼓声，与更加哀伤的《巴格达的心跳》

形成了一种富有戏剧性的对位。联合国的制裁打击了每一个人。乐团指挥家艾敏·伊齐特就在这段时期痛失自己的妻子，他家中年久失修的煤气炉由于缺乏保养和备用零件而发生爆炸，他的妻子因此不幸身亡。

《爱如明月》表达了反帝国主义的尖锐讽刺，同时也暗中传达了一种犹如荒唐马戏团的笼中困兽一般的情感，这两个主题并不难分辨出来，正如剧中一个角色所高喊的那样，"先是土耳其人，然后是英国人，现在又是美国人！"[75]

自从 2001 年"9·11"纽约双子塔袭击事件发生的那一刻起，萨达姆那张留着大胡子的脸庞便成了美国总统乔治·W.布什的首选标靶，后者是 1991 年入侵伊拉克的那位布什总统的儿子——但老布什总统并不乐意进军巴格达促成"政权交替"。对于许多人来说，第一次海湾战争是一项未完成的任务，石油的暴利与诱惑仍旧令他们蠢蠢欲动。战争鼓吹者称世界各国均无法容忍萨达姆拥有大规模杀伤性武器。英国首相托尼·布莱尔的政府声称巴格达方面在"45分钟之内"便能威胁到英国。在许多煽动挑起纷争的耸人听闻的言论之中，这还仅仅是其中一例。

正当巴格达山雨欲来时，2002 年 10 月 15 日，伊拉克人纷纷前往投票站为萨达姆投票，这次为表决忠心而发起的公投意在将萨达姆的总统任期再延长七年。官方公投结果是 100%，比 1995 年的99.6% 略有增长，同时投票率为 99%。[76]

2003 年 1 月 25 日，三辆黑色双层巴士车身上写着"50 万死去的伊拉克儿童'值得'这场战争——真相、正义、和平"，从伦敦出发开往巴格达。"伊拉克人盾运动"是一场旨在阻止美国领导的联军轰炸特定目标的反战运动。根据其发起人之一斯蒂芬·希曼诺维茨的说法，三周后，也就是 2 月 16 日，当活动者到达巴格达时，他们受到了"热烈欢迎"。尽管如此，当理想主义者面对复兴党政权，总要有一方压过另一方。许多"人盾"来自不同国家，比如美国、英国、比利时、德国、南非、新西兰和澳大利亚，这些人在与萨达姆政权紧密合作时"深感不安"。"还有些人更乐意被部署在学校、医院和孤儿院"，以便尽快离开伊拉克。经过两周的"激烈争论"后，活动者们接到了最后通牒："要么开始行动，要么赶快走人。"[77] 萨达姆的顾问，友谊、和平与统一组织主席阿卜杜勒·拉扎克·哈希米博士驱逐了其中更加独立有主见的那些人。500 名前往伊拉克的"人盾"中——"其中有许多人脸上穿环，头上留着脏辫"——只有 80 人真正行动起来，前去保护了水处理工厂、发电站、粮仓和其他民用基础设施。[78]

　　甩掉麻烦的"人盾"之后，政府继续进行着备战工作，他们在多拉炼油厂周围挖掘了巨大的壕沟，并在其中灌满石油，随时准备点燃以制造浓烟遮蔽美军飞行员视野。复兴党领导人巡行全城，监督着更多的壕沟挖掘与沙包掩体搭建工作。而巴格达平民则在家中囤积紧急备用食品和瓶装水，在自家花园里挖掘水井，在窗户上贴上宽胶布，购买 250 第纳尔的防尘口罩以防吸入石油壕沟燃烧产生的烟雾。由伊拉克国防部官方出品的每周电视节目《国家卫士》（*Humat al Watan*）开始改为每夜播放，号召人民抵抗西方列强。外国记者配备着防弹背心、头盔、卫星电话和生化防护衣，携带着一箱箱 MRE（meals ready to eat，即单兵即食口粮，美军也配有此种口粮），在拉希德酒店抢订房间。加油站前排出的长龙与日俱长。3 月 6 日，萨达姆政权的《伊拉克日报》向科林·鲍威尔与唐纳德·拉姆斯菲尔德发出一条警告，其中提及近一个世纪前英军入侵伊拉克的历史事件："我们为你们准备了一座精致舒适的坟墓，就在你们的前辈 * 斯坦利·莫德身边。"[79]

在巴格达漫长而苦难频发的历史中，这座城市饱经围城与封锁之苦；它曾遭受进攻，被水淹，被焚烧，也曾惨遭轰炸。而对那些惯于在萨达姆政权的统治下挣扎求生的巴格达人来说，围城很大程度上也是一种生活常态。当战争的鼓点愈发紧促，沙尘暴随之而至席卷城市时，巴格达再次厉兵秣马，准备应对即将到来的猛攻。美国人称之为"震慑战"（Shock and Awe），该军事理论于 1996 年由美国国防大学提出，旨在利用绝对强势的实力与极其震撼的威慑力彻底摧毁敌方士气，迅速赢得胜利。[80]

对巴格达的轰炸开始于 3 月 20 日清晨 5 点 33 分，此前一天，两伊战争的最后 500 名战俘刚刚完成交接。这段时间里，萨拉姆·派克斯在巴格达写下了《莱德在哪里》，这是一篇勇敢、率直且颇为动人的网络日记，他因此逐渐蜚声海外，成为当时世界上最著名的博主。一旦安全特务查到他的真实身份，他随时都可能"变成一摊番茄酱"。[81] 对巴格达第一波轰炸的两天后，他写道："整座城市似乎都燃烧起来了。我所能思考的只有：'为什么这一切要发生在巴格达？'当一座我所钟爱的建筑随着巨大的爆炸倒塌时，我几乎痛哭流涕。"[82] 后来萨拉姆·派克斯的身份揭晓，使用这个网名的是一位 29 岁的同性恋建筑师萨拉姆·阿卜杜勒·穆尼姆。

---

* 原文为"inferior"，意为"低劣的，下属的"，可能是"前辈"（predecessor）的误写。——译者

他凭借坚定的信念、尖锐的幽默感和不动声色的清晰文笔，写下了一篇细致入微的报告文学作品，被誉为"伊拉克战争中的安妮·弗兰克"。"首先我要告诉你，"他于 5 月写道，"战争实在是太糟糕了。千万别被人骗去参加这场以你自由的名义而发动的战争。总之，当炸弹从天而降的时候，或者当你听见街道尽头传来机枪声的时候，你就不会再认为自己'即将被解放'了。"[83]

除炸弹外，联军的飞机还在巴格达上空遍撒传单，警告伊拉克军队："我们洞察一切。休想使用核武器、生物武器和化学武器。"另一些传单也接踵而至："当你们的家人挣扎求生时，他生活在纸醉金迷中。"在这份传单上，萨达姆坐在一尊宝座里，与一个怀抱哭泣婴儿的母亲并列在一起。还有的写道："全体特别共和国卫队注意了！联军是前来推翻萨达姆及其政权的。你们不该与他们遭受同样的命运。"[84]

正当战争如火如荼时，头戴黑色贝雷帽的伊拉克情报部长穆罕默德·赛义德·萨哈夫更为局势增添了黑色幽默色彩，他满口不顾常理且花样百出的狂言，为他赢得了"滑稽阿里"和"巴格达鲍勃"的诨名。4 月 4 日，当美军在一番激战后夺取萨达姆国际机场时——该机场很快便更名为"巴格达国际机场"——萨哈夫预测伊拉克军将对这群"恶棍""佣兵"和"禽兽"施以一场"奠边府式大屠杀"。与此同时，当炮兵蹂躏巴格达城区外围时，数千巴格达人踏上公路向西逃去。全城电力中断。

三天后，萨哈夫站在底格里斯河东岸，在全世界各媒体的电视摄影机前断然否认美军已进入巴格达市区。"那群异教徒在巴格达的大门前成百上千地来送死，"他感情充沛，犹如戏剧，"我们会让他们死得更快些。"然后他继续说道："放心吧，巴格达十分安全，

非常安全。巴格达是伟大的。"正在他说话的当口，河对岸美军 M1
艾布拉姆斯坦克的身影已依稀可见。这段时间里，巴格达的最高发
言人受到了全世界的追捧——就连美国总统布什也为他着迷——
一个网站应运而生，专门收集他的那些离奇言论："在巴格达绝
不会有美国异教徒！绝不会有！""一如往常，我的预感告诉我，
我们将把他们杀个精光。""我们的初步评价是，他们将会全部死
光。"在他接受外国记者采访时发表的最后几句评论中，其中一句
迅速在美国的 T 恤衫和咖啡杯上流行起来："我要告诉你，你脱离
现实太远了。"[85]

　　4 月 9 日，短暂而混乱的守城战结束后，巴格达沦陷。在巴格
达东部的费尔杜斯广场上，美国海军陆战队第一远征军的士兵们与
伊拉克平民合力推倒了可恨的独裁者雕像。萨达姆雕像倒塌的照片
成为这场战争的标志之一。萨达姆的统治结束了。"大胡子的好日
子到头了。"随着好消息传遍全城，巴格达市民纷纷狂欢庆祝。"来
吧，看呀，自由了！"巴格达人欢呼起来，他们一边撕下萨达姆画
像，砸毁萨达姆肖像，拿鞋子抽打它们，把它们扔在地上践踏，一
边咒骂他是罪犯、叛徒和不信者。[86] 群众鼓掌欢庆，热烈迎接美军
士兵和外国记者，在这条大街上，士气崩溃的萨达姆军队早已胡乱
丢下军服，脱下军靴，各自逃命去了。

　　从极权统治到无法无天的转变恍若一瞬。在伊拉克人—— 以
及全世界——惊恐的目睹下，巴格达劫掠横行。大群暴徒涌进政
府大楼，粗暴地拆下空调机、电脑、吊扇、窗帘、冰箱、衣帽架
以及桌椅，有的堆进皮卡车后斗，有的小心翼翼地堆放在汽车车
顶，还有的用手推车运走。有人拦路劫持警车或摩托车，一边狂
飙而去，一边狂喜地胡乱鸣笛。伊拉克奥委会总部曾是令人唾弃

的乌代伊·侯赛因的产业之一，如今被劫掠一空又付之一炬。他的纯血名马也很快被人从附近的马厩中盗走。巴勒斯坦大街曾深受萨达姆政权偏爱，这条大街上经常上演歌颂萨达姆的舞台表演，在那里，成群的暴徒肆无忌惮地掠夺了商务部的一座仓库。"这就是我们的和平红利。"一位巴格达人如是说。[87] 许多人为此震愕不已。"眼睁睁看着自己的城市在眼前毁灭，这种痛苦令我无以言表，" 4 月 10 日，Salam Pax 在博客上写道，"这是一种酸楚（抑或苦涩？）。这种感觉会使你心如刀割，然后你会失去一切希望，最后把自己亲手毁掉。"[88]

劫掠政府财产的行为罪孽颇重，然而，与接下来发生的事情相比，它不过是巴格达陷落的一个小小注脚而已。

在巴格达的一个晴朗早晨，我如约拜访了伊拉克国家博物馆（至今依然对外关闭）馆长唐尼·乔治博士。在萨希里耶区，卡希拉路和纳西尔大街交界处的一片 11 英亩的土地上，发生了一场远比战争更为巨大的灾难。2003 年 4 月 8 日，当两军开始在博物馆门前交火时，工作人员四散奔逃。萨达姆的部队进入博物馆院落，狙击手在博物馆的门廊中就位，瞄准了美军部队。交战中，一辆美军坦克直接冲破博物馆临街的一面，闯了进去。4 月 12 日，当第一批工人返回博物馆开始工作时，许多世界上最珍贵的无价之宝、最古老文明的遗物都已遭到劫掠。初步报告称有 17 万件文物被盗，其中包括最精美的馆藏：拥有 5000 年历史的乌鲁克圣瓶，这是一尊苏美尔艺术精品，被认为是世界上最古老的礼器；巴塞特基雕像，一尊公元前 2200 年左右的阿卡德人形铜雕像；两尊宁胡尔萨格铜牛，它们曾装饰了乌尔王于公元前 2475 年建造的神殿；尼姆鲁德的宝藏，613 件可追溯至公元前 9 世纪至公元前 8 世纪的黄金珠宝首饰和各类宝石；约公元前 2500 年的乌尔黄金竖琴，该文物被砸成碎片，其上的黄金被剥光；公元前 3100 年的乌鲁克面具，该文物或许是有史以来最古老的写实人面雕塑。在馆藏的 1.5 万件滚筒印章中，超过 5000 件惨遭劫掠。无价的文物被盗贼从墙壁上砍落，从底座上敲下，从砸碎的陈列柜中取走。最具毁灭性的打击之一是蓄意破坏和考古档案馆的部分毁坏。损失难以估量。博物馆管理人员向美军紧急求救，要求保护博物馆，但美军坦克直到 4 月 16 日才抵达。[89]

尽管美国国防部长唐纳德·拉姆斯菲尔德闪烁其词，用"自由本就不干净"和"事情就是发生了"之类说辞来搪塞巴格达的掠夺事件，全世界还是为之惊骇万分。[90]密歇根大学的近东学教授彼得·米恰洛夫斯基为此打了个比方："巴格达博物馆的劫掠是世界历史上绝无仅有的悲剧；这场灾难就好比乌菲兹美术馆、卢浮宫博物馆，或整个华盛顿特区的所有博物馆被一举夷平。"[91]伊拉克大英考古学院是格特鲁德·贝尔留下的另一处遗产，该学院的埃莉诺·罗伯森教授同样为之郁愤不平："你得回到 1258 年蒙古大军入侵巴格达的时代，才会发现规模能与此相比的掠夺。"[92]

在接下来的数周至数月间，美国和伊拉克政府归还、"重新发现"及抢救了许多珍宝。一些文物被从约旦、黎巴嫩、叙利亚、科威特、沙特阿拉伯和美国的市场上寻回。损失文物的最终数量要比开始预想的少很多。最初共有多达 1.5 万件文物被盗，据美国海军陆战队负责调查博物馆掠夺案的马修·博格达诺斯上校精心记录，一年后有 5000 件文物被归还博物馆，另有 5000 件有望归还。[93]尽管如此，劫掠造成的破坏与重大损失仍旧难以挽回。

　　乔治是一位身材发福、眼神悲伤的基督徒，他是一位著名的考古学者，于 1976 年进入博物馆工作。在悲剧发生的一年后，他仍旧对其感到深恶痛绝。"这是巴格达历史上最大的灾难之一，"他说道，"但这不仅仅是巴格达的灾难。我们丢失的每一件文物都是全人类的损失。这是对人类文明遗产犯下的罪恶。在这世界上，唯有伊拉克博物馆能让人追寻人类文明的起源——从艺术和农业到语言和技术，集于一身。没有任何博物馆能与之相比。在这里发生的事情简直令人无法可想。"说起巴比伦遗迹遭受的破坏，他激动得脸膛通红："这是人类最伟大的文明遗址，你不应该仅仅为了给坦克腾空间就把它挖个底朝天。"[94]

　　我们哀伤地并肩走过门窗紧锁的画廊和封闭的库房，几缕阳光透进黑暗，照亮了随着步伐飞扬而起的点点尘埃。古典时代的古老珍宝，以及自巴格达还是阿拔斯帝国中心的时代从伊斯兰世界精选而出的艺术珍品，都在这座城市最近的悲惨时代里遭到了掠夺。一对宏伟的亚述雕像在黑暗中闪烁着点点金光，那是豪尔萨巴德的萨尔贡宫殿出土的人首翼牛像，建于公元前 9 世纪，它们有如两位大胡子卫兵一般挺立着，对外界的混乱置若罔闻。眼见这两座历史珍宝依旧在这被遗忘的画廊里傲然耸立，乔治忽然感慨良多。"看看这些，"他一边说着，一边在一面拱状墙板前快步走来走去，墙面的釉砖泛着暗淡的绿色与褐色，其上满是花卉图案和几何装饰，以及动物画像，"这是人类所知最古老的画像砖，出土于公元前 9 世纪的萨尔马纳萨尔城堡。想象一下它们是怎么幸存至今的。"华丽夺目的神像、石造米哈拉布（清真寺内部的圣龛，用来为虔诚的祈祷者标示麦加的方向）、中楣和雕像隐藏在这阴暗的走廊里，被围困在成堆的石料、石膏、造型奇特的手推车、破碎的窗户和搭了一半的脚手架中间。文明的摇篮已四分五裂。

巴格达曾骄傲地自诩为世界最古老文明当之无愧的守护者，文化损失对这座城市而言无疑一场灭顶之灾。但在接下来的几年中，巴格达化作了人间屠场，成为世界上最危险的城市，与这段时间的生灵涂炭相比，即使再野蛮的掠夺和盗窃也相形见绌。乔治在2003年入侵战争之后的遭遇，正体现了战后撕裂巴格达——以及伊拉克全国——的宗派斗争悲剧。他是伊拉克东方亚述教会最著名的信徒之一，这个教会最早可追溯至巴比伦牧首的时代，据说由使徒圣托马斯建立。出于职业原因，乔治省去了自己的姓氏"尤汉纳"（Youkhanna）。据他所说，他平时会在巴格达的圣托马斯教堂礼拜，他的婚礼就曾在这里举行，但在最近一次恐怖袭击中，这座教堂遭到了严重破坏，如今已经因危险而难以进入了。"巴格达和摩苏尔的教堂时常被炸，基督徒开的卖酒和音乐的商店也经常被人袭击或纵火，我们还总是收到传单，要我们停止'腐化伊斯兰社会'。这就是身为一个基督徒在伊拉克所要承受的压力。"他说道。极端分子还威胁要杀死他。2006年，在收到一封威胁信后，他逃离了伊拉克，那封信谴责他儿子不敬伊斯兰教，随信还附带了一颗卡拉什尼科夫步枪子弹。

2003年5月1日，美军战争死亡人数达到138人，美国总统布什宣布伊拉克"任务完成"。该年年底，死亡人数又上升至486人。2011年底，美军完全撤出伊拉克。到2012年最后一例美军死亡获得确认时，最终死亡数字为4486人。[95]

自战争结束至美国撤军的这段时间里，巴格达仿佛一个超现实主义的反面乌托邦。整座城市被划分为两大部分，分别是占地六平

方千米、由前萨达姆政权核心地带组成的绿区，以及囊括除绿区外
所有地带的红区。自 2003 年 4 月起，绿区就是一个严加戒备的"小
美国"飞地，在这里，官员与承包商在保罗·布雷默的联盟临时管
理当局（CPA）"聚首商议"，他们坐在电脑屏幕前，努力把介绍"数
据""可交付成果"和进度"节奏"的 PowerPoint 幻灯片做得更好
看些。*在这片与外界隔离的小区域里，依照合同规定，许多员工
在工作期间禁止随意外出。他们生活在一层由不断增生的缩略词
包裹而成的茧壳之内，一边在 IRMO、PCO、ORHA、ICC、GRD、
LMCC 和 MNF-I 等诸多办公室间匆匆穿梭，一边躲避着 IDF，等到
工作间歇期间，他们会放下笔，去 DFAC 点一份培根芝士汉堡、一
碗芭斯罗缤冰激凌和一瓶佳得乐，之后或许会去 BCC 喝上几杯清
啤酒和威士忌。时不时会有一辆犀牛装甲巴士沿着爱尔兰大道——
世界上最危险的沥青马路——开往 BIAP，车上乘客个个诚心祈祷
不要遇上 VBIED、IED、RPG 或者 SAF。** 这是一片光怪陆离的舞
台，台上的演员更是千奇百怪。这里混杂着一锅不同文化的大杂
烩，其中有新保守主义者和空想家，来去匆匆的军官，身穿灰色 T
恤和黑色运动短裤、肩上斜挎 M4 步枪的士兵，留着寸头、身穿汗

---

*　保罗·布雷默是一位美国外交官和前商界人士，他于 2003 年就任 CPA
总管，从该年 5 月 11 日起至 2004 年 6 月 28 日权力移交给伊拉克临时政府
为止，担任伊拉克国家政府事实上的元首。

**　IDF：间接射击；IRMO：伊拉克重建管理办公室；PCO：规划与承包办
公室；ORHA：重建与人道援助办公室；ICC：伊拉克会议中心；GRD：（美
国陆军工兵部队）海湾师；LMCC：后勤活动控制中心；MNF-I：驻伊拉克
多国部队；DFAC：食堂；BCC：巴格达乡村俱乐部；BIAP：巴格达国际机场；
VBIED：车载简易爆炸装置（即汽车炸弹）；IED：简易爆炸装置（即路边
炸弹）；RPG：火箭助推榴弹；SAF：小型武器射击。

湿的飞行服的直升机飞行员，衣着体面、身穿牛津衫戴着墨镜的政治顾问，文着纹身、留着山羊胡、全身披挂511战术装备的安保承包商，满怀激情的性别问题顾问，法治与安全领域专家，部落问题分析师，巧舌如簧的IT系统经理，菲律宾来的洗衣店员工，来自得克萨斯州的拖拉机驾驶员，来自孟加拉国的餐饮服务员，头戴红帽的南非雇佣兵，美国工程师，中国饭馆老板和女按摩师，有时也有来自英国或澳大利亚、头戴蓝色贝雷帽的联合国维和部队士兵，采购与物流承包商，未来的"阿拉伯劳伦斯"，以战争牟利者，投机客和装腔作势者，浪漫主义者，梦想家和阴谋家。"我们要扫荡整片地区，一个接一个地根除所有独裁者。"一位美国安保承包商曾对我如是说，"他们将会学到什么叫民主和自由。"

有时也会有一个稀奇的伊拉克人出现——他可能是一位贵宾、翻译、政治顾问或园丁。但大体而言，这是一个将伊拉克人拒之门外的小天地。检查站周围围绕着铁丝网、17英尺高的防爆墙和填满沙子的艾斯科路障*，驻扎着全副武装的士兵和安保承包商。这里告示牌林立，警告过往司机："禁止进入，否则你将遭到射杀。"伊拉克人被禁止进入绿区——不久后，国际区，或"挨贼"（Eye Zee，即"国际区"，International Zone 的英文缩写"IZ"的谑称）也被禁入——除非他们为 CPA 工作或者之前就居住在这里。还记得我曾在拉希德酒店与一位伊拉克高官共进晚餐，这座酒店曾是萨达姆专为外国旅客准备的"捕虫陷阱"，就坐落在绿区边缘，俯瞰着革命公园。当晚十分扫兴，因为一位士兵无缘无故地将他按在

---

* 艾斯科（HESCO）是一种由金属网和厚重织物内衬组成的石笼，填入填充物后可以作为临时防洪堤或军用半永久工事使用。——译者

墙上粗暴搜身。"在我们自己的国家，他们把我们当成罪犯一样看待，"他气得发抖，"这就是'解放'。"

有那么一段时间，T. E. 劳伦斯的一句名言在办公室的墙面和书桌上流行起来——"不要亲自干涉太多。放手让阿拉伯人做到尚可，也比你替他们做到完美要好。这是他们的战争，你只是协助他们作战，而不是替他们赢得战争"——而与此同时，这里的工作人员所做的一切却与劳伦斯的教诲截然相反。[96] 几乎与这条名言同样著名的是一幅海报，其上一位微笑的美国大兵端着一杯茶，下面是一行大字："何不来一杯上好的'闭他妈的嘴茶'？"

布雷默主导下的 CPA 可谓荒诞离奇，其荒谬程度可比约瑟夫·海勒小说《第二十二条军规》中讲述的那个超现实黑暗故事。在这里，高级会议往往随政治风向而动。阿拉伯语言知识和中东地区的亲身经验与对共和党的忠诚相比不值一提。因此，布雷默的核心顾问圈毫无处理阿拉伯事务的经验，对阿拉伯语知识也一窍不通。一位年仅 24 岁、毫无金融背景的官员硬是被托付了振兴巴格达股市的重任。一位预备役军官受命为巴格达设计全新的交通规则，而他仅仅从互联网上下载了美国马里兰州的交通法规便应付了事。私人领域开发部门则由一位投资银行家和主要共和党献金者主宰，他是总统的哈佛大学校友，曾立誓在 30 天内将一切伊拉克国有企业私有化。"我才不管什么国际法，"他曾对一位同僚如是说，"我跟总统约好了，伊拉克产业私有化就得我来。"[97]

布雷默的政治远见似乎既没有受到适当的引导，也没有注意到周遭现实情况。大阿亚图拉阿里·西斯坦尼发布法特瓦教令，呼吁伊拉克新宪法应当由民选代表起草，但布雷默对此嗤之以鼻，把这位多数什叶派民众的精神领袖、伊拉克无可比拟的宗教权威看作"又一个头裹黑布的老东西"。在巴格达西城区，巴格达国际机场周围地带成了营房林立的美军"胜利营"军事基地，这里坐落着"自由营""突击者营"和"屠夫营"，也开设着必胜客、汉堡王、塔可钟、赛百味、桂香卷和生豆咖啡店。当被问到为何美军直升机要低空飞行，在夜间惊吓孩童时，美国军方发言人马克·金米特建议伊拉克人告诉他们的孩子，震耳欲聋的低飞直升机传播的是"自由之声"。[98]

曾经属于萨达姆的共和国宫花园里棕榈成林，凉亭成荫，在那里，年轻人穿着宽松的运动短裤，戴着欧克利太阳镜，文着纹身，炫耀着六块腹肌和强健的二头肌，在游泳池边晒日光浴。在耀眼的阳光和令人萎靡的酷热下，有些人一边啜饮着冰茶或冰镇啤酒，一边偷眼欣赏寥寥几位敢于在这个男权极盛、睾酮泛滥的国家身穿比基尼泳衣的美女。一旁的手提音响播放着震耳欲聋的嘻哈音乐。每隔几分钟便有几架黑鹰直升机轰鸣着从他们头顶飞过，要么正去往"华盛顿"，即宫殿旁的绿区着陆场，要么正从那里出发去往别处。每到傍晚，就会有一群人去中餐馆点上一份"左公鸡"或香辣面配冰镇啤酒作为晚餐，也总会有一群男性常客扭捏作态地上楼去享受按摩服务。

绿区之内的生活与外界相去甚远。2004 年 5 月，一个潮热的夜晚，一阵密集的枪响忽然传来，游泳池边饮酒作乐的 CPA 员工们以为叛乱者突袭了绿区，便惊慌失措地逃进宫殿的地下掩体避难。结果这原来是当地人鸣枪庆祝的声音。当天伊拉克足球队在一场关键赛事上以三比一击败沙特阿拉伯队，因此得以晋级奥运会。

2003 年的巴格达迎来了几个月的好日子，在这段时间里，愈来愈多的政党争先恐后地在巴格达建立了办事处：比如国家工程顾问部大楼的库尔德斯坦爱国联盟，曼苏尔区前对外情报局大楼的库尔德民主党，设在一座前征兵中心的伊拉克民族进步党和儿童公共图书馆的伊拉克达瓦党。在这段短暂的时间里，许多伊拉克人仍旧对驻巴格达美军持欢迎态度。之后，从 2003 年夏季开始，安全形势急转直下。

2003 年 8 月 19 日，巴格达运河酒店的联合国总部遭到自爆卡车袭击，造成 22 人死亡，其中包括魅力超群的联合国特派团团长、巴西人塞尔吉奥·维埃拉·德梅洛。伊拉克境内的基地组织认领了此次袭击，该组织由艾布·穆萨布·扎卡维领导，他是一位约旦裔武装分子，自称"两河国家基地组织埃米尔"。乌萨马·本·拉登于 20 世纪 80 年代建立的全球恐怖组织在伊拉克的支部很快便在 2003 年入侵战争结束后建立起一张作战网络，源源不断地提供着自杀式炸弹袭击者。2004 年艾布·格莱布监狱虐囚丑闻曝光后，蔓延巴格达和伊拉克全国的暴力更趋恶化。艾布·格莱布监狱曾是萨达姆政权最为恶名远扬的监狱之一，位于巴格达以西 20 公里处，美国宪兵以及其他政府特工就在这里虐待伊拉克囚犯。

相关照片形形色色：赤身裸体的伊拉克囚犯被堆作一坨，其后是狞笑的美军士兵、警卫牵着一条军犬恐吓囚犯；一个头被蒙住的伊拉克囚犯被迫在守卫面前手淫。除此之外还有许多虐囚事件发生。美军士兵在囚犯身上撒尿，向他们泼洒磷酸，像骑牲口一样骑在他们身上，用警棍或磷光灯鸡奸他们，用绳子捆住他们的双腿或者阴茎然后在地面上拖拽，给他们强喂他们禁食的肉类和灌酒，逼他们从监狱厕所里捞出食物。有一次，他们还活活打死了一名囚犯。在其中一张最为臭名昭著的照片里，一个被蒙住头的伊拉克囚犯站在箱子上，身上只披了一张破毛毯，双手连着电线。这张照片曝光后，全世界新闻媒体争相报道，美国招致了国际舆论的大肆谴责。[99]

巴格达化作了人间屠场。自杀汽车炸弹炸毁绿区检查站时震人心魄的巨响在巴格达的生活中愈发司空见惯，伊拉克政客，拥挤的市场，应聘警察或正进入政府部门的伊拉克人队伍，外国大使馆或人道主义机构办事处等，都时常遭遇袭击。有些时候，剧烈的爆炸会在清晨发生，威力大到足以把人从床上震下地。在那个时期，总有年轻人为了"圣战大业"不惜把自己炸得粉身碎骨，人弹几乎源源不断。一条条深黑色烟柱从最近发生爆炸的地点升上天空，是这座城市中的一大寻常景象。有时候我不禁会想，究竟什么样的人在如此令人头晕目眩、萎靡不已的酷热下还能冷静谋划暴力行径？更不用提亲身执行了。"巴格达的酷热就像混凝土一样朝你拍下来，"一位伊拉克朋友曾如是对我说，"想想看，这么热的天里你的脑袋会变成什么样。"

什叶派敢死队和逊尼派叛乱分子依照各自所属的宗教派别重新划分了这座城市。2003 年时，巴格达大部分市区混居着什叶派与逊尼派居民，其中一些街区什叶派居民占多数（比如更名为"萨德尔城"的前萨达姆城、卡齐米耶区和北方的舒拉区），另一些街区则是逊尼派居民占多数（比如北方的阿扎米亚区和胡利耶区，市中心的瓦沙什区、卡尔赫区和曼苏尔区，以及南方的赛义迪亚区）。2005 年，伊拉克巴德尔旅最高伊斯兰委员会掌控了内政部的大权，每天人们都会发现有尸体被丢弃在首都的街头和垃圾堆里。死者绝大多数是逊尼派，尸体上有相似的被拷打痕迹：皮肤上有香烟烫伤，手臂、双腿和头骨有被电钻钻出的洞眼，双眼都被齐齐挖出。其中有些人是被绞死的；而多数则是被从后脑勺用枪射杀。2006 年，公开内战在伊拉克爆发，巴格达则深陷宗派清洗的血腥泥潭。

正如在阿拔斯王朝的古老岁月中，艾敏与麦蒙兄弟掀起的那场残酷内战一般，底格里斯河中又一次漂满了男人、女人和孩童残缺不全的尸体。

什叶派敢死队在内政部长巴扬·贾布尔的暗中指挥下频频行动，令巴格达大部分地区惶惶不可终日。[100] 有一座秘密拘留中心被发现关押着 169 名憔悴不堪的囚犯，他们几乎全部是逊尼派，在这里遭受着严刑拷打。2006 年，萨马拉的什叶派圣所遭到炸弹袭击后，出身于显赫教士家族的穆克塔达·萨德尔也领导麾下的马赫迪军加入混战，巴格达的局势愈发趋向极端。曾经逊尼派居民占多数的城区，比如赛义迪亚区、胡利耶区和瓦沙什区都成了什叶派多数区。萨德尔城以北曾经两派混居的海伊·亚丁区、萨哈卜区和海伊·苏美尔区如今成了什叶派主导区。

曾经不可一世的萨达姆·侯赛因被捕后，于 2006 年 12 月 30 日被处决，这个日期是精心挑选用来羞辱伊拉克逊尼派的，因为他们会在这一天庆祝宰牲节。"在萨达姆临刑前，我跟他聊了几句，劝他在死前最后祷告一次。"时任国家安全顾问的穆瓦法克·鲁拜伊回忆道，他当时主持了这场死刑，"我拉下了操作杆，结果什么都没发生。于是我道了歉，他只好又祷告了一遍。然后我再次拉下操作杆，这次活门打开了，一切结束了。"[101] 一些人希望这一刻标志着走向和平的转折点。"富饶纯洁的国土终于永远摆脱了独裁者的肮脏暴政，伊拉克历史上的黑暗一页已被揭过，暴君已经死亡。"伊拉克总理努里·马利基如是说。然而这场死刑难以阻遏撕裂巴格达和伊拉克全国的暴力浪潮。2007 年，全城因暴力而死的平民数量每月在 300 人至 1200 人之间徘徊——而伊拉克全国每月的暴力死亡人数为 700 至 2700 人。[102]

在 2006 年的暴力高峰期，伊拉克国家博物馆馆长唐尼·乔治博士被极端主义分子逐出巴格达前不久，他还对这段血腥时代勉强抱有某种甚至有点乐观的历史观点。"有的时代就是这样，后来的时代又会平静下来。每个时代都会延续上百年，然后周而复始。"他如是说道，"公元前 2000 年，一位著名的苏美尔作家就描述过这里在那时的景象，他说人们烧杀抢掠，没人知道谁是国王。所以你看，这就是风水轮流转。"[*103]

2008 年，巴格达残酷无情的宗派战争终于落下帷幕，部分是因为 2007 年初的美军"大规模突袭"，部分是因为逊尼派觉醒运动民兵不再袭击联军，而改以叛乱分子为敌。巴格达的地图面貌发生了改变。阿扎米亚区成了底格里斯河东岸唯一的大型逊尼派街区，巴格达的多数逊尼派居民被划分到了一连串西部街区中：比如金迪区、哈德拉区、雅尔穆克区、加萨里亚区和埃米里耶区，以及南部边缘的多拉区和穆拉蒂耶区。历经几场大规模宗派清洗之后，巴格达成了一座割裂的首都，由什叶派主宰。[104] 此时的巴格达依旧是世界上最危险的城市之一，其暴力程度超乎想象。

对于巴格达基督徒而言，近年来的仇恨与偏狭以及时常发生的流血事件为他们带来了极大的苦难。极端分子射击和爆炸袭击教堂与人家，刺杀基督徒，还袭击卖酒的商店，这些商店大多是基督徒经营的——针对这个古老社群的暴力运动无比凶残，持续不断。到 2010 年，全城 40 万名基督徒中约有 30 万人逃离，其中大部分逃往国外。[105] 2010 年 10 月 31 日周日，在卡拉达区，一群身穿炸弹

---

* 2006 年，在因家人频频受到威胁而逃离伊拉克后，唐尼·乔治博士来到美国石溪大学任客座教授。2011 年他因心脏病突发去世，享年 60 岁。

背心的枪手穿过大街去往叙利亚天主教堂救赎圣母堂，在伊拉克证券交易所外杀害了两名武装安保人员。然后他们翻越安全墙进入教堂，对着圣母玛利亚肖像和十字架疯狂扫射，并从惊惶的教众中劫持了 100 多名人质，将他们称为"狗东西"和"异教徒"。长夜将尽时，伊拉克特种部队突入教堂，一个炸弹客引爆了背心，造成包括两名神父在内的 58 人死亡，78 人受伤。许多人的整个家庭就在此刻灰飞烟灭。与基地组织相关联的伊拉克伊斯兰国宣称对此次事件负责，还称这座教堂是一个"偶像崇拜者的肮脏巢穴"。这是自 2003 年以来巴格达基督徒所遭遇最惨重的灾难。据伊拉克伊斯兰国所言，基督徒无论在哪里都是"合法的攻击目标"。"那些说我们很安全的人，说我们在伊拉克过得平和的人，都是骗子。"被害神父的同僚道格拉斯·优素福·巴齐神父如是说，"但我们还是要留在这个国家，因为这里还有基督徒存在，而我们的任务尚未完成。"[106]

在本书写作的 2013 年，被称为"巴格达教区牧师"的英国国教会安德鲁·怀特教士管理着 4000 名教众。这些人中只有牧师是英国国教徒。教徒则来自伊拉克的所有基督教派——加色丁礼教会、亚述教会、东正教会、亚美尼亚教会以及其他教会——他们大多说阿拉米语或叙利亚语，使用最古老的基督教语言。据怀特教士估计，曾一度多达 150 万人的伊拉克基督教社区，如今骤减到了约 10 万人，其中大多数人都逃往库尔德地区避难。"我们这些留下来的基督徒惨遭欺凌、杀害和绑架。许多人为求活路逃离了伊拉克。自 2003 年以来，我自己的教区就有 400 名教众被杀害。大多数能出国的都逃走了。虽然我们的教众深为悲剧所困，但他们仍然心存快乐，因为据他们所说，如果你失去了一切，那么信仰就是你仅剩的财富。他们的信仰十分强大，足以让他们坚持着生活下去。"他说道。[107]

如果说巴格达的基督徒处境日渐险恶的话，那么犹太人社群可以说事实上已经销声匿迹了。这个比巴格达本身还要古老的社群在1948年便已有15万人分散在全国各地，在此之前不久这一数字还占1917年前后巴格达人口的40%，而如今只剩下了七八个人，甚至连敏尼安（minyan）都不够——敏尼安是犹太教法规定的参与公共宗教事务的最小人数。几个世纪以来，他们曾是巴格达商贸繁荣的助推者，在商业和银行业成就斐然，在音乐与艺术界的贡献也不遑多让。当犹太人富裕起来，巴格达也随之兴盛。然而，随着20世纪的到来，这座城市自我毁灭的幽灵又渐渐露出了原形。本已严酷的政治氛围愈加升温，和平共存似乎已变得不合时宜。在1941年的法胡德大屠杀之后，接下来半个世纪里发生的一切为巴格达犹太人带来了痛苦的致命一击。首先，迫害运动使犹太人自1951年至1952年大批逃往以色列。即使在此次阵痛之后，迫害依旧没有停歇，复兴党恶毒的反犹政策在1969年的公开绞刑和20世纪70年代连续不断的驱逐浪潮中达到高潮。在萨达姆政权的恐怖暴政下，针对犹太人的骚扰、恐吓、拷打和无故处决愈发增多，因此到21世纪初，巴格达一度强盛的犹太社群已经萎缩到既不够公开诵读托拉，也不足以为亡者念诵珈底什祷文了——何况在恐怖年代，这两种行为都有可能招来杀身之祸。[108]

逊尼派人口的地域边缘化反映了萨达姆倒台后伊拉克的全新政治现实。伊拉克什叶派自从曼苏尔哈里发时代起便被排除于政治之外，如今终于首次稳稳地坐上了权位。在2005年和2010年的国家大选中，什叶派的政治统治地位得到了巩固，占人口少数的逊尼派则不同寻常地——且有时难以令他们接受地——退居次要地位，变得极不受欢迎。

在 20 世纪 80 年代的两伊战争悲剧以及接踵而至的第一次海湾战争灾难后，在起义被镇压后，在联合国实施有史以来最严厉制裁的 4 年后，在萨达姆近 24 年的暴政后，伊拉克人渴望生活得到改善。他们被许诺了自由，但却陷入一片混沌，局面异常暴力动荡，以至于许多人都公开承认即使在萨达姆时代，生活也比如今要好。

对于降临巴格达的悲剧而言，各种数据仅够供人管中窥豹。自 2003 年 4 月伊拉克战争爆发至 2011 年末美国撤军的时间里，巴格达省共发生了约 1 万例至少有 1 名伊拉克平民死亡的事件，总死亡人数达到约 5.6 万人。同时期内，巴格达发生了 322 例自杀式袭击，其中有 67 例的死亡人数达到 20 人以上。在伊拉克全国，因暴力而死亡的平民总数超过 11.4 万人，而包括战斗人员在内的话，总暴力死亡人数约为 16.2 万人。[109] 一份 2013 年发布的新近报告显示，自 2003 年至 2011 年因战争死亡的伊拉克人总数大幅上升至约 50 万人。[110] 直至本书付印时，这场大屠杀结束的希望仍旧渺茫。自 2008 年之后，2013 年是最为恐怖的一年，这一年里约有 8955 人因极端暴力而遇害，即每月平均 746 人，每日 25 人死亡。[111]

"我回国时对未来的生活充满了理想主义和理想化的憧憬，"萨米尔·苏迈达耶如是说，他于 2003 年作为流亡反对派重返伊拉克，担任了一系列政府高级职位，2006 年他被任命为驻华盛顿大使，这也是他所担任的最高职位，"很快我便对理想主义幻灭了，过去几年间我悲观了许多，对未来充满了迷惘。"[112]

这座城市曾拥有一股无可抗拒的引力，令全世界最伟大的头脑趋之若鹜，但如今，它却不遗余力地驱逐着自己的居民：犹太人、基督徒、逊尼派和什叶派，任何被卷入肆虐巴格达和全国各地的暴力浪潮的人，都不得不背井离乡。伊拉克人流散在全球各地，从约旦、叙利亚和埃及到美国、英国和澳大利亚。2007 年，联合国发布警告称有多达 500 万伊拉克难民因战争而流离失所。

　　自 762 年曼苏尔哈里发建城以来，巴格达的历史便充满了无休无止的动荡。和平之城曾是世界文明的金顶明珠，但它的历史却由鲜血书写而成。巴格达人才华横溢，天生善于创造美与文化，但可悲的是，他们同样富有毁灭它们的天赋。尽管如此，这座世界上最危险的城市同时也是世界上最顽强的城市。在过去的 1300 年中，巴格达见证了无数外国入侵者你方唱罢我登场，从 8 世纪的拜占庭人到 21 世纪的美国人莫不如此。1258 年旭烈兀的蒙古大军和 1401 年帖木儿的鞑靼军团曾凶残地践踏这座城市，令底格里斯河被鲜血染红，又被智慧宫散落的无价墨宝染黑，但它挺了过来。渺小的土库曼酋长曾坐庄统治这座城市，但它将羞辱一扫而光，迎来了 1534 年奥斯曼帝国苏丹苏莱曼大帝的征服，忍受了 1634 年伊朗王阿拔斯沙阿的侵略，并历经了傲慢的奥斯曼帝国帕夏们长达四个世纪的统治。这座"哈伦·罗斯柴尔德的土耳其老火鸡之城"见证了 1917 年的英军入侵，它从两次世界大战中崛起，血迹斑斑但身板不屈。巴格达曾在复兴党的暴政、萨达姆的独裁、灾难性的两伊战争和末日般的第一次海湾战争中苦苦挣扎，即使在联合国的制裁下，巴格达依旧艰难支撑着一个已化作蛮荒的政权，却又惨遭 2003 年来势汹汹的伊拉克战争。在数十年难以想象的苦难结束后，这场战争不仅没有带来人民期望的和平安宁，反而唤醒了巴格达最古老的恶魔，宗派冲突席卷全城，肆虐着整个国家。和平之城再一次深陷战争，鲜血又一次在街道奔流起来。

　　尽管世态荒凉如此，巴格达人仍旧对自己的城市不离不弃。携着卓越悠久的知识、文化和伊斯兰宗教历史，巴格达傲然矗立，体现了无比顽强的尊严、傲骨以及尤为重要的生命力。"巴格达是一座无可比拟的城市，"马纳福说道，他是一位退休外交官，对巴格达的历史颇为精通，"你会忍不住想，假如曼苏尔哈里发稍稍预见到这座城市的血腥未来，他还会不会将这圆形权座建在此处。巴格达在毁灭与兴盛之间循环往复的历程漫长而嗜血，但我们仍要怀有希望。但愿在我们永远安息之前，和平之城能够重拾它的美名。"

注　释

序　言

1. Philip Hitti, *History of the Arabs*, p.283.

2. Cyril Glassé, *The New Encyclopedia of Islam*, pp.11—12.

3. Hugh Kennedy, *When Baghdad Ruled the Muslim World*, p.8.

4. Theophanes, *The Chronicle of Theophanes*, p.114.

5. Tabari, *The History of Al Tabari, vol.XXVII: The Abbasid Revolution*, pp.154—157. Quoted in Albert Hourani, *A History of the Arab Peoples*, p.32.

6. See Roy Mottahedeh, 'The Abbasid Caliphate in Iran', in *The Cambridge History of Iran, vol.IV: The Period from the Arab Invasion to the Saljuqs*, p.57.

7. Al Makrizi, *Book of Contention and Strife Concerning the Relations between the Banu Umayya and the Banu Hashim*, p.92.

第 1 章　哈里发与他的首都：曼苏尔与巴格达的建立，750—775 年

1. Mukaddasi, *The Best Divisions for Knowledge of the Regions*, p.108.

2. R. F. Harper, *Assyrian and Babylonian Literature*, pp.12—13.

3. Richard Coke, *Baghdad: The City of Peace*, p.22.

4. Quoted in Gaston Wiet, *Baghdad: Metropolis of the Abbasid Caliphate*, pp.10—11.

5. Mukaddasi, pp.108—109.

6. Guy Le Strange, *Baghdad during the Abbasid Caliphate*, pp.10—11.

7. *The Koran*, trans. N. J. Dawood, Sura 10:25—26, p.149.

8. Tabari, *The History of Al Tabari, vol.I: The Reign of Abu Jafar al Mansur 754—775*, p.144.

9. Coke, p.24.

10. Diarmaid MacCulloch, *A History of Christianity: The First Three Thousand Years*, p.3.

11. Chase Robinson, *Islamic Historiography: Themes in Islamic History*, p.36.

12. Masudi, *The Meadows of Gold*, p.33.

13. Ibid.

14. See Hugh Kennedy, *When Baghdad Ruled the Muslim World*, p.135.

15. See Jonathan Lyons, *The House of Wisdom: How the Arabs Transformed Western Civilization*, p.55.

16. Tabari, vol.I, p.145.

17. See 'The Topography of Baghdad according to the Khatib al Baghdadi', in Jacob Lassner, *The Topography of Baghdad in the Early Middle Ages*, p.46.

18. Le Strange, *Baghdad during the Abbasid Caliphate*, p.23.

19. See Ibid., p.20.

20. Tabari, vol.I, p.179.

21. Ibid., pp.180—181.

22. Ibid., p.181.

23. Quoted in Le Strange, *Baghdad during the Abbasid Caliphate*, p.31.

24. Ibid., p.36.

25. Ibid., p.27.

26. Ibn Battuta, *The Travels of Ibn Battutah*, vol.II, p.328.

27. Lassner, p.49.

28. Tabari, vol.I, p.180.

29. Ibid., pp.183—184.

30. Quoted in El Ali, 'The Foundation of Baghdad', in Albert Hourani and S. M. Stern (eds.), *The Islamic City*, p.94.

31. Lassner, p.56.

32. Tabari, vol.I, p.181.

33. Charles Pellat, *The Life and Works of Jahiz*, p.259.

34. Le Strange, *Baghdad during the Abbasid Caliphate*, p.78.

35. Ibid., pp.64—65.

36. Tabari, vol.I, p.215.

37. MacCulloch, p.264.

38. Lassner, p.55.

第 2 章　哈伦·拉希德与巴格达的 "一千零一夜"，775—809 年

1. 'IRAQ: Intellectuals Hail Reopening of Baghdad's Mutanabbi Street', *Los Angeles*

Times, 26 December 2008 (http://latimesblogs.latimes.com/babylonbeyond/2008/12/the-windows-on.html).

2. Violette Shamash, *Memories of Eden: A Journey through Jewish Baghdad*, p.144.

3. Ibn Khallikan, *Ibn Khallikan's Biographical Dictionary*, vol.I, p.205.

4. Masudi, *The Meadows of Gold*, p.51.

5. Ibid., p.53.

6. Ibid., p.65.

7. Quoted in Hugh Kennedy, *When Baghdad Ruled the Muslim World*, p.66.

8. Tabari, *The History of Al Tabari, vol.XXX: The Abbasid Caliphate in Equilibrium: The Caliphates of Musa al Hadi and Harun al Rashid AD 785—809/AH 169—193*, p.256.

9. André Clot, *Harun al Rashid and the World of the Thousand and One Nights*, p.218.

10. See *The Thousand Nights and One Nights*, trans. Powys Mathers, vol.I, p.224.

11. For a brief summary of the Darb Zubayda, see Marcus Milwright, *An Introduction to Islamic Archaeology*, pp.162—164.

12. For accounts of Arib, see Abu al Faraj al Isfahani, *Kitab al Aghani* (*The Songs*), vol. XXII, pp.348—359. See also Ibn Kathir, *Al Bidaya wal Nihaya* (*The Beginning and the End*), vol.XIV, p.630 (2003 edition).

13. Quoted in Hugh Kennedy, *When Baghdad Ruled the Muslim World*, pp.177—178.

14. See Ibid., pp.174—175.

15. *The Arabian Nights: Tales of 1,001 Nights*, trans. Malcolm Lyons, vol.III, p.190.

16. Ibid., pp.190—191.

17. Ibid., vol.I, p.123.

18. Ibid., vol.II, p.xi.

19. Letter from Gertrude Bell to her father, 3 January 1921.

20. For 'The Porter and the Three Ladies', see *The Arabian Nights: Tales of 1,001 Nights*, trans. Malcolm Lyons, vol.I, pp.50—66.

21. Ibid., vol.II, p.187.

22. Ibid., pp.177—181.

23. Ibid., p.204.

24. Tabari, vol.XXX, pp.310—311.

25. Quoted in Hugh Kennedy, *When Baghdad Ruled the Muslim World*, pp.71—72.

26. Tabari, vol.XXX, p.215.

27. Masudi, p.116.

28. Ibid., p.123.

29. Ibid., p.124.

30. *The Thousand Nights and One Night*, translated by Powys Mathers, vol.IV, p.510.

31. Quoted in Clot, *Harun al Rashid and the World of the Thousand and One Nights*, p.87.

32. Tabari, vol.XXX, p.298.

第 3 章　"学者的源泉"，世界的中心，809—892 年

1. Quoted in Sayed Ameer Ali, *The Spirit of Islam*, pp.368—369.

2. Hugh Kennedy, *When Baghdad Ruled the Muslim World*, p.132.

3. Karen Armstrong, *A History of God*, p.203.

4. Richard Coke, *Baghdad: The City of Peace*, pp.48—49.

5. Amira Bennison, *The Great Caliphs*, p.166.

6. Mukaddasi, *The Best Divisions for Knowledge of the Regions*, p.104.

7. Quoted in Jonathan Lyons, *The House of Wisdom: How the Arabs Transformed Western Civilization*, p.62.

8. Tabari, *The History of Al Tabari, vol.XXX: The Abbasid Caliphate in Equilibrium: The Caliphates of Musa al Hadi and Harun al Rashid AD 785—809/AH 169—193*, p.182.

9. Tabari, *The History of Al Tabari, vol.XXXI: The War between Brothers: The Caliphate of Muhammad al Amin AD 809—813/AH 193—198*, pp.145—146.

10. Ibid., p.147.

11. Masudi, *The Meadows of Gold*, p.169.

12. Jim al Khalili, *Pathfinders: The Golden Age of Arabic Science*, p.78. For a discussion of the House of Wisdom, see pp.67—78.

13. Ibid., p.81.

14. Quoted in Gaston Wiet, *Baghdad: Metropolis of the Abbasid Caliphate*, p.67.

15. Hugh Kennedy, *When Baghdad Ruled the Muslim World*, p.117.

16. For a highly entertaining discussion of Abu Nuwas' poetic life, see 'Dangling Locks and Babel Eyes: A Profile of Abu Nuwas', in Philip Kennedy, *Abu Nuwas: A Genius of Poetry*, pp.1—19.

17. Ibid., p.11. The following Abu Nuwas verses are taken from this volume.

18. Masudi, pp.43—45.

19. Ibn Khallikan, *Ibn Khallikan's Biographical Dictionary*, vol.I, p.208.

20. Quoted in André Clot, *Harun al Rashid and the World of the Thousand and One Nights*, pp.132—133.

21. Masudi, p.99.

22. A. J. Arberry, *Arabic Poetry*, pp.42—44.

23. Tabari, quoted in Hugh Kennedy, *When Baghdad Ruled the Muslim World*, p.120.

24. Ibid.

25. Quoted in Wiet, p.76.

26. Hugh Kennedy, *When Baghdad Ruled the Muslim World*, pp.124—125.

27. See Jahiz's portrait of a singing slave-girl in Charles Pellat, *The Life and Works of Jahiz*, pp.265—267.

28. Masudi, pp.91—93.

29. Al Isfahani, *Kitab al Aghani*, quoted in Hugh Kennedy, *When Baghdad Ruled the Muslim World*, p.180.

30. Wiet, pp.76—77.

31. See Julia Ashtiany et al.(eds.), *Cambridge History of Arabic Literature, vol.II: Abbasid Belles-Lettres*, p.81.

32. Pellat, p.218.

33. Masudi, p.249.

34. Quoted in Lyons, p.73.

35. For a brief summary of Khwarizmi's achievements see Ibid., pp.70—74.

36. For a detailed description of the experiment, see Ibn Khallikan, vol.III, pp.315—317.

37. Al Khalili, p.89.

38. Ibid., p.74.

39. Ibid., p.75.

40. See Hugh Kennedy, *When Baghdad Ruled the Muslim World*, p.255.

41. Al Khalili, p.148.

42. Quoted in Ibid., p.149.

43. Ibid., p.134.

44. Quoted in Bennison, p.90.

45. Hugh Kennedy, *When Baghdad Ruled the Muslim World*, p.214.

46. Tabari, *The History of Al Tabari, vol.XXXV: The Crisis of the Abbasid Caliphate: The Caliphates of al Musta'in and al Mu'tazz AD 862—869/AH248—255*, pp.49—50.

47. Ibid., p.61.

48. Tabari, quoted in Hugh Kennedy, *When Baghdad Ruled the Muslim World*, p.285.

第 4 章　阿拔斯王朝晚期：别了，黄金草原，892—1258 年

1. Quoted in Jacob Lassner, *The Topography of Baghdad in the Early Middle Ages*, pp.88—89.

2. Amira Bennison, *The Great Caliphs*, p.42.

3. Hugh Kennedy, *When Baghdad Ruled the Muslim World*, p.295.

4. Masudi, *The Meadows of Gold*, p.24.

5. Hugh Kennedy, *When Baghdad Ruled the Muslim World*, p.251.

6. Masudi, p.96.

7. Tanukhi, *Kitab Nishwar al Muhadara wa Akhbar al Mudhakara* (*Table Talk of a Mesopotamian Judge*) privately translated by Manaf al Damluji.

8. Charles Pellat, *The Life and Works of Jahiz*, p.150.

9. Masudi, p.352.

10. Ibn Akil, *Kitab al Funun*, quoted in Al Ahram Weekly, 'Baghdad Supplement', 17—23 April 2003.

11. Jacob Lassner, *The Topography of Baghdad in the Early Middle Ages*, p.53.

12. Guy Le Strange, *Baghdad during the Abbasid Caliphate*, p.233.

13. Richard Coke, *Baghdad: City of Peace*, p.109.

14. Ibn Miskawayh, *The Experiences of the Nations*, translated by David Margoliouth (1921), cited in Ibid., p.112.

15. Le Strange, *Baghdad during the Abbasid Caliphate*, p.319.

16. Mukaddasi, *The Best Divisions for Knowledge of the Regions*, p.109.

17. See Lassner, pp.108—109.

18. Ibn Sayyar al Warraq, *Annals of the Caliphs' Kitchens: Ibn Sayyar al Warraq's Tenth-Century Baghdadi Cookbook*, pp.474—475.

19. Ibid., p.482.

20. Ibid., p.35.

21. Ibid., p.517.

22. Ibid., p.308.

23. Ibid., p.309.

24. Ibid., p.250.

25. Ibid., p.251.

26. Masudi, pp.191—192.

27. Warraq, p.125.

28. Ibid., p.31.

29. Ibid., p.113.

30. Masudi, p.95.

31. Quoted in Gaston Wiet, *Baghdad: Metropolis of the Abbasid Caliphate,* pp.78—79.

32. Warraq, p.502.

33. Ibid., p.503.

34. Ibid., p.506.

35. Ibid., pp.508—517.

36. Ibid., p.518.

37. Masudi, pp.405—407.

38. For a brief summary of events around 1055, see Eric J. Hanne, *Putting the Caliph in His Place: Power, Authority, and the Late Abbasid Caliphate*, pp.90—91.

39. Bennison, p.44.

40. Hanne, p.143.

41. *Encyclopaedia of Islam* (second edition), vol.I, pp.69—70.

42. Amin Maalouf, *The Crusades through Arab Eyes*, p.xiii.

43. Ibn al Athir, *The Chronicle of Ibn al Athir for the Crusading Period from Al Kamil fi al Tarikh, Part I: The Years 491—541/1097—1146*, p.22.

44. Maalouf, p.xvi.

45. Manaf al Damluji, 'The Urban Masses of Baghdad', unpublished paper.

46. Le Strange, *Baghdad during the Abbasid Caliphate*, p.329.

47. See Judith Herrin, *Byzantium: The Surprising Life of a Medieval Empire*, pp.144—145.

48. For Benjamin's description of Baghdad, see Marcus Nathan Adler, *The Itinerary of Benjamin of Tudela*, pp.35—42.

49. Ibn Khallikan records how Ibn Hanbal was 'beaten and imprisoned' for his refusal to declare that the Koran was created. See *Ibn Khallikan's Biographical Dictionary*, vol.I, p.44.

50. Coke, p.105.

51. Ibn al Athir, *Al Kamil fi al Tarikh*, vol.II, p.257.

52. Ibid., p.258.

53. For an account of his visit to Baghdad, see *The Travels of Ibn Jubayr*, trans. and ed. Ronald J. C. Broadhurst, pp.226—232.

54. 'Iraqi Campus Is Under Gang's Sway', *New York Times*, 19 October 2009.

55. Le Strange, *Baghdad during the Abbasid Caliphate*, p.335.

56. Coke, p.123.

57. Masudi, p.239.

第 5 章 "毁灭朝圣"：蒙古与鞑靼的浩劫，1258—1401 年

1. Rashid al Din, *The Successors of Genghis Khan*, pp.222—223.

2. Ibid., p.223.

3. Henry Howorth, *History of the Mongols, vol.III: The Mongols of Persia*, p.123.

4. William Muir, *The Caliphate: Its Rise, Decline and Fall*, p.584.

5. John Joseph Saunders, *The History of the Mongol Conquests*, p.110.

6. See Professor Farouk Omar Fawzi, *Abbasid Caliphate, vol.II: The Abbasid Caliphate*, pp.248—260.

7. For a discussion of the strength of Hulagu's army, see Reuven Amitai-Preiss, *Mongols and Mamluks: The Mamluk-Ilkhanid War 1260—1281*, p.15.

8. See David Morgan, *The Mongols*, pp.145—166.

9. Rashid al Din, *Jami al Tawarikh (Compendium of Histories)*, pp.238—239.

10. See Bertold Spuler, *History of the Mongols: Based on Eastern and Western Accounts of the Thirteenth and Fourteenth Centuries*, p.115.

11. Ibid., p.116.

12. Din, *Jami al Tawarikh*, p.297.

13. See Ibn Kathir, *Al Bidaya wal Nihaya (The Beginning and the End), vol.XIII: The Events of the Year 656 ah (1258 ad)*, pp.235—237.

14. 对于死亡人数的讨论，请看 Morgan, p.133。这封信促使阿拉伯历史学家普遍持有一种观点，即旭烈兀和一些欧洲君主之间有一项秘密协定：攻打巴格达，加强十字军从西方的推进。按照这种观点，这种政策得到了旭烈兀的基督徒妻子的支持，他在哈里发的宫殿和清真寺的建筑群中心建造了一座宏伟的教堂，以奖励他的妻子。

15. Spuler, *History of the Mongols* pp.120—121.

16. Kathir, p.235.

17. Quoted in Saunders, pp.111—112.

18. Din, *Jami al Tawarikh*, p.301.

19. Howorth, p.126.

20. Quoted in Justin Marozzi, *Tamerlane: Sword of Islam, Conqueror of the World*, p.13.

21. Kathir, pp.236—237.

22. Edward G. Browne, *A Literary History of Persia, vol.II: From Firdawsi to Sadi*, p.29.

23. Marco Polo, *The Travels of Marco Polo*, pp.551—552.

24. For the full text of the poem, see: http://www.hwlongfellow.org/poems_poem.php?pid=2052.

25. For an excellent discussion of Mustasim's demise, see Guy Le Strange, 'The Story of the Death of the Last Abbasid Caliph', *Journal of the Royal Asiatic Society* (April 1900), pp.293—300, and John Andrew Boyle, 'The Death of the Last Abbasid Caliph: A Contemporary Muslim Account', *Journal of Semitic Studies*, 6, 2 (1961), pp.145—161.

26. Howorth, p.130.

27. Richard Coke, *Baghdad: City of Peace*, p.152.

28. Stephen Hemsley Longrigg, *Four Centuries of Modern Iraq*, p.12.

29. See Din, *Jami al Tawarikh*, pp.307—309; Howorth, p.130.

30. Ibid., pp.287—288.

31. 开场白 "除了真主没有别的神，穆罕默德是他的先知" 是所有穆斯林的信条。Al Makrizi, *Kelavun*, vol.II, pp.185—186. Cited in Coke, p.159。

32. Edward Browne, *A Literary History of Persia, vol.III: A History of Persian Literature under Tatar Dominion*, quoted in Coke, p.161.

33. Ibn Battuta, *The Travels of Ibn Battutah*, vol.II, pp.322—325.

34. Ibid., pp.329—330.

35. Ibid., p.329.

36. Ibid., p.332.

37. Ibid.

38. Ibid., pp.340—341.

39. Sharaf al Din Ali Yazdi, *The History of Timur-Bec, Known by the Name of Tamerlain the Great, Emperor of the Moguls and Tartars*, vol.II, p.213.

40. Ibn Arabshah, *Timur the Great Amir*, p.158. For a graphic account of the city's sacking by Tamerlane's forces, see pp.157—159.

41. Ibid., p.165.

42. Yazdi, vol.II, p.214.

43. Ibid., pp.222—224.

44. Ibid., vol.I, pp.433—434.

45. H. R. Roemer, 'Timur in Iran', in *The Cambridge History of Iran, vol.VI: The Timurid and Safavid Periods*, p.65.

46. Yazdi, vol.II, p.214.

47. Ibid.

48. Arabshah, p.167.

49. Ibid., p.168. 根据拥护者叶兹迪的说法，每一个士兵都被下令要向帖木儿献上一个首级。

50. Yazdi, vol.II, p.216.

51. Ibid.

52. Arabshah, p.168.

53. Yazdi., p.217.

54. Arabshah 被巴格达省哈乃斐派法官 Tajuddin Ahmad Namani 告知，帖木儿的军队建造了大约 120 座人头高塔（Arabshah., p.168）。

55. Ibid., p.168.

第6章 黑羊，白羊，1401—1534年

1. See Hugh Kennedy, *When Baghdad Ruled the Muslim World*, p.296.

2. Ibn Arabshah, *Timur the Great Amir*, p.169.

3. See R. Quiring-Zacher, 'Aq Qoyunlu', in *Encyclopædia Iranica* (http://www. iranicaonline.org/articles/aq-qoyunlu-confederation).

4. Cited in Richard Coke, *Baghdad: City of Peace*, p.178.

5. Ibid., p.179.

6. Ibid.

7. Edward G. Browne, *A Literary History of Persia, vol.III: A History of Persian Literature under Tatar Dominion 1265—1502*, p.285.

8. Ibid., p.285.

9. Coke, p.183.

10. Quoted in André Clot, *Suleiman the Magnificent*, p.92.

11. See Poggio Bracciolini, *Travels of Nicolò de' Conti, in the East in the Early Part of the Fifteenth Century*, p.5.

12. 'The Travels of the Magnificent M. Ambrosio Contarini', in Josafa Barbaro and Ambrosio Contarini, *Travels to Tana and Persia*, pp.132—133.

13. William Nassau Lees, *Jami: A Biographical Sketch*, pp.14—15.

14. Stephen Hemsley Longrigg, *Four Centuries of Modern Iraq*, p.16.

15. 'The Travels of a Merchant in Persia', in Barbaro and Contarini, p.191.

16. For details of Ismail's campaigns, see Roger Savory, *Studies on the History of Safavid Iran*, pp.71—80.

17. See Roger Savory and Ahmet Karamustafa, 'Esmail I Safawi', in *Encyclopædia Iranica* (http://www.iranicaonline.org/articles/esmail-i-safawi).

18. Abbas al Azzawi, *Tarikh al Iraq bayn al Ihtilayn* (*History of Iraq between Two Occupations*), vol.III, pp.336—343.

19. A. A. Duri, 'Baghdad', in *Encylopaedia of Islam* (second edition), vol.I, p.903.

20. 'The Travels in Persia by Caterino Zeno', in Barbaro and Contarini, p.65.

21. Ibid.

22. Clot, *Suleiman the Magnificent*, p.30.

23. Giovanni Maria Angiolello, 'A Short Narrative of the Life and Acts of the King Ussun Cassano', in Barbaro and Contarini, p.111.

24. See Caroline Finkel, *Osman's Dream: The Story of the Ottoman Empire 1300—1923*, p.126.

25. See Rhoads Murphey, 'Suleyman's Eastern Policy', in Halil Inalcik and Cemal Kafadar (eds.), *Suleyman the Second and His Time*, p.244.

第 7 章　土耳其人与旅人，1534—1639 年

1. Cited in Sīdi Ali Reïs, *The Travels and Adventures of the Turkish Admiral Sīdi Ali Reïs in India, Afghanistan, Central Asia, and Persia, during the Years 1553—1556*, p.82.

2. Leonhard Rauwolff, *A Collection of Curious Travels and Voyages. In Two Tomes. The First Containing Dr L. Rauwolff's Itinerary into the Eastern Countries, as Syria, Palestine, &c.*, p.179.

3. Ibid., p.180.

4. Ibid., pp.181—182.

5. Ibid.

6. Ibid., pp.183—184.

7. Ibid., p.187.

8. Ibid., pp.190—191.

9. For Federici's journey, see Richard Hakluyt, *Hakluyt's Collection of the Early Voyages, Travels, and Discoveries of the English Nation* (1903—1905), vol.V, pp.365ff. For Balbi, see Samuel Purchas, *Purchas His Pilgrimes* (1905), vol.X, p.145.

10. Richard Coke, *Baghdad: City of Peace*, p.194.

11. 威廉·莎士比亚，《麦克白》，第一幕第三场（引自《麦克白》，威廉·莎士比亚著，朱生豪译，译林出版社，2018 年 8 月）：
    女巫甲　一个水手的妻子坐在那儿吃栗子，啃呀啃呀啃呀地啃着。"给我。"我说。"滚开，妖巫！"那个吃人家剩下来的肉皮肉骨的贱人喊起来了。她的丈夫是"猛虎号"的船长，到阿勒颇去了；可是我要坐在一张筛子里追上他去，像一头没有尾巴的老鼠，我要去，我要去，我要去。

12. For the early years of British commercial representation in Baghdad, see M. E. Yapp, 'The Establishment of the East India Company Residency at Baghdad', *Bulletin of the School of Oriental and African Studies*, 30 (1967), pp.323—336.

13. 'The Voyage of M. Iohn Eldred to Trypolis in Syria by Sea, and from thence by Land and River to Babylon and Balsara. 1583', Richard Hakluyt, *Hakluyt's Collection of the Early Voyages, Travels, and Discoveries of the English Nation* (1810), vol.II, p.404.

14. Ibid., p.372.

15. Ibid., p.406.

16. Cevdet Kudret, *Fuzuli*, p.189.

17. For an excellent introduction to art in Baghdad at this time, see Rachel Milstein, *Miniature Painting in Ottoman Baghdad*.

18. Ibid., p.4.

19. See Colin Imber, 'The Persecution of the Ottoman Shi'ites according to the Mühimme Defterleri 1565—1585', *Islam*, 56 (1979).

20. Anthony Sherley, *Sir Anthony Sherley and His Persian Adventure*, p.193.

21. Ibid., p.192.

22. John Cartwright, 'Observations of Master John Cartwright', in *Purchas*, vol.VIII, p.520.

23. Pedro Teixeira, *The Travels of Pedro Teixeira*, p.62.

24. Ibid., p.66.

25. Pietro della Valle, *The Pilgrim: The Travels of Pietro della Valle*, pp.101—102.

26. Ibid., pp.102—103.

27. Ibid., p.105.

28. Ibid., p.117.

29. Stephen Hemsley Longrigg, *Four Centuries of Modern Iraq*, p.52.

30. Robert Mantran, 'Bagdad à l'époque ottoman', *Arabica* (1962), pp.313—314.

31. Jean de Thévenot, *The Travels of Monsieur de Thévenot into the Levant*, 'Part II, pp.62—63.

32. Ibid., Part I, pp.287ff.

33. For an account of the siege, see the contemporary account of Ziyaeddin Ibrahim Nuri, *Fethname-i Bagdad*, summarized in Rhoads Murphey, *Ottoman Warfare 1500—1700*, pp.115—122.

34. Thévenot, Part I, p.288. The translation has been reworked into more modern English.

35. Ibid., p.289.

36. Ibid.

37. Ibid.

38. Ibid., p.290.

39. Ibid.

40. Ibid., pp.290—291.

第 8 章　瘟疫、帕夏与马穆鲁克，1639—1831 年

1. Quoted in Bernard Lewis, *Race and Slavery in the Middle East*, p.65.

2. Clément Huart, *Histoire de Bagdad dans les temps modernes*, p.85.

3. For his description of Baghdad, see Jean-Baptiste Tavernier, *The Six Voyages of John Baptista Tavernier*, Book II, Chapter 7, pp.85—86.

4. See Hugh Murray, *Historical Account of Discoveries and Travels in Asia*, vol.I,

pp.384—400.

5. For his description of Baghdad, see Jean de Thévenot, *The Travels of Monsieur de Thévenot into the Levant*, Part II, pp.62—63.

6. Dr Ali al Wardi, *Lamahat Ijtimaeeyah min Tarikh al Iraq al Hadith (Social Aspects of Modern Iraqi History)*, vol.I, p.150.

7. For a discussion of homosexuality in Mamluk Baghdad, see Ibid., pp.152—153.

8. Cited in Youssef H. Aboul-Enein, *Iraq in Turmoil: Historical Perspectives of Dr Ali al Wardi, from the Ottoman Empire to King Feisal*, p.17.

9. Wardi, *Lamahat Ijtimaeeyah min Tarikh al Iraq al Hadith*, vol.I, p.97.

10. See Hala Fattah, *The Politics of Regional Trade in Iraq, Arabia and the Gulf 1745—1900*, pp.35—74.

11. Cited in Ibid., p.216.

12. 'It is reckoned a disgrace for a gentleman or soldier to mount a gelding or mare,' wrote the English traveller Dr Edward Ives. See *A Voyage from England to India, in the Year 1754 ... Also a Journey from Persia to England by an Unusual Route*, p.273n.

13. William Heude, *A Voyage up the Persian Gulf, and a Journey Overland from India to England, in 1817*, pp.145—146.

14. Ibid., p.146.

15. For a stirring study of Nadir Shah, see Michael Axworthy, *The Sword of Persia*.

16. Joseph Emin, *Life and Adventures of Joseph Emin*, p.5.

17. Wardi, *Lamahat Ijtimaeeyah min Tarikh al Iraq al Hadith*, vol.I, pp.112—113.

18. Emin, p.7.

19. Joseph von Hammer-Purgstall, *Histoire de l'Empire Ottoman*, p.521.

20. 10 万这个说法在 Aboul-Enein, p.21 中提过。See also Rasul al Kerküklü, *Dawhat al Wuzara (The Lofty Tree of Ministers)*, pp.30—31。

21. Jonas Hanway, *An Historical Account of the British Trade over the Caspian Sea... To which are Added the Revolutions of Persia during the Present Century, with the Particular History of the Great Usurper Nadir Kouli*, vol.II, p.91.

22. Heude, p.148.

23. Ives, p.282.

24. Stephen Hemsley Longrigg, *Four Centuries of Modern Iraq*, p.169.

25. Ives, p.284.

26. Heude, p.149.

27. Ives, pp.278—279.

28. See Tom Nieuwenhuis, *Politics and Society in Early Modern Iraq: Mamluk Pashas,*

Tribal Shaykhs and Local Rule Between 1802 and 1831, p.23.

29. Kerküklü, p.159.

30. Carsten Niebuhr, *Voyage en Arabie et en d'autres pays circonvoisins*, p.239.

31. Ives, p.273.

32. Ibid., p.281.

33. See report by Dr Lamia al Gailani Werr of the British Institute for the Study of Iraq, 'Iraq: Destruction to Landmarks in the Cities' (http://www.cultureindevelopment. nl/News/Dossier_Heritage_Iraq/632/Iraq:_destruction_to_landmarks_in_the_cities).

34. André Raymond, *Arab Cities in the Ottoman Period.*, p.36, pp.114—115.

35. Niebuhr, p.250.

36. Ibid., p.264.

37. Ibid., p.240.

38. Ives, pp.286—287.

39. Nieuwenhuis, p.23.

40. Peter M. Holt, *Egypt and the Fertile Crescent 1516—1922*, p.148.

41. Harford Jones Brydges, *An Account of the Transactions of His Majesty's Mission to the Court of Persia, in the Years 1807—1811, to which is Appended a Brief History of the Wahauby*, vol.II, p.190.

42. Longrigg, *Four Centuries of Modern Iraq*, p.234.

43. Heude, pp.169—170.

44. For his description of Baghdad, see James Silk Buckingham, *Travels in Mesopotamia*, vol.II, pp.176—216.

45. Voltaire, *Letters on England*, pp.53—54.

46. Jacob Coleman Hurewitz, *Diplomacy in the Near and Middle East*, vol.I, p.90.

47. George Keppel, *Personal Narrative of a Journey from India to England*, vol.I, pp.221—222.

48. Caroline Finkel, *Osman's Dream: The Story of the Ottoman Empire 1300—1923*, p.435.

49. Longrigg, *Four Centuries of Modern Iraq*, p.265.

50. Ibid., pp.265—266. See in addition the vivid eyewitness accounts of A. N. Groves, *Journal of a Residence in Bagdad during the Years 1830 and 1831*, and James Raymond Wellsted, *Travels to the City of the Caliphs*, vol.I, pp.280—291.

51. Wellsted, vol.I, pp.282—283.

52. Ibid., p.285.

53. Ibid., pp.289—290.

54. Ibid., p.290.

55. Hanna Batatu 认为那时巴格达大约有 8 万人口，在 1831 年那次瘟疫、洪灾、围困和饥荒中丧生 5.3 万人。See Albert Hourani, Philip S. Khoury and Mary C. Wilson (eds.), *The Modern Middle East: A Reader*, p.505; see also *The Scribe*, 36 (September 1989), p.4 (http://www.dangoor.com/TheScribe36.pdf)，估计那年巴格达大约有 10 万人丧生，当时的人口约有 15 万；Groves 估计当时巴格达城中大约有多于三分之二的人口丧生，至于总人口则没有量化，p.236。

第 9 章　帝国碰撞，1831—1917 年

1. The English translation of the text of the 1914 Ottoman jihad is given in Rudolph Peters, *Jihad in Classical and Modern Islam*, pp.56—57.

2. Ibn Battuta, *The Travels of Ibn Battutah*, vol.II, p.334.

3. 'Baghdad's "Great Wall of Adhamiya" ', *New York Times*, 20 April 2007. (http://thelede.blogs.nytimes.com/2007/04/20/baghdads-great-wall-of-adhamiya).

4. Dr Ali al Wardi, *Lamahat Ijtimaeeyah min Tarikh al Iraq al Hadith* (*Social Aspects of Modern Iraqi History*), vol.II, p.82.

5. For a survey of these reforms, see the 2011 paper by Ishtiaq Hussain, *The Tanzimat: Secular Reforms in the Ottoman Empire*, pp.5—11 (http://faith-matters.org/images/stories/fm-publications/the-tanzimat-final-web.pdf).

6. J. Baillie Fraser, *Travels in Koordistan, Mesopotamia, etc.*, vol.I, p.211.

7. Stephen Hemsley Longrigg, *Four Centuries of Modern Iraq*, pp.281—282.

8. Robin Butlin, 'Changing Visions: The RGS in the 19th Century', in Royal Geographical Society, *To the Ends of the Earth*, p.17.

9. Robert Stafford, *Scientist of Empire: Sir Roderick Murchison, Scientific Exploration and Victorian Imperialism*, p.95.

10. Abdul Kareem al Allaf, *Baghdad al Qadeemah min Sanat 1869 hatta Sanat 1917* (*Old Baghdad from the Year 1869 until the Year 1917*), pp.10—18; see also Longrigg, *Four Centuries of Modern Iraq*, p.294.

11. BOA.DH.ID 52/8. See Fadhil Bayat, *Baghdad: min Khilal Wathaik al Arsheef al Othmani* (*Baghdad in the Light of Ottoman Archive Documents*), p.71.

12. M. E. Hume-Griffith, *Behind the Veil in Persia and Turkish Arabia*, p.viii.

13. Charles Rathbone Low, *History of the Indian Navy*, vol.II, p.409.

14. See James Felix Jones, 'Memoir on the Province of Baghdad', in *Memoirs by Commander J. F. Jones* (1998 edition), p.309.

15. For colourful descriptions of journeys on this service in 1947 and 1966 respectively, see John Ough, 'The Nairn Transport Company: Damascus to Baghdad' (http://ough-zone.blogspot.com/2009/08/nairn-transport-company-damascus-to.html) and

Fuad Rayess, 'On a Bus to Baghdad', *Saudi Aramco World*, September—October 1966 (http://www.saudiaramcoworld.com/issue/196605/on.a.bus.to.baghdad.htm). See also John M. Munro and Martin Love, 'The Nairn Way', *Saudi Aramco World*, July—August 1981 (http://www.saudiaramcoworld.com/issue/198104/the.nairn.way.htm).

16. Quoted in Richard Coke, *Baghdad: City of Peace*, pp.272—273.

17. For an entertaining study of this ruinously expensive Drang nach Osten, see Sean McMeekin, *The Berlin-Baghdad Express*, p.34.

18. Ibid., p.239.

19. George S. Clarke, *The Baghdad Railway*.

20. Morris Jastrow, *The War and the Bagdad Railway*, p.120.

21. See McMeekin, pp.123—152.

22. BOA.A.MKT.MHM.2/4-84. Bayat, p.50.

23. Wardi, *Lamahat Ijtimaeeyah min Tarikh al Iraq al Hadith*, vol.II, pp.113—116.

24. Abbas al Azzawi, *Tarikh al Iraq bayn al Ihtilayn* (*History of Iraq between Two Occupations*), vol.VII, pp.98—99.

25. Ibid., p.156.

26. BOA.A.MKT.MHM.702/78. Bayat, p.54.

27. For an assessment of his pashalik, see Sulaiman Faiq Baig, *The History of Baghdad*, pp.166—167.

28. Sua'ad Hadi al Omari, *Baghdad fi al Qarn al Tasi Ashar Kama Wasafaha al Rahhala al Ajanib* (*Baghdad as Described by the Foreign Visitors*), p.105.

29. Wardi, *Lamahat Ijtimaeeyah min Tarikh al Iraq al Hadith*, vol.II, pp.211—214; Azzawi, pp.121—125.

30. Wardi, *Lamahat Ijtimaeeyah min Tarikh al Iraq al Hadith*, vol.II, pp.219—221.

31. Ibid., p.239.

32. Allaf, pp.21—23.

33. Longrigg, *Four Centuries of Modern Iraq*, p.316.

34. See Mohammed Rauf Taha al Shaikhli, *Marahil al Hayat fi Baghdad Khilal al Fatra al Mudhlimah* (*Stages of Life in Baghdad during the Dark Period*).

35. Coke, p.274.

36. Sadiq Damluji, *Midhat Pasha*, p.36.

37. Wardi, *Lamahat Ijtimaeeyah min Tarikh al Iraq al Hadith*, vol.II, pp.248—251.

38. Marina Benjamin, *Last Days in Babylon*, p.17.

39. Damluji, pp.45—46.

40. Wardi, *Lamahat Ijtimaeeyah min Tarikh al Iraq al Hadith*, vol.II, pp.260—262.

41. Ibid., pp.263—264.

42. Yusuf Rizk-Allah Ghanimah, *Nuzhat al Mushtak fi Tarikh Yahud al Iraq* (*A Nostalgic Trip into the History of the Jews of Iraq*), p.137.

43. David Solomon Sassoon, *A History of the Jews in Baghdad*, p.165.

44. Jones, p.339.

45. Benjamin, pp.36—37.

46. Zvi Yehuda, 'Iraqi Jewry and Cultural Change in the Educational Activity of the Alliance Israélite Universelle', in Harvey Goldberg (ed.), *Sephardi and Middle Eastern Jewries*, p.137.

47. Quoted in Ibid., p.142.

48. Morris Cohen, 'Superstition among the Jews in Baghdad', extracted in *The Scribe*, 46 (January 1991), pp.3—5 (http://www.dangoor.com/TheScribe46.pdf).

49. The figures come from the annual *Salnameh*, the annual Ottoman administrative and statistical survey published in each vilayet. See Shaikhli.

50. Sylvia Haim, 'Aspects of Jewish Life in Baghdad under the Monarchy', *Middle Eastern Studies*, 12, 2 (1976), p.1.

51. See *Arab Bulletin*, 66 (21 October 1917).

52. See Mitchell Bard, 'The Jews of Iraq', *Jewish Virtual Library* (http://www.jewishvirtuallibrary.org/jsource/anti-semitism/iraqijews.html).

53. Quoted in Benjamin, p.18.

54. For a full account of this incident, see the selection of contemporary reports extracted in *The Scribe*, 36 (September 1989), pp.4—7 (http://www.dangoor.com/TheScribe36.pdf).

55. Benjamin, p.27.

56. FO 371/1002/4234, Constantinople, 31 January 1910. Quoted in Ghassan Atiyah, *Iraq, 1908—1921*, p.43.

57. Reeva S. Simon, 'The Education of an Iraqi Ottoman Army Officer', in Rashid Khalidi et al. (eds.), *The Origins of Arab Nationalism*, p.155.

58. Gertrude Bell, *Letters*, 18 March 1911. 见纽卡斯尔大学图书馆有关格特鲁德·贝尔的档案，它含有贝尔的大量通信（http://www.gerty.ncl.ac.uk）。

59. Manaf al Damluji, 'Sarah's Saga: The Story of a Popular Armenian-Iraqi Lady', unpublished paper. See also Wardi, *Lamahat Ijtimaeeyah min Tarikh al Iraq al Hadith*, vol.III, pp.181—184.

60. McMeekin, p.123.

61. E. M. Earle, *Turkey, the Great Powers, and the Baghdad Railway*, pp.14—15.

62. See Hikmat S. Suleyman, *The Story of Oil in Iraq*, p.29.

63. See Daniel Yergin, *The Prize: The Epic Quest for Oil, Money and Power*, p.157.

64. Charles Townshend, *When God Made Hell: The British Invasion of Mesopotamia and the Creation of Iraq 1914—1921*, p.xxiv.

65. Brigadier-General F. J. Moberly, *The Campaign in Mesopotamia 1914—1918*, vol.I, p.134.

66. See Atiyah, p.134.

67. Tamara Chalabi, *Late for Tea at the Deer Palace: The Lost Dreams of My Iraqi Family*, p.29.

68. Alois Musil, *The Middle Euphrates*, pp.128—129.

69. Atiyah, p.149.

70. Edmund Candler, *The Long Road to Baghdad*, vol.I, p.3.

71. Chalabi, p.32.

72. Quoted in Townshend, p.232.

73. P. W. Long, *Other Ranks of Kut*, p.25.

74. Ibid., pp.26—27.

75. E. W. C. Sandes, *In Kut and Captivity with the Sixth Indian Division*, p.284.

76. Long., p.288.

77. Ernest Walker memoir, quoted in Townshend, p.313.

78. Long., p.34.

79. Josephine Hammond, *Battle in Iraq*, p.162.

80. 用随后议会报告的话说：“可以肯定的是，这场沙漠之旅的结局应由那些人承担，他们犯下了历史性的罪行，它对于成千上万无助的人来说是一场漫长又恐怖的折磨……把这些人送往这样的旅途，在这样的条件下就等于判了他们中的一半人一定要死。” See Moberly, vol.II, p.464。

81. Atiyah, p.150.

82. William Robertson, *Soldiers and Statesmen 1914—1918*, vol.II, pp.75—76.

83. Eleanor Franklin Egan, *The War in the Cradle of the World*, p.252.

84. Coke, p.292.

85. Candler, vol.II, pp.98—99.

86. A. J. Barker, *The Neglected War: Mesopotamia 1914—1918*, p.367.

第 10 章　英式君主：巴格达三王，1917—1958 年

1. Cited in Arnold Talbot Wilson, *Mesopotamia 1917—1920: A Clash of Loyalties*, p.338.

2. Brigadier-General F. J. Moberly, *The Campaign in Mesopotamia 1914—1918*, vol.III, p.248.

3. Edmund Candler, *The Long Road to Baghdad*, pp.97, 104

4. Moberly, vol.III, p.249.

5. Eleanor Egan, *The War in the Cradle of the World*, p.248.

6. Moberly, p.255.

7. Edmund Candler, 16 March 1917, *Manchester Guardian*, reproduced in Charles F. Horne (ed.), *Source Records of the Great War*, vol.V.

8. Egan, pp.253—254.

9. Quoted in Charles Townshend, *When God Made Hell: The British Invasion of Mesopotamia and the Creation of Iraq 1914—1921*, p.267.

10. *The War Illustrated*, 24 March 1917, p.131.

11. See Stephen Hemsley Longrigg, *Iraq 1900—1950*, p.93. 'It made no great impression.'

12. Hansard, HC Debate, 21 March 1917, vol.91, cols.1,902-4.

13. *Iraq Administration Reports*, vol.I (1914—1918), pp.520—521.

14. Georgina Howell, *Daughter of the Desert: The Remarkable Life of Gertrude Bell*, p.60.

15. Karl Meyer and Shareen Brysac, *Kingmakers: The Invention of the Modern Middle East*, p.158.

16. Gertrude Bell, *Letters*, 5 December 1918.

17. Ibid., 10 March 1917.

18. Ibid., 20 April 1917.

19. Charles Callwell, *The Life of Sir Stanley Maude*, p.286.

20. Ibid., p.311.

21. Hansard, HC Debates, 4 March 1918, vol.103, cols.1,747-53.

22. Bell, *Letters*, 22 November 1917.

23. Author visit, 25 April 2009.2013 年 8 月英联邦战争墓地委员会表示，他们正与英国驻巴格达大使馆和英联邦的合作者密切合作，以"通过潜在的工作伙伴发展更广泛的维护能力"。近年来取得的进展包括在巴格达的北门战争公墓竖立了 500 块新墓碑。

24. Bell, *Letters*, 14 June 1920.

25. See Beverley Milton-Edwards and Peter Hinchcliffe, *Jordan: A Hashemite Legacy*, p.17.

26. Longrigg, *Iraq 1900—1950*, p.115.

27. See Elie Kedourie, *England and the Middle East: The Destruction of the Ottoman Empire 1914—1921*, p.177.

28. Wilson, p.336.

29. Gertrude Bell, *Review of the Civil Administration of Mesopotamia*, p.128.

30. George Antonius, *The Arab Awakening*, p.313.

31. Ghassan Atiyah, *Iraq, 1908—1921*, p.311.

32. Wilson, p.257.

33. Bell, *Letters*, 14 June 1920.

34. Aylmer Haldane, *The Insurrection in Mesopotamia 1920*, p.64.

35. Charles Tripp, *A History of Iraq*, p.42.

36. Quoted in Kedourie, p.195.

37. *Iraq Administration Reports*, vol.VI (1920—1924), pp.423—430.

38. Gerald de Gaury, *Three Kings in Baghdad*, p.29.

39. Privately translated by Manaf al Damluji, 31 Jan. 2013.

40. For a first-hand account of the coronation, see Bell, *Letters*, 28 August 1921.

41. *Iraq Administration Reports*, vol.V (1920), pp.155—156.

42. Tamara Chalabi, *Late for Tea at the Deer Palace*, p.110.

43. Bell, *Letters*, 27 August 1922.

44. Longrigg, *Iraq 1900—1950*, p.175.

45. Bell, *Letters*, 27 August 1922.

46. Ibid., 6 April 1926.

47. Quoted in H. V. F. Winstone, *Gertrude Bell*, p.412.

48. See, for instance, Chalabi, pp.142—144, 166—167. See also the Iraqi Makam classical music blog (http://iraqimaqam.blogspot.com).

49. Donald Maxwell, *A Dweller in Mesopotamia, being the Adventures of an Official Artist in the Garden of Eden*, pp.91—92.

50. Ibid., p.71.

51. Robert Byron, *The Road to Oxiana*, p.42.

52. Freya Stark, *Baghdad Sketches*, p.30.

53. Ibid., pp.40—41.

54. Ibid., pp.70—71.

55. Ibid., p.55.

56. Richard Coke, *Baghdad: The City of Peace*, pp.316—317.

57. Author interview, 13 December 2011.

58. T. E. Lawrence, *Seven Pillars of Wisdom*, pp.542, 519.

59. Bell, *Letters*, 24 February 1921.

60. Tripp, p.69.

61. De Gaury, p.60.

62. Ali al Wardi, *Understanding Iraq*, p.66.

63. Hanna Batatu, *The Old Social Classes and the Revolutionary Movements of Iraq*, p.78.

64. Beatrice Erskine, *King Faisal of Iraq*, pp.229—230.

65. For a concise summary of the British Mandate period, see the paper by Dr Toby Dodge, 'The British Mandate in Iraq, 1914—1932' (http://www.gale.cengage.com/pdf/whitepapers/gdc/TheBritishMandate.pdf).

66. Batatu, *The Old Social Classes and the Revolutionary Movements of Iraq,* p.25.

67. Longrigg, *Iraq 1900—1950*, p.235.

68. Kanan Makiya, *Republic of Fear: The Politics of Modern Iraq*, p.170.

69. Chalabi, p.183.

70. For details of the grand mufti's influence and activities in Iraq, see Reeva Spector Simon, *Iraq Between the Two World Wars: The Militarist Origins of Tyranny*, pp.129—131.

71. Longrigg, *Iraq 1900—1950*, p.276.

72. Marina Benjamin, *Last Days in Babylon*, p.136.

73. Author interview, 12 July 2012. 这种说法基于威灵顿公爵的私人竞选日记中"1941年伊拉克和叙利亚的皇家骑兵团"。

74. Sarah Ehrlich, 'Farhud Memories: Baghdad's 1941 Slaughter of the Jews', *BBC report* (http://www.bbc.co.uk/news/world-middle-east-13610702).

75. Freya Stark, *Dust in the Lion's Paw*, p.114.

76. Benjamin, pp.140—141.

77. Ehrlich.

78. Benjamin, pp.178—181.

79. Author interview, 18 June 2012.

80. Batatu, *The Old Social Classes and the Revolutionary Movements of Iraq,* pp.555—557.

81. See Joseph Siry, 'Wright's Baghdad Opera House and Gammage Auditorium: In Search of Regional Modernity', *Art Bulletin*, 87, 2 (June 2005), pp.265—311.

82. See Wissam al Zahawie, 'The Cultural Scene in Baghdad and Its Socio-Political Backdrop on the Eve of the Revolution of 1958: A Memoir', unpublished paper.

83. Albert Hourani, *A History of the Arab Peoples,* p.387.

84. Ibid.

85. See Mohammed Fadhel Jamali, 'Iraq under General Nuri: A Review of Waldemar Gallman's Book', *Middle East Forum*, 11, 7 (1964), pp.13—24.

86. See de Gaury, pp.179—181.

87. For an account of the 14 July coup, see Ibid., pp.192—200.

88. Chalabi, p.263.

89. See Batatu, *The Old Social Classes and the Revolutionary Movements of Iraq*, p.802.

90. Quoted in Ibid., p.801.

91. 'The Pasha', *TIME Magazine*, 17 June 1957.

92. 'Iraq: After the Bloodbath', *TIME Magazine*, 4 August 1958.

93. Waldemar Gallman, *Iraq under General Nuri*, p.230.

第 11 章　政变与复兴党：屠戮之母，1958 年至今

1. Quoted in Hanna Batatu, *The Old Social Classes and the Revolutionary Movements of Iraq*, p.836.

2. See Waldemar Gallman, *Iraq under General Nuri*, pp.207—208.

3. Adel Darwish and Gregory Alexander, *Unholy Babylon*, p.21.

4. Quoted in de Gaury, p.206.

5. Telegram from Ambassador Jernegan, 11 October 1959 (http://www.icdc. com/~paulwolf/iraq/Qasim%20relates%20attempt%20details%20Oct%2011%20 1959.htm).

6. Batatu, *The Old Social Classes and the Revolutionary Movements of Iraq*, p.816.

7. Kanan Makiya, *Republic of Fear*, pp.61, 105.

8. Uriel Dann, *Iraq under Qassem*, p.368.

9. Batatu, *The Old Social Classes and the Revolutionary Movements of Iraq*, p.977.

10. Ibid., p.978.

11. Kassem's body was discovered in 2005. See 'Iraqis Recall Golden Age', ICR (Institute for War and Peace Reporting), 75, 21 February 2005 (http://iwpr.net/report-news/iraqis-recall-golden-age).

12. Max Sawdayee, *All Waiting to Be Hanged*, Part III, e-book, no page number.

13. Ibid.

14. A series of chilling films of the putsch can be seen on YouTube, beginning with: http://www.youtube.com/watch?v=JYmUzK1LVow&feature=relmfu.

15. For more details of the purge, see Con Coughlin, *Saddam: The Secret Life*, pp.155—162; Efraim Karsh and Inari Rautsi, *Saddam Hussein: A Political Biography*, pp.113—117; *Panorama: The Mind of Saddam*, 11 February 1991.

16. Author interview, 18 January 2012. See also 'Oil Sites in Iran and Iraq Bombed as Baghdad Troops Cross Border', *New York Times*, 24 September 1980.

17. Makiya, p.17. The tract was published by Dar al Hurriya (Freedom House), the state publishing house, in 1981.

18. Anthony Cordesman and Abraham Wagner, in *Lessons of Modern War, vol.II: The*

Iran-Iraq War, 估计伊拉克丧生的民众为 14 万至 35 万，受伤人数为 40 万至 70 万，另有 70 万人被俘。据估计，伊朗丧生的民众为 45 万至 73 万，受伤人数为 60 万至 120 万，另有 4.5 万人被俘。

19. 'Oil Sites in Iran and Iraq Bombed as Baghdad Troops Cross Border', *New York Times*, 24 September 1980.

20. David Styan, *France and Iraq: Oil, Arms and French Policy Making in the Middle East*, p.135.

21. See Coughlin, *Saddam: The Secret Life*, p.187.

22. Ibid., p.190.

23. 'The War is Hailed in Iraq: Little Impact in the Capital in Spite of Air Raids-Baghdad Appears Nonchalant', *New York Times*, 30 September 1980.

24. Samir al Khalil [Kanan Makiya], *The Monument: Art, Vulgarity and Responsibility in Iraq*, p.20.

25. See 'Baghdad: Breaking Tides in Process', *Architecture*, 58 (Tokyo, May 1985).

26. Khalil, p.25.

27. Ibid., p.74.

28. Ibid., p.115.

29. 'The Megalomaniac Pitted against the Zealot', *Guardian*, 24 September 1980.

30. Jean Sasson, *Mayada: Daughter of Iraq*, p.104.

31. Dujail returned to haunt Saddam in 2006. See 'Judging Dujail', *Human Rights Watch report*, 20 November 2006, p.2 (http://www.hrw.org/reports/2006/11/19/judging-dujail-0).

32. Peter Sluglett and Marion Farouk-Sluglett, *Iraq since 1958*, p.265.

33. Sasson, p.121.

34. See Abbas Alnasrawi, 'Economic Consequences of the Iraq-Iran War', *Third World Quarterly*, 8, 3 (July 1986), pp.874—876.

35. Sasson, p.134.

36. Dilip Hiro, *The Longest War*, p.108.

37. 'Iran Missile Hits Baghdad Homes', *Guardian*, 13 September 1986.

38. Niall Ferguson, *Colossus: The Price of America's Empire*, p.118.

39. 'Deadly Consequences of Weapons Sales as Iran Fires Missiles into Baghdad', *Guardian*, 27 Nov. 1986.

40. 'Iraq Vows to Take Revenge as School Hit by Missile', *Guardian*, 14 October 1987.

41. 'Missile Hits Baghdad as Arab Leaders Open Summit', *Guardian*, 9 November 1987.

42. See Shahram Chubin and Charles Tripp, *Iran and Iraq at War*, p.61.

43. Author interview, 18 March 2012.

44. Latif Yahia, *The Devil's Double*, p.3.

45. 'Baghdad Celebrates with Gunfire and Fireworks', *Guardian*, 10 August 1988.

46. Khalil, p. 2.2007 年 2 月，即在萨达姆·侯赛因被处死之后不到两个月，伊拉克政府就开始拆除胜利拱门。民众普遍抗议，要求政府重新考虑，迫使政府随后放弃这个决定，并于 2011 年修复了这个有争议的纪念拱门。

47. Ibid., p.51.

48. 'Hussein Charged with Genocide in 50,000 Deaths', *New York Times*, 5 April 2006. (http://www.nytimes.com/2006/04/05/world/middleeast/05iraq.html?_r=0).

49. For a brief biography of Grand Ayatollah Mohammed Bakir al Hakim, see the SCIRI website (http://www.sciri.btinternet.co.uk/English/About_Us/Sayed/sayed.html) and the more recent website of the renamed Islamic Supreme Council of Iraq (http://isci-iraq.com/home/isci/biographies/49-a-biography-of-isci-co-founder-and-its-prominent-leader-late-ayatollah-sayyed-Mohammed-baqir-al-hakim).2003 年 8 月 29 日这位什叶派宗教人士在纳杰夫的伊玛目阿里清真寺前的一次汽车爆炸中被暗杀，当时正值周五的祈祷结束。

50. Paul Roberts, *The Demonic Comedy: The Baghdad of Saddam Hussein*, p.20.

51. Yahia, pp.67—75.

52. See Abbas Alnasrawi, 'Iraq: Economic Consequences of the 1991 Gulf War and Future Outlook', *Third World Quarterly*, 13, 2 (1992), pp.336—342.

53. Yahia, p.241.

54. Author interview, 17 March 2012.

55. Nuha al Radi, *Baghdad Diaries 1991—2002*, p.27.

56. See Eric Rouleau, 'America's Unyielding Policy Toward Iraq', *Foreign Affairs*, 74, 1 (January—February 1995), pp.59—72.

57. Alnasrawi, 'Iraq: Economic Consequences of the 1991 Gulf War and Future Outlook', pp.347—348.

58. 'Report to the Secretary-General on Humanitarian Needs in Kuwait and Iraq in the Immediate Post-Crisis Environment by a Mission to the Area Led by Mr Martti Ahtisaari, Under-Secretary-General for Administration and Management', 20 March 1991, p.5.

59. Jita Mishra, *The NPT and the Developing Countries*, p.156.

60. Yahia, pp.276—279. 这座宫殿是两伊战争期间修建的几个指挥和控制掩体的一部分。

61. For an account of the rebellion, see 'Endless Torment: The 1991 Uprising in Iraq and Its Aftermath', *Human Rights Watch report*, 1 June 1992 (http://www.hrw.org/reports/1992/Iraq926.htm).

62. Alnasrawi, 'Iraq: Economic Consequences of the 1991 Gulf War and Future Outlook', p.347.

63. 'Saddam Hussein's Palaces', *Daily Telegraph*, 16 July 2009 (http://www.telegraph.co.uk/news/worldnews/middleeast/iraq/5824615/Saddam-Husseins-palaces.html).

64. Khalil, pp.77, 74.

65. Roberts, p.214.

66. Ibid., p.102.

67. Wendell Steavenson, *The Weight of a Mustard Seed*, p.144.

68. Sasson, p.107.

69. See Office of the Iraq Programme Oil-for-Food (http://www.un.org/depts/oip/food-facts.html).

70. Hadani Ditmars, *Dancing in the No-Fly Zone*, p.11.

71. 'Iraqis' Suffering Widens as UN Sanctions Drag On', *New York Times*, 14 December 1997.

72. 'UN Says Sanctions Have Killed Some 500,000 Iraqi Children', *Reuters report*, 21 July 2000 (http://www.commondreams.org/headlines/072100-03.htm).

73. See 'The Wake of War', *Guardian*, 18 May 1996.

74. Radi, p.78.

75. 'Artists Make Best of It in Oppressive Iraq', *San Francisco Chronicle*, 13 March 2002 (http://www.sfgate.com/cgi-bin/article.cgi?f=/c/a/2002/03/13/MN152757.DTL&ao=all).

76. 'Threats and Responses: Support for Hussein', *New York Times*, 16 October 2002 (http://www.nytimes.com/2002/10/16/world/threats-responses-support-for-hussein-show-loyalty-just-say-yes-iraq-vote-for.html?pagewanted=all& src=pm); 'Saddam "Wins 100% of vote" ', *BBC News*, 16 October 2002 (http://news.bbc.co.uk/1/hi/2331951.stm).

77. Stefan Simanowitz, 'The Human Shield Movement', *Z Magazine online*, 16, 11 (November 2003)(http://web.archive.org/web/20041107095821/http://zmagsite.zmag.org/Nov2003/simanowitz1103.html).

78. Jon Lee Anderson, *The Fall of Baghdad*, p.73.

79. Ibid., p.92.

80. See the paper by Harlan Ullman and James Wade, 'Shock and Awe: Achieving Rapid Dominance' (http://www.dodccrp.org/files/Ullman_Shock.pdf).

81. 'A Baghdad Blogger', *New Yorker*, 31 March 2003 (http://www.newyorker.com/archive/2003/03/31/030331ta_talk_zalewski).

82. Salam Pax, *The Baghdad Blog*, p.130.

83. Ibid., p.162.

84. For a selection of these leaflets, see http://salampax.wordpress.com/2009/03/24/
blog-flashback-us-war-propaganda.

85. See http://www.welovetheiraqiinformationminister.com/.

86. 'Toppling Saddam's Statue is the Final Triumph for These Oppressed People',
Daily Mirror, 10 April 2003 (http://www.thefreelibrary.com/GULF+WAR+2%3A+A
NTON+ANTONOWICZ+WATCHES+THE+FALL+OF+BAGHDAD%3A+Toppli
ng…-a099844046).

87. 'Looting Breaks Out as Baghdad Falls', *Sydney Morning Herald*, 10 April 2003
(http://www.smh.com.au/articles/2003/04/10/1049567757398.html).

88. Salam Pax, p.148.

89. See the Oriental Institute Museum of the University of Chicago paper by Geoff
Emberling and Katharyn Hanson (eds.), 'Catastrophe! The Looting and Destruction
of Iraq's Past' (Spring 2008) (http://oi.uchicago.edu/pdf/oimp28.pdf).

90. 'Rumsfeld on Looting in Iraq: "Stuff happens" ', CNN, 12 April 2003 (http://
edition.cnn.com/2003/US/04/11/sprj.irq.pentagon/).

91. 'The Ransacking of the Baghdad Museum Is a Disgrace', *History News Network*,
14 April 2003 (http://hnn.us/articles/1386.html).

92. 'Experts' Pleas to Pentagon Didn't Save Museum', *New York Times*, 16 April 2003
(http://www.nytimes.com/2003/04/16/world/a-nation-at-war-the-looting-
experts-pleas-to-pentagon-didn-t-save-museum.html?pagewanted=all&src=pm).

93. 美国预备役军官马修·博格达诺斯上校负责调查博物馆掠夺案。See his paper
'The Casualties of War: The Truth about the Iraqi Museum', *American Journal
of Archaeology*, 109, 3 (July 2005). See also Robert M.Poole, 'Looting Iraq',
Smithsonian magazine(February 2008) (http://www.smithsonianmag.com/arts-
culture/monument-sidebar.html#ixzz1u59xo87U)。

94. Author interview, 14 December 2004.

95. See Iraq Coalition Casualty Count (http://icasualties.org/); also http://www.
globalsecurity.org/military/ops/iraq_casualties.htm.

96. T. E. Lawrence, 'Twenty-Seven Articles', *Arab Bulletin*, 20 August 1917.

97. For a withering portrait of Bremer's Coalition Provisional Authority, see Rajiv
Chandrasekaran, *Imperial Life in the Emerald City*, pp.216, 140.

98. Ibid., pp.183, 141.

99. See 'Annals of National Security: Torture at Abu Ghraib', *New Yorker*, 10 May 2004
(http://www.newyorker.com/archive/2004/05/10/040510fa_fact?currentPage=all);
also see 'New Details of Prison Abuse Emerge', *Washington Post*, 21 May 2004

(http://www.washingtonpost.com/wp-dyn/articlesA43783-2004May20.htm).

100. See 'The Minister of Civil War: Bayan Jabr, Paul Bremer and the Rise of the Iraqi Death Squads', *Harper's Magazine*, August 2006.

101. Author interview, 26 June 2013.

102. See 'Iraqi Deaths from Violence 2003—2011', Iraq Body Count (http://www.iraqbodycount.org/analysis/numbers/2011).

103. 'The Ghost in the Baghdad Museum', *New York Times*, 2 April 2006 (http://www.nytimes.com/2006/04/02/arts/design/02cohe.html?pagewanted=all).

104. http://thegroundtruth.blogspot.co.uk/2009/11/columbia-university-charts-sectarian.html.

105. 'In Grief and Defiance, Baghdad's Christians Return to Scene of Attack', *New York Times*, 7 November 2010 (http://www.nytimes.com/2010/11/08/world/middleeast/08baghdad.html).

106. 'After Baghdad Church Attack, Christians Shocked but Say "We Still Have a Mission Here" ', *Christian Science Monitor*, 1 November 2010 (http://www.csmonitor.com/World/Middle-East/2010/1101/After-Baghdad-church-attack-Christians-shocked-but-say-we-still-have-a-mission-here).

107. Author interview, 15 December 2013.

108. Author interview with Cordia Ezekiel, the daughter of Max Sawdayee, 24 February 2012. See also 'Baghdad Jews have become a Fearful Few', *New York Times*, 1 June 2008 (http://www.nytimes.com/2008/06/01/world/middleeast/01babylon.html?pagewanted=all).

109. See 'Iraqi Deaths from Violence 2003—2011', Iraq Body Count (http://www.iraqbodycount.org/analysis/numbers/2011/).

110. See the report by Amy Hagopian and team, 'Mortality in Iraq Associated with the 2003—2011 War and Occupation: Findings from a National Cluster Sample Survey by the University Collaborative Iraq Mortality Study' (15 October 2013) (http://www.plosmedicineorg/article/info%3Adol%2F10. 1371%2Fjournal.pmed.1001533).

111. See 'Iraq 2013: A Year of Carnage' (http://Iraq2013.rt.com).

112. Author interview, 17 March 2012.

参考文献

Abbott, Nabia, *Two Queens of Baghdad: Mother and Wife of Harun al Rashid* (London, 1986; reprint of 1946 original).

Abdullah, Thabit, *A Short History of Iraq: From 636 to the Present* (London, 2003).

Aboul-Enein, Youssef H., *Iraq in Turmoil: Historical Perspectives of Dr Ali al Wardi, from the Ottoman Empire to King Feisal* (Annapolis, Maryland, 2012).

Aburish, Said, *Saddam Hussein: The Politics of Revenge* (New York, 2000).

Adler, Marcus Nathan, *The Itinerary of Benjamin of Tudela* (Oxford, 1907).

Ágoston, Gábor, and Masters, Bruce, *Encyclopedia of the Ottoman Empire* (New York, 2009).

Ahsan, Muhammad Manazir, *Social Life under the Abbasids* (London, 1979).

Allaf, Abdul Kareem al, *Baghdad al Qadeemah min Sanat 1869 hatta Sanat 1917 (Old Baghdad from the Year 1869 until the Year 1917)*(Beirut, 1999; reprint of 1960 original).

Ali, Sayed Amir, *A Short History of the Saracens* (London, 1955; reprint of 1899 original).

— *The Spirit of Islam: A History of the Evolution and Ideals of Islam with a Life of the Prophet* (London, 1922).

Allawi, Ali A., *The Crisis of Islamic Civilization* (New Haven, Conn., 2009).

— *The Occupation of Iraq: Winning the War, Losing the Peace* (New Haven, Conn., 2007).

Alnasrawi, Abbas, 'Economic Consequences of the Iraq-Iran War', *Third World Quarterly*, 8, 3 (July 1986), pp.869—95.

— 'Iraq: Economic Consequences of the 1991 Gulf War and Future Outlook', *Third*

World Quarterly, 13, 2 (1992), pp.335—52.

Amitai-Preiss, Reuven, *Mongols and Mamluks: The Mamluk-Ilkhanid War 1260—1281* (Cambridge, 1995).

Anderson, Jon Lee, *The Fall of Baghdad* (London, 2005; reprint of 2004 original).

Antonius, George, *The Arab Awakening: The Story of the Arab National Movement* (London, 1938).

The Arabian Nights: Tales of 1,001 Nights, translated by Malcolm Lyons, 3 vols. (London, 2008).

Arabshah, Ibn, *Timur the Great Amir* (London, 1936; reprint of 1935 original).

Arberry, A. J., *Arabic Poetry* (Cambridge, 1965).

Armstrong, Karen, *A History of God. From Abraham to the Present: The 4,000-Year Quest for God* (London, 1999; reprint of 1993 original).

Arnett, Peter, *Live from the Battlefield: From Vietnam to Baghdad* (London, 1994).

Ashtiany, Julia, et al. (eds.), *Cambridge History of Arabic Literature, vol.II: Abbasid Belles-Lettres* (Cambridge, 1990).

Athir, Ibn al, *The Chronicle of Ibn al Athir for the Crusading Period from Al Kamil fi al Tarikh* (*The Complete History*), translated by D. S. Richards (Aldershot, 2006—2008).

— *Part I: The Years 491—541 / 1097—1146*

— *Part II: The Years 541—589 / 1146—1193*

— *Part III: The Years 589—629 / 1193—1231*

Atiyah, Ghassan, *Iraq, 1908—1921: A Socio-Political Study* (Beirut, 1973).

Atwood, Christopher P., *Encyclopedia of Mongolia and the Mongol Empire* (New York, 2004).

Audisio, Gabriel, *Harun al Rashid: Caliph of Baghdad* (New York, 1931).

Axworthy, Michael, *The Sword of Persia: Nader Shah, from Tribal Warrior to Conquering Tyrant* (London, 2009).

Azzawi, Abbas al, *Tarikh al Iraq bayn al Ihtilayn* (*History of Iraq between Two Occupations*), 8 vols.(Baghdad, 1935—1956).

Baig, Sulaiman Faiq, *The History of Baghdad*, translated by Mousa Kadhim Nawras (Baghdad, 1962).

Barbaro, Josafa, and Contarini, Ambrosio, *Travels to Tana and Persia* (London, 1873).

Barker, A. J. *The Neglected War: Mesopotamia 1914—1918* (London, 1967).

Barthold, W., *Turkestan down to the Mongol Invasion* (Oxford, 1928).

Batatu, Hanna, *The Egyptian, Syrian and Iraqi Revolutions: Some Observations on Their Underlying Causes and Social Character* (Georgetown, 1983).

— *The Old Social Classes and the Revolutionary Movements of Iraq: A Study of Iraq*'s *Old Landed and Commercial Classes and of Its Communists, Baathists and Free Officers* (Princeton, N. J., 1978).

Battuta, Ibn, *The Travels of Ibn Battutah*, vols.I—IV, translated by H. A. R. Gibb (Cambridge, 1971).

Bayat, Fadhil, *Baghdad: min Khilal Wathaik al Arsheef al Othmani* (*Baghdad in the Light of Ottoman Archive Documents*) (Istanbul, 2008).

Beckford, William, *Vathek* (Oxford, 2008; reprint of 1786 original).

Bell, Gertrude, *Amurath to Amurath* (London, 1911).

— *The Desert and the Sown* (New York, 2001; reprint of 1907 original).

— *Diaries* and *Letters*, available on Newcastle University's Gertrude Bell Archive: http://www.gerty.ncl.ac.uk.

— *Review of the Civil Administration of Mesopotamia* (London, 1920).

Benjamin, Marina, *Last Days in Babylon: The Story of the Jews of Baghdad* (London, 2007).

Bennison, Amira, *The Great Caliphs: The Golden Age of the Abbasid Empire* (London, 2009).

Ben-Porat, Mordechai, *To Baghdad and Back: The Miraculous 2,000-Year Homecoming of the Iraqi Jews* (Jerusalem, 1998).

Bevan, Edwyn Robert, *The Land of The Two Rivers* (London, 1917).

Black, Edwin, *Banking on Baghdad: Inside Iraq*'s *7,000-Year History of War, Profit and Conflict* (Hoboken, N. J., 2004).

Blankinship, Khalid Yahya, 'The Tribal Factor in the Abbasid Revolution: The Betrayal of the Imam Ibrahim B. Muhammad', *Journal of the American Oriental Society*, 108, 4 (October—December 1988), pp.589—603.

Bleaney, C. H., and Roper, G. J., *Iraq: A Bibliographical Guide* (Leiden, 2004).

Bogdanos, Matthew, 'The Casualties of War: The Truth about the Iraqi Museum', *American Journal of Archaeology*, 109, 3 (July 2005), pp.477—526.

Boyle, John Andrew, 'The Death of the Last Abbasid Caliph', *Journal of Semitic Studies*, 6, 2 (1961), pp.145—61.

— (ed.), *The Cambridge History of Iran, vol.V: The Saljuq and Mongol Periods* (Cambridge, 1968).

Bracciolini, Poggio, *The Travels of Nicolò de' Conti, in the East in the Early Part of the Fifteenth Century* (London, 1857).

Bremer, Paul, *My Year in Iraq: The Struggle to Build a Future of Hope* (New York, 2006).

Bretschneider, Emil, *Medieval Researches from Eastern Asiatic Sources* (London, 1888).

Browne, Edward G., *Arabian Medicine* (Cambridge, 1921).

— *A Literary History of Persia*, 4 vols.(Cambridge, 1902—1924).

Buckingham, James Silk, *Travels in Mesopotamia, including a Journey from Aleppo to Bagdad, by the Route of Beer, Orfah, Diarbekr, Mardin, & Mousul; with Researches on the Ruins of Nineveh, Babylon, and Other Ancient Cities*, 2 vols.(London, 1827).

Burgoyne, Elizabeth, *Gertrude Bell: From Her Personal Papers*, vol.II: *1914—1926*, (London, 1961).

Butlin, Robin, 'Changing Visions: The RGS in the 19th Century', in Royal Geographical Society, *To the Ends of the Earth* (London, 2005).

Byron, Robert, *The Road to Oxiana* (London, 2004; reprint of 1937 original).

Callwell, Charles, *The Life of Sir Stanley Maude* (London, 1920).

The Cambridge History of Iran (Cambridge, 1968—1991).

Candler, Edmund, *The Long Road to Baghdad*, 2 vols. (London, 1919).

Caractacus, *Revolution in Iraq: An Essay in Comparative Public Opinion* (London, 1959).

Çelebi, Evliya, *Seyahatnamesi (Book of Travels)*, 10 vols. (Istanbul, 1999—2007).

Çetinsaya, Gökhan, *Ottoman Administration of Iraq 1890—1908* (Abingdon, 2006).

Ceylan, Ebubekir, 'Carrot or Stick?: Ottoman Tribal Policy in Baghdad 1831—1876', *International Journal of Contemporary Iraqi Studies*, 3, 2 (November 2009), pp.169—86.

— *The Ottoman Origins of Modern Iraq: Political Reform, Modernization and Development in the Nineteenth-Century Middle East* (London, 2011).

Chalabi, Tamara, *Late for Tea at the Deer Palace: The Lost Dreams of My Iraqi Family* (London, 2010).

Chambers, James, *The Devil's Horsemen: The Mongol Invasion of Europe* (London, 2001).

Chandrasekaran, Rajiv, *Imperial Life in the Emerald City: Inside Baghdad's Green Zone* (London, 2007).

Chesney, Francis Rawdon, *The Expedition for the Survey of the Rivers Euphrates and Tigris, Carried on by Order of the British Government, in the Years 1835, 1836 and 1837*, 4 vols. (London, 1850).

Christie, Agatha, *They Came to Baghdad* (London, 2003; reprint of 1951 original).

Chubin, Shahram, and Tripp, Charles, *Iran and Iraq at War* (London, 1988).

Clarke, George S., *The Baghdad Railway*, Memorandum prepared by the Direction of the Prime Minister, 26 January 1905 (London, 1905).

Clot, André, *Harun al Rashid and the World of the Thousand and One Nights*, translated from the French by John Howe (London, 2005).

— *Suleiman the Magnificent*, translated from the French by Matthew J. Reisz (London, 2005).

Cohen, Morris, 'Superstition among the Jews in Baghdad', extracted in *The Scribe: Journal of Babylonian Jewry*, 46 (January 1991), pp.3—5.

Coke, Richard, *Baghdad: The City of Peace* (London, 1927).

Cooperson, Michael, 'Baghdad in Rhetoric and Narrative', *Muqarnas*, 13 (1996), pp.99—113.

Cordesman, Anthony, and Wagner, Abraham R., *Lessons of Modern War, vol.II: The Iran-Iraq War* (Boulder, Colo., 1990).

Coughlin, Con, *Saddam: King of Terror* (New York, 2002).

— *Saddam: The Secret Life* (London, 2007).

Creswell, K. A. C., *Early Muslim Architecture*, 2 vols. (Oxford, 1932, 1940).

Damluji, Sadiq, *Midhat Pasha* (Baghdad, 1953).

Daniel, Elton L., 'Arabs, Persians, and the Advent of the Abbasids Reconsidered', *Journal of the American Oriental Society*, 117, 3 (July—September 1997), pp.542—8.

Dankoff, Robert, and Kim, Sooyong (eds. and trans.) *An Ottoman Traveller: Selections from the Book of Travels of Evliya Çelebi* (London, 2010).

Dann, Uriel, *Iraq under Qassem: A Political History 1958—1963* (New York, 1969).

Darke, Hubert (trans.), *The Book of Government or Rules for Kings: The Siyasat-nama or Siyar al Muluk of Nizam al Mulk* (London, 1960).

Darwish, Adel, and Alexander, Gregory, *Unholy Babylon: The Secret History of Saddam's War* (New York, 1991).

Dawisha, Adeed, *Iraq: A Political History from Independence to Occupation* (Princeton, N. J., 2009).

De Gaury, Gerald, *Three Kings in Baghdad: The Tragedy of Iraq's Monarchy* (London, 2008; reprint of 1961 original).

DeNovo, John A., *American Interests and Policies in the Middle East 1900—1939*, (Minneapolis, Minn., 1963).

Din, Rashid al, *The Successors of Genghis Khan*, translated by John Andrew Boyle (New York, 1971).

— *Jami al Tawarikh* (*Compendium of Histories*), French translation by Etienne Quatremère, *Histoire des Mongols de la Perse* (Paris, 1836).

Ditmars, Hadani, *Dancing in the No-Fly Zone: A Woman's Journey through Iraq*

(Northampton, Mass., 2006).

Dodge, Toby, 'The British Mandate in Iraq, 1914—1932' (http://www.gale.cengage. com/pdf/whitepapers/gdc/TheBritishMandate.pdf).

— Inventing Iraq: The Failure of Nation Building and a History Denied (London, 2003).

D'Ohsson, Constantin, Histoire des Mongols (Amsterdam, 1834—1835).

Drury, William Edward, Camp Follower: A Padre's Recollections of Nile, Somme and Tigris during the First World War (Dublin, 1968).

Dupuy, R. Ernest, and Dupuy, Trevo N. The Collins Encyclopedia of Military History (London, 1993).

Duri, A. A., 'Baghdad', in Encylopaedia of Islam (second edition), vol.I (London, 1971), p.903.

Earle, E. M., Turkey, the Great Powers, and the Baghdad Railway: A Study in Imperialism (New York, 1923).

Effendi, Evliya, Narrative of Travels in Europe, Asia and Africa in the Seventeenth Century, translated by Joseph von Hammer-Purgstall, 2 vols. (London, 1834—1850).

Egan, Eleanor Franklin, The War in the Cradle of the World (London, 1918).

Ellis, Tristram J., On a Raft and through the Desert (London, 1881).

Ellis, William S., 'The New Face of Baghdad', National Geographic, 167, 1 (January 1985).

Emberling, Geoff, and Hanson, Katharyn (eds.), 'Catastrophe! The Looting and Destruction of Iraq's Past', Oriental Institute Museum of the University of Chicago paper (Spring 2008).

Emin, Joseph, Life and Adventures of Joseph Emin (Calcutta, 1918).

Erskine, Beatrice, King Faisal of Iraq: An Authorized and Authentic Study (London, 1933).

Farmer, H. G., A History of Arabian Music to the XIIIth Century (London, 1929).

Faroqhi, Suraiya, Approaching Ottoman History: An Introduction to the Sources (Cambridge, 1999).

Farouk-Sluglett, Marion, and Sluglett, Peter, 'Review of The Old Social Classes and the Revolutionary Movements of Iraq: A Study of Iraq's Old Landed and Commercial Classes and of Its Communists, Baathists and Free Officers', Arab Studies Quarterly, 3 (1981), pp.98—106.

Fathi, Saul Silas, Full Circle: Escape from Baghdad and the Return (Philadelphia, 2005).

Fattah, Hala, The Politics of Regional Trade in Iraq, Arabia and the Gulf 1745—1900

(Albany, 1997).

Fawzi, Farouk Omar, *Abbasid Caliphate*, in Arabic, 2 vols. (Amman, 2003).

Ferguson, Niall, *Colossus: The Price of America's Empire* (New York, 2004).

Fernea, Robert A., and Louis, William Roger (eds.), *The Iraqi Revolution of 1958: The Old Social Classes Revisited* (London 1991).

Finkel, Caroline, *Osman's Dream: The Story of the Ottoman Empire 1300—1923* (London, 2005).

Foster, Benjamin R., and Polinger Foster, Karen, *Civilizations of Ancient Iraq* (Princeton, N. J., 2009).

Fraser, J. Baillie, *Travels in Koordistan, Mesopotamia, etc.*, 2 vols. (London, 1840).

Fromkin, David, *A Peace to End All Peace: The Fall of the Ottoman Empire and the Creation of the Modern Middle East* (London, 1989).

Gabriel, Albert, 'Les Étapes d'une campagne dans les deux Irak d'après un manuscrit turc du XVIe siècle', *Syria*, 9, (1928), pp.328—349.

Gallman, Waldemar, *Iraq under General Nuri: My Recollections of Nuri al Said 1954—1958* (Baltimore, Maryland, 1964).

Ghanimah, Yusuf Rizk-Allah, *Nuzhat al Mushtak fi Tarikh Yahud al Iraq (A Nostalgic Trip into the History of the Jews of Iraq)*, translated from the Arabic by Reading A. Dallal (Oxford, 1998).

Gibbon, Edward, *Decline and Fall of the Roman Empire* (London, 1937; reprint of 1776 original).

Glassé, Cyril, *The New Encyclopedia of Islam* (London, 2002; reprint of 1989 original).

Grant, Christina Phelps, *The Syrian Desert: Caravans, Travel and Exploration* (London, 1937).

Grousset, René, The *Empire of the Steppes* (New Brunswick, N. J., 1970; translation of 1938 original).

Groves, A. N., *Journal of a Residence in Bagdad during the Years 1830 and 1831* (London, 1832).

Gruendler, Beatrice, *Medieval Arabic Praise Poetry* (London, 2003).

Haim, Sylvia, 'Aspects of Jewish Life in Baghdad under the Monarchy', *Middle Eastern Studies*, 12, 2 (1976), pp.188—208.

Hakluyt, Richard, *Hakluyt's Collection of the Early Voyages, Travels, and Discoveries of the English Nation* (London, 1810; also 1903—1905 edition).

Haldane, Aylmer, *The Insurrection in Mesopotamia 1920* (London, 1922).

Hammer-Purgstall, Joseph von, *Histoire de l'Empire ottoman*, translated from the German by J. J. Hellert (Paris, 1835—1843).

Hammond, Josephine, *Battle in Iraq: Letters and Diaries of the First World War* (London, 2009).

Hamza, Khidhir, *Saddam's Bombmaker: The Terrifying Inside Story of the Iraqi Nuclear and Biological Weapons Agenda* (New York, 2000).

Hanne, Eric J., *Putting the Caliph in His Place: Power, Authority, and the Late Abbasid Caliphate* (Madison, N. J., 2007).

Hanway, Jonas, *An Historical Account of the British Trade over the Caspian Sea: with a Journal of Travels from London through Russia into Persia; and back again through Russia, Germany and Holland. To which are Added, the Revolutions of Persia during the Present Century, with the Particular History of the Great Usurper Nadir Kouli*, 4 vols. (London, 1753).

Harper, R. F., *Assyrian and Babylonian Literature* (New York, 1901).

Harris, John, *Navigantium atque Itinerantium Biblioteca; or, A Compleat Collection of Voyages and Travels*, 2 vols. (London, 1705).

Hasan, M. S., 'Growth and Structure of Iraq's Population 1867—1947', *Bulletin of the Oxford University Institute of Economics and Statistics*, 20, 4 (1958) pp.339—352.

Hasluck, F. W., *Christianity and Islam under the Sultans*, ed. Margaret Hasluck, 2 vols. (Oxford, 1929).

Hathaway, Jane, and Barbir, Karl, *The Arab Lands under Ottoman Rule 1516—1800* (Harlow, 2008).

Hawting, G. R., *The First Dynasty of Islam: The Umayyad Caliphate* AD *661—750* (London, 1986).

Haydar, Jamal, *Baghdad: Malamih Madina fi Dhakirat al Sitinat* (*Baghdad: Memories of a City in the 1960s*) (Casablanca, 2002).

Herodotus, *The Histories* (London, 2003).

Herrin, Judith, *Byzantium: The Surprising Life of a Medieval Empire* (London, 2007).

Heude, Lieutenant William, *A Voyage up the Persian Gulf, and a Journey Overland from India to England, in 1817* (London, 1819).

Hillenbrand, Carole, *The Crusades: Islamic Perspectives* (Edinburgh, 1999).

Hiro, Dilip, *The Longest War: The Iran-Iraq Military Conflict* (London, 1991; reprint of 1989 original).

Hitti, Philip, *History of the Arabs* (London, 1937).

Holt, Peter M., *Egypt and the Fertile Crescent 1516—1922* (London, 1966).

Horne, Charles F. (ed.), *Source Records of the Great War*, Vol.V (National Alumni, USA, 1923).

Hourani, Albert, *A History of the Arab Peoples* (London, 2005).

—, Khoury, Philip S., and Wilson, Mary C. (eds.), *The Modern Middle East: A Reader* (Berkeley and Los Angeles, Calif., 1993).

— and Stern, S. M. (eds.), *The Islamic City* (Oxford, 1970).

Howell, Georgina, *Daughter of the Desert: The Remarkable Life of Gertrude Bell* (London, 2006).

Howorth, Henry H., *History of the Mongols, from the Ninth to the Nineteenth Century*, 4 vols. in 5 (London, 1876—1927).

Huart, Clément, *Histoire de Bagdad dans les temps modernes* (Paris, 1901).

Hume-Griffith, M. E., *Behind the Veil in Persia and Turkish Arabia* (London, 1909).

Hurewitz, Jacob Coleman, *Diplomacy in the Near and Middle East: A Documentary Record 1535—1914*, 2 vols. (Princeton, N. J., 1956).

Hussain, Ishtiaq, *The Tanzimat: Secular Reforms in the Ottoman Empire* (http://faith-matters.org/images/stories/fm-publications/the-tanzimat-final-web.pdf).

Imber, Colin, *The Ottoman Empire 1300—1650: The Structure of Power* (New York, 2002).

— 'The Persecution of the Ottoman Shi' ites according to the Mühimme Defterleri 1565—1585', *Islam*, 56, 2 (1979) pp.245—273.

Ionides, Michael George, *The Regime of the Rivers Euphrates and Tigris* (London, 1937).

Iraq Administration Reports 1914—1932 (Slough, 1992).

Irwin, Robert, *The Arabian Nights: A Companion* (London, 2004).

— *The Middle East in the Middle Ages: The Early Mamluk Sultanate 1250—1382* (London, 1986).

Isfahani, Abu al Faraj al, *Kitab al Aghani*, 25 vols. (Beirut, 2000).

Ives, Edward, *A Voyage from England to India, in the Year 1754 ... Also a Journey from Persia to England by an Unusual Route* (London, 1773).

Jabra, Jabra Ibrahim, *Hunters in a Narrow Street* (London, 1960).

Jamali, Mohammed Fadhel, '*Iraq under General Nuri*: A Review of Waldemar Gallman's Book', *Middle East Forum*, 11, 7 (1964), pp.13—24.

Jastrow, Morris, *The War and the Bagdad Railway: The Story of Asia Minor and Its Relation to the Present Conflict* (Philadelphia, 1918).

Jawad, Mustafa, *Baghdad al Qadeema wal Haditha* (*Baghdad: Ancient and Modern*) (Baghdad, 1969).

— and Susa, Ahmad, *Dalil Kharita Baghdad al Mufassal* (*A Detailed Guide to Baghdad's Map*) (Baghdad, 1958).

Jayyusi, Salma (ed.), *The City in the Islamic World* (Leiden, 2008).

Johnston, Norman, 'The Urban World of the Matraki Manuscript', *Journal of Near Eastern Studies*, 30, 3 (July 1971) pp.159—76.

Jones, James Felix, 'Memoir on the Province of Baghdad', in *Memoirs by Commander J. F. Jones* (1998 edition; reprint of Bombay, 1857, original).

Jones Brgdges, Harford, *An Account of the Transactions of His Majesty's Mission to the Court of Persia, in the Years 1807—1811, to which is Appended a Brief History of the Wahauby*, 2 vols. (London, 1834).

Juvaini, 'Ala-ad-Din 'Ata-Malik, *The History of the World-Conqueror*, translated from the text of Mirza Muhammad Qazvini by John Andrew Boyle, 2 vols. (Manchester, 1958).

Karsh, Efraim, and Rautsi, Inari, *Saddam Hussein: A Political Biography* (London, 1991).

Kathir, Ibn, *Al Bidaya wal Nihaya* (*The Beginning and the End*), vol.XIII: *The Events of the Year 656* AH (*1258* AD) (Al Mostafa e-library: www.al-mostafa.com).

Kedourie, Elie, *England and the Middle East: The Destruction of the Ottoman Empire 1914—1921* (London, 1987; reprint of 1956 original).

Kennedy, Hugh, *The Armies of the Caliphs: Military and Society in the Early Islamic State* (London, 2001).

— *The Early Abbasid Caliphate: A Political History* (London, 1981).

— *When Baghdad Ruled the Muslim World: The Rise and Fall of Islam's Greatest Dynasty* (Cambridge, Mass., 2005; US edition of *The Court of the Caliphs*, London, 2005).

Kennedy, Philip, *Abu Nuwas: A Genius of Poetry* (Oxford, 2005).

Keppel, George, *Personal Narrative of a Journey from India to England,* 2 vols. (London, 1827).

Kerküklü, Rasul al, *Dawhat al Wuzara* (*The Lofty Tree of Ministers*), translated from Turkish by Musa Kadhim Nawras (Beirut, [n.d.]).

Khadduri, Majid, *Republican Iraq: A Study of Iraqi Politics since the Revolution of 1958* (London, 1969).

Khaldun, Ibn, *An Arab Philosophy of History: Selections from the Prolegomena of Ibn Khaldun of Tunis*, translated by Charles Issawi (Princeton, N.J., 1987; reprint of 1950 original).

— *The Mukaddimah: An Introduction to History*, translated from the Arabic by Franz Rosenthal; abridged and edited by N.J. Dawood (London, 1978).

— *Tarikh ibn Khaldun* (Beirut, 2011).

Khalil, Samir al, *The Monument: Art, Vulgarity and Responsibility in Iraq* (London,

1991; pseudonym of Kanan Makiya).

Khalili, Jim al, *Pathfinders: The Golden Age of Arabic Science* (London, 2010).

Khallikan, Ibn, *Ibn Khallikan*'s *Biographical Dictionary*, translated by Baron MacGuckin de Slane, 4 vols. (Beirut, 1970; reprint of 1842—1871 original).

Khoury, Dina, 'Merchants and Trade in Early Modern Iraq', *New Perspectives on Turkey*, 5—6 (Fall 1991), pp.70—82.

Kilpatrick, Hilary, *Making the Great Book of Songs: Compilation and the Author*'s *Craft in Abu al Faraj al-Isfahani*'s *'Kitab al Aghani'* (London, 2002).

Kimball, Lorenzo Kent, *The Changing Pattern of Political Power in Iraq 1958 to 1972* (New York, 1972).

The Koran, trans. N. J. Dawood (London, 2000).

Kudret, Cevdet, *Fuzuli* (Istanbul, 2003).

Langley, Kathleen M., *The Industrialization of Iraq* (Cambridge, Mass., 1962; reprint of 1961 original).

Lassner, Jacob, *The Topography of Baghdad in the Early Middle Ages* (Detroit, 1970).

Lawrence, T. E., 'A Report on Mesopotamia', *Sunday Times*, 22 August 1920. Also available at the World War Document Archive at: http://wwi.lib.byu.edu/index.php/ A_Report_on_Mesopotamia_by_T.E._Lawrence.

— *Seven Pillars of Wisdom* (London, 1935).

— 'Twenty-Seven Articles', *Arab Bulletin*, 20 August 1917.

Lees, William Nassau, *Jami: A Biographical Sketch* (Calcutta, 1859).

Le Strange, Guy, *Baghdad during the Abbasid Caliphate* (Oxford, 1900).

— 'A Greek Embassy to Baghdad in 917 AD', *Journal of the Royal Asiatic Society* (January 1897), pp.33—45.

— *Lands of the Eastern Caliphate: Mesopotamia and Central Asia from the Moslem Conquest to the Time of Timur* (Cambridge, 1905).

— 'The Story of the Death of the Last Abbasid Caliph', *Journal of the Royal Asiatic Society* (April 1900), pp.293—300.

Lewis, Bernard, *The Assassins: A Radical Sect in Islam* (London, 2010; reprint of 1967 original).

— 'The Ottoman Archives as a Source for the History of the Arab Lands', *Journal of the Royal Asiatic Society*, 3/4 (October 1951), pp.139—155.

— *Race and Slavery in the Middle East: An Historical Enquiry* (Oxford 1992; reprint of 1990 original).

Long, P. W., *Other Ranks of Kut* (London, 1938).

Longrigg, Stephen Hemsley, *Four Centuries of Modern Iraq* (Oxford, 1925).

—— *Iraq 1900—1950: A Political, Social and Economic History* (Oxford, 1953).

Low, Charles Rathbone, *History of the Indian Navy 1613—1863,* 2 vols. (London, 1877).

Lyons, Jonathan, *The House of Wisdom: How the Arabs Transformed Western Civilization* (London 2010; reprint of 2009 original).

Maalouf, Amin, *The Crusades through Arab Eyes* (London, 2006; reprint of 1984 original).

MacCulloch, Diarmaid, *A History of Christianity: The First Three Thousand Years* (New York, 2010; reprint of 2009 original).

McMeekin, Sean, *The Berlin–Baghdad Express: The Ottoman Empire and Germany's Bid for World Power 1898—1918* (London, 2010).

Main, Ernest, *In and Around Baghdad* (Baghdad, [n.d. but 1920s]).

Makiya, Kanan, *Republic of Fear: The Politics of Modern Iraq* (London, 1998; reprint of 1989 original).

Makkiya, Muhammad, *Baghdad* (London, 2005).

Makrizi, Al, *Book of Contention and Strife Concerning the Relations between the Banu Umayya and the Banu Hashim*, translated by Clifford Edmund Bosworth (Manchester, 1983).

Man, John, *Kublai Khan, The Mongol King Who Remade China* (London, 2006).

Mantran, Robert, 'Bagdad à l'époque ottoman', *Arabica*, 9, 3 (1962), pp.311—324.

—— *Histoire de l'Empire ottoman* (Paris, 1989).

Marcus, Abraham, *The Middle East on the Eve of Modernity: Aleppo in the Eighteenth Century* (New York, 1989).

Marozzi, Justin, *The Man Who Invented History: Travels with Herodotus* (London, 2008).

—— *Tamerlane: Sword of Islam, Conqueror of the World* (London, 2004).

Marr, Phebe, *The Modern History of Iraq* (Boulder, Colo., 2012; reprint of 1985 original).

Marzolph, Ulrich, and Leeuwen, Richard van (eds.), *The Arabian Nights Encyclopedia*, 2 vols. (Santa Barbara, Calif., 2004).

Masudi, *The Meadows of Gold: The Abbasids*, translated and edited by Paul Lunde and Caroline Stone (London, 1989).

Matraki, Nasuh al, *Beyan-ı Menazil-i Sefer-ul Irakeyn* (*Description of the Stages of Sultan Suleyman's Campaign in the Two Iraqs*), MMS 6964, University Library, Istanbul.

Maxwell, Donald, *A Dweller in Mesopotamia, being the Adventures of an Artist in the*

Garden of Eden (London, 1921).

Maxwell, Gavin, *A Reed Shaken by the Wind* (London, 1957).

Meyer, Karl, and Brysac, Shareen, *Kingmakers: The Invention of the Modern Middle East* (New York, 2008).

Milstein, Rachel, *Miniature Painting in Ottoman Baghdad* (Costa Mesa, Calif., 1990).

Milton-Edwards, Beverley, and Hinchcliffe, Peter, *Jordan: A Hashemite Legacy* (Oxford, 2009; reprint of 2001 original).

Milwright, Marcus, *An Introduction to Islamic Archaeology* (Edinburgh, 2010).

Mishra, Jita, *The NPT and the Developing Countries* (New Delhi, 2008).

Moberly, Brigadier-General F. J., *History of the Great War Based on Official Documents by Direction of the Historical Section of the Committee of Imperial Defence. The Campaign in Mesopotamia 1914—1918*, 4 vols. (London, 1923—1927).

Morgan, David, *Medieval Persia 1040—1797* (London, 1988).

— *The Mongols* (Oxford, 1986).

Mottahedeh, Roy, 'The Abbasid Caliphate in Iran', in *The Cambridge History of Iran, vol.IV: The Period from the Arab Invasion to the Saljuqs* (Cambridge, 1975), pp.57—89.

Muir, William, *The Caliphate: Its Rise, Decline and Fall* (London, 1891).

Mukaddasi, *The Best Divisions for Knowledge of the Regions*, a translation of *Ahsan al Takasim fi Ma'rifat al Akalim* by Basil Anthony Collins (Reading, 1994).

Munro, John M. and Love, Martin, 'The Nairn Way', *Saudi Aramco World*, July—August 1981 (http://www.saudiaramcoworld.com/issue/198104/the.nairn.way.htm).

Murphey, Rhoads, *Ottoman Warfare 1500—1700* (London, 1999).

— 'Suleyman's Eastern Policy', in Halil Inalcik and Cemal Kafadar (eds.), *Suleyman the Second and His Time* (Istanbul, 1993), pp.229—248.

Murray, Hugh, *Historical Account of Discoveries and Travels in Asia, from the Earliest Ages to the Present Time*, 3 vols. (Edinburgh, 1820).

Musil, Alois, *The Middle Euphrates: A Topographical Itinerary* (New York, 1927).

Nakash, Yitzhak, *The Shi'is of Iraq* (Princeton, N. J., 1994).

New Cambridge History of Islam, 6 vols. (Cambridge, 2010).

Nicholson, Reynold Alleyne, *A Literary History of the Arabs* (London, 1914; reprint of 1907 original).

Nicolle, David, *The Mongol Warlords: Genghis Khan, Kublai Khan, Hülegü, Tamerlane* (Poole, 1990).

Niebuhr, Carsten, *Voyage en Arabie et en autres pays circonvoisins* (Amsterdam, 1776–80).

Nieuwenhuis, Tom, *Politics and Society in Early Modern Iraq: Mamluk Pashas, Tribal Shaykhs and Local Rule Between 1802 and 1831* (The Hague, 1981).

Nissen, Hans, and Heine, Peter, *From Mesopotamia to Iraq: A Concise History* (Chicago, 2009).

Nunn, Wilfred, *Tigris Gunboats: A Narrative of the Royal Navy's Co-operation with the Military Forces in Mesopotamia from the Beginning of the War to the Capture of Baghdad 1914—1917* (London, 1932).

O'Leary, De Lacy, *Arabic Thought and Its Place in History* (London, 1922).

— *How Greek Science Passed to the Arabs* (London, 1948).

Oman, C. W. C., *The Art of War in the Middle Ages* AD *378—1515* (Ithaca, N. Y., 1953; reprint of 1885 original).

Omari, Sua'ad Hadi al, *Baghdad fi al Qarn al Tasi Ashar Kama Wasafaha al Rahhala al Ajanib* (*Baghdad as Described by the Foreign Visitors*) (Beirut, 2002; reprint of 1954 original).

Ough, John, 'The Nairn Transport Company: Damascus to Baghdad' (http://ough-zone.blogspot.com/2009/08/nairn-transport-company-damascus-to.html).

Owen, Roger, *The Middle East in the World Economy 1800—1914* (London, 1981).

Parry, Ken (ed.), *The Blackwell Companion to Eastern Christianity* (Oxford, 2010; reprint of 2007 original).

Pax, Salam, *The Baghdad Blog* (London, 2003).

Pellat, Charles, *The Life and Works of Jahiz* (London, 1969).

Peters, Rudolph, *Jihad in Classical and Modern Islam* (Princeton, N. J., 2005).

Polo, Marco, *The Travels of Marco Polo* (New York, 1993).

Poole, Robert, 'Looting Iraq', *Smithsonian* magazine (February 2008).

Post, Jerrold, 'Saddam Hussein of Iraq: A Political Psychology Profile', *International Society of Political Psychology*, 12, 2 (June 1991), pp.279—289.

Prawdin, Michael, *The Mongol Empire: Its Rise and Legacy* (London, 2005; reprint of 1937 original).

Prévite-Orton, C. W., *Shorter Cambridge Medieval History*, 2 vols. (Cambridge, 1952).

Purchas, Samuel, *Purchas His Pilgrimes* (London, 1905 [1625]).

Quataert, Donald, *The Ottoman Empire 1700—1922* (Cambridge, 2000).

Rachewiltz, Igor de, *The Secret History of the Mongols* (Leiden, 2004).

Radi, Nuha al, *Baghdad Diaries 1991—2002* (London, 2003; reprint of 1998 original).

Rauwolff, Leonhard, *A Collection of Curious Travels and Voyages. In Two Tomes. The First Containing Dr L. Rauwolff's Itinerary into the Eastern Countries, as Syria, Palestine, &c* (London, 1693).

Rawlinson, Henry, *Notes on the Early History of Babylonia* (London, 1854).

Rayess, Fuad, 'On a Bus to Baghdad', *Saudi Aramco World*, September—October 1966 (http://www.saudiaramcoworld.com/issue/196605/on.a.bus.to.baghdad.htm).

Raymond, André, *Arab Cities in the Ottoman Period* (Aldershot, 2002).

— *The Great Arab Cities in the Sixteenth to Eighteenth Centuries* (New York, 1984).

Reïs, Sīdi Ali, *The Travels and Adventures of the Turkish Admiral Sīdi Ali Reïs in India, Afghanistan, Central Asia, and Persia, during the Years 1553—1556* (London, 1899).

Rejwan, Nissim, and Beinin, Joel, *The Last Jews in Baghdad: Remembering a Lost Homeland* (Austin, Texas, 2004).

Rich, Claudius, *Narrative of a Residence in Koordistan, and on the Site of Ancient Nineveh; with a Journal of a Voyage down the Tigris to Bagdad and an Account of a Visit to Shirauz and Persepolis* (London, 1836).

Richard, Jean, *Le Comté de Tripoli sous la dynastie toulousaine (1102—1187)* (Paris, 1945).

Ricks, Thomas E., *Fiasco: The American Military Adventure in Iraq* (London, 2006).

Roberts, Paul, *The Demonic Comedy: The Baghdad of Saddam Hussein* (Edinburgh, 1999; reprint of 1997 original).

Robertson, William, *Soldiers and Statesmen 1914—1918*, vol.II (London, 1926).

Robinson, Chase, *Islamic Historiography: Themes in Islamic History* (Cambridge, 2003).

Robinson, Francis, *The Mughal Emperors and the Islamic Dynasties of India, Iran and Central Asia* (London, 2007).

Roemer, H. R., 'Timur in Iran', in *The Cambridge History of Iran, vol.VI: The Timurid and Safavid Periods* (Cambridge, 1986).

Rogan, Eugene, *The Arabs: A History* (London, 2009).

Rogers J. M., and Ward, R. M., *Suleyman the Magnificent* (London, 1988).

Roosevelt, Kermit, *War in the Garden of Eden* (New York, 1919).

Rouayheb, Khaled El, 'Opening the Gate of Verification: The Forgotten Arab-Islamic Florescence of the Seventeenth Century', *International Journal of Middle East Studies*, 38 (2006), pp.263—281.

Rouleau, Eric, 'America's Unyielding Policy Toward Iraq', *Foreign Affairs*, 74, 1 (January/February 1995), pp.59—72.

Runciman, Steven, *A History of the Crusades*, 3 vols. (London, 1951—1954).

Sada, Georges, with Nelson, Jim Black, *Saddam's Secrets: How an Iraqi General Defied and Survived Saddam Hussein* (Brentwood, Tenn., 2006).

Sandes, EWC, *In Kut and Captivity with the Sixth Indian Division* (London, 1919).

Sarre, Friedrich von, and Herzfeld, Ernst, *Archäologische Reise im Euphrat- und Tigris-Gebiet* (Berlin, 1911).

Sasson, Jean, *Mayada: Daughter of Iraq. One Woman's Survival in Saddam Hussein's Torture Jail* (London, 2003).

Sassoon, David Solomon, *A History of the Jews in Baghdad* ([n.p.], 2006; reprint of 1949 original).

Saunders, John Joseph, *The History of the Mongol Conquests* (London, 1971).

— *Muslims and Mongols* (Christchurch, New Zealand, 1977).

Savory, Roger, *Studies on the History of Safavid Iran* (London, 1987).

—, and Karamustafa, Ahmet, 'Esmail I Safawi', in *Encyclopædia Iranica*, http://www.iranicaonline.org/articles/esmail-i-safawi.

Sawdayee, Max, *All Waiting to Be Hanged* (e-book, http://maxsawdayee.com/Sawdayee/Home.html).

Serjeant, Robert Bertram, *Islamic Textiles* (Beirut, 1972).

Shaban, M. A., *The Abbasid Revolution* (Cambridge, 1979).

Shaikhli, Mohammed Rauf Taha al, *Marahil al Hayat fi Baghdad Khilal al Fatra al Mudhlimah* (*Stages of Life in Baghdad during the Dark Period*) (Basra, 1972; reprint of 1956 original).

Shamash, Violette, *Memories of Eden: A Journey through Jewish Baghdad* (London, 2008).

Sherley, Anthony, *Sir Anthony Sherley and His Persian Adventure* (London, 1933).

Sicker, Martin, *The Islamic World in Ascendancy: From the Arab Conquests to the Siege of Vienna* (Westport, Conn., 2000).

Simon, Reeva Spector, 'The Education of an Iraqi Ottoman Army Officer', in Rashid Khalidi et. pl. (eds.), *The Origins of Arab Nationalism* (New York, 1991).

— *Iraq Between the Two World Wars: The Militarist Origins of Tyranny* (New York, 2004).

Siry, Joseph, 'Wright's Baghdad Opera House and Gammage Auditorium: In Search of Regional Modernity', *Art Bulletin*, 87, 2 (June 2005), pp.265—311.

Sluglett, Peter, *Britain in Iraq 1914—1932* (London, 1976).

— and Farouk-Sluglett, Marion, *Iraq since 1958: From Revolution to Dictatorship* (London, 2001; reprint of 1987 original).

Spuler, Bertold, *History of the Mongols Based on Eastern and Western Accounts of the Thirteenth and Fourteenth Centuries* (London, 1972).

— *The Muslim World, vol.I: The Age of the Caliphs* (Leiden, 1960).

Stafford, Robert, *Scientist of Empire: Sir Roderick Murchison, Scientific Exploration and Victorian Imperialism* (Cambridge, 1989).

Stark, Freya, *Baghdad Sketches* (London, 1938).

— *Dust in the Lion's Paw: Autobiography 1939—1946* (London, 1961).

— *Riding to the Tigris* (London, 1959).

Steavenson, Wendell, *The Weight of a Mustard Seed* (London, 2009).

Strika, V., and Khalil, J., *The Islamic Architecture of Baghdad* (Naples, 1987).

Styan, David, *France and Iraq: Oil, Arms and French Policy Making in the Middle East* (London, 2006).

Suleyman, Hikmat S., *The Story of Oil in Iraq* (London, 1957).

Tabari, *The History of Al Tabari*, 40 vols. (Albany, 1984—2007).

Taeschner, Franz, 'The Itinerary of the First Persian Campaign of Sultan Suleyman 1534—1536, according to Nasuh al Matraki', *Imago Mundi*, 13 (1956), pp.53—55.

Tanukhi, *Kitab Nishwar al Muhadara wa Akhbar al Mudhakara* (*Table Talk of a Mesopotamian Judge*), e-book, http://www.al-mostafa.com, privately translated by Manaf al Damluji.

Tavernier, Jean-Baptiste, *The Six Voyages of John Baptista Tavernier, Baron of Aubonne, through Turky, into Persia and the East-Indies, for the Space of Forty Years. Giving an Account of the Present State of Those Countries, viz. of the Religion, Government, Customs, and Commerce of Every Country; and the Figures, Weight, and Value of the Money Currant all over Asia. To which is Added, a New Description of the Seraglio* (London, 1677).

Teixeira, Pedro, *The Travels of Pedro Teixeira; with His 'Kings of Harmuz' and Extracts from His 'Kings of Persia'*, translated and annotated by W. F. Sinclair (London, 1902; reprint of 1711 original).

Theophanes, *The Chronicle of Theophanes*, translated by Harry Turtledove (Philadelphia, 1982).

Thévenot, Jean de, *The Travels of Monsieur de Thévenot into the Levant*, translated by A. Lovell (London, 1687).

The Thousand Nights and One Night, translated by Powys Mathers, 4 vols. (London, 2005; London, 1996; reprints of 1949 original).

Tikriti, Abd al Rahman al, *Al Amthal al Baghdadiyya al Muqarana* (*Comparative Proverbs of Baghdad*), 4 vols. (Baghdad, 1969).

Townshend, Charles, *When God Made Hell: The British Invasion of Mesopotamia and the Creation of Iraq 1914—1921* (London, 2010).

The Travels of Ibn Jubayr, being the Chronicle of a Mediaeval Spanish Moor Concerning His Journey to the Egypt of Saladin, the Holy Cities of Arabia, Baghdad the City of the Caliphs, the Latin Kingdom of Jerusalem, and the Norman Kingdom of Sicily, translated and edited by Ronald J. C. Broadhurst (London, 1952).

Tripp, Charles, *A History of Iraq* (Cambridge, 2010; reprint of 2000 original).

Ullman, Harlan, and Wade, James, 'Shock and Awe: Achieving Rapid Dominance', National Defense University paper (October 1996).

Valle, Pietro della, *The Pilgrim: The Travels of Pietro della Valle*, translated by George Bull (London, 1990).

Visser, Reidar, 'Centralism and Unitary State Logic in Iraq from Midhat Pasha to Jawad al-Maliki: A Continuous Trend?' (http://www.historiae.org/maliki.asp).

Voltaire, *Letters on England* (London, 1980).

Wardi, Dr Ali al, *Lamahat Ijtimaeeyah min Tarikh al Iraq al Hadith (Social Aspects of Modern Iraqi History)*, privately translated by Manaf al Damluji (Baghdad, 1969).

— *Understanding Iraq: Society, Culture and Personality*, translated by Fuad Baali (Lewiston, N. Y., 2008).

Warraq, Ibn Sayyar al, *Annals of the Caliphs' Kitchens: Ibn Sayyar al Warraq's Tenth-Century Baghdadi Cookbook*, translated by Nawal Nasrallah (Leiden, 2007).

Warren, John, and Fethi, Ihsan, *Traditional Houses in Baghdad* (Horsham, 1982).

Webb, Frederick Charles, *Up the Tigris to Baghdad* (London, 1870).

Wellesley, Arthur Valerian, 'The Household Cavalry in Iraq and Syria 1941', private campaign diary.

Wellsted, James Raymond, *Travels to the City of the Caliphs*, 2 vols. (London, 1840).

Werr, Lamia al Gailani, 'Iraq: Destruction to Landmarks in the Cities', in *Culture in Development* (1 December 2010), available at: http://www.cultureindevelopment.nl/News/Dossier_Heritage_Iraq/632/Iraq:_destruction_to_landmarks_in_the_cities.

White, Andrew, *The Vicar of Baghdad: Fighting for Peace in the Middle East* (Oxford, 2009).

Wiet, Gaston, *Baghdad: Metropolis of the Abbasid Caliphate* (Norman, Okla., 1971).

Willcocks, William, *The Restoration of the Ancient Irrigation Works on the Tigris* (Cairo, 1903).

Wilson, Arnold Talbot, *Mesopotamia 1917—1920: A Clash of Loyalties* (London, 1931).

Winstone, H. V. F., *Gertrude Bell* (London, 2004; reprint of 1978 original).

Woods, John E., *The Aqquyunlu: Clan, Confederation, Empire* (Salt Lake City, 1999).

Yahia, Latif, *The Devil's Double: The True Story of the Man Forced to be the Double of Saddam Hussein's Eldest Son* (London, 2003).

Yapp, M. E., 'The Establishment of the East India Company Residency at Baghdad', *Bulletin of the School of Oriental and African Studies*, 30 (1967), pp.323—336.

Yazdi, Sharaf al Din Ali, *The History of Timur-Bec, Known by the Name of Tamerlain the Great, Emperor of the Moguls and Tartars*, translated into English by John Darby, 2 vols. (London, 1723).

Yehuda, Zvi, 'Iraqi Jewry and Cultural Change in the Educational Activity of the Alliance Israélite Universelle', in Harvey Goldberg (ed.), *Sephardi and Middle Eastern Jewries: History and Culture in the Modern Era* (Bloomington, Ind., 1996).

Yergin, Daniel, *The Prize: The Epic Quest for Oil, Money and Power* (New York, 2008; reprint of 1991 original).

Yule, Henry, *Cathay and the Way Thither* (London, 1913—1916).

Zahawie, Wissam al, 'The Cultural Scene in Baghdad and Its Socio-Political Backdrop on the Eve of the Revolution of 1958: A Memoir', unpublished paper.

出版后记

　　通过本书，著名旅行作家、历史学家贾斯廷·马罗齐向读者讲述了巴格达——一座真正伟大的城市——悠久历史的多个方面，既包括它的黄金时代，也有它的苦难遭遇，采取的视角也十分富有新意，比如说书人、征服者、暴君和哲学家。本书荣获了 2015 年度英国皇家文学学会翁达杰奖。学者休·肯尼迪也极力推荐此书，认为马罗齐的著述生动有趣，历史判断令人信服，是英语世界对这座非凡城市的历史描述得最出色的一本著作，非常值得一读。

　　马罗齐在本书中引用的史料十分丰富，有旅行者的回忆录、外交往来书信，以及中世纪历史学家、地理学家和神学家的作品摘录，这些人中有许多就居住在巴格达。在此基础上，他还加入了过去十年自己在此地生活和工作的经历，使本书在权威之余流露出了此类学术著作难得的亲切感，勾勒出了巴格达迷人的历史轮廓。

　　阿拔斯王朝的哈里发曼苏尔在底格里斯河右岸建立了圆形城市巴格达，当时它拥有"和平之城"的美誉。在之后的很长一段时间里，清真寺、宗教学校、图书馆、天文台、客栈、驿馆、市场、浴室遍布巴格达，该城进入全盛时期，成为阿拉伯帝国的政治、经济、贸易、文化和宗教中心。

然而，现今一说起巴格达，人们脑海里想到的大多是战乱，这座伊斯兰世界历史文化名城几乎沦为衰落和极端暴力的代名词。这座城市遭受过瘟疫、饥荒和洪水的侵袭；经历过多次残暴的外敌入侵和军事占领；也遭受过独裁者的残暴统治。进入现代之后，巴格达更是经历了英国军队的入侵和占领、萨达姆·侯赛因的独裁统治、两伊战争、海湾战争和伊拉克战争。城市遭受蹂躏，人民痛苦不堪，令世人扼腕。

尽管如此，马罗齐仍以乐观的笔调结尾，他相信巴格达民众具有消弥苦难的能力。伟大的巴格达城历经千年波折，终会重新焕发光彩。

在此也要感谢译者的辛勤付出，他精彩的译笔为本书增色不少。由于编辑水平有限，肯定存在一些错误，敬请广大读者批评指正。

服务热线：133-6631-2326　188-1142-1266

服务信箱：reader@hinabook.com

后浪出版公司

2020 年 6 月

©民主与建设出版社，2020

图书在版编目（CIP）数据

巴格达：和平之城，血腥之城 /（英）贾斯廷·马
罗齐著；孙宇译. -- 北京：民主与建设出版社，
2020.6（2022.12重印）
书名原文：Baghdad: City of Peace, City of
Blood
ISBN 978-7-5139-3042-0

Ⅰ.①巴… Ⅱ.①贾… ②孙… Ⅲ.①巴格达—历史
Ⅳ.①K377

中国版本图书馆CIP数据核字(2020)第077404号

巴格达：和平之城，血腥之城
BAGEDA : HEPING ZHICHENG, XUEXING ZHICHENG

著　者	［英］贾斯廷·马罗齐		译　者	孙　宇	
责任编辑	王　颂		特约编辑	沙芳洲　赵旭如　孟熙元	
封面设计	许晋维				
出版发行	民主与建设出版社有限责任公司				
电　话	（010）59417747　59419778				
地　址	北京市海淀区西三环中路 10 号望海楼 E 座 7 层				
邮　编	100142				
印　刷	北京盛通印刷股份有限公司				
版　次	2020 年 8 月第 1 版		印　次	2022 年 12 月第 2 次印刷	
开　本	889 毫米 × 1194 毫米　1/32		印　张	18	
字　数	401 千字		书　号	ISBN 978-7-5139-3042-0	
定　价	99.80 元				

注：如有印、装质量问题，请与出版社联系。